文/白/对/照

資治通鑑

第二十四册

〔宋〕司马光　　编撰

〔清〕康熙　乾隆　御批

〔清〕申涵煜　　点评

　　　萧祥剑　　主编

　　中华文化讲堂　译

团结出版社

目 录

资治通鉴卷第二百八十二　后晋纪三

起屠维大渊献，尽重光赤奋若，凡三年。

【译文】起己亥（公元939年），止辛丑（公元941年），共三年。

【题解】本卷记录了公元939年至941年的史事，共三年。正当后晋高祖石敬瑭天福四年至天福六年。本卷记录了很多南唐和闽国的军国大事。南唐主徐知诰恢复"李"姓，改名李昪，下诏命令主管部门编造族谱，建立宗庙合祭李、徐两姓，尊奉徐温为义祖，在宗庙位列唐高祖李渊、唐太宗李世民之后。南唐主李昪生性节俭，轻减赋税，勤于政事，保境安民，江、淮安定。闽主王昶深信道士，不理政事，福州政变，王延羲取代王昶成为闽主，王延羲弟弟王延政占据建州，兄弟二人互相攻伐。后晋朝廷内有大臣作恶，外有节度使反叛，后晋危机四伏。

高祖圣文章武明德孝皇帝中

天福四年（己亥，公元九三九年）春，正月，辛亥，以澶州防御使太原张从恩为枢密副使。

朔方节度使张希崇卒，羌胡寇钞，无复畏惮。甲寅，以义成节度使冯晖为朔方节度使。党项酋长拓跋彦超最为强大，晖至，彦超入贺，晖厚遇之，因为于城中治第，丰其服玩，留之不遣，封内遂安。

唐群臣江王知证等累表请唐主复姓李，立唐宗庙，乙丑，唐主许之。群臣又请上尊号，唐主曰："尊号虚美，且非古。"遂不受。其后子孙皆踵其法，不受尊号，又不以外戚辅政，宦者不得预事，皆他国所不及也。

【译文】 天福四年（己亥，公元939年）春季，正月，辛亥日（初九），任命澶州防御使太原人张从恩为枢密副使。

朔方节度使张希崇去世，北方的羌、胡入侵和抢掠，无所忌惮，甲寅日（十二日），后晋高祖石敬瑭任用义成节度使冯晖为朔方节度使。党项酋长拓跋彦超在各部中最为强大，冯晖到了任所，拓跋彦超入城祝贺，冯晖厚礼相待，并借此机会替他在城中安排一栋房子，送他很多衣服、器用、好玩的物品，把他留在朔方城中，不放他回去，于是辖境之内终于安定下来。

南唐群臣江王徐知证等几次上表请求南唐主徐诰恢复姓李，建立唐室宗庙。乙丑日（二十三日），南唐主徐诰准许。群臣又请加封尊号，唐主说："尊号只是虚假的美称，而且又不合古代的礼仪。"于是没有接受。以后他的子孙都效仿他的做法，不接受尊号，也不用外戚辅佐政治，宦官不得干预朝廷的政事。这些都是其他国家所赶不上的。

【申涵煜评】 唐制，累朝皆有尊号。虚称溢美，似乎生而加谥，沿及五代未改，最为可厌。南唐主独拒之不受，且使子孙踵以为法，得体之甚。

【译文】 唐朝的制度，对历朝都有尊贵的称号。虚称赞美，似乎在活着的时候就要加谥号，这种风气沿及五代都没有改变，最为令人厌烦。南唐主独自拒绝不接受这种做法，而且要求子孙也应该这样，得体得很。

二月，乙亥，改太祖庙号曰义祖。己卯，唐主为李氏考妣发哀，与皇后斩衰居庐，如初丧礼，朝夕临凡五十四日。江王知证、饶王知谔请亦服斩衰；不许。李建勋之妻广德长公主假衰绖入哭尽哀，如父母之丧。

辛巳，诏国事委齐王璟详决，惟军旅以闻。庚寅，唐主更名昇。

【译文】二月，乙亥日（初三），更改南唐太祖徐温的庙号称为义祖。己卯日（初七），南唐主徐诰为李氏父母举行哀悼，同皇后一起披麻戴孝，居住在临时搭盖的草棚里，完全依照父母初丧时候的礼数，早晚哭临，共五十四天。江王徐知证、饶王徐知谔也请求穿斩衰孝服，唐主徐诰不同意。李建勋的妻子广德长公主借机穿上居丧的礼服，进去哭临，极尽礼仪，就像为亲生父母服丧一样。

辛巳日（初九），唐主徐诰下诏，国家大事委托齐王李璟审查决定，只有军事上的事情须向他报告。庚寅日（十八日），唐主改名为李昇。

诏百官议二祧合享礼。辛卯，宋齐丘等议以义祖居七室之东。唐主命居高祖于西室，太宗次之，义祖又次之，皆为不祧之主。群臣言："义祖诸侯，不宜与高祖、太宗同享，请于太庙正殿后别建庙祀之。"帝曰："吾自幼托身义祖，向非义祖有功于吴，朕安能启此中兴之业？"群臣乃不敢言。

唐主欲祖吴王恪，或曰："恪诛死，不若祖郑王无懿。"唐主命有司考二王苗裔，以吴王孙祎有功，祎子岘为宰相，遂祖吴王，云自岘五世至父荣。其名率皆有司所撰。唐主又以历十九帝、三百年，疑十世太少。有司曰："三十年为世，陛下生于文德，已五十年矣。"遂从之。

【译文】 下诏令百官讨论把徐、李二姓的先人合葬起来同受祭享礼仪。辛卯日（十九日），宋齐丘等议定将义祖徐温安置在第七室的东边。南唐主李昇命令把唐高祖李渊安置在西室，其次为唐太宗李世民，又其次为义祖徐温，都是永不迁庙的牌位。群臣说："义祖是大唐的诸侯，不应该和唐高祖、唐太宗一起同享祭祀，请求在太庙正殿后面另外建造庙宇来祭祀。"南唐主李昇说："朕从小就寄身在义祖家，如果不是义祖有功于吴国，朕又怎能开创现在的中兴大业？"群臣于是不敢再提出不同的意见。

南唐三李昇想要把自己世系的始祖定为唐高祖李渊的儿子吴王李恪，有人说："李恪是被唐高宗李治诛杀的，不如以郑王李元懿为始祖。"南唐主李昇命令官吏考察二王的后代子孙，结果由于吴王的孙子李祎有功，李祎的儿子李岘做过宰相，所以就认吴王为先祖，并说明从李岘下数五代就到父亲李荣。这五代人的姓名全都是有关官吏杜撰出来的。南唐主李昇因为唐朝传了十九个皇帝，历经三百年，而从吴王到他自己才一代，所以怀疑十代太少。官吏说："三十年为一世，陛下您文德年间出生，到现在已有五十年了。"于是南唐主李昇也就赞成了。

【乾隆御批】 唐庄宗合庙之举，已足贻笑千古，今更徐李同堂，渊源莫考，其窜宗伪托，尤为不于其伦。后儒乃欲以此上承唐绪，比于蜀汉，何识之瞽也。

【译文】 唐庄宗合庙的举动，已经完全可以让千秋万代的人讥笑，现在更有徐李同堂，渊源无从考察，唐主乱认祖先，更是不伦不类。

后世的儒者就想把这些承接唐代，等同于蜀汉，见识是多么愚昧啊！

卢损至福州，闽主称疾不见，命弟继恭主之。遗其礼部员外郎郑元弼奉继恭表随损入贡。闽主不礼于损，有士人林省邹私谓损曰："吾主不事其君，不爱其亲，不恤其民，不敬其神，不睦其邻，不礼其宾，其能久乎！余将僧服而北逃，会相见于上国耳。"

三月，庚戌，唐主追尊吴王恪为定宗孝静皇帝，自曾祖以下皆追尊庙号及谥。

【译文】卢损作为后晋朝廷的册礼使到达福州，闽主王昶称说有病，不予接见，命他的弟弟王继恭主持招待晋使。派他们的礼部员外郎郑元弼带着王继恭的表章随从卢损入朝进贡。闽主王昶不礼遇卢损，有个士人叫李省邹的，私自对卢损说："我们闽主不侍奉自己的君主，不亲近自己的亲戚，不体恤自己的百姓，不恭敬本地的神祇，与自己的邻国不和睦，不接待他的宾客，还能够维持久远吗？我将披上袈裟，遁入佛门，逃到北方去，我们将会在晋国相见的。"

三月，庚戌日（初八），南唐主李昪追尊吴王李恪为定宗孝静皇帝，从自己的曾祖以下都追尊庙号和谥称。

己未，诏归德节度使刘知远、忠武节度使杜重威并加同平章事。知远自以有佐命功，重威起于外戚，无大功，耻与之同制。制下数日，杜门四表辞不受。帝怒，谓赵莹曰："重威朕之妹夫，知远虽有功，何得坚拒制命！可落军权，令归私第！"莹拜请曰："陛下昔在晋阳，兵不过五千，为唐兵十馀万所攻，危于朝露，非知远心如铁石，岂能成大业！奈何以小过弃之，窃恐此语外闻，非所以彰人君之大度也。"帝意乃解，命端明殿学士和凝诣知远第谕旨，知远惶恐，起受命。

【译文】 己未日（十七日），后晋高祖石敬瑭下诏，命归德节度使刘知远、忠武节度使杜重威都加封同平章事的官衔，刘知远认为自己有辅佐皇帝平定天下的功劳，而杜重威的发达，只是靠外戚的关系，没什么大功可言，所以不屑跟他在皇帝的制书上被相提并论。制书颁布好几天，他都不出家门，连上四封奏表，推辞不肯接受。后晋高祖石敬瑭发怒，对赵莹说："重威是朕的妹夫，知远虽然有功，怎么能坚决拒受制命！可以把他的军权削除，让他回自己的家去。"赵莹下拜请求说："陛下以前在晋阳，兵士不超过五千，被十几万唐兵所围攻，情势危急，简直比早晨的露水还容易消亡，假如不是刘知远意志坚定得像铁石一般，哪里能够成就大业！为什么只为一点小过就遗弃他！臣个人私下担心皇帝这些话传了出去，不足以显示君主的宽大度量。"后晋高祖石敬瑭听了这席话，怒气才逐渐地消失，于是派端明殿学士和凝到刘知远的家里去说明皇帝的心意，刘知远感到惶恐，起来接受制令。

寻州戍将王彦忠据怀远城叛，上遣供奉官齐延祚往招谕之；彦忠降，延祚杀之。上怒曰："朕践阼以来，未尝失信于人，彦忠已输仗出迎，延祚何得擅杀之！"除延祚名，重杖配流，议者犹以为延祚不应免死。

辛酉，册回鹘可汗仁美为奉化可汗。

夏，四月，唐江王徐知证等请亦姓李；不许。

辛巳，唐主祀南郊；癸未，大赦。

【译文】 寻州守将王彦忠占据怀远城叛变，后晋高祖石敬瑭派供奉官齐延祚去招抚晓谕他投降，王彦忠投降，齐延祚却把他杀掉，后晋高祖很生气，说："朕继位以来，从未失信于人，王彦忠已经缴械，出城投降，齐延祚怎么可以擅自把他杀掉！"削除齐延祚的官籍，重杖责打后发配边疆流放。当时议论此事的人还认为齐延祚应该处死，但他只削除官籍，贬到远方，未免处罚太轻了。

辛酉日（十九日），后晋朝廷册立回鹘可汗仁美为奉化可汗。

夏季，四月，唐国江王徐知证等请求也改姓李，没有获准。

辛巳日（初十），南唐主李昇在金陵的南郊举行祭祀天神的典礼；癸未日（十二日），大赦境内。

梁太祖以来，军国大政，天子多与崇政、枢密使议，宰相受成命，行制敕，讲典故，治文事而已。帝惩唐明宗之世安重诲专横，故即位之初，但命桑维翰兼枢密使。及刘处让为枢密使，奏对多不称旨，会处让遭母丧，甲申，废枢密院，以印付中书，院事皆委宰相分判。以副使张从恩为宣徽使，直学士、仓部郎中司徒诩、工部郎中颜衎并罢守本官。然勋臣近习不知大体，习于故事，每欲复之。

帝以唐之大臣除名在两京者皆贫悴，复以李专美为赞善大夫，丙戌，以韩昭胤为兵部尚书，马胤孙为太子宾客，房暠为右骁卫大将军，并致仕。

【译文】自从后梁太祖朱温以来，军国大政，后晋高祖石敬瑭往往同崇政使、枢密使议定，宰相不过是接受成命、颁行制敕、讲述典制和掌故、治理文书案牍而已。后晋高祖有鉴于后唐明宗李嗣源时安重诲专断蛮横，所以在当初刚即位的时候，只让桑维翰兼枢密使。等到刘处让做枢密使，奏事应答大多不合后晋高祖的意思，又正好碰上刘处让遭遇母亲去世，所以甲申日（十三日），下令废除枢密院，将院印交给中书省，枢密院的事务委托宰相分别判理。任命枢密院副使张从恩为宣徽使，直学士、仓部郎中司徒诩和，工部郎中颜衎都罢免兼职，居守本官。然而有功的大臣和后晋高祖身边的近臣不识大体，习惯于老的做法，常常想恢复枢密院。

后晋高祖石敬瑭因为被削除官籍而仍住在东京和西京的唐室大臣都非常贫困，为此，又任命李专美为赞善大夫。丙戌日（十五日），任命韩昭胤为兵部尚书，马胤孙为太子宾客，房暠为右骁卫大将军，一起退休。

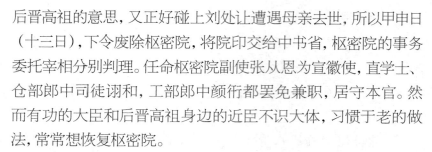

闽主忌其叔父前建州刺史延武、户部尚书延望才名，巫者林兴与延武有怨，托鬼神语云："延武、延望将为变。"闽主不复诘，使兴帅壮士就第杀之，并其五子。

闽主用陈守元言，作三清殿于禁中，以黄金数千斤铸宝皇大帝、天尊、老君像，昼夜作乐，焚香祷祀，求神丹。政无大小，皆林兴传宝皇命决之。

戊申，加楚王希范天策上将军，赐印，听开府置官属。

辛亥，唐徙吉王景遂为寿王，立寿阳公景达为宣城王。

乙卯，唐镇海节度使兼中书令梁怀王徐知谔卒。

【译文】闽主王昶忌妒他的叔父前任建州刺史王延武、户部尚书王延望的才华和名望，巫师林兴和王延武有仇怨，假托鬼神的话，说："王延武和王延望将会作乱。"闽主王昶没有再核查，让林兴率领强壮兵卒在他们的府第中把他们杀死，连同他们的五个儿子也杀了。

闽主王昶听信陈守元的话，在宫禁中修建一座三清殿，用好几千斤的黄金铸造宝皇大帝、元始天尊、太上老君的塑像，一天到晚演奏音乐，烧香祷告，祈求神丹。政事不论大小，全由林兴假传宝皇大帝的命令来决定。

戊申日（四月无此日），后晋朝廷加封楚王马希范为天策上将军，赐予官印，听由他开府设置官署。

辛亥日（四月无此日），唐改封吉王徐景遂为寿王，立寿阳公徐景达为宣城王。

乙卯日（四月无此日），唐镇海节度使兼中书令梁怀王徐知谔去世。

唐人迁让皇之族于泰州，号永宁宫，防卫甚严。康化节度使兼中书令杨珙称疾，罢归永宁宫。乙丑，以平卢节度使兼中书令杨琏为康化节度使；琏固辞，请终丧，从之。

唐主将立齐王璟为太子，固辞；乃以为诸道兵马大元帅、判六军诸卫、守太尉、录尚书事、升、扬二州牧。

闽判六军诸卫建王继严得士心，闽主忌之，六月，罢其兵柄，更名继裕；以弟继镛判六军，去诸卫字。

林兴诈觉，流泉州。望气者言宫中有灾，乙未，闽主徙居长春宫。

【译文】南唐人把吴国让皇杨溥的族人迁移到泰州，称为永宁宫，防卫很严密。康化节度使兼中书令杨珙称说有病，罢官回到永宁宫。乙丑日（四月无此日），任命平卢节度使兼中书令杨琏为康化节度使；杨琏再三推辞，请求让他服完让皇杨溥的丧期后上任。南唐主李昇同意了他。

南唐主李昇将立齐王李璟为太子，李璟再三辞让；于是任命他为诸道兵马大元帅、判六军诸卫、守太尉、录尚书事、升扬二州州牧。

闽判六军诸卫建王王继严很得军士的支持，闽主王昶对他产生了疑忌，六月，罢免了王继严的兵权，把他的名字改为继裕；任用闽王王昶之弟王继镛为判六军，删去"诸卫"二字。林兴的种种欺诈行为被人发觉，于是将他流放到泉州。望气的江湖术士预言宫中将有灾祸，乙未日（二十五日），闽主王昶迁居长春宫。

秋，七月，庚子朔，日有食之。

成德节度使安重荣出于行伍，性粗率，恃勇骄暴，每谓人曰："今世天子，兵强马壮则为之耳。"府廨有幡竿高数十尺，尝挟弓矢谓左右曰："我能中竿上龙首者，必有天命。"一发中之，以是益自负。

帝之遣重荣代秘琼也，戒之曰："琼不受代，当别除汝一镇，勿以力取，恐为患滋深。"重荣由是以帝为怯，谓人曰："秘琼匹夫耳，天子尚畏之，况我以将相之重，士马之众乎！"每所奏请多逾分，为执政所可否，意愤愤不快，乃聚亡命，市战马，有飞扬之志。帝知之，义武节度使皇甫遇与重荣姻家，甲辰，徙遇为昭义节度使。

【译文】秋季，七月，庚子朔日（初一），发生日食。

成德节度使安重荣出身于行伍，性情粗率，倚仗自己勇武而骄傲暴虐，常常对人们说："现在的天子，兵强马壮的人就可以当。"节度使廨署里有旗杆高好几十尺，安重荣曾经带着弓箭对左右的人说："如果我能一箭射中旗上的龙头，那就表示一定有天子之命。"结果真的一箭就射中了，因此更加自负。

后晋高祖石敬瑭当初派遣安重荣去代替秘琼的职务，告诫他说："如果秘琼不接受你替代他,我自当为你另委一镇做节度使,不要用武力去夺取,这样恐怕会造成更大的后患。"安重荣因此认为后晋高祖胆小怕事,对人说:"秘琼只是一个匹夫罢了,天子竟还怕他,何况我身居将相的重要地位,又拥有众多的兵马呢!"每次上奏有所请求,大多超过他的本分,被主管官员裁决后,心里就愤激不平,于是聚集一些亡命之徒,买一些战马,有飞扬跋扈之心。后晋高祖石敬瑭也知道这回事。义武节度使皇甫遇跟安重荣是姻戚关系,甲辰日(初五),改命皇甫遇为昭义节度使。

乙巳,闽北宫火,焚宫殿殆尽。

戊申,薛融等上所定编敕,行之。

丙辰,敕:"先令天下公私铸钱,今私钱多用铅锡,小弱缺薄,宜皆禁之,专令官司自铸。"

西京留守杨光远疏中书侍郎、同平章事桑维翰迁除不公及营邸肆于两都,与民争利;帝不得已,闰月,壬申,出维翰为彰德节度使兼侍中。

【译文】乙巳日(初六),闽国北宫发生火灾,几乎把宫殿都烧光了。

戊申日(初九),后晋薛融等上奏他们所编定的制敕,颁行于世。

丙辰日(十七日),后晋高祖石敬瑭颁下敕书:"以前命令天下公府与民间都可以自由铸钱,现在因为民间私人所铸的钱大多杂用铅、锡,以致既小且薄,脆弱易缺,应全面禁止,专门由官府自己铸造。"

西京留守杨光远上疏奏称:中书侍郎、同平章事桑维翰对官吏调任不公，并在东、西两京经营店铺，与民争利。后晋高祖石敬瑭迫不得已，闰七月，壬申日（初三），外放桑维翰为彰德节度使兼侍中。

初，义武节度使王处直子威，避王都之难，亡在契丹，至是，义武缺帅，契丹主遣使来言，"请使威袭父土地，如我朝之法。"帝辞以"中国之法必自刺史、团练、防御序迁乃至节度使，请遣威至此，渐加进用。"契丹主怒，复遣使来言曰："尔自节度使为天子，亦有阶级邪！"帝恐其滋蔓不已，厚赂契丹，且请以处直兄孙彰德节度使廷胤为义武节度使以厌其意。契丹怒稍解。

【译文】起初，义武节度使王处直的儿子王威，为了躲避王都之难，逃亡在契丹。到此时，义武镇因为皇甫遇调迁而缺少节度使，契丹主耶律德光遣派使者来说："请让王威承袭他父亲的土地，比照我国的制度。"后晋高祖石敬瑭借口说："依我们中原的法制，一定要按刺史、团练使、防御使的次序逐步升迁，才可以升到节度使，请派王威到这里来，逐渐加以升迁任用。"契丹主耶律德光大为震怒，又派使者来说："你从节度使一跃而为天子，也有升迁次第吗？"后晋高祖石敬瑭担心契丹为此事不断滋生事端，于是送厚礼给契丹，并且请求用王处直哥哥的孙子彰德节度使王廷胤为义武节度使以满足契丹的愿望，契丹主耶律德光的怒气稍有缓解。

初，闽惠宗以太祖元从为拱宸、按鹤都，及康宗立，更募壮士二千人为腹心，号宸卫都，禄赐皆厚于二都；或言二都怨望，将作乱，闽主欲分隶漳、泉二州，二都益怒。闽主好为长夜之饮，强群臣酒，醉则令左右伺其过失；从弟继隆醉失礼，斩之。屡以猜怒诛宗室，叔父左仆射、同平章事延羲阳为狂愚以避祸，闽主赐以道士服，置武夷山中；寻复召还，幽于私第。

【译文】 起初，闽惠宗王延钧把太祖王审知原来的随从士卒编为拱宸、控鹤二都，等到闽康宗王昶即位后，又募集壮士二千作为心腹，号称宸卫都，俸禄和赏赐都比二都丰厚。有人说二都有怨言，将会作乱，闽主王昶打算将他们分别隶属于漳州和泉州，二都更加愤怒。闽主王昶喜欢彻夜宴饮，强迫群臣喝酒，喝醉了就叫左右亲信去暗中观察他们的过失，闽主王昶的堂弟王继隆喝醉以后，言行失礼，闽主王昶就把他杀了。又常常因猜忌发怒而诛杀宗室，他的叔父左仆射、同平章事王延羲假装发疯痴呆，以躲避灾祸，闽主王昶赐给他道士的服装，把他安置在武夷山中，不久又召回去，把他囚禁在家里。

闽主数侮拱宸、控鹤军使永泰朱文进、光山连重遇，二人怨之。会北宫火，求贼不获；闽主命重遇将内外营兵扫除馀烬，日役万人，士卒甚苦之。又疑重遇知纵火之谋，欲诛之；内学士陈郯私告重遇。辛巳夜，重遇入直，帅二都兵焚长春宫以攻闽主，使人迎延羲于瓦砾中，呼万岁；复召外营兵共攻闽主；独宸卫都拒战，闽主乃与李后如宸卫都。比明，乱兵焚宸卫都，宸卫都战败，馀众千馀人奉闽主及李后出北关，至梧桐岭，众稍逃散。延羲使兄子前汀州刺史继业将兵追之，及于村舍；闽主素善射，引弓杀数人。俄而追兵云集，闽主知不免，投弓谓继业曰："卿臣节安在！"继业曰："君无君德，臣安有臣节！新君，叔父也，旧君，昆弟也，孰亲孰疏？"闽主不复言。继业与之俱还，至陜庄，饮以酒，醉而缢之，并李后及诸子、王继恭皆死。宸卫馀众奔吴越。

【译文】 闽主几次侮辱拱宸、控鹤军使永泰人朱文进、光山人连重遇，二人很怨恨闽主。没过多久，北宫失火，查究放火贼人但没有抓到，闽主命令连重遇带领内外营兵扫除大火的余烬，每天役使上万人，士兵对此深以为苦。闽主王昶又怀疑连重遇知道纵火的阴谋，想要杀他，内学士陈郊私下将这个消息告诉连重遇。辛巳日（十二日）的夜晚，连重遇入宫轮班守卫，率领拱宸、控鹤二都的士兵纵火烧长春宫，来进攻闽主，派人在烧毁的瓦砾堆中迎接王延羲，对王延羲高呼万岁，又召来外营兵一起进攻闽主，只有闽主身边的宸卫都在为闽主抵抗，闽主就和他的李皇后一起到宸卫都去。等到天刚亮的时候，乱兵放火烧宸卫都，宸卫都战败，残余的军士一千多人拥着闽主和李后从北关出去，抵达梧桐岭，这时随行的军士逃走散去了一小部分。王延羲派自己的侄儿前汀州刺史王继业率兵追击闽主，赶到了一个村民的屋子旁，闽主王昶一向善于射箭，开弓射杀了好几个人，一会儿追兵全部赶到，闽主自知脱不了身，丢下弓箭，对王继业说："你做人臣子的节操哪儿去了呢？"王继业说："做国君的既没有国君的品德，做臣子的又哪有什么臣子的节操！新的国君是我的叔父，旧的国君是我的兄弟，哪一个比较亲，哪一个比较疏呢？"闽主不再说话。王继业同他一起返回，到达陀庄，让他喝酒，醉后把他勒死，连同李后及几个儿子和王继恭都被处死。宸卫都的余众逃往吴越。

延羲自称威武节度使、闽国王，更名曦，改元永隆，赦系囚，颁赉中外。以宸卫弑闽主赴于邻国；谥闽主曰圣神英睿文明广武应道大弘孝皇帝，庙号康宗。遣商人间道奉表称藩于晋；然其在国，置百官皆如天子之制。以太子太傅致仕李真为司空兼中书侍郎、同平章事。

连重遇之攻康宗也，陈守元在宫中，易服将逃，兵人杀之。重遇执蔡守蒙，数以卖官之罪而斩之。闽王曦既立，遣使诛林兴于泉州。

【译文】 王延羲自称威武节度使、闽国王，改名为王曦，改年号为永隆，赦免监狱里的罪囚，赏赐朝廷内外官吏。以"禁卫兵弑杀闽主"的说辞告丧于邻国，给闽主王昶的谥号，叫作圣神英睿文明广武应道大弘孝皇帝，庙号为康宗。派商人奉持奏表从小路前往大梁，自称愿做晋国的藩国。然而在他的国内，设置百官都如同天子的制度。任用已经以太子太傅名义退休的李真为司空兼中书侍郎、同平章事。

当连重遇攻伐闽康宗王昶的时候，陈守元正在宫里，换了衣服，正想逃走，兵士将他杀死。连重遇抓到蔡守蒙，清算他卖官的罪，然后杀了他。闽王王曦既已即位，派使者到泉州将林兴杀死。

河决亳州。

八月，辛丑，以冯道守司徒兼侍中。壬寅，诏中书知印止委上相，由是事无巨细，悉委于道。帝尝访以军谋，对曰："征伐大事，在圣心独断。臣书生，惟知谨守历代成规而已。"帝以为然。道尝称疾求退，帝使郑王重贵诣第省之，曰："来日不出，朕当亲往。"道乃出视事。当时宠遇，群臣无与为比。

己酉，以吴越王元瓘为天下兵马元帅。

黔南巡内溪州刺史彭士愁引蒋、锦州蛮万馀人寇辰、澧州，焚掠镇戍，遣使乞师于蜀；蜀主以道远，不许。九月，辛未，楚王希范命左静江指挥使刘勍、决胜指挥使廖匡齐帅衡山兵五千讨之。

癸未，以唐许王从益为郇国公，奉唐祀。从益尚幼，李后养从益于宫中，奉王淑妃如事母。

【译文】黄河在亳州溃堤决口。

八月，辛丑日（初三），后晋高祖石敬瑭任用冯道为司徒兼侍中。壬寅日（初四），后晋高祖下诏：中书掌印只委予首相，从此事无大小，都委交给冯道办理。后晋高祖曾经向冯道咨询军事大计，冯道回答说："征伐的大事，全靠皇上自己裁决，臣是个书生，只知谨慎地墨守历代的成规而已。"后晋高祖赞同他的意见。冯道曾声称有病请求退职，后晋高祖派郑王石重贵到冯家府上看望，并交代说："明天假如还不来，朕将亲自前往。"冯道才出来处理政务。当时冯道所受到的荣宠恩遇，群臣中没有一个比得上的。

己酉日（十一日），后晋朝廷任吴越王钱元璙为天下兵马元帅。

黔南节度辖区之内的溪州刺史彭士愁招引蒋州、锦州的蛮人一万多名侵略辰州和澧州，焚烧、抢夺边镇，边镇派使者向蜀国请求援兵，蜀主孟昶认为路途太远，不肯答应。九日，辛未日（初三），楚王马希范命令左静江指挥使刘勍、决胜指挥使廖匡齐率领衡山兵五千人前往讨伐。

癸未日（十五日），册封唐许王李从益为郇国公，以承奉唐室的祭祀。李从益年纪还小，李后在宫中抚养李从益，他侍奉王淑妃像侍奉母亲一样。

冬，十月，庚戌，闽康宗所遣使者郑元弼至大梁。康宗遗执政书曰："闽国一从兴运，久历年华，见北辰之帝座频移，致东海之风帆多阻。"又求用敌国礼致书往来。帝怒其不逊，壬子，诏却其贡物及福、建诸州纲运，并令元弼及进奏官林恩部送速归。

兵部员外郎李知损上言:"王昶僭慢,宜执留使者,籍没其货。"乃下元弼、恩狱。

吴越恭穆夫人马氏卒。夫人,雄武节度使绰之女也。初,武肃王镠禁中外畜声妓,文穆王元瓘年三十馀无子,夫人为之请于镠,镠喜曰:"吾家祭祀,汝实主之。"乃听元瓘纳妾。鹿氏,生弘傅、弘倧;许氏,生弘佐;吴氏,生弘俶;众妾生弘偡,弘亿、弘仪、弘偓、弘仰、弘信;夫人抚视慈爱如一。常置银鹿于帐前,坐诸儿于上而弄之。

【译文】冬季,十月,庚戌日(十三日),闽康宗王昶所遣派的使者郑元弼到达晋朝东京大梁。康宗给晋朝执政大臣的信说:"闽国自从国运兴盛以来,已经经历了很多年,由于北方的帝位频频改换,以致东海的风帆常常受阻。"(译者按:这意思是说:"中国屡次更换朝代,因此没去进贡。") 又请求用对等国家的礼节通信往来。后晋高祖石敬瑭为这些不礼貌的言辞发怒了,壬子日(十五日),诏命退还他所进贡的物品,以及福、建各州分批转运的财货,并且命令郑元弼及进奏官林恩尽速将物资送回去。兵部员外郎李知损建议说:"王昶僭越傲慢,应该拘留他的使者,没收他的货物。"后晋高祖石敬瑭便把郑元弼、林恩关进监狱。

吴越王钱元瓘的恭穆夫人马氏去世。马夫人,是雄武节度使马绰的女儿。起初,吴越武肃王钱镠禁止朝廷内外畜养歌伎,文穆王钱元瓘到了三十几岁还没有儿子,马夫人替丈夫特地为此事请示钱镠,钱镠高兴地说:"我家的祭礼香火,实际上是由你做主的。"于是,允许钱元瓘纳妾。鹿氏生弘傅、弘倧;许氏生弘佐;吴氏生弘俶;其他众妾生弘偡、弘亿、弘仪、弘偓、弘仰、弘信。马夫人对他们的抚育照顾,都一视同仁。常在帐前放一只银鹿，抱诸儿坐在上面，逗着他们玩。

十一月，戊子，契丹遣其臣遥折来使，遂如吴越。

楚王希范始开天策府，置护军都尉、领军司马等官，以诸弟及将校为之。又以幕僚拓跋恒、李弘皋、廖匡图、徐仲雅等十八人为学士。

刘勍等进攻溪州，彭士愁兵败，弃州走保山寨；石崖四绝，勍为梯栈上围之。廖匡齐战死，楚王希范遣吊其母，其母不哭，谓使者曰："廖氏三百口受王温饱之赐，举族效死，未足以报，况一子乎！愿王无以为念。"王以其母为贤，厚恤其家。

【译文】十一月，戊子日（二十一日），契丹派他的一个臣子遥折出使晋朝，最后又转往吴越。

楚王马希范开始设置天策将军府，设置护军中尉、领军司马等官，任用他的各位弟弟及将校充任。又任用幕僚拓跋恒、李弘皋、廖匡图、徐仲雅等十八人为学士。

刘勍等进攻溪州，彭士愁的军队打了败仗，放弃护州，逃了出去，据守山寨，四面都是悬崖峭壁，刘勍铺设云梯和栈道，攀登上去，将他们包围。廖匡齐战死，楚王马希范特派使者去吊慰廖匡齐的母亲，他的母亲没有哭，对使者说："廖氏全家三百口，受楚王给予温饱的恩惠，全族效死于国家，不足以报答，何况一个儿子啊！请大王不要把此事记在心上。"楚王马希范认为廖匡齐的母亲很贤惠，丰厚地抚恤了她家。

十二月，丙戌，禁刱造佛寺。

闽王作新宫，徙居之。

是岁，汉门下侍郎、同平章事赵光裔言于汉主曰："自马后

18

崩，未尝通使于楚，亲邻旧好，不可忘也。"因荐谏议大夫李纾可以将命，汉主从之；楚亦遣使报聘。光裔相汉二十馀年，府库充实，边境无虞。及卒，汉主复以其子翰林学士承旨、尚书左丞损为门下侍郎、同平章事。

【译文】十二月，丙戌日（十二月无此日），禁止建造新的佛寺。

闽王王曦兴建新宫，并搬进新宫居住。

这一年，南汉门下侍郎、同平章事赵光裔对汉主刘䶮说："从马皇后去世以来，我国不曾和楚国互通使者，亲戚邻国之间原来的友好关系，可不能忘记了。"于是顺便推荐谏议大夫李纾，认为他可以完成这一使命，汉主刘䶮同意，便照着赵光裔的话去做；楚国也派使者来答谢。赵光裔在南汉当宰相二十余年，府库充实，边境没有忧患。赵光裔死后，南汉主刘䶮又任用他的儿子翰林学士承旨、尚书左丞赵损为门下侍郎、同平章事。

天福五年（庚子，公元九四零年）春，正月，帝引见闽使郑元弼等。元弼曰："王昶蛮夷之君，不知礼义，陛下得其善言不足喜，恶言不足怒。臣将命无状，愿伏铁锧以赎昶罪。"帝怜之，辛未，诏释元弼等。

楚刘勍等因大风，以火箭焚彭士愁寨而攻之，士愁帅麾下逃入奖、锦深山，乙未，遣其子师暠帅诸酋长纳溪、锦、奖三州印，请降于楚。

【译文】天福五年（庚子，公元940年）春季，正月，后晋高祖石敬瑭引见闽国的使者郑元弼等人。郑元弼说："王昶只是一个蛮夷国的君王，不懂礼义，陛下得到他的好语也不值得高兴，听到他的恶语也不值得生气，我受他的差遣，办事不得体，愿意接受斧质腰斩之刑以赎王昶的罪过。"后晋高祖石敬瑭可怜他，辛未日（初五），下诏释放了郑元弼等人。

楚国刘勍等趁着大风，用火箭焚烧彭士愁的营寨，同时向他进攻，彭士愁率领他的部下逃入奖州和锦州的深山里。乙未日（二十九日），派他的儿子彭师暠率领各酋长送出溪、锦、奖三州的州印，向楚国请求投降。

二月，庚戌，北都留守、同平章事安彦威入朝，上曰："吾所重者信与义。昔契丹以义救我，我今以信报之；闻其征求不已，公能屈节奉之，深称朕意。"对曰："陛下以苍生之故，犹卑辞厚币以事之，臣何屈节之有！"上悦。

刘勍引兵还长沙。楚王希范徙溪州于便地，表彭士愁为溪州刺史，以刘勍为锦州刺史；自是群蛮服于楚。希范自谓伏波之后，以铜五千斤铸柱，高丈二尺，入地六尺，铭誓状于上，立之溪州。

【译文】 二月，庚戌日（十四日），北都留守、同平章事安彦威入朝，后晋高祖石敬瑭说："我所看重的是信和义。过去契丹人以义救我，现在我用信来报答他们。听说他们没完没了地索取，你能屈节侍奉他们，这很符合我的心意。"安彦威回答说："陛下为了苍生百姓，尚且用谦卑的言辞和丰厚的财物来对待契丹，臣有什么屈节可说！"后晋高祖石敬瑭很高兴。

刘勍率领军队返回长沙。楚王马希范把溪州的治所改换到另外一个便于控制的地方，上表推荐彭士愁为溪州刺史，又任命刘勍为锦州刺史，从此各部落的蛮族都归顺于楚国。楚王马希范自称是汉朝伏波将军马援的后代，便用五千斤铜铸立一个铜柱，高一丈二尺，埋入地下六尺，在柱上铭刻誓词，把它立在溪州。

唐康化节度使兼中书令杨琏谒平陵还，一夕，大醉，卒于舟中，唐主追封谥曰弘农靖王。

闽王曦既立，骄淫苛虐，猜忌宗族，多寻旧怨。其弟建州刺史延政数以书谏之，曦怒，复书骂之；遣亲吏业翘监建州军，教练使杜汉崇监南镇军，二人争捃延政阴事告于曦，由是兄弟积相猜恨。一日，翘与延政议事不叶，翘诃之曰："公反邪！"延政怒，欲斩翘；翘奔南镇，延政发兵就攻之，败其戍兵。翘、汉崇奔福州，西鄙戍兵皆溃。

【译文】 唐国康化节度使兼中书令杨琏拜谒平陵回来，一天夜晚，喝得大醉，死在船上，追封谥号叫弘农靖王。

闽主王曦即位以后，骄奢淫逸，酷苛暴虐，猜忌宗族，常常寻找旧怨加以报复。他的弟弟建州刺史王延政多次上书劝谏他，王曦发怒，回信责骂王延政；派亲信的官吏业翘监视建州军，教练使杜汉崇监视南镇军，二人争相收集王延政的私事去报告王曦，因此兄弟二人互相猜疑，彼此嫉恨，越积越深。有一天，业翘和王延政讨论事情，意见不合，业翘呵斥他说："你想造反吗？"王延政很生气，想杀了业翘，业翘逃往南镇，王延政发兵前往南镇攻打他，打败了南镇的守兵。业翘和杜汉崇逃往福州，西部边境的守兵全部溃败。

二月，曦遣统军使潘师逵、吴行真将兵四万击延政。师逵军于建州城西，行真军于城南，皆阻水置营，焚城外庐舍。延政求救于吴越，壬戌，吴越王元瓘遣宁国节度使、同平章事仰仁诠、内都监使薛万忠将兵四万救之，丞相林鼎谏，不听。三月，戊辰，师逵分兵三千，遣都军使蔡弘裔将之出战，延政遣其将林汉彻等败之于茶山，斩首千馀级。

安彦威、王建立皆请致仕；不许。辛未，以归德节度使、侍卫马步都指挥使、同平章事刘知远为邺都留守，徙彦威为归德节度使，加兼侍中。癸酉，徙建立为昭义节度使，进爵韩王；以建立辽州人，割辽、沁二州隶昭义。徙建雄节度使李德珫为北都留守。

【译文】 二月，王曦派遣统军使潘师逵、吴行真统兵四万攻打王延政。潘师逵屯军在建州城西，吴行真屯军在建州城南，都背水扎营，焚烧了城外的房舍。王延政向吴越请求救兵，壬戌日（二十六日），吴越王钱元瓘派宁国节度使、同平章事仰仁诠、内都监使薛万忠带兵四万去救王延政，丞相林鼎劝阻，不听。三月，戊辰日（初二），潘师逵分出三千兵马，派都军使蔡弘裔率领他们出战，王延政派遣他的部将林汉彻等人在茶山把他们打败，杀死一千多人。

安彦威、王建立都向后晋高祖石敬瑭请求退休；后晋高祖不准许。辛未日（初五），任命归德节度使、侍卫马步都指挥使、同平章事刘知远为邺都留守，迁调安彦威为归德节度使，加兼侍中。癸酉日（初七），迁调王建立为昭义节度使，晋封爵位为韩王；由于王建立是辽州人，所以划割辽州和沁州隶属于昭义节度。调迁建雄节度使李德珫为北都留守。

山南东道节度使、同平章事安从进恃其险固，阴蓄异谋，擅邀取湖南贡物，招纳亡命，增广甲卒；元随都押牙王令谦、押牙潘知麟谏，皆杀之。及王建立徙潞州，帝使问之曰："朕虚青州以待卿，卿有意则降制。"从进对曰："若移青州置汉南，臣即赴镇。"帝亦不之责。

丁丑，王延政募敢死士千馀人，夜涉水，潜入潘师逵垒，因风纵火，城上鼓噪以应之，战棹都头建安陈诲杀师逵，其众皆溃。戊寅，引兵欲攻吴行真寨，建人未涉水，行真及将士弃营走，死者万人。延政乘胜取永平、顺昌二城。自是建州之兵始盛。

【译文】 山南东道节度使、同平章事安从进凭借着地势的险要坚固，暗中怀着谋叛的打算，擅自拦截湖南所进贡的物资，又招收亡命之徒，增加甲兵，元随都押牙王令谦、押牙潘知麟向他劝谏，把他们都杀了。等到王建立迁调到潞州，后晋高祖石敬瑭派使者对他说："朕空着镇戍青州的平卢节度使等待着你，你如果有意去，我就降旨委任你。"安从进回答说："如果把青州移置在汉水以南，我就去赴任镇所。"后晋高祖也没有责怪他。

丁丑日（十一日），王延政招募敢死队一千多人，夜里渡过河水，潜入潘师逵的营垒，借着风势放火，又在城上击鼓呐喊呼应，战棹都头建安人陈诲杀了潘师逵，他的部下全都溃散。戊寅日（十二日），王延政率兵将攻吴行真的营寨，兵马还没渡过河水，吴行真和他的将士弃营逃走，死了一万人。王延政乘胜攻取了永平、顺昌二城。从此以后，建州的兵卒开始强盛起来。

夏，四月，蜀太保兼门下侍郎、同平章事赵季良请与门下侍郎、同平章事毋昭裔，中书侍郎、同平章事张业分判三司，癸卯，蜀主命季良判户部，昭裔判盐铁，业判度支。

庚戌，以前横海节度使马全节为安远节度使。

甲子，吴越孝献世子弘僔卒。

吴越仰仁诠等兵至建州，王延政以福州兵已败去，奉牛酒犒之，请班师；仁诠等不从，营于城之西北。延政惧，复遣使乞师于闽王。闽王以泉州刺史王继业为行营都统，将兵二万救之；

且移书责吴越，遣轻兵绝吴越粮道。会久雨，吴越军食尽，五月，延政遣兵出击，大破之，俘斩以万计。癸未，仁诠等诠遁。

【译文】 夏季，四月，蜀太保兼门下侍郎、同平章事赵季良请求和门下侍郎、同平章事毋昭裔以及中书侍郎、同平章事张业分别掌理三司。癸卯日（初八），蜀主孟昶命赵季良掌理户部，毋昭裔掌理盐铁，张业掌理度支。

庚戌日（十五日），后晋朝廷任用前横海节度使马全节为安远节度使。

甲子日（二十九日），吴越孝献世子钱弘僔去世。

吴越国仰仁诠等率援军到达建州，王延政因为闽国福州军队已经败走，就取出肉酒犒劳他们，请他们班师返回吴越。仰仁诠等人不同意，扎营在州城的西北面。王延政害怕，又派使者去向闽王王曦请求救兵。闽王王曦任命泉州刺史王继业为行营都统，率兵二万人去救援王延政；一面写信责备吴越，一面派轻装士兵断绝吴越的粮道。正巧连着下了很久的雨，吴越军队的粮食吃完了，五月，王延政派兵出击，大破吴越军队，俘虏和斩首的不下万人。癸未日（十八日），仰仁诠等人趁着黑夜，率部下逃走。

胡汉筠既违诏命不诣阙，又闻贾仁沼二子欲诉诸朝；及除马全节镇安州代李金全，汉筠绐金全曰："进奏吏遣人倍道来言，朝廷俟公受代，即按贾仁沼死状，以为必有异图。"金全大惧。汉筠因说金全拒命，自归于唐；金全从之。丙戌，帝闻金全叛，命马全节以汴、洛、汝、郑、单、宋、陈、蔡、曹、濮、申、唐之兵讨之，以保大节度使安审晖为之副。审晖，审琦之兄也。李金全遣推官张纬奉表请降于唐，唐主遣鄂州屯营使李承裕、段处恭将兵三千逆之。

【译文】 胡汉筠既已依仗李金全的庇护违背后晋高祖石敬瑭诏命不肯入京朝见，又听说被他所杀害的朝廷使官贾仁沼的两个儿子要向朝廷告发，等到朝廷任命马全节镇抚安州以代替李金全，胡汉筠就骗李金全说："进奏吏派人兼程赶回来说，朝廷等您交接完毕，就要调查贾仁沼死亡的真相，认为这里头一定含有谋叛的意图。"李金全非常恐慌，胡汉筠便借此机会劝说李金全抗拒朝廷的命令，主动地归附南唐，李金全同意了。丙戌日（二十一日），后晋高祖石敬瑭听说李金全反叛，下令马全节出动汴、洛、汝、郑、单、宋、陈、蔡、曹、濮、申、唐各州的军队去讨伐他，命保大节度使安审晖做副元帅。安审晖，是安审琦的哥哥。李金全遣派推官张纬带着表章向南唐请求归降，南唐主李昪派遣鄂州屯营使李承裕、段处恭领兵三千迎接李金全。

唐主遣客省使尚全恭如闽，和闽王曦及王延政。六月，延政遣牙将及女奴持誓书及香炉至福州，与曦盟于宣陵。然兄弟相猜恨犹如故。

癸卯，唐李承裕等引兵至安州。是夕，李金全将麾下数百人诣唐军，妓妾资财皆为承裕所夺，承裕入据安州。甲辰，马全节自应山进军大化镇，与承裕战于城南，大破之。承裕掠安州南走，全节入安州。丙午，安审晖追败唐兵于黄花谷，段处恭战死。丁未，审晖又败唐兵于云梦泽中，虏承裕及其众。唐将张建崇据云梦桥拒战，审晖乃还。马全节斩承裕及其众千五百人于城下，送监军杜光业等五百七人于大梁。上曰："此曹何罪！"皆赐马及器服而归之。

【译文】 南唐主李昪派客省使尚全恭到闽国去调解闽王王

曦和王延政，使他们兄弟和睦相处。六月，王延政派牙将及女奴拿着誓书和香炉到达福州，跟王曦在宣陵结盟。可是兄弟两个还是和以前一样互相猜疑、怨恨。

癸卯日（初九），南唐李承裕等到达安州。这天晚上，李金全带领部下数百人前往南唐驻地，妓妾资财都被李承裕的人所夺取，李承裕进占安州。甲辰日（初十），马全节从应山向大化镇进军，和李承裕交战于城南，将他打得大败。李承裕抢劫安州财物向南方逃走，马全节进入安州。丙午日（十二日），安审晖追杀唐军，把他们打败于黄花谷，段处恭战死。丁未日（十三日），安审晖又打败唐兵于云梦泽中，俘虏了李承裕和他的部众。唐将张建崇据守云梦桥以抵抗安审晖，安审晖这才带兵返回。马全节斩杀了李承裕和他的部众一千五百人于城下，将监军杜光业等五百零七人送往大梁。后晋高祖石敬瑭说："这些人有什么罪！"便都赐给他们马匹、器物和服装，把他们送回南唐。

初，卢文进之奔吴也，唐主命祖全恩将兵逆之，戒无入安州城，陈于城外。俟文进出，殿之以归，无得剽惊。及李承裕逆李金全，戒之如全恩；承裕贪剽掠，与晋兵战而败，失亡四千人。唐主悒恨累日，自以戒敕之不熟也。杜光业等至唐，唐主以其违命而败，不受，复送于淮北，遗帝书曰："边校贪功，乘便据垒。"又曰："军法朝章，彼此不可。"帝复遣之归，使者将自桐墟济淮，唐主遣战舰拒之，乃还。帝悉授唐诸将官，以其士卒为显义都，命旧将刘康领之。

◆巨光曰：违命者将也，士卒从将之令者也，又何罪乎！受而戮其将以谢敌，吊士卒而抚之，斯可矣，何必弃民以资敌国乎！◆

【译文】起初，卢文进投奔吴国时，南唐主李昪命祖全恩统兵迎击，告诫祖全恩不要进入安州城，列阵在城外，等待卢文进出来，就让他尾随部队回来，不许劫掠。到了这次李承裕去迎接李金全，又把当年叮咛祖全恩的那些话拿来叮咛李承裕；结果李承裕为了贪那抢劫所得的财物，而与晋兵交战，大败而回，损失伤亡了四千人。南唐主李昪惋惜痛恨了好几天，老怪自己叮咛告诫得不够深切。杜光业等人回到了唐国，南唐主李昪因为他们违反命令而失败，不接纳他们，又把他们送往淮北，并写了一封信给后晋高祖石敬瑭说："边界上的军官贪求功劳，趁机占据营垒。"又说，"不论是依军法或朝廷的律令来处治，这帮人两国都不能容他们存在。"后晋高祖又派使者把他们送回去，使者正想从桐墟渡过淮河，南唐主李昪却派战舰加以阻挡，于是他们又折回去。后晋高祖石敬瑭便把南唐诸将都授以官职，把他们的士兵组成显义都，命随兵起于晋阳的旧将刘康率领他们。

◆**臣司马光说：**违反命令的是将帅，士卒只不过是听从将帅的命令去做而已，又有什么罪呢？接受他们而惩罚他们的将帅，以向敌国赔罪，吊慰士卒而安抚他们，这样就可以了，为什么一定要遗弃人民，使他们反而帮助了敌国呢？◆

唐主使宦者祭庐山，还，劳之曰："卿此行甚精洁。"宦者曰："臣自奉诏，蔬食至今。"唐主曰："卿某处市鱼为羹，某日市肉为羹，何为蔬食？"宦者惭服。仓吏岁终献羡馀万馀石，唐主曰："出纳有数，苟非掊民刻军，安得羡馀邪！"

秋，七月，闽主曦城福州西郭以备建人。又度民为僧，民避重赋多为僧，凡度万一千人。

乙丑，帝赐郑元弼等帛，遣归。

李金全之叛也，安州马步副都指挥使桑千、威和指挥使王万金、成彦温不从而死，马步都指挥使庞守荣诮其愚，以徇金全之意。己巳，诏赠贾仁沼及桑千等官，遣使诛守荣于安州。李金全至金陵，唐主待之甚薄。

【译文】南唐主李昇让宦官去祭祀庐山，宦官回来，南唐主慰劳他说："你这次出行很是虔诚洁净。"宦官说："我从奉诏命出去，一直吃素到现在。"南唐主李昇说："卿某一天在某处买鱼做羹汤，某一天又在某处买肉做大块肉，怎么说一直在吃素？"宦官听了，又惭愧又佩服。管理仓库的小吏到了岁末献出剩余的米粮一万多石，南唐主李昇说："支出收入各有固定的数目，如果不是敛取民财、扣减军饷，哪来的剩余呢？"

秋季，七月，闽主王曦在福州西面修建城郭用来防备建州人。又鼓励人民剃度为和尚，人民为了逃避沉重的赋税，也多乐意做和尚，一共剃度了一万一千人。

乙丑日（初二），后晋高祖石敬瑭赐给郑元弼等人布帛，遣送他们返回闽国。

李金全叛晋时，安州马步副都指挥使桑千、威和指挥使王万金、成彦温因不追随他而死，马步都指挥使庞守荣讥诮他们愚蠢，以迎合李金全的意思。己巳日（初六），后晋高祖石敬瑭下诏，追赠贾仁沼及桑千等人官职，派使者诛杀庞守荣于安州。李金全到达金陵，南唐主李昇待他很刻薄。

丁巳，唐主立齐王璟为太子，兼大元帅，录尚书事。

太子太师致仕范延光请归河阳私第，帝许之。延光重载而行。西京留守杨光远兼领河阳，利其货，且虑为子孙之患，奏：

"延光叛臣，不家汴、洛而就外藩，恐其逃逸入敌国，宜早除之！"帝不许。光远请敕延光居西京，从之。光远使其子承贵以甲士围其第，逼令自杀。延光曰："天子在上，赐我铁券，许以不死，尔父子何得如此？"己未，承贵以白刃驱延光上马，至浮梁，挤于河。光远奏云自赴水死，帝知其故，惮光远之强，不敢诘；为延光辍朝，赠太师。

【译文】 丁巳日（七月无此日），南唐主李昪立齐王李璟为太子，兼大元帅，录尚书事。

后晋太子太师退休的范延光请求回到在河阳的私人宅第，后晋高祖石敬瑭准许了他。范延光载运了很丰厚的财物出发。西京留守杨光远兼管河阳，贪图他的财货，又顾虑他会找自己子孙的麻烦，所以向后晋高祖进奏说："范延光是个叛逆的臣子，不住在汴州或洛阳，而前往外地的藩镇，恐怕他会逃到敌国去，应趁早除掉他！" 后晋高祖不同意。杨光远请求敕令范延光住在西京，后晋高祖同意了。杨光远派他的儿子杨承贵带领甲士包围了范延光的宅第，逼令他自杀。范延光说："天子在上，赐给我铁券，承诺不杀我，你们父子怎么可以这样？"己未日（七月无此日），杨承贵手持锋利的刀子强迫范延光上马，走到浮桥上，把他推挤到黄河里。杨光远上奏说范延光自己要投水而死，后晋高祖石敬瑭知道其中的原因，但是惧怕杨光远的势力强大，不敢究问，后晋高祖石敬瑭因为范延光之死而停止上朝，追赠他为太师。

唐齐王璟固辞太子；九月，乙丑，唐主许之，诏中外致笺如太子礼。

丁卯，以翰林学士承旨、户部侍郎和凝为中书侍郎、同平章事。

己巳，邺都留守刘知远入朝。

辛未，李崧奏："诸州仓粮，于计帐之外所馀颇多。"上曰："法外税民，罪同枉法。仓吏特贷其死，各痛惩之。"

【译文】 唐齐王李璟坚决辞让太子的封号；九月，乙丑日（初三），南唐主李昪同意了，诏命朝廷内外向他写呈文比照太子的礼节。

丁卯日（初五），任命翰林学士承旨、户部侍郎和凝为中书侍郎、同平章事。

己巳日（初七），邺都留守刘知远入朝。

辛未日（初九），李崧上奏说："各州仓库所储的米粮，在总计登账之后，还剩余很多。"后晋高祖石敬瑭说："在法规以外向人民抽税，与违法同罪，管仓库的官吏特免他一死，但每个要加以严厉的惩罚。"

翰林学士李澣，轻薄，多酒失，上恶之，丙子，罢翰林学士，并其职于中书舍人，澣，涛之弟也。

杨光远入朝，帝欲徙之它镇，谓光远曰："围魏之役，卿左右皆有功，尚未之赏，今当各除一州以荣之。"因以其将校数人为刺史。甲申，徙光远为平卢节度使，进爵东平王。

【译文】 翰林学士李澣，为人轻薄，常常因酒误事，后晋高祖石敬瑭厌恶他，丙子日（十四日），废除翰林学士，把翰林学士的职务并入中书舍人，由中书舍人来处理。李澣，是李涛的弟弟。

杨光远入朝，后晋高祖石敬瑭想把他迁调到另一个藩镇，便对杨光远说："围攻魏州的那次战役，卿左右部属都有功劳，还没有赏赐他们，现在我想给他们各授一州，表示给他们一点荣耀。"因此把他的几个将校任命为刺史。甲申日（二十二日），调迁杨光远为平卢节度使，晋爵为东平王。

冬，十月，丁酉，加吴越王元瓘天下兵马都元帅，尚书令。

壬寅，唐大赦，诏中外奏章无得言"睿"、"圣"，犯者以不敬论。

术士孙智永以四星聚斗，分野有灾，劝唐主巡东都，乙巳，唐主命齐王璟监国。光政副使、太仆少卿陈觉以私憾奏泰州刺史褚仁规贪残；丙午，罢仁规为扈驾都部置，觉始用事。庚戌，唐主发金陵；甲寅，至江都。

闽王曦因商人奉表自理；十一月，甲申，以曦为威武节度使，兼中书令，封闽国王。

唐主欲遂居江都，以水冻，漕运不给，乃还；十二月，丙申，至金陵。

【译文】冬季，十月，丁酉日（初五），加封吴越王钱元瓘天下兵马都元帅、尚书令。

壬寅日（初十），南唐实行大赦，诏令中外奏章不得用"睿""圣"字样，违犯者按不敬论。

江湖术士孙智永认为天上四星聚集在北斗，表示与该星宿相配的唐国领域将有灾害，因此劝南唐主李昪巡行东都。乙巳日（十三日），南唐主李昪命齐王李璟监国。光政副使、太仆少卿陈觉为了私人的恩怨而上奏朝廷，说泰州刺史褚仁规贪婪残暴。丙午日（十四日），罢免褚仁规，改任扈驾都部署，于是陈觉开始当权。庚戌日（十八日），南唐主李昪从西都金陵出发；甲寅日（二十二日），到达东都江都。

闽王王曦托商人奉表给后晋高祖石敬瑭，说自己不曾称尊号；十一月，甲申日（二十三日），后晋高祖任命王曦为威武节度使，兼中书令，封闽国王。

南唐主李昪想就此定居江都，可是因为水路结冰，不能靠水路转运物资，于是启程回来；十二月，丙申日（初五），到达金陵。

唐右仆射兼门下侍郎、同平章事张延翰卒。

是岁，汉门下侍郎、同平章事赵损卒；以宁远节度使南昌王定保为中书侍郎、同平章事，不逾年亦卒。

初，帝割雁门之北以赂契丹，由是吐谷浑皆属契丹，苦其贪虐，思归中国；成德节度使安重荣复诱之，于是吐谷浑帅部落千馀帐自五台来奔。契丹大怒，遣使让帝以招纳叛人。

【译文】南唐右仆射兼门下侍郎、同平章事张延翰去世。

这一年，汉门下侍郎、同平章事赵损去世；任命宁远节度使南昌人王定保为中书侍郎、同平章事，没过一年，也去世了。

起初，后晋高祖石敬瑭割让雁门关以北来贿赂契丹，从此吐谷浑之地都归属契丹，他们苦于契丹人的贪婪暴虐，想回归中原，成德节度使安重荣又引诱他们，于是吐谷浑率领他们的部落一千多帐从五台来投奔中国。契丹非常愤怒，派使者责备后晋高祖招纳叛逆的人。

天福六年（辛丑，公元九四一年）春，正月，丙寅，帝遣供奉官张澄将兵二千索吐谷浑在并、镇、忻、代四州山谷者，逐之使还故土。

王延政城建州，周二十里，请于闽王曦，欲以建州为威武军，自为节度使。曦以威武军福州也，乃以建州为镇安军，以延政为节度使，封富沙王；延政改镇安曰镇武而称之。

二月，壬辰，作浮梁于德胜口。

【译文】天福六年（辛丑，公元941年）春季，正月，丙寅日（初六），后晋高祖石敬瑭派供奉官张澄带领两千兵马去搜寻住在并、镇、忻、代四州山谷中的吐谷浑人，赶他们回到自己的故乡。

王延政在建州修筑城池，周围二十里，请求闽王王曦在建州设置威武军，他自己做节度使。王曦因为福州就是威武军，于是以建州为镇安军，任命王延政为节度使，封为富沙王，王延政改镇安为镇武，以后就一直如此称呼。

二月，壬辰日（初二），后晋朝廷在黄河德胜口建造一座浮桥。

彰义节度使张彦泽欲杀其子，掌书记张式素为彦泽所厚，谏止之。彦泽怒，射之；左右素恶式，从而谮之，式惧，谢病去，彦泽遣兵追之，式至邠州，静难节度使李周以闻，帝以彦泽故，流式商州。彦泽遣行军司马郑元昭诣阙求之，且曰："彦泽不得张式，恐致不测。"帝不得已，与之。癸未，式至泾州，彦泽命决口，剖心，断其四支。

凉州军乱，留后李文谦闭门自焚死。

【译文】彰义节度使张彦泽要杀他的儿子，掌书记张式一向被张彦泽所厚待，劝谏阻止他。张彦泽很生气，拿箭射张式，左右的人平时就讨厌张式，乘机说他的坏话。张式害怕了，借口生病离去，张彦泽派兵追他。张式到达邠州，静难节度使李周向朝廷报告，后晋高祖石敬瑭因为张彦泽的缘故，把张式流放到

33

商州。张彦泽派行军司马郑元昭到京师要人，而且说："张彦泽如果没有抓到张式，恐怕会导致难以预测的后果。"后晋高祖迫不得已，把张式交给他。癸巳日（初三），张式到达泾州，张彦泽命令撕开他的嘴，挖出他的心脏，剁断四肢。

凉州军叛乱，留后李文谦关闭门户，自焚而死。

蜀自建国以来，节度使多领禁兵，或以它职留成都，委僚佐知留务，专事聚敛，政事不治，民无所诉。蜀主知其弊，丙辰，加卫圣马步都指挥使、武德节度使兼中书令赵廷隐、枢密使、武信节度使、同平章事王处回、捧圣控鹤都指挥使、保宁节度使、同平章事张公铎检校官，并罢其节度使。三月，甲戌，以翰林学士承旨李昊知武德军，散骑常侍刘英图知保宁军，谏议大夫崔銮知武信军，给事中谢从志知武泰军，将作监张讚知宁江军。

夏，四月，闽王曦以其子亚澄同平章事、判六军诸卫。曦疑其弟汀州刺史延喜与延政通谋，遣将军许仁钦以兵三千如汀州，执延喜以归。

【译文】蜀自从建国以来，节度使大多兼领禁兵，或者因别的职务留在成都，委派僚属佐吏管理军府的事务，这些人专门从事聚敛财物，政事治理不善，民众也无处申诉。蜀主孟昶了解其中的弊害，丙辰日（二十六日），加任卫圣马步都指挥使、武德节度使兼中书令赵廷隐，枢密使、武信节度使、同平章事王处回，捧圣控鹤都指挥使、保宁节度使、同平章事张公铎为检校官，同时罢免他们三人节度使的职务。三月，甲戌日（十四日），命翰林学士承旨李昊治理武宁军，散骑常侍刘英图治理保宁军，谏议大夫崔銮治理武信军，给事中谢从志治理武泰军，将作监张讚治理宁江军。

夏季,四月,闽王王曦任用他的儿子王亚澄为同平章事,判六军诸卫。王曦怀疑他的弟弟汀州刺史王延喜和王延政勾结策划,派将军许仁钦带领三千兵马到汀州,将王延喜抓了回来。

唐主以陈觉及万年常梦锡为宣徽副使。

辛巳,北京留守李德珫遣牙校以吐谷浑酋长白承福入朝。

唐主遣通事舍人欧阳遇求假道以通契丹,帝不许。自黄巢犯长安以来,天下血战数十年,然后诸国各有分土,兵革稍息。及唐主即位,江、淮比年丰稔,兵食有馀,群臣争言"陛下中兴,今北方多难,宜出兵恢复旧疆。"

唐主曰:"吾少长军旅,见兵之为民害深矣,不忍复言。使彼民安,则吾民亦安矣,又何求焉!"汉主遣使如唐,谋共取楚,分其地;唐主不许。

【译文】 南唐主李昪任命陈觉及万年人常梦锡为宣徽副使。

辛巳日(疑误),北京太原留守李德珫派遣牙校率领吐谷浑酋长白承福入京朝见后晋高祖石敬瑭。

南唐主李昪派通事舍人欧阳遇请求借路过境以通往契丹,后晋高祖石敬瑭不准。自从黄巢进犯长安以来,天下血战几十年,然后诸国各有分土,兴兵作战的事情稍微停息。等到南唐主李昪即位,江、淮一带连年丰收,军队的粮食常有剩余,于是群臣争相建议说:"陛下中兴,现在北方多事,应该出兵收复旧有的疆土。"

南唐主李昪说:"我从小在军中长大,亲眼看到用兵对老百姓的危害很深,不忍心再谈用兵的事。假使他们的人民安居乐业,那么我国的人民也可以获得安定了,还有什么可追求的呢?"南汉主刘䶮派使者到唐国,想跟他谋划共同攻占楚国,平分它的土地,南唐主李昇不同意。

山南东道节度使安从进谋反,遣使奉表诣蜀,请出师金、商以为声援;丁亥,使者至成都。蜀主与群臣谋之,皆曰:"金、商险远,少出师则不足制敌,多则漕挽不继。"蜀主乃辞之。又求援于荆南,高从诲遗从进书,谕以祸福;从进怒,反诬奏从诲。荆南行军司马王保义劝从诲具奏其状,且请发兵助朝廷讨之;从诲从之。

【译文】山南东道节度使安从进准备造反,派使者带着表章到蜀国,请求出兵攻打金州、商州作为声援。丁亥日(疑误),使者到达成都。蜀主孟昶与群臣谋划,都说:"金州和商州,危险又遥远,出兵少则不足以克制敌人,出兵多则水、陆运输跟不上。"蜀主孟昶于是就将此事推辞掉了。安从进又向荆南请求援兵,高从诲给安从进写信,为他分析祸福,安从进大为生气,反而上奏诬害高从诲。荆南行军司马王保义劝高从诲把事情的真相详细地奏报朝廷,并且请求出兵帮助朝廷讨伐他,高从诲听从了这一建议。

成德节度使安重荣耻臣契丹,见契丹使者,必箕踞慢骂,使过其境,或潜遣人杀之;契丹以让帝,帝为之逊谢。六月,戊午,重荣执契丹使拽剌,遣骑掠幽州南境,军于博野,上表称:"吐谷浑、两突厥、浑、契苾、沙陀各帅部从归附;党项等亦遣使纳契丹告身职牒,言为虏所陵暴,又言自二月以来,令各具精甲壮马,将以上秋南寇,恐天命不佑,与之俱灭,愿自备十万众,与晋共击契丹。又朔州节度副使赵崇已逐契丹节度使刘山,求归命朝廷。

臣相继以闻。陛下屡敕臣承奉契丹，勿自起衅端；其如天道人心，难以违拒，机不可失，时不再来。诸节度使没于虏庭者，皆延颈企踵以待王师，良可哀闵。愿早决计。"表数千言，大抵斥帝父事契丹，竭中国以媚无厌之虏。又以此意为书遗朝贵及移藩镇，云已勒兵，必与契丹决战。帝以重荣方握强兵，不能制，甚患之。

【译文】 成德节度使安重荣耻于向契丹称臣，会见契丹使者时，一定伸开两腿坐着谩骂，使者经过他的辖境，有时暗中派人把使者杀了，契丹以此责备后晋高祖石敬瑭，后晋高祖常替他道歉谢过。六月，戊午日（二十九日），安重荣把契丹的使者拽刺抓起来，派骑兵抢劫幽州的南境，驻扎于博野，向后晋高祖上表说："吐谷浑、东西两突厥、浑、契苾、沙陀各自率领他们的部众前来归附；党项等也派使者来，献出契丹所颁给他们的授官委任状和任职文书，说他们被契丹欺凌和压迫，又说自从二月以来，契丹命令他们各自准备精兵壮马，将要在七月向南侵犯，恐怕老天不保佑他们，与契丹一起灭亡，所以情愿自己准备十万人马，与晋军共同攻击契丹。另外，朔州节度副使赵崇已经驱逐了契丹节度使刘山，请求归附朝廷。臣先后不断地报告这些消息，陛下却屡次命臣奉承契丹，不要由自己这边引起事端，然而天道人心，难以违抗，机会不可错过，时运不会重来。沦陷在胡虏的各节度使都仰着头，翘起脚跟，以等待王师的到来，实在值得悲伤同情。希望朝廷早日决定计策。"表章有好几千字，大致在斥责后晋高祖以侍奉父亲的礼节来侍奉契丹，竭尽中国的物资以讨好贪求无厌的胡虏。安重荣又用这种意思写信送给朝廷权贵，并且传送给各藩镇，说已经调兵遣将，决心同契丹决战。后晋高祖石敬瑭由于安重荣正掌握着强大兵力，不能节制他，极为忧虑。

时邺都留守、侍卫马步都指挥使刘知远在大梁；泰宁节度使桑维翰知重荣已蓄奸谋，又虑朝廷重违其意，密上疏曰："陛下免于晋阳之难而有天下，皆契丹之功也，不可负之。今重荣恃勇轻敌，吐浑假手报仇，皆非国家之利，不可听也。臣窃观契丹数年以来，士马精强，吞噬四邻，战必胜，攻必取，割中国之土地，收中国之器械；其君智勇过人，其臣上下辑睦，牛马蕃息，国无天灾，此未可与为敌也。且中国新败，士气彫沮，以当契丹乘胜之威，其势相去甚远。又，和亲既绝，则当发兵守塞，兵少则不足以待寇，兵多则馈运无以继之。我出则彼归，我归则彼至，臣恐禁卫之士疲于奔命，镇、定之地无复遗民。今天下粗安，疮痍未复，府库虚竭，蒸民困弊，静而守之，犹惧不济，其可妄动乎！契丹与国家恩义非轻，信誓甚著，彼无间隙而自启衅端，就使克之，后患愈重；万一不克，大事去矣。议者以岁输缯帛谓之耗蠹，有所卑逊谓之屈辱。殊不知兵连而不休，祸结而不解，财力将匮，耗蠹孰甚焉！用兵则武吏功臣过求姑息，边藩远郡得以骄矜，下陵上替，屈辱孰大焉！臣愿陛下训农习战，养兵息民，俟国无内忧，民有馀力，然后观衅而动，则动必有成矣。又，邺都富盛，国家藩屏，今主帅赴阙，军府无人，臣窃思慢藏诲盗之言，勇夫重闭之义，乞陛下略加巡幸，以杜奸谋。"帝谓使者曰："朕比日以来，烦懑不决，今见卿奏，如醉醒矣，卿勿以为忧。"

【译文】当时邺都留守、侍卫马步都指挥使刘知远在大梁；泰宁节度使桑维翰知道安重荣已经怀藏叛逆的阴谋，又担心朝廷难以拒绝他的主意，于是秘密上疏说："陛下躲过晋阳那次的祸难而拥有天下，都是契丹的功劳，不可辜负他们。现在安重荣仗着勇兵强将，轻视敌人，吐谷浑利用他来报仇，这都不是国家之福，不可以听他。我观察契丹数年以来，士兵、马匹精锐强悍，吞并四邻，战必胜，攻必取，割据中原的土地，收缴中原的器械。他们的君主智勇过人，他们的臣子上下和睦，牛羊繁殖茂盛，国家没有天灾，是不可以把他们视为敌人的。而且中国刚战败不久，士气颓丧，以此来抵挡契丹乘胜而来的威力，在势力上相差太多。再则与他们和亲的办法既然已经行不通，那就得发兵防守边塞，兵卒少则不足以抵抗敌寇，兵卒一多则粮食和军用物资的运送又跟不上。我们一出兵，他们就退回去，我们一回来，他们又到来，臣担心禁卫士兵疲于奔命，镇、定两州境内再也见不到遗留的百姓。现在天下略为安定，所受的创伤还没有复原，国库空虚，民众困苦，就是平静地守护国家，都还怕救助不了，怎么可以胡乱动兵呢？契丹对我们国家，恩义也算不轻，信誉和誓言都很明白，他们没有过失可做我们的口实，而我们自己挑起事端，就算能打败他们，也将产生更严重的后患；万一不能战胜他们，国家大事就完了。发表意见的人认为每年运送缯帛给契丹叫作耗损国库，有所卑恭谦逊叫作委屈受辱。殊不知如果兵战连绵而不罢休，灾祸交结而不消除，财力将要匮乏，与耗损国库哪个更厉害呢？用兵作战，军官和功臣就会过分地要求姑息迁就他们，边远的藩镇和州县，其主帅得以骄傲自大，下属欺凌，朝廷衰败，与委屈受辱相比，又还有什么比这危害更大的呢？臣希望陛下训导农事，熟悉战事，对士兵和百姓休养生息，等到国家没有内忧，而百姓有了余力，然后观察时机采取行动，那么行动一定成功。再说，邺都物产富饶，兵力强盛，是国家的屏障，现在主帅到京师来，军府没人治理，臣私下想起'慢藏诲盗'（守藏不密，等于教人来偷）的至理名言，以及'勇夫重闭'（勇敢的人也要关闭内外的门户）的真正含义，请陛下略加巡视，以杜绝奸人的阴谋。"后晋高祖石敬瑭对使者说："朕连日以来，忧烦郁闷，不能做决定，现在看到你送的奏章，好像在大醉之中猛然醒过来一样，你不必为此担心。"

资治通鉴

闽王曦闻王延政以书招泉州刺史王继业，召继业还，赐死于郊外，杀其子于泉州。初，继业为汀州刺史，司徒兼门下侍郎、同平章事杨沂丰为士曹参军，与之亲善。或告沂丰与继业通谋，沂丰方侍宴，即收下狱，明日斩之，夷其族。沂丰，涉之从弟也，时年八十馀，国人哀之，自是宗族勋旧相继被诛，人不自保，谏议大夫黄峻舁榇诣朝堂极谏，曦曰："老物狂发矣！"贬漳州司户。

【译文】闽主王曦听说王延政写信约请泉州刺史王继业，便把王继业召回福州，赐死于郊外，又在泉州把他的儿子杀了。起初，王继业做汀州刺史，现任司徒兼门下侍郎、同平章事杨沂丰那时做士曹参军，与他交情很好，有人密告杨沂丰和王继业共同谋叛，于是就利用杨沂丰陪侍闽王王曦饮宴之际，将他收押，送进监狱，第二天，将他斩首，并杀了他的全族。杨沂丰是杨涉的堂弟，当时已经八十多岁了，闽国的民众都很哀怜他。从此宗族、元勋、旧臣相继被诛杀，人人不能自保，谏议大夫黄峻舁抬着棺木到朝堂极力劝谏，闽王王曦说："这个老废物的癫狂症发作了！"于是贬他做章州司户。

曦淫侈无度，资用不给，谋于国计使国安陈匡范，匡范请日进万金；曦悦，加匡范礼部侍郎，匡范增算商贾数倍。曦宴群臣，举酒属匡范曰："明珠美玉，求之可得；如匡范人中之宝，不可得也。"未几，商贾之算不能足日进，贷诸省务钱以足之，恐事觉，忧悸而卒，曦祭赠甚厚。诸省务以匡范贷贴闻，曦大怒，斫棺，断其尸弃水中，以连江人黄绍颇代为国计使。绍颇请"令欲仕者，自非廕补，皆听输钱即授之，以资望高下及州县房口多寡定其直，自百缗至千缗。"从之。

【译文】闽王王曦淫乱奢侈无度，资金用度不足，于是就同国计使南安人陈匡范商讨办法，陈匡范请求每天收入万金，王曦高兴，加封陈匡范为礼部侍郎，陈匡范向商人收费时增加了好几倍。王曦宴会群臣时，举酒对陈匡范说："明珠和美玉，只要去寻找就可获得，像陈匡范这样的人中之宝，是找也找不到的。"没多久，商人的税收不能满足每天提供给闽王的数量，于是借用政府各部门的费用来补足，又怕真相被发觉，陈匡范忧愁恐惧而死，王曦祭祀追赠，非常丰厚。各部门拿出陈匡范借钱的文书，将实情和盘托出。王曦十分愤怒，剖了他的棺材，斩断他的尸体丢弃到水里，任命连江人黄绍颇代理国计使。黄绍颇请求："命令凡是想做官的人，除了因祖先功勋而补官的以外，都任由人民捐钱，捐了钱就给他官做，依照官职的权责和名望的高低以及州县户口的多少来决定官位的价码，从一百缗到一千缗不等。"王曦同意了这个办法。

唐主自以专权取吴，尤忌宰相权重，以右仆射兼中书侍郎、同平章事李建勋执政岁久，欲罢之。会建勋上疏言事，意其留中，既而唐主下有司施行。建勋自知事挟爱憎，密取所奏改之；秋，七月，戊辰，罢建勋归私第。

帝忧安重荣跋扈，己巳，以刘知远为北京留守、河东节度使，复以辽、沁隶河东；以北京留守李德珫为邺都留守。

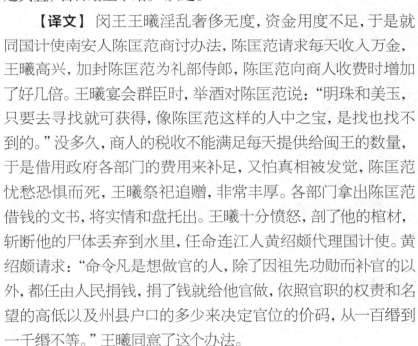

知远微时，为晋阳李氏赘婿，尝牧马，犯僧田，僧执而笞之。知远至晋阳，首召其僧，命之坐，慰谕赠遗，众心大悦。

【译文】 南唐主李昪自认为是靠了专权夺取了吴国皇位，尤其忌怕宰相权重，因为右仆射兼中书侍郎、同平章事李建勋执政的时间太长，想要罢免他。正巧李建勋上奏疏谈论政事，他料想那封奏疏大概会被搁置在宫禁里，没想到不久以后，南唐主李昪居然把它交给有关部门去执行。李建勋心里明白那封奏疏所谈的事情，实在掺杂了个人爱憎的感情成分，于是又暗中设法取回那封奏疏，加以修改。秋季，七月，戊辰日（初十），罢免了李建勋的官职，让他回到自己家里去。

后晋高祖石敬瑭忧虑安重荣飞扬跋扈，己巳日（十一日），任命刘知远为北京留守、河东节度使，又把辽、沁两州隶属于河东节度，任命北京留守李德珫为邺都留守。刘知远卑微时，是晋阳李姓人家的招赘女婿，曾经放牧马匹，侵犯了僧人的田地，僧人把他抓住打了板子。这次，刘知远到了晋阳，头一桩事便是把当年那个和尚找来，请他坐下，安慰一番，并赠送一些礼物，于是军民大为喜悦。

吴越府署火，宫室府库几尽。吴越王元瓘惊惧，发狂疾，唐人争劝唐主乘弊取之，唐主曰："奈何利人之灾！"遗使唁之，且赒其乏。

闽主曦自称大闽皇，领威武节度使，与王延政治兵相攻，互有胜负，福、建之间，暴骨如莽。镇武节度判官晋江潘承祐屡请息兵修好，延政不从。闽主使者至，延政大陈甲卒以示之，对使者语甚悖慢；承祐长跪切谏，延政怒，顾左右曰："判官之肉可食乎！"承祐不顾，声色愈厉，闽主曦恶泉州刺史王继严得众心，罢归，鸩杀之。

【译文】 吴越王的府署着火，宫室府库几乎烧光。吴越王钱元瓘惊慌恐惧，得了精神病。唐国人纷纷劝说南唐主李昪趁吴越困难的时机去攻占它，南唐主李昪说："怎么可以趁别人受灾的时候去侵犯他们，而自己取利呢？"反而派使者前去慰问，并输送物资去救济他们。

闽主王曦自称大闽皇，领威武节度使，与王延政训练兵众互相攻伐，各有胜负，福州和建州之间，暴露的骨骸如同草莽一样繁茂。镇武节度判官晋江人潘承祐屡次劝请王延政停止战争，建立友好关系，王延政不听。闽主王曦的使者到来，王延政大量列陈甲兵向他显示，对使者说话非常狂妄傲慢；潘承祐跪在地上，痛切地劝谏，不肯起来，王延政很生气，看了看左右的人，说："判官的肉可以吃吗？"潘承祐不理不睬，声音和脸色越发地严厉。闽主王曦厌恶泉州刺史王继严深得民心，把他罢免回家，用毒酒毒死了他。

八月，戊子朔，以开封尹郑王重贵为东京留守。

冯道，李崧屡荐天平节度使兼侍卫亲军马步副都指挥使、同平章事杜重威之能，以为都指挥使，充随驾御营使，代刘知远，知远由是恨二相，重威所至黩货，民多逃亡，尝出过市，谓左右曰："人言我驱尽百姓，何市人之多也！"

壬辰，帝发大梁。己亥，至邺都。壬寅，大赦。帝以诏谕安重荣曰："尔身为大臣，家有老母，忿不思难，弃君与亲。吾因契丹得天下，尔因吾致富贵，吾不敢忘德，尔乃忘之，何邪？今吾以天下臣之，尔欲以一镇抗之，不亦难乎！宜审思之，无取后悔！"重荣得诏愈骄，闻山南东道节度使安从进有异志，阴遣使与之通谋。

【译文】 八月，戊子朔日（初一），任命开封尹郑王石重贵为东京留守。

冯道、李崧屡次推荐天平节度使兼侍卫亲军马步副都指挥使、同平章事杜重威的才能，把他任用为都指挥使，充当随驾御营使，代替刘知远，刘知远因此怨恨冯道和李崧两位宰相。杜重威无论到哪个地方都贪黩财货，百姓大多逃亡。曾有一次，他出门经过市场，对左右的部属说："人家都说我把百姓全给赶走了，怎么市场上竟会有这么多人呢？"

壬辰日（初五），后晋高祖石敬瑭从大梁出发；己亥日（十二日），到达邺都；壬寅日（十五日），实行大赦。后晋高祖石敬瑭用诏书晓谕安重荣说："你身为大臣，家里有年老的母亲，为了私愤，不顾后患，遗弃国君和母亲。我靠契丹而得天下，你靠我而得富贵，我不敢忘记人家对我的恩德，而你竟忘记了，为什么呢？如今我拥有天下而臣服契丹，而你想以一个藩镇的力量来抗拒契丹，不也太难了吗？你应该审慎地考虑，不要自取后悔！"安重荣接到诏书更加骄横，听说山南东道节度使安从进有谋反的心志，因此暗中派使者和他联络谋划。

吴越文穆王元瓘寝疾，察内都监章德安忠厚，能断大事，欲属以后事，语之曰："弘佐尚少，当择宗人长者立之。"德安曰："弘佐虽少，群下伏其英敏，愿王勿以为念！"王曰："汝善辅之，吾无忧矣。"德安，处州人也。辛亥，元瓘卒。

【译文】 吴越文穆王钱元瓘病重起不了身，他发现内都监章德安为人忠厚，能够决断大事，便想把身后的事情托付给他，就对他说："弘佐年纪还小，最好从宗族里头选择年纪较大的来继位。"章德安说："弘佐虽然还小，可是群臣都佩服他的英明和聪慧，请大王不要为此挂心！"文穆王钱元瓘说："你好好地辅佐他，我就没什么好挂心的了。"章德安，是处州人。辛亥日（二十四日），吴越文穆王钱元瓘去世。

初，内牙指挥使戴恽，为元瓘所亲任，悉以军事委之。元瓘养子弘侑乳母，恽妻之亲也，或告恽谋立弘侑。德安秘不发丧，与诸将谋，伏甲士于幕下；壬子，恽入府，执而杀之，废弘侑为庶人，复姓孙，幽之明州。是日，将吏以元瓘遗命，承制以镇海、镇东副大使弘佐为节度使，时年十四。九月，庚申，弘佐即王位，命丞相曹仲达摄政。军中言赐与不均，举仗不受，诸将不能制；仲达亲谕之，皆释仗而拜。弘佐温恭，好书，礼士，躬勤政务，发摘奸伏，人不能欺。民有献嘉禾者，弘佐问仓吏："今蓄积几何？"对曰："十年。"王曰："然则军食足矣，可以宽吾民"。乃命复其境内税三年。

【译文】起初，内牙指挥使戴恽是文穆王钱元瓘所亲信重用的，把军事全部委托给他。钱元瓘养子弘侑的乳母，是戴恽妻子的亲戚，有人告发戴恽蓄谋拥立钱弘侑。章德安守秘，不宣布钱元瓘死亡的消息，和几个将领谋议，在王府中埋伏军士。壬子日（二十五日），戴恽进入王府，把他抓起来杀了。钱弘侑废为平民，恢复姓孙，然后把他囚禁在明州。这一天，将军和官吏根据钱元瓘的遗命，秉承皇帝制书任命镇海、镇东副大使钱弘佐为节度使，当时年仅十四岁。九月，庚申日（初三），钱弘佐即王位，命丞相曹仲达代理政事。军中抱怨赏赐不公平，个个手持兵器，不肯接受，诸将不能控制，曹仲达亲自劝导，大家便都放下兵器下拜。钱弘佐温和谦恭，好读书，礼待士人，亲自勤理政务，揭发隐秘的坏人坏事，人们不能欺骗他。百姓有进献象征吉祥的稻禾的，钱弘佐问管仓库的官吏说："现在储藏的粮食有多少？" 回答说："能用十年。"钱弘佐说："那么军队的粮食已经够了，可以让我们的百姓轻松一下。"于是下令，他的境内免税三年。

辛酉，滑州言河决。

帝以安重荣杀契丹使者，恐其犯塞，乙亥，遣安国节度使杨彦询使于契丹。彦询至其帐，契丹主责以使者死状，彦询曰："譬如人家有恶子，父母所不能制，将如之何？"契丹主怒乃解。

闽主曦以其子琅邪王亚澄为威武节度使、兼中书令，改号长乐王。

刘知远遣亲将郭威以诏旨说吐谷浑酋长白承福，令去安重荣归朝廷，许以节钺。威还，谓知远曰："虏惟利是嗜，安铁胡止以袍袴赂之，今欲其来，莫若重赂乃可致耳。"知远从之，且使谓承福曰："朝廷已割尔曹隶契丹，尔曹当自安部落；今乃南来助安重荣为逆，重荣已为天下所弃，朝夕败亡。尔曹宜早从化，勿俟临之以兵，南北无归，悔无及矣。"承福惧，冬，十月，帅其众归于知远。知远处之太原东山及岚、石之间，表承福领大同节度使，收其精骑以隶麾下。

【译文】辛酉日（初四），滑州上报说黄河决口。

后晋高祖石敬瑭因为安重荣杀了契丹使者，怕契丹人侵犯边塞，乙亥日（十八日），派安国节度使杨彦询出使契丹。杨彦询到了契丹主的庐帐，契丹主耶律德光责问使者遇害的情况，杨彦询说："这就好像一个家庭里出了不肖的儿子，父母都没办法管制，又能对他怎么样呢？"契丹主耶律德光听了他的话，怒气才消了下去。

闽主王曦任用他的儿子琅邪王王亚澄为威武节度使兼中书令，改封号为长乐王。

刘知远派遣亲信将领郭威按照皇帝诏书的意思去劝说吐谷浑酋长白承福，让他离开安重荣归顺朝廷，答应授予他符节和斧钺。郭威回来，对刘知远说："胡虏只贪财利，安铁胡（译者按：安重荣小字铁胡）只用长袍和裤子去收买他们，现在想让他们来归附，必须赠送贵重的财货，才可以达到目的。"刘知远同意这个办法，并且派人对白承福说："朝廷已经割让你们隶属于契丹，你们应当自己安心在部落生活，现在竟然到南边来帮助安重荣造反。安重荣已被天下人所唾弃，早晚就要败亡，你们应该趁早服从教化，不要等到大军降临，南北都无处可归，再来后悔，就来不及了。"白承福害怕，冬季，十月，率领他的兵众归附于刘知远。刘知远把他们安置在太原东山及岚州、石州之间，上表请求白承福担任大同节度使，收揽他的精锐骑兵隶属在自己的指挥之下。

始，安重荣称檄诸道，云与吐谷浑、达靼、契苾同起兵，既而承福降知远，达靼、契苾亦莫之赴，重荣势大沮。

闽主曦即皇帝位。王延政自称兵马元帅。闽同平章事李敏卒。

帝之发大梁也，和凝请曰："车驾已行，安从进若反，何以备之？"帝曰："卿意如何？"凝请密留空名宣敕十数通，付留守郑王，闻变则书诸将名，遣击之；帝从之。

【译文】 起初，安重荣传递檄文给各个藩镇，说要和吐谷浑、达靼、契苾一同起兵，不久白承福归降刘知远，于是靼靼、契苾也没去赴约，安重荣的声势大为削弱。

闽主王曦即皇帝位，王延政自称兵马元帅。闽国同平章事李敏去世。

后晋高祖石敬瑭从大梁出发，和凝请示说："皇上车驾已经出发，安从进如果谋反，要怎样防御他？"后晋高祖反问说："卿的意思如何？"和凝请求留下尚未填写名字的"宣"和"敕"十几通，交给留守郑王石重贵，听到变乱便写上诸将之名，遣派他们去攻打安从进，后晋高祖听从了他。

十一月，从进举兵攻邓州，唐州刺史武延翰以闻。郑王遣宣徽南院使张从恩、武德使焦继勋、护圣都指挥使郭金海、作坊使陈思让将大梁兵就申州刺史李建崇兵于叶县以讨之。金海，本突厥；思让，幽州人也。丁丑，以西京留守高行周为南面军前都部署，前同州节度使宋彦筠副之，张从恩监焉；又以郭金海为先锋使，陈思让监焉。彦筠，滑州人也。

庚辰，以邺都留守李德珫权东京留守，召郑王重贵如邺都。

【译文】十一月，安从进起兵攻邓州，唐州刺史武延翰将这个消息上报朝廷。郑王石重贵派宣徽南院使张从恩、武德使焦继勋、护圣都指挥使郭金海、作坊使陈思让率领大梁的军队前往叶县和申州刺史李建崇的士兵会合，一同讨伐安从进。郭金海，本是突厥人；陈思让，是幽州人。丁丑日（二十一日），任命西京留守高行周为南面军前都部署，前同州节度使宋彦筠为他的副手，张从恩为监军，又任命郭金海为先锋使，陈思让为他的监军。宋彦筠是滑州人。

庚辰日（二十四日），任命邺都留守李德珫暂时代理东京留守，召郑王石重贵前往邺都。

安从进攻邓州，威胜节度使安审晖据牙城拒之，从进不能克而退。癸未，从进至花山，遇张从恩兵，不意其至之速，合战，大败，从恩获其子牙内都指挥使弘义，从进以数十骑奔还襄州，婴城自守。

唐主性节俭，常蹑蒲屦，盥颒用铁盆，暑则寝于青葛帷，左右使令惟老丑宫人，服饰粗略。死国事者虽士卒皆给禄三年。分遣使者按行民田，以肥瘠定其税，民间称其平允。自是江、淮调兵兴役及它赋敛，皆以税钱为率，至今用之。唐主勤于听政，以夜继昼，还自江都，不复宴乐；颇伤躁急，内侍王绍颜上书，以为"今春以来，群臣获罪者众，中外疑惧。"唐主手诏释其所以然，令绍颜告谕中外。

【译文】 安从进攻打邓州，威胜节度使安审晖占据牙城抵抗他，安从进未能攻克而退兵。癸未日（二十七日），安从进到达花山，遇到张从恩的军队，由于没料到他来得这样快，交战结果大败，张从恩捉到安从进的儿子牙内都指挥使安弘义，安从进带着数十名骑兵奔回襄州，据城防守。

南唐主李昪生性节俭，常常脚穿用蒲草编织的鞋子，洗手洗脸用铁盆，暑天便睡在用青葛做的蚊帐里，左右使唤的只是又老又丑的宫女，服饰粗糙简单。而对那些为国家而死亡的人，都发给三年的俸禄，分派使者考察民田，依照土地的肥沃贫瘠规定赋税的轻重，民间认为很公平，从此长江、淮河一带征调士兵、兴办劳役以及其他的税务，都凭以前的赋税为基准而订出比率，直到现在，还沿用这套办法。南唐主李昪勤于处理政事，到了夜晚还继续白天未完的工作，从江都回来以后，不再饮宴作乐，不过颇有急躁的毛病，内侍王绍颜上书，认为"今年春天以来，群臣获罪的很多，不论朝廷内外都迟疑害怕"。南唐主李昇亲自下诏书，解释为什么会这样的原因，让王绍颜宣示朝廷内外。

十二月，丙戌朔，徙郑王重贵为齐王，充邺都留守；以李德珫为东都留守。

丁亥，以高行周知襄州行府事。诏荆南、湖南共讨襄州。高从海遣都指挥使李端将水军数千至南津，楚王希范遣天策都军使张少敌将战舰百五十艘入汉江助行周，仍各运粮以馈之。少敌，佶之子也。

【译文】 十二月，丙戌朔日（初一），改封郑王石重贵为齐王，充当邺都留守，任命李德珫为东都留守。

丁亥日（初二），后晋高祖石敬瑭任用高行周主持襄州行府事。下诏命荆南、湖南共同讨伐据守襄州的安从进。高从海派都指挥使李端率领水军好几千名到达汉水南岸，楚王马希范派天策都军使张少敌率领战舰一百五十艘进入汉江援助高行周，各自又运送粮食以保证供给。张少敌，是张佶的儿子。

安重荣闻安从进举兵反，谋遂决，大集境内饥民，众至数万，南向邺都，声言不朝。初，重荣与深州人赵彦之俱为散指挥使，相得欢甚。重荣镇成德，彦之自关西归之，重荣待遇甚厚，使彦之招募党众；然心实忌之，及举兵，止用为排陈使，彦之恨之。

帝闻重荣反，壬辰，遣护圣等马步三十九指挥击之。以天平节度使杜重威为招讨使，安国节度使马全节副之，前永清节度使王周为马步都虞候。

安从进遣其弟从贵将兵逆均州刺史蔡行遇，焦继勋邀击，败之，获从贵，断其足而归之。

【译文】 安重荣听说安从进兴兵反晋，便也决定谋反，大规模集合境内饥民，人众达到数万，南向邺都，声称要入朝。起初，安重荣和深州人赵彦之同时都做散指挥使，彼此非常合得来。安重荣镇守成德，赵彦之从关西前往归附他，安重荣对待他非常优厚，派他去招募党徒，可是心里实际上是嫉恨赵彦之的，等到起兵的时候，只任命他做排阵使，赵彦之于是怀恨在心。

后晋高祖石敬瑭听说安重荣反叛，壬辰日（初七），派护圣等马步三十九指挥去攻打他。任命天平节度使杜重威为招讨使，安国节度使马全节为副使，前任永清节度使王周为马步都虞候。

安从进遣派他的弟弟安从贵领兵迎接均州刺史蔡行遇的援兵，焦继勋堵击，打败了他，抓到了安从贵，把他的脚给砍断了，然后遣送回去。

戊戌，杜重威与安重荣遇于宗城西南，重荣为偃月陈，官军再击之，不动；重威惧，欲退。指挥使宛丘王重胤曰："兵家忌退。镇之精兵尽在中军，请公分锐士击其左右翼，重胤为公以契丹直冲其中军，彼必狼狈。"重威从之。镇人陈稍却，赵彦之卷旗策马来降。彦之以银饰铠胄及鞍勒，官军杀而分之。重荣闻彦之叛，大惧，退匿于辎重中，官军从而乘之，镇人大溃，斩首万五千级。重荣收馀众，走保宗城，官军进攻，夜分，拔之。重荣以十馀骑走还镇州，婴城自守。会天寒，镇人战及冻死者二万馀人。

【译文】 戊戌日（十三日），杜重威与安重荣在宗城西南相遇，安重荣布设偃月阵，官军一再进击，阵列不动，杜重威害怕，想要退兵。指挥使宛丘人王重胤说："兵家最忌讳临阵退兵。镇州的精兵全部集中在中军，请您分一部分精锐的士兵去攻击敌人的左右两翼，我王重胤替您率领契丹兵直冲他的中军，敌人一定狼狈而逃。"杜重威赞成他的建议。镇州兵的阵势果然稍有后退，这时赵彦之卷着旗帜鞭打着马赶来投降。赵彦之是用银子来装饰铠甲、马鞍和缰勒的，官军于是杀了他而瓜分了那些饰物。安重荣听说赵彦之背叛，非常恐惧，撤退，躲在运载物资的车上，官军借此机会，乘势冲杀，镇州兵大败，斩杀了一万五千人。安重荣收拾残余的部众，逃到宗城，据城护守，官军继续进攻，到半夜，就把宗城攻下来了。安重荣带着十几个人逃回镇州，环城自守。正好遇上天寒，有两万多镇州人战死和冻死。

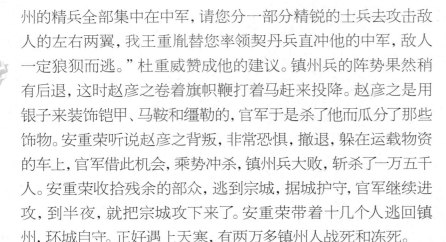

契丹闻重荣反，乃听杨彦询还。

庚子，冀州刺史张建武等取赵州。

汉主寝疾，有胡僧谓汉主名龚不利；汉主自造"龑"字名之，义取"飞龙在天"，读若俨。

庚戌，制以钱弘佐为镇海、镇东军节度使兼中书令、吴越国王。

【译文】契丹听到安重荣造反的消息，于是答应杨彦询回去。

庚子日（十五日），冀州刺史张建武等攻取了赵州。

汉主刘龚卧病不起，有一个北胡的和尚说汉主取名叫"龚"不吉利，于是汉主自己创造一个"龑"字作为自己的名字，它的意义是取自《易经》"飞龙在天"（龙飞翔在天上）的意思。读音跟"俨"字相同。

庚戌日（二十五日），后晋高祖石敬瑭下制书，任用钱弘佐为镇海、镇东军节度使兼中书令、吴越国王。

资治通鉴卷第二百八十三　后晋纪四

起玄默摄提格，尽阏逢执徐正月，凡二年有奇。

【译文】 起壬寅（公元942年），止甲辰（公元944年）正月，共两年一个月。

【题解】 本卷记录了公元942年至944年正月的史事，共两年又一个月。正当后晋高祖石敬瑭天福七年至齐王石重贵开运元年正月。后晋高祖平定安重荣、安从进两镇的叛乱后，不久驾崩，石重贵即位，史称晋出帝。景延广专权，排挤桑维翰，对外与契丹结怨，对内失政于民。南汉刘龑去世，刘玢即位，不久被弟弟刘弘熙杀死，刘弘熙篡位夺权，更名为刘晟。闽国王延政在建州称帝，国号殷，与福州闽主王曦势不两立，闽国内乱。南唐烈祖李昪辞世，李璟即位，冯延己、冯延鲁、魏岑、查文徽、陈觉五人都是狡诈小人，互拉关系，彼此相援引，把持要职，败坏政务，唐国人称他们为"五鬼"。后晋出帝石重贵，忠奸不辨，任人唯亲。契丹大举进犯，攻占贝州，抢夺军备粮草，不接受晋出帝的求和请求。

高祖圣文章武明德孝皇帝下

天福七年（壬寅，公元九四二年）春，正月，丁巳，镇州牙将自西郭水碾门导官军入城，杀守陴民二万人，执安重荣，斩之。杜重威杀导者，自以为功。庚申，重荣首至邺都，帝命漆之，函

53

送契丹。

癸亥，改镇州为恒州，成德军为顺国军。

丙寅，以门下侍郎、同平章事赵莹为侍中，以杜重威为顺国节度使兼侍中。安重荣私财及恒州府库，重威尽有之，帝知而不问。又表卫尉少卿范阳王瑜为副使，瑜为之重敛于民，恒人不胜其苦。

张式父铎诣阙讼冤。壬午，以河阳节度使王周为彰义节度使，代张彦泽。

【译文】 天福七年（壬寅，公元942年）春季，正月，丁巳日（初二），镇州牙将从镇州西城外郭水碾门引导官军入城，杀了守城民众两万人，活捉了安重荣，杀死了他。杜重威杀死引导他们入城的牙将，把入城的功劳都归于自己。庚申日（初五），安重荣的人头送到邺都，后晋高祖石敬瑭命人漆上油漆，装入箱里，送给契丹。

癸亥日（初八），后晋朝廷更改镇州为恒州，改成德军为顺国军。

丙寅日（十一日），任命门下侍郎、同平章事赵莹为侍中，任命杜重威为顺国节度使兼侍中。安重荣的个人财产及恒州府库的资财，杜重威全部据为己有，后晋高祖石敬瑭知道而不过问。杜重威又上表推荐卫尉少卿范阳人王瑜为顺国节度副使，王瑜替他狠狠地搜刮民财，恒州的百姓苦不堪言。

张式的父亲张铎到朝廷为儿子申诉冤屈，告发张彦泽杀害张式的惨状。壬午日（二十七日），任命河阳节度使王周为彰义节度使，代替张彦泽。

闽主曦立皇后李氏，同平章事真之女也；嗜酒刚愎，曦宠而惮之。

彰武节度使丁审琪，养部曲千人，纵之为暴于境内；军校贺行政与诸胡相结为乱，攻延州，帝遣曹州防御使何重建将兵救之，同、鄜援兵继至，乃得免。二月，癸巳，以重建为彰武留后，召审琪归朝。重建，云、朔间胡人也。

唐左丞相宋齐丘固求豫政事，唐主听入中书；又求领尚书省，乃罢侍中寿王景遂判尚书省，更领中书、门下省，以齐丘知尚书省事；其三省事并取齐王璟参决。齐丘视事数月，亲吏夏昌图盗官钱三千缗，齐丘判贷其死；唐主大怒，斩昌图。齐丘称疾，请罢省事，从之。

【译文】闽主王曦立李氏为皇后，李氏为同平章事李真的女儿，喜欢喝酒，性情刚烈而固执，王曦既宠她，又怕她。

彰武节度使丁审琪，豢养家兵一千人，放纵他们在辖境内滥施暴行，军中校官贺行政与众胡人互相勾结作乱，攻打延州，后晋高祖石敬瑭派曹州防御使何重建率兵救援延州，同州和鄜州的援兵相继到达，延州才转危为安，免于陷落。二月，癸巳日（初九），任命何重建为彰武留后，召丁审琪回朝廷。何重建，是云州和朔州一带的胡人。

南唐左丞相宋齐丘坚决要求参与朝政，南唐主李昪允许他进入中书省；宋齐丘又要求领管尚书省，南唐主李昪便罢免了侍中寿王李景遂的判理尚书省一职，改为领管中书、门下省，任用宋齐丘主持尚书省事务；又命三省的事务都要请示齐王李璟然后共同决定。宋齐丘上任才几个月，他的亲信夏昌图偷拿官府的钱三千缗，宋齐丘免去他的死罪；南唐主李昪大为震怒，将夏昌图斩首。宋齐丘称病，请求解除尚书省的职务，南唐主李昪同意了。

泾州奏遣押牙陈延晖持敕书诣凉州，州中将吏请延晖为节度使。

三月，闽主曦立长乐王亚澄为闽王。

张彦泽在泾州，擅发兵击诸胡，兵皆败没，调民马千馀匹以补之。还至陕，获亡将杨洪，乘醉断其手足而斩之。王周奏彦泽在镇贪残不法二十六条，民散亡者五千馀户。彦泽既至，帝以其有军功，又与杨光远连姻，释不问。

夏，四月，己未，右谏议大夫郑受益上言："杨洪所以被屠，由陛下去岁送张式与彦泽，使之逞志，致彦泽敢肆凶残，无所忌惮。见闻之人无不切齿，而陛下曾不动心，一无诘让；淑慝莫辨，赏罚无章。中外皆言陛下受彦泽所献马百匹，听其如是，臣窃为陛下惜此恶名，乞正彦泽罪法，以涤洗圣德。"疏奏，留中。受益，从谠之兄子也。

【译文】 泾州上奏，派押牙陈延晖带着皇帝的敕书到凉州，凉州的文武官员请求陈延晖任节度使。

三月，闽主王曦立长乐王王亚澄为闽王。

张彦泽在泾州，擅自发兵攻打各部胡人，而所发动的兵马都战败亡没，于是征调民间的马一千多匹来补充缺额。当他回到陕州的时候，抓到了逃亡的将领杨洪，乘着几分醉意，先砍断杨洪的手脚，然后将他斩首。王周代任彰义节度使以后，上奏张彦泽在镇时贪婪残暴违法之事二十六条，民众失散逃亡的五千余户。张彦泽回到朝廷以后，后晋高祖石敬瑭因为他有军功，又同杨光远联姻，便没有究问。

夏季，四月，己未日（初六），右谏议大夫郑受益上疏说："杨洪所以被杀，是由于陛下去年把张式交给张彦泽，让他快意一时，以致张彦泽敢于放手去做凶狠残暴的事情，而无所忌惮。凡是耳闻目睹的人，没有一个不切齿痛恨的，可是陛下却毫不动心，一点也没怪罪他，善恶不加分别，赏罚没有条理。不论朝廷或地方，都说陛下是由于接受了张彦泽所进献的一百匹马，所以才任他这样胡作非为。臣个人为陛下招惹这样的恶名而感到可惜，希望陛下公正地审定张彦泽的罪名，以洗刷无妄的污辱，恢复陛下的清誉圣德。"奏疏呈上以后，被搁置在宫禁里。郑受益，是郑从说哥哥的儿子。

庚申，刑部郎中李涛等伏阁极论彦泽之罪，语甚切至。辛酉，敕："张彦泽削一阶，降爵一级。张式父及子弟皆拜官。泾州民复业者，减其徭赋。"癸亥，李涛复与两省及御史台官伏阁奏彦泽罚太轻，请论如法。帝召涛面谕之。涛端笏前迫殿陛，论辨声色俱厉。帝怒，连叱之，涛不退。帝曰："朕已许彦泽不死。"涛曰："陛下许彦泽不死，不可负；不知范延光铁券安在！"帝拂衣起，入禁中。丙寅，以彦泽为左龙武大将军。

汉高祖寝疾，以其子秦王弘度、晋王弘熙皆骄恣，少子越王弘昌孝谨有智识，与右仆射兼西御院使王翷谋出弘度镇邕州，弘熙镇容州，而立弘昌。制命将行，会崇文使萧益入问疾，以其事访之。益曰："立嫡以长，违之必乱。"乃止。

【译文】庚申日（初七），刑部郎中李涛等匍匐在阁门之下极力论说张彦泽的罪行，语言十分恳切透彻。辛酉日（初八），后晋高祖石敬瑭敕令："张彦泽的官阶削减一等，爵位降低一级。张式的父亲和他的子弟都授予官职。泾州的百姓已经恢复生业的，减轻他们的徭役和赋税。"癸亥日（初十），李涛又和中书、门下两省及御史台的官员匍匐在阁门前，上奏认为对张彦泽的处罚太轻，请求依法治罪。后晋高祖石敬瑭召见李涛，当面向他解说。李涛双手捧着牙笏向前靠近殿阶，表情和语气都非常严厉。后晋高祖很生气，连声叱喝他退下，李涛不退。后晋高祖说："朕已答应张彦泽不处他死罪。"李涛说："陛下答应张彦泽，不处他死罪，不可背约，不知赐给范延光的铁券，又在哪儿呢？"后晋高祖把衣袖一甩，起身进入宫中。丙寅日（十三日），任命张彦泽为左龙武大将军。

南汉高祖刘龑患病不起，因为他的儿子秦王刘弘度、晋王刘弘熙都骄横任性，小儿子越王刘弘昌孝顺恭谨，聪明有见识，于是和右仆射兼西御院使王翷商量，将刘弘度外放出去，镇守邕州，刘弘熙镇守容州，而立刘弘昌为太子。制书正要宣布执行，刚好崇文使萧益入宫探望病情，南汉高祖刘龑把这件事拿来征询他的意见。萧益说："立国君一定要立嫡长子，违反这个原则，一定会出乱子。"于是就搁置了这道诏命。

【乾隆御批】 彦泽在镇，屠戮无辜，凶残肆恶，虽有行阵征劳，亦不足以抵其罪。晋主仅以降削示罚，实为过纵，使当时执法不阿，安有封邱斩关之祸乎？

【译文】 张彦泽在镇守泾州任上时，屠杀无辜，凶恶残暴，恣意作恶，即使有一点儿军功，也完全不能抵偿他的罪恶，晋帝只是以降官削爵来惩罚他，实在是过分放纵他了，如果当时能够执法公正的话，哪会有封邱斩关之祸呢？

丁丑，高祖殂。

高祖为人辨察，多权数，好自矜大，常谓中国天子为"洛州刺史"。岭南珍异所聚，每穷奢极丽，宫殿悉以金玉珠翠为饰。

用刑惨酷，有灌鼻、割舌、支解、刳剔、炮炙、烹蒸之法；或聚毒蛇水中，以罪人投之，谓之水狱。同平章事杨洞潜谏，不听。末年尤猜忌；以士人多为子孙计，故专任宦者，由是其国中宦者大盛。

秦王弘度即皇帝位，更名玢。以弘熙辅政，改元光天；尊母赵昭仪曰皇太妃。

契丹以晋招纳吐谷浑，遣使来让。帝忧悒不知为计；五月，己亥，始有疾。

【译文】 丁五日（二十四日），南汉高祖刘龑去世。

南汉高祖刘龑为人善辨明察，很有权谋，喜欢自我夸大，常称中原天子为"洛州刺史"。岭南地区是珍宝异物的聚集之地，他往往极尽奢侈华丽之能事，宫殿的建筑全部都用黄金、美玉、珍珠、翡翠做装饰。使用刑罚，非常狠毒残酷，有灌鼻、割舌、分解肢体、挖肉剔骨、用火烧烤，以及烹蒸等办法，或者收集毒蛇放在水中，把罪人投下去，叫作水狱。同平章事杨洞潜劝阻他，高祖刘龑不听。到了末年他更加猜忌，以为士人往往替子孙着想，所以专任宦官，因此南汉国中宦官大为兴盛。

秦王刘弘度就皇帝位，改名为玢；任用刘弘熙辅佐朝政，改年号为光天；推尊他的母亲赵昭仪为皇太妃。

契丹因为晋国收纳了吐谷浑，所以派使者来责问。后晋高祖石敬瑭忧愁烦闷，不知怎么办。五月，己亥日（十六日），开始生病。

乙巳，尊太妃刘氏为皇太后。太后，帝之庶母也。

唐丞相、太保宋齐丘既罢尚书省，不复朝谒。唐主遣寿王景遂劳问，许镇洪州，始入朝。

唐主与之宴，酒酣，齐丘曰："陛下中兴，臣之力也，奈何忘之!"唐主怒曰："公以游客干朕，今为三公，亦足矣。乃与人言朕鸟喙如句践，难与共安乐，有之乎?"齐丘曰："臣实有此言。臣为游客时，陛下乃偏裨耳。今日杀臣可矣。"明日，唐主手诏谢之曰："朕之褊性，子嵩平昔所知。少相亲，老相怨，可乎!"

丙午，以齐丘为镇南节度使。

帝寝疾，一旦，冯道独对。帝命幼子重睿出拜之，又令宦者抱重睿置道怀中，其意盖欲道辅立之。

【译文】乙巳日（二十二日），后晋高祖石敬瑭尊奉太妃刘氏为皇太后。太后是后晋高祖的庶母。

唐丞相、太保宋齐丘解除了尚书省的职务以后，就不再上朝进见。南唐主李昪派寿王李景遂前去慰问，答应让他镇守洪州，于是他才入朝。

南唐主李昪与宋齐丘宴饮，酒喝得正痛快时，宋齐丘说："陛下完成中兴大业，是我出的力啊，为什么把我忘了？"南唐主李昪发怒说："公以游说之人的身份来求见朕，现在位居三公，也该满足了。而公居然向别人说朕的嘴长得像乌鸦嘴，跟越王勾践一样，难以共享安乐，有这回事吗？"宋齐丘说："臣确实讲过这样的话。臣为游说之客时，陛下只不过是个偏将而已。今天杀臣正是时候了。"第二天，南唐主李昪亲手写了一封诏书向他道歉说："朕的急脾气，是子嵩您平日就知道的。我们从小相亲相爱，老来却相怨，这样好吗？"

丙午日（二十三日），任命宋齐丘为镇南节度使。

后晋高祖石敬瑭患病不起，一天早上，召来冯道一个人陪着他。后晋高祖命最小的儿子石重睿出来拜见冯道，又命宦官把石重睿抱起来送到冯道怀中，他的用意大概是想要冯道立石重睿为皇帝，并辅佐他。

六月，乙丑，帝殂。

道与天平节度使、侍卫马步都虞候景延广议，以国家多难，宜立长君，乃奉广晋尹齐王重贵为嗣。是日，齐王即皇帝位。延广以为己功，始用事，禁都下人毋得偶语。

初，高祖疾亟，有旨召河东刘度使刘知远入辅政，齐王寝之；知远由是怨齐王。

丁卯，尊皇太后曰太皇太后，皇后曰皇太后。

闽富沙王延政围汀州，闽主曦发漳、泉兵五千救之。又遣其将林守亮入尤溪，大明宫使黄敬忠屯尤口，欲乘虚袭建州；国计使黄绍颇将步卒八千为二军声援。

【译文】六月，乙丑日（十三日），后晋高祖石敬瑭去世。

冯道和天平节度使、侍卫马步都虞候景延广商议，认为国家多难，应该立比较年长的人为国君，于是就拥立广晋尹齐王石重贵为嗣君。这一天，齐王即皇帝位。景延广以为这是自己的功劳，开始弄权用事，禁止国都中的人相聚交谈。

起初，后晋高祖石敬瑭病危的时候，有命令要召河东节度使刘知远入朝辅佐政事，齐王石重贵把这道命令压下，没有发布，刘知远因此怨恨齐王。

丁卯日（十五日），后晋出帝石重贵尊皇太后刘氏为太皇太后，皇后李氏为皇太后。

闽国富沙王王延政围攻汀州，闽主王曦发动漳州和泉州兵五千人前去援救。又派他的将领林守亮进入尤溪，大明宫使黄敬忠屯驻尤溪口，想趁建州空虚的时机发动攻击，国计使黄绍颇率领步兵八千人做林、黄二军的应援。

秋，七月，壬辰，太皇太后刘氏殂。

闽富沙王延政攻汀州，四十二战，不克而归。其将包洪实、陈望，将水军以御福州之师；丁酉，遇于尤口。黄敬忠将战，占者言时刻未利，按兵不动；洪实等引兵登岸，水陆夹攻之，杀敬忠，俘斩二千级，林守亮、黄绍颇皆遁归。

庚子，大赦。

癸卯，加景延广同平章事，兼侍卫马步都指挥使。

勋旧皆欲复置枢密使，冯道等三表，请以枢密旧职让之；帝不许。

【译文】秋季，七月，壬辰日（初十），后晋太皇太后刘氏去世。

闽国富沙王王延政攻打汀州，经过四十二次交战，攻不下来，撤兵返回。他的部将包洪实、陈望率领水军以抵御福州的军队，丁酉日（十五日），两军相遇于尤溪口。黄敬忠将要开战，江湖术士告诉他说时间不吉利，于是就按兵不动，包洪实等人引兵上岸，水、陆两军夹攻福州军，杀了黄敬忠，俘虏和斩首的达两千人，林守亮、黄绍颇都逃了回去。

庚子日（十八日），后晋朝廷实行大赦。

癸卯日（二十一日），加封景延广同平章事，兼侍卫马步都指挥使。

元勋旧臣都想恢复枢密使，冯道等人再三上奏，请求把已经并归中书省的枢密旧职让还回去，后晋出帝石重贵没有答应他们的请求。

有神降于博罗县民家，与人言而不见其形，闾阎人往占吉凶，多验，县吏张遇贤事之甚谨。时循州盗贼群起，莫相统一，贼帅共祷于神，神大言曰："张遇贤当为汝主。"于是，群帅共奉遇贤，称中天八国王，改元永乐，置百官，攻掠海隅。遇贤年少，无他方略，诸将但告进退而已。

汉主以越王弘昌为都统，循王弘杲为副以讨之，战于钱帛馆。汉兵不利，二王皆为贼所围；指挥使陈道庠等力战救之，得免。东方州县多为遇贤所陷。道庠，端州人也。

高行周围襄州逾年，不下。城中食尽，奉国军都虞候曲周王清言于行周曰："贼城已危，我师已老，民力已困，不早迫之，尚何俟乎！"与奉国都指挥使元城刘词帅众先登。八月，拔之。安从进举族自焚。

【译文】 有神降临在博罗县一个百姓的家里，会跟人说话，却看不到他的形体，乡里的人前往请他占问吉凶，大多应验，县府官吏张遇贤侍奉他很恭谨。当时循州盗贼纷纷兴起，彼此不相统属，几个盗贼的头目共同向神祈祷，神大声地说："张遇贤将是你们的首领。"于是，众贼共同拥戴张遇贤，称为中天八国王，改年号为永乐，设置百官，攻取掠抢海边沿岸一带。张遇贤年纪尚轻，没有什么方略，所属诸将只是向他报告出去、回来罢了。

汉主刘玢任命越王刘弘昌为都统，循王刘弘杲为副都统，率兵讨伐循州的盗贼，两军战于钱帛馆。汉兵作战不利，越王和循王都被贼兵包围，指挥使陈道庠等人拼命死战解救他们，才得以脱身。南汉境内靠东边的州县多被张遇贤攻陷。陈道庠是端州人。

高行周围攻襄州一年多，没能攻下。城中的粮食都吃完了。奉国军都虞候曲周人王清对高行周说："贼人的城池已经面临危险的关头；我们的军队，士气已经衰落；百姓也已十分困乏，不及早加强攻势，还等待什么呢？"于是就和奉国都指挥使元城人刘词率领部众领先登上城墙，八月，攻下了襄州。安从进全族人引火自焚。

甲子，以赵莹为中书令。

闽主曦遣使以手诏及金器九百、钱万缗、将吏敕告六百四十通，求和于富沙王延政，延政不受。

丙寅，闽主曦宴群臣于九龙殿。从子继柔不能饮，强之。继柔私减其酒，曦怒，并客将斩之。

闽人铸永隆通宝大铁钱，一当铅钱百。

汉葬天皇大帝于康陵，庙号高祖。

唐主自为吴相，兴利除害，变更旧法甚多。及即位，命法官及尚书删定为《升元条》三十卷；庚寅，行之。

【译文】甲子日（十三日），后晋朝廷任用赵莹为中书令。

闽主王曦派使者带着亲笔诏书、金器九百具、钱一万缗，任命将吏的文书六百四十通，向富沙王王延政和谈，王延政不接受。

丙寅日（十五日），闽主王曦在九龙殿大宴群臣。他的侄子王继柔不能饮酒，闽主王曦强迫他喝。王继柔私下把酒减少了一点，王曦很生气，将他连同客将一起斩首。

闽国人铸造永隆通宝大铁钱，一个大铁钱相当于一百个铅钱。

南汉在康陵安葬天皇大帝刘䶮，庙号高祖。

南唐主李昪自从做了吴国的丞相以后，兴办有利的事业，废止有害的措施，改变很多旧有的制度。等到他当上皇帝，命令执法官和尚书将这些法规删定为《升元条》共三十卷，庚寅日

（疑误），颁布施行。

闽主曦以同平章事候官余廷英为泉州刺史。廷英贪秽，掠人女子，诈称受诏采择以备后宫。事觉，曦遣御史按之。廷英惧，诣福州自归，曦诘责，将以属吏；廷英退，献买宴钱万缗。曦悦，明日召见，谓曰："宴已买矣，皇后贡物安在？"廷英复献钱于李后，乃遣归泉州；自是诸州皆别贡皇后物。未几，复召廷英为相。

冬，十月，丙子，张遇贤陷循州，杀汉刺史刘传。

楚王希范作天策府，极栋宇之盛；户牖栏槛皆饰以金玉，涂壁用丹砂数十万斤；地衣，春夏用角簟，秋冬用木绵。与子弟僚属游宴其间。

【译文】闽主王曦任命同平章事候官人余廷英为泉州刺史。余廷英贪婪污秽，抢夺民间女子，骗人说是受了诏命，选择她们以充后宫。事情被发觉，王曦派御史去调查。余廷英害怕，回到福州投案自首，王曦加以责问之后，把他交给狱吏惩办。余廷英退下，马上进献买宴钱一万缗，王曦看了很高兴。第二天召见余廷英，对他说："宴已经买了，献给皇后的贡物在哪里啊？"余廷英又献钱给李皇后，便仍把他派回泉州了。从此各州都另备贡礼送给皇后。没过多久，又召命余廷英任宰相。

冬季，十月，丙子日（二十六日），张遇贤攻陷循州，杀了汉国刺史刘传。

楚王马希范建天策府，屋宇的设计极其讲究。窗户、栏杆、门槛都用金玉装饰，墙壁用丹砂粉刷，共用丹砂数十万斤。地上铺的，春天和夏天用竹篾编织的席子，秋天和冬天用木棉纺织的布匹。与他的子弟及僚属在里面游乐饮宴。

十一月，庚寅，葬圣文章武明德孝皇帝于显陵，庙号高祖。

先是，河南、北诸州官自卖海盐，岁收缗钱十七万；又散蚕盐敛民钱。言事者称民坐私贩盐抵罪者众，不若听民自贩，而岁以官所卖钱直敛于民，谓之食盐钱；高祖从之。俄而盐价顿贱，每斤至十钱。

至是，三司使董遇欲增求羡利，而难于骤变前法，乃重征盐商，过者七钱，留卖者十钱。由是盐商殆绝，而官复自卖。其食盐钱，至今敛之如故。

【译文】十一月，庚寅日（初十），葬圣文章武明德孝皇帝石敬瑭于显陵，庙号为高祖。

起初，黄河南、北诸州官府私自贩卖海盐，每年可以收入钱十七万缗。又发放蚕盐给民间，向百姓收钱。上奏的人说：百姓因私自卖盐而犯罪的很多，不如让他们自由贩卖，而每年依照官卖的总值，向百姓收钱，称作"食盐钱"。后晋高祖石敬瑭赞成这个办法。实行不久，盐价立刻便宜下来，每斤降到十钱。

到了这时，三司使董遇企图增加额外的收入，而又难以一下子改变从前的法规，于是就加重对盐商的征税，经过这里的每斤收七钱，留在这里贩卖的收十钱。因此盐商几乎绝迹，而官府恢复自卖，可是那个"食盐钱"到现在还是照收不误。

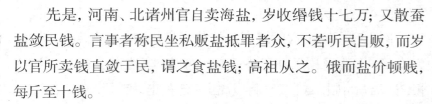

闽盐铁使、右仆射李仁遇，敏之子，闽主曦之甥也；年少，美姿容，得幸于曦。十二月，以仁遇为左仆射兼中书侍郎，翰林学士、吏部侍郎李光准为中书侍郎兼户部尚书，并同平章事。

曦荒淫无度，尝夜宴，光准醉忤旨，命执送都市斩之；吏不敢杀，系狱中。明日，视朝，召复其位。是夕，又宴，收翰林学士周维岳下狱。吏拂榻待之，曰："相公昨夜宿此，尚书勿忧。"醒

66

而释之。他日，又宴，侍臣皆以醉去，独维岳在。曦曰："维岳身甚小，何饮酒之多?"左右或曰："酒有别肠，不必长大。"曦欣然，命捽维岳下殿，欲剖视其酒肠。或曰："杀维岳，无人复能侍陛下剧饮者。"乃舍之。

【译文】 闽国盐铁使、右仆射李仁遇是李敏的儿子；也是闽主王曦的外甥，年纪轻，姿容英俊，为王曦所喜欢。十二月，任命李仁遇为左仆射兼中书侍郎，翰林学士、吏部侍郎李光准为中书侍郎兼户部尚书，两人同时任同平章事。

闽主王曦荒淫无度，曾在举行夜宴时，因为李光准醉酒违背了他的意旨，便命人把他绑起来送到街市上问斩，狱吏不敢杀他，就拘留在牢狱里。第二天，闽主王曦上朝听政，召他回来，恢复他的官职。这天晚上，又开宴饮酒，收押翰林学士周维岳送进牢里。狱吏整理好榻席等待着他，说："宰相昨夜就住在这里，尚书不必担心。"闽主王曦酒醒之后，果然也把他给释放了。后来有一天，又举行宴会，陪侍的臣子们都已经喝醉离去，只剩周维岳一个人在，王曦说："周维岳身体那么小，怎么喝酒能喝这么多?"身边的侍者有人答说："喝酒另有特殊的酒肠，不一定要身体高大。"王曦一听很高兴，命人揪执周维岳下殿，想剖开他的肚子，看看他的酒肠。有人说："杀了周维岳就没人陪陛下痛饮了。"这才把他放走。

帝之初即位也，大臣议奉表称臣告哀于契丹，景延广请致书称孙而不称臣。李崧曰："屈身以为社稷，何耻之有! 陛下如此，他日必躬擐甲胄，与契丹战，于时悔无益矣。"延广固争，冯道依违其间。帝卒从延广议。契丹大怒，遣使来责让，且言："何得不先承禀，遽即帝位?"延广复以不逊语答之。

契丹卢龙节度使赵延寿欲代晋帝中国，屡说契丹击晋，契丹主颇然之。

【译文】 后晋出帝石重贵刚即位时，朝中大臣商讨要向契丹奉表称臣报告先帝死亡之哀，景延广主张写书信不上表，并且称孙不称臣。李崧奏道："为了社稷，委屈自己，有什么耻辱可言？陛下假如这样做，以后势必要亲自穿上铠甲，戴着头盔，和契丹交战，到那时再来后悔，已经无济于事了。"景延广一再坚持自己的主张，冯道在中间模棱两可。后晋出帝石重贵最后采取景延广的意见。契丹大为震怒，派使者来责骂，并且说："怎么可以不先来禀告而仓促就帝位？"景延广听了，又以不礼貌的话回答他。

契丹卢龙节度使赵延寿想取代晋朝而在中原称帝，屡次劝说契丹攻打晋国，契丹主耶律德光很赞同他的意见。

【乾隆御批】 匈奴在汉，颉利在唐，凡与中国构兵，皆书入寇。以中土时方一统，体例固应如是。即宋室运际陵夷，然自徽、钦以上，共主位号犹存，至南渡以后，称臣称侄惟恐不及，若仍书入寇，则是以君寇臣，以伯叔寇侄，为不经矣。我国家开创之初，当明末造，国政日非，而未及更姓改物，自宜仍以统系予之。至顺治元年，定鼎京师，大纪已正，然明福王犹于江宁仅延一线，故，纲目三编所纪，并不遽书明亡，以绝其祚。为福王者，使能奋发有为，安见不可拟于南宋、临安之局？惟是天心既已厌明，人事复不能自振。长江不守，统系于是终绝。则福王之所系于明纪者，固不同唐、桂二王之窜徙无常，及宋末昺、昰之流离瘴海。此正千古不易之通义也！此条目内旧书辽将入寇，谬袭汉唐书法，不思彼时中国已瓜分瓦解，不成正统，而石晋得国之本，又由于以父事辽，及重贵继立，好事者顿以书臣为耻，然称孙之表仍无虚日，以是构祸。即问愚骏无识之人，以祖寇孙，有不所然而笑者哉？是当用两国互伐之文，书"侵"以正其误，且使后之守器者兢兢业业，不敢失其统以自取辱，殊不失春秋尊王之本义云。

【译文】 匈奴侵犯汉、颉利骚扰唐，史籍上凡是与中国交战的民族，都称作外敌入侵。由于当时中原刚刚统一，史书的体例，本该是这样。即使宋朝皇室气运衰落，然而宋徽宗、钦宗之前，君主的名号还在，等到南渡以后，就连称臣称侄还怕来不及，这时如果还把与中国交战的民族称作入侵的话，那就等于说君主侵犯臣子，伯叔侵犯子侄，这就不合常法了。我大清国创建初期，正当明朝末期，国家的政事一天天败坏，还没来得及改朝换代，自然应该用明朝的宗族系统继续称呼。到了顺治元年，定都京师，清的统一大业已经完成，然而明福王只是在江宁一带延续着一个分支，所以，纲目三编所记载的历史，并没有马上写明朝灭亡，帝位已断。作为福王，如果他能够振作精神，有所作为，怎么不可能形成类似南宋、临安仅残存在一片土地上苟且偷安的局面呢？只是上天的心已经厌恶明朝，光靠人的力量是无法自我挽救的。长江没能守住，明朝的宗族系统也就终止断绝了。至于明福王在历史上的记载，既不同于唐王、桂王的四处逃散，更不同于南宋末期赵㬎、赵昰的流离于南方有瘴气之地。这是千古不变的道理啊！此条目里原来所写的辽将入侵，是错误地搬用汉唐的写法，不想想当时中国已瓜分瓦解，没有了中原正统，而晋国石敬瑭，正是由于像侍奉父亲一样的侍奉辽，才得以立国的。等到石重贵继位，喜欢多事的人马上以上表称臣为耻辱了，可是，上表称孙一日都没间断过，就因此造成灾祸了。即便是问那些愚痴无知的人，祖父要侵犯孙子，有听了不笑的吗？因此，应当用"两国互相讨伐"这样的写法来代替"入侵"二字，以纠正它的错误，而且还可以使后来的继承者做事谨慎、勤恳，不因失去他的统治地位而自取耻辱，这样才不会违背春秋尊王的本义。

【申涵煜评】 延广志绝契丹，大言不惭，正如螳臂当车，醉人骂坐，适足以为国召衅。至如称孙而不称臣，臣与孙何分，得失，而哓哓争之不已，尤属狂愚。

【译文】 景延广立志断绝契丹，大言不惭，正如螳臂当车，喝醉的人骂坐，恰好足以为国家招来祸端。至于说称孙而不称臣，臣和孙又什么得失的分别，还嘀咕分辩争论不停，尤其狂妄愚蠢。

齐王上

天福八年（癸卯，公元九四三年）春，正月，癸卯，蜀主以宣徽使兼宫苑使田敬全领永平节度使；敬全，宦者也，引前蜀王承休为比而命之，国人非之。

帝闻契丹将入寇，二月，己未，发邺都；乙丑，至东京。然犹与契丹问遗相往来，无虚月。

唐宣城王景达，刚毅开爽，烈祖爱之，屡欲以为嗣；宋齐丘亟称其才，唐主以齐王璟年长而止。璟以是怨齐丘。

唐主幼子景逷，母种氏有宠，齐王璟母宋皇后稀得进见。唐主如璟宫，遇璟亲调乐器，大怒，诮让者数日。种氏乘间言，景逷虽幼而慧，可以为嗣。唐主怒曰："子有过，父训之，常事也。国家大计，女子何得预知！"即命嫁之。

【译文】 天福八年（癸卯，公元943年）春季，正月，癸卯日（二十四日），蜀主孟昶派宣徽使兼宫苑使田敬全担任永平节度使；田敬全是个宦官，蜀主孟昶是援引前蜀主王衍任用宦官王承休率领秦州的例子比照着任命他，蜀国的人认为这种做法是错误的。

后晋出帝石重贵听说契丹将入内地侵略，二月，己未日（十一日），从邺都出发，乙丑日（十七日），到达东京大梁。但是，还同契丹互相遣派使者往来问询，互相馈赠，没有一个月间断过。

唐国宣城王李景达刚强坚毅、开朗豪爽，南唐主李昪很喜欢他，屡次想立他为储君，宋齐丘也屡次称赞他的才能，南唐主李昪终因齐王李璟比较年长而打消了这个念头。李璟因此怨恨宋齐丘。

南唐主李昪的小儿子李景逿的母亲种氏受到南唐主的宠爱，而齐王李璟的母亲宋皇后很少有机会能得到进见。南唐主李昪到李璟的宫中，正好看见他亲手调弄乐器，大为恼怒，一连责骂了好几天。种氏趁机向南唐主李昪说："李景逿年纪虽然很小，却很聪明，以后可以让他继承帝位。"唐主发怒说："儿子有了过错，做父亲的教训他，这是件很平常的事情。国家大计，女子怎么可以干预！"立刻就命她改嫁出去。

唐主尝梦吞灵丹，旦而方士史守冲献丹方，以为神而饵之，浸成躁急。左右谏，不听。尝以药赐李建勋，建勋曰："臣饵之数日，已觉躁热，况多饵乎！"唐主曰："朕服之久矣。"群臣奏事，往往暴怒；然或有正色论辨中理者，亦敛容慰谢而从之。

唐主问道士王栖霞："何道可致太平？"对曰："王者治心治身，乃治家国。今陛下尚未能去饥嗔、饱喜，何论太平！"宋后自帘中称叹，以为至言。凡唐主所赐予，栖霞皆不受。栖霞常为人奏章，唐主欲为之筑坛。辞曰："国用方乏，何暇及此！俟焚章不化，乃当奏请耳。"

【译文】 南唐主李昪曾经梦见自己吃了灵丹，天亮后方士史守冲献上丹方，南唐主以为应了神验就按丹方吃了起来，慢慢地便形成了急躁的毛病。左右的人加以劝谏，他不听。曾经把药赐给李建勋，李建勋说："臣吃了几天，就已经觉得燥热，何况多吃呢？"南唐主李昪说："朕服用这个灵丹，已经很久了。"群臣奏事时，唐主常常突然发怒，不过偶有严正论辩而合理的，也能严肃地表示感谢，照他的话去做。

南唐主李昪询问道士王栖霞："什么方法可以保证获得天下太平？"王道士回答说："做国君的人，先治心、治身，然后才能治国家。现在陛下还未能清除因饥而怒、因饱而喜的毛病，还论什么太平！"宋皇后从帘子后听到这话大为赞叹，认为是至理名言。凡是南唐主李昪所赐给他的，王栖霞都不收。王栖霞常常替人上奏章给天帝，唐主想替他建一座祭坛，他辞谢说："国家的用度正缺乏，哪有余暇顾到这里？等到我哪天焚烧奏章不化，不能上闻于天的时候，将会奏请陛下修建祭坛。"

驾部郎中冯延己，为齐王元帅府常书记，性倾巧，与宋齐丘及宣徽副使陈觉相结；同府在己上者，延己稍以计逐之。延己尝戏谓中书侍郎孙晟曰："公有何能，为中书郎？"晟曰："晟，山东鄙儒，文章不如公，诙谐不如公，诪诈不如公。然主上使公与齐王游处，盖欲以仁义辅导之也，岂但为声色狗马之友邪！晟诚无能；如公之能，适足为国家之祸耳。"延己，歙州人也。

又有魏岑者，亦在齐王府。给事中常梦锡屡言陈觉、冯延己、魏岑皆佞邪小人，不宜侍东宫；司门郎中判大理寺萧俨表称陈觉奸回乱政；唐主颇感悟，未及去。

【译文】 驾部郎中冯延己，为齐王元帅府掌书记，为人性格爱排挤而奸巧，与宋齐丘及宣徽副使陈觉相互勾结，同时在齐王府任职而名位在自己之上的，冯延己便小施计谋把他排挤出去，冯延己曾经以开玩笑的口吻对中书侍郎孙晟说："公有什么才能，居然做起中书侍郎来？"孙晟回答说："我孙晟只是山东的一个鄙陋儒生，文章不如公，诙谐不如公，谄媚欺诈不如公。然而皇上让公和齐王相游处，主要是想让公用仁义的道理去辅导他，哪里只是做个追逐声色犬马的朋友而已呢！我孙晟的确是没什么才能，不过像公这样的才能，恰好足够成为国家的灾祸罢了。"冯延己，是歙州人。

又有一个名叫魏岑的人，也在齐王府中。给事中常梦锡几次上言，说陈觉、冯延己、魏岑都是奸邪的小人，不宜让他们陪侍太子。司门郎中判大理寺萧俨也上表说："陈觉奸险邪恶，搅乱朝政。"南唐主李昪颇有所感悟，一时来不及把他们免除职务。

会疽发背，秘不令人知，密令医治之，听政如故。庚午，疾亟，太医吴廷裕遣亲信召齐王璟入侍疾。唐主谓璟曰："吾饵金石，始欲益寿，乃更伤生，汝宜戒之！"是夕，殂。秘不发丧，下制："以齐王监国，大赦。"

孙晟恐冯延己等用事，欲称遗诏令太后临朝称制。翰林学士李贻业曰："先帝尝云：'妇人预政，乱之本也。'安肯自为厉阶！此必近习奸人之诈也。且嗣君春秋已长，明德著闻，公何得遽为亡国之言！若果宣行，吾必对百官毁之。"晟惧而止。贻业，蔚之从曾孙也。

【译文】不久，南唐主李昪背上长了痈疽，把消息封锁起来不让人知道，秘密地让医士来治疗，他上朝听取政事仍和原来一样。庚午日（二十二日），病况危急，太医吴廷裕派亲信的人去召请齐王李璟前来侍候。南唐主李昪对李璟说："我服食金石灵丹，本想延长寿命，不料反而伤害身体，你要以此为戒！"当晚，逝世。保密，暂不办理丧事，颁制书："命齐王监理国事，举行大赦。"

孙晟怕冯延己等人把持朝政，就想假称：遵照先帝遗诏，命令太后临朝代行天子之事。翰林学士李贻业说："先帝曾经说过：'妇人干预政事，是祸乱的根源。'怎么会肯自造祸端？这一定是皇上身边奸人的欺诈行为。况且嗣位之君年纪已长，圣明贤德，人所共知，公怎么可以忽然说出这种亡国之言？如果宣布实行，我一定当着百官的面拆穿这件事。"孙晟害怕，于是打消了这个主意。李贻业，是李蔚的曾侄孙。

【乾隆御批】 南唐主以宠姬一言干预，遣之如弃敝屣，可谓英断。然既有知子之明，乃仍泥立长之见？岂长于杜渐防微，而绌于思深图达耶，盖非道得国者，不宜复昌其后，于此可以知天道矣。

【译文】 南唐主李昪，因为受宠爱的姬妾以一句话干预朝政，就像扔掉一只破鞋子一样地把她轰出宫去，可以说是英明果断。然而既然有知子的明见，又何必固执的遵守立长子的古制呢？这难道不是擅长防微杜渐，而不能深谋远虑吗？所以，只要不是以正道得到君主之位的，不应当再让他的后代兴旺发达了，从这里，就可以知天下道了。

丙子，始宣遗制。烈祖末年下急，近臣多罹谴罚。陈觉称疾，累月不入，及宣遗诏，乃出。萧俨劾奏："觉端居私室，以俟升遐，请按其罪。"齐王不许。

自烈祖相吴，禁压良为贱，令买奴婢者通官作券。冯延己及弟礼部员外郎延鲁，俱在元帅府，草遗诏听民卖男女；意欲自买姬妾，萧俨驳曰："此必延己等所为，非大行之命也。昔延鲁为东都判官，已有此请；先帝访臣，臣对曰：'陛下昔为吴相，民有鬻男女者，为出府金，赎而归之，故远近归心。今即位而反之，使贫人之子为富人厮役，可乎？'先帝以为然，将治延鲁罪。臣以为延鲁愚，无足责。先帝斜封延鲁章，抹三笔，持入宫。请求诸宫中，必尚在。"齐王命取先帝时留中章奏得千馀道，皆斜封一抹，果得延鲁疏。然以遗诏已行，竟不之改。

【译文】 丙子日（二十八日），才宣布遗诏。南唐烈祖李昪末年脾气急躁，近臣很多遭受处罚。陈觉借口生病，连续几个月不入朝，等到宣布遗诏，才出来上朝。萧俨上奏弹劾他说："陈觉安居在家，一心等候皇上驾崩，请治他的罪。"齐王李璟不准。

　　自从南唐烈祖李昪在吴国当宰相，便禁止买良家子女做奴婢，命令买奴婢的人要通过官府立字为据。冯延己和他的弟弟礼部员外郎冯延鲁，一起在元帅府任职，草拟烈祖李昪的遗诏任由民间贩卖人口，目的在方便自己收买姬妾。萧俨反驳说："这一定是冯延己等人所做出来的，不是先帝的遗命。从前冯延鲁做东都判官，就已经有这个建议，先帝征询过臣的意见，臣回答说：'陛下从前任吴国宰相的时候，百姓有卖子女的，您都为了他们拨出府库中的钱，把人赎出来送他们回家，所以百姓才无论远近都归心于陛下。现在做了皇帝，反而违反以前的做法，致使贫苦人家的子女做有钱人家的奴婢，怎么可以呢？'先帝认为我说得对，将要治冯延鲁的罪。臣认为冯延鲁愚笨，不值得责备。先帝斜封冯延鲁的奏章，抹画三笔，拿进宫中。请派人到宫中寻找，一定还在。"齐王李璟让人取出先帝时留在宫中的奏章千余道，都是斜封后一抹的，果然找到冯延鲁的上疏。然而，由于烈祖李昇的遗诏已经施行，也就没有再做改变。

闽富沙王延政称帝于建州，国号大殷，大赦，改元天德。以将乐县为镛州，延平镇为镡州。立皇后张氏。以节度判官潘承祐为吏部尚书，节度巡官建阳杨思恭为兵部尚书。未几，以承祐同平章事，思恭迁仆射，录军国事。

延政服赭袍视事，然牙参及接邻国使者，犹如藩镇礼。

殷国小民贫，军旅不息。杨思恭以善聚敛得幸，增田亩山泽之税，至于鱼盐蔬果，无不倍征，国人谓之"杨剥皮"。

【译文】闽国富沙王王延政在建州称帝，国号大殷，大赦境内，改年号为天德，把将乐县改为镛州，延平镇为镡州，立张氏为皇后。任命节度判官潘承祐为吏部尚书，节度巡官建阳人杨思恭为兵部尚书。没过多久，把潘承祐任为同平章事，杨思恭调任仆射，掌管军国大事。

王延政穿起天子所穿的赭色袍服来上朝治事，但是在衙门行礼以及接见邻国的使者时，还是依照藩镇的礼节。

殷国国小民贫，军事活动却没有停止过。杨思恭由于善于聚敛民财而获得宠幸，增收田亩山泽的税额，以至于鱼盐蔬果，无不加倍征税，国人称他为"杨剥皮"。

三月，己卯朔，以中书令赵莹为晋昌节度使兼中书令；以晋昌节度使兼侍中桑维翰为侍中。

唐元宗即位，大赦，改元保大。秘书郎韩熙载请俟逾年改元，不从。尊皇后曰皇太后，立妃钟氏为皇后。

唐主未听政，冯延己屡入白事，一日至数四。唐主曰："书记有常职，何为如是其烦也！"

唐主为人谦谨，初即位，不名大臣，数延公卿论政体，李建勋谓人曰："主上宽仁大度，优于先帝；但性习未定，苟旁无正人，但恐不能守先帝之业耳。"唐主以镇南节度使宋齐丘为太保兼中书令，奉化节度使周宗为侍中。唐主以齐丘、宗先朝勋旧，故顺人望召为相，政事皆自决之。徙寿王景遂为燕王，宣城王景达为鄂王。

【译文】 三月，己卯朔日（初一），任命中书令赵莹为晋昌节度使兼中书令，任命晋昌节度使兼侍中桑维翰为侍中。

南唐元宗李璟即位，实行大赦，改年号为保大。秘书郎韩熙载请求等过了年后再改年号，没有听从。推尊皇后为皇太后，立妃子钟氏为皇后。

唐主李璟还没有正式临朝处理政事，冯延己屡次入宫报告公务，甚至一天三四次。唐主李璟说："书记有固定的职守，为什么这样子的烦琐呢？"

南唐国主李璟为人谦虚谨慎，初即位，不直接叫大臣的名字，几次邀请公卿大臣议论政事，李建勋对人说："皇上宽厚仁慈，气度恢弘，胜过先帝，但是习性还没固定，假如身边没有正直的人辅佐他，只怕不能持守先帝的基业啊。"唐主李璟任命镇南节度使宋齐丘为太保兼中书令，奉化节度使周宗为侍中。唐主李璟因为宋齐丘、周宗是先朝的元勋旧臣，所以顺应众人的期盼召他们入朝为相，其实政事都由自己决断。调徙寿王李景遂为燕王，宣城王李景达为鄂王。

初，唐主为齐王，知政事，每有过失，常梦锡常直言规正；始虽忿恚，终以谅直多之。及即位，许以为翰林学士，齐丘之党疾之，坐封驳制书，贬池州判官。池州多迁客，节度使上蔡王彦俦，

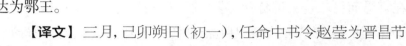

防制过甚，几不聊生，惟事梦锡如在朝廷。

宋齐丘待陈觉素厚，唐主亦以觉为有才，遂委任之。冯延己、延鲁、魏岑，虽齐邸旧僚，皆依附觉，与休宁查文徽更相汲引，侵蠹政事，唐人谓觉等为"五鬼"。延鲁自礼部员外郎迁中书舍人、勤政殿学士，江州观察使杜昌业闻之，叹曰："国家所以驱驾群臣，在官爵而已。若一言称旨，遽跻通显，后有立功者，何以赏之！"未几，唐主以岑及文徽皆为枢密副使。岑既得志，会觉遭母丧，岑即暴扬觉过恶，摈斥之。

【译文】起初，南唐国主李璟为齐王时，掌理政事，每当有过失时，常梦锡常常直言规劝更正他；开始虽然厌烦，最后总是因为他的坦诚正直而称赞他。等到称帝以后，承诺给他做翰林学士，宋齐丘的党徒们嫉恨他，借机给他扣上封驳皇帝制书的罪名，贬他做池州判官。池州那里有很多因获罪而被贬降的官吏，那里的节度使上蔡人王彦俦对他们防备和限制得过于苛刻，以至于几乎没办法维持生活，可是唯独对常梦锡非常礼遇，就好像他在朝廷时那样。

宋齐丘一向厚待陈觉，南唐国主李璟也认为陈觉有才干，便委以重任。冯延己、冯延鲁、魏岑三个人虽然是齐王府的旧僚属，却都依附于陈觉，和休宁人查文徽互相拉关系，彼此相援引，把持要职，败坏政务，唐人称陈觉那一帮人为"五鬼"。冯延鲁由礼部员外郎迁升为中书舍人、勤政殿学士，江州观察使杜昌业听到这个消息，很感叹地说："国家之所以能够驱使和驾驭群臣，是在于掌握了官爵而已。如果因为一句话迎合了皇上的意旨，就一下子升到显要的地位，那么对于以后建立了功勋的人，又拿什么来奖赏他们呢？"没多久，唐主李璟任命魏岑和查文徽两人同时做枢密副使。魏岑得志以后，恰好陈觉的母亲去世，就在陈觉服丧期间，魏岑宣扬陈觉的种种罪恶，排挤他。

唐置定远军于濠州。

汉殇帝骄奢，不亲政事。高祖在殡，作乐酣饮；夜与倡妇微行，倮男女而观之。左右忤意辄死，无敢谏者；惟越王弘昌及内常侍番禺吴怀恩屡谏，不听。常猜忌诸弟，每宴集，令宦者守门，群臣、宗室，皆露索，然后入。晋王弘熙欲图之，乃盛饰声伎，娱悦其意，以成其恶。汉主好手搏，弘熙令指挥使陈道庠引力士刘思潮、谭令禋、林少强、林少良、何昌廷等五人习手搏于晋府，汉主闻而悦之。丙戌，与诸王宴于长春宫，观手搏，至夕罢宴，汉主大醉。弘熙使道庠、思潮等掖汉主，因拉杀之，尽杀其左右。明旦，百官诸王莫敢入宫，越王弘昌帅诸弟临于寝殿，迎弘熙即皇帝位，更名晟，改元应乾。以弘昌为太尉兼中书令、诸道兵马都元帅，知政事，循王弘杲为副元帅，参预政事。陈道庠及刘思潮等皆受赏赐甚厚。闽主曦纳金吾使尚保殷之女，立为贤妃。妃有殊色，曦嬖之；醉中，妃所欲杀则杀之，所欲宥则宥之。

【译文】南唐在濠州设置定远军。

南汉殇帝刘玢骄横奢侈，不喜欢过问政事。高祖刘龑的灵枢还未安葬，他就演奏音乐、痛快喝酒；夜晚扮作平民带着酒家妓女外出，命男女裸露身体供他观赏。陪侍在他身边的人如果违背他的意思，就被处死。所以没有人敢去劝谏他。只有越王刘弘昌和内常侍番禺人吴怀恩屡次加以劝谏，可是他都不听。他经常猜忌他的几个弟弟，每次举行宴会，就命宦官把守大门，对群臣和宗室都要脱衣搜查，然后才能进门。晋王刘弘熙想要除掉他，于是就盛装打扮歌伎，博取他的欢心，借以促成他更加作恶。汉主刘玢爱好徒手搏击，刘弘熙命指挥使陈道庠带力士刘思潮、谭令禋、林少强、林少良、何昌廷五人到晋王府去练习徒手搏击，汉主刘玢听到这个消息，很高兴。丙戌日（初八），和诸王在长春宫一块儿饮宴，观赏徒手搏击，到了晚上，饮宴结束，汉主刘玢喝得大醉，刘弘熙命陈道庠、刘思潮等人搀扶南汉主，把他杀了，并把他的左右随从也都杀了。第二天早上，百官诸王不敢进入宫中，越王刘弘昌带领诸弟来到寝殿，迎奉刘弘熙即皇帝位，改名为刘晟，把年号改为应乾。任命刘弘昌为太尉兼中书令、诸道兵马都元帅，掌理政事，循王刘弘杲为副元帅，参与政事。陈道庠和刘思潮等人都受到很丰厚的赏赐。闽主王曦娶金吾使尚保殷的女儿，册立为贤妃。贤妃长得很漂亮，王曦特别宠爱她；当王曦喝醉的时候，贤妃想要杀谁，王曦就派人把他杀掉；想要赦免谁，王曦就把他放了。

资治通鉴

夏，四月，戊申朔，日有食之。

唐以中书侍郎、同平章事李建勋为昭武节度使，镇抚州。

殷将陈望等攻闽福州，入其西郛，既而败归。

五月，殷吏部尚书、同平章事潘承祐上书陈十事，大指言："兄弟相攻，逆伤天理，一也。赋敛烦重，力役无节，二也。发民为兵，羁旅愁怨，三也。杨思恭夺民衣食，使归怨于上，群臣莫敢言，四也。疆土狭隘，多置州县，增吏困民，五也。除道裹粮，将攻临汀，曾不忧金陵、钱塘乘虚相袭，六也。括高赀户，财多者补官，逋负者被刑，七也。延平诸津，征果菜鱼米，获利至微，敛怨甚大，八也。与唐、吴越为邻，即位以来，未尝通使，九也。宫室台榭，崇饰无度，十也。"殷王延政大怒，削承祐官爵，勒归私第。

【译文】夏季，四月，戊申朔日（初一），出现日食。

唐国任命中书侍郎、同平章事李建勋为昭武节度使，镇守抚州。

殷国的将领陈望等进攻闽国的福州，进入福州西城外郭，接着又战败而返。

五月，殷国的吏部尚书、同平章事潘承祐上书陈奏十件事，大体上说："兄弟之间互相攻战，伤天害理，这是一。赋税的征收，非常繁重，徭役的调遣，毫无节制，这是第二点。征调百姓为兵，把他们寄居异乡，满怀愁怨，这是第三点。杨思恭剥夺百姓的衣食费用，致使百姓把怨气归于皇上，群臣没有人敢说话，这是第四点。疆土本来就狭小，却又过多地设置州县，增加了官吏，困扰百姓，这是第五点。修筑道路，准备粮食，准备攻打临汀，一点也不考虑南唐和吴越两国会乘虚来袭击，这是第六点。向财富雄厚的人家搜括钱财，出得多的可以做官，拖欠的要被处罚，这是第七点。延平的几个渡口，征收水果、蔬菜、鱼、米等税，获利非常少，而由抽税所引起的民怨很大，这是第八点。和唐、吴越为邻，但即位以来却还不曾互通使者，这是第九点。宫室台榭，崇建华饰，没有节制，这是第十点。"殷主王延政大怒，削去了潘承祐的官爵，勒令他回到自己的家中。

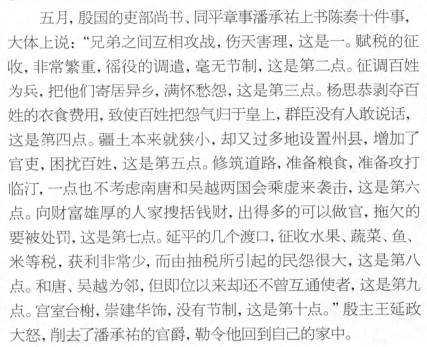

汉中宗既立，国中议论讻讻。循王弘杲请斩刘思潮等以谢中外，汉主不从。思潮等闻之，谮弘杲谋反，汉主令思潮等伺之。弘杲方宴客，思潮与谭令禋帅卫兵突入，斩弘杲。于是，汉主谋尽诛诸弟，以越王弘昌贤而得众，尤忌之。雄武节度使齐王弘弼，自以居大镇，惧祸，求入朝；许之。

初，闽主曦侍康宗宴，会新罗献宝剑，康宗举以示同平章事王倓曰："此何所施？"倓对曰："斩为臣不忠者。"时曦已蓄异志，凛然变色。至是宴群臣，复有献剑者，曦命发校冢，斩其尸。校书郎陈光逸谓其友曰："主上失德，亡无日矣，吾欲死谏。"其友止之，不从；上书陈曦大恶五十事。曦怒，命卫士鞭之数百，不死；以绳系其颈，悬诸庭树，久之乃绝。

【译文】 南汉中宗刘晟自立以后，国内议论泛滥。循王刘弘杲请求杀刘思潮等人来向朝廷内外谢罪，汉主刘晟不答应。刘思潮等人知道了这件事，诬告刘弘杲谋反，汉主命刘思潮等人暗中监视他。刘弘杲正在宴请宾客，刘思潮和谭令裡率领卫兵乘其不备，破门而入，杀死了刘弘杲。于是汉主刘晟谋划要把几个弟弟全部杀掉。由于越王刘弘昌贤能而又获得众人的拥护，所以特别嫉恨他。雄武节度使齐王刘弘弼，考虑到自己位居重要的藩镇，恐怕会遭遇祸患，因此请求入朝，汉主刘晟同意了他。

起初，闽主王曦侍奉康宗王昶饮宴，遇上新罗国进献宝剑，康宗举起剑问同平章事王倓说："这个可以干什么用？"王倓回答说："用来斩那些做臣子而不忠心的人。"当时王曦已经怀了谋叛的野心，听了他这句话，身上一冷，脸色都变了。这时王曦又在宴请群臣，又有前来进献宝剑的，王曦命人挖开王倓的坟墓，就用那把进献来的剑，斩他的尸体。校书郎陈光逸对他的朋友说："主上无道，国家没有多久就会灭亡，我将不顾生死向他劝谏。"他的朋友阻止他，陈光逸不听，上书规谏王曦五十条大恶。王曦大为震怒，命令卫士用鞭子抽打他数百下，没有死；再用绳子绑他的脖子吊在庭院的树枝上，过了一阵才断了气。

秋，七月，己丑，诏以年饥，国用不足，分遣使者六十馀人于诸道括民谷。

吴越王弘佐初立，上统军使阚璠强戾，排斥异己，弘佐不能制；内牙上都监使章德安数与之争，右都监使李文庆不附于璠，乙巳，贬德安于处州，文庆于睦州。璠与右统军使胡进思益专横。璠，明州人；文庆，睦州人；进思，湖州人也。

唐主缘烈祖意，以天雄节度使兼中书令、金陵尹燕王景遂为诸道兵马元帅，徙封齐王，居东宫；天平节度使、守侍中、东都留守鄂王景达为副元帅，徙封燕王；宣告中外，约以传位。立长子弘冀为南昌王。景遂、景达固辞，不许。景遂自誓必不敢为嗣，更其字曰退身。

【译文】秋季，七月，己丑日（十三日），后晋出帝石重贵下诏，由于年岁饥荒，国家财用不足，所以分派使者六十多人到各道去收缴百姓的稻谷。

吴越王钱弘佐刚刚即位，上统军使阚璠强横霸道，排斥异己，钱弘佐辖制不了他，内牙上都监使章德安屡次跟他争论，右都监使李文庆也不肯依附阚璠，乙巳日（二十九日），把章德安贬降到处州，把李文庆贬降到睦州。从此，阚璠和右统军使胡进思更加专横。阚璠，是明州人；李文庆，是睦州人；胡进思，是湖州人。

南唐主李璟遵循烈祖李昇的旨意，任用天雄节度使兼中书令、金陵尹燕王李景遂为诸道兵马元帅，徙封为齐王，居住在东宫，天平节度使，守侍中、东都留守鄂王李景达为副元帅，改封燕王。宣告朝廷内外，约定就以这个次序继承帝位。立长子李弘冀为南昌王。李景遂、李景达再三地推辞，唐主李璟不准。李景遂发誓，一定不敢继承帝位，把他的字改为退身。

汉指挥使万景忻败张遇贤于循州。遇贤告于神，神曰："取虔州，则大事可成。"遇贤帅众逾岭，趣虔州。唐百胜节度使贾匡浩不为备，遇贤众十馀万攻陷诸县，再败州兵，城门昼闭。遇贤作宫室营署于白云洞，遣将四出剽掠。匡浩，公铎之子也。

八月，乙卯，唐主立弟景遏为保宁王。宋太后怨种夫人，屡欲害景遏，唐主力保全之。

夏州牙内指挥使拓跋崇斌谋作乱，绥州刺史李彝敏将助之，事觉；辛未，彝敏弃州，与其弟彝俊等五人奔延州。

【译文】南汉指挥使万景忻在循州打败了张遇贤。张遇贤向神祷告，神说："攻占虔州，则大事可以成功。"张遇贤率领部众越过南岭，向虔州前进。唐国百胜节度使贾匡浩没有做防备，张遇贤的部众共十多万，攻陷了各个县城，两次打败虔州的军队，逼得城门白天都关闭起来。张遇贤在白云洞建筑宫室、军营和官署，派将领到处抢夺。贾匡浩，是贾公铎的儿子。

八月，乙卯日（初九），唐主李璟立他的弟弟李景遏为保宁王。南唐主的母亲宋太后怨恨李景遏的生母种夫人得宠，多次要加害李景遏，南唐主李璟极力把他保全下来。

夏州牙内指挥使拓跋崇斌图谋作乱，绥州刺史李彝敏准备协助他，结果事情被发觉，辛未日（二十五日），李彝敏放弃绥州，和他的弟弟李彝俊等五人投奔延州。

九月，尊帝母秦国夫人安氏为皇太妃。妃，代北人也。帝事太后、太妃甚谨，多侍食于其宫，待诸弟亦友爱。

初，河阳牙将乔荣从赵延寿入契丹，契丹以为回图使，往来贩易于晋，置邸大梁。及契丹与晋有隙，景延广说帝囚荣于狱，悉取邸中之货。凡契丹之人贩易在晋境者，皆杀之，夺其货。大臣皆言契丹有大功于晋，不可负。戊子，释荣，慰赐而归之。

【译文】九月，后晋尊奉出帝石重贵的生母秦国夫人安氏为皇太妃。安太妃是代北人。出帝石重贵侍奉太后、太妃很恭谨，对待几个弟弟也很友爱。

起初，河阳牙将乔荣跟随赵延寿投奔契丹，契丹任命他做回图使（贸易代表），往来贸易于晋国，在大梁设置了官邸。等到契丹和晋国有了仇怨，景延广劝后晋出帝石重贵把乔荣囚禁在监狱里，将他官邸所存的财物全部收缴了，所有在晋国境内进行贸易的契丹人一律杀掉，夺取他们的货物。晋朝大臣都上言说契丹对晋朝有过大功，不能辜负。戊子日（十三日），释放了乔荣，慰问并赏赐他，让他返回契丹。

荣辞延广，延广大言曰："归语而主，先帝为北朝所立，故称臣奉表。今上乃中国所立，所以降志于北朝者，正以不敢忘先帝盟约故耳。为邻称孙，足矣，无称臣之理。北朝皇帝勿信赵延寿诳诱，轻侮中国。中国士马，尔所目睹。翁怒则来战，孙有十万横磨剑，足以相待。它日为孙所败，取笑天下，毋悔也！"荣自以亡失货财，恐归获罪，且欲为异时据验，乃曰："公所言颇多，惧有遗忘，愿记之纸墨。"延广命吏书其语以授之，荣具以白契丹主。契丹主大怒，入寇之志始决。晋使如契丹，皆絷之幽州，不得见。

【译文】乔荣向景延广辞行，景延广对他说大话："回去告诉你的主子，先帝高祖石敬瑭是北朝所扶立，所以向你们称臣上奏表。当今皇帝则是中国自己所拥立的，我们所以自愿向北朝屈降名分的原因，正是不敢忘记先帝与北朝的盟约罢了。彼此是邻国，对你们自称孙子，已经足够了，没有自称臣子的道理。希望北朝皇帝不要听信赵延寿的诳骗诱惑，轻视欺侮中国。中国的兵马之盛，也是你所亲眼看到的。祖翁如果一怒之下就来交战，孙儿自有十万横磨利剑，足以用来对付。到那时被孙子所打败，被天下人所嗤笑，可不要后悔啊！"乔荣由于自己丧失财货，生怕回去以后会被定罪，而且想为这件事留下证据，好为以后做凭证，于是就说："公所说的话很多，恐怕记不住而有所遗漏，请用纸墨把它记下来。"景延广就吩咐文书官把他的话写下来交给乔荣。乔荣回去后，把这件事详细地向契丹主耶律德光报告。契丹主耶律德光大怒，向中原发动进攻的决心这时更坚定了。晋国使者来到契丹，都被拘禁在幽州，不能面见契丹主。

桑维翰屡请逊辞以谢契丹，每为延广所沮。帝以延广为有定策功，故宠冠群臣；又总宿卫兵，故大臣莫能与之争。河东节度使刘知远，知延广必致寇，而畏其方用事，不敢言，但益募兵，奏置兴捷、武节等十馀军以备契丹。

甲午，定难节度使李彝殷奏李彝敏作乱之状，诏执彝敏送夏州，斩之。

【译文】桑维翰屡次建议以谦逊的言辞向契丹道歉，常常被景延广所阻止。后晋出帝石重贵因为景延广有扶立自己为帝的功劳，所以对他的宠爱超过群臣，而且他又统领皇宫的卫队，所以大臣没一个能跟他相争。河东节度使刘知远，知道景延广的这种做法一定会招致契丹的入侵，但是又怕景延广正在执政，也不敢上言，只是更加募集兵丁，奏请设置兴捷、武节等十多个军镇，用以防备契丹。

甲午日（十九日），定难节度使李彝殷奏报李彝敏作乱的情况。后晋出帝石重贵下诏，逮捕李彝敏押送到夏州，将他斩首。

【乾隆御批】晋既借北朝以兴，岂能相抗？辽于晋有德无怨，背之，实为不祥。且尔时并无良将精兵之可恃，而延广大言不惭，徒贻其君以负义之辱，小人庸妄误国，顾如是哉？

【译文】 晋国既然是依靠北朝辽的扶持而兴起的，又怎么能再去与辽相抗衡呢？辽对于晋有德而无怨，背信弃义，实在是不吉利。况且晋国那时并无良将精兵可以依靠，可是景延广却大言不惭，只能是连累了他的君主而招致忘恩负义的耻辱，小人浅陋妄为，损害国家，难道不就是像他这样吗？

　　冬，十月，戊申，立吴国夫人冯氏为皇后。初，高祖爱少弟重胤，养以为子；及留守邺都，娶副留守安喜冯濛女为其妇。重胤早卒，冯夫人寡居，有美色，帝见而悦之；高祖崩，梓宫在殡，帝遂纳之。群臣皆贺，帝谓冯道等曰："皇太后之命，与卿等不任大庆。"群臣出，帝与夫人酣饮，过梓宫前，醯而告曰："皇太后之命，与先帝不任大庆。"左右失笑，帝亦自笑，顾谓左右曰："我今日作新婿，何如？"夫人与左右皆大笑。太后虽患，而无如之何。既正位中宫，颇预政事。后兄玉，时为礼部郎中、盐铁判官，帝骤擢用至端明殿学士、户部侍郎，与议政事。

【译文】 冬季，十月，戊申日（初三），立吴国夫人冯氏为皇后。起初，后晋高祖石敬瑭喜爱他的小弟弟石重胤，把他当作儿子来养育，后来石敬瑭留守邺都时，聘娶副留守安喜人冯濛的女儿给石重胤做媳妇。石重胤死得早，冯夫人寡居，容貌美丽，后晋出帝石重贵对她一见钟情，高祖石敬瑭驾崩，灵柩还停放在殡宫，后晋出帝就娶了她。群臣都向他道贺，后晋出帝对冯道等人说："皇太后有令，和众卿不举办大庆。"群臣退出后，后晋出帝和夫人畅怀饮酒，经过高祖石敬瑭灵柩前面的时候，洒酒于地并祷告说："皇太后的命令，与先帝不做大庆。"左右的人不由得笑了起来，后晋出帝自己也跟着笑了，转过头对左右的人说："我今天当新郎官，当得怎么样？"夫人和左右的人都大笑。太后虽然生气，也拿他没办法。冯夫人被正式立为皇后以后，经常干预朝政。她的哥哥冯玉，当时做礼部郎中、盐铁判官，后晋出帝石重贵一下子就把他提升到端明殿学士、户郎侍郎，参与讨论朝廷大事。

汉主命韶王弘雅致仕。

唐主遣洪州营屯都虞候严恩将兵讨张遇贤，以通事舍人金陵边镐为监军。镐用虔州人白昌裕为谋主，击张遇贤；屡破之。遇贤祷于神，神不复言，其徒大惧。昌裕劝镐伐木开道，出其营后袭之，遇贤弃众奔别将李台。台知神无验，执遇贤以降，斩于金陵市。

【译文】南汉主刘晟命令韶王刘弘雅退休。

唐主李璟派洪州营屯都虞候严恩率兵讨伐张遇贤，任命通事舍人金陵人边镐为监军。边镐任用虔州人白昌裕为参谋，攻打张遇贤，屡次打败他。张遇贤向神祈祷，神不再说话了，他的徒众大为恐惧。白昌裕劝边镐砍伐森林，开辟道路，绕到敌人军营的后方去袭击他们，张遇贤放弃他的部众，私自逃跑。李台得知求神没有应验，便擒拿张遇贤来投降，在金陵街市上把他斩杀。

十一月，丁亥，汉主祀南郊，大赦，改元乾和。

戊子，吴越王弘佐纳妃仰氏，仁诠之女也。

初，高祖以马三百借平卢节度使杨光远，景延广以诏命取之。光远怒曰："是疑我也。"密召其子单州刺史承祚，戊戌，承祚称母病，夜，开门奔青州。庚子，以左飞龙使金城何超权知单州。遣内班赐光远玉带、御马、金帛，以安其意。

壬寅，遣侍卫步军都指挥使郭谨将兵戍郓州。

唐葬光文肃武孝高皇帝于永陵，唐号烈祖。

【译文】十一月，丁亥日（十三日），汉主刘晟在南郊举行祭天的仪式，同时大赦境内，改年号为乾和。

戊子日（十四日），吴越王钱弘佐纳妃仰氏，是仰仁诠的女儿。

起初，后晋高祖石敬瑭借三百匹马给平卢节度使杨光远，景延广借皇帝的诏命向他讨要马匹。杨光远发怒说："这是怀疑我啊！"暗中召唤他的儿子单州刺史杨承祚，戊戌日（二十四日），杨承祚借口母亲生病，当天夜晚就开了城门，奔往青州。庚子日（二十六日），朝廷派左飞龙使金城人何超代理单州刺史的职务。又派宦官带着玉带、御马、金帛赐给杨光远，以安他的心。

壬寅日（二十八日），派遣侍卫步军都指挥使郭谨领兵镇守郓州。

南唐在永陵安葬光文肃武孝高皇帝李昪，庙号烈祖。

十二月，乙巳朔，遣左领军卫将军蔡行遇将兵戍郓州。杨光远遣骑兵入淄州，劫刺史翟进宗归于青州。甲寅，徙杨承祚为登州刺史以从其便。

光远益骄，密告契丹，以晋主负德违盟，境内大饥，公私困竭，乘此际攻之，一举可取；赵延寿亦劝之。契丹主乃集山后及卢龙兵合五万人，使延寿将之，委延寿经略中国，曰："若得之，当立汝为帝。"又常指延寿谓晋人曰："此汝主也。"延寿信之，由是为契丹尽力，画取中国之策。

【译文】 十二月，乙巳朔日（初一），派左领军卫将军蔡行遇带兵戍守郓州。杨光远派骑兵进入淄州，挟持刺史翟进宗回到青州。甲寅日（初十），迁调杨承祚为登州刺史，顺从他让自己方便的要求。

杨光远更加骄纵，暗中报告契丹，说晋主辜负恩德违背盟约，境内饥荒严重，官府和百姓困乏穷竭，乘这个时候攻打，一举可以夺取晋室天下，赵延寿也劝契丹攻晋。契丹主耶律德光于是集合山后和卢龙各地的兵马，一共五万人，命赵延寿率领他们。并委托赵延寿处理中国的事务，说："如果能够获得中国，将立你为皇帝。"又常常指着赵延寿对晋国人说："这位就是你们的君主。"赵延寿相信他的话，因此替契丹卖命，谋划夺取中国的计策。

朝廷颇闻其谋，丙辰，遣使城南乐及德清军，征近道兵以备之。

唐侍中周宗年老，恭谨自守，中书令宋齐丘广树朋党，百计倾之。宗泣诉于唐主，唐主由是薄齐丘。

既而陈觉被疏，乃出齐丘为镇海节度使。齐丘忿恚，表乞归九华旧隐，唐主知其诈，一表，即从之，赐书曰："今日之行，昔时相许。朕实知公，故不夺公志。"仍赐号九华先生，封青阳公，食一县租税。

齐丘乃治大第于青阳，服御将吏，皆如王公，而愤邑尤甚。

宁州酋长莫彦殊以所部温那等十八州附于楚；其州无官府，惟立牌于冈阜，略以恩威羁縻而已。

【译文】 后晋朝廷知道他们的谋划，丙辰日（十二日），派使者去建造南乐和德清军两座防城堡垒，征调附近各道的兵马去防守。

唐国侍中周宗年纪很大，谦虚谨慎，与世无争，中书令宋齐丘大量地结交党徒，树立个人势力，想尽各种办法来陷害周宗，周宗把这些事告诉唐主李璟，说到激动的时候，不由得老泪纵横，唐主李璟因此就轻视宋齐丘。

不久，陈觉被疏远，于是把宋齐丘派出去当镇海节度使。宋齐丘很怨愤，上表请求回到九华山从前隐居的地方，南唐主李璟知道他是欺骗，只上一表，便批准他，并赐给他诏书说："明天的归隐之行，是从前就预先应允的，朕确实很了解你，所以不愿剥夺你素来的心愿。"于是赐给他一个名号，叫作九华先生，封青阳公，享有一个县的租税。

宋齐丘于是在青阳盖了一栋宏伟的宅第，穿的、用的以及武将文吏都比照王公的规模和编制，但是，愤恨、忧郁得更加厉害了。

宁州酋长莫彦殊率领他所统辖的温那等十八州归附于楚；那些州没有官府，只是在山冈上竖立一个牌子，略施一些恩惠和威摄加以笼络、牵制而已。

是岁，春夏旱，秋冬水，蝗大起，东自海壖，西距陇坻，南逾江、湖，北抵幽蓟，原野、山谷、城郭、庐舍皆满，竹木叶俱尽。重以官括民谷，使者督责严急，至封碓硙，不留其食，有坐匿谷抵死者。县令往往以督趣不办，纳印自劾去。民馁死者数十万口，流亡不可胜数。于是，留守、节度使下至将军，各献马、金、帛、刍粟以助国。

朝廷以恒、定饥甚，独不括民谷。顺国节度使杜威奏称军食不足，请如诸州例，许之。威用判官王绪谋，检索殆尽，得百万斛。威止奏三十万斛，馀皆入其家；又令判官李沼称贷于民，复满百万斛，来春粜之，得缗钱二百万，阖境苦之。定州吏欲援例为奏，义武节度使马全节不许，曰："吾为观察使，职在养民，岂忍效彼所为乎！"

【译文】 这一年，春夏两季天旱，秋冬两季都大雨，蝗灾严重，东从海边起，直到西边的陇坻，往南越过长江、淮河，向北直到幽州、蓟州，无论原野、山谷、城郭、庐舍都布满了蝗虫，连竹叶、树叶都被吃光。再则官府收集百姓的稻谷，差官督促索求严苛又急迫，甚至封住他们的舂米器具，不给他们留下食物，有因藏匿稻谷而触罪被杀的情况。县令往往由于督催不上来，归还印信自己弹劾弃官而去的。民众饥饿而死的达数十万口，流亡逃荒的不可胜计。于是留守、节度使，下至将军，各自捐献马匹、金帛、粮草，用来救助国家。

朝廷由于恒、定二州饥荒格外严重，特准二州不搜取百姓的谷物。顺国节度使杜威上奏声称军粮不足，请求比照其他一些州的做法来办理，朝廷答应了。杜威采用判官王绪的办法，搜查敛聚，涓滴不留，总共获得一百万斛。但杜威只奏报三十万斛，其余的全部送回他的家里。又命判官李沼向百姓借贷，又满一百万斛，次年春天把它卖出，获得二百万缗。全境的百姓，没一个不叫苦。定州的官吏也想援引杜威在恒州的先例上奏，义武节度使马全节不准许，说："我做观察使，职责在于养民，怎忍心学他那种做法啊！"

楚地多产金银，茶利尤厚，由是财货丰殖。而楚王希范，奢欲无厌，喜自夸大。为长枪大㮟，饰之以金，可执而不可用。募富民年少肥泽者八千人，为银枪都。宫室、园囿、服用之物，务穷

92

侈靡。作九龙殿，刻沈香为八龙，饰以金宝，长十馀丈，抱柱相向；希范居其中，自为一龙，其襆头脚长丈馀，以象龙角。

用度不足，重为赋敛。每遣使者行田，专以增顷亩为功，民不胜租赋而逃。王曰："但令田在，何忧无谷！"命营田使邓懿文籍逃田，募民耕艺出租。民舍故从新，仅能自存，自西徂东，各失其业。又听人人财拜官，以财多少为官高卑之差。富商大贾，布在列位。外官还者，必责贡献。民有罪，则富者输财，强者为兵，惟贫弱受刑。又置函，使人投匿名书相告讦，至有灭族者。

【译文】 楚国境内盛产金银，种茶的利润尤其丰厚，因此财物富足，然而楚王马希范奢侈贪欲，毫不知足，并且喜欢夸大自己。制造长枪大槊，用黄金装饰，可以握持，但不能使用。招募有钱人家的肥壮少年八千人，编为银枪都。宫室、园囿、器用玩好等物品，务必穷尽奢侈华丽之能事。建造九龙殿，用沉香木雕刻成八条龙，用金银珍宝做饰物，长十多丈，缠绕在柱子上两龙首相对，马希范坐在其中，把自己当成一条龙，他戴的头巾带一丈多长，用来象征龙角。

费用不够，就加重赋税，常派使者下乡，巡视民田，专门以虚增田亩的面积为功劳，以致百姓负担不起租税而逃走。楚王马希范说："只要田地还在，何愁没有谷物！"于是命营田使邓懿文登记那些因逃亡而空出的田亩，另外招募百姓去耕种，缴田租。百姓舍弃旧有的田地，从事新田的耕种，仅仅能够糊口，从西边流徙到东边，两边的产业都丧失了。楚王马希范又让百姓自由捐钱，以换取官位，依据钱财的多少，订立官位高低的等级。于是富商大贾，分布在重要的官位上。地方官若回到朝廷，一定要求他进献财物。老百姓犯罪，便有钱的捐财，强壮的当兵，只有贫穷体弱的受刑罚。又设立信箱，让人们投入匿名信相互检举告发，以致有人因此而被灭族的。

是岁，用孔目官周陟议，令常税之外，大县贡米二千斛，中
千斛，小七百斛；无米者输布帛。天策学士拓跋恒上书曰："殿下
长深宫之中，藉已成之业，身不知稼穑之劳，耳不闻鼓鼙之音，驰
骋遨游，雕墙玉食。府库尽矣，而浮费益甚；百姓困矣，而厚敛
不息。今淮南为仇雠之国，番禺怀吞噬之志，荆渚日图窥伺，溪
洞待我姑息。谚曰：'足寒伤心，民怨伤国。'愿罢输米之令，诛
周陟以谢郡县，去不急之务，减兴作之役。无令一旦祸败，为四
方所笑。"王大怒。他日，恒请见，辞以昼寝。恒谓客将区弘练
曰："王逞欲而愎谏，吾见其千口飘零无日矣。"王益怒，遂终身不
复见之。

【译文】这一年，采用孔目官周陟的建议，下令在正常租
税之外，大县进贡米二千斛，中县一千斛，小县七百斛；没有米
的，改送布帛。天策学士拓跋恒上书说："殿下生长在深宫之中，
凭借已成的大业，身体没有受过种庄稼的劳苦，耳朵没有听过
战鼓的声音，骑马射猎，遨游嬉戏，住华丽的宫室，吃珍美的食
物，府库的积蓄已经竭尽，而浪费更加厉害，百姓生活很贫困
了，但是沉重的赋敛却仍接连不断。现在淮南方面是我们的仇
敌之国，番禺方面对我们怀有吞并的野心，荆渚方面天天都在
打我们的主意，溪洞方面也对我们渐渐怠慢了起来。俗语说：
'脚底受寒，伤及心脏，百姓怨愤，伤及国家。'希望取消捐纳米
的规定，严办周陟，以向郡县的百姓谢罪，废除不急的事务，减
少建造的劳役，免得一旦遭祸败亡，被天下人耻笑。"楚王马希
范看了大怒，有一天，拓跋恒请求觐见，楚王推说午睡未醒，拓
跋恒对客将区弘练说："大王随心所欲而拒绝进谏，我看他的

千口之家流离失所没有多久了。"楚王听到这话更加恼怒，从此终生不再见拓跋恒。

闽主曦嫁其女，取班簿阅视之；朝士有不贺者十二人，皆杖之于朝堂。以御史中丞刘赞不举劾，亦将杖之，赞义不受辱，欲自杀。谏议大夫郑元弼谏曰："古者刑不上大夫，中丞仪刑百僚，岂宜加之箠楚！"曦正色曰："卿欲效魏征邪？"元弼曰："臣以陛下为唐太宗，故敢效魏征。"曦怒稍解，乃释赞，赞竟以忧卒。

【译文】 闽主王曦出嫁他的女儿，拿出记载在朝者的名册来察看，朝廷官员有十二人没有来祝贺，都在朝堂加以杖打。又因御史中丞刘赞对这些人未加检举弹劾，也要杖打他。刘赞不愿受此屈辱，准备自杀。谏议大夫郑元弼劝谏闽主王曦说："古时候，刑罚不加在大夫身上。御史中丞作为朝廷百官的榜样，哪里适合加以杖打呢！"闽王王曦板着脸说："你想学魏征是吗？"郑元弼说："我把陛下当作唐太宗李世民，所以才敢效仿魏征。"王曦怒气稍微缓解，才把刘赞释放了，刘赞最终忧愤而死。

开运元年（甲辰，公元九四四年）春，正月，乙亥，边藩驰告："契丹前锋将赵延寿、赵延照将兵五万入寇，逼贝州。"延照，思温之子也。先是朝廷以贝州水陆要冲，多聚刍粟，为大军数年之储，以备契丹。军校邵珂，性凶悖，永清节度使王令温黜之。珂怨望，密遣人亡入契丹，言"贝州粟多而兵弱，易取也。"会令温入朝，执政以前复州防御使吴峦权知州事。峦至，推诚抚士；会契丹入寇，峦书生，无爪牙，珂自请，愿效死，峦使将兵守南门，峦自守东门。契丹主自攻贝州，峦悉力拒之，烧其攻具殆尽。己卯，契丹复攻城，珂引契丹自南门入，峦赴井死。契丹遂陷贝州，所杀且万人。庚辰，以归德节度使高行周为北面行营都部署，以河阳节度使符彦卿为马军左厢排陈使，以右神武统军丘甫遇为马军右厢排陈使，以陕府节度使王周为步军左厢排陈使，以左羽林将军潘环为步军右厢排陈使。

【译文】 开运元年（甲辰，公元944年，是年七月方改年号为开运。）春季，正月，乙亥日（初二），边境藩镇驰马来告："契丹前锋将赵延寿、赵延照统领兵众五万人来侵犯，逼近贝州。"赵延照是赵思温的儿子。起初，后晋朝廷因为贝州是水、陆要道，便大量聚集粮草，是大军好几年的储备，用以防备契丹。军校邵珂，生性凶狠不讲理，永清节度使王令温免了他的职，邵珂怀恨在心，秘密派人逃往契丹，告诉契丹说："贝州粮食很多，而兵马很少，容易攻下。"正巧这时王令温入朝，执政大臣派前任复州防御使吴峦代理贝州的防务。吴峦到了贝州以后，以诚相待，安抚士卒。这时遇上契丹入侵，吴峦是个读书人，没有武将，邵珂主动请战，愿意以死效忠，吴峦派他带兵防守南门。契丹主耶律德光亲自带兵攻打贝州，吴峦全力抵抗，把敌兵攻城的器械几乎烧光。己卯日（初六），契丹又来攻城，邵珂引领契丹兵从南门进城，吴峦投井而死。契丹便把贝州城攻取下来，所杀害的晋国军民将近一万人。庚辰日（初七），任命归德节度使高行周为北面行营都部署，任命河阳节度使符彦卿为马军左厢排阵使，任命右神武统军皇甫遇为马军右厢排阵使，任命陕府节度使王周为步军左厢排阵使，任命左羽林将军潘环为步军右厢排阵使。

【乾隆御批】 峦本书生，不能烛珂奸伪，固其罪，然拒守，赴

96

井，尚不失硁硁之节。徐无党乃谓"其可战不战，委珂以失贝州，不得目为死事。"持论不免矫枉过正。

【译文】 吴峦本是一介书生，不能洞察邵珂的诡诈虚假，这确实是他的过失，然而，他拒守城池不胜，投井而死，终不失不屈之气节。徐无党说他"可战时不战，委任邵珂重任而造成贝州失守，迫不得已而去轻生。"主张这种观点的，未免有些矫枉过正了。

太原奏契丹入雁门关。恒、邢、沧皆奏契丹入寇。

成德节度使杜威遣幕僚曹光裔诣杨光远，为陈祸福，光远遣光裔入奏，称："承祚逃归，母疾故尔。既蒙恩宥，阖族荷恩。"朝廷信其言，遣使与光裔复往慰谕之。

唐以侍中周宗为镇南节度使，左仆射兼门下侍郎、同平章事张居咏为镇海节度使。

【译文】 太原奏报契丹进入雁门关。恒州、邢州、沧州都奏报契丹来侵犯。

成德节度使杜威派幕僚曹光裔会见杨光远，分析祸福利害给他听，杨光远就派曹光裔入朝上奏，说："杨承祚之所以逃回来，只是因为他母亲生病的缘故，既然承蒙皇恩宽赦，全族都感戴皇上的恩德。"后晋朝廷相信了他的话，派遣使者同曹光裔一道再次去安抚劝谕杨光远。

南唐任命侍中周宗为镇南节度使，左仆射兼门下侍郎、同平章事张居咏为镇海节度使。

唐主决欲传位于齐、燕二王。翰林学士冯延己等因之欲隔绝中外以擅权。辛巳，敕："齐王景遂参决庶政，百官惟枢密副使魏岑、查文徽得白事，馀非召对不得见。"国人大骇。给事中萧俨上疏极论，不报。侍卫都虞候贾崇叩阁求见，曰："臣事先帝三十年，观其延接疏远，孜孜不怠，下情犹有不通者。陛下新即位，所任者何人，而顿与群臣谢绝？臣老矣，不复得奉颜色。"因涕泗呜咽。唐主感悟，遽收前敕。

唐主于宫中作高楼，召侍臣观之，众皆叹美。萧俨曰："恨楼下无井。"唐主问其故。对曰："以此不及景阳楼耳。"唐主怒，贬于舒州，观察使孙晟遣兵防之，俨曰："俨以谏诤得罪，非有它志。昔顾命之际，君几危社稷，其罪顾不重于俨乎？今日反见防邪！"晟惭惧，遽罢之。

【译文】 南唐主李璟决定传位给他的弟弟齐、燕二王。翰林学士冯延己等因此想隔绝朝廷内外来把持权柄。辛巳日（初八），南唐主李璟下敕令："齐王李景遂参与裁决各项国政，文武百官只有枢密副使魏岑、查文徽可以直接向皇帝报告事情，其他的人若没有得到召唤，不可以觐见。"唐国的百姓大为惊讶。给事中萧俨上奏疏极力争论，不获答复。侍卫都虞候贾崇叩首阁门请求接见，他说："臣侍奉先帝三十年，亲眼看见先帝延请、接见关系疏远的臣子，殷勤诚恳，不敢怠慢，像这样子，下层的意见还有不能通达到上层的。何况现在陛下刚即位，所信任的是何等人，而竟马上和群臣隔绝，怎么可以呢？臣老了，不能再亲自侍奉陛下了。"于是泪流满面，呜咽不已。南唐主李璟感悟，急忙收回先前下的敕令。

南唐主李璟在宫中建造高楼，召集侍臣观看，众人都叹赏赞美。萧俨说："只可惜楼下没有修个井。"南唐主问他为什么。萧俨回答说："因为少此一口井就比不上陈后主陈叔宝的景阳楼了呀！"唐主李璟很生气，将他贬到舒州。观察使孙晟派兵去看守他，萧俨说："我是因劝谏皇上而获罪，并不是怀有异心。

起初先主去世前留下遗命时,你可是险些要危害社稷的呀,那条罪岂不是比我还重吗?今天怎么反而防备起我来了呢?"孙晟惭愧害怕,赶紧把设防的士兵撤掉。

帝遣使持书遗契丹,契丹已屯邺都,不得通而返。

壬午,以侍卫马步都指挥使景延广为御营使,前靖难节度使李周为东京留守。是日,高行周以前军先发。时用兵方略号令皆出延广,宰相以下皆无所预;延广乘势使气,陵侮诸将,虽天子亦不能制。

乙酉,帝发东京。丁亥,滑州奏契丹至黎阳。戊子,帝至澶州。

契丹主屯元城,赵延寿屯南乐;以延寿为魏博节度使,封魏王。

【译文】后晋出帝石重贵遣派使臣带书信给契丹,契丹已经屯驻邺都城外,使者不能通过而折返回来。壬午日(初九),任命侍卫马步都指挥使景延广为御营使,前任静难节度使李周为东京留守。这一天,高行周率领前锋队伍先出发。当时用的方略和号令都出自景延广,宰相以下的文武群臣都没有参与,景延广借着权势任性使气,凌侮诸将,即使是天子也不能制止他。乙酉日(十二日),后晋出帝石重贵从东京出发。丁亥日(十四日),滑州奏报契丹到了黎阳。戊子日(十五日),后晋出帝石重贵抵达澶州。

契丹主耶律德光屯驻元城,赵延寿屯驻南乐,契丹任命赵延寿为魏博节度使,封爵魏王。

契丹寇太原,刘知远与白承福合兵二万击之。甲午,以知远为幽州道行营招讨使，杜威为副使，马全节为都虞候。丙申，遣右武卫上将军张彦泽等将兵拒契丹于黎阳。

戊戌，蜀主复以将相遥领节度使。

帝复遣译者孟守忠致书于契丹，求修旧好。契丹主复书曰："已成之势，不可改也。"

【译文】 契丹侵略太原，刘知远和白承福联合起来，共二万人，迎击契丹兵。甲午日（二十一日），任命刘知远为幽州道行营招讨使，杜威为副使，马全节为都虞候。丙申（二十三日），派遣右武卫上将军张彦泽等统兵在黎阳抵御契丹。

戊戌日（二十五日），蜀主孟昶恢复以将相遥领节度使的旧规。

后晋出帝石重贵又派能通译两国语言的孟守忠送书信给契丹，请求重建以前的友好关系。契丹主耶律德光回信说："已经形成的局势，不能改变了。"

辛丑，太原奏破契丹伟王于秀容，斩首三千级。契丹自鸦鸣谷遁去。

殷铸天德通宝大铁钱，一当百。

唐主遣使遗闽主曦及殷主延政书，责以兄弟寻戈。曦复书，引周公诛管、蔡，唐太宗诛建成、元吉为比。延政复书，斥唐主夺杨氏国。唐主怒，遂与殷绝。

天平节度副使、知郓州颜衍遣观察判官窦仪奏："博州刺史周儒以城降契丹，又与杨光远通使往还，引契丹自马家口济河，擒左武卫将军蔡行遇。"仪谓景延广曰："虏若济河与光远合，则河南危矣。"延广然之。仪，蓟州人也。

【译文】 辛丑日（二十八日），太原奏报：在秀容打败了契丹伟王，斩获三千首级。契丹从鸦鸣谷逃走。

殷国铸造"天德通宝"大铁钱，一枚当旧钱百枚。

唐主李璟派使者送信给闽主王曦和殷主王延政，责备他们兄弟之间互相攻伐。闽主王曦回信，引用周公诛戮管叔、蔡叔，唐太宗李世民诛戮李建成、李元吉两件史实作比喻。殷主王延政回信，斥责南唐主篡夺杨氏天下。南唐主李璟发怒，便与殷国断绝来往。

天平节度副使、知郓州颜衎派遣观察判官窦仪上奏后晋朝廷："博州刺史周儒把州城献给契丹，向契丹投降，又和杨光远互派使者往来访问，引导契丹从马家口渡过黄河，掳走了左武卫将军蔡行遇。"窦仪对景延广说："北虏如果渡过黄河与杨光远联合的话，那么黄河以南就危险了。"景延广同意他的看法。窦仪，是蓟州人。

资治通鉴卷第二百八十四　后晋纪五

起阏逢执徐二月，尽旃蒙大荒落七月，凡一年有奇。

【译文】 起甲辰（公元944年）二月，止乙巳（公元945年）七月，共一年六个月。

【题解】 本卷记录了公元944年二月至945年七月的史事，共一年又六个月，正当后晋齐王石重贵开运元年二月至开运二年七月。桑维翰重新执掌朝政大权，先后把杨光远、景延广外放任职，朝纲整肃，朝廷大事稍微得到治理。十二月，契丹第二次大举南犯，晋兵在相州大败契丹，后晋出帝石重贵下诏亲征。开运二年三月，晋军在阳城大败契丹。后晋出帝任命杜威为顺国节度使镇守恒州，杜威害怕契丹卷土重来，擅离职守逃回京都，后晋出帝姑息不问。桑维翰多次劝谏乘胜与契丹修好，后晋出帝不听，丧失了和平修好的契机。闽主王曦被部下杀死，朱文进自称闽主。王延政大破南唐兵，朱文进又被部下杀死，福州兵入援建州，南唐增兵大败王延政，李仁达趁机割据福州。

齐王中

开运元年（甲辰，公元九四四年）二月，甲辰朔，命前保义节度使石赟守麻家口，前威胜节度使何重建守杨刘镇，护圣都指挥使白再荣守马家口，西京留守安彦威守河阳。未几，周儒引契丹将麻答自马家口济河，营于东岸，攻郓州北津以应杨光远。麻答，契丹主之从弟也。乙巳，遣侍卫马军都指挥使、义成节度使李守贞、神武统军皇甫遇、陈州防御使梁汉璋、怀州刺史薛怀让将兵万人，缘河水陆俱进。守贞，河阳；汉璋，应州；怀让，太原人也。

【译文】 开运元年（甲辰，公元944年）二月，甲辰朔日（初一），后晋朝廷命前保义节度使石赟把守麻家口，前威胜节度使何重建把守杨刘镇，护圣都指挥使白再荣把守马家口，西京留守安彦威把守河阳。不久，周儒引导契丹将领麻答从马家口渡过黄河，扎营于东岸，攻打郓州北岸的渡口，以此呼应杨光远。麻答，是契丹主耶律德光的堂弟。乙巳日（初二），后晋派遣侍卫马军都指挥使、义成节度使李守贞、神武统军皇甫遇、陈州防御使梁汉璋、怀州刺史薛怀让带兵一万人，沿着黄河，水路和陆路同时并进。李守贞，是河阳人；梁汉璋，是应州人；薛怀让，是太原人。

丙午，契丹围高行周、符彦卿及先锋指挥使石公霸于戚城。先是景延广令诸将分地而守，无得相救。行周等告急，延广徐白帝，帝自将救之。契丹解去，三将泣诉救兵之缓，几不免。

戊申，李守贞等至马家口。契丹遣步卒万人筑垒，散骑兵于其外，馀兵数万屯河西，船数十艘渡兵，未已，晋兵薄之，契丹骑兵退走，晋兵进攻其垒，拔之。契丹大败，乘马赴河溺死者数千人，俘斩亦数千人。河西之兵恸哭而去，由是不敢复东。

辛亥，定难节度使李彝殷奏将兵四万自麟州济河，侵契丹之境。壬子，以彝殷为契丹西南面招讨使。

【译文】 丙午日（初三），契丹兵在戚城包围了高行周、符彦卿及先锋指挥使石公霸。起初，景延广下令各将帅各自防守自己所负责的地区，不得互相援救。高行周等人奏报情势危急，景延广迟迟才转告后晋出帝石重贵，后晋出帝亲自率兵去援救他们，契丹解围退走，三位将帅哭诉救兵来得太慢，几乎不能生还。

戊申日（初五），李守贞等到达马家口。契丹遣派一万步兵修筑堡垒，在堡垒外面散布骑兵戍守，其余兵众数万人屯驻在河西，有船数千艘载兵过河。还没运完，晋兵就攻进了他们，契丹的骑兵退却逃走，晋兵进攻他们的堡垒，攻了下来。契丹大败，骑着马冲进黄河被淹死的多达好几千人，被俘虏和斩杀的也好几千人。黄河西岸的契丹兵伤心痛哭着撤走，从此再也不敢东进。

辛亥日（初八），定难节度使李彝殷奏请带领四万人马从麟州渡过黄河，攻入契丹境内。壬子日（初九），任命李彝殷为契丹西南面招讨使。

初，契丹主得贝州、博州，皆抚尉其人，或拜官赐服章。及败于戚城及马家口，忿恚，所得民，皆杀之，得军士，燔炙之。由是晋人愤怒，戮力争奋。

杨光远将青州兵欲西会契丹。戊午，诏石赟分兵屯郓州以备之。

诏刘知远将部兵自土门出恒州击契丹，又诏会杜威、马全节于邢州。知远引兵屯乐平不进。

帝居丧期年，即于宫中奏细声女乐。及出师，常令左右奏三弦琵琶，和以羌笛，击鼓歌舞，曰：“此非乐也。”庚申，百官表请听乐，诏不许。

【译文】起初，契丹主耶律德光取得贝州、博州，都对这些地方的人加以抚慰，或者拜授官职、赐给有纹彩的官服。等到他们在戚城和马家口打了败仗，愤怒怨恨，把所获得的百姓全都杀掉，抓到的士兵，则用火烧烤。因此晋国的军民愤激痛恨，同心协力，争着要为国出力。

杨光远带领青州兵，想向西与契丹兵会合，戊午日（十五日），后晋出帝石重贵下诏，命石赟分出一部分兵马驻守郓州，以防备他。

命刘知远率领本部士兵从土门出发，取道恒州以攻打契丹，又命他和杜威、马全节会师于邢州。刘知远引领他的部队驻扎于乐平，不肯前进。

后晋出帝石重贵服丧将近一年，就在宫中演奏细声女乐。等到出师北讨时，常常命左右的人弹奏三弦琵琶，再配上羌笛的吹音，一边打鼓，一边歌舞，还说："这不算是奏乐。"庚申日（十七日），百官上表请求恢复聆赏音乐，竟下诏不准。

壬戌，杨光远围棣州，刺史李琼出兵击败之，光远烧营走还青州。癸亥，以前威胜节度使何重建为东面马步都部署，将兵屯郓州。

阶、成义军指挥使王君怀帅所部千馀人叛降蜀，请为乡导以取阶、成。甲子，蜀人攻阶州。

【译文】壬戌日（十九日），杨光远率兵包围棣州，刺史李琼出兵将他打败，杨光远焚烧营垒，逃回青州。癸亥日（二十日），后晋朝廷任命前威胜节度使何重建为东面马步都部署，统兵屯驻郓州。

阶、成二州义军指挥使王君怀率领所部一千多人背叛朝廷，归降蜀国，并且自愿替蜀国做向导，以夺取阶、成二州。甲子日（二十一日），蜀国出兵打阶州。

契丹伪弃元城去，伏精骑于古顿丘城，以俟晋军与恒、定之兵合而击之。邺都留守张从恩屡奏虏已遁去；大军欲进追之，会霖雨而止。契丹设伏旬日，人马饥疲。赵延寿曰："晋军悉在河上，畏我锋锐，必不敢前，不如即其城下，四合攻之，夺其浮梁，则天下定矣。"契丹主从之，三月，癸酉朔，自将兵十馀万陈于澶州城北，东西横掩城之两隅，登城望之，不见其际。高行周前军在戚城之南，与契丹战，自午至晡，互有胜负。契丹主以精兵当中军而来，帝亦出陈以待之。契丹主望见晋军之盛，谓左右曰："杨光远言晋兵半已馁死，今何其多也！"以精骑左右略陈，晋军不动，万弩齐发，飞矢蔽地。契丹稍却；又攻晋陈之东偏，不克。苦战至暮，两军死者不可胜数。昏后，契丹引去，营于三十里之外。

【译文】 契丹假装舍弃元城退去，把精锐骑兵埋伏在古顿丘城，来等待晋军与恒州、定州之兵会合之后再发动攻击。邺都留守张从恩屡次奏报胡兵已经逃走，朝廷据报，正准备要指挥大军去追击，恰巧遇到连续不断的雨天而停止。契丹的军队埋伏了十天，士兵和战马都饥饿疲乏。赵延寿说："晋国的军队全部在黄河的岸边，害怕我军的强锐，一定不敢前来，不如将军队开赴他们的城下，四面包围，加以攻打，夺取他们所设的浮桥，这样天下就可以平定了。"契丹主耶律德光听从了他的话，三月，癸酉朔日（初一），亲自领兵十余万在澶州城的北面排开阵势，东面和西面横向包围城的两角，登城观望，看不见边际。高行周的前锋部队在戚城的南方，和契丹交战，从中午一直战到黄昏，各有胜败。契丹主耶律德光率领精锐士卒直向晋军的中军冲了过来，后晋出帝石重贵也摆出阵势准备迎敌。契丹主耶律德光遥遥望见晋军军威盛壮，对左右的人说："杨光远说晋兵已饿死大半，现在怎么还这样多呢？"于是派精锐骑兵，分左右两边去冲杀晋军的军阵，晋军镇定不动，忽然万箭齐发，射去的箭满地都是。契丹稍微后退，又进攻晋军的东侧，攻不进去。苦战到傍晚，两军死亡的人数，无从计算。天黑以后，契丹引兵后退，在三十里之外扎营。

乙亥，契丹主帐下小校窃其马亡来，云契丹已传木书，收军北去。景延广疑其诈，闭壁不敢追。

汉主命中书令、都元帅越王弘昌谒烈宗陵于海曲，至昌华宫，使盗杀之。契丹主自澶州北分为两军，一出沧、德，一出深、冀而归。所过焚掠，方广千里，民物殆尽。留赵延照为贝州留后。麻答陷德州，擒刺史尹居璠。

【译文】乙亥日（初三），契丹主耶律德光帐下的一个小军官偷了他的马逃了过来，说契丹主已经下达军令，集合军队回北方去了。景延广疑心这是骗局，静守营垒不敢追击。

南汉主刘晟命中书令、都元帅越王刘弘昌到海滨之地拜谒烈宗刘隐的陵墓，到了昌华宫时，汉主刘晟派盗贼把他杀死。契丹主耶律德光从澶州北面将军队分成两路，一路取道沧州、德州，一路取道深州、冀州。对他们所经过的地方都烧杀抢掠，方圆千里，百姓的财物几乎全没有了。留下赵延照做贝州留后。麻答攻陷德州，生擒刺史尹居璠。

闽拱宸都指挥使朱文进，阁门使连重遇，既弑康宗，常惧国人之讨，相与结婚以自固。闽主曦果于诛杀，尝游西园，因醉杀控鹤指挥使魏从朗。从朗，朱、连之党也。又尝酒酣诵白居易诗云："惟有人心相对间，咫尺之情不能料。"因举酒属二人。二人起，流涕再拜，曰："臣子事君父，安有他志！"曦不应。二人大惧。

李后妒尚贤妃之宠，欲弑曦而立其子亚澄，使人告二人曰："主人殊不平于二公，奈何？"

【译文】闽国拱宸都指挥使朱文进、阁门使连重遇，杀了康宗王昶以后，常常害怕国人声讨他们，便互相联姻，用来巩固自己的势力。闽主王曦杀人成癖，杀起人来，毫不迟疑。曾经游览西园，因为喝醉而杀掉控鹤指挥使魏从朗。魏从朗是朱文进、连重遇的同党。又一次乘着酒兴正浓吟诵白居易的诗道："唯有人心相对间，咫尺之情不能料。"（意思是说："只有人心最隐秘，纵使彼此咫尺相对，也无法料知对方的心意。"）说着就举起酒杯向二人敬酒，二人连忙起身，流着眼泪，拜了又拜，说："臣子侍奉国君，子女侍奉父母，哪儿敢有别的意图？"王曦没有再搭腔，二人非常恐惧。

李后嫉妒尚贤妃受宠爱，想杀死王曦而立她的儿子王亚澄，她派人告诉二人说："主上对待你们二位很不公平，怎么办？"

会后父李真有疾，乙酉，曦如真第问疾。文进、重遇使拱宸马步使钱达弑曦于马上，召百官集朝堂，告之曰："太祖昭武皇帝，光启闽国，今子孙淫虐，荒坠厥绪。天厌王氏，宜更择有德者立之。"众莫敢言。重遇乃推文进升殿，被衮冕，帅群臣北面再拜称臣。文进自称闽主，悉收王氏宗族延喜以下少长五十馀人，皆杀之。葬闽主曦，谥曰睿文广武明圣元德隆道大孝皇帝，庙号景宗。以重遇总六军。礼部尚书、判三司郑元弼抗辞不屈，黜归田里，将奔建州，文进杀之。文进下令，出宫人，罢营造，以反曦之政。

【译文】 适逢李后的父亲李真生病，乙酉日（十三日），王曦到李真的府第去探视病情。朱文进、连重遇指使拱宸马步使钱达在马上把王曦杀了，召集百官到朝堂，向大家宣告说："太祖昭武皇帝王审知，建立闽国，现在子孙荒淫暴虐，毁灭了祖先的事业，苍天已经厌弃王氏，应该另外选择一个有德的人，立他为国君。"众人都不敢说话。连重遇于是就推朱文进上殿，给他穿上皇帝的衣服冠冕，然后率领群臣向北面再拜称臣。朱文进自称闽主，将王氏的宗族王延喜以下大大小小总共五十多人全部收押起来，一一加以杀害。安葬闽主王曦，谥号为睿文广武明圣元德隆道大孝皇帝，庙号叫景宗。任命连重遇总率六军。礼部尚书、判三司郑元弼严辞不屈，被免去官职返回家乡。郑元弼准备逃往建州（投靠王延政），朱文进将他杀掉。朱文进下令，放出宫人，停止工程营建，以此改变王曦的政策。

殷主延政遣统军使吴成义将兵讨文进，不克。

文进加枢密使鲍思润同平章事，以羽林统军使黄绍颇为泉州刺史，左军使程文纬为漳州刺史。汀州刺史同安许文稹，举郡降之。

丁亥，诏太原、恒、定兵各还本镇。

辛卯，马全节攻契丹泰州，拔之。

敕天下籍乡兵，每七户共出兵械资一卒。

秦州兵救阶州，出黄阶岭，败蜀兵于西平。

汉以户部侍郎陈偓同平章事。

【译文】 殷主王延政派统军使吴成义带兵讨伐朱文进，没有成功。

朱文进给枢密使鲍思润加封为同平章事,任用羽林统军使黄绍颇为泉州刺史,左军使程文纬为漳州刺史。汀州刺史同安人许文稹,献出守郡向朱文进投降。

丁亥日(十五日),诏命太原、恒州、安州各地的军队回到各自的藩镇。

辛卯日(十九日),马全节攻打契丹的泰州,攻了下来。

下令天下造册登记乡兵,每七户人家共同出兵器资助一个人当兵。

秦州兵救援阶州,取道黄阶岭,在西平打败了蜀兵。

汉任命户部侍郎陈偓为同平章事。

夏,四月,丁未,缘河巡检使梁进以乡社兵复取德州。己酉,命归德节度使高行周、保义节度使王周留镇澶州。庚戌,帝发澶州;甲寅,至大梁。

侍卫马步都指挥使、天平节度使、同平章事景延广,既为上下所恶,帝亦惮其不逊难制;桑维翰引其不救戚城之罪,辛酉,加延广兼侍中,出为西京留守。以归德节度使兼侍中高行周为侍卫马步都指挥使。延广郁郁不得志,见契丹强盛,始忧国破身危,遂日夜纵酒。

【译文】夏季,四月,丁未日(初五),缘河巡检使梁进率领乡社兵再取德州。己酉日(初七),命归德节度使高行周、保义节度使王周留下来镇守澶州。庚戌日(初八),后晋出帝石重贵从澶州启程;甲寅日(十二日),到达大梁。

侍卫马步都指挥使、天平节度使、同平章事景延广,已被朝野所厌恶,后晋出帝石重贵也怕他傲慢无礼,难以控制;于是桑维翰追究他不援救戚城的罪过，辛酉日（十九日），加封景延广为兼侍中，外放为西京留守。任命归德节度使兼侍中高行周为侍卫马步都指挥使。景延广郁郁不得志，又见契丹国力强盛，开始忧虑起国破身亡的危险，于是一天到晚纵情喝酒。

朝廷因契丹入寇，国用愈竭，复遣使者三十六人分道括率民财，各封剑以授之。使者多从吏卒，携锁械、刀仗入民家，小大惊惧，求死无地。州县吏复因缘为奸。

河南府出缗钱二十万，景延广率三十七万。留守判官河南卢亿言于延广曰："公位兼将相，富贵极矣。今国家不幸，府库空竭，不得已取于民。公何忍复因而求利，为子孙之累乎！"延广惭而止。

先是，诏以杨光远叛，命兖州修守备。泰宁节度使安审信，以治楼堞为名，率民财以实私藏。大理卿张仁愿为括率使，至兖州，赋缗钱十万。值审信不在，拘其守藏吏，指取钱一囷，已满其数。

【译文】后晋朝廷由于契丹入侵，国家财用更加枯竭，便又派遣使者三十六人分到各道搜括民间财物，每个使者各授予一柄御封宝剑，授以斩杀之权。使者带了很多随从，携带枷锁、木械、刀剑、兵器，闯入百姓的家里，弄得大人小孩都惊慌恐惧，想求一死都没有门路。州县的官吏又和使者相互勾结，从中作威作福。

河南府按规定应出缗钱二十万，景延广增加到三十七万。留守判官卢亿对景延广说："公位居将相，富贵到了极点。现在国家遭到不幸，府库空乏竭尽，不得已向百姓征收，公怎么忍心再利用这个机会求取私利，以拖累子孙呢？"景延广感到惭愧，于是停止滥征民钱。

起初，后晋朝廷因为杨光远叛变，下诏命令兖州修筑守备设施。泰宁节度使安审信借修筑城楼的名义，敛聚百姓的钱财以充实个人的库存。大理卿张仁愿为括率使，到达兖州，征收缗钱十万。刚好安审信不在军镇，于是拘禁他看守仓库的小吏，指示部属取出其中一库的钱，就已经够了十万之数。

【乾隆御批】 延广构成辽衅，兵革相寻。身膺专阃，既坐视戚城之围而不救，及军储不给，括率民财，间阎惊扰，又复因缘罔利，置国是民瘼于不问，其罪实无可逭。乃晋主若罔闻知，方倚任以贻殄蠧，宜其祸不旋踵也。

【译文】 景延广以他的言行使晋国与辽之间的裂痕加深，而后战事不断。他统兵在外，却坐视戚城被围而不救援，等到军需储备供给不上时，又搜刮民间财物，致使百姓惊扰，又借机谋求私利，置国家大政、人民疾苦于不顾，他的罪行实在是不可逃避。可是晋主对此却好像不知道一样，还依靠重用他，也给自己留下了祸根，大概他的灾祸就要到了。

戊寅，命侍卫马步军都虞候、泰宁节度使李守贞将步骑二万讨杨光远于青州，又遣神武统军洛阳潘环及张彦泽等将兵屯澶州，以备契丹。

契丹遣兵救青州，齐州防御使堂阳薛可言邀击，败之。

丙戌，诏诸州所籍乡兵，号武定军，凡得七万馀人。时兵荒之馀，复有此扰，民不聊生。

【译文】 戊寅日（初七），后晋朝廷命侍卫马步军都虞候、泰宁节度使李守贞统领步骑二万人讨伐青州的杨光远，又派神武统军洛阳人潘环及张彦泽等人率兵驻守澶州，以防备契丹。契丹派兵救援青州，齐州防御使堂阳人薛可言中途拦截，打败了契丹援军。

丙戌日（十五日），后晋朝廷诏令各州所按户籍征调的乡兵，号称武定军，共得到七万余人。当时经过战乱饥荒之后，又有这种骚扰，百姓简直无法维持生活。

丁亥，邺都留守张从恩上言："赵延照虽据贝州，麾下兵皆久客思归，宜速进军攻之。"诏以从恩为贝州行营都部署，督诸将击之。辛卯，从恩奏赵延照纵火大掠，弃城而遁，屯于瀛、莫，阻水自固。

朱文进遣使如唐，唐主囚其使，将伐之，会天暑、疾疫而止。

六月，辛酉，官军拔淄州，斩其刺史刘翰。

太尉、侍中冯道虽为首相，依违两可，无所操决。或谓帝曰："冯道，承平之良相；今艰难之际，譬如使禅僧飞鹰耳。"癸卯，以道为匡国节度使，兼侍中。

【译文】丁亥日（十六日），邺都留守张从恩上奏后晋朝廷："赵延照虽然占据贝州，可是他所统率的士兵都因久留在外而回乡心切，应该及早进兵攻打他。"后晋出帝石重贵下诏：任命张从恩为贝州行营都部署，督率各军将帅攻击赵延照。辛卯日（四月无此日），张从恩奏报：赵延照放火抢劫，放弃州城而逃走，驻兵于瀛州和莫州，仗恃着河流的险阻而建筑坚固的防御工程，以自保卫。

朱文进派使者前往唐国，南唐主李璟把使者囚禁起来，准备派兵讨伐闽国，正好遇到天气暑热、疫病流行才停止。

六月，辛酉日（二十一日），官军攻克淄州，斩了淄州刺史刘翰。

后晋太尉、待中冯道虽为首相，但办事模棱两可，什么事都不拿主意。有人对后晋出帝石重贵说："冯道是和平时期的好宰相，可是在现在这个艰难的时候，却好比心如止水、慈悲为怀的禅师去放鹰搏兔！"癸卯日（六月无此日），任命冯道为匡国节度使，兼待中。

乙巳，汉主幽齐王弘弼于私第。

或谓帝曰："陛下欲御北狄，安天下，非桑维翰不可。"丙午，复置枢密院，以维翰为中书令兼枢密使，事无大小，悉以委之。数月之间，朝廷差治。

滑州河决，浸汴、曹、单、濮、郓五州之境，环梁山合于汶。诏大发数道丁夫塞之。既塞，帝欲刻碑纪其事。中书舍人杨昭俭谏曰："陛下刻石纪功，不若降哀痛之诏；染翰颂美，不若颁罪己之文。"帝善其言而止。

【译文】乙巳日（六月无此日），南汉主刘晟在他的私宅里幽禁齐王刘弘弼。

有人对后晋出帝石重贵说："陛下如果想要抵抗北狄，安定天下，非用桑维翰不可。"丙午日（六月无此日），恢复设置枢密院，任命桑维翰为中书令兼枢密使，事情不论大小，都委托给他。几个月之间，朝廷的事稍微得到治理。

黄河在滑州决口，淹没了汴、曹、单、濮、郓五州的地区，环绕梁山合流入汶水。后晋朝廷下诏大规模调集几个道的民夫去堵塞黄河缺口。堵塞完成之后，后晋出帝石重贵想要雕刻石碑来记述这件事情。中书舍人杨照俭劝谏说："陛下雕刻石碑，记述功劳，不如降下哀痛的诏书，染墨提笔、歌功颂德，不如颁布归罪自己的文告。"后晋出帝石重贵听了，觉得他的话很有道理，于是就停止刻碑。

初，高祖割北边之地以赂契丹，由是府州刺史折从远亦北属。契丹欲尽徙河西之民以实辽东，州人大恐，从远因保险拒之。及帝与契丹绝，遣使谕从远使攻契丹。从远引兵深入，拔十馀寨。戊午，以从远为府州团练使。从远，云州人也。

甲子，复置翰林学士。戊辰，以右散骑常侍李慎仪为兵部侍郎、翰林学士承旨，都官郎中刘温叟、金部郎中、知制诰武强徐台符、礼部郎中李瀚、主客员外郎宗城范质，皆为学士。温叟，岳之子也。

【译文】起初，后晋高祖石敬瑭割让北边的国土贿赂契丹，于是府州刺史折从远也随郡北属契丹。契丹想把黄河以西的民众全部迁移去充实辽东，府州民众大为惊恐，折从远因而据守险要之地，抗拒契丹。等到后晋出帝石重贵和契丹的关系闹僵，后晋出帝派使者告诉折从远，要他攻打契丹。折从远带兵深入契丹内境，接连攻下十几个营寨。戊午日（十八日），任命折从远为府州团练使。折从远，是云州人。

甲子日（二十四日），恢复设置翰林学士。戊辰日（二十八日），任命右散骑常侍李慎仪为兵部侍郎、翰林学士承旨，都官郎中刘温叟、金部郎中兼知制诰武强人徐台符、礼部郎中李瀚、主客员外郎宗城人范质，都为翰林学士。刘温叟是唐明宗李嗣源时刘岳的儿子。

秋，七月，辛未朔，大赦，改元。

己丑，以太子太傅刘昫为司空兼门下侍郎、同平章事。

八月，辛丑朔，以河东节度使刘知远为北面行营都统，顺国节度使杜威为都招讨使，督十三节度以备契丹。

桑维翰两秉朝政，出杨光远、景延广于外，至是一制指挥，节度使十五人无敢违者，时人服其胆略。

朔方节度使冯晖上章自陈未老可用，而制书见遗。维翰诏禁直学士使为答诏曰："非制书勿忘，实以朔方重地，非卿无以弹压。比欲移卿内地，受代亦须奇才。"晖得诏，甚喜。

时军国多事，百司及使者咨请辐凑，维翰随事裁决，初若不经思虑，人疑其疏略；退而熟议之，亦终不能易也。然为相颇任爱憎，一饭之恩、睚眦之怨必报，人亦以此少之。

【译文】秋季，七月，辛未朔日（初一），大赦天下，改年号为开运。

己丑日（十九日），任命太子太傅刘昫为司空兼门下侍郎、同平章事。

八月，辛丑朔日（初一），任用河东节度使刘知远为北面行营都统，顺国节度使杜威为都招讨使，总督十三节度以防御契丹。

桑维翰两度执掌朝廷大政，先后将杨光远、景延广外放出去。到这时，他统一指挥，十五个节度使没有一个敢违抗命令，当时人叹服他的胆识和谋略。

朔方节度使冯晖上书陈述自己的抱负，认为自己还没有老，还可以为国效劳，而后晋出帝石重贵在分派任务的制书上却遗漏了自己的名字。桑维翰借皇帝的诏命，召请在禁中值班的学士，叫他草拟诏书回答冯晖，说："不是制书忽略忘记了您，实在因为朔方是重要之地，除了你没有别人能够控制。近来考虑把你移调内地，代替你的人也需要奇才。"冯晖得到诏书，极为高兴。

当时在政治上和军事上有很多棘手的事情，朝中各部门以及各地使者来咨询请示的人，从四面八方聚集，桑维翰对每一件事都随时批示、裁定，乍看好像没有经过深思熟虑，人家认为他疏忽草率，可是回去后仔细推敲，也终还是没有更好的办法可以取代。不过他做宰相，常常凭着自己的好恶去做，一饭之恩、瞪眼之怨，必定报复，人们也因此轻视他。

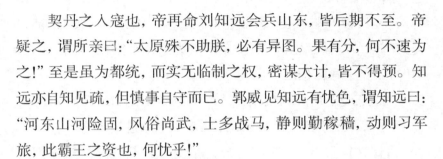

契丹之入寇也，帝再命刘知远会兵山东，皆后期不至。帝疑之，谓所亲曰："太原殊不助朕，必有异图。果有分，何不速为之！"至是虽为都统，而实无临制之权，密谋大计，皆不得预。知远亦自知见疏，但慎事自守而已。郭威见知远有忧色，谓知远曰："河东山河险固，风俗尚武，士多战马，静则勤稼穑，动则习军旅，此霸王之资也，何忧乎！"

朱文进自称威武留后，权知闽国事，遣使奉表称藩于晋。癸丑，以文进为威武节度使，知闽国事。

【译文】契丹入侵的时候，后晋出帝石重贵又命刘知远在山东会师，可是都超过了约定的时间而还没有到达。后晋出帝对他起了疑心，对亲信的人说："太原很不帮助朕，必然有反叛的图谋。如果有当天子的福分，为什么不早点干？"到这时，刘知远虽然做了北面行营都统，然而实际上没有决定大计的权力，凡是朝中秘密谋划重大的决策，都不得参加。刘知远也知道自己被疏远，所以也只谨慎处理事务，尽到自己所负的责任而已。郭威看出刘知远心情有点忧郁，就对刘知远说："河东的山川，形势险要而牢固，风俗崇尚武勇，境内又多战马，局势安定就勤于农业生产，局势动荡就勇于练习军事，这是成就霸王事业的资本，有什么可忧虑的！"

朱文进自称为威武留后，代理闽国的政务，派遣使者奉送表章向晋国自称藩属。癸丑日（十三日），任命朱文进为威武节度使，掌理闽国的事务。

癸亥，置镇宁军于澶州，以濮州隶焉。

初，吴濠州刺史刘金卒，子仁规代之；仁规卒，子崇俊代之。唐烈祖置定远军于濠州，以崇俊为节度使。会清淮节度使姚景卒，崇俊厚赂权要，求兼领寿州。唐主阳为不知其意，徙崇俊为清淮节度使，以楚州刺史刘彦贞为濠州观察使，驰往代之；崇俊悔之。彦贞，信之子也。

九月，庚午朔，日有食之。

丙子，契丹寇遂城、乐寿，深州刺史康彦进击却之。

【译文】癸亥日（二十三日），后晋在澶州设置镇宁军，把濮州隶属其下。

起初，吴国濠州刺史刘金死后，他的儿子刘仁规代替了他，刘仁规死后，其子刘崇俊代替了他。南唐烈祖李昪在濠州设置定远军，就任命刘崇俊为定远军节度使。又正好遇到清淮节度使姚景去世，刘崇俊以贵重的礼品贿赂朝中的当权，请求让他同时兼任寿州节度使。唐主李璟假装不知道他的用意，迁调刘崇俊为清淮节度使，另外任命楚州刺史刘彦贞为濠州观察使，飞快地前往濠州接替他的职位，刘崇俊十分后悔。刘彦贞，是刘信的儿子。

九月，庚午朔日（初一），发生日食。

丙子日（初七），契丹入侵遂城、乐寿，深州刺史康彦进将它击退。

冬，十月，丙午，汉主毒杀镇王弘泽于邕州。

殷主延政遣其将陈敬佺以兵三千屯尤溪及古田，卢进以兵二千屯长溪。

泉州散员指挥使桃林留从效谓同列王忠顺、董思安、张汉思曰："朱文进屠灭王氏，遣腹心分据诸州。吾属世受王氏恩，而交臂事贼，一旦富沙王克福州，吾属死有馀愧！"众以为然。十一月，从效等各引军中所善壮士，夜饮于从效之家，从效绐之曰："富沙王已平福州，密旨令吾属讨黄绍颇。吾观诸君状貌，皆非久处贫贱者。从吾言，富贵可图；不然，祸且至矣。"众皆踊跃，操白梃，逾垣而入，执绍颇，斩之。从效持州印诣王继勋第，请主军府。从效自称平贼统军使，函绍颇首，遣副兵马使临淮陈洪进赍诣建州。洪进至尤溪，福州戍兵数千遮道。洪进绐之曰："义师已诛朱福州，吾倍道逆嗣君于建州，尔辈尚守此何为乎？"以绍颇首示之，众遂溃，大将数人从洪进诣建州。延政以继勋为侍中、泉州刺史，从效、忠顺、思安、洪进皆为都指挥使。漳州将程谟闻之，立杀刺史程文纬，立王继成权州事。继勋、继成，皆延政之从子也，朱文进之灭王氏，二人以疏远获全。汀州刺史许文稹奉表请降于殷。

【译文】冬季，十月，丙午日（初七），南汉主刘晟在邕州把镇王刘弘泽毒死。

殷主王延政派遣他的将领陈敬佺带领三千兵马驻守尤溪和古田，卢进带领二千兵马驻守长溪。

泉州散员指挥使姚林人留从效对他的同僚王忠顺、董思安、张汉思说："朱文进屠灭了王氏家族，派遣他的心腹之人分别占据各州。我们世世代代蒙受王氏的恩惠，却拱手侍奉贼臣，一旦富沙王攻下福州，我们虽然死了，也将含愧九泉！"大家认为他的话很有道理。十一月，留从效等人各自带领军中交情比较深厚的壮士，夜晚在留从效的家里喝酒，留从效欺骗他们说："富沙王已经平定福州，有密旨让我们讨拿黄绍颇。我看诸位的相貌，都不是久居贫贱之人。听我的话，富贵可以谋求，不然的话，大祸就要临头了。"众人听了，都欢呼跳跃，拿起棍棒，翻越墙壁而进入黄绍颇的家里，抓住黄绍颇，将他杀了。留从效拿着州印到王继勋家里，请他主持军府事务。留从效自称为平贼统军使，把黄绍颇的头颅装在一个木箱子里，派遣副兵马使临淮人陈洪进送到建州。陈洪进到达尤溪，福州防守的士兵数千人挡住道路。陈洪进骗他们说："义师已经诛杀了朱文进，我加倍速度地赶路到建州去迎接继位的国君，你们还防守这个地方干什么呢？"说着，就取出黄绍颇的头颅来给他们看，福州的兵众于是溃散了，其中大将数人随着陈洪进前往建州。王延政任命王继勋为侍中、泉州刺史，留从效、王忠顺、董思安、陈洪进都为都指挥使。漳州将领程谟听到这个消息，杀漳州刺史程文纬，拥立王继成代理州府的事务。王继勋、王继成，都是王延政的侄子，朱文进杀灭王氏的时候他们二人因为疏远而获得保全。汀州刺史许文稹上表主动向殷国投降。

十二月，癸丑，加朱文进同平章事，封闽国王。

李守贞围青州经时，城中食尽，饿死者太半。契丹援兵不至，杨光远遥稽首于契丹曰："皇帝，皇帝，误光远矣！"其子承勋、承祚、承信劝光远降，冀全其族。光远不许，曰："吾昔在代北，尝以纸钱祭天池而沈，人皆言当为天子，姑待之。"丁巳，承勋斩劝光远反者节度判官丘涛等，送其首于守贞，纵火大噪，劫其父出居私第，上表待罪，开城纳官军。

【译文】 十二月，癸丑日（十五日），后晋朝廷任命朱文进为同平章事，封为闽国王。

李守贞围攻青州已经很长时间，城中食粮用尽，饿死的人有一大半。契丹的援兵不来，杨光远向遥远的契丹方向叩拜说："皇帝啊皇帝！您耽误光远的大事了！"他的儿子杨承勋、杨承祚、杨承信劝杨光远投降，希望保全他的族人。杨光远不肯答应，说："我从前在代北的时候，曾经用纸钱祭祀天池而纸灰沉没，人家都说我将会为天子，暂且再等待一段时间看看。"丁巳日（十九日），杨承勋杀了劝杨光远造反的节度判官丘涛等人，把他们的头送给李守贞，放火大声喧闹，劫持他父亲住到私宅里，向后晋朝廷上表等待治罪，打开城门接进官军。

【乾隆御批】 光远反侧无常，降又非出其本心，留之适以贻患。明正其罪诛之，不为过当。而乃阴遣人杀之，其谁欺乎？刘友益以晋不能明正其罪，例诸李辅国之书。"盗杀"是也。至承勋劫父以降，与光远之忘君而叛者，罪逆相等，乃杀其父，而官其子，是何惩劝？然五季之乱，亦无一可与语伦理者矣！

【译文】 杨光远反复无常，投降又不是出自他的本意，留着他恰恰是留下了祸患。公开惩处他的罪行而杀了他也不为过。可是暗地里派人杀了他，这又能骗得了谁呢？刘友益认为晋国不能公开惩处他的罪行，而把他列入唐代李辅国传一类书中。"盗杀"就是指这一类的事。至于杨承勋劫持他的父亲投降，与杨光远的背叛君主，罪恶是一样的，而朝廷杀了他的父亲，却给他的儿子封官，这叫什么惩罚与劝勉啊！五代之乱，就在于没有一个可与之论述伦理道德的啊！

朱文进闻黄绍颇死，大惧，以重赏募兵二万，遣统军使林守谅、内客省使李廷锷将之攻泉州，钲鼓相闻五百里。殷主延政遣大将军杜进将兵二万救泉州，留从效开门与福州兵战，大破之，斩守谅，执廷锷。延政遣统军使吴成义帅战舰千艘攻福州，朱文进遣子弟为质于吴越以求救。

初，唐翰林待诏臧循，与枢密副使查文徽同乡里，循常为贾人，习福建山川，为文徽画取建州之策。文徽表请用兵击王延政，国人多以为不可。唐主以文徽为江西安抚使，循行境上，觇其可否；文徽至信州，奏言攻之必克。唐主以洪州营屯都虞候边镐为行营招讨诸军都虞候，将兵从文徽伐殷。文徽自建阳进屯盖竹，闻漳、泉、汀三州皆隆于殷，殷将张汉真自镛州将兵八千将至，文徽惧，退保建阳。臧循屯邵武，邵武民导殷兵袭破循军，执循送建州斩之。

【译文】朱文进听说黄绍颇被杀，非常恐惧，以贵重的赏金招募新兵两万人，派遣统军使林守谅、内客省使李廷锷率领他们去攻打泉州，铙钹战鼓的声音喧天价响，声传五百里外。殷主王延政派遣大将军杜进率领两万兵马援救泉州，留从效打开城门和福州兵交战，将他们打得大败，斩林守谅，擒李廷锷。王延政派统军使吴成义率领战船千艘攻打福州，朱文进遣派子弟到吴越做人质，向吴越请求救援。

起初，南唐翰林待诏臧循，与枢密副使查文徽是同乡，臧循曾经当过商贩，熟悉福建的山水情况，替查文徽谋划攻取建州的办法。查文徽上表建议出兵攻打王延政，可是国人大多不赞成。唐主李璟任命查文徽为江西安抚使，巡视边境，实地勘察，以作为决定是否出兵的参考。查文徽到了信州以后，上奏说："出兵攻击，一定胜利。"唐主李璟于是任命洪州营屯都虞候边镐为行营招讨诸军都虞候，带兵随从查文徽去讨伐殷国。查文徽从建阳出兵，驻扎于盖竹，听说漳州、泉州、汀州三州都投降殷国，殷国的大将张汉卿从镛州率领八千兵马即将到达，查文徽害怕，退兵防守建阳。臧循屯驻邵武，邵武的百姓引导殷兵偷袭击溃臧循的军队，抓获了臧循，送到建州后就把他杀了。

朝廷以杨光远罪大，而诸子归命，难于显诛，命李守贞以便宜从事。闰月，癸酉，守贞入青州，遣人拉杀光远于别第，以病死闻。丙戌，起复杨承勋，除汝州防御使。

殷吴成义闻有唐兵，诈使人告福州吏民曰："唐助我讨贼臣，大兵今至矣。"福人益惧。乙未，朱文进遣同平章事李光准等奉国宝于殷。

丁酉，福州南廊承旨林仁翰谓其徒曰："吾曹世事王氏，今受制贼臣，富沙王至，何面见之！"帅其徒三十人被甲趣连重遇第，重遇方严兵自卫，三十人者望之，稍稍遁去。仁翰执槊直前刺重遇，杀之，斩其首以示众曰："富沙王且至，汝辈族矣！今重遇已死，何不亟取文进以赎罪！"众踊跃从之，遂斩文进，迎吴成义入城，函二首送建州。

【译文】 朝廷因为杨光远罪恶重大，而他的几个儿子却又归顺朝廷，对杨光远不便公开处斩，于是命李守贞根据情况加以处理。闰月，癸酉日（初五），李守贞进入青州城，派人先把杨光远送往另外一所住宅，然后将他拉杀而死，上报说是病死了。丙戌日（十八日），恢复起用杨承勋，授予他为汝州防御使。

殷国的吴成义听说境内有唐兵，派人去诈骗福州的官吏和百姓说："唐国帮助我讨伐贼臣，大军现在就到了。"福州人于是更加害怕。乙未日（二十七日），朱文进派遣同平章事李光准等人奉送传国玉玺给殷国。

丁酉日（二十九日），福州南廊承旨林仁翰对他的徒众说："我们世世代代侍奉王氏，现在受到贼臣的辖制，富沙王来了，有什么脸面见他！"率领他的部属三十个人披着铠甲直奔连重遇的住所，连重遇正严密部署军队保护自己，林仁翰所率领的三十个人远远望见这种情形，逐渐临阵逃走。林仁翰拿着长槊直冲上前，刺连重遇，杀死了他，砍下他的头颅，当众展示，说："富沙王即将来到，我们将受灭族的大祸了！现在连重遇已经死了，何不赶紧去杀朱文进为自己赎罪！"众人听了鼓舞跳跃地跟着他，从而杀了朱文进，迎接吴成义进城，用盒子装了朱、连二人的首级送往建州。

契丹复大举入寇，卢龙节度使赵延寿引兵先进。契丹前锋至邢州，顺国节度使杜威遣使间道告急。帝欲自将拒之，会有疾，命天平节度使张从恩、邺都留守马全节、护国节度使安审琦会诸道兵屯邢州，武宁节度使赵在礼屯邺都。契丹主以大兵继至，建牙于元氏。朝廷惮契丹之盛，诏从恩等引兵稍却，于是诸军恟惧，无复部伍，委弃器甲，所过焚掠，比至相州，不复能整。

【译文】 契丹再度大量地举兵入侵，卢龙节度使赵延寿率兵先行。契丹的前锋到达邢州，顺国节度使杜威派遣使者抄小道向朝廷告急。后晋出帝石重贵想要亲自率兵抵抗，正好因为有病，不能成行。便命令天平节度使张从恩、邺都留守马全节、护国节度使安审琦会合诸道兵马屯驻邢州，武宁节度使赵在礼屯驻邺都。契丹主耶律德光率大军随后到达，在元氏设置衙署。朝廷畏惧契丹兵势强盛，诏命张从恩等人引兵稍微后退，于是各路军队惊骇恐惧，再也无法维持行列，丢弃兵械盔甲，所过之处，放火抢劫，等到他们退至相州，已经无法重新整队。

开运二年（乙巳，公元九四五年）春，正月，诏赵在礼还屯澶州，马全节还邺都；又遣右神武统军张彦泽屯黎阳，西京留守景延广自滑州引兵守胡梁渡。庚子，张从恩奏契丹逼邢州，诏滑州、邺都复进军拒之。义成节度使皇甫遇将兵趣邢州。契丹寇邢、洺、磁三州，杀掠殆尽，入邺都境。

壬子，张从恩、马全节、安审琦悉以行营兵数万，陈于相州安阳水之南。皇甫遇与濮州刺史慕容彦超将数千骑前觇契丹，至邺县，将渡漳水，遇契丹数万，遇等且战且却。至榆林店，契丹大至，二将谋曰："吾属今走，死无遗矣！"乃止，布陈，自午至未，力战百馀合，相杀伤甚众。遇马毙，因步战；其仆杜知敏以所乘马授之，遇乘马复战。久之，稍解；顾知敏已为契丹所擒，遇曰："知敏义士，不可弃也。"与彦超跃马入契丹陈，取知敏而还。俄而契丹继出新兵来战。二将曰："吾属势不可走，以死报国耳。"

【译文】 开运二年（乙巳，公元945年）春季，正月，后晋出帝石重贵诏令赵在礼回师驻扎在澶州，马全节还师邺都，又派遣右神武统军张彦泽屯驻黎阳，西京留守景延广从滑州引兵把守胡梁渡。庚子日（初三），张从恩奏报契丹进逼邢州，后晋出帝诏命滑州、邺都再进兵抵抗它。义成节度使皇甫遇带兵直奔邢州。契丹侵略邢、洺、磁三州，把这些地方几乎杀光抢尽，又进入邺都境内。

壬子日（十五日），张从恩、马全节、安审琦将所有出征的兵马好几万人，列阵于相州安阳水的南岸。皇甫遇和濮州刺史慕容彦超带领好几千名骑兵前往侦察契丹的情况，到了邺县，准备渡过漳水，遇到数万名契丹兵，皇甫遇等人一边作战，一边后退。到了榆林店，契丹兵大队人马来到，皇甫遇和慕容彦超商议说："我们如果现在逃走，将会死得一个也不剩！"于是停下来，布列阵势，从午时（上午十一点到下午一点）到未时（午后一点到三点），尽全力交战了一百多个回合，双方都死伤惨重，皇甫遇的马战死，只好步战，他的仆人杜知敏将自己所骑的马让给他，皇甫遇骑上马再战。经过好长时间，战况稍微缓和一点，可是杜知敏已被契丹所俘虏，皇甫遇说："知敏是个义士，不可以遗弃他。"于是又与慕容彦超跃马闯进契丹的军阵里，把杜知敏给救了回来。不一会儿，契丹又派出新兵来战，二位将领说："我们这些人已经不能退走，只能以死报国了。"

资治通鉴

日且暮，安阳诸将怪觇兵不还，安审琦曰："皇甫太师寂无声问，必为虏所困。"语未卒，有一骑白遇等为虏数万所围；审琦即引骑兵出，将救之，张从恩曰："此言未足信。必若虏众猥至，尽吾军，恐未足以当之，公往何益！"审琦曰："成败，天也。万一不济，当共受之。借使虏不南来，坐失皇甫太师，吾属何颜以见天下！"遂逾水而进。契丹望见尘起，即解去。遇等乃得还，与诸将俱归相州，军中皆服二将之勇。彦超本吐谷浑也，与刘知远同母。

契丹亦引军退，其众自相惊曰："晋军悉至矣！"时契丹主在邯郸，闻之，即时北遁，不再宿，至鼓城。

【译文】太阳将要落山，拒守在安阳的诸将奇怪前去探测的兵马没有回来，安审琦说："皇甫太师一点消息也没有，必定是被北虏所围困。"话还未说完，有一人骑马跑回来报告说：皇甫遇等人被好几万敌兵所包围，安审琦听了，立刻就率领骑兵出营，准备去救他们，张从恩说："刚才这些话，不值得相信。如果真是敌兵杂然而至，把我们军队全部派出去，恐怕也不一定能抵挡得住敌人的进攻，公前去会有什么帮助？"安审琦说："成功、失败，那是天意，万一不成功，当共同接受祸难。假使敌兵不向南进，平白丧失皇甫太师，那我们有什么面目去见天子！"于是就渡过安阳河向北前进。契丹遥遥望见尘土飞扬，立刻解围而去，皇甫遇等人因而得以生还，和诸位将领一同返回相州，军中的士兵们都佩服二将的勇敢。慕容彦超本是吐谷浑人，与刘知远是同一个母亲。

契丹也引兵退走，它的部众自相惊吓说："晋军全部来了！"当时契丹主耶律德光在邯郸，听到这个消息，立刻逃回北方，不到两夜，就到了鼓城。

是夕，张从恩等议曰："契丹倾国而来，吾兵不多，城中粮不支一旬，万一有奸人往告吾虚实，虏悉众围我，死无日矣。不若引军就黎阳仓，南倚大河以拒之，可以万全。"议未决，从恩引兵先发，诸军继之；扰乱失亡，复如发邢州之时。

从恩等留步兵五百守安阳桥，夜四鼓，知相州事符彦伦谓将佐曰："此夕纷纭，人无固志，五百弊卒，安能守桥！"即召入，乘城为备。至曙，望之，契丹数万骑已陈于安阳水北，彦伦命城上扬旌鼓噪约束，契丹不测。日加辰，赵延寿与契丹惕隐帅众逾水，环相州而南，诏右神武统军张彦泽将兵趣相州。延寿等至汤阴，闻之，甲寅，引还；马全节等拥大军在黎阳，不敢追。延寿悉陈甲骑于相州城下，若将攻城状，符彦伦曰："此虏将走耳。"出甲卒五百，陈于城北以待之；契丹果引去。

【译文】当晚，张从恩等商议说："契丹把全国人马都调发而来，我们的兵不多，城里的粮草不能维持十天，万一有个内奸去告诉契丹关于我们的虚实，敌人出动所有的军队来包围我们，我们立刻就死定了。不如率领军队前往黎阳仓，南边靠着黄河的险阻以抵抗它，这样可保万全。"商议未定，张从恩就带兵先行出发，诸军跟着前进，一路上骚扰混乱，人员逃亡，又乱得像从邢州出发时那样。

张从恩留下步兵五百人守护安阳桥，夜间四更时，主持相州事务的符彦伦对将佐说："今晚乱哄哄的，人们没有坚守的意志，五百个疲惫兵卒，怎能守住桥梁？"于是就召唤守桥的步兵进入城内，命他们登上城头，防备敌兵。到了天亮，从城上眺望过去，契丹好几万名骑兵已在安阳水的北岸摆开阵势，符彦伦命令城上的守兵扬动旌旗，击鼓呼叫，申明号令，契丹兵一时难测城中的虚实。到了辰时（上午七点到九点），赵延寿和契丹惕隐率领部众渡过安阳水，绕经相州向南前进。后晋出帝石重贵诏命右神武统军张彦泽率兵直奔相州。赵延寿等人走到汤阴，听到这个消息，甲寅日（十七日），引兵回去。马全节等人在黎阳统领着大军，不敢追击。赵延寿将所有的兵马列阵在相州城下，好像将要攻城的样子，符彦伦说："这些胡兵是马上就要走的。"派出五百全副武装的士卒，列阵在城北加以防备。契丹兵果然退走。

以天平节度使张从恩权东京留守。

庚申，振武节度使折从远击契丹，围胜州，遂攻朔州。

帝疾小愈，河北相继告急。帝曰："此非安寝之时。"乃部分诸将为行计。

更命武定军曰天威军。

北面副招讨使马全节等奏："据降者言，虏众不多，宜乘其散归种落，大举径袭幽州。"帝以为然，征兵诸道。壬戌，下诏亲征；乙丑，帝发大梁。

【译文】任命天平节度使张从恩代理东京留守。

庚申日（二十三日），振武节度使折从远出兵攻打契丹，包围胜州，趁势进攻朔州。

后晋出帝石重贵的病情稍见好转，河北相继告急。后晋出帝说："这不是我安心睡大觉的时候！"于是部署诸将，做出征的打算。

将武定军改名为天威军。

北面副招讨使马全节等人上奏："根据来降的胡兵说，胡寇的兵马并不多，应该趁他们解散回到各自部落的时候，大量地出兵直接袭击幽州。"后晋出帝石重贵认为很有道理，于是向各道征兵。壬戌日（二十五日），下诏亲征。乙丑日（二十八日），后晋出帝石重贵从大梁出发。

闽之故臣共迎殷主延政，请归福州，改国号曰闽。延政以方有唐兵，未暇徙都，以从子门下侍郎、同平章事继昌都督南都内外诸军事，镇福州；以飞捷指挥使黄仁讽为镇遏使，将后卫之。

林仁翰至福州，闽主赏之甚薄。仁翰未尝自言其功。

发南都侍卫及两军甲士万五千人，诣建州以拒唐。

二月，壬辰朔，帝至滑州，壬申，命安审琦屯邺都。甲戌，帝发滑州；乙亥，至澶州。己卯，马全节等诸军以次北上。刘知远闻之曰："中国疲弊，自守恐不足，乃横挑强胡，胜之犹有后患，况不胜乎！"

【译文】闽国的旧臣共同迎接殷主王延政，请他返回福州，改国号为闽。王延政考虑到此时正有唐兵为患，没有余暇可以迁都，于是命他的侄子门下侍郎、同平章事王继昌都督南都内外诸军事，镇守福州，任命飞捷指挥使黄仁讽为镇遏使，带兵保卫福州。

林仁翰来到福州，闽主王延政对他的赏赐很微薄，林仁翰也没有夸耀自己的功劳。

发动南都侍卫以及拱宸、控鹤两都甲兵共一万五千人，开赴建州，以抵抗唐兵。

二月，壬辰朔日（二月初一当是戊辰日），后晋出帝石重贵到达滑州；壬申日（初五），命令安审琦驻守邺都。甲戌日（初七），后晋出帝从滑州出发，乙亥日（初八），到达澶州。己卯日（十二日），马全节等各军依次开赴北方。刘知远获悉这个消息，说："中国疲乏困弊，保全自己还怕来不及，怎么能再去胡乱地挑战强盛的北胡？即使打胜了也免不了后患，况且不能取胜啊！"

【乾隆御批】 知远为晋都统，拥兵太原。观其窃议所及，于时势非不洞晓，然未闻一言为晋画策，盖以意在自图，故安心坐观成败。则数语非私虑之，乃深幸之也，其后抗颜改号称帝，犹假出迎寿阳，谬为不忘故主，掩耳盗铃，其能市名欺世乎？

【译文】 刘知远身为晋军都统，领兵驻守太原。看他私下的评论，对当时的形势没有不深刻知道的，但却没有听到他说过一句为晋国献计献策的话，这大概是他为自己做打算，所以，在一旁隔岸观火。他的这几句话，不是他替朝廷考虑、谋划，而是他内心深处的希望，这以后他坚定不移地改国号称皇帝，亲自到寿阳迎接出帝石重贵，还假称没有忘记过去的君主都不过是掩耳盗铃之举，这又怎么能欺骗世人呢？

契丹自恒州还，以羸兵驱牛羊过祁州城下，刺史下邳沈斌出兵击之；契丹以精骑夺其城门，州兵不得还。赵延寿知城中无馀兵，引契丹急攻之；斌在［城］上，延寿语之曰："沈使君，吾之故人，'择祸莫若轻'，何不早降！"斌曰："侍中父子失计陷身虏庭，忍帅犬羊以残父母之邦；不自愧耻，更有骄色，何哉！沈斌弓折矢尽，宁为国家死耳，终不效公所为！"明日，城陷，斌自杀。

【译文】 契丹从恒州回去，派遣羸弱的士兵赶着牛羊，经过祁州城下，祁州刺史下邳人沈斌派兵出城去攻击他们，契丹派出精锐的骑兵占据祁州城的城门，州兵不能回去。赵延寿知道城中没有多余的兵力，就带领契丹兵紧急攻城，沈斌这时正在城上，赵延寿对他说："沈使君，我的老朋友。所谓'择祸莫若轻'（两种害处相比较，当然要选择轻的），何不及早投降！"沈斌说："侍中父子，迷途失策，沦陷在胡人的国境里，忍心率领犬羊禽兽般的胡兵来残害父母之邦，自己不感到羞耻惭愧，反而抱着骄傲的态度，这是什么意思呢？我沈斌弓已折断，箭已用完，宁可为国家去死，最后也不能仿效你的所为！"第二天，城池陷落，沈斌自杀。

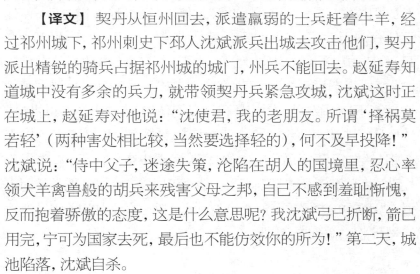

丙戌，诏北面行营都招讨使杜威以本道兵会马全节等进军。

端明殿学士、户部侍郎冯玉，宣徽北院使、权侍卫马步都虞候太原李彦韬，皆挟恩用事，恶中书令桑维翰，数毁之。帝欲罢维翰政事，李崧、刘昫固谏而止。维翰知之，请以玉为枢密副使，玉殊不平。丙申，中旨以玉为户部尚书、枢密使，以分维翰之权。彦韬少事阎宝，为仆夫，后隶高祖帐下。高祖自太原南下，留彦韬侍帝，为腹心，由是有宠。性纤巧，与嬖幸相结，以蔽帝耳目，帝委信之，至于升黜将相，亦得预议。常谓人曰："吾不知朝廷设文官何所用，且欲澄汰，徐当尽去之。"

【译文】 丙戌日（十九日），诏命北面行营都招讨使杜威率领本道兵，和马全节等人的军队会合，一同进军。

后晋端明殿学士、户部侍郎冯玉，宣徽北院使、权理侍卫马步都虞候太原人李彦韬，都是依仗恩宠而得以掌权，他们厌恶中书令桑维翰，多次诋毁他。后晋出帝石重贵想要罢免桑维翰的相权，李崧、刘昫再三劝谏才停止。桑维翰知道这件事，建议任命冯玉为枢密副使，冯玉感到非常不服气。丙申日（二十九日），宫中传旨，任命冯玉为户部尚书、枢密使，借此分散桑维翰的权力。李彦韬年少时侍奉阎宝，当车夫，后来隶属后晋高祖石敬瑭帐下。石敬瑭从太原南下，留下李彦韬侍奉出帝石重贵，成为心腹，从此就受到宠信。他性情机灵奸巧，和受宠幸的内臣互相勾结，以蒙蔽后晋出帝的耳目，后晋出帝信任他，有事就委托他，甚至于任命或罢黜将相，他也可以参与讨论。他常常对人说："我不知道朝廷设置文官有什么用处，必须加以淘汰，然后慢慢地将它全部废除。"

唐查文徽表求益兵，唐主以天威都虞候何敬洙为建州行营招讨马步都指挥使，将军祖全恩为应援使，姚凤为都监，将兵数千会攻建州，自崇安进屯赤岭。闽主延政遣仆射杨思恭、统军使陈望将兵万人拒之，列栅水南，旬馀不战，唐人不敢逼。

思恭以延政之命督望战。望曰："江、淮兵精，其将习武事。国之安危，系此一举，不可不万全而后动。"思恭怒曰："唐兵深侵，陛下寝不交睫，委之将军。今唐兵不出数千，将军拥众万馀，不乘其未定而击之，有如唐兵惧而自退，将军何面目见陛下乎！"望不得已，引兵涉水与唐战。全恩等以大兵当其前，使奇兵出其后，大破之。望死，思恭仅以身免。

延政大惧，婴城自守，召董思安、王忠顺，使将泉州兵五千诣建州，分守要害。

【译文】 南唐查文徽上表请求增加兵力，南唐主李璟任用天威都虞候何敬洙为建州行营招讨马步都指挥使，将军祖全恩为应援使，姚凤为都监，率领数千兵马联合攻打建州，从崇安进发，屯驻赤岭。闽主王延政派遣仆射杨思恭、统军使陈望率领一万人马去抵抗唐兵，在河流的南岸布置木栅，十几天不出战，唐兵也不敢进逼。

杨思恭用闽主王延政的命令督催陈望出战，陈望说："江、淮的唐国士兵精锐，将领熟悉用兵。国家的安危，全在这一仗，不能不在万无一失后才行动。"杨思恭愤怒地说："唐兵深入我国境内来侵略，陛下为此夜不成眠，把国家大事委托给将军。现在唐兵不过数千人，而将军统率着好几万的兵马，不趁他们立足未稳攻击他们，如果唐兵因畏惧而自行撤退，将军有什么脸面去见陛下呢！"陈望被他这样一逼，不得已，率军涉水，与唐兵交战。祖全恩等人率领大军抵挡他的正面，派遣奇兵绕到他的后面，将他打得大败。陈望战死，杨恩恭仅仅一个人脱身逃回来。

王延政大为恐惧，绕城巡视，严兵防守，召见董思安、王忠顺，命他们率领泉州兵五千名前往建州，分别防守险要的地方。

初，高祖置德清军于故澶州城，乃契丹入寇，澶州、邺都之间，城戍俱陷。议者以澶州、邺都相去五十里，宜于中涂筑城以应接南北，从之。三月，戊戌，更筑德清军城，合德清、南乐之

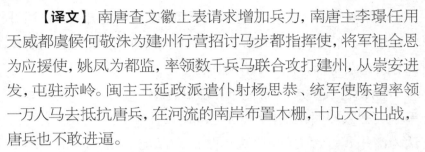

民以实之。

初，光州人李仁达，仕闽为元从指挥使，十五年不迁职。闽主曦之世，叛奔建州，闽主延政以为将。及朱文进弑曦，复叛奔福州，陈取建州之策。文进恶其反覆，黜居福清。[先是]浦城人陈继珣，亦叛闽主延政奔福州，为曦画策取建州，曦以为著作郎。及延政得福州，二人皆不自安。

【译文】起初，后晋高祖石敬瑭在澶州故城设置德清军，等到契丹入侵时，澶州、邺都之间的城防都陷落了。廷议大臣认为澶州和邺都之间，距离一百五十里，应该在两地的中间地带修筑城池，以应接南北，朝廷采纳了这个建议。三月，戊戌日（初二），另外修筑一座德清军城，将德清、南乐两地的百姓合并迁到新筑的城里。

起初，光州人李仁达在闽国任元从指挥使，十五年没有得到提拔。闽主王曦时代，他背叛王曦，投奔建州，闽主王延政任他为将领。等到朱文进弑杀王曦，他又背叛王延政而投奔福州，替朱文进陈述夺取建州的计策。朱文进讨厌他反复无常，就把他贬到福清居住。浦城人陈继珣也背叛闽主王延政而投奔福州，替王曦谋划计策，以夺取建州，王曦任命他为著作郎。等到王延政占据了福州，二人都畏惧不安。

王继昌暗弱嗜酒，不恤将士，将士多怨。仁达潜入福州，与继珣说黄仁讽曰："今唐兵乘胜，建州孤危。富沙王不能保建州，安能保福州！昔王潮兄弟，光山布衣耳，取福建如反掌。况吾辈乘此机会，自图富贵，何患不如彼乎！"仁讽然之。是夕，仁达等引甲士突入府舍，杀继昌及吴成义。

仁达欲自立，恐众心未服，以雪峰寺僧卓岩明素为众所重，乃言："此僧目重瞳子，手垂过膝，真天子也。"相与迎之。己亥，立以为帝，解去衲衣，被以衮冕，帅将吏北面拜之。然犹称天福十年，遣使奉表称籓于晋。延政闻之，族黄仁讽家，命统军使张汉真将水军五千，会漳、泉兵讨岩明。

【译文】 王延政的侄儿王继昌镇守福州，为人愚昧懦弱，又嗜酒如命，不体恤爱护将士，将士多有怨恨。李仁达暗中进入福州，劝黄仁讽说："现在唐兵乘胜而来，建州孤立无援，情势危险。富沙王王延政不能保住建州，又怎能保住福州！从前的王潮兄弟，只不过是光山的平民百姓罢了，攻取建州竟然易如反掌，何况我们趁着这个好机会，自求富贵，哪里还怕不如他们呢？"黄仁讽认为很有道理，就同意了他的意见。当天夜晚，李仁达等人带领甲兵冲入官舍，杀了王继昌和吴成义。

李仁达想自立为王，又怕众心不服，由于雪峰寺僧人卓岩明一向被民众所尊重，便说："这个和尚的眼睛是两个瞳子，两手下垂长过膝盖，真像个天子的模样啊！"所以就和大家一起把他迎来。己亥日（初三），立为皇帝，脱掉他的袈裟，披上龙袍、戴上皇冠，领导文武百官面朝北向他叩拜。不过，还是称为天福十年，派遣使者奉送章表给晋国，自称藩属。王延政听说以后，灭了黄仁讽全家，命令统军使张汉真统领水军五千人，会合漳州、泉州兵征讨卓岩明。

乙巳，杜威等诸军会于定州，以供奉官萧处钧权知祁州事。庚戌，诸军攻契丹，泰州刺史晋廷谦举州降。甲寅，取满城，获契丹酋长没剌及其兵二千人。乙卯，取遂城。赵延寿部曲有降者言："契丹主还至虎北口，闻晋取泰州，复拥众南向，约八万馀骑，计来夕当至，宜速为备。"杜威等惧，丙辰，退保泰州。

戊午,契丹至泰州。己未,晋军南行,契丹蹑之。晋军至阳城,庚申,契丹大至。晋军与战,逐北十馀里,契丹逾白沟而去。

壬戌,晋军结陈而南,胡骑四合如山,诸军力战拒之。是日,才行十馀里,人马饥乏。

【译文】乙巳日(初九),杜威等各军在定州会合,任命供奉官萧处钧代理祁州的事务。庚戌日(十四日),各军进攻契丹,契丹的泰州刺史晋廷谦率领全州投降。甲寅日(十八日),夺取满城,擒获契丹酋长没剌以及他的部下士兵二千人。乙卯日(十九日),夺取遂城。赵延寿的亲兵有投降过来的人,说:"契丹主耶律德光回到虎北口,听说晋兵夺取了泰州,又带领兵众向南进军,约有八万骑兵,预计明晚就会来到,应该赶快做准备。"杜威等害怕,丙辰日(二十日),退守泰州。

戊午日(二十二日),契丹到达泰州。己未日(二十三日),晋军向南进,契丹兵跟在后头追赶。晋军到达阳城;庚申日(二十四日),契丹大部队来到。晋军和契丹交战,契丹战败,晋军追杀十多里,契丹越过白沟逃走。

壬戌日(二十六日),晋军集结成阵列向南行进,契丹兵像山一样从四面包围,后晋诸军奋力作战,进行抵抗。这一天才走了十多里路,士兵和战马都饥饿疲乏。

癸亥,晋军至白团卫村,埋鹿角为行寨。契丹围之数重,奇兵出寨后断粮道。是夕,东北风大起,破屋折树;营中掘井,方及水辄崩,士卒取其泥,帛绞而饮之,人马俱渴。至曙,风尤甚。契丹主坐奚车中,令其众曰:"晋军止此耳,当尽擒之,然后南取大梁!"命铁鹞四面下马,拔鹿角而入,奋短兵以击晋军,又顺风纵火扬尘以助其势。

【译文】癸亥日（二十七日），晋军到达白团卫村，埋下鹿角做成临时营寨。契丹兵把营寨包围了好几层，并派奇兵绕到寨后切断晋军粮道。当天晚上，东北风刮得强劲，破坏房屋，折断树木。晋兵在营中挖井，刚刚挖到有水的地方，井围就塌了，士兵们只好连泥带水取上来，用布包住拧出水来饮用，士兵和战马都渴得受不了。到了天亮以后，风刮得更厉害了。契丹主耶律德光坐在一辆奚族造的大车中，对他的兵众发命令说："晋军也只有这些了，应当全部把他们抓获，然后向南夺取大梁！"于是下令精锐骑兵分从四面下马，拔掉鹿角，冲入营中，挥舞刀剑，攻击晋军，又顺着风向，放火烧营，扬起尘沙，弥漫空中，以助其声势。

　　军士皆愤怒，大呼曰："都招讨使何不用兵，令士卒待死！"诸将请出战，杜威曰："俟风稍缓，徐观可否。"马步都监李守贞曰："彼众我寡，风沙之内，莫测多少，惟力斗者胜，此风乃助我也；若俟风止，吾属无类矣。"即呼曰："诸军齐击贼！"又谓威曰："令公善守御，守贞以中军决死矣！"马军左厢都排陈使张彦泽召诸将问计，皆曰："虏得风势，宜俟风回与战。"彦泽亦以为然。诸将退，马军右厢副排陈使太原药元福独留，谓彦泽曰："今军中饥渴已甚，若俟风回，吾属已为虏矣。敌谓我不能逆风以战，宜出其不意急击之，此兵之诡道也！"马步左右厢都排陈使符彦卿曰："与其束手就擒，曷若以身徇国！"乃与彦泽、元福及左厢都排陈使皇甫遇引精骑出西门击之，诸将继至。契丹却数百步。彦卿等谓守贞曰："且曳队往来乎？直前奋击，以胜为度乎？"守贞曰："事势如此，安可回辔！宜长驱取胜耳！"彦卿等跃马而去，风势益甚，昏晦如夜，彦卿等拥万馀骑横击契丹，呼声动天地，契丹大败而走, 势如崩山。李守贞亦令步兵尽拔鹿角出斗, 步骑俱进, 逐北二十馀里。铁鹞既下马, 苍皇不能复上, 皆委弃马及铠仗蔽地。

【译文】 晋军军士都很愤怒, 大呼说:"都招讨使为什么不出兵, 让士兵们白白送死!"诸将请求出战, 杜威说:"等待风势稍微转缓后慢慢再看可不可以出战。"马步都监李守贞说:"他们人多, 我们人少, 风沙弥漫之中, 彼此不知对方人马多少, 只有奋力拼斗的一方才能得胜, 这阵大风正是来帮助我们的, 如果等到风势停止, 我们就全都没命了!"说完就大声呼叫:"各军一齐击贼啊!"又对杜威说:"令公您擅长防守, 守贞我率领中军去跟敌人决一死战了!"马军左厢都排阵使张彦泽召集诸将询问计策, 大家都说:"敌寇得风势的帮助, 比较有利, 应该等到风势转向, 才能与他们交战。"张彦泽也认为这种看法很对。诸将退出, 马军右厢副排阵使太原人药元福独自留下, 对张彦泽说:"现在军中饥渴已到极点, 如果等到风往回刮, 我们这些人已经成了俘虏。敌人认为我们不能逆风出战, 应该出其不意抓紧攻击他, 这是用兵的诡诈之术啊!"马步左右厢都排阵使符彦卿说:"与其束手就擒, 怎如以身殉国!"于是和张彦泽、药元福以及左厢都排阵使皇甫遇率领精锐骑兵出营寨的西门, 攻击契丹兵, 诸将随后到达。契丹兵后退数百步。符彦卿等人对李守贞说:"是要带着队伍一同进退呢? 还是一直向前冲锋, 奋力击贼, 以打胜为原则呢?"李守贞说:"情势已经到了这个地步, 怎么可以勒转马头后退? 只应长驱直入直到取胜为止!"符彦卿等人策马冲了过去, 风势更加强劲, 天昏地暗, 好像黑夜一般。符彦卿等人统率着一万多名骑兵, 纵横冲杀, 呼喊的声音震动天地, 契丹被打得大败而逃, 势如山崩。李守贞也命令步兵拔掉鹿角出去战斗, 步兵和骑兵一齐向前推进, 追逐契丹败兵二十多里。契丹的铁鹞军下马之后，仓皇之间来不及再上马，把马和铠甲兵器丢弃得遍地都是。

契丹散卒至阳城东南水上，稍复布列。杜威曰："贼已破胆，不宜更令成列！"遣精骑击之，皆渡水去。契丹主乘奚车走十馀里，追兵急，获一橐驼，乘之而走。诸将请急追之。杜威扬言曰："逢贼幸不死，更索衣囊邪？"李守贞曰："两日人马渴甚，今得水饮之，皆足重，难以追寇，不若全军而还。"乃退保定州。

契丹主至幽州，散兵稍集；以军失利，杖其酋长各数百，唯赵延寿得免。

乙丑，诸军自定州引归。诏以泰州隶定州。

【译文】契丹溃散的士兵到了阳城东南的水边，稍微整复了队形。杜威说："贼兵已被吓破了胆，不应再让他们排列成队形！"于是派遣精锐骑兵去攻击他们，契丹兵全都渡水逃走。契丹主耶律德光乘着奚车跑了十多里，追兵追得紧急，契丹主在途中获得一只骆驼，于是骑着那只骆驼逃走了。诸将请求加紧追赶，杜威高声对他们说："遇到贼寇，侥幸不死，还想向他索回衣物钱袋吗？"李守贞说："两天以来，人马都渴得很，现在喝上了水，喝得大家独自足够沉重了，难以追赶敌人，不如保全军队实力撤回去。"于是退守定州。

契丹主耶律德光回到幽州，散失的士兵稍微集结，由于军事失利，就杖打他的酋长，每人好几百下，唯独赵延寿没有被打。

乙丑日（二十九日），诸军从定州班师。后晋出帝石重贵诏命把泰州隶属于定州。

夏，四月，辛巳，帝发澶州，甲申，还大梁。

己丑，复以邺都为天雄军。

闽张汉真至福州，攻其东关。黄仁讽闻其家夷灭，开门力战，大破闽兵，执汉真，入城，斩之。

卓岩明无它方略，但于殿上噀水散豆，作诸法事而已。又遣使迎其父于莆田，尊为太上皇。

【译文】夏季，四月，辛巳日（十六日），后晋出帝石重贵从澶州出发，甲申日（十九日），回到大梁。

己丑日（二十四日），恢复邺都为天雄军镇所。

闽国的张汉真到了福州，攻打福州的东门。黄仁讽听说他的家人已经被杀死，打开城门，奋力抵抗，把闽兵打得大败，活捉张汉真，进入城内，将他斩首。

卓岩明没有什么特殊的方略，只是在殿上喷水散豆，做各种法事而已。又派遣使者到莆田把他的父亲接来，尊他为太上皇。

李仁达既立岩明，自判六军诸卫事，使黄仁讽屯西门，陈继珣屯北门。仁讽从容谓继珣曰："人之所以为人，以有忠、信、仁、义也。吾顷尝有功于富沙，中间叛之，非忠也；人以从子托我而与人杀之，非信也；属者与建兵战，所杀皆乡曲故人，非仁也；弃妻子，使人鱼肉之，非义也。此身十沉九浮，死有馀愧！"因拊膺恸哭。继珣曰："大丈夫徇功名，何顾妻子！宜置此事，勿以取祸。"仁达闻之，使人告仁讽、继珣谋反，皆杀之。由是兵权尽归仁达。

五月，丙申朔，大赦。

【译文】李仁达挟立卓岩明为帝之后，自己兼领六军及宫廷保卫的事务，让黄仁讽屯驻西门，陈继珣屯驻北门。黄仁讽对陈继珣说："人之所以为人，在于有忠、信、仁、义等德行。我曾为富沙王王延政立过功，中途背叛他，这是不忠；人家把侄子托付给我，而我跟别人一同杀了他，这是不信；近来和建州兵交战，所杀的人都是家乡的旧相识，这是不仁；抛弃妻子儿女，让他们被人像鱼肉一样宰割，这是不义。我这一辈子，没有一点儿可贵的地方，死了也将含愧于九泉！"说着，不由得心情激动，捶胸顿足，伤心地痛哭一场。陈继珣说："大丈夫为了建立功名，哪里还顾得着妻子和儿女！该把这些事搁在一边，不要因此得祸。"李仁达得知了这件事，指使别人告黄仁讽、陈继珣造反，把他们都杀了。从此兵权全部归于李仁达。

五月，丙申朔日（初一），大赦天下。

顺国节度使杜威，久镇恒州，性贪残，自恃贵戚，多不法。每以备边为名，敛吏民钱帛以充私藏。富室有珍货或名姝、骏马，皆虏取之；或诬以罪杀之，籍没其家。又畏懦过甚，每契丹数十骑入境，威已闭门登陴；或数骑驱所掠华人千百过城下，威但瞋目延颈望之，无意邀取。由是虏无所忌惮，属城多为所屠，威竟不出一卒救之，千里之间，暴骨如莽，村落殆尽。

威见所部残弊，为众所怨，又畏契丹之强，累表请入朝，帝不许；威不俟报，遽委镇入朝，朝廷闻之，惊骇。桑维翰言于帝曰："威固违朝命，擅离边镇。居常凭恃勋亲，邀求姑息，及疆场多事，曾无守御之意；宜因此时废之，庶无后患。"帝不悦。维翰曰："陛下不忍废之，宜授以近京小镇，勿复委以雄藩。"帝曰："威，朕之密亲，必无异志；但宋国长公主切欲相见耳，公勿以为疑！"维翰自是不敢复言国事，以足疾辞位。丙辰，威至大梁。

【译文】顺国节度使杜威，长期镇守恒州，生性贪婪残暴，自己依仗是皇室贵戚，常常不守法纪。时常用边境设防的名义，搜刮官吏、百姓的金钱布帛，以充实自己的库藏。有钱人家如果有珍贵的货品或绝色的女子、有名的骏马，都要强取过来，或者诬加罪名，把他杀了，没收他的家产。另一方面他又特别胆小懦弱，每逢契丹数十名骑兵进入辖境，杜威就怕得关闭城门，登上城墙躲在矮墙的后面了。或者契丹的几个骑兵赶着所掠得的几千几百中原人经过城下，杜威只是瞪着眼睛，伸长脖子，望着他们，从来没有意思要去拦截攻击他们。因此胡兵无所忌惮，辖区内的很多城邑居民多被胡兵杀光，杜威居然不出一兵一卒相救，以致千里之间，尸骨暴露在荒野像草莽一样，村落几乎没有了。

　　杜威看到自己辖区内残破凋敝，被民众怨恨又畏惧契丹的强盛，连续上表请求入朝为官，后晋出帝石重贵没有答应，杜威不等上报，就突然地弃镇入朝。朝廷听说这件事，惊讶不已，桑维翰对后晋出帝说："杜威执意违抗朝廷的命令，擅自离开边陲重镇，平时则仗恃元勋旧臣，要求朝廷对他宽容，等到边疆多战事，不曾有防守抵御的决心，应该趁机把他罢黜，只有这样才不至于给今后留下祸患。"后晋出帝石重贵听了这话不大高兴。桑维翰又说，"陛下不忍心废除他，最好让他担任京师附近较小藩镇的官职，不要再把势力雄厚的大镇托付给他。"后晋出帝石重贵说："杜威，他是朕的近亲，一定不会有谋叛的心志，只是宋国长公主急切地要见他而已，公千万不要因此而怀疑他！"桑维翰从此不敢再议论国事，以脚有病辞掉了职位。丙辰日（二十一日），杜威到达大梁。

　　【乾隆御批】 杜威贪残畏懦，无益于国，而有损于民，晋主即不能明正刑章，亦岂可复授节钺？且维翰数言于其后，此之降辽引寇，逆料不爽。而晋主懵然罔觉，方以密亲，为无异志。独忘其父之于后唐乎？然晋已负唐，而欲望威之必不负晋，揆之好还之道，亦不然矣！

【译文】 杜威贪婪凶残，又胆怯软弱，对国家没有好处，对人民也有伤害，晋主即使不能依刑律处置，又怎么可以再授予他天雄节度使的节钺呢？况且桑维翰多次提醒晋主，他后来的投降辽国，引狼入室，与预料的果然没有差错。而晋主糊涂无知，认为杜威与他是近亲，不会有叛离之心。难道他忘了他的父亲是怎样对待后唐的？既然晋国已经辜负了后唐，而想要杜威不辜负晋国是不可能的，就是揣测天道轮回的道理，也不应是这样啊！

丁巳，李仁达大阅战士，请卓岩明临视。仁达阴教军士突前登阶，刺杀岩明。仁达阳惊，狼狈而走；军士共执仁达，使居岩明之坐。仁达乃自称威武留后，用保大年号，奉表称籓于唐，亦遣使入贡于晋；并杀岩明之父。唐以仁达为威武节度使、同平章事，赐名弘义，编之属籍。弘义又遣使修好于吴越。

己未，杜威献部曲步骑合四千人并铠仗，庚申，又献粟十万斛、刍二十万束，云皆在本道。帝以其所献骑兵隶扈圣，步兵隶护国，威复请以为牙队，而禀赐皆仰县官。威又令公主白帝，求天雄节钺，帝许之。

唐兵围建州，屡破泉州兵。许文稹败唐兵于汀州，执其将时厚卿。

【译文】 丁巳日（二十二日），闽国李仁达大规模阅兵，请卓岩明亲临视察。李仁达暗中教唆军士突然上前，登上台阶，刺杀卓岩明。李仁达假装很惊讶，狼狈地逃开，军士们一起把李仁达捉回来，让他坐在卓岩明所坐的位子上。李仁达于是自称为威武留后，使用"保大"为年号，呈奉表章向唐国称藩属，同时也派遣使者向晋朝进贡，并且杀了卓岩明的父亲。唐主李璟任命李仁达为威武节度使、同平章事，赐给他名字，叫作弘义，把他编入李氏宗室族谱。李弘义又派遣使者和吴越建立良好关系。

己未日（二十四日），杜威向后晋朝廷献出他的亲兵步兵和骑兵共计四千人及配备用的铠甲兵器；庚申日（二十五日），又献粟十万斛，饲草二十万束，自称都存在恒州。后晋出帝石重贵把他所献的骑兵隶属于扈圣，步兵隶属于护国，杜威又请求将这些步兵和骑兵拨给他做卫队，而这些人的口粮和赏赐却仍然由朝廷负担。杜威又叫公主告诉后晋出帝，要求授给他天雄军的符节和斧钺，让他做天雄节度使，后晋出帝答应了他。

唐兵包围建州，屡次打败泉州兵。许文稹在汀州打败唐兵，活捉唐国将领时厚卿。

六月，癸酉，以杜威为天雄节度使。

契丹连岁入寇，中国疲于奔命，边民涂地；契丹人畜亦多死，国人厌苦之。述律太后谓契丹主曰："使汉人为胡主，可乎？"曰："不可。"太后曰："然则汝何故欲为汉主？"曰："石氏负恩，不可容。"太后曰："汝今虽得汉地，不能居也；万一蹉跌，悔何所及！"又谓其群下曰："汉儿何得一向眠！自古但闻汉和蕃，未闻蕃和汉。汉儿果能回意，我亦何惜与和！"

桑维翰屡劝帝复请和于契丹以纾国患，帝假开封军将张晖供奉官，使奉表称臣诣契丹，卑辞谢过。契丹主曰："使景延广、桑维翰自来，仍割镇、定两道隶我，则可和。"朝廷以契丹语忿，谓其无和意，乃止。及契丹主入大梁，谓李崧等曰："向使晋使再来，则南北不战矣。"

【译文】 六月，癸酉日（初九），后晋出帝石重贵任命杜威为天雄节度使。

契丹连年入侵，中原疲于奔命，边民受尽苦难；契丹的人口和牲畜也死了许多，契丹百姓对这种状况也感到厌恶和痛苦。述律太后对契丹主耶律德光说："让汉人来做契丹人的国君，可以吗？"契丹主耶律德光说："不可以。"太后说："那么你为什么一心想做汉人的国君？"契丹主耶律德光说："姓石的忘恩负义，令人难以容忍。"太后说："你现在虽然获得了汉人的土地，但是却不能住在那儿，万一有个闪失，后悔又哪里来得及呢！"又对她的群臣说："汉家儿郎怎么可以安眠？自古以来只听说汉人主动向蕃人和解，从没听说蕃人去和汉人和解。汉儿如果能回心转意，我们又何必吝惜与他和好！"

桑维翰屡次劝后晋出帝石重贵再向契丹请和，以缓和国家的祸患，后晋出帝任命开封府的军将张晖为供奉官，派遣他奉表称臣往见契丹，以谦逊的言辞谢罪。契丹主耶律德光说："叫景延广、桑维翰亲自来谢罪，再割让镇州和定州两道隶属于我，才可以讲和。"朝廷见契丹主耶律德光的口气蛮横，认为他没有和谈的诚意，于是和谈的事，就此停止。等到契丹主耶律德光进入大梁，对李崧等人说："当初假如晋国再派使者来一次的话，那么南北双方就不会再打仗了。"

秋，七月，闽人或告福州援兵谋叛，闽主延政收其铠仗，遣还，伏兵于隘，尽杀之，死者八千馀人，脯其肉以归为食。

唐边镐拔镡州，查文徽之党魏岑、冯延己、延鲁以师出有功，皆踊跃赞成之。征求供亿，府库为之耗竭，洪、饶、抚、信之民尤苦之。

延政遣使奉表称臣于吴越，请为附庸以求救。

楚王希范疑静江节度使兼侍中、知朗州希杲得人心，遣人伺之。希杲惧，称疾求归，不许；遣医往视疾，因毒杀之。

【译文】 秋季，七月，闽国有人告发福州的援兵谋反，闽主王延政收缴了他们的铠甲兵器，遣送回福州，设伏兵在归路隘口，把他们全部杀掉，被杀死的一共八千多人，把他们做成肉干，带回来当作食物吃。

唐国的边镐攻陷镡州。查文徽的同党魏岑、冯延己、冯延鲁认为出师有功，都很乐意赞成出兵。然后借此机会征调军需物资的供应，府库被他们消耗光了。洪州、饶州、抚州、信州的百姓尤其深受其苦。

王延政遣派使者向吴越上表称臣，请求做吴越的附庸以求得救援。

楚王马希范由于静江节度使兼侍中、知朗州马希杲颇得人心，所以对他起了疑心，派人暗中监视他。马希杲害怕，称病请求回乡，楚王马希范不准，派医生前去看病，乘机把马希杲毒死了。

资治通鉴卷第二百八十五　后晋纪六

起旃蒙大荒落八月，尽柔兆敦牂，凡一年有奇。

【译文】起乙巳（公元945年）八月，止丙午（公元946年），共一年五个月。

【题解】本卷记录了公元945年八月至946年的史事，共一年又五个月。正当后晋齐王开运二年八月至开运三年。南唐兵攻破建州，殷主王延政请求投降。闽主李仁达向吴越王钱弘佐请求援救，南唐兵败福州。后晋出帝石重贵骄奢淫逸，不体恤民生，将士寒心，国事日非。赵延寿假装投降后晋，后晋出帝委任杜威为元帅收复瀛州、莫州，契丹主耶律德光第三次大举南犯。后晋与契丹在滹沱河的两岸对峙，杜威按兵不战，投降契丹。契丹主命杜威率领晋兵南下，张彦泽为前锋直取大梁，后晋出帝迁往开封府封禅寺，后晋王朝灭亡。

齐王下

开运二年（乙巳，公元九四五年）八月，甲子朔，日有食之。

丙寅，右仆射兼中书侍郎、同平章事和凝罢守本官。加枢密使、户部尚书冯玉中书侍郎、同平章事，事无大小，悉以委之。

帝自阳城之捷，谓天下无虞，骄侈益甚。四方贡献珍奇，皆归内府。多造器玩，广宫室，崇饰后庭，近朝莫之及。作织锦楼以织地衣，用织工数百，期年乃成。又赏赐优伶无度。桑维翰谏曰："向者陛下亲御胡寇，战士重伤者，赏不过帛数端。今优人一谈一笑称旨，往往赐束帛、万钱、锦袍、银带，彼战士见之，能不觖望，曰：'我曹冒白刃，绝筋折骨，曾不如一谈一笑之功乎！'如此，则士卒解体，陛下谁与卫社稷乎！"帝不听。

【译文】 开运二年（乙巳，公元945年）八月，甲子朔日（初一），出现日食。

丙寅日（初三），右仆射兼中书侍郎、同平章事和凝被罢免中书侍郎、同平章事的职务，只保留右仆射本官，加授枢密使、户部尚书冯玉为中书侍郎、同平章事，事情不论大小，全部托付给他。

后晋出帝石重贵自从阳城获胜，认为天下太平，更加骄横奢侈。各地进贡献上的奇珍异宝，统统归入内府；制造很多供人赏玩的器物，扩建宫殿楼阁，装饰后宫庭苑，近代几朝都赶不上；建造织锦楼，专门用来编织地毯，动员好几百名编织工，整整织了一年才完成；又赏赐歌伎艺人，毫无限度。桑维翰劝谏说："前些时陛下亲自率兵抵御胡寇，战士受重伤的，赏赐不过几匹布帛，现在那些歌伎艺人一谈一笑符合皇上的心意，常常赏赐束帛（帛五匹）、万钱、锦袍、银带，如果让那些战士看到这种情况，能不抱怨说：'我们这些人顶着锋利的刀刃，折断筋骨，还不如一谈一笑的功劳来大呢！'这样下去，士卒人心离散，陛下还靠谁来保卫国家呢？"后晋出帝石重贵没有听从。

冯玉每善承迎帝意，由是益有宠。尝有疾在家，帝谓诸宰相曰："自刺史以上，俟冯玉出乃得除。"其倚任如此。玉乘势弄权，四方赂遗，辐辏其门。由是朝政益坏。

唐兵围建州既久，建人离心。或谓董思安："盍早择去就？"

思安曰"吾世事王氏,危而叛之,天下其谁容我!"众感其言,无叛者。

丁亥,唐先锋桥道使上元王建封先登,遂克建州,闽主延政降。王忠顺战死,董思安整众奔泉州。

【译文】 冯玉常常善于迎合出帝的心意,因此越发得到宠信。冯玉曾经有病在家,后晋出帝对其他各宰相说:"从刺史以上的职位,要等到冯玉病好以后才可以任命。"后晋出帝对他的依赖和信任到了这种地步。冯玉趁着得势专权的机会,滥用职权,四方的贿赂馈赠,纷纷汇集到他的家里。由此朝政更加衰败。

南唐军队围困建州已久,建州城中人心涣散。有人对董思安说:"何不及早决定自己的去留?"董思安说:"我家祖祖辈辈侍奉王氏,如果当王氏危急的时候,我背叛了他,天下有谁还能容纳我!"众人感佩他的话,竟无一人背叛。

丁亥日(二十四日),南唐先锋桥道使上元人王建封率先登城,终于攻陷了建州,闽主王延政投降。王忠顺战死,董思安整顿部众,投奔泉州。

初,唐兵之来,建人苦王氏之乱与杨思恭之重敛,争伐木开道以迎之。及破建州,纵兵大掠,焚宫室庐舍俱尽。是夕,寒雨,冻死者相枕,建人失望。唐主以其有功,皆不问。

汉主杀诏王弘雅。

九月,许文稹以汀州,王继勋以泉州,王继成以漳州,皆降于唐。唐置永安军于建州。

丙申,以西京留守兼侍中景延广充北面行营副招讨使。

殿中监王钦祚权知恒州事。会乏军储,诏钦祚括籴民粟。

杜威有粟十馀万斛在恒州，钦祚举籍以闻。威大怒，表称："臣有何罪，钦祚籍没臣粟！"朝廷为之召钦祚还，仍厚赐威以慰安之。

【译文】起初，南唐军队到来时，建州百姓因苦于闽主王延政的横暴无道和杨思恭的横征暴敛，争先砍伐树木开辟道路来迎接南唐军队。等到唐兵攻破建州，纵容士兵大肆抢夺，宫室、庐舍几乎都被烧光；当天晚上，刮寒风、下大雨，冻死的人纵横叠卧，建州百姓大失所望。唐主李璟因为这些军队有功劳，都不加以追究。

南汉主刘晟杀韶王刘弘雅。

九月，许文稹率汀州，王继勋率泉州，王继成率漳州，都投降南唐。南唐在建州设置永安军。

丙申日（初三），后晋出帝石重贵命西京留守兼侍中景延广任北面行营副招讨使。

殿中监王钦祚代理恒州事务，刚好这时军中粮储缺乏，后晋出帝石重贵诏命王钦祚强行征买百姓的粟米。杜威有十几万斛的粟米留在恒州，王钦祚将它全部登记在账册上，申报朝廷。杜威大为震怒，上表说："臣到底犯了什么罪，王钦祚竟然要没收臣的粟米？"朝廷因此将王钦祚从恒州召回，并重赏杜威以示抚慰。

戊申，置威信军于曹州。

遣侍卫马步都指挥使李守贞戍澶州。

乙卯，遣彰德节度使张彦泽戍恒州。

汉主杀刘思潮、林少强、林少良、何昌延。以左仆射王翻尝与高祖谋立弘昌，出为英州刺史，未至，赐死。内外皆惧不自保。

冬，十月，癸巳，置镇安军于陈州。

唐元敬宋太后殂。

【译文】戊申日（十五日），在曹州设置威信军。

后晋出帝石重贵派遣侍卫马步都指挥使李守贞守卫澶州。

乙卯日（二十二日），派遣彰德节度使张彦泽戍守恒州。

南汉主刘晟杀刘思潮、林少强、林少良、何昌廷。由于左仆射王翻曾经和高祖刘龑谋立刘弘昌为帝，因此将王翻外放为英州刺史，还没到达任所，又被赐死。于是朝廷内外官员都害怕自身难保。

冬季，十月，癸巳日（三十日），后晋在陈州设置镇安军。

南唐元敬宋太后逝世。

王延政至金陵，唐主以为羽林大将军。斩杨思恭以谢建人。以百胜节度使王崇文为永安节度使。崇文治以宽简，建人遂安。

初，高丽王建用兵吞灭邻国，颇强大，因胡僧袜啰言于高祖曰：“勃海，我婚姻也，其王为契丹所虏，请与朝廷共击取之。”高祖不报。及帝与契丹为仇，袜啰复言之。帝欲使高丽扰契丹东边以分其兵势。会建卒，子武自称权知国事，上表告丧。十一月，戊戌，以武为大义军使、高丽王，遣通事舍人郭仁遇使其国，谕指使击契丹。仁遇至其国，见其兵极弱，向者袜啰之言，特建为夸诞耳，实不敢与契丹为敌。仁遇还，武更以它故为解。

【译文】闽主王延政到达金陵，南唐主李璟任命他为羽林大将军。将杨思恭斩首以平建州的民愤。任命百胜节度使王崇文为永安节度使。王崇文治理政事，胸襟宽大，法令简明，建州百姓因此安定下来。

起初，高丽王王建发兵吞并灭亡邻国，势力很强大，胡人僧人袜啰因而对后晋高祖石敬瑭说：“勃海是我的亲戚，它的国王被契丹抓去，请求和朝廷共同出兵攻打契丹，救回勃海王。"高祖没有回复。等到后晋出帝石重贵和契丹相为仇敌，袜啰又旧事重提。后晋出帝想让高丽侵扰契丹的东边，以分散它的兵力，正赶上高丽王王建去世，他的儿子王武自称代理国事，上表报告丧事。十一月，戊戌日（初五），朝廷任命王武为大义军使、高丽王，派遣通事舍人郭仁遇出使高丽，宣告朝廷的旨意，要高丽攻打契丹。郭仁遇到了高丽，发现他们的兵力非常弱小，以前袜啰所说的话，只是王建夸大其词罢了，高丽实际不敢和契丹为敌。郭仁遇返回，高丽王王武又以其他理由做解释。

乙卯，吴越王弘佐诛内都监使杜昭达，己未，诛内牙上统军使明州刺史阚璠。

昭达，建徽之孙也，与璠皆好货。钱塘富人程昭悦以货结二人，得侍弘佐左右。昭悦为人狡佞，王悦之，宠待逾于旧将，璠不能平。昭悦知之，诣璠顿首谢罪，璠责让久之，乃曰："吾始者决欲杀汝，今既悔过，吾亦释然。"昭悦惧，谋去璠。

璠专而愎，国人恶之者众，王亦恶之。昭悦欲出璠于外，恐璠觉之，私谓右统军使胡进思曰："今欲除公及璠各为本州，使璠不疑，可乎？"进思许之，乃以璠为明州刺史，进思为湖州刺史。璠怒曰："出我于外，是弃我也。"进思曰："老兵得大州，幸矣，不行何为！"璠乃受命。既而复以他故留进思。

【译文】乙卯日（二十二日），吴越王钱弘佐诛杀内都监使杜昭达；己未日（二十六日），又诛杀内牙上统军使明州刺史阚璠。

杜昭达，是杜建徽的孙子，和阚璠都很贪爱财货。钱塘富人程昭悦用财货结交这两人，所以得以陪侍在钱弘佐的身边。

程昭悦为人狡猾谄媚，吴越王却喜欢他，对他的宠信超过旧将，阚璠心里不服气，程昭悦知道后，就去向阚璠磕头认错，阚璠责骂了他很久，才说："我起初下决心要杀你；现在你已经悔过，我也就不放在心上啦。"程昭悦害怕，谋划除掉阚璠。

阚璠专横而又固执，国中怨恨他的人很多。程昭悦想把阚璠外放为地方官，恐怕被他察觉，私下对右统军使胡进思说："我现在想请公和阚璠各做自己家乡的州刺史，使阚璠不致生疑，公认为怎么样？"胡进思答应了。于是任命阚璠为明州刺史、胡进思为湖州刺史。阚璠愤怒地说："把我外放出去，这是很明显地遗弃我。"胡进思劝他说："老兵得个大州，也算幸运了，不去干什么呢！"阚璠才接受了调命。不久，程昭悦又用其他理由把胡进思留在京城。

内外马步都统军使钱仁俊母，杜昭达之姑也。昭悦因谮璠、昭达谋奉仁俊作乱，下狱锻炼成之。璠、昭达既诛，夺仁俊官，幽于东府。于是，昭悦治阚、杜之党，凡权位与己侔，意所忌者，诛放百馀人，国人畏之侧目。胡进思重厚寡言，昭悦以为戆，故独存之。

昭悦收仁俊故吏慎温其，使证仁俊之罪，拷掠备至。温其坚守不屈。弘佐嘉之，擢为国官。温其，衢州人也。

【译文】 内外马步都统军使钱仁俊的母亲就是杜昭达的姑妈。程昭悦因而诬陷阚璠和杜昭达谋划拥立钱仁俊共同作乱，把二人关进监狱，罗织罪名而定罪。阚璠、杜昭达被杀以后，又罢免了钱仁俊的官职，将他囚禁在东府。接着程昭悦惩处阚璠、杜昭达二人的同党，凡权力职位和自己相当，而为自己所嫉恨的人，被杀、被流放的有一百多人，国人害怕他而不敢正视。胡思进敦厚寡言，程昭悦认为他憨厚，所以只留下他一人。

程昭悦收押钱仁俊的旧吏慎温其，要他证明钱仁俊的罪状，鞭笞拷打，无所不至，慎温其始终坚定不屈；吴越王钱弘佐非常赞许，提拔他为京都朝官。慎温其，是衢州人。

十二月，乙丑，加吴越王弘佐东南面兵马都元帅。

辛未，以前中书舍人广晋殷鹏为给事中、枢密直学士。鹏，冯玉之党也；朝廷每有迁除，玉皆与鹏议之。由是请谒赂遗，充满其门。

初，帝疾未平，会正旦，枢密使、中书令桑维翰遣女仆入宫起居太后，因问："皇弟睿近读书否？"帝闻之，以告冯玉，玉因谮维翰有废立之志。帝疑之。

李守贞素恶维翰，冯玉、李彦韬与守贞合谋排之，以中书令行开封尹赵莹柔而易制，共荐以代维翰。丁亥，罢维翰政事，为开封尹。以莹为中书令，李崧为枢密使、守侍中。维翰遂称足疾，希复朝谒，杜绝宾客。

或谓冯玉曰："桑公元老，今既解其枢务，纵不留之相位，犹当优以大藩，奈何使之尹京，亲猥细之务乎？"玉曰："恐其反耳。"曰："儒生安能反？"玉曰："纵不自反，恐其教人耳。"

【译文】十二月，乙丑日（初三），后晋朝廷加任吴越王钱弘佐为东南面兵马都元帅。

辛未日（初九），任命前任中书舍人广晋人殷鹏为给事中、枢密直学士。殷鹏，是冯玉的党羽。朝廷每当在人事上有所迁调任命，冯玉都和殷鹏商议，因此前来馈赠贿赂、请求谒见的人，挤满殷鹏的家门。

起初，后晋出帝石重贵的病情还没有恢复，恰值正月初一，早晨，枢密使、中书令桑维翰派女仆入宫向太后问安，顺便询问："皇弟睿近来读书吗？"这句话让后晋出帝听到，就把这句话转述给冯玉听，冯玉趁机中伤桑维翰，指他有废皇帝、立新君的意图，后晋出帝对桑维翰起了疑心。

李守贞一向痛恨桑维翰，冯玉、李彦韬和李守贞联合起来谋议排挤他，三人认为中书令行开封尹赵莹软弱，易于控制，于是共同推荐赵莹来代替桑维翰。丁亥日（二十五日），罢免桑维翰的朝廷职务，叫他当开封尹，任命赵莹为中书令，李崧为枢密使兼侍中。桑维翰于是称脚有病，很少再入朝谒见，并谢绝宾客。

有人对冯玉说："桑公是开国元老，现在既已解除他枢密使的职务，纵使不留他在相位，也应该优待给他大的藩镇，为什么让他任开封尹，亲自处理一些琐碎的事情呢？"冯玉说："恐怕他造反罢了。"再问说："书生怎么能造反？"冯玉说："纵使他自己不造反，也恐怕他会教唆别人造反啊！"

楚湘阴处士戴偃，为诗多讥刺，楚王希范囚之。天策副都军使丁思瑾上书切谏，希范削其官爵。

唐齐王景达府属谢仲宣言于景达曰："宋齐丘，先帝布衣之交，今弃之草莱，不厌众心。"景达为之言于唐主曰："齐丘宿望，勿用可也，何必弃之以为名！"唐主乃使景达自至青阳召之。

【译文】 楚湘阴隐士戴偃，作诗多讥讽当时的政治，楚王马希范把他囚禁起来，天策副都军使丁思瑾上书恳切劝谏，马希范却削除了丁思瑾的官职爵位。

南唐齐王李景达府中的属官谢仲宣对李景达说："宋齐丘是先帝的'布衣之交'（贫贱时所交的朋友），现在把他遗弃于山野，不能让众人满意。"李景达为这件事对南唐主李璟说：
"宋齐丘一向负有重望，不用他也便罢了，何必以舍弃而让他成
名！"南唐主于是让李景达亲自到青阳召请宋齐丘。

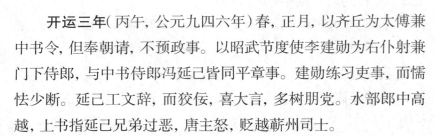

开运三年（丙午，公元九四六年）春，正月，以齐丘为太傅兼
中书令，但奉朝请，不预政事。以昭武节度使李建勋为右仆射兼
门下侍郎，与中书侍郎冯延己皆同平章事。建勋练习吏事，而懦
怯少断。延己工文辞，而狡佞，喜大言，多树朋党。水部郎中高
越，上书指延己兄弟过恶，唐主怒，贬越蕲州司士。

初，唐主置宣政院于禁中，以翰林学士、给事中常梦锡领
之，专典机密，与中书侍郎严续皆忠直无私。唐主谓梦锡曰："大
臣惟严续中立，然无才，恐不胜其党，卿宜左右之。"未几，梦锡
罢宣政院，续亦出为池州观察使。梦锡于是移疾纵酒，不复预朝
廷事。续，可求之子也。

【译文】 开运三年（丙午，公元946年）春季，正月，南唐任
命宋齐丘为太傅兼中书令，只是参加朝会，应答召请而已，不干
预政事。任命昭武节度使李建勋为右仆射，兼门下侍郎，与中书
侍郎冯延己都为同平章事。李建勋熟悉官方事务，然而怯懦怕
事，优柔寡断；冯延己擅长文章辞藻，但为人狡猾，善于谄媚，
喜欢说大话，多结纳党羽。水部郎中高越上书指责冯延己兄弟
作恶多端。南唐主李璟发怒，贬谪高越为蕲州司士。

起初，南唐主李璟在宫禁中设置宣政院，任命翰林学士、
给事中常梦锡主掌院事，专门掌管机密，与中书侍郎严续都忠贞
正直，大公无私。南唐主李璟对常梦锡说："大臣中只有严续立
身正直，然而没有才能，恐怕应付不了周围的朋党，卿应当帮助
他。"不久，常梦锡被罢免了宣政院的职务，严续也被外放为池

州观察使。常梦锡于是上书称病，日日在家饮酒，不再参与朝廷政事。严续是严可求的儿子。

二月，壬戌朔，日有食之。

晋昌节度使兼侍中赵在礼，更历十镇，所至贪暴，家赀为诸帅之最。帝利其富，三月，庚申，为皇子镇宁节度使延煦娶其女。在礼自费缗钱十万，县官之费，数倍过之。延煦及弟延宝，皆高祖诸孙，帝养以为子。

唐泉州刺史王继勋致书修好于威武节度使李弘义。弘义以泉州故隶威武军，怒其抗礼。夏，四月，遣弟弘通将兵万人伐之。

【译文】二月，壬戌朔日（初一），发生日食。

晋昌节度使兼侍中赵在礼，前后做过十个藩镇的节度使，所到之处，贪婪残暴，家里的钱财在各藩镇将帅中首屈一指。后晋出帝石重贵贪图他的财富，三月，庚申日（二十九日），为皇子镇宁节度使石延煦娶了他的女儿。赵在礼花费缗钱十万，皇家所花的费用，又超过好几倍。石延煦和弟弟石延宝，都是后晋高祖石敬瑭的孙子，后晋出帝重贵收为养子。

南唐泉州刺史王继勋发信给威武节度使李弘义，想跟他建立友好关系。李弘义因为泉州从前隶属于威武军，而现在泉州刺史竟以对等地位的礼节对待他，非常愤怒。夏季，四月，派弟弟李弘通率兵一万人前去讨伐王继勋。

初，朔方节度使冯晖在灵州，留党项酋长拓跋彦超于州下，故诸部不敢为寇，及将罢镇而纵之。

前彰武节度使王令温代晖镇朔方，不存抚羌、胡，以中国法绳之。羌、胡怨怒，皆叛，竞为寇钞。拓跋彦超、石存、也厮褒三族，共攻灵州，杀令温弟令周。戊午，令温上表告急。

泉州都都挥使留从效谓刺史王继勋曰："李弘通兵势甚盛，士卒以使君赏罚不当，莫肯力战，使君宜避位自省。"乃废继勋归私第，代领军府事，勒兵击李弘通，大破之。表闻于唐，唐主以从效为泉州刺史，召继勋还金陵，遣将将兵戍泉州。徙漳州刺史王继成为和州刺史，汀州刺史许文稹为蕲州刺史。

【译文】 起初，朔方节度使冯晖在灵州，将党项酋长拓跋彦超拘留在州境，所以党项各部落不敢入境侵扰，等到冯晖将要解除节度使的职务时，把拓跋彦超放了回去。

前彰武节度使王令温取代冯晖来镇守朔方，他不去安抚羌人、胡人，却用中原的法令来处置他们，羌人、胡人都颇为怨恨愤怒，纷纷反叛，争相寇掠。拓跋彦超、石存、也厮褒三族联合攻打灵州，杀死王令温的弟弟王令周。戊午日（四月无此日），王令温上表告急。

泉州都指挥使留从效对刺史王继勋说："李弘通军力很强大，而我们的士兵因为您赏罚不当，没有人肯尽力作战，您应该辞位自我反省！"于是废除王继勋职务，命他回家。留从效代理军府的事务，指挥军队迎击李弘通，将他打得大败。上表奏报南唐主李璟，南唐主任命留从效为泉州刺史，将王继勋召回金陵，另选派将领率兵前去驻守泉州。调漳州刺史王继成为和州刺史，调汀州刺史许文稹为蕲州刺史。

定州西北二百里有狼山，土人筑堡于山上以避胡寇。堡中有佛舍，尼孙深意居之，以妖术惑众，言事颇验，远近信奉之。中山人孙方简及弟行友，自言深意之侄，不饮酒食肉，事深意甚谨。深意卒，方简嗣行其术，称深意坐化，严饰，事之如生，其徒日兹。

会晋与契丹绝好，北边赋役烦重，寇盗充斥，民不安其业。方简、行友因帅乡里豪健者，据寺为寨以自保。契丹入寇，方简帅众邀击，颇获其甲兵、牛马、军资，人挈家往依之者益众。久之，至千馀家，遂为群盗。惧为吏所讨，乃归款朝廷。朝廷亦资其御寇，署东北招收指挥使。

【译文】 定州西北二百里有一座狼山，当地人在山上建筑一个小型城堡，以躲避胡兵的骚扰，城堡里有一座佛寺，尼姑孙深意居住在那里，用妖术迷惑众人，预言事情，颇多应验，远近人民都信奉她。中山人孙方简和他的弟弟孙行友自称是孙深意的侄子，不喝酒，不吃肉，侍奉孙深意非常细心周到。孙深意死后，孙方简就接着用她的法术，称孙深意是坐化了，将尸体装扮修饰，像在世的时候一样侍奉她；孙方简的门徒日渐增多。

正好这时晋国和契丹断绝友好关系，北方边境赋税和徭役都很繁重，到处充满盗贼，百姓不能安家立业。孙方简、孙行友于是率领乡里中魁梧健壮的人，占据佛寺作为寨子来保护自己。契丹入境侵扰，孙方简率领群众在中途截击，缴获颇多铠甲、兵器、牛马和其他军用物资，百姓们携家带眷前往依靠他的人，一天比一天多起来。时间久了，达到一千多家，于是成为一群强盗。因为惧怕官吏征讨，便归顺朝廷。朝廷也借他们来抵御契丹的入侵，委任孙方简为东北招收指挥使。

方简时入契丹境钞掠，多所杀获。既而邀求不已，朝廷小不副其意，则举寨降于契丹，请为乡道以入寇。时河北大饥，民饿死者所在以万数，兖、郓、沧、贝之间，盗贼峰起，吏不能禁。

天雄节度使杜威遣元随军将刘延翰市马于边，方简执之，献于契丹。延翰逃归，六月，壬戌，至大梁，言"方简欲乘中国凶饥，引契丹入寇，宜为之备。"

初，朔方节度使冯晖在灵武，得羌、胡心，市马期年，至五千匹，朝廷忌之，徙镇邠州及陕州，入为侍卫步军都指挥使、领河阳节度使。晖知朝廷之意，悔离灵武，乃厚事冯玉、李彦韬，求复镇灵州。朝廷亦以羌、胡方扰，丙寅，复以晖为朔方节度使，将关西兵击羌、胡；以威州刺史药元福为行营马步军都指挥使。

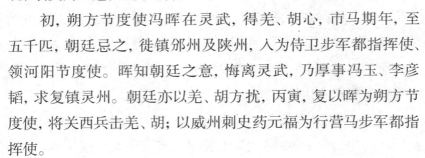

【译文】 孙方简不时进入契丹边境骚扰抢劫，斩杀缴获很多。后来向朝廷索取无止境，朝廷稍微不合他的意，就率领全寨投降契丹，请求作为向导引导契丹入侵。当时河北发生大饥荒，百姓饿死的，大约超过万人，兖、郓、沧、贝四州之间，盗贼蜂拥而起，官吏没法禁止。

天雄节度使杜威派遣元随军将刘延翰在边境上买马，孙方简抓住他，进献给契丹。刘延翰逃回来，六月，壬戌日（初三），回到大梁，报告朝廷说："孙方简想趁中原的大饥荒，引领契丹入侵，应该为此做好准备。"

起初，朔方节度使冯晖在灵武时，获得羌、胡民心的信赖，买马一年，共得五千匹，朝廷对他有点顾忌，调他镇守邠州和陕州，入朝做侍卫步军都指挥使，领河阳节度使。冯晖知道朝廷的用意，后悔离开灵武，于是以厚礼侍奉冯玉和李彦韬，请求再去镇守灵州。朝廷也因羌、胡正骚扰边境，丙寅日（初七），再任冯晖为朔方节度使，率领关西兵马攻击羌、胡；任命威州刺史药元福为行营马步军都指挥使。

乙丑，定州言契丹勒兵压境。诏以天平节度使、侍卫马步都指挥使李守贞为北面行营都部署，义成节度使皇甫遇副之；彰德节度使张彦泽充马军都指挥使兼都虞候，义武节度使蓟人李殷充步军都指挥使兼都排阵使；遣护圣指挥使临清王彦超、太原白延遇以部兵十营诣邢州。时马军都指挥使、镇安节度使李彦韬方用事，视守贞蔑如也。守贞在外所为，事无大小，彦韬必知之，守贞外虽敬奉而内恨之。

初，唐人既克建州，欲乘胜取福州，唐主不许。枢密使陈觉请自往说李弘义，必令入朝。宋齐丘荐觉才辩，可不烦寸刃，坐致弘义。唐主乃拜弘义母、妻皆为国夫人，四弟皆迁官，以觉为福州宣谕使，厚赐弘义金帛。弘义知其谋，见觉，辞色甚倨，待之疏薄。觉不敢言入朝事而还。

【译文】乙丑日（初六），定州奏报：契丹指挥大军逼临边境。后晋出帝石重贵诏命天平节度使、侍卫马步都指挥使李守贞为北面行营都部署，义成节度使皇甫遇为副都部署；彰德节度使张彦泽充当马军都指挥使兼都虞候，义武节度使蓟州人李殷充当步军都指挥使兼都排阵使；派遣护圣指挥使临清人王彦超、太原人白延遇率领所部士兵十营到邢州。当时，马军都指挥使、镇安节度使李彦韬正当权，看不起李守贞。李守贞在外的所作所为，无论事情大小，李彦韬都必须知道；李守贞表面虽然尊奉李彦韬，但内心里很恨他。

起初，南唐人既已攻下建州，想乘胜夺取福州，南唐主不肯李璟。枢密使陈觉自愿亲往福州劝说李弘义，一定要说动他入朝。宋齐丘也推荐陈觉才智机辩，可不必动用刀枪，而平白招致李弘义。南唐主李璟于是封李弘义的母亲和妻子都为国夫人，四位弟弟都升官；任命陈觉为福州宣谕使，赏赐李弘义贵重的金帛。李弘义明白他们的计谋，接见陈觉时，说话、脸色非常傲慢，对待陈觉疏远冷淡，陈觉没敢提入朝归降的事就返回了。

秋，七月，河决杨刘，西入莘县，广四十里，自朝城北流。

有自幽州来者，言赵延寿有意归国。枢密使李崧、冯玉信之，命天雄节度使杜威致书于延寿，具述朝旨，唉以厚利，洛州军将赵行实尝事延寿，遣赍书潜往遗之。延寿复书言："久处异域，思归中国。乞发大军应接，拔身南去。"辞旨恳密。朝廷欣然，复遣行实诣延寿，与为期约。

八月，李守贞言："与契丹千馀骑遇于长城北，转斗四十里，斩其酋帅解里，拥馀众入水溺死者甚众。"丁卯，诏李守贞还屯澶州。

【译文】秋季，七月，黄河在杨刘决口，洪水向西流入莘县，广达四十里，从朝城向北流。

有从幽州来的人，说赵延寿有意归顺晋国，枢密使李崧、冯玉相信了，命令天雄节度使杜威给赵延寿写信，把朝廷的旨意讲清楚，用丰厚的财利引诱他。洛州军将赵行实曾经在赵延寿手下做过事，派他持带书信暗中到契丹送给赵延寿。赵延寿回信说："长久居住他乡，思归中原，请求发动大军来接应，我好脱身南下。"言辞诚恳亲切，朝廷非常高兴，又派赵行实前往赵延寿处，与他约定接应的时间和地点。

八月，李守贞奏报："跟一千多名契丹骑兵在长城以北相遇，辗转战斗四十里，斩杀他的酋帅解里，推挤残余的胡兵陷落水中溺死的很多。"丁卯日（初九），诏命李守贞还军，驻守澶州。

帝既与契丹绝好，数召吐谷浑酋长白承福入朝，宴赐甚厚。承福从帝与契丹战澶州，又与张从恩戍滑州。属岁大热，遣其部落还太原，畜牧于岚、石之境。部落多犯法，刘知远无所纵舍。部落知朝廷微弱，且畏知远之严，谋相与遁归故地。有白可久者，位亚承福，帅所部先亡归契丹，契丹用为云州观察使，以诱承福。

知远与郭威谋曰："今天下多事，置此属于太原，乃腹心之疾也，不如去之。"承福家甚富，饲马用银槽。威劝知远诛之，收其货以赡军。知远密表："吐谷浑反覆难保，请迁于内地。"帝遣使发其部落千九百人，分置河阳及诸州。知远遣威诱承福等入居太原城中，因诬承福等五族谋叛，以兵围而杀之，合四百口，籍没其家赀。诏褒赏之，吐谷浑由是遂微。

【译文】 后晋出帝石重贵和契丹断绝友好关系以后，屡次召请吐谷浑酋长白承福入朝，设宴款待，赏赐丰厚。白承福曾经随从后晋出帝与契丹交战于澶州，又曾经和张从恩一同戍守滑州。正好这年天气炎热，遣送白承福的部落回太原，在岚州、石州一带放牧。部落中常有人犯法，刘知远不肯宽容赦免；部落了解朝廷衰弱，又畏惧刘知远的严厉，于是商量一起逃回旧地。有个叫白可久的，地位仅次于白承福，率领自己的队伍最先逃往契丹，契丹任命他为云州观察使，用此来引诱白承福投降。

刘知远和郭威商议说："现今天下多事，把这批人放在太原，实在是心腹之患，不如将他们除掉。"白承福家颇为富有，喂马用银槽。郭威劝刘知远杀他，没收他的财货，以供给军队所需。刘知远送上密表，称："吐谷浑反复无常难以依靠，请把他们迁往内地。"后晋出帝石重贵派遣使者迁徙他们的部落一千九百人分别安置在河阳及其他各州。刘知远派遣郭威引诱白承福等进入太原城里定居，借机诬告白承福等五族谋反，率兵包围他们，全部予以杀害，一共四百口，没收他的家产。后晋出帝石重贵下诏褒奖刘知远。吐谷浑从此就衰落了。

濮州刺史慕容彦超坐违法科敛，擅取官麦五百斛造麹，赋与部民。李彦韬素与彦超有隙，发其事，罪应死。彦韬趣冯玉使杀之，刘知远上表论救。李崧曰："如彦超之罪，今天下藩侯皆有之。若尽其法，恐人人不自安。"甲戌，敕免彦超死，削官爵，流房州。

唐陈海自福州还，至剑州，耻无功，矫诏使侍卫官顾忠召弘义入朝，自称权福州军府事，擅发汀、建、抚、信州兵及戍卒，命建州监军使冯延鲁将之，趣福州迎弘义。延鲁先遗弘义书，谕以祸福。弘义复书请战，遣楼船指挥使杨崇保将州师拒之。觉以剑州刺史陈海为缘江战棹指挥使，表："福州孤危，且夕可克。"唐主以觉专命，甚怒，群臣多言："兵已傅城下，不可中止，当发兵助之。"

【译文】 濮州刺史慕容彦超因违法征收赋税，擅自取官仓的麦子五百斛造酒，分给部民。李彦韬一向跟慕容彦超有仇怨，揭发了他这件事，慕容彦超应判处死罪。李彦韬催促冯玉要他杀死慕容彦超，刘知远上表辩护解救。李崧说："像慕容彦超这种罪，现在天下的藩镇大员都有过，如果完全依法究办，恐怕人人都不安稳。"甲戌日（十六日），后晋出帝石重贵下敕书，免慕容彦超死刑，削夺他的官爵，流放到房州。

南唐陈觉从福州返回，到达剑州，他耻于此行未能立功，就假传圣旨，让侍卫官顾忠召李弘义入朝；并自称代理福州军府事务，擅自拨遣汀州、建州、抚州、信州四州的兵马以及戍守的军士，命建州监军使冯延鲁率领，赶赴福州迎接李弘义。冯延鲁先给李弘义写信，为他分析祸福得失。李弘义回信表示愿与唐兵决战，派遣楼船指挥使杨崇保率领福州兵抵抗他们。陈觉派剑州刺史陈诲担任缘江战棹指挥使，上表给朝廷说："福州孤立危急，很快可以攻克。"唐主李璟因为陈觉擅自发号施令，非常生气，可是群臣大多数认为："士兵已经贴近城下，不可中途停战，应该发兵援助他。"

丁丑，觉、延鲁败杨崇保于候官，戊寅，乘胜进攻福州西关。弘义出击，大破之，执唐左神威指挥使杨匡邺。

唐主以永安节度使王崇文为东南面都招讨使，以漳泉安抚使、谏议大夫魏岑为东面监军使，延鲁为南面监军使，会兵攻福州，克其外郭。弘义固守第二城。

【译文】丁丑日（十九日），陈觉、冯延鲁在候官打败杨崇保；戊寅日（二十日），冯延鲁乘胜进攻福州的西城门。李弘义出兵攻击，大败唐兵，活捉南唐左神威指挥使杨匡邺。

南唐主李璟任命永安节度使王崇文为东南面都招讨使，任命漳泉安抚使、谏议大夫魏岑为东面监军使，冯延鲁为南面监军使，联合兵力攻打福州，攻下外城。李弘义坚守第二重城墙。

冯晖引兵过旱海，至辉德，糗粮已尽。拓跋彦超众数万，为三陈，扼要路，据水泉以待之。军中大惧。晖以赂求和于彦超，彦超许之。自旦至日中，使者往返数四，兵未解。药元福曰："虏知我饥渴，阳许和以困我耳；若至暮，则吾辈成擒矣。今虏虽众，精兵不多，依西山而陈者是也。其馀步卒，不足为患。请公严阵以待我，我以精骑先犯西山兵，小胜则举黄旗，大军合势击之，破之必矣。"乃帅骑先进，用短兵力战。彦超小却，元福举黄旗，晖引兵赴之，彦超大败。明日，晖入灵州。

【译文】 冯晖率兵经过旱海，到达辉德，干粮已尽。拓跋彦超几万军队列为三个阵，扼守要路，控制水源，严阵以待。冯晖军队大为恐慌。冯晖送财货给拓跋彦超，请求和好，拓跋彦超答应了他。可是从日出到正午，使者往来好几次，拓跋彦超的兵还不撤退。药元福说："敌寇知道我们既饥又渴，表面上假装答应讲和，实际上是想困住我们而已，如果到了晚上，我们就会被擒了。现在胡虏人数虽不少，但是精兵不多，就是背靠西山列阵的那些。其他的步兵，不会对我们构成威胁。请公保持严整的行阵等待我的消息，我率领精锐骑兵先去进攻西山的敌兵，获得小胜就高举黄旗做信号，然后大军合力攻击他们，一定可以将他们打败。"于是就率领骑兵先进攻，使用短兵刃（刀剑之类）奋力拼斗。拓跋彦超略为后退，药元福高举黄旗，冯晖挥军赶上去，拓跋彦超大败。第二天冯晖率兵进入灵州。

九月，契丹三万寇河东。壬辰，刘知远败之于杨武谷，斩首七千级。

汉刘思潮等既死，陈道庠内不自安。特进邓伸遗之《汉纪》，道庠问其故，伸曰："憨獠，此书有诛韩信、醢彭越事，宜审读之！"汉主闻之，族道庠及伸。

李弘义自称威武留后，权知闽国事，更名弘达，奉表请命于晋。甲午，以弘义为威武节度使、同平章事，知闽国事。

张彦泽奏败契丹于定州北，又败之于泰州，斩首二千级。

【译文】 九月，契丹三万兵马侵犯河东；壬辰日（初五），刘知远在阳武谷打败了他们，斩首七千人。

南汉刘思潮等人死后，陈道庠内心不安。特进邓伸送给他一部《汉纪》，陈道庠问他送这本书是什么用意？邓伸说："憨愚的家伙！这本书里头有诛韩信、剁彭越的故事，应该好好读一读！"南汉主刘晟听说这件事，诛灭陈道庠和邓伸的全族。

李弘义自称威武留后，代管闽国事务，改名李弘达，奉上表章听命于后晋。甲午日（初七），任命李弘达为威武节度使、同平章事，主持闽国事务。

张彦泽奏报：在定州以北击败契丹，在泰州再次击败它，共斩首二千人。

辛丑，福州排陈使马捷引唐兵自马牧山拔寨而入，至善化门桥，都指挥使丁彦贞以兵百人拒之。弘达退保善化门，外城再重皆为唐兵所据。弘达更名达，遣使奉表称臣，乞师于吴越。

楚王希范知帝好奢靡，屡以珍玩为献，求都元帅。甲辰，以希范为诸道兵马都元帅。

丙辰，河决澶州临黄。

契丹使瀛州刺史刘延祚遗乐寿监军王峦书，请举城内附。且云："城中契丹兵不满千人，乞朝廷发轻兵袭之，已为内应。又，今秋多雨，自瓦桥已北，积水无际，契丹主已归牙帐，虽闻关南有变，地远阻水，不能救也。"峦与天雄节度使兼中书令杜威屡奏瀛、莫乘此可取，深州刺史慕容迁献《瀛莫图》。冯玉、李崧信以为然，欲发大兵迎赵延寿及延祚。

【译文】辛丑日（十四日），福州排阵使马捷引导唐兵从马牧山攻取寨栅入城，到达善化门桥，都指挥使丁彦贞率领一百名士兵抵挡。李弘达退守善化门，外城和第二重城都被唐兵占领。李弘达改名李达，派使者向吴越王钱弘佐奉表称臣，乞求救兵。

楚王马希范知道后晋出帝石重贵喜欢奢侈浪费，屡次拿珍宝及玩赏之物进贡，请求做都元帅；甲辰日（十七日），任命马希范为诸道兵马都元帅。

丙辰日（二十九日），黄河在澶州的临黄决口。

契丹让瀛州刺史刘延祚写信给乐寿监军王峦，愿以瀛州归附朝廷，而且说："城中契丹兵不到一千人，请朝廷派遣少数人马来袭击他们，自己在城内接应。再者，今年秋天多雨水，从瓦桥以北，积水无边无际，契丹主耶律德光已经回到大本营，即使知道关南发生什么变故，也因路途遥远、积水阻隔而无法救援。"王峦与天雄节度使兼中书令杜威屡次上奏，说瀛州和莫州趁此时机可以夺取，深州刺史慕容迁献上《瀛莫图》。冯玉、李崧都信以为真，准备派出大军迎接赵延寿和刘延祚。

先是，侍卫马步都指挥使、天平节度使李守贞数将兵过广晋，杜威厚待之，赠金帛甲兵，动以万计。守贞由是与威亲善。守贞入朝，帝劳之曰："闻卿为将，常费私财以赏战士。"对曰："此皆杜威尽忠于国，以金帛资臣，臣安敢掠有其美！"因言："陛下若他日用兵，臣愿与威戮力以清沙漠。"帝由是亦贤之。

【译文】 在此之前，侍卫马步都指挥使、天平节度使李守贞屡次领兵经过广晋，杜威优厚地接待他，赠送他金银、兵器、铠甲，每次都数以万计。李守贞因此跟杜威亲近友好。李守贞入朝，后晋出帝石重贵慰劳他说："听说卿做将帅，常常花费自己的钱财犒赏战士。"李守贞回答说："这都是杜威对国家竭尽忠诚，拿金帛来资助我，我怎么敢掠他人之美？"趁机又说，"陛下以后如果用兵，臣自愿和杜威共同努力，以肃清沙漠。"后晋出帝石重贵因此也认为李守贞有才能。

及将北征，帝与冯玉、李崧议，以威为元帅，守贞副之。赵莹私谓冯、李曰："杜令国戚，贵为将相，而所欲未厌，心常慊慊，岂可复假以兵权！必若有事北方，不若止任守贞为愈也。"不从。冬，十月，辛未，以威为北面行营都招讨使，以守贞为兵马都监，泰宁节度使安审琦为左右厢都指挥使，武宁节度使符彦卿为马军左厢都指挥使，义成节度使皇甫遇为马军右厢都指挥使，永清节度使梁汉璋为马军都排陈使，前威胜节度使宋彦筠为步军左厢都指挥使，奉国左厢都指挥使王饶为步军右厢都指挥使，洺州团练使薛怀让为先锋都指挥使。仍下敕榜曰："专发大军，往平黠虏。先取瀛、莫，安定关南；次复幽燕，荡平塞北。"又曰："有能擒获虏主者，除上镇节度使，赏钱万缗，绢万匹，银万两。"时自六月积雨，至是未止，军行及馈运者甚艰苦。

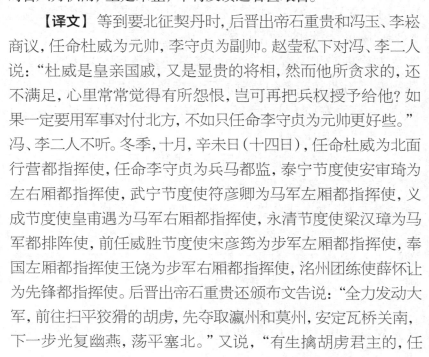

【译文】等到要北征契丹时，后晋出帝石重贵和冯玉、李崧商议，任命杜威为元帅，李守贞为副帅。赵莹私下对冯、李二人说："杜威是皇亲国戚，又是显贵的将相，然而他所贪求的，还不满足，心里常常觉得有所怨恨，岂可再把兵权授予给他？如果一定要用军事对付北方，不如只任命李守贞为元帅更好些。"冯、李二人不听。冬季，十月，辛未日（十四日），任命杜威为北面行营都指挥使，任命李守贞为兵马都监，泰宁节度使安审琦为左右厢都指挥使，武宁节度使符彦卿为马军左厢都指挥使，义成节度使皇甫遇为马军右厢都指挥使，永清节度使梁汉璋为马军都排阵使，前任威胜节度使宋彦筠为步军左厢都指挥使，奉国左厢都指挥使王饶为步军右厢都指挥使，洺州团练使薛怀让为先锋都指挥使。后晋出帝石重贵还颁布文告说："全力发动大军，前往扫平狡猾的胡虏，先夺取瀛州和莫州，安定瓦桥关南，下一步光复幽燕，荡平塞北。"又说，"有生擒胡虏君主的，任命上等大镇的节度使，赏赐钱一万缗、绢一万匹、银子一万两。"当时，从六月连日下雨，至此一直没停，行军和运送军粮都很艰苦。

唐漳州将林赞尧作乱，杀监军使周承义、剑州刺史陈诲。泉州刺史留从效举兵逐赞尧，以泉州裨将董思安权知漳州。唐主以思安为漳州刺史，思安辞以父名章。唐主改漳州为南州，命思安及留从效将州兵会攻福州。庚辰，围之。

福州使者至钱塘，吴越王弘佐召诸将谋之，皆曰："道险远，难救。"惟内都监使临安水丘昭券以为当救。弘佐曰："唇亡齿寒，吾为天下元帅，曾不能救邻道，将安用之！诸君但乐饱食安坐邪！"壬午，遣统军使张筠、赵承泰将兵三万，水陆救福州。

【译文】 南唐漳州将领林赞尧叛乱，杀监军使周承义和剑州刺史陈诲。泉州刺史留从效举兵驱逐林赞尧，派遣泉州副将董思安代理漳州的事务。南唐主李璟任命董思安为漳州刺史，董思安因为他父亲名叫董章而不肯接受，南唐主特地改漳州为南州，命董思安和留从效率领两州的州兵联合攻打福州。庚辰日（二十三日），包围福州。

福州的使者来到钱塘。吴越王钱弘佐召集众将领商议，都说："道路又远又险，难以救援。"只有内都监使临安人水丘昭券认为应去援救。钱弘佐说："唇亡则齿寒，我做天下的元帅，竟不能解救邻地的危难，还做什么元帅！诸君难道只顾自己吃饱肚子安坐吗？"壬午日（二十五日），派遣统军张筠、赵承泰率领三万人马，水、陆并进，援救福州。

先是募兵，久无应者，弘佐命纠之，曰："纠而为兵者，粮赐减半。"明日，应募者云集。弘佐命昭券专掌用兵，昭券惮程昭悦，以用兵事让之。弘佐命昭悦掌应援馈运事，而以军谋委元德昭。德昭，危仔倡之子也。

弘佐议铸铁钱以益将士禄赐，其弟牙内都虞候弘亿谏曰："铸铁钱有八害：新钱既行，旧钱皆流入邻国，一也；可用于吾国而不可用于它国，则商贾不行，百货不通，二也；铜禁至严，民犹盗铸，况家有锅釜，野有铧犁，犯法必多，三也；闽人铸铁钱而乱亡，不足为法，四也；国用幸丰而自示空乏，五也；禄赐有常而无故益之，以启无厌之心，六也；法变而敝，不可遽复，七也；'钱'者国姓，易之不祥，八也。"弘佐乃止。

【译文】此前招募士兵，很长时间也没人来应招，吴越王钱弘佐命令督察此事，并说："凡被查出来当兵的发给他的粮食和赏赐减少一半。"第二天，应募的人纷纷前来。吴越王钱弘佐命水丘昭券专门负责用兵，水丘昭券畏惧程昭悦，把用兵权让给他。钱弘佐命程昭悦负责应接援助、运送物资的事务，而把军事的筹划委托元德昭。元德昭，是危仔倡的儿子。

吴越王钱弘佐建议铸铁钱以增加将士们的俸禄赏赐，他的弟弟牙内都虞候钱弘亿劝谏道："铸铁钱有八条害处：新铁钱一发行，旧铜钱都流入邻国，这是第一条；只可使用于自己国内，而不能使用于其他的国家，那么商贾不便往来，各种货物不能互相流通，这是第二种害处；禁止铸造铜器的法令极为严厉，而百姓还要偷偷地铸造，何况百姓家里有铁锅，外面有铧犁，用铁铸钱，犯法的人一定很多，这是第三；闽人因铸造铁钱而造成社会混乱灭亡，不值得效仿，这是第四种害处；国家的财用尚称丰足，而主动表示贫乏，这是第五种害处；俸禄和赏赐有常规可循，现如无故增加，足以引起不知足的心理，这是第六种害处；

法令一旦改变而产生弊害，不能迅速恢复，这是第七种害处；'钱'是国姓，轻易改变，不吉利，这是第八种害处。"钱弘佐于是作罢。

杜威、李守贞会兵于广晋而北行。威屡使公主入奏，请益兵，曰："今深入虏境，必资众力。"由是禁军皆在其麾下，而宿卫空虚。

十一月，丁酉，以李守贞权知幽州行府事。

己亥，杜威等至瀛州，城门洞启，寂若无人，威等不敢进。闻契丹将高谟翰先已引兵潜出，威遣梁汉璋将二千骑追之，遇契丹于南阳务，败死。威等闻之，引兵而南。时束城等数县请降，威等焚其庐舍，掠其妇女而还。

己酉，吴越兵至福州，自晋浦南潜入州城。唐兵进据东武门，李达与吴越兵共御之，不利。自是内外断绝，城中益危。

【译文】杜威和李守贞在广晋会师以后，向北进发。杜威屡次叫公主入朝禀奏，请求增兵，说："现今深入胡虏的境内，一定得靠大量的人力。"因此禁军都隶属于他的部下，而宿卫宫廷的警卫却空虚了。

十一月，丁酉日（初十），派李守贞代理主持幽州行营事务。

己亥日（十二日），杜威等人率兵来到瀛州，城门大开，寂静得像没有人，杜威等人不敢进城。听说契丹的将领高谟翰在大军到达以前，已经先引兵潜逃出城，杜威派遣梁汉璋率领二千名骑兵追赶，梁汉璋在南阳务遇到契丹，梁汉璋战败而死。杜威等人听到这个消息，引兵南撤。当时束城等好几个县请求投降，杜威等人焚烧他们的房舍，抢夺当地的妇女，而后返回。

己酉日(二十二日),吴越的军队来到福州,从晋浦以南偷偷进入福州城。唐兵进入并占据东武门,李达和吴越兵共同抵御他们,交战不利。从此城内城外断绝,城中更加危急。

唐主遣信州刺史王建封助攻福州。时王崇文虽为元帅,而陈觉、冯延鲁、魏岑争用事,留从效、王建封倔强不用命,各争功,进退不相应。由是将士皆解体,故攻城不克。唐主以江州观察使杜昌业为吏部尚书,判省事。先是昌业自兵部尚书判省事,出江州,及还,阅簿籍,抚案叹曰:"未数年,而府库所耗者半,其能久乎!"

契丹主大举入寇,自易、定趣恒州。杜威等至武强,闻之,将自冀、贝而南。彰德节度使张彦泽时在恒州,引兵会之,言契丹可破之状。威等乃复趣恒州,以彦泽为前锋。甲寅,威等至中度桥,契丹已据桥。彦泽帅骑争之,契丹焚桥而退。晋兵与契丹夹滹沱而军。

始,契丹见晋军大至,又争桥不胜,恐晋军急渡滹沱,与恒州合势击之,议引兵还。及闻晋军筑垒为持久之计,遂不去。

【译文】南唐主李璟派信州刺史王建封帮助进攻福州。当时南唐军中虽然王崇文是元帅,但是陈觉、冯延鲁、魏岑三人互相争权,留从效、王建封固执强横,不听命令,各自争夺功劳,进退不相互呼应。因此将士都人心涣散,所以攻不下城。南唐主李璟任命江州观察使杜昌业为吏部尚书,兼管尚书省的事务。在此之前,杜昌业由兵部尚书兼管尚书省的事务,外放为江州观察使,等到回来,翻阅档案文书,拍着桌子叹息说:"没几年工夫,府库耗费已过半,怎么能长久呢!"

契丹主耶律德光率兵大举入侵,从易州、定州直向恒州。

杜威等到达武强，听到这个消息，要从贝州、冀州往南走。彰德节度使张彦泽当时在恒州，引兵与他们会合，说明可以打败契丹的理由，于是杜威等人又往恒州，任命张彦泽为前锋。甲寅日（二十七日），杜威等人到达中度桥，契丹已经占据了那座桥，张彦泽率领骑兵去抢夺，契丹把桥烧掉，然后退走。晋兵和契丹兵在滹沱河的两岸扎营。

起初，契丹人见后晋军队浩浩荡荡到来，争桥又没取胜，担心对方会强渡滹沱河，跟恒州兵联合攻击他，曾商议要引兵回去，等到听说晋军修筑堡垒，做持久的打算，于是就不撤退了。

蜀施州刺史田行皋叛，遣供奉官耿彦珣将兵讨之。

杜威虽以贵戚为上将，性懦怯。偏裨皆节度使，但日相承迎，置酒作乐，罕议军事。

磁州刺史兼北面转运使李谷说威及李守贞曰："今大军去恒州咫尺，烟火相望。若多以三股木置水中，积薪布土其上，桥可立成。密约城中举火相应，夜募壮士斫房营而入，表里合势，虏必遁逃。"诸将皆以为然，独杜威不可，遣谷南至怀、孟督军粮。

【译文】后蜀施州刺史田行皋叛乱，后蜀派遣供奉官耿彦珣率兵讨伐他。

杜威虽然以皇室贵戚的身份担任上将，但生性懦弱胆小。他手下的将领都是节度使，只是每天奉承他、取悦他、安排宴席、饮酒作乐，很少商量军事。

磁州刺史兼北面转运使李谷劝杜威和李守贞说："现在大军距离恒州非常近，两地的烟火，可以互相望见。如果大量使用三股木（用三根木条，交叉绑缚，下端撑开为三脚）安置在水中，在上端铺架柴草，填上泥土，桥梁立刻可以造成。秘密跟城里相约，彼此以举火作为联络的信号，选募将士，利用黑夜冲杀胡虏的军营，直入城中，城里和城外合力攻击，胡虏一定逃走。"诸将都认为这个计策很好，唯独杜威不赞成，却派李谷到南方的怀、孟二州去督运军粮。

契丹以大兵当晋军之前，潜遣其将萧翰、通事刘重进将百骑及赢卒，并西山出晋军之后，断晋粮道及归路。樵采者遇之，尽为所掠；有逸归者，皆称虏众之盛，军中恼惧。翰等至栾城，城中戍兵千馀人，不觉其至，狼狈降之。契丹获晋民，皆黥其面曰"奉敕不杀"，纵之南走。运夫在道遇之，皆弃车惊溃。翰，契丹主之舅也。

十二月，丁巳朔，李谷自书密奏，具言大军危急之势，请车驾幸滑州，遣高行舟、符彦卿扈从，及发兵守澶州、河阳以备虏之奔冲；遣军将关勋走马上之。

【译文】契丹用大军挡在后晋军队的前面，又悄悄派出将领萧翰、通事刘重进率领一百名骑兵和赢弱的步卒，沿西山出现在后晋军队的后面，切断后晋军的粮道和退路。上山打柴的百姓遇到他们，全被俘虏而去，有些人逃出来，都说胡虏兵马众多，气势壮盛，晋军听了，惊恐害怕。萧翰等人到达栾城，城中守兵一千多人，事先一点也没有察觉敌军的到来，一时仓皇失措，只得向他们投降。契丹俘获晋国的百姓，一一在他们的脸上刺上文字："奉敕不杀"，然后放他们向南走。运粮的士兵在路上碰到他们，都抛弃车辆，惊慌奔逃。萧翰，是契丹主耶律德光的舅舅。

十二月，丁巳朔日（初一），李谷亲自给后晋出帝石重贵写上密奏，详细说明后晋大军危急的形势，请后晋出帝亲临滑州，派遣高行周、符彦卿随从护驾，同时发兵驻守澶州和河阳，以防备胡虏的偷袭。奏疏写好，李谷派遣军将关勋快马驰回大梁，呈给后晋出帝。

己未，帝始闻大军屯中度。是夕，关勋至。庚申，杜威奏请益兵，诏悉发守宫禁者得数百人，赴之。又诏发河北及滑、孟、泽、潞刍粮五十万诣军前，督迫严急，所在鼎沸。辛酉，威又遣从者张祚等来告急，祚等还，为契丹所获，自是朝廷与军前声问两不相通。时宿卫兵皆在行营，人心懔懔，莫知为计。开封尹桑维翰，以国家危在旦夕，求见帝言事。帝方在苑中调鹰，辞不见。又诣执政言之，执政不以为然。退，谓所亲曰："晋氏不血食矣！"

【译文】已未日（初三），后晋出帝石重贵才知道大军驻扎在中度桥的消息。这天傍晚，关勋已赶到大梁。庚申日（初四），杜威上奏章请求增兵，诏命出动全部防守宫殿的兵卒，共得数百名，开赴前线。又诏命调发河北及滑、孟、泽、潞等州的草料、粮食五十万，送到军前，督促严厉，催逼紧急，到处喧哗纷乱，有如热水沸腾。辛酉日（初五），杜威又派遣随从人员张祚等人回大梁告急。张祚等人回去的路上，被契丹所俘获，从此朝廷跟前线消息不能相通。当时宫中的禁军都在前线军营里，朝内人人心里危惧，不知该怎么办。开封尹桑维翰认为国家危在旦夕，请求朝见后晋出帝石重贵进言国事。后晋出帝正在花园里训练鹰鸟，推辞不肯接见。桑维翰又去见执政大臣，陈述他的意见，执政大臣不以为然。桑维翰从朝廷出来，对他亲近的人说："晋朝宗庙，不再接受牲畜的祭享了！"

帝欲自将北征，李彦韬谏而止。时符彦卿虽任行营职事，帝留之，使戍荆州口。壬戌，诏以归德节度使高行周为北面都部署，以彦卿副之，共戍澶州；以西京留守景延广戍河阳，且张形势。

奉国都指挥使王清言于杜威曰："今大军去恒州五里，守此何为！营孤食尽，势将自溃。请以步卒二千为前锋，夺桥开道，公帅诸军继之，得入恒州，则无忧矣。"威许诺，遣清与宋彦筠俱进。清战甚锐，契丹不能支，势小却。诸将请以大军继之，威不许。彦筠为契丹所败，浮水抵岸得免，因退走。清独帅麾下陈于水北力战，互有杀伤，屡请救于威，威竟不遣一骑助之。清谓其众曰："上将握兵，坐观吾辈困急而不救，此必有异志。吾辈当以死报国耳！"众感其言，莫有退者，至暮，战不息。契丹以新兵继之，清及士众尽死。由是诸军皆夺气。清，洺州人也。

【译文】 后晋出帝石重贵要亲自率兵北征，被李彦韬劝谏阻止。当时符彦卿虽然担任行营的职务，但后晋出帝把他留下，让他守卫荆州口。壬戌日（初六），下诏任命归德节度使高行周为北面都部署，符彦卿做他的副手，共同戍守澶州；命西京留守景延广戍守河阳，暂且展开备战的形势。

奉国都指挥使王清向杜威进言道："现在大军离恒州城只有五里，守在这里干什么！军营孤立，粮食吃完，必将自己溃败。请让我率领两千名步兵做前锋，夺占桥梁，开辟道路，公率领各军跟随前进，如能进入恒州，就没什么可忧虑的了。"杜威答应了，派遣王清和宋彦筠一起前进。王清打仗很勇猛，契丹人不能抵挡，军队稍微后退，诸将请求指挥大军跟上去，杜威不准。宋彦筠被契丹打败，游水到岸边，才得以幸免。王清独自率领部下在河水的北岸布阵，与契丹拼斗，双方都有杀伤，屡次向杜威请求援救，杜威居然不肯派一兵一卒去援助他。王清对他的部众说："上将统率着大军，却坐看我们疲困危急而不救，这一定怀有叛逆之心。我辈只当以死报国罢了!"部众听了他的话,很受感动,没有一个人后退,一直到傍晚,战斗不停。契丹又派新调来的军队前来进攻,王清和士兵们全都战死。从此后晋各军丧失了士气。王清是洺州人。

甲子,契丹遥以兵环晋营,内外断绝,军中食且尽。杜威与李守贞、宋彦筠谋降契丹。威潜遣腹心诣契丹牙帐,邀求重赏。契丹主绐之曰:"赵延寿威望素浅,恐不能帝中国。汝果降者,当以汝为之。"威喜,遂定降计。丙寅,伏甲召诸将,出降表示之,使署名。诸将骇愕,莫敢言者,但唯唯听命。威遣阁门使高勋赍诣契丹,契丹主赐诏慰纳之。是日,威悉命军士出陈于外,军士皆踊跃,以为且战,威亲谕之曰:"今食尽涂穷,当与汝曹共求生计。"因命释甲。军士皆恸哭,声振原野。威、守贞仍于众中扬言:"主上失德,信任奸邪,猜忌于己。"闻者无不切齿。契丹主遣赵延寿衣赭袍至晋营慰抚士卒,曰:"彼皆汝物也。"杜威以下,皆迎谒于马前,亦以赭袍衣威以示晋军,其实皆戏之耳。以威为太傅,李守贞为司徒。

【译文】 甲子日(初八),契丹派兵从远处包围了后晋军营,军营与外界联系断绝,军中粮食即将吃完。杜威和李守贞、宋彦筠谋划投降契丹,杜威还暗中派遣心腹到契丹主耶律德光的牙帐里,邀功求取重赏。契丹主耶律德光骗他说:"赵延寿的声威名望,一向低微,恐怕不能做中国的皇帝,假如你真的投降,将让你来做。"杜威得了这个消息,非常兴奋,于是就决定投降。丙寅日(初十),埋伏甲兵,召集诸将,拿出降表给他们看,要他们签名。诸将惊骇讶异,没有人敢说话,只是唯唯诺诺地听人指示。杜威派遣阁门使高勋带着降表去见契丹主耶律德光，契丹主颁赐诏书慰劳他，并接受他的降表。这一天，杜威下令所有的士兵在营外列阵，士兵们都欢呼雀跃，以为将要出战，杜威亲自向他们宣布说："现在粮食已经吃完，走投无路，将跟你们共同谋求一个逃生的办法。"说完，就下令全军脱下战衣，放下兵器。军士们都悲伤痛哭，哭声震动原野。杜威和李守贞于是在士兵中扬言说："皇上失德，信任奸诈邪恶的人，猜忌我们。"听到的人，无不恨得咬牙切齿。契丹主耶律德光命赵延寿穿赭色龙袍到晋营去安抚士卒，说："那些紫袍都是你们的东西。"赵延寿到了晋营，杜威以下，都到他的马前迎接拜见；赵延寿也拿赭色龙袍给杜威穿上，给晋军观看，其实都是戏弄他们的。契丹任命杜威为太傅，李守贞为司徒。

威引契丹主至恒州城下，谕顺国节度使王周以己降之状，周亦出降。戊辰，契丹主入恒州。遣兵袭代州，刺史王晖以城降之。

先是契丹屡攻易州，刺史郭璘固守拒之。契丹主每过城下，指而叹曰："吾能吞并天下，而为此人所扼！"及杜威既降，契丹主遣通事耿崇美至易州，诱谕其众，众皆降，璘不能制，遂为崇美所杀。璘，邢州人也。

义武节度使李殷，安国留后方太，皆降于契丹。契丹主以孙方简为义武节度使，麻答为安国节度使，以客省副使马崇祚权知恒州事。

【译文】杜威带领契丹主耶律德光到恒州城下，向顺国节度使王周说明自己投降的情形，于是王周也出城投降。戊辰日（十二日），契丹主耶律德光进入恒州，派兵袭击代州。代州刺史王晖以州城投降。

此前，契丹屡次进攻易州，刺史郭璘死守抗拒。契丹主耶律德光每次经过城下都指着易州城叹息说："我能够吞并天下，却被此人所扼阻！"等到杜威投降以后，契丹主耶律德光派遣通事耿崇美到易州，劝诱郭璘的部众，部众都投降了，郭璘不能控制，最后被耿崇美杀害。郭璘，是邢州人。

义武节度使李殷、安国留后方太，都向契丹投降，契丹主耶律德光任命孙方简为义武节度使，麻答为安国节度使，派遣客省副使马崇祚代理恒州的事务。

契丹翰林承旨、吏部尚书张砺言于契丹主曰："今大辽已得天下，中国将相宜用中国人为之，不宜用北人及左右近习。苟政令乖失，则人心不服，虽得之，犹将失之。"契丹主不从。

引兵自邢、相而南，杜威将降兵以从。遣张彦泽将二千骑先取大梁，且抚安吏民，以通事傅住儿为都监。

杜威之降也，皇甫遇初不预谋。契丹主欲遣遇先将兵入大梁，遇辞。退，谓所亲曰："吾位为将相，败不能死，忍复图其主乎！"至平棘，谓从者曰："吾不食累日矣，何面目复南行！"遂扼吭而死。

【译文】 契丹翰林承旨、吏部尚书张砺对契丹主耶律德光说："现在大辽已得天下，中原的将相应由中原人来做，不宜用契丹人和身边亲近的人。若是政令出现差错，那么人心就不服，虽然得到天下，也还会失去的。"契丹主耶律德光不听。

契丹主率兵从邢、相二州南下，杜威率降兵跟随。契丹主又派遣张彦泽率领两千名骑兵先去夺取大梁，并且安抚官吏和百姓，任命通事傅住儿为都监。

杜威投降的事，皇甫遇最初没参与谋划。契丹主耶律德光要派皇甫遇先率兵进入大梁，皇甫遇推辞了，回来后，对他所亲近的人说："我身为将相，军败不能以死报国，还忍心图谋自己的国君吗？"到达平棘，对随从的人说："我不吃饭已经好几天了，有何面目再向南走！"于是掐自己的咽喉而死。

张彦泽倍道疾驱，夜度白马津。壬申，帝始闻杜威等降。是夕，又闻彦泽至滑州，召李崧、冯玉、李彦韬入禁中计事，欲诏刘知远发兵入援。癸酉，未明，彦泽自封丘门斩关而入，李彦韬帅禁兵五百赴之，不能遏。彦泽顿兵明德门外，城中大扰。

帝于宫中起火，自携剑驱后宫十馀人将赴火，为亲军将薛超所持。俄而彦泽自宽仁门传契丹主与太后书慰抚之，且召桑维翰、景延广，帝乃命灭火，悉开宫城门。帝坐苑中，与后妃相聚而泣，召翰林学士范质草降表，自称"孙男臣重贵，祸至神惑，运尽天亡。今与太后及妻马氏，举族于郊野面缚待罪次。遣男镇宁节度使延煦、威信节度使延宝，奉国宝一、金印三出迎。"太后亦上表称"新妇李氏妾"。

【译文】张彦泽日夜兼程飞奔疾驰，夜里渡过白马津。壬申日（十六日），后晋出帝石重贵才知道杜威等人已投降。当天晚上，又听说张彦泽到达滑州，召唤李崧、冯玉、李彦韬进入宫禁商议国事，议定将下达诏书，命刘知远发兵入朝援救。癸酉日（十七日），天还没亮，张彦泽从封丘门斩杀守城军士，长驱直入，李彦韬率领禁卫兵五百名前去抵挡，也无法阻止。张彦泽驻兵于明德门外，城中大大骚动。

后晋出帝石重贵在宫中点火，自己提着宝剑驱赶后宫十几个人将跳入火中，被亲军将领薛超抱住。一会儿，张彦泽从宽仁门传来契丹主耶律德光给太后的信，以慰抚他们，并且召请桑维翰和景延广，后晋出帝石重贵于是命人灭火，打开所有的宫城门。后晋出帝坐在花园中，和后妃们一起哭泣，召翰林学士范质草拟降表，自称"孙男臣重贵灾祸降临，神明惑乱，气运已尽，天命已亡。现在与太后、妻子冯氏，领导全族在郊外捆缚待罪。派遣儿子镇宁节度使石延煦、威信节度使石延宝，奉持传国玺一件、金印三颗出来迎接"。太后也上表称"新妇李氏妾"。

傅住儿入宣契丹主命，帝脱黄袍，服素衫，再拜受宣，左右皆掩泣。帝使召张彦泽，欲与计事。彦泽曰："臣无面目见陛下。"帝复召之，彦泽微笑不应。

或劝桑维翰逃去。维翰曰："吾大臣，逃将安之！"坐而俟命。彦泽以帝命召维翰。维翰至天街，遇李崧，驻马语未毕，有军吏于马前揖维翰赴侍卫司。维翰知不免，顾谓崧曰："侍中当国，今日国亡，反令维翰死之，何也？"崧有愧色。彦泽倨坐见维翰，维翰责之曰："去年拔公于罪人之中，复领大镇，授以兵权，何乃负恩至此！"彦泽无以应，遣兵守之。

【译文】傅住儿入宫宣布契丹主耶律德光的命令，后晋出帝石重贵脱下黄袍，穿上素色衣衫，再次叩拜听从宣布，宫内左右侍从们都掩面哭泣。后晋出帝让人邀请张彦泽，想要跟他商议事情，张彦泽说："臣没有脸面见陛下。"后晋出帝又邀请他，张彦泽只是微笑，不作应答。

有人劝桑维翰逃走，他说："我是大臣，逃了又往哪里去？"静坐待命。张彦泽借后晋出帝石重贵的命令，召唤桑维翰，桑维翰经过天街，遇到李崧，停下马来谈话，话还没说完，有军官在马前向桑维翰作揖行礼，请桑维翰前往侍卫司。桑维翰知道不免一死，回过头来对李崧说："你主持国事，现在国家灭亡，反而让我桑维翰去死，这是为什么？"李崧脸上出现惭愧的样子。张彦泽傲慢地盘坐着接见桑维翰，桑维翰斥责他说：
"去年从犯人中把你解救起来，又让你统领重要的藩镇，交给你
兵权，怎么竟然辜负恩德到这种地步！"张彦泽无话可答，派兵
看守桑维翰。

宣徽使孟承诲，素以佞巧有宠于帝，至是，帝召承诲，欲与
之谋，承诲伏匿不至。张彦泽捕而杀之。

彦泽纵兵大掠，贫民乘之，亦争入富室，杀之取其货，二日
方止，都城为之一空。彦泽所居宝货山积，自谓有功于契丹，昼
夜以酒乐自娱，出入骑从常数百人，其旗帜皆题"赤心为主"，见
者笑之。军士擒罪人至前，彦泽不问所犯，但瞋目竖三指，即驱
出断其腰领。

彦泽素与阁门使高勋不协，乘醉至其家，杀其叔父及弟，尸
诸门首。士民不寒而栗。

【译文】宣徽使孟承诲，一向靠巧言令色而获得后晋出帝
石重贵的宠信，到了这个时候，后晋出帝召唤孟承诲，想跟他
商量事情，孟承诲躲藏起来，不去相见，张彦泽逮捕并杀掉了
他。

张彦泽放纵士兵大肆抢掠，贫民趁乱也争着闯入富人家里
杀人抢钱财，两天后才停止，而都城已经被洗劫一空。张彦泽所
住的地方，宝货堆积如山，自认为有功于契丹，一天到晚以饮酒
作乐来自我娱悦，出门的时候，常有好几百名骑兵护卫着，他的
旗帜上都题着"赤心为主"四个字，看到的人，都觉得好笑。军
士捉到犯罪的人送到他面前，张彦泽一概不问他犯了什么罪，
只是瞪着眼睛，竖起中指，犯人就被推出去实行腰斩。

张彦泽一向跟阁门使高勋不和，乘着醉意到高勋家里，杀

害他的叔父和弟弟，把尸体摆在门口。士民看了都怕得发抖。

中书舍人李涛谓人曰："吾与其逃于沟渎而不免，不若往见之。"乃投刺谒彦泽曰："上疏请杀太尉人李涛，谨来请死。"彦泽欣然接之，谓涛曰："舍人今日惧乎？"涛曰："涛今日之惧，亦犹足下昔年之惧也。向使高祖用涛言，事安至此！"彦泽大笑，命酒饮之。涛引满而去，旁若无人。

甲戌，张彦泽迁帝于开封府，顷刻不得留，宫中恸哭。帝与太后、皇后乘肩舆，宫人、宦者十馀人步从，见者流涕。帝悉以内库金珠自随。彦泽使人讽之曰："契丹主至，此物不可匿也。"帝悉归之，亦分以遗彦泽，彦泽择取其奇货，而封其馀以待契丹。彦泽遣控鹤指挥使李筠以兵守帝，内外不通。帝姑乌氏公主赂守门者，入与帝诀，相持而泣，归第自经死。帝与太后所上契丹主表章，皆先示彦泽，然后敢发。

【译文】 中书舍人李涛对人说："我与其逃到水沟里而不免一死，不如前去见张彦泽。"于是送上名帖谒见张彦泽，说："上疏请求杀太尉的人李涛，谨来请死。"张彦泽欣然接受他的求见，并对他说："舍人今天害怕了吗？"李涛说："我今天的害怕，也像足下当年的害怕一样。从前假如后晋高祖石敬瑭听从我的意见，事情怎么会落到这种地步？"张彦泽大笑，命人拿酒请他喝，李涛斟满一杯，一口喝干，旁若无人地离去。

甲戌日（十八日），张彦泽把后晋出帝石重贵迁往开封府，而且片刻不让停留，宫里大哭。后晋出帝和太后、皇后坐着肩舆，宫人、宦官十几人步行跟随，看到的人都忍不住流泪。后晋出帝把内库所有的金银珠宝都随身带着。张彦泽让人暗示他说："契丹主来了，这些物品不可以藏匿。"后晋出帝全部把它们送回去，也分一部分送给张彦泽，张彦泽选取其中的珍奇宝物，而把剩下的封好，以等待契丹主耶律德光。张彦泽派遣控鹤指挥使李筠带兵看守后晋出帝，内外不能相通。后晋出帝的姑母乌氏公主贿赂守门的人，进去跟后晋出帝诀别，相扶而哭，然后回家自杀。出帝和太后给契丹主耶律德光所上的表章，都先给张彦泽看过，然后才敢发出。

帝使取内库帛数段，主者不与，曰："此非帝物也。"又求酒于李崧，崧亦辞以它故不进。又欲见李彦韬，彦韬亦辞不往。帝惘怅久之。

冯玉佞张彦泽，求自送传国宝，冀契丹复任用。

楚国夫人丁氏，延煦之母也，有美色。彦泽使人取之，太后迟回未与。彦泽诟詈，立载之去。

是夕，彦泽杀桑维翰。以带加颈，白契丹主，云其自经。契丹主曰："吾无意杀维翰，何为如是！"命厚抚其家。

【译文】 后晋出帝让人向内库取几段布帛，守库的人不给，说："这不是皇帝的财物。"又向李崧求酒，李崧也用其他的理由推辞不送。后晋出帝又想见李彦韬，李彦韬也推辞不肯去。后晋出帝伤感了很久。

冯玉巧言谄媚张彦泽，请求让自己送传国玺，希望契丹能再任用他。

楚国夫人丁氏，是石延煦的母亲，容貌很美。张彦泽派人去把她带过来，太后犹豫不给，张彦泽大骂一顿，立刻把丁氏装上车拉走。

这天傍晚，张彦泽杀了桑维翰，并用带子套在他的脖子上，告诉契丹主耶律德光，说桑维翰是上吊自杀。契丹主耶律德光说："我无意杀桑维翰，为什么要这样做？"下令优厚地抚恤他的家属。

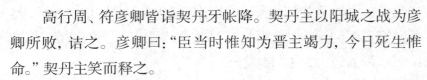

高行周、符彦卿皆诣契丹牙帐降。契丹主以阳城之战为彦卿所败，诘之。彦卿曰："臣当时惟知为晋主竭力，今日死生惟命。"契丹主笑而释之。

己卯，延煦、延宝自牙帐还，契丹主赐帝手诏，且遣解里谓帝曰："孙勿忧，必使汝有啖饭之所。"帝心稍安，上表谢恩。

契丹以所献传国宝追琢非工，又不与前史相应，疑其非真，以诏书诘帝，使献真者。帝奏："顷王从珂自焚，旧传国宝不知所在，必与之俱烬。此宝先帝所为，群臣备知。臣今日焉敢匿宝！"乃止。

【译文】　高行周、符彦卿都到契丹主耶律德光的牙帐投降。契丹主想起以前阳城之战就是被符彦卿所打败的，因此就责问他。符彦卿说："臣当时只知道为晋主尽力，今天是死是生都任由您决定。"契丹主耶律德光笑着把他释放了。

己卯日（二十三日），石延煦、石延宝从契丹牙帐返回，契丹主耶律德光赐给后晋出帝石重贵亲手写的诏书，并派解里对后晋出帝说："孙儿不要担忧，一定会让你有个吃饭的地方。"后晋出帝石重贵听了，心里才稍微安定，上表谢恩。

契丹认为后晋出帝石重贵献的传国玺雕琢不精细，又和以前的历史记载不相吻合，怀疑不是真品，下诏书追问后晋出帝，让他献出真宝。后晋出帝石重贵奏称："以前潞王李从珂自焚，旧的传国玺就不知在哪里，一定是跟他一起烧掉了。现在这颗传国玺是先帝所造，群臣全都知道，臣现在怎么还敢隐藏玉玺！"于是就不再追究。

帝闻契丹主将渡河，欲与太后于前途奉迎。张彦泽先奏之，契丹主不许。有司又欲使帝衔璧牵羊，大臣舆榇，迎于郊外，先具仪注白契丹主，契丹主曰："吾遣奇兵直取大梁，非受降也。"亦不许。又诏晋文武群官，一切如故；朝廷制度，并用汉礼。有司欲备法驾迎契丹主，契丹主报曰："吾主擐甲总戎，太常仪卫，未暇施也。"皆却之。

【译文】 后晋出帝石重贵听说契丹主耶律德光将要渡黄河，想和太后先到前面的路上迎接，张彦泽事先奏报，契丹主耶律德光不同意。有关官员又想让后晋出帝口衔璧、手牵羊，大臣抬着棺材，到郊外迎接，事先把这些仪式报告契丹主，契丹主说："我是派遣奇兵，直接攻下大梁，不是接受投降的。"也不准。契丹主又下诏命后晋文武百官一切照旧，朝廷的制度，全部采用中原的礼仪。有关衙门想准备天子的车驾迎接契丹主，契丹主回答说："我正披着战衣，统率军队，太常寺的那一套仪仗，没有功夫施行。"都把它推辞掉了。

先是契丹主至相州，即遣兵趣河阳捕景延广。延广苍猝无所逃伏，往见契丹主于封丘。契丹主诘之曰："致两主失欢，皆汝所为也。十万横磨剑安在!"召乔荣，使相辨证，事凡十条。延广初不服，荣以纸所记语示之，乃服。每服一事，辄授一筹。至八筹，延广但以面伏地请死，乃锁之。

丙戌晦，百官宿于封禅寺。

【译文】 此前，契丹主耶律德光到达相州，立刻派兵开往河阳抓捕景延广。景延广仓促之间无处逃跑藏匿，就到封丘去见契丹主。契丹主责问他说："导致两国君主断绝友好关系，都是你做出来的。所谓'十万横磨剑'，如今何在？"召唤乔荣，让他跟景延广互相对质，当年所说的事一共十条。景延广开始不承认，乔荣把记录在纸上的话拿给他看，景延广这才承认。当他每承认一件事，就给他一支筹码。到第八支筹码的时候，景延广就把脸伏在地上，请求死罪，于是契丹主耶律德光命人用铁链将他锁起来。

丙戌晦日（三十日），后晋文武百官在封禅寺住下。

资治通鉴

资治通鉴卷第二百八十六　后汉纪一

起强圉协洽正月, 尽四月, 不满一年。

【译文】 起丁未 (公元947年) 正月, 止四月, 共四个月。

【题解】 本卷记录了公元947年正月至四月的史事, 仅四个月。正当后汉高祖刘知远天福十二年元月至四月。契丹主耶律德光进入大梁, 囚禁后晋出帝石重贵与李太后, 并把他们迁往北方。张彦泽放纵士兵大肆掠夺京都, 欺压凌辱文武百官, 军民怨愤, 契丹主诛杀张彦泽以安抚民心。太原留守刘知远, 既不挽救晋室的危难, 也不与契丹作战, 坐山观虎斗, 养蓄力量, 为称帝做准备, 史称后汉高祖。公元九四七年二月, 刘知远称帝, 契丹主耶律德光北还, 一路烧杀屠城, 在途中病死。临终时, 契丹主自称有三个失误: 一是向各辖区征敛钱财, 二是放纵上国的士兵 "打草谷", 三是不及早下令各节度使回到自己的镇所。南唐主李璟被奸佞之臣耽误, 丧失了北进中原的大好时机。南唐兵败福州, 吴越王钱弘佐坐收渔翁之利, 占据闽国土地。

高祖睿文圣武昭肃孝皇帝上

天福十二年(丁未, 公元九四七年) 春, 正月, 丁亥朔, 百官遥辞晋主于城北, 乃易素服纱帽, 迎契丹主, 伏路侧请罪。契丹主貂帽、貂裘, 衷甲, 驻马高阜, 命起, 改服, 抚慰之。左卫上将军安叔千独出班胡语, 契丹主曰: "汝安没字邪? 汝昔镇邢州, 已累表输诚，我不忘也。"叔千拜谢呼跃而退。

晋主与太后已下迎于封丘门外，契丹主辞不见。

契丹主入门，民皆惊呼而走。契丹主登城楼，遣通事谕之曰："我亦人也，汝曹勿惧！会当使汝曹苏息。我无心南来，汉兵引我至此耳。"至明德门，下马拜而后入宫。以其枢密副使刘密权开封尹事。日暮，契丹主复出，屯于赤冈。

【译文】天福十二年（丁未，公元947年）春季，正月，丁亥朔日（初一），后晋的文武百官在大梁城北远远地向后晋出帝石重贵辞别，然后改换素服纱帽，迎接契丹主耶律德光，全都匍匐在路边请罪。契丹主戴貂皮帽，穿貂皮衣，铠甲穿在衣服里面，停马在高丘上，命百官起身，更换衣服，加以安抚一番。左卫上将军安叔千独自从百官行列中走出来，用胡语跟契丹主说话，契丹主耶律德光说："你就是安没字吧？你从前镇守邢州，已经连上几封表，向我表示忠心，我并没有忘记。"安叔千叩头称谢，依照胡人的礼节，呼跃退下。

后晋出帝石重贵和太后及以下官员在封丘门外迎接，契丹主耶律德光推辞不见。

契丹主耶律德光进入大梁城门时，百姓们都惊叫着跑开。契丹主登上城楼，命翻译官告诉百姓们说："我也是人，你们不要害怕！我将会让你们休养生息。我本无心南来，只是汉兵引导我到这里罢了。"到了明德门，下马，拜了一下，然后入宫。任命他的枢密副使刘密代理开封尹的职务。傍晚，契丹主又出城去，屯驻于赤冈。

戊子，执郑州防御使杨承勋至大梁，责以杀父叛契丹，命左右脔食之。未几，以其弟右羽林将军承信为平卢节度使，悉以其父旧兵授之。

高勋诉张彦泽杀其家人于契丹主，契丹主亦怒彦泽剽掠京城，并傅住儿锁之。以彦泽之罪宣示百官，问："应死否？"皆言："应死。"百姓亦投牒争疏彦泽罪。己丑，斩彦泽、住儿于北市，仍命高勋监刑。彦泽前所杀士大夫子孙，皆经杖号哭，随而诟詈，以杖扑之。勋命断腕出锁，剖其心以祭死者。市人争破其脑取髓，脔其肉而食之。

【译文】戊子日（初二），契丹主耶律德光命人抓捕郑州防御使杨承勋，将他押解到大梁城，斥责他杀父、背叛契丹，契丹主命左右的人把他切成肉块，吃掉。不久，任命杨承勋的弟弟右羽林将军杨承信为平卢节度使，将他父亲的旧部全部交给他。

高勋向契丹主耶律德光控诉张彦泽杀他的家属。契丹主也愤恨张彦泽放纵士兵抢掠京城，就将张彦泽和监军傅住儿一起用铁链锁起来。把张彦泽的罪行向百官宣告，并问："应该处死吗？"大家异口同声地答说："应该处死。"百姓也纷纷投递文书，清算张彦泽的罪孽。己丑日（初三），斩张彦泽、傅住儿于大梁北市，依然派高勋监斩。以前被张彦泽所杀害的士大夫的子孙们都披着孝服，拿着丧棒，号啕大哭地跟在后面，一面痛骂，一面用丧棒扑打张彦泽。高勋下令砍断张彦泽的手腕，脱落铁锁，剖开他的胸腔，挖出心脏来祭那些被他杀害的人。街上的人争着砸碎他的头，取出他的脑髓，并把他切成肉块吃掉。

契丹送景延广归其国，庚寅，宿陈桥，夜，伺守者稍怠，扼吭而死。

辛卯，契丹以晋主为负义侯，置于黄龙府。黄龙府，即慕容氏和龙城也。契丹主使谓李太后曰："闻重贵不用母命以至于此，可求自便，勿与俱行。"太后曰："重贵事妾甚谨。所失者，违先君之志，绝两国之欢耳。今幸蒙大恩，全生保家，母不随子，欲何所归！"癸巳，契丹迁晋主及其家人于封禅寺，遣大同节度使兼侍中河内崔廷勋以兵守之。契丹主数遣使存问，晋主每闻使至，举家忧恐。时雨雪连旬，外无供亿，上下冻馁。太后使人谓寺僧曰："吾尝于此饭僧数万，今日独无一人相念邪！"僧辞以"虏意难测，不敢献食。"晋主阴祈守者，乃稍得食。

【译文】 契丹解送景延广返回他的国家，庚寅日（初四），住宿于陈桥。当天晚上，景延广趁着守兵稍微疏忽的时候，掐自己的咽喉而死。

辛卯日（初五），契丹封后晋出帝石重贵为负义侯，安置在黄龙府。黄龙府就是原慕容氏的和龙城。契丹主耶律德光派人对李太后说："听说重贵不听母亲的话，以致落到这个地步，你可以请求自便，不跟重贵同行。"太后说："重贵侍奉我很周到。他的过错，只是违背先君的遗志，断绝两国的友好罢了。现在侥幸蒙受大恩，得以保全性命，维持家庭，做母亲的不跟随儿子，能回什么地方去呢？"癸巳日（初七），契丹把后晋出帝石重贵和他的家人迁到封禅寺，派大同节度使兼侍中河内人崔廷勋领兵看守。契丹主耶律德光屡次派遣使者去慰问，晋主石重贵每当听到使者到来，全家担心害怕。当时连下几十天的雨雪，外面没有供给，一家大小挨饿受冻。太后派人对寺里的和尚说："我曾在这里给几万名和尚供饭，现在难道没有一个人念起吗？"和尚借口说"胡虏的心意难以揣测，所以不敢进献食物"。晋主石重贵暗地里请求看守的人帮助，才稍微获得一点食物。

是日，契丹主自赤冈引兵入宫，都城诸门及宫禁门，皆以契丹守卫，昼夜不释兵仗。磔犬于门，以竿悬羊皮于庭为厌胜。契丹主谓晋群臣曰："自今不修甲兵，不市战马，轻赋省役，天下太平矣。"废东京，降开封府为汴州，尹为防御使。乙未，契丹主改服中国衣冠，百官起居皆如旧制。

赵延寿、张砺共荐李崧之才。会威胜节度使冯道自邓州入朝，契丹主素闻二人名，皆礼重之。未几，以崧为太子太师，充枢密使，道守太傅，于枢密院祗候，以备顾问。

契丹主分遣使者，以诏书赐晋之藩镇。晋之藩镇争上表称臣，被召者无不奔驰而至。惟彰义节度使史匡威据泾州不受命。匡威，建瑭之子也。雄武节度使何重建斩契丹使者，以秦、成、阶三州降蜀。

【译文】 当天，契丹主耶律德光率兵从赤冈进入宫中。都城各门和宫禁大门，都派契丹兵把守，昼夜不放下兵器。并且在宫廷门口杀狗，用竹竿悬挂羊皮竖在庭院中以压制邪气。契丹主对群臣说："从今以后，不治甲兵，不买战马，减轻赋税，减少徭役，天下就太平了。"废除东京的设置，把开封府降为汴州，开封府尹降为汴州防御使。乙未日（初九），契丹主改穿中国的衣冠，百官起居，一切按照旧的规矩。

赵延寿、张砺一起推荐李崧的才能，正赶上威胜节度使冯道从邓州入朝，契丹主对二人的声名早有耳闻，都给予礼遇以示重视。不久，任命李崧为太子太师，充当枢密使，冯道兼任太傅，在枢密院侍候，以备咨询。

契丹主分别派遣使者，颁赐诏书给晋廷的藩镇，晋廷的藩镇纷纷上表称臣，被召请的人，无不快马飞奔去报到。唯独彰义节度使史匡威据守泾州，不接受命令。史匡威是史建瑭的儿子。雄武节度使何重建把来传诏书的契丹使者杀死，率领秦、阶、成三州投降后蜀。

【乾隆御批】 从古第一无耻者，莫如冯道，时人善其言，不过以其诡辞止杀耳。然彼时"打草谷"者，自若何曾为之止暴哉？则道之俳语，仍属诡谀之意，而时乃题之，岂不大谬？

【译文】 从古到今，没有比冯道更无耻的了，当时的人认为他说得很好，其实他不过是用假话敷衍搪塞辽主而保住自己的性命罢了。后来辽兵四处掠夺"打草谷"，又有谁出来制止了？冯道嬉笑嘲谑的言辞，实属阿谀奉承，而当时的人却认为说得好，这难道不是一个大错误吗？

初，杜重威既以晋军降契丹，契丹主悉收其铠仗数百万贮恒州，驱马数万归其国，遣重威将其众从己而南。及河，契丹主以晋兵之众，恐其为变，欲悉以胡骑拥而纳之河流。或谏曰："晋兵在他所者尚多，彼闻降者尽死，必皆拒命为患。不若且抚之，徐思其策。"

契丹主乃使重威以其众屯陈桥。会久雪，官无所给，士卒冻馁，咸怨重威，相聚而泣。重威每出，道旁人皆骂之。

【译文】 起初，杜威恢复旧名杜重威领着后晋军投降契丹后，契丹主耶律德光收缴了全部兵器铠甲，有数百万件之多，贮存于恒州，派人将军马数万匹赶回他们国内，命令杜重威率他的部众，跟随自己南下。走到黄河，契丹主考虑到晋兵太多，恐怕他们叛变，想要让契丹的骑兵将他们全部推挤到黄河里去。有人劝谏说："晋兵驻守在其他地方的还很多，他们听说投降的人都被害死，一定都起来抵抗。不如暂时安抚他们，慢慢地再想其他的办法。"

契丹主耶律德光于是命令杜重威带领他的部众驻扎在陈

桥。这时正好雪下了很久，官方没有东西可供给，士卒们受冻挨饿，都怪罪杜重威，大伙儿聚在一起，相对哭泣，杜重威每次出去，路边的人都骂他。

契丹主犹欲诛晋兵。赵延寿言于契丹主曰：“皇帝亲冒矢石以取晋国，欲自有之乎，将为他人取之乎？”契丹主变色曰：“朕举国南征，五年不解甲，仅能得之，岂为他人乎！”延寿曰：“晋国南有唐，西有蜀，常为仇敌，皇帝亦知之乎？”曰：“知之。”延寿曰：“晋国东自沂、密，西及秦、凤，延袤数千里，边于吴、蜀，常以兵戍。南方暑湿，上国之人不能居也。他日车驾北归，以晋国如此之大，无兵守之，吴、蜀必相与乘虚入寇，如此，岂非为他人取之乎？”契丹主曰：“我不知也。然则奈何？”延寿曰：“陈桥降卒，可分以戍南边，则吴、蜀不能为患矣。”契丹主曰：“吾昔在上党，失于断割，悉以唐兵授晋。既而返为仇雠，北向与吾战，辛勤累年，仅能胜之。今幸入吾手，不因此时悉除之，岂可复留以为后患乎？”延寿曰：“向留晋兵于河南，不质其妻子，故有此忧。今若悉徙其家于恒、定、云、朔之间，每岁分番使戍南边，何忧其为变哉！此上策也。”契丹主悦曰：“善！惟大王所以处之。”由是陈桥兵始得免，分遣还营。

【译文】契丹主耶律德光还是想诛杀后晋士兵。赵延寿对他说：“皇帝亲自率兵冒着飞矢流石夺取了晋国江山，是想自己占有呢，还是想替他人夺取呢？”契丹主马上变了脸色，说：“朕动员全国，向南征讨，连续五年没有休兵，好不容易才得到它，难道还为了别人吗！”赵延寿说：“晋国的南面，还有唐国，西面还有蜀国，常常做我们的仇敌，皇上是否也知道？”契丹主说：“知道。”赵延寿说：“晋国东从沂州、密州算起，西到秦州、凤州，广阔好几千里，边境跟吴（后来的唐）、蜀相接，常常派兵在那里戍守。南方炎热，湿气又重，上国（指契丹）的人民是不能居住的。以后皇帝回到北方去，以晋国这样广大的土地，没有军队防守它，吴、蜀两国，一定相率乘虚入侵，这样的话，岂不是替别人去卖命吗？"契丹主说："这是我没料到的。那么应该怎么办呢？"赵延寿说："陈桥的降兵，可分开来把守南部边疆，这样吴、蜀就不能成为后患了。"契丹主说："我从前在上党，决断错误，把唐兵全部交给晋国，后来反而变为仇敌，矛头指向北方跟我开战，艰辛劳苦好几年，勉强打了胜仗。现在侥幸落在我的手中，不趁这个时候全部把他们除掉，难道还要留下他们给自己制造后患吗？"赵延寿说："从前把晋兵留在河南，没有把他们的妻子和儿女做抵押，所以有这种忧虑。现在如果把他们的家全部迁到恒州、定州、云州、朔州那一带，每年派他们分批轮流地戍守南方的边境，何必担心他们叛变呢？这是最好的计策。"契丹主很高兴，说："好！就按照大王所说的办法处置。"于是陈桥降兵才得豁免，分别遣返兵营。

【乾隆御批】 延寿悖晋归辽，特为觊觎非望，其劝留陈桥降卒数言，无识者或以为乃心北朝，亦阴为晋军释长平惨毒，可云小人一节之善。不知辽主必不久处大梁，延寿方意南朝军国入已掌握，特欲借是以外结人心，旦自张羽翼耳。为辽为晋之论，何异痴人说梦耶。

【译文】 赵延寿叛晋归辽，是他有非分的企图，他劝说留下陈桥降兵的一席话，无知的人可能认为他忠于北朝，暗地里却为晋军免除了像历史上长平之祸那样可能会遭到的残酷狠毒，以为是小人的一点善意。其实，辽主一定不可能在大梁久留，赵延寿知道南朝军队已在掌握之中，只想借此机会对外笼络人心，为自己培植势力。至于所说的为辽或为晋之说，与痴人说梦没有两样！

契丹主杀右金吾卫大将军李彦绅、宦者秦继旻，以其为唐潞王杀东丹王故也。以其家族赀财赐东丹王之子永康王兀欲。兀欲眇一目，为人雄健好施。

癸卯，晋主与李太后、安太妃、冯后及弟睿、子延煦、延宝俱北迁，后宫左右从者百馀人。契丹遣三百骑援送之，又遣晋中书令赵莹、枢密使冯玉、马军都指挥使李彦韬与之俱。晋主在涂，供馈不继，或时与太后俱绝食，旧臣无敢进谒者。独磁州刺史李谷迎谒于路，相对泣下。谷曰："臣无状，负陛下。"因倾赀以献。

【译文】契丹主耶律德光之所以杀死右金吾卫大将军李彦绅、宦官秦继旻，是因为他们替后唐潞王李从珂杀了东丹王的缘故。把他们家族的财货赐给东丹王的儿子永康王兀欲。兀欲瞎了一只眼睛，为人勇武有力，喜欢施舍于人。

癸卯日（十七日），后晋出帝石重贵与李太后、安太妃、冯后以及弟弟石重睿、儿子石延煦、石延宝全部向北迁移，后宫左右随从有一百多人。契丹派遣三百名骑兵护送他们，同时提防他们。又派遣后晋中书令赵莹、枢密使冯玉、马军都指挥使李彦韬跟他们同行。后晋出帝石重贵在路上，食物供给接不上，有时和太后一同断了粮食，而那些旧日的大臣竟没人敢去晋见的，只有磁州刺史李谷在路上迎接拜谒。君臣相对，悲伤地哭了起来，李谷说："臣没有尽到责任，辜负陛下。"于是把所有的家财都进献给后晋主。

晋主至中度桥，见杜重威寨，叹曰："天乎！我家何负，为此贼所破！"恸哭而去。

癸丑，蜀主以左千牛卫上将军李继勋为秦州宣慰使。

契丹主以前燕京留守刘晞为西京留守，永康王兀欲之弟留珪为义成节度使，族人郎五为镇宁节度使，兀欲姊婿潘聿撚为横海节度使，赵延寿之子匡赞为护国节度使，汉将张彦超为雄武节度使，史佺为彰义节度使，客省副使刘晏僧为忠武节度使，前护国节度使侯益为凤翔节度使，权知凤翔府事焦继勋为保大节度使。晞，涿州人也。既而何重建附蜀，史匡威不受代，契丹势稍沮。

【译文】 后晋主石重贵路经中度桥，看到杜重威所遗留下来的寨垒，长叹不已，说："天哪！我家哪一点对不起人家，竟被这个叛贼给毁掉！"说着，悲伤痛哭着离开。

癸丑日（二十七日），后蜀主孟昶派左千牛卫上将军李继勋为秦州宣慰使。

契丹主耶律德光任命前任燕京留守刘晞为西京留守，永康王兀欲的弟弟留珪为义成节度使，兀欲的姐夫潘聿撚为横海节度使，赵延寿的儿子赵匡赞为护国节度使，汉将张彦超为雄武节度使，史佺为彰义节度使，客省副使刘晏僧为忠武节度使，前任护国节度使侯益为凤翔节度使，代理凤翔府事务的焦继勋为保大节度使。刘晞，是涿州人。不久以后，何重建归附于后蜀，史匡威拒绝交接职务，契丹的势力稍微衰落。

晋昌节度使赵在礼入朝，其裨将留长安者作乱，节度副使建人李肃讨诛之，军府以安。

晋主之绝契丹也，匡国节度使刘继勋为宣徽北院使，颇预其谋。契丹主入汴，继勋入朝，契丹主责之。时冯道在殿上，继勋急指道曰："冯道为首相，与景延广实为此谋。臣位卑，何敢发言!"契丹主曰:"此叟非多事者,勿妄引之!"命锁继勋,将送黄龙府。

赵在礼至洛阳,谓人曰:"契丹主尝言庄宗之乱由我所致。我此行良可忧。"契丹主遣契丹将述轧、奚王拽剌、勃海将高谟翰戍洛阳,在礼入谒,拜于庭下,拽剌等皆踞坐受之。乙卯,在礼至郑州,闻继勋被锁,大惊,夜,自经于马枥间。契丹主闻在礼死,乃释继勋,继勋忧愤而卒。刘晞在契丹尝为枢密使、同平章事,至洛阳,诟奚王曰:"赵在礼汉家大臣,尔北方一酋长耳,安得慢之如此!"立于庭下以挫之。由是洛人稍安。

【译文】晋昌节度使赵在礼入朝,他留在长安的副将作乱,节度副使建州人李肃讨伐诛灭了叛乱,军府得以平安。

后晋主石重贵跟契丹断绝友好关系的时候,匡国节度使刘继勋为宣徽北院使,曾经多次参与这件事情的谋划工作,契丹主耶律德光进入汴州,刘继勋入朝,契丹主责骂他。当时冯道正好在殿上,刘继勋急忙指着冯道说:"冯道是宰相,和景延广才是真正主谋的人。臣地位卑微,怎么敢胡妄发言!"契丹主说:"这老头儿不是多事的人,你不要胡乱牵涉他!"命人锁上刘继勋,押送黄龙府。

赵在礼到洛阳,对人说:"契丹主曾说唐庄宗李存勖之乱由我引起。看来我此行,实在让人担忧。"契丹主耶律德光派契丹的将领述轧、奚王拽剌、勃海将领高谟翰驻守洛阳,赵在礼去进见他们,在庭下叩拜,而拽剌等人都蹲坐着受礼。乙卯日(二十九日),赵在礼抵达郑州,听到刘继勋被囚禁的消息,大为惊恐,夜里在马房上吊自杀。契丹主听说赵在礼死了,就释放刘继勋,刘继勋忧愤而死。刘晞在契丹做过枢密使、同平章事,到了洛阳,斥骂奚王说:"赵在礼是汉家大臣,你只不过是北方的一个酋长罢了，怎么可以用这样傲慢的态度来对待他！"叫他站在庭下，杀他的威风，于是洛阳的人心才稍微安定。

契丹主广受四方贡献，大纵酒作乐，每谓晋臣曰："中国事，我皆知之；吾国事，汝曹弗知也。"

赵延寿请给上国兵廪食，契丹主曰："吾国无此法。"乃纵胡骑四出，以牧马为名，分番剽掠，谓之"打草谷"。丁壮毙于锋刃，老弱委以沟壑，自东、西南畿及郑、滑、曹、濮，数百里间，财畜殆尽。

【译文】契丹主耶律德光广泛接受四面八方送上来的进贡礼品，大肆饮酒作乐，常常对原后晋的臣子说："中国的事情，我都了解；我国的事情，你们就不懂了。"

赵延寿请求供给契丹军队的粮饷，契丹主耶律德光说："我国没有这种制度。"于是放纵胡人骑兵四面八方出去，以放马为名，分批轮流去抢劫民家，称为"打草谷"。民间年轻力壮的人，死于他们的刀下，年老体弱的人弃尸于田野与山谷，从东、西两个京畿，到郑州、滑州、曹州、濮州好几百里之间，百姓的家财和牲畜，几乎被搜刮得干干净净。

契丹主谓判三司刘昫曰："契丹兵三十万，既平晋国，应有优赐，速宜营办。"时府库空竭，昫不知所出，请括借都城士民钱帛，自将相以下皆不免。又分遣使者数十人诣诸州括借，皆迫以严诛，人不聊生。其实无所颁给，皆蓄之内库，欲辇归其国。于是，内外怨愤，始患苦契丹，皆思逐之矣。

初，晋主与河东节度使、中书令、北平王刘知远相猜忌，虽以为北面行营都统，徒尊以虚名，而诸军进止，实不得预闻。知远因之广募士卒。阳城之战，诸军散卒归之者数千人，又得吐谷浑财畜，由是河东富强冠诸镇，步骑至五万人。

【译文】 契丹主耶律德光对判三司刘昫说："契丹大军三十万，平掉了晋国，就应该发给丰厚的赏赐，要赶快筹办。"当时官府仓库里已经空竭，刘昫不知赏赐从何处来，只好用"借贷"的名义，向京师的士大夫和老百姓征收钱帛，从宰相、将帅以下，都不例外。又分别派遣使者数十人，到各州去征收借贷，都用严厉的刑罚加以逼迫，使得百姓们无以维生。而实际上，契丹并没有拿来发给士兵，都储存在内库里，打算输送回国。于是从朝廷到地方，无不怨恨、愤怒，这才觉得契丹所带给他们的，只是无穷的祸害，都想赶走他们。

起初，后晋出帝石重贵与河东节度使、中书令、北平王刘知远相互猜忌。虽然任命刘知远为北面行营都统，但徒有虚名罢了，各军的行动，实际上他一点都不能干预。刘知远因此大量地招募士卒。阳城那次战役，各军散失的士卒投奔于他的有好几千人，又获得吐谷浑的财货和牲畜，因此河东的富强超过其他的藩镇，步兵和骑兵达到五万人。

晋主与契丹结怨，知远知其必危，而未尝论谏。契丹屡深入，知远初无邀遮、入援之志。及闻契丹入汴，知远分兵守四境以防侵轶。遣客将安阳王峻奉三表诣契丹主：一，贺入汴；二，以太原夷、夏杂居，戍兵所聚，未敢离镇；三，以应有贡物，值契丹将刘九一军自土门西入屯于南川，城中忧惧，俟召还此军，道路始通，可以入贡。契丹主赐诏褒美，及进书，亲加"儿"字于知远姓名之上，仍赐以木柺。胡法，优礼大臣则赐之，如汉赐几杖之比，惟伟王以叔父之尊得之。

知远又遣北都副留守太原白文珂入献奇缯名马，契丹主知知远观望不至，及文珂还，使谓知远曰："汝不事南朝，又不事北朝，意欲何所俟邪？"蕃汉孔目官郭威言于知远曰："虏恨我深矣！王峻言契丹贪残失人心，必不能久有中国。"

【译文】后晋出帝石重贵和契丹结下怨仇，刘知远判断后晋必然凶多吉少，但从未加以劝谏。契丹屡次深入进犯，刘知远全然没有拦击、入援的打算。等到听说契丹进入了汴州，刘知远分派军队防守四面边境，以防备契丹的越界侵略。同时派遣客将安阳人王峻奉持三封奏表，前往觐见契丹主耶律德光：第一封表，祝贺契丹进入汴州；第二封表，说明因为太原是蛮夷和汉人混杂居住的地方，戍守的军队集结在那里，所以自己没敢离开镇所；第三封表说明本来是应该进贡物品的，正好这时契丹将领刘九一的军队从土门向西进发，屯驻在南川，太原城中的民众忧愁恐惧，必须等到这批军队调回去，道路通畅无阻，才可以进贡。契丹主耶律德光命人草拟诏书加以褒奖，等到诏草拟好，送呈契丹主画押签名的时候，契丹主亲自在刘知远的姓名之上加了一个"儿"字，又赐给他手杖。依照胡人的规矩，对大臣表示优厚的礼遇，才颁赐手杖，就好像汉人颁赐茶几手杖之类是一样的，这样的恩宠礼遇，只有伟王以叔父的尊贵地位得到过。

刘知远又派遣北都副留守太原人白文珂献上珍奇的丝织品和名贵的马匹。契丹主耶律德光知道刘知远持观望态度不肯前来，等白文珂返回太原时，叫他对刘知远说："你不侍奉南朝，又不侍奉北朝，你想等待什么呢？"蕃汉孔目官郭威对刘知远说："胡虏恨我们恨得深了！王峻说契丹贪婪残忍，失去民心，一定不能长久地占有中原。"

资治通鉴

或劝知远举兵进取。知远曰："用兵有缓有急，当随时制宜。今契丹新降晋军十万，虎据京邑，未有他变，岂可轻动哉！且观其所利止于货财，货财既足，必将北去。况冰雪已消，势难久留，宜待其去，然后取之，可以万全。"

昭义节度使张从恩，以地迫怀、洛，欲入朝于契丹，遣使谋于知远。知远曰："我以一隅之地，安敢抗天下之大！君宜先行，我当继往。"从恩以为然。判官高防谏曰："公晋室懿亲，不可轻变臣节。"从恩不从。左骁卫大将军王守恩，与从恩姻家，时在上党，从恩以副使赵行迁知留后，牒守恩权巡检使，与高防佐之，遂行。守恩，建立之子也。

【译文】有人劝刘知远起兵进攻，夺取中原。刘知远说："用兵的道理，有时候要宽缓，耐心等待；有时候要紧急，把握先机，应当衡量当时的情况而采取适当的对策。现在契丹刚刚降服了晋国的十万大军，以雄强的势力占领京师，还没有其他的变化，岂可轻举妄动？而且观察他所贪图的，只在财货上；财货搜刮够了以后，一定会回北方去的。何况冰雪已经融化，他们势必不会久留，应该等到他们回去以后，再出兵去夺取，这样才能万无一失。"

昭义节度使张从恩，因为辖区紧靠怀、洛二州，想向契丹朝觐，派使者先去和刘知远商量。刘知远说："我们以一隅之地，怎么敢与偌大的天下抗争！君可先走一步，我随后即将前往。"张从恩认为是这样。判官高防劝谏他，说："公是晋室最亲的亲戚，不可轻易地改变为人臣子的节操。"张从恩不听。左骁卫大将军王守恩跟张从恩是亲家，当时在上党。张从恩命节度使赵行迁掌管留后时宜，发公文给王守恩，命他代理巡检使，和高防共同辅佐赵行迁。交代妥当以后，就启程前往大梁。王守恩，是王建立的儿子。

荆南节度使高从诲遣使入贡于契丹，契丹遣使以马赐之。从诲亦遣使诣河东劝进。

唐主立齐王景遂为皇太弟。徙燕王景达为齐王，领诸道兵马元帅。徙南昌王弘冀为燕王，为之副。

景遂尝与宫僚燕集，赞善大夫元城张易有所规谏，景遂方与客传玩玉怀，弗之顾，易怒曰："殿下重宝而轻士。"取杯抵地碎之，众皆失色。景遂敛容谢之，待易益厚。

【译文】荆南节度使高从诲派使者向契丹进贡，契丹派使者赐给他马匹。高从诲同时也派遣使者到河东去，劝刘知远即位为皇帝。

南唐主李璟立齐王李景遂为皇太弟；又改封燕王李景达为齐王，兼任诸道兵马元帅；改封南昌王李弘冀为燕王，做副元帅。李景遂和宫中僚属宴饮，赞善大夫元城人张易有所劝谏，

而李景遂正和客人们传看赏玩玉杯，没有理睬他。张易愤怒地说："殿下看重宝物而轻视士人！"将玉杯拿过来，摔在地上，碎了！众人都惊骇得变了脸色，李景遂马上端庄脸色向张易赔罪，对待张易更加亲厚。

景达性刚直，唐主与宗室近臣饮，冯延己、延鲁、魏岑、陈觉辈，极倾谄之态，或乘酒喧笑。景达屡诃责之，复极言谏唐主，以不宜亲近佞臣。延己以二弟立非己意，欲以虚言德之。尝宴东宫，阳醉，抚景达背曰："尔不可忘我！"景达大怒，拂衣入禁中白唐主，请斩之。唐主谕解，乃止。张易谓景达曰："群小交构，祸福所系。殿下力未能去，数面折之，使彼惧而为备，何所不

至！"自是每游宴，景达多辞疾不预。

唐主遣使贺契丹灭晋，且请诣长安修复唐室诸陵。契丹不许，而遣使报之。

【译文】李景达生性刚强正直。南唐主李璟常和宗室近臣饮宴，冯延己、冯延鲁、魏岑、陈觉等人在此时竭尽谄媚丑态，有时借酒喧哗大笑；李景达屡次斥责他们，又用极重的话劝谏唐主，认为他不应该亲近奸邪的臣子。冯延己自认为李景遂被立为皇太弟和李景达为齐王不合自己的心意，想在口头上向他施点恩惠，要他向自己表示感恩。有一次在东宫饮宴，冯延己表面上假装喝醉，用手抚摩李景达的背说："你不可忘记我！"李景达非常生气，将衣袖一甩，进入宫中报告唐主李璟，请将他斩首；唐主加以开导劝慰，才平息了这件风波。张易对李景达说："小人们互相陷害我们，这是祸福的关键所在。殿下想尽了办法，不能除掉他们，屡次当面加以斥责，使得他们感到恐惧而有所防备，还有什么事做不出来的呢！"从此每次游乐宴会，李景达大多借口身体不适而不参加。

南唐主李璟派遣使者祝贺契丹灭亡晋国，并且请求到长安整修唐朝的陵墓，契丹不答应，但仍然派遣使者回复南唐主。

晋密州刺史皇甫晖，棣州刺史王建，皆避契丹，帅众奔唐。淮北贼帅多请命于唐。唐虞部员外郎史馆修撰韩熙载上疏，以为："陛下恢复祖业，今也其时。若虏主北归，中原有主，则未易图也。"时方连兵福州，未暇北顾。唐人皆以为恨，唐主亦悔之。

契丹主召晋百官悉集于庭，问曰："吾国广大，方数万里，有君长二十七人。今中国之俗异于吾国，吾欲择一人君之，如何？"皆曰："天无二日。夷、夏之心，皆愿推戴皇帝。"如是者再。契丹主乃曰："汝曹既欲君我，今兹所行，何事为先？"对曰："王者初有天下，应大赦。"二月，丁巳朔，契丹主服通天冠、绛纱袍，登正殿，设乐悬、仪卫于庭。百官朝贺，华人皆法服，胡人仍胡服，立于文武班中间。下制称大辽会同十年，大赦。仍云："自今节度使、刺史，毋得置牙兵，市战马。"

【译文】 后晋密州刺史皇甫晖、棣州刺史王建，都躲避契丹而率众投奔南唐，淮水以北的盗贼头目大多向南唐请求颁授官职。唐虞部员外郎、史馆修撰韩熙载上疏论奏，认为："陛下要恢复祖先的基业，现在正是时候。如果胡虏的首领回北方去，中原有了君主，就没那么容易图谋了。"当时正对福州用兵，没有余力向北发展。唐人都感到很遗憾，南唐主李璟也很后悔。

契丹主耶律德光召集后晋的文武百官在朝廷上，问他们："我国域土辽阔，方圆数万里，有君长二十七人；而中原的习俗和我国不一样，我想选一个人做中原的国君，你们认为怎么样？"大家异口同声地说："天上没有两个太阳，不论是胡人或是汉人的人心，都愿意拥戴皇帝您。"这样说了几次，契丹主才说："你们既然想推我做国君，那么现在所要做的，以什么事为最要紧？"大家都说："做国君的刚开始临治天下，应该举行大赦。"二月，丁巳朔日（初一），契丹主头戴通天冠，身穿深红色纱袍，登上正殿，在庭中设置全套乐器、仪仗和卫兵。百官上朝祝贺，汉籍官员都穿法定的礼服；胡籍官员仍旧穿胡人的衣服，站在文武两班官员的中间。下制书称大辽会同十年，举行大赦。又说，"从今以后，各节度使、刺史，不可以设置衙兵，也不可以购买战马。"

赵延寿以契丹主负约，心怏怏，令李崧言于契丹主曰："汉天子所不敢望，乞为皇太子。"崧不得已为言之。契丹主曰："我于燕王，虽割吾肉，有用于燕王，吾无所爱。然吾闻皇太子当以天子儿为之，岂燕王所可为也！"因令为燕王迁官。时契丹以恒州为中京，翰林承旨张砺奏拟燕王中京留守、大丞相、录尚书事、都督中外诸军事，枢密使如故。契丹主取笔涂去"录尚书事都督中外诸军事"而行之。

壬戌，蜀李继勋与兴州刺史刘景攻固镇，拔之。乙丑，何重建请出蜀兵与阶成兵共扼散关以取凤州，丙寅，蜀主发山南兵三千七百赴之。

【译文】赵延寿因为契丹主耶律德光违背了立他为皇帝的承诺，心里愤愤不平，派李崧向契丹主说："我不敢奢望为汉人天子，但请求做个皇太子。"李崧不得已，替他转达。契丹主说："我对于燕王，凡事只要对燕王有益，就是割我的肉，我也不吝惜。然而我听说皇太子应当由天子的儿子来做，哪里是燕王所能担任的呢？"所以命令有关部门为燕王迁升官职。当时契丹以恒州为中京，翰林承旨张砺上疏拟定任命燕王赵延寿为中京留守、大丞相、录尚书事、都督中外诸军事，仍旧做枢密使。契丹主看过以后，取笔涂掉"录尚书事、都督中外诸军事"，其余照准施行。

壬戌日（初六），后蜀李继勋和兴州刺史刘景进攻并夺取了固镇。何重建请求后蜀派兵与阶、成二州兵马共同把守散关，以便夺取凤州。丙寅日（初十），蜀主孟昶拨遣山南兵三千七百名，依照何重建的计划，开赴散关。

【乾隆御批】辽当国势强盛时经略中原，所过摧枯拉朽，几于大业可成，乃甫入大梁，即袭用通天绛纱，寻复呼仗阁门，赭袍从事，捐淳庞而徇浮誉，非闻创所宜。抑且忘本不祥，天道厌之，宜其未及旋辕，遽撄多故也。其后金、元皆惑，迁生改正易服之说，蔑弃旧章，亡不旋踵，读史者可不戒诸？

【译文】 辽正当国势强盛的时候，筹划治理中原一带，所过之处都被摧毁的一干二净，几乎大业将成，然而，刚入大梁，就沿用皇帝的通天冠、红袍加身，不久又呼杖阁门，舍弃淳厚而追求虚名，这不是创业时期所应该做的。而且忘本不吉利，天道嫌弃它，大概他等不到胜利，就会招致四方变故。后代的金、元都被他迷惑，愚蠢地生出改正换服的想法，蔑视废弃原有的规章，结果很快就灭亡了，读史的人不应当以此为警戒吗？

刘知远闻何重建降蜀，叹曰："戎狄凭陵，中原无主，令藩镇外附，吾为方伯，良可愧也！"

于是，将佐劝知远称尊号，以号令四方，观诸侯去就。知远不许。闻晋主北还，声言欲出兵井陉，迎归晋阳。丁卯，命武节都指挥使荥泽史弘肇集诸军于球场，告以出师之期。军士皆曰："今契丹陷京城，执天子，天下无主。主天下者，非我王而谁！宜先正位号，然后出师。"争呼万岁不已。知远曰："虏势尚强，吾军威未振，当且建功业。士卒何知！"命左右遏止之。

己巳，行军司马潞城张彦威等三上笺劝进，知远疑未决。郭威与都押牙冠氏杨邠入说知远曰："今远近之心，不谋而同，此天意也。王不乘此际取之，谦让不居，恐人心且移，移则反受其咎矣。"知远从之。

【译文】 刘知远听到何重建投降蜀国的消息，叹息说："戎狄欺凌中国，中原没有君主，使得藩镇依附外邦，我做北面行营都统，为各藩镇的领导人，实在惭愧得很！"

于是他手下的将佐劝刘知远称皇帝尊号，以便号令四方，看各藩镇的动向。刘知远不同意。听说后晋出帝石重贵北迁，刘知远放出风声要出兵井陉，迎接后晋出帝石重贵回晋阳城。丁卯日（十一日），命令武节都指挥使荣泽人史弘肇在球场集合各军，对他们宣告出兵的日期。军士们都说："现在契丹攻陷京城，俘虏天子，天下没有君主。做天下君主的人，除了我王，还能有谁！应该先即帝位，称尊号，然后再出兵。"于是不停地争喊万岁。刘知远说："胡虏的势力还很强大，我们的军威尚未振作，应当暂且先建功业。士兵们懂得什么！"说完，就命令左右的人制止士兵们呼喊。

己巳日（十三日），行军司马潞城人张彦威等三次上书劝刘知远登皇帝位。刘知远迟疑不决。郭威和都押牙冠氏人杨邠入内劝说刘知远："现在远近的人心，不谋而合，这是天意。王不乘着这个时机取得帝位，而谦让不居，恐怕人心将会转变；人心一转变，就反而会遭受灾祸了。"刘知远听从了他们的意见。

契丹以其将刘愿为保义节度副使，陕人苦其暴虐。奉国都头王晏与指挥使赵晖、都头侯章谋曰："今胡虏乱华，乃吾属奋发之秋。河东刘公，威德远著，吾辈若杀愿，举陕城归之，为天下唱，取富贵如反掌耳。"晖等然之。晏与壮士数人，夜逾牙城入府，出库兵以给众。庚午旦，斩愿首，悬诸府门，又杀契丹监军，奉晖为留后。晏，徐州；晖，澶州；章，太原人也。

辛未，刘知远即皇帝位。自言未忍改晋国，又恶开运之名，乃更称天福十二年。

壬申，诏："诸道为契丹括钱率帛者，皆罢之。其晋臣被迫胁为使者勿问，令诣行在。自馀契丹，所在诛之。"

何重建遣宫苑使崔延琛将兵攻凤州，不克，退保固镇。

【译文】契丹派他的将领刘愿为保义节度副使，陕城人苦于刘愿的暴虐。奉国都头王晏与指挥使赵晖、都头侯章商议说："现在胡虏扰乱中华，这正是我们振作奋斗的时候。河东刘公，声威和恩德远近著名，我们如果杀掉刘愿，把陕城交给刘公，向他投靠，做天下的倡导，求取富贵就像翻一下手掌般容易了。"赵晖等人赞成他的意见。于是王晏带着好几个壮士，在夜间翻越牙城，进入军府，拿出仓库里的兵器，交给部众；庚午日（十四日）的清晨，杀了刘愿，并把他的人头高挂在军府的大门上，又杀掉契丹监军，公推赵晖为保义留后。王晏，是徐州人；赵晖，是澶州人；侯章，是太原人。

辛未日（十五日），刘知远登皇帝位。他说不忍心改变晋国的国号，但又不喜欢"开运"这个名称，于是沿用高祖石敬瑭的年号，改称今年为天福十二年。

壬申日（十六日），下诏说："诸道被契丹征敛钱帛的，全部停止征敛。晋廷的臣子被逼迫做他们官吏的，不加追究，命他们前往行在（皇帝的所在地）报到，其余的契丹人，就在当地杀掉。"

何重建派宫苑使崔延琛领兵攻打凤州，没能攻克，退守固镇。

甲戌，帝自将东迎晋主及太后。至寿阳，闻已过恒州数日，乃留兵戍承天军而还。

晋主既出寨，契丹无复供给，从官、宫女，皆自采木实、草叶而食之。至锦州，契丹令晋主及后妃拜契丹主阿保机墓。晋主不胜屈辱，泣曰："薛超误我！"冯后阴令左右求毒药，欲与晋主俱自杀，不果。

契丹主闻帝即位，以通事耿崇美为昭义节度使，高唐英为彰德节度使，崔廷勋为河阳节度使，以控扼要害。

【译文】甲戌日（十八日），皇帝（此指刘知远）亲自率领部众向东进发，迎接晋主石重贵及太后。走到寿阳，听说晋主和太后业已经过了恒州好几天，于是留下军队戍守承天军，自己返回太原。

后晋出帝石重贵到塞外，契丹就不再提供饮食，跟随的官员、宫女都自己去采摘树上的野果和草叶充饥。到了锦州，契丹命令晋主及后妃们向契丹主耶律阿保机的坟墓下拜行礼，晋主觉得无限委屈、耻辱，哭泣着说："薛超害了我！"冯后暗中让左右的人设法找毒药，想跟晋主一起自杀，结果没有毒药，自杀不成。

契丹主耶律德光听说刘知远已即皇帝位，就派通事耿崇美为昭义节度使，高唐英为彰德节度使，崔廷勋为河阳节度使，以控制险要的地方。

初，晋置乡兵，号天威军。教习岁馀，村民不闲军旅，竟不可用。悉罢之，但令七户输钱十千，其铠仗悉输官。而无赖子弟，不复肯复农业，山林之盗，自是而繁。及契丹入汴，纵胡骑打草谷。又多以其子弟及亲信左右为节度使、刺史，不通政事，华人之狡狯者多往依其麾下，教之妄作威福，掊敛货财，民不堪命。于是，所在相聚为盗，多者数万人，少者不减千百，攻陷州县，杀掠吏民。滏阳贼帅梁晖，有众数百，送款晋阳求效用，帝许之。磁州刺史李谷密通表于帝，令晖袭相州。晖侦知高唐英未至，相州积兵器，无守备。丁丑夜，遣壮士逾城入，启关纳其众，杀契丹数百，其守将突围走，晖据州自称留后，表言其状。

【译文】起初，后晋设置乡兵，号称"天威军"，教习演练了一年多，村民们还是不熟悉军旅作战，结果不能用，于是又下令解散，只让每七户交钱十千，原来的兵器铠甲全部交纳官府。然而无赖的子弟们却不肯再回到农村从事耕作，于是出没山林的盗贼从此就多了起来。等到契丹进入汴州，放纵胡兵"打草谷"，又多任命胡人子弟及左右亲信的人做节度使、刺史，不通晓政治事务，汉人里头比较狡猾的都投效在他们的部下，教唆那些胡人胡妄地作威作福，聚敛财货，使得老百姓不能活命。于是到处相聚为盗贼，人数多的达到几万人，少的也不下千百，他们攻陷州城，抢劫杀害官吏百姓。滏阳的盗贼首领梁晖，有部众数百人，向晋阳投诚，自愿效命，后汉高祖刘知远答应了他。磁州刺史李谷秘密上表给后汉高祖，建议后汉高祖命令梁晖去袭击相州，梁晖侦察得知高唐英尚未到达，相州只储藏了兵器，没有什么军队防守。丁丑日（二十一日）的晚上，梁晖派遣壮士翻越城墙，进入城里，打开城门，接纳他的部众，杀死好几百个契丹兵，契丹的守将突围逃走。梁晖占据了相州，自称留后，并向后汉高祖上表陈述作战经过。

戊寅，帝还至晋阳，议率民财以赏将士，夫人李氏谏曰："陛下因河东创大业，未有以惠泽其民而先夺其生生之资，殆非新天子所以救民之意也。今宫中所有，请悉出之以劳军，虽复不厚，人无怨言。"帝曰："善！"即罢率民，倾内府蓄积以赐将士，中外闻之，大悦。李氏，晋阳人也。

吴越内都监程昭悦，多聚宾客，畜兵器，与术士游。吴越王弘佐欲诛之，谓水丘昭券曰："汝今夕帅甲士千人围昭悦第。"昭券曰："昭悦，家臣也，有罪当显戮，不宜夜兴兵。"弘佐曰："善！"

命内牙指挥使储温伺昭悦归第，执送东府，己卯，斩之。释钱仁俊之囚。

【译文】戊寅日（二十二日），后汉高祖刘知远回到晋阳城，提议向百姓征收钱财赏给作战将士，夫人李氏劝谏他说："陛下靠河东开创大业，但没有给百姓们带来恩惠好处，反而先剥夺他们赖以维生的资财，这大概不是新天子解救百姓的用意吧！现在宫中所有的东西，我愿全部拿去犒赏军队，虽然不怎么多，但是每个人都不会有怨言的。"后汉高祖说："那好极了！"于是马上停止征收民财的方案，把内宫府库所储藏的财物全部拿出来赏赐将帅和士兵，京城内外的人听说这件事，都非常兴奋。李氏，是晋阳人。

吴越内都监程昭悦大量地聚集宾客，储备兵器，跟江湖术士们交往。吴越王钱弘佐想要杀他，对水丘昭券说："你今天晚上带领一千名士兵去包围程昭悦的住宅。"水丘昭券说："程昭悦只是一个家臣，有罪就该公开处决，不应在夜晚出动军队。"钱弘佐说："对！"于是命内牙指挥使储温等待程昭悦回家，抓送丞相府审讯。己卯日（二十三日），将他斩首。并把关押的钱仁俊释放出来。

武节都指挥使史弘肇攻代州，拔之，斩王晖。

建雄留后刘在明朝于契丹，以节度副使骆从朗知州事。帝遣使者张晏洪等如晋州，谕以己即帝位，从朗皆囚之。大将药可俦杀从朗，推晏洪权留后，庚辰，遣使以闻。

契丹主遣右谏议大夫赵熙使晋州，括率钱帛，征督甚急。从朗既死，民相帅共杀熙。契丹主赐赵晖诏，即以为保义留后。晖斩契丹使者，焚其诏，遣支使河间赵矩奉表诣晋阳。契丹遣其将高谟翰攻晖，不克。帝见矩，甚喜，曰："子挈咽喉之地以归我，天下不足定也！"矩因劝帝早引兵南向以副天下之望，帝善之。

【译文】 武节都指挥使史弘肇进攻代州，攻克了，斩了王晖。

建雄留后刘在明朝见契丹主耶律德光，让节度副使骆从朗主持州中事务。后汉高祖刘知远派遣使者张晏洪等人前往晋州，告诉他们，自己已经即皇帝位，结果骆从朗把张晏洪等人全部囚禁起来。大将药可传杀了骆从朗，推举张晏洪代理留后。庚辰日（二十四日），派遣使者入朝奏报这件事情。

契丹主耶律德光派遣右谏议大夫赵熙出使晋州，搜刮老百姓的钱财，征收催逼得很急。这时骆从朗已死，百姓合力杀掉赵熙。契丹主颁赐诏书给赵晖，任命他为保义留后。赵晖斩杀契丹的使者，烧掉他的诏书，派遣河间人赵矩为使者，送表到晋阳。契丹派遣他的将领高谟翰进攻赵晖，结果攻不下。后汉高祖刘知远见到赵矩，非常高兴，说："你带着咽喉要地前来归顺于我，天下是不难平定了！"赵矩劝他早日率兵南下，以满足天下人的盼望。后汉高祖答应了。

辛巳，以晖为保义节度使，侯章为镇国节度使、保义军马步都指挥使，王晏为绛州防御使、保义军马步副指挥使。

高防与王守恩谋，遣指挥使李万超白昼帅众大噪入府，斩赵行迁，推守恩权知昭义留后。守恩杀契丹使者，举镇来降。

镇宁节度使耶律郎五，性残虐，澶州人苦之。贼帅王琼帅其徒千馀人，夜袭据南城，北度浮航，纵兵大掠，围郎五于牙城。契丹主闻之，甚惧，始遣天平节度使李守贞、天雄节度使杜重威还镇，由是无久留河南之意。遣兵救澶州，琼退屯近郊，遣其弟超奉表来求救。癸未，帝厚赐超，遣还。琼兵败，为契丹所杀。

蜀主加雄武节度使何重建同平章事。

【译文】辛巳日（二十五日），任命赵晖为保义节度使，侯章为镇国节度使、保义军马步都指挥使，王晏为绛州防御使、保义军马步副指挥使。

高防跟王守恩共同谋划，派遣指挥使李万超率领部众在白天大声呼喊着冲入军府，斩杀赵行迁，推举王守恩代理昭义留后。王守恩杀死契丹使者，率藩镇前来归降。

镇宁节度使耶律郎五，生性残忍暴虐，澶州百姓吃够了他的苦头。盗贼首领王琼率领他的一千多人趁夜袭击占领了南城，然后向北穿过浮桥，放纵士兵大肆劫掠，将耶律郎五围困于牙城之内。契丹主耶律德光得知这个消息，非常害怕，这才派遣天平节度使李守贞、天雄节度使杜重威回到自己所驻守的藩镇，从此没有长久留在黄河以南的打算。契丹主派遣军队援救澶州，王琼退兵屯驻在澶州近郊，派遣他的弟弟王超奉持章表前来求救。癸未日（二十七日），后汉高祖刘知远重重地赏赐王超，打发他回去。王琼兵败，被契丹杀了。

后蜀主孟昶加封雄武节度使何重建为同平章事。

延州录事参军高允权，万金之子也。彰武节度使周密，暗而贪，将士作乱，攻之。密败，保东城。众以允权家世延帅，推为留后，据西城。密，应州人也。

丹州都指挥使高彦珣杀契丹所署刺史，自领州事。

契丹述律太后遣使以其国中酒馔脯果赐契丹主，贺平晋国。契丹主与群臣宴于永福殿，每举酒，立而饮之，曰：“太后所赐，不敢坐饮。”

【译文】 延州录事参军高允权，是高万金的儿子。彰武节度使周密，昏庸愚昧，贪求钱财，将士发动叛乱，攻打周密，周密被打败，据守延州东城，大家认为高允权家世世代代都镇抚延州，所以推举高允权做彰武留后，占据延州西城。周密，是应州人。

丹州都指挥使高彦珣杀死契丹指派的刺史，自己统领丹州事务。

契丹述律太后派遣使者携带他们国内所产的美酒、菜肴、干肉和水果，赐给契丹主耶律德光，祝贺他平定晋国。契丹主跟群臣在永福殿一起宴饮，每次举起酒杯，一定先站起来才把它喝下，说："太后所赏赐的，不敢坐着喝。"

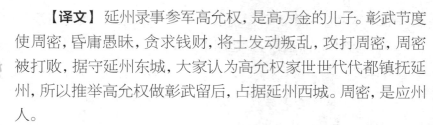

唐王淑妃与郇公从益居洛阳。赵延寿娶明宗女为夫人，淑妃诣大梁会礼。契丹主见而拜之曰："吾嫂也。"统军刘遂凝因淑妃求节钺，契丹主以从益为许王、威信节度使，遂凝为安远节度使。淑妃以从益幼，辞不赴镇，复归于洛。

契丹主以张砺为右仆射兼门下侍郎、同平章事，左仆射和凝兼中书侍郎、同平章事。司空兼门下侍郎、同平章事刘昫，以目疾辞位，罢为太保。

【译文】 后唐明宗李嗣源的王淑妃和郇公李从益住在洛阳，赵延寿娶后唐明宗的女儿燕国长公主为妻，王淑妃到大梁城举行见面礼。契丹主耶律德光见到她就下拜行礼，说："这是我的嫂夫人。"统军刘遂凝通过王淑妃的关系，向契丹主请求符节和斧钺（做节度使），于是契丹主封李从益为许王、威信节度使，刘遂凝为安远节度使。王淑妃以李从益年纪幼小为理由，辞谢不上任，又回到洛阳。

契丹主耶律德光任命张砺为右仆射兼门下侍郎、同平章事，左仆射和凝兼中书侍郎、同平章事，司空兼门下侍郎、同平章事刘昫，因为患了眼疾而辞职，于是被免去职务，改命为太保。

东方群盗大起，陷宋、亳、密三州。契丹主谓左右曰："我不知中国之人难制如此！"亟遣泰宁节度使安审琦、武宁节度使符彦卿等归镇，仍以契丹兵送之。彦卿至埇桥，贼帅李仁恕帅众数万急攻徐州。彦卿与数十骑至城下，扬鞭欲招谕之，仁恕控彦卿马，请从相公入城。彦卿子昭序，自城中遣军校陈守习缒而出，呼于贼中曰："相公已陷虎口，听相公助贼攻城，城不可得也。"贼知不可劫，乃相帅罗拜于彦卿马前，乞赦其罪。彦卿与之誓，乃解去。

【译文】东方成伙的盗贼蜂拥而起，攻陷宋、亳、密三州。契丹主耶律德光对左右官员说："我没料到中国的百姓居然这样难以统治！"赶紧下令泰宁节度使安审琦、武宁节度使符彦卿等人回到自己的藩镇，仍然派遣契丹兵护送他们。符彦卿来到埇桥，盗贼头领李仁恕率领几万军兵加紧进攻徐州。符彦卿和数十名骑兵来到城下，扬鞭想要招抚劝谕他们，李仁恕上前抓住符彦卿的马缰绳，要求随从符彦卿进城。符彦卿的儿子符昭序，从城里派遣军校陈守习从城上攀缘绳索出城，在盗贼群中大声呼喊："相公已经陷入虎口，就算相公帮助盗贼攻城，也不能攻下。"盗贼知道劫持符彦卿也没用，于是一同下拜于符彦卿的马前，请求赦免他们的罪过。符彦卿跟他们立下誓言，盗贼们才解散而去。

三月，丙戌朔，契丹主服赭袍，坐崇元殿，百官行入阁礼。

戊子，帝遣使以诏书安集农民保聚山谷避契丹之患者。

辛卯，高允权奉表来降。帝谕允权听周密诣行在，密遂弃东城来奔。

壬辰，高彦询以丹州来降。

蜀翰林承旨李昊谓枢密使王处回曰："敌复据固镇，则兴州道绝，不复能救秦州矣。请遣山南西道节度使孙汉韶将兵急攻凤州。"癸巳，蜀主命汉韶诣凤州行营。

【译文】三月，丙戌朔日（初一），契丹主耶律德光穿上赭色袍服，坐在崇元殿，百官依照上朝的礼仪进见契丹主。

戊子日（初三），后汉高祖刘知远派遣使者持着诏书下乡，去安抚那些为躲避契丹战乱祸患而聚集到山谷借以自保的农民。

辛卯日（初六），高允权奉持表章来归降。后汉高祖刘知远告知高允权，允许周密前来行在所，周密于是放弃东城而来投降。

壬辰日（初七），高彦询率丹州前来归降。

蜀翰林承旨李昊对枢密使王处回说："敌人如果再占据固镇，那么通往兴州的道路就被阻断，不再能够援救秦州。我建议派遣山南西道节度使孙汉韶率兵紧急攻打凤州。"癸巳日（初八），后蜀主孟昶命孙汉韶赶往凤州行营。

契丹主复召晋百官，谕之曰："天时向暑，吾难久留，欲暂至上国省太后。当留亲信一人于此为节度使。"百官请迎太后。契丹主曰："太后族大，如古柏根，不可移也。"

契丹主欲尽以晋之百官自随。或曰："举国北迁，恐摇人心，不如稍稍迁之。"乃诏有职事者从行，馀留大梁。复以汴州为宣武军，以萧翰为节度使。翰，述律太后之兄子，其妹复为契丹主后。翰始以萧为姓，自是契丹后族皆称萧氏。

【译文】契丹主耶律德光又召见原后晋的文武百官，告诉他们说："天气渐渐热起来，我难以久留此地，想暂时北归辽国看望太后。应当留一名亲信在这里任节度使。"百官建议迎接太后到大梁来。契丹主说："太后的宗族太庞大，就像古老柏树的根一样，不能移动。"

契丹主耶律德光想命令晋廷的百官全部随从他北上。有人说："整个国家的政府官员一起迁到北方，恐怕会动摇人心，不如只迁少数几个人。"于是下令任职的官员跟随契丹主走，其他的人都留在大梁。契丹主耶律德光又将汴州改置为宣武军，派萧翰为节度使。萧翰，是述律太后哥哥的儿子，他的妹妹又嫁给契丹主做皇后。萧翰开始以萧为姓，从此契丹皇后的族人都称萧氏。

吴越复发水军，遣其将余安将之，自海道救福州。己亥，至白虾浦。海岸泥淖，须布竹簣乃可行，唐之诸军在城南者，聚而射之，簣不得施。冯延鲁曰："城所以不降者，恃此救也。今相持不战，徒老我师，不若纵其登岸尽杀之，则城不攻自降矣。"裨将孟坚曰："浙兵至此已久，不能进退，求一战而死不可得。若听其登岸，彼必致死于我，其锋不可当，安能尽杀乎！"延鲁不听，曰："吾自击之。"吴越兵既登岸，大呼奋击，延鲁不能御，弃众而走，孟坚战死。吴越兵乘胜而进，城中兵亦出，夹击唐兵，大破之。唐城南诸军皆遁，吴越兵追之。王崇文以牙兵三百拒之，诸军陈于崇文之后，追者乃还。

【译文】吴越王钱弘佐又调发水军，派将领余安率领，从海路救援福州。己亥日（十四日），水军到达白虾浦，海岸全是泥沼，必须铺上竹席军队才能登岸，唐国在城南的各军，聚集在一起用箭射击他们，使得他们无法进行铺设竹席的工作。冯延鲁说："福州城不投降的原因，就是依赖这批援军，现在双方相持不战，只会把我们的军队拖疲，不如让他们登上岸来，然后将他们全部消灭，那么福州城无须攻击就会自动投降了。"偏将孟坚说："吴越兵来到这里，不能前进，也不能后退，寻求拼死一战而没有机会。若让他们登上岸来，他们一定会跟我们拼死战斗，气势一定锐不可当，又怎能将他们消灭呢？"冯延鲁不听，说："我自己去攻打他们。"吴越兵上岸以后，呼喊喧哗，奋勇战斗，冯延鲁抵挡不住，放弃部众，私自逃走，孟坚力战阵亡。吴越兵乘胜向前推进，福州城里的军队也出城来，跟吴越兵夹攻唐兵，把唐兵打得大败。唐国在城南的各军都逃走了，吴越兵追击他们，王崇文率领三百名亲兵顽强抵抗，各路军马在王崇文后面布阵，追击的吴越兵这才回去。

　　或言浙兵欲弃福州，拔李达之众归钱唐。东南守将刘洪进等白王建封，请纵其尽出而取其城。留从效不欲福州之平，建封亦忿陈觉等专横，乃曰："吾军败矣，安能与人争城！"是夕，烧营而遁，城北诸军亦相顾而溃。冯延鲁引佩刀自刺，亲吏救之，不死。唐兵死者二万馀人，委弃军资器械数十万，府库为之耗竭。

　　余安引兵入福州，李达举所部授之。

　　留从效引兵还泉州，谓唐戍将曰："泉州与福州世为仇敌，南接岭海瘴疠之乡，地险土瘠。比年军旅屡兴，农桑废业，冬征夏敛，仅能自赡，岂劳大军久戍于此！"置酒饯之，戍将不得已引兵归。唐主不能制，加从效检校太傅。

　　【译文】有人说吴越兵想舍弃福州，抽调李达的军队回钱唐，东南面的守将刘洪进等禀告王建封，请他把吴越兵全都放出城然后夺取城池。留从效不愿福州被平定，王建封也怨恨陈觉等人专制蛮横，于是就说："我们的军队被打败了，怎么能跟人家争夺城池！"当天晚上，焚烧营垒逃走，城北各军也相继溃散。冯延鲁抽出自己身上的佩刀自杀，亲近的官吏救了他，没有死。唐兵一共死了两万多人，丢弃军用物资和兵械武器好几十万件，国库因此消耗光了。

余安领兵进入福州，李达把全部军队都交给他指挥。

留从效领兵回泉州，对南唐守将说："泉州和福州世世代代都是仇敌，南方接近充满瘴疠之气的岭南和大海，形势险峻，土地贫瘠，近几年来，屡次爆发战火，农耕和蚕桑事业荒废，一年到头向百姓征敛赋税，勉强能够自足，岂能劳动大军长久戍守在这里！"于是摆设酒宴为他们饯行，南唐守将不得已就率兵回国了。南唐主李璟不能控制留从效，就加封他为检校太傅。

壬寅，契丹主发大梁，晋文武诸司从者数千人，诸军吏卒又数千人，宫女、宦官数百人，尽载府库之实以行，所留乐器仪仗而已。夕，宿赤冈，契丹主见村落皆空，命有司发榜数百通，所在招抚百姓，然竟不禁胡骑剽掠。丙午，契丹[主]自白马渡河，谓宣徽使高勋曰："吾在上国，以射猎为乐，至此令人悒悒。今得归，死无恨矣。"

蜀孙汉韶将兵二万攻凤州，军于固镇，分兵扼散关以绝援路。

张筠、余安皆还钱唐，吴越王弘佐遣东南安抚使鲍修让将兵戍福州，以东府安抚使钱弘倧为丞相。

【译文】壬寅日（十七日），契丹主耶律德光从大梁出发，后晋文武各部门被带走的官员有几千人，各军兵将又有几千人，宫女、宦官几百人，把府库中值钱的统统装车运走，所留下的只有乐器仪仗罢了。当天晚上，住在赤冈，契丹主看到村庄都空虚无人，命令有关部门发布好几百通公告，要各辖区招抚百姓，然而仍然不禁止胡兵的抢劫行为。丙午日（二十一日），契丹主从白马渡黄河，对宣徽使高勋说："我在上国的时候，以射箭打猎为乐，到了中国，令人忧愁寡欢，现在能够回去，纵是死了，也没有什么遗憾了。"

后蜀孙汉韶率领两万人马，攻打凤州，军队驻扎在固镇，分兵把守散关，以断绝外援之路。

张筠、余安都回到钱塘，吴越王钱弘佐派遣东南安抚使鲍修让率兵戍守福州，任命东府安抚使钱弘倧为丞相。

庚戌，以皇弟北京马步都指挥使崇行太原尹，知府事。

辛亥，契丹主将攻相州，梁晖请降，契丹主赦之，许以为防御使。晖疑其诈，复乘城拒守。夏，四月，己未，未明，契丹主命蕃、汉诸军急攻相州，食时克之，悉杀城中男子，驱其妇女而北，胡人掷婴孩于空中，举刀接之以为乐。留高唐英守相州。唐英阅城中，遗民男女得七百馀人。其后节度使王继弘敛城中髑髅瘗之，凡得十馀万。或告磁州刺史李谷谋举州应汉，契丹主执而诘之，谷不服，契丹主引手于车中，若取所获文书者。谷知其诈，因请曰："必有其验，乞显示之。"凡六诘，谷辞气不屈，乃释之。

【译文】庚戌日（二十五日），命后汉高祖刘知远的弟弟北京马步都指挥使刘崇兼摄太原尹，治理太原军府的事务。

辛亥日（二十六日），契丹主耶律德光将要进攻相州，守将梁晖请求投降，契丹主赦免了他的罪，并答应封他为防御使。梁晖怀疑其中有诈，又登城设防抵抗。夏季，四月，己未日（初四），天还没亮，契丹主命令胡、汉各军急速攻打相州，到了早餐的时候，便把它攻克，将城里所有的男人全部杀光，强逼妇女跟他们一起向北走，胡人将婴孩抛向空中，然后用刀尖去接，以此来取乐。契丹主命令高唐英留下来防守相州。高唐英巡视城里，遗留下来的百姓，男女合起来，才七百多人。后来节度使王继弘收集城里的骸骨加以埋葬，总共达十多万具。有人告发磁州刺史李谷策划率州响应后汉。契丹主把李谷抓起来讯问，李谷不服，契丹主把手伸向车中，像要取出所查获的书信。李谷知道他在装模作样，趁机就向他请求说："如果真有证据，请拿出来让大家看看。"一共责问了六次，李谷的神情口气，丝毫不为所动，契丹主这才放了他。

帝以从弟北京马军都指挥使信领义成节度使，充侍卫马军都指挥使，武节都指挥使史弘肇领忠武节度使，充步军都指挥使，右都押牙杨邠权枢密使，蕃汉兵马都孔目官郭威权副枢密使，两使都孔目官南乐王章权三司使。

癸亥，立魏国夫人李氏为皇后。

契丹主见所过城邑丘墟，谓蕃、汉群臣曰："致中国如此，皆燕王之罪也。"顾张砺曰："尔亦有力焉。"

【译文】后汉高祖刘知远派堂弟北京马军都指挥使刘信兼任义成节度使，充任侍卫马军都指挥使；武节都指挥使史弘肇兼任忠武节度使，充当步军都指挥使；右都押牙杨邠代理枢密使；蕃汉兵马都孔目官郭威代理副枢密使；两使都孔目官南乐人王章代理三司使。

癸亥日（初八），后汉高祖刘知远立魏国夫人李氏为皇后。

契丹主耶律德光看见所经过的城市乡村都已变成荒丘和废墟，对蕃、汉群臣说："导致中国到这种地步，都是燕王赵延寿的罪过。"又回过头来对张砺说："你也要负一点责任。"

甲子，帝以河东节度判官长安苏逢吉、观察判官苏禹珪为中书侍郎、同平章事。禹珪，密州人也。

振武节度使、府州团练使折从远入朝，更名从阮，置永安军于府州，以从阮为节度使。又以河东左都押牙刘铢为河阳节度使。铢，陕人也。

契丹昭义节度使耿崇美屯泽州，将攻潞州。乙丑，诏史弘肇将步骑万人救之。

【译文】甲子日（初九），后汉高祖刘知远任命河东节度判官长安人苏逢吉、观察判官苏禹珪为中书侍郎、同平章事。苏禹珪，是密州人。

振武节度使、府州团练使折从远入朝，改名为折从阮。在府州设永安军，命折从阮为节度使。又任命河东左都押牙刘铢为河阳节度使。刘铢，是陕州人。

契丹的昭义节度使耿崇美驻兵在泽州，将要进攻潞州。乙丑日（初十），诏命史弘肇率领一万名步兵和骑兵去援救潞州。

丙寅，以王守恩为昭义节度使，高允权为彰武节度使，又以岢岚军使郑廉为忻州刺史，领彰国节度使兼忻、代二州义军都部署。丁卯，以缘河巡检使阎万进为岚州刺史，领振武节度使兼岚、宪二州义军都制置使。帝闻契丹北归，欲经略河南，故以弘肇为前驱，又遣谦万进出北方以分契丹兵势。万进，并州人也。

契丹主以船数十艘载晋铠仗，将自汴溯河归其国，命宁国都虞候榆次武行德将士卒千馀人部送之。至河阴，行德与将士谋曰："今为虏所制，将远去乡里。人生会有死，安能为异域之鬼乎！虏势不能久留中国，不若共逐其党，坚守河阳，以俟天命之所归者而臣之，岂非长策乎！"众以为然。行德即以铠仗授之，相与杀契丹监军使。会契丹河阳节度使崔廷勋以兵送耿崇美之潞州，行德遂乘虚入据河阳，众推行德为河阳都部署。行德遣弟行友奉蜡表间道诣晋阳。

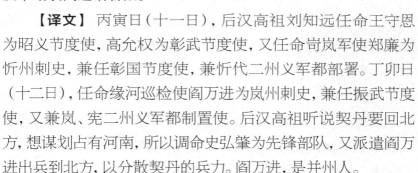

【译文】 丙寅日（十一日），后汉高祖刘知远任命王守恩为昭义节度使，高允权为彰武节度使，又任命岢岚军使郑廪为忻州刺史，兼任彰国节度使，兼忻代二州义军都部署。丁卯日（十二日），任命缘河巡检使阎万进为岚州刺史，兼任振武节度使，又兼岚、宪二州义军都制置使。后汉高祖听说契丹要回北方，想谋划占有河南，所以调命史弘肇为先锋部队，又派遣阎万进出兵到北方，以分散契丹的兵力。阎万进，是并州人。

契丹主耶律德光用几十艘大船装载后晋国中的武器铠甲向北运走，计划从汴水沿着黄河而上返回辽国，命令宁国都虞候榆次人武行德率领士卒一千多人护送船只。到达河阴后，武行德跟将士们商议，说："我们现在被契丹所控制，将要远离家乡。人生总归有一死，怎么可以做他乡的鬼呢！胡虏势必不能长久留在中国，不如共同驱逐他们的同党，坚守河阳，以等待天命所归的天子，再去归附他，这难道不是长远打算吗？"众人认为很对。武行德就把所运载的铠甲和武器交给部众，合力杀死契丹的监军使者。正好这时契丹的河阳节度使崔廷勋带着军队护送耿崇美前往潞州，武行德于是乘着州城空虚的机会占据河阳，众人推举武行德为河阳都部署。武行德派遣他的弟弟武行友先把章表装在蜡丸中，然后带着这封蜡表抄小路前往晋阳。

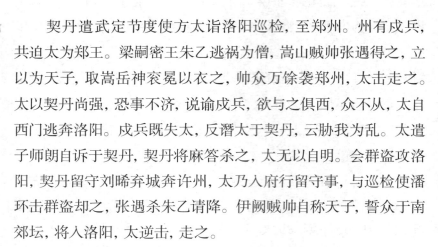

契丹遣武定节度使方太诣洛阳巡检，至郑州。州有戍兵，共迫太为郑王。梁嗣密王朱乙逃祸为僧，嵩山贼帅张遇得之，立以为天子，取嵩岳神衮冕以衣之，帅众万馀袭郑州，太击走之。太以契丹尚强，恐事不济，说谕戍兵，欲与之俱西，众不从，太自西门逃奔洛阳。戍兵既失太，反谮太于契丹，云胁我为乱。太遣子师朗自诉于契丹，契丹将麻答杀之，太无以自明。会群盗攻洛阳，契丹留守刘晞弃城奔许州，太乃入府行留守事，与巡检使潘环击群盗却之，张遇杀朱乙请降。伊阙贼帅自称天子，誓众于南郊坛，将入洛阳，太逆击，走之。

【译文】契丹派武定节度使方太到洛阳巡行视察，到达郑州，州里的守兵一起强迫方太为郑王。后梁朱温的后代密王朱乙避祸当了和尚，嵩山盗贼头领张遇得到朱乙，就立朱乙为天子，把嵩岳大神的冠冕龙袍扒下来给他穿上，率领部众一万多人袭击郑州，方太把他们打跑了。方太考虑到契丹势力还很强大，恐怕事情不能成功，于是对守兵百般分析、劝导，打算带着他们一起投奔洛阳，众人不听，方太就从西门逃走，奔向洛阳。守兵既已被方太所遗弃，反而在契丹面前出卖了方太，说是方太要挟他们作乱，方太派他的儿子方师朗主动去向契丹解释，契丹将领麻答将他杀掉，方太没有办法表明自己的心意。刚好这时各方盗贼攻打洛阳，契丹的留守刘晞放弃城池，逃往许州，方太于是进入洛阳官府执行留守的职务，跟巡检使潘环攻击盗贼，将他们打退，张遇杀了朱乙，主动前来投降。伊阙地区的盗贼首领自称天子，在洛阳城南的祭坛上当众宣誓，将要进入洛阳，方太迎击，把他们赶走。

太欲自归于晋阳，武行德使人诱太曰："我裨校也，公旧镇此地，今虚位相待。"太信之，至河阳，为行德所杀。

萧翰遣高谟翰援送刘晞自许还洛阳，晞疑潘环构其众逐己，使谟翰杀之。

戊辰，武行友至晋阳。

庚午，史弘肇奏遣先锋将马诲击契丹，斩首千馀级。时耿崇美、崔廷勋至泽州，闻弘肇兵已入潞州，不敢进，引众而南。弘肇遣诲追击，破之，崇美、廷勋与奚王拽剌退保怀州。

辛未，以武行德为河阳节度使。

契丹主闻河阳乱，叹曰："我有三失，宜天下之叛我也！诸道括钱，一失也；令上国人打草谷，二失也；不早遣诸节度使还镇，三失也。"

【译文】 方太打算归附晋阳，武行德却派人诱骗他说："我只是个军中偏校，先生以前曾经镇守这个地方，现在把河阳的首领位置让出来，等待先生的到来。"方太听信他的话，到了河阳，被武行德杀死。

萧翰派遣高谟翰援助刘晞，并且护送他从许州回洛阳，刘晞怀疑是潘环煽动部众驱逐自己，于是就让高谟翰把潘环杀死。

戊辰日（十三日），武行友来到晋阳。

庚午日（十五日），史弘肇奏报说派先锋将马诲袭击契丹，杀死千余人。当时耿崇美、崔廷勋来到泽州，听说史弘肇的军队已进入潞州，不敢前进，领兵南下。史弘肇派遣马诲前去追杀，将他们打败，耿崇美、崔廷勋和奚王拽剌退兵防守怀州。

辛未日（十六日），后汉高祖刘知远任命武行德为河阳节度使。

契丹主耶律德光听说河阳发生动乱，感叹道："我有三个失误，天下应该背叛我啊！向各辖区征敛钱财，这是第一项失误；叫上国的士兵"打草谷"，这是第二项失误；不及早下令各节度使回到自己所管辖的藩镇，这是第三项失误。"

唐主以矫诏败军，皆陈觉、冯延鲁之罪，壬申，诏赦诸将，议斩二人以谢中外。御史中丞江文蔚对仗弹冯延己、魏岑曰："陛下践阼以来，所信任者，延己、延鲁、岑、觉四人而已，皆阴狡弄权，壅蔽聪明，排斥忠良，引用群小，谏争者逐，窃议者刑，上下相蒙，道路以目。今觉、延鲁虽伏辜，而延己、岑犹在，本根未殄，枝干复生。同罪异诛，人心疑惑。"又曰："上之视听，惟在数人，虽日接群臣，终成孤立。"又曰："在外者握兵，居中者当国。"又曰："岑、觉、延鲁，更相违戾，彼前则我却，彼东则我西。天生五材，国之利器，一旦为小人忿争妄动之具。"又曰："征讨之柄，在岑折简，帑藏取与，系岑一言。"

【译文】南唐主李璟认为伪传圣旨以致军事失败，都是陈觉、冯延鲁的罪过，壬申日（十七日），下诏赦免其他将领，廷议斩杀陈、冯向全国上下谢罪。御史中丞江文蔚在朝堂当前弹劾冯延己、魏岑，说："陛下即位以来，所信任的人，只有冯延己、冯延鲁、魏岑和陈觉四人而已，这些人都阴险狡诈、玩弄权术，隐瞒事实，使皇上听不到、看不见，排斥忠贞良善的君子，引荐任用众多小人，向皇上劝谏力争的人被驱逐，私下议论的人被处刑。上下相互包庇，使人民敢怒不敢言。在路上相遇，只好用眼色来示意。现在陈觉和冯延鲁即使处死，但是冯延己和魏岑还在。根部没有铲除，枝干还会再生。同样的罪名，受到不同的惩

资治通鉴

罚，人心将会感到疑惑。"又说，"皇上所看所听的，只是那几个人，虽然每天接见群臣，最后还是陷于孤立。"又说，"任职在外的人掌握兵权，任职朝廷的人专断国事。"又说，"魏岑、陈觉、冯延鲁等人乖戾，他向前，我就退后，他向东，我就往西。天生的各种材质，国家的兵权，现在居然成为小人们愤恨争夺、轻率行动的工具。"又说，"出征讨伐的大权，由魏岑决定，国库库藏的取用，全在于魏岑的一句话。"

　　唐主以文蔚所言为太过，怒，贬江州司士参军。械送觉、延鲁至金陵。宋齐丘以尝荐觉使福州，上表待罪。

　　诏流觉于蕲州，延鲁于舒州。知制诰会稽徐铉、史馆修撰韩熙载上疏曰："觉、延鲁罪不容诛，但齐丘、延己为之陈请，故陛下赦之。擅兴者不罪，则疆场有生事者矣；丧师者获存，则行陈无效死者矣。请行显戮以重军威。"不从。

　　中书侍郎、同平章事冯延己罢为太弟少保，贬魏岑为太子洗马。

　　韩熙载屡言宋齐丘党与必为祸乱。齐丘奏熙载嗜酒猖狂，贬和州司士参军。

　　【译文】南唐主李璟认为江文蔚所说的话太过分，有点恼怒，把他贬为江州司士参军。陈觉、冯延鲁被戴上刑具押送到金陵。宋齐丘因为曾经举荐陈觉出使福州，所以这时向南唐主送上表章等待定罪。南唐主诏令陈觉流放蕲州，冯延鲁流放舒州。知制诰会稽人徐铉、史馆修撰韩熙载上疏说："陈觉、冯延鲁罪大恶极，死有余辜，但是宋齐丘、冯延己替他们讲情，请求开恩，所以陛下赦免了他们。擅自兴兵的人不加以治罪，那么边疆上就会有制造事端的人了，丧失军队的人获得生存，那么行伍战阵中就没有效忠牺牲的人了。请施行明罚大刑来重震军威。"南唐主没有听从。

中书侍郎、同平章事冯延已被罢免，降为太弟少保，贬降魏岑为太子洗马。

韩熙载多次上言宋齐丘一党必定成为国家的祸乱。宋齐丘则奏劾韩熙载嗜好饮酒，行为猖狂，于是贬降韩熙载为和州司士参军。

乙亥，凤州防御使石奉頵举州降蜀。奉頵，晋之宗属也。

契丹主至临城，得疾，及栾城，病甚，苦热，聚冰于胸腹手足，且啖之。丙子，至杀胡林而卒。国人剖其腹，实盐数斗，载之北去，晋人谓之"帝羓"。

赵延寿恨契丹主负约，谓人曰："我不复入龙沙矣。"即日，先引兵入恒州，契丹永康王兀欲及南北二王，各以所部兵相继而入。延寿欲拒之，恐失大援，乃纳之。

【译文】乙亥日（二十日），凤州防御使石奉頵以凤州投降蜀国。石奉頵，是后晋宗室成员。

契丹主耶律德光到达临城，得了病，到达栾城时，病情加重，身上滚烫，把冰放在胸部、腹部和手脚上，还吃冰块。丙子日（二十一日），契丹主走到杀胡林，就死了。国人剖开他的肚子，塞进几斗盐巴，载回北方，晋人称他为"帝羓"。

赵延寿怨恨契丹主耶律德光背弃信约，对人说："我不能再进龙沙了。"当天就先引兵进入恒州，契丹永康王兀欲以及南北二王，各率自己的部队也跟着相继进入恒州。赵延寿想拒绝他们，又恐怕得不到大军的援助，只好让他们进来。

时契丹诸将已密议奉兀欲为主，兀欲欲登鼓角楼受叔兄拜。而延寿不之知，自称受契丹皇帝遗诏，权知南朝军国事，仍下教布告诸道，所以供给兀欲与诸将同，兀欲衔之。恒州诸门管钥及仓库出纳，兀欲皆自主之。延寿使人请之，不与。

契丹主丧至国，述律太后不哭，曰："待诸部宁壹如故，则葬汝矣。"

帝之自寿阳还也，留兵千人戍承天军。戍兵闻契丹北还，不为备。契丹袭击之，戍兵惊溃；契丹焚其市邑，一日狼烟百馀举。帝曰："此虏将遁，张虚势也。"遣亲将叶仁鲁将步骑三千赴之。会契丹出剽掠，仁鲁乘虚大破之，丁丑，复取承天军。

【译文】这时契丹的众多将领已秘密商议拥戴兀欲为契丹主，兀欲登上鼓角楼受叔父、兄弟的朝拜。而赵延寿不晓得这件事情，自称接受契丹皇帝的遗诏，代理南朝的军国大事，于是颁下命令，通告各地，他供给兀欲的俸禄和其他将领一样，兀欲很恨他。恒州各城门的锁和钥匙以及仓库的物资出入，兀欲都亲自管理。赵延寿派人去向他要那些钥匙，兀欲不肯给。

契丹主耶律德光的尸体运到辽国，述律太后没有哭，说："等到各部落恢复像以前那样安定团结，再安葬你吧！"

后汉高祖刘知远从寿阳回来的时候，留下一千人马戍守承天军。守兵听说契丹回北方去了，便不再设防，契丹前来偷袭，守兵惊慌、溃败。契丹焚烧他们的都邑，一天之中，燃起烽火一百多次。后汉高祖说："这些胡虏将要逃走，故意虚张声势。"派遣亲信的将领叶仁鲁带领三千名步兵和骑兵开赴承天军。正好这时契丹出外抢劫，叶仁鲁乘虚而入，大破契丹，丁丑日（二十二日），再夺回承天军。

冀州人杀契丹刺史何行通，推牢城指挥使张廷翰知州事。廷翰，冀州人，符习之甥也。

或说赵延寿曰："契丹诸大人数日聚谋，此必有变。今汉兵不减万人，不若先事图之。"延寿犹豫不决。壬午，延寿下令，以来月朔日于待贤馆上事，受文武官贺。其仪：宰相、枢密使拜于阶上，节度使以下拜于阶下。李崧以虏意不同，事理难测，固请赵延寿未行此礼，乃止。

【译文】冀州人杀死契丹刺史何行通，推举牢城指挥使张廷翰主持州中事务。张廷翰，是冀州人，是符习的外甥。

有人劝赵延寿说："契丹各位大人连日聚会谋议，这里一定有变故。现在汉兵不下一万人，不如在他们采取行动之前图谋进取。"赵延寿犹豫不决。壬午日（二十七日），赵延寿下令，在下个月初一那天，在待贤馆举行就职典礼，接受文武百官的朝贺。仪式是宰相、枢密使在阶上朝拜，节度使以下的官员在阶下朝拜。李崧认为胡虏的意思跟我们不一样，形势难以预测，再三地劝赵延寿不要举行这个典礼，赵延寿这才罢休。

资治通鉴

资治通鉴卷第二百八十七　后汉纪二

起强圉协洽五月，尽著雍涒滩二月，不满一年。

【译文】 起丁未（公元947年）五月，止戊申（公元948年）二月，共十个月。

【题解】 本卷记录了公元947年五月至948年二月的史事，共九个月。正当后汉高祖刘知远天福十二年五月至乾祐元年二月。此时期中原王朝又一次易主，刘知远起兵太原，赶跑契丹，建立后汉，史称高祖。契丹永康王耶律阮，小名兀欲，是太宗耶律德光哥哥耶律倍的儿子。太宗喜爱兀欲把他当成自己儿子培养，兀欲跟从太宗讨伐后晋。太宗耶律德光死在北还辽国的途中，兀欲用诡计在恒州即帝位，史称辽世宗。后汉高祖刘知远不仅容不下后唐明宗李嗣源之子李从益母子，还信任、依赖苏逢吉、史弘肇等贪残暴虐之臣。又滥杀幽州无辜士兵一千五百人，这不是仁心；诱骗张琏投降而又把他杀死，这不是诚信；杜重威罪恶大而赦免他，这是用刑不当。司马光评论说，刘知远失去了仁、信、刑这三项，所以他的国运不长久。后蜀兵进攻凤翔，吴越国发生政变，钱弘俶取代钱弘倧成为国主。

高祖睿文圣武昭肃孝皇帝中

天福十二年（丁未，公元九四七年）五月，乙酉塑，永康王兀欲召延寿及张砺、和凝、李崧、冯道于所馆饮酒。兀欲妻素以兄事延寿，兀欲从容谓延寿曰："妹自上国来，宁欲见之乎？"延寿欣然与之俱入。良久，兀欲出，谓砺等曰："燕王谋反，适已锁之矣。"又曰："先帝在汴时，遗我一筹，许我知南朝军国。近者临崩，别无遗诏。而燕王擅自知南朝军国，岂理邪！"下令："延寿亲党，皆释不问。"间一日，兀欲至待贤馆受蕃、汉官谒贺，笑谓张砺等曰："燕王果于此礼上，吾以铁骑围之，诸公亦不免矣。"

后数日，集蕃、汉之臣于府署，宣契丹主遗制。其略曰："永康王，大圣皇帝之嫡孙，人皇王之长子，太后钟爱，群情允归，可于中京即皇帝位。"于是，始举哀成服。既而易吉服见群臣，不复行丧，歌吹之声不绝于内。

【译文】天福十二年（丁未，公元947年）五月，乙酉朔日（初一），永康王兀欲召请赵延寿及张砺、和凝、李崧、冯道等人到自己的馆舍饮酒。兀欲的妻子一向把赵延寿当哥哥看待，兀欲从容地对赵延寿说："妹妹从上国来，可想要见见她吗？"赵延寿很高兴地跟他一块儿进去。过了好一阵子，兀欲出来，对张砺等人说："燕王图谋叛变，刚才已经用铁链把他锁起来了。"又说，"先帝在汴梁的时候，留给我一个计划，答应由我主持南朝的军国政事。最近临终的时候，没有其他遗诏。然而燕王却擅自治理南朝的军国大事，哪有这样的道理呢？"于是下令："赵延寿的亲信和党羽都不加追究。"隔了一天，兀欲到待贤馆接受蕃、汉百官的进谒祝贺，笑着对张砺等人说："燕王如果真的在这里行这种礼仪，我就用铁甲骑兵包围此地，诸位也就难免遭殃了。"

过了几天，在恒州的州府召集蕃、汉群臣，宣布契丹主耶律德光的遗诏。大略内容是说："永康王乃是大圣皇帝耶律阿保机的嫡孙，也就是人皇王耶律倍的长子，太后疼爱他，大家的心意也确实归向他，可在中京即皇帝位。"于是替契丹主耶律德光举行丧礼，穿起丧服，替他守丧。然后又换上吉服接见群臣，不再行丧礼，歌声乐声在府署内响个不停。

辛巳，以绛州防御使王晏为建雄节度使。

帝集群臣庭议进取，诸将咸请出师井陉，攻取镇、魏，先定河北，则河南拱手自服。帝欲自石会趋上党，郭威曰："虏主虽死，党众犹盛，各据坚城。我出河北，兵少路迂，傍无应援，若群虏合势，共击我军，进则遮前，退则邀后，粮饷路绝，此危道也。上党山路险涩，粟少民残，无以供亿，亦不可由。近者陕、晋二镇，相继款附，引兵从之，万无一失，不出两旬，洛、汴定矣。"帝曰："卿言是也。"苏逢吉等曰："史弘肇大军已屯上党，群虏继遁，不若出天井，抵孟津为便。"司天奏："太岁在午，不利南行。宜由晋、绛抵陕。"帝从之。辛卯，诏以十二日发北京，告谕诸道。

【译文】 辛卯日（初七），后汉高祖任命绛州防御使王晏为建雄节度使。

后汉高祖刘知远召集群臣在朝廷商议进取中原。众将领都建议从井陉出兵，攻取镇、魏二州，先平定黄河以北，黄河以南就会自己拱手称臣，后汉高祖则主张从石会直趋上党。郭威说："胡虏的首领虽已死亡，可是他的部众还很强盛，各自据守坚固的城池。我们向黄河以北出兵，兵力缺少，路途又弯曲遥远，没有别的力量来接应援助；如果胡虏们联合进攻我军，那么我们前进，他们在前面挡住去路；我们后退，他们又在后面拦截；运送粮草的道路也会被断绝，这是危险的一条路。上党那地方，山路险隘难行，粟米稀少，民家残破，无法供应军需，也不可以走。近来陕州和晋州两个藩镇相继诚心归附，引兵向这个地方进发，可保万无一失，不出二十天，洛阳、汴州就可以平定了。"后汉高祖说："你说得很对。"苏逢吉等人说："史弘肇的大军已经屯驻上党，胡虏各部相继逃走，不如出兵取道天井，直达孟津来得有利。"主管天文的官员奏道："太岁在午，不利于向南走。应该经由晋州和绛州，抵达陕州。"后汉高祖采纳了他的意见。辛卯日（初七），诏令十二日从太原发兵，通告各道。

甲午，以太原尹崇为北京留守，以赵州刺史李存瑰为副留守，河东幕僚真定李骧为少尹，牙将太原蔚进为马步指挥使以佐之。存瑰，唐庄宗之从弟也。

是日，刘晞弃洛阳，奔大梁。

【译文】甲午日（初十）后汉高祖刘知远任命太原尹刘崇为北京留守，赵州刺史李存瑰为副留守，河东幕僚真定人李骧为少尹，牙将太原人蔚进为马步指挥使辅佐刘崇。李存瑰，是唐庄宗李存勖的堂弟。

这一天，刘晞放弃洛阳逃奔大梁。

武安节度副使、天策府都尉、领镇南节度使马希广，楚文昭王希范之母弟也，性谨顺，希范爱之，使判内外诸司事。壬辰夜，希范卒，将佐议所立。都指挥所张少敌，都押牙袁友恭，以武平节度使知永州事希萼，于希范诸弟为最长，请立之。长直都指挥使刘彦瑫、天策府学士李弘皋、邓懿文、小门使杨涤皆欲立希广。张少敌曰："永州齿长而性刚，必不为都尉之下明矣。必立都尉，当思长策以制永州，使帖然不动则可。不然，社稷危矣。"彦瑫等不从。天策府学士拓跋恒曰："三十五郎虽判军府之政，然三十郎居长，请遣使以礼让之。不然，必起争端。"彦瑫等皆曰："今日军政在手，天与不取，使它人得之，异日吾辈安所自容乎!"希广懦弱，不能自决。乙未，彦瑫等称希范遗命，共立之。张少敌退而叹曰："祸其始此乎!"与拓跋恒皆称疾不出。

【译文】 武安节度副使、天策府都尉、领镇南节度使马希广，是楚国文昭王马希范的同母弟，生性谨慎和顺，马希范喜爱他，教他治理内外诸司的事务。壬辰日（初八）的晚上，马希范去世，将帅幕僚商议继位的人选。都指挥使张少敌、都押牙袁友恭认为武平节度使兼主持永州事务的马希萼，在马希范几个弟弟中年纪最大，主张立马希萼。长直都指挥使刘彦瑫、天策府学士李弘皋、邓懿文，小门使杨涤等人则一致主张立马希广。张少敌说："知永州事的马希萼年纪比较大，而个性刚强，一定不肯位居天策府都尉马希广之下，是很显然的。如果一定要立都尉，那就应当想出一套良好的计策来控制永州，使他服服帖帖、不敢行动才行，不然的话，国家就危险了。"刘彦瑫等人不同意。天策府学士拓跋恒说："三十五郎马希广即使主理军政大事，但三十郎马希萼年龄居长，也应派遣使者以礼相让；不然，一定会起争端。"刘彦等人都说："现在军政大权在手，这是上天的恩赐；上天的恩赐不接受，而让别人拣去，以后我们何处容身呢?"马希广怯懦软弱，自己决定不下。乙未日（十一日），刘彦瑫等人假托马希范的遗命，共同拥立马希广。张少敌退朝以后，叹息说："祸患恐怕就从这里开始了吧!"与拓跋恒都称病不出。

丙申，帝发太原，自阴地关出晋、绛。

丁酉，史弘肇奏克泽州。始，弘肇攻泽州，刺史翟令奇固守不下。帝以弘肇兵少，欲召还。苏逢吉、杨邠曰："今陕、晋、河阳皆已向化，崔廷勋、耿崇美朝夕遁去；若召弘肇还，则河南人心动摇，虏势复壮矣。"帝未决，使人谕指于弘肇。弘肇曰："兵已及此，势如破竹，可进不可退。"与逢吉等议合。帝乃从之。弘肇遣部将李万超说令奇，令奇乃降。弘肇以万超权知泽州。

【译文】丙申日（十二日），后汉高祖刘知远从太原起兵，从阴地关开往晋、绛二州。

丁酉日（十三日），史弘肇奏报攻克泽州。起初，史弘肇进攻泽州，刺史翟令奇死守城池，攻不下来。后汉高祖认为是史弘肇兵少，想召他回来。苏逢吉、杨邠说："现在陕州、晋州、河阳都已经归附我们，崔廷勋、耿崇美早晚会逃走；如果召唤史弘肇回来，那么黄河以南的人心就会因此而动摇，这样一来，胡人的势力又强盛起来了。"后汉高祖没有立刻做出决定，派人去征求史弘肇的意见。史弘肇说："军队已经来到这里，势如破竹，只可前进，不可后退。"他的意见跟苏逢吉等人的意见相合，后汉高祖这才采纳他们的意见。史弘肇派遣部将李万超去劝说翟令奇，翟令奇于是投降了。史弘肇命李万超代理主持泽州事务。

崔廷勋、耿崇美、奚王拽剌合兵逼河阳，张遇帅众数千救之，战于南阪，败死。武行德出战，亦败，闭城自守。拽剌欲攻之，廷勋曰："今北军已去，得此何用！且杀一夫犹可惜，况一城乎！"闻弘肇已得泽州，乃释河阳，还保怀州。弘肇将至，廷勋等拥众北遁，过卫州，大掠而去。契丹在河南者相继北去，弘肇引兵与武行德合。

弘肇为人，沉毅寡言，御众严整，将校小不从命，立挝杀之。

士卒所过，犯民田及系马于树者，皆斩之。军中慑息，莫敢犯令，故所向必克。帝自晋阳安行入洛及汴，兵不血刃，皆弘肇之力也。帝由是倚爱之。

【译文】崔廷勋、耿崇美、奚王拽剌联兵逼近河阳城，张遇率领几千人马前往救援，在南阪和敌军展开战斗，战败而死。武行德出战，也被打败，关闭城门，严密防守。拽剌想要攻城，崔廷勋说："现在北军已经离去，得到这座城池有什么用！而且杀害一人都还觉得可惜，何况是一城呢？"听说史弘肇已经得了泽州，于是放弃河阳，退兵防守怀州。当史弘肇将要到达怀州的时候，崔廷勋等率领部众向北逃走，经过卫州，大肆抢夺后离去。留在黄河以南的契丹人相继回到北方，史弘肇领兵和武行德会合。

史弘肇为人稳重坚毅、沉默寡言，统领军队，号令严明、军纪整肃，将校稍微不听命令，立刻击杀他。士兵经过的地方，如果有人侵害百姓的田地，或把马系在树上的，一律斩首，军中人人恐惧，没有一个敢违抗命令，所以无论打到什么地方，都获得胜利。后汉高祖刘知远从晋阳安安全全地进入洛阳和汴州，兵器连一点血迹都没有沾到，这都是史弘肇的功劳。后汉高祖从此更加倚重、喜爱他了。

辛丑，帝至霍邑，遣使谕河中节度使赵匡赞，仍以契丹囚其父延寿告之。

滋德宫有宫人五十馀人，萧翰欲取之，宦者张环不与。翰破锁夺宫人，执环，烧铁灼之，腹烂而死。

初，翰闻帝拥兵而南，欲北归。恐中国无主，必大乱，己不得从容而去。时唐明宗子许王从益与王淑妃在洛阳，翰遣高谟翰迎之，矫称契丹主命，又以从益知南朝军国事，召己赴恒州。淑妃、从益匿于徽陵下宫，不得已而出。至大梁，翰立以为帝，帅诸酋长拜之，以礼部尚书王松、御史中丞赵远为宰相，前宣徽使甄城翟光邺为枢密使，左金吾大将军王景崇为宣徽使，以北来指挥使刘祚权侍卫亲军都指挥使，充在京巡检。松，徽之子也。

【译文】辛丑日（十七日），后汉高祖刘知远到达霍邑，派遣使者晓瑜河中节度使赵匡赞，并且把契丹囚禁他父亲赵延寿的消息告诉他。

滋德宫内有五十多名宫女，萧翰想要带走，宦官张环不给。萧翰砸坏宫门的锁，抢夺宫人，将张环抓起来，用烧红的铁块烙他，张环腹部被烧烂而死。

起初，萧翰听说后汉高祖刘知远率兵南下，想向北回国，又担心中原无主后，必然大乱，自己就不能轻松地回国了。当时后唐明宗李嗣源的儿子许王李从益跟王淑妃在洛阳，萧翰派高谟翰去迎接他们，假称契丹主耶律德光的命令，任命李从益主持南朝军政大事，召自己前往恒州。王淑妃、李从益躲藏在后唐明宗李嗣源的陵墓——徽陵的地宫中，最后不得已，只好出来。到了大梁，萧翰立李从益为皇帝，率领各酋长向他下拜。又任命礼部尚书王松、御史中丞赵远为宰相，前任宣徽使甄城人翟光邺为枢密使，左金吾大将军王景崇为宣徽使，任命随契丹主耶律德光北来的指挥使刘祚代理侍卫亲军都指挥使，充任在京巡检。王松，是王徽的儿子。

百官谒见淑妃，淑妃泣曰："吾母子单弱如此，而为诸公所推，是祸吾家也！"翰留燕兵千人守诸门，为从益宿卫。壬寅，翰及刘晞辞行，从益饯于北郊。遣使召高行周于宋州，武行德于河

240

阳，皆不至。淑妃惧，召大臣谋之曰："吾母子为萧翰所逼，分当灭亡。诸公无罪，宜早迎新主，自求多福，勿以吾母子为意！"众感其言，皆未忍叛去。或曰："今集诸营，不减五千，与燕兵并力坚守一月，北救必至。"淑妃曰："吾母子亡国之馀，安敢与人争天下！不幸至此，死生惟人所裁。若新主见察，当知我无所负。今更为计画，则祸及他人，阖城涂炭，终何益乎！"众犹欲拒守，三司使文安刘审交曰："余燕人，岂不为燕兵计！顾事有不可如何者。今城中大乱之馀，公私穷竭，遗民无几，若复受围一月，无噍类矣。愿诸公勿复言，一从太妃处分。"乃用赵远、翟光邺策，称梁王，知军国事。遣使奉表称臣迎帝，请早赴京师，仍出居私第。

【译文】 文武百官拜见王淑妃，淑妃哭着说："我们母子二人这样孤单弱小，却被你们各位推上这个位置，这是祸害我家啊！"萧翰留下一千名燕兵，把守各个大门，并为李从益担任警卫。壬寅日（十八日），萧翰及刘晞辞行，李从益在城北的郊外为他们饯行。李从益派遣使者到宋州召请高行周，到河阳召请武行德，结果都不来。王淑妃害怕，召集大臣商量说："我母子两人被萧翰所逼迫，自料难免一死。诸公无罪，应该及早迎接新的君主，自求多福，不要为了我母子两人而有所顾虑！"大家被她的话所感动，都不忍心背叛她而离开。有人说："现在集合各营的士兵，不下五千人，跟燕兵合力坚守一个月，北方契丹的救兵一定会到来。"王淑妃说："我母子两人是亡国的遗民，怎么敢跟人家争天下！现已不幸落到这种地步，生死只有任由人家决定。如果新的君主能够体察，当会知道我们并没有什么对不起他的地方。现在如果再做别的打算，那么就会引起大祸，祸害连累其他人，将整个城中的百姓陷于困苦的境地，到底有什么益处呢！"大家还是想防守抵抗，三司使文安人刘审交说："我是燕人，怎能不为燕兵着想！但事情有无可奈何的情况。现在城中大乱以后，无论官家私人都穷到了底，留下的百姓没有多少，如果再被围一个月，那就没有能喘气的人。希望大家不要再说了，一切都听从太妃的安排。"于是采用赵远、翟光邺的计策，李从益改称梁王，主持军国政事。派遣使者奉表称臣，迎接后汉高祖刘知远，请后汉高祖早日前往京师，接着李从益出宫住在私宅里。

甲辰，帝至晋州。

契丹主兀欲以契丹主德光有子在国，己以兄子袭位，又无述律太后之命，擅自立，内不自安。

初，契丹主阿保机卒于勃海，述律太后杀酋长及诸将凡数百人。契丹主德光复卒于境外，酋长诸将惧死，乃谋奉契丹主兀欲勒兵北归。

契丹主以安国节度使麻荅为中京留守，以前武州刺史高奉明为安国节度使。晋文武官及士卒悉留于恒州，独以翰林学士徐台符、李澣及后宫、宦者、教坊人自随。乙巳，发真定。

【译文】甲辰日（二十日），后汉高祖刘知远到达晋州。

契丹主兀欲由于契丹主耶律德光有儿子在国内，自己以侄子的身份承袭帝位，又没有述律太后的命令，擅自即位，内心不安。

起初，契丹主耶律阿保机死于勃海，述律太后杀死酋长和众将领几百人。契丹主耶律德光又死在国境之外，酋长诸将害怕被杀，于是打算奉请契丹主兀欲统领军队回契丹。

契丹主兀欲任命安国节度使麻荅为中京留守，前任武州刺史高奉明为安国节度使。晋廷的文武官员和士兵全部留在恒州，只命翰林学士徐台符、李澣以及宫女、宦官、教坊的乐师跟随自己。乙巳日（二十一日），从真定启程。

帝之即位也，绛州刺史李从朗与契丹将成霸卿等拒命，帝遣西南面招讨使、护国节度使白文珂攻之，未下。帝至城下，命诸军四布而勿攻，以利害谕之。戊申，从朗举城降。帝命亲将分护诸门，士卒一人毋得入。以偏将薛琼为防御使。

辛亥，帝至陕州，赵晖自御帝马而入。壬子，至石壕，汴人有来迎者。

【译文】后汉高祖刘知远即位后，绛州刺史李从朗和契丹将军成霸卿等人抗命，后汉高祖派遣西南面招讨使、护国节度使白文珂去攻打他们，但是没有攻下。后汉高祖走到城下，命令各军四面布阵而不攻打，分析利害给他们听。戊申日（二十四日），李从朗献城投降。后汉高祖下令亲信的将领分别把守各门，士兵们一个也不能进去。任命偏将薛琼为防御使。

辛亥日（二十七日），后汉高祖刘知远到达陕州，赵晖亲自牵后汉高祖的马进城。壬子日（二十八日），到达石壕，大梁百姓有前来迎接的。

六月，甲寅朔，萧翰至恒州，与麻荅以铁骑围张砺之第。砺方卧病，出见之，翰数之曰："汝何故言于先帝，云胡人不可以为节度使？又，吾为宣武节度使，且国舅也，汝在中书乃帖我！又，先帝留我守汴州，令我处宫中，汝以为不可。又，谮我及解里于先帝，云解里好掠人财，我好掠人子女。今我必杀汝！"命锁之。砺抗声曰："此皆国家大体，吾实言之。欲杀即杀，奚以锁为！"麻荅以大臣不可专杀，力救止之，翰乃释之。是夕，砺愤恚而卒。

崔廷勋见麻荅, 趋走拜, 起, 跪而献酒, 麻荅踞而受之。

乙卯, 帝至新安, 西京留司官悉来迎。

吴越忠献王弘佐卒。遗令以丞相弘倧为镇海、镇东节度使兼侍中。

【译文】六月, 甲寅朔日 (初一), 萧翰来到恒州, 与麻荅派铁甲骑兵包围了张砺的住宅。张砺正卧病在床, 出来接见他们, 萧翰数落他说: "你为什么告诉先帝, 说胡人不可以做节度使? 还有, 我做宣武节度使, 而且又是国舅, 你在中书省, 居然对我使用堂帖 (宰相处分百官的案卷)! 还有, 先帝留我防守汴州, 叫我住在宫中, 你又认为不可以。还有, 在先帝面前中伤我和解里, 说解里喜欢抢夺人家的财物, 说我喜欢抢夺别人的女子。今天我一定要杀你! "说完, 就下令把张砺用铁链锁起来。张砺大声地说: "这都是国家的根本, 我照实而说, 要杀就杀, 干吗还要锁起来! "麻荅认为大臣不可以擅自杀戮, 尽力加以劝阻, 萧翰才释放他。当晚, 张砺愤怒而死。

崔廷勋看到麻荅, 快步走上前去叩拜, 并起身后跪着献酒, 麻荅蹲坐着接受。

乙卯日 (初二), 后汉高祖刘知远到达新安, 留在西京的官员都来迎接。

吴越国忠献王钱弘佐去世。遗命委任丞相钱弘倧为镇海、镇东节度使兼侍中。

丙辰, 帝至洛阳, 入居宫中, 汴州百官奉表来迎。诏谕以受契丹补署者皆勿自疑, 聚其告牒而焚之。赵远更名上交。

命郑州防御使郭从义先入大梁清宫, 密令杀李从益及王淑妃。淑妃且死, 曰: "吾儿为契丹所立, 何罪而死! 何不留之, 使每岁寒食，以一盂麦饭酒明宗陵乎!"闻者泣下。

戊午，帝发洛阳。枢密院吏魏仁浦自契丹逃归，见于巩。郭威问以兵数及故事，仁浦强记精敏，威由是亲任之。仁浦，卫州人也。

辛酉，汴州百官窦贞固等迎于荥阳。甲子，帝至大梁，晋之藩镇相继来降。

【译文】 丙辰日（初三），后汉高祖刘知远来到洛阳，进入宫中居住。汴州的文武百官奉上表章前来迎接。后汉高祖下诏告诉他们接受契丹任命的人都不必疑虑，于是把所有的敕告文书收集起来烧掉。赵远因避讳而改名为赵上交。后汉高祖命令郑州防御使郭从义先进入大梁，清理内宫，密令杀死李从益和王淑妃。王淑妃即将死去的时候，说："我的儿子是由契丹所册立的，有什么罪而要被处死! 何不留下他，让他在每年寒食节的时候，盛一碗麦饭敬祭于明宗李嗣源的陵墓呢! "听到的人都不禁流下泪来。

戊午日（初五），后汉高祖刘知远从洛阳出发。枢密院吏魏仁浦从契丹逃回，在巩县叩见后汉高祖。郭威问他有关契丹的兵数及前代制度，魏仁浦博闻强记，头脑精敏，因此，郭威亲近他、信任他。魏仁浦，是卫州人。

辛酉日（初八），汴州的窦贞固等文武百官在荥阳迎接后汉高祖刘知远。甲子日（十一日），后汉高祖到达大梁，晋国的藩镇相继前来投降。

【乾隆御批】 从益知南朝军国事，由逼胁为之，势不由己，其于后汉亦并无名分之嫌，必当如宋之诛张邦昌也? 知远曾身事明宗，至此并无一盂麦饭之念，湘阴狼狈，宜其及已。

【译文】 李从益执掌南朝的军国大事，是由于胁迫才做的，当时的形势由不得他自己，他对于后汉并没有名位上的嫌怨，一定要像宋诛杀张邦昌那样吗？刘知远也曾经亲自侍奉唐明宗，到此并没有给李从益一罐麦饭的想法，将来陷入窘迫，也是应该的呀！

【申涵煜评】 汉氏得天下颇正，独杀从益为过。当隔代遗孤，不死于晋，而死于汉。待明宗殊无香火，情然非汉杀之，实契丹杀之也。王淑妃早知其不免矣。

【译文】 后汉得到天下可以说符合正途，唯独诛杀李从益太过。作为隔代遗留下来的孤儿，没有死在后晋，而死于后汉。只是明宗根本没有香火，情然并非后汉杀了他，其实是契丹杀他。王淑妃早就知道不免于祸难了。

丙寅，吴越王弘倧袭位。

戊辰，帝下诏大赦。凡契丹所除节度使，下至将吏，各安职任，不复变更。复以汴州为东京，改国号曰汉，仍称天福年，曰："余未忍忘晋也。"复青、襄、汝三节度。壬申，以北京留守崇为河东节度使，同平章事。

契丹述律太后闻契丹主自立，大怒，发兵拒之。契丹主以伟王为前锋，相遇于石桥。初，晋侍卫马军都指挥使李彦韬从晋主北迁，隶述律太后麾下，太后以为排陈使。彦韬迎降于伟王，太后兵由是大败。契丹主幽太后于阿保机墓。改元天禄，自称天授皇帝，以高勋为枢密使。契丹主慕中华风俗，多用晋臣，而荒于酒色，轻慢诸酋长，由是国人不附，诸部数叛，兴兵诛讨，故数年之间，不暇南寇。

【译文】 丙寅日（十三日），吴越钱弘倧继承王位。

戊辰日（十五日），后汉高祖刘知远下诏书实行大赦。凡是契丹所委任的节度使，下至将领官吏，各自安于职守，不再变更。又把汴州恢复为东京，改国号为汉，依旧用"天福"为年号，说："我不忍心忘记晋国。"恢复青州、襄州、汝州三个节度。壬申日（十九日），任命北京留守刘崇为河东节度使，同平章事。

契丹述律太后听说契丹主兀欲自立为皇帝的消息，大为震怒，发兵抵抗他。契丹主兀欲命伟王为前锋，两军相遇于石桥。起初，后晋的侍卫马军都指挥使李彦韬随从后晋主石重贵北迁，隶属在述律太后的部下，太后任命他为排阵使。李彦韬迎接伟王，向他投降，太后的兵马因此被打得大败。契丹主兀欲把太后囚禁在耶律阿保机的陵墓里。改年号为天禄，自称天授皇帝，任命高勋为枢密使。契丹主兀欲仰慕中原的风俗，所以多用原后晋的大臣，而他自己沉迷于酒色，轻视怠慢各部落的酋长，因此契丹人不归附，各部落频频叛变，契丹主不得不兴兵讨伐，所以几年内，无暇向南侵略。

初，契丹主德光命奉国都指挥使南宫王继弘、都虞候樊晖以所部兵戍相州，彰德节度使高唐英善待之。戍兵无铠仗，唐英以铠仗给之，倚信如亲戚。唐英闻帝南下，举镇请降。使者未返，继弘、晖杀唐英。继弘自称留后，遣使告云唐英反覆，诏以继弘为彰德留后。庚辰，以晖为磁州刺史。

安国节度使高奉明闻唐英死，心不自安，请于麻荅，署马步都指挥使刘铎为节度副使，知军府事，身归恒州。

【译文】起初，契丹主耶律德光命奉国都指挥使南宫人王继弘、都虞候樊晖带领所部人马守卫相州，彰德节度使高唐英对他们很好。守兵没有铠甲兵器，高唐英便供给他们铠甲兵器，依赖、信任得像亲戚一样。高唐英听说后汉高祖刘知远南下，献出自己所管辖的藩镇，主动投降；派去的使者还没有回来，王继弘和樊晖就杀了高唐英。王继弘自称留后，派遣使者去报告说高唐英反复不定。后汉高祖下诏，任命王继弘为彰德留后。庚辰日（十七日），任命樊晖为磁州刺史。

安国节度使高奉明听说高唐英被杀，心里忐忑不安，向麻荅请求任命马步都指挥使刘铎为节度副使，主持军府的事务，自己回到恒州。

帝遣使告谕荆南。高从诲上表贺，且求郢州，帝不许。及加恩使至，拒而不受。

唐主闻契丹主德光卒，萧翰弃大梁去，下诏曰："乃眷中原，本朝故地。"以左右卫圣统军、忠武节度使、同平章事李金全为北面行营招讨使，议经略北方。闻帝已入大梁，遂不敢出兵。

秋，七月，甲午，以马希广为天策上将军、武安节度使、江南诸道都统，兼中书令，封楚王。

【译文】 后汉高祖刘知远派遣使者通告安抚荆南。高从诲上表祝贺，并要求统辖郢州，后汉高祖不准；等到使者前去宣布加恩的时候，高从诲拒绝接受。

南唐主李璟听说契丹主耶律德光去世，萧翰放弃大梁逃往北方，下诏书道："我们眷恋中原，那是本朝的故土。"任命左右卫圣统军、忠武节度使、同平章事李金全为北面行营招讨使，图谋进取北方。后来获悉后汉高祖刘知远已经进了大梁，于是不敢出兵。

秋季，七月，甲午日（十一日），任命马希广为天策上将军、武安节度使、江南诸道都统，兼中书令，封为楚王。

或传赵延寿已死。郭威言于帝曰："赵匡赞,契丹所署,今犹在河中,宜遣使吊祭,因起复移镇。彼既家国无归,必感恩承命。"从之。会邺都留守、天雄节度使兼中书令杜重威、天平节度使兼侍中李守贞皆奉表归命。重威仍请移它镇。归德节度使兼中书令高行周入朝,丙申,徙重威为归德节度使,以行周代之;守贞为护国节度使,加兼中书令;徙护国节度使赵匡赞为晋昌节度使。后二年,延寿始卒于契丹。

【译文】 有传言赵延寿已经死了。郭威对后汉高祖刘知远说:"赵匡赞是契丹任命的,现在还留在河中,我们应派遣使者前往吊唁祭祀,趁机起用他,并调换镇所。他已无家无国可归,一定会感恩戴德听从陛下的诏命。"后汉高祖赞成他的意见。正好这时邺都留守、天雄节度使兼中书令杜重威与天平节度使兼侍中李守贞都上表归降。杜重威又请求调到别处做节度使。而归德节度使兼中书令高行周又在此时入朝。于是在丙申日(十三日)那天,调杜重威为归德节度使,命高行周代替他;任命李守贞为护国节度使,加兼中书令;调护国节度使赵匡赞为晋昌节度使。过了两年,赵延寿才死在契丹。

吴越王弘倧以其弟台州刺史弘俶同参相府事。

李达以其弟通知福州留后,自诣钱唐见吴越王弘倧,弘倧承制加达兼侍中,更其名曰孺赟。既而孺赟悔惧,以金笋二十株及杂宝赂内牙统军使胡进思,求归福州。进思为之请,弘倧从之。

杜重威自以附契丹,负中国,内常疑惧。及移镇制下,复拒而不受,遣其子弘璲质于麻荅以求援。赵延寿有幽州亲兵二千在恒州,指挥使张琏将之,重威请以守魏。麻荅遣其将杨衮将契丹千五百人及幽州兵赴之。闰月,庚午,诏削夺重威官爵,以高行周为招讨使，镇宁节度使慕容彦超副之，以讨重威。

【译文】 吴越王钱弘俶派他的弟弟台州刺使钱弘俶共同参与相府事务。

李达命他的弟弟李通主持福州留后的事务，亲自前往钱塘见吴越王钱弘俶，钱弘俶秉承皇帝旨意加封李达兼侍中，改他的名字叫作李孺赟。过了不久，李孺赟既后悔又恐惧，用二十株金笋及各种宝物贿赂内牙统军使胡进思，求他帮忙，好让自己回福州。胡进思替他请求，钱弘俶答应了他。

杜重威自从投靠契丹、背叛中原后，心里常常疑虑恐惧，等到调任归德节度使的制令下达，他又拒不接受，他派自己的儿子杜弘璲到麻荅那里做人质，以换取契丹的援兵。赵延寿有幽州的亲兵两千人在恒州，由指挥使张琏率领，杜重威请求派遣这支军队来防守魏州，麻荅派遣他的部将杨衮率领契丹兵一千五百人及幽州兵开赴魏州。闰月，庚午日（十八日），后汉高祖刘知远下诏，废除杜重威的官爵，任命高行周为招讨使，镇宁节度使慕容彦超为副招讨使，以讨伐杜重威。

辛未，杨邠、郭威、王章皆为正使。时兵荒之馀，公私匮竭，北来兵与朝廷兵合，顿增数倍。章白帝罢不急之务，省无益之费以奉军，用度克赡。

庚辰，制建宗庙。太祖高皇帝，世祖光武皇帝，皆百世不迁。又立四亲庙，追尊谥号。凡六庙。

麻荅贪猾残忍，民间有珍货、美妇女，必夺取之。又捕村民，诬以为盗，披面，抉目，断腕，焚炙而杀之，欲以威众。常以其具自随，左右前后悬人肝、胆、手、足，饮食起居于其间，语笑自若。出入或被黄衣，用乘舆，服御物，曰："兹事汉人以为不可，吾国无忌也。"又以宰相员不足，乃牒冯道判弘文馆，李崧判史馆，和凝判集贤，刘昫判中书，其僭妄如此。然契丹或犯法，无所容贷，故市肆不扰。常恐汉人亡去，谓门者曰："汉有窥门者，即断其首以来。"

【译文】辛未日（十九日），杨邠、郭威、王章都由原暂理职位改为正使。当时在兵荒马乱以后，政府和民间都贫乏困穷，北方来的士兵和后晋朝廷的兵合起来，数量一下增加好几倍。王章建议后汉高祖刘知远，停办不急的事务，节省无益的费用，以供给军队所需，于是经费足够应付。

庚辰日（二十八日），后汉高祖刘知远制令兴建宗庙。太祖高皇帝刘邦及世祖光武皇帝刘秀都永远不变动。又立四代亲庙，追尊谥号。一共六庙。

麻荅为人贪婪、奸诈、残忍，民间有珍宝、美女，他都一定要夺取到手。又逮捕村民，诬陷他们为盗贼，撕裂脸面，挖出眼睛，砍断手腕，然后用火烧烤而死，想要借此来威胁民众。麻荅常把用刑的器具随身携带着，起居饮食的地方，左右前后都悬挂着人肝、人胆以及手、脚，谈笑如常。出入常穿黄袍，坐皇帝坐的车子，佩戴天子所用的饰物，说："这些事汉人认为不可，可是在我国是没有什么忌讳的。"又因宰相员额不够，于是发公文命冯道掌理弘文馆，李崧掌理史馆，和凝掌理集贤，刘昫掌理中书，僭越狂妄到这个地步。不过如果契丹有人犯法，也丝毫不加宽容，所以街市商铺不受骚扰。他常担心汉人逃走，因此对守门的人说："汉人如果有前来窥探城门的，就砍他的头来向我报告。"

麻荅遣使督运于洺州，洺州防御使薛怀让闻帝入大梁，杀其使者，举州降。帝遣郭从义将兵万人会怀让攻刘铎于邢州，不克，铎请兵于麻荅，麻荅遣其将杨安及前义武节度使李殷将千骑攻怀让于洺州。怀让婴城自守，安等纵兵大掠于邢、洺之境。

契丹所留兵不满二千，麻荅令所司给万四千人食，收其馀以自入。麻荅常疑汉兵，且以为无用，稍稍废省，又损其食以饲胡兵。众心怨愤，闻帝入大梁，皆有南归之志。前颖州防御使何福进，控鹤指挥使太原李荣，潜结军中壮士数十人谋攻契丹，然畏契丹尚强，犹豫未发。会杨衮、杨安等军出，契丹留恒州者才八百人，福进等遂决计，约以击佛寺钟为号。

资治通鉴

【译文】　麻荅派使者到洺州督运粮草，洺州防御使薛怀让听说后汉高祖刘知远已入大梁城，就杀死那使者，率全州归降。后汉高祖派遣郭从义率领一万人马和薛怀让会合，一起在邢州攻打刘铎，结果没有攻下。刘铎向麻荅请求援助，麻荅派遣他的部将杨安及前任义武节度使李殷率领一千骑兵前往洺州攻击薛怀让。薛怀让严密布防，固守州城，杨安等人纵容士兵在邢、洺二州境内大肆抢劫。

契丹留在恒州的兵不满二千人，麻荅却让有关官员发给一万四千人的粮饷，他把多出的收入自己的腰包。麻荅常猜疑汉兵，而且认为他们没什么用处，所以稍微加以裁减，又扣减他们的粮食，以供给胡兵。众人感到怨愤，听说汉高祖刘知远进入大梁，都有南下归附的想法。前任颖州防御使何福进、控鹤指挥使太原人李荣，暗中联络军中的壮士好几十人计划攻打契丹，可是惧怕契丹势力还很强大，犹豫了一阵子，还没发动。正好这时杨衮、杨安等人率兵出征，契丹留在恒州的只有八百人，何福进等人于是就决定照计划而行，彼此相约，以佛寺敲钟为信号。

辛巳，契丹主兀欲遣骑至恒州，召前威胜节度使兼中书令冯道、枢密使李崧、左仆射和凝等，会葬契丹主德光于木叶山。道等未行，食时，钟声发。汉兵夺契丹守门者兵击契丹，杀十馀人，因突入府中。李荣先据甲库，悉召汉兵及市人，以铠仗授之。焚牙门，与契丹战。荣召诸将并力，护圣左厢都指挥使、恩州团练使白再荣狐疑，匿于别室，军吏以佩刀决幕，引其臂，再荣不得已而行。诸将继至，烟火四起，鼓噪震地。麻苔等大惊，载宝货家属，走保北城。而汉兵无所统壹，贪狡者乘乱剽掠，懦者窜匿。八月，壬午朔，契丹自北门入，势复振，汉民死者二千馀人。前磁州刺史李谷恐事不济，请冯道、李崧、和凝至战所慰勉士卒，士卒见道等至，争自奋。会日暮，有村民数千噪于城外，欲夺契丹宝货、妇女，契丹惧而北遁，麻苔、刘晞、崔廷勋皆奔定州，与义武节度使邪律忠合。忠，即郎五也。

【译文】辛巳日（二十九日），契丹主兀欲欲派骑兵到恒州，召前威胜节度使兼中书令冯道、枢密使李崧、左仆射和凝等，会同安葬契丹先帝耶律德光于木叶山。冯道等人还没启程，到了吃饭的时间，寺庙的钟声响起。汉兵夺取契丹守门人的武器攻击契丹人，杀死十几个人，趁机冲入府中。李荣先占据军械库，召集所有的汉兵及市民，把铠甲、兵器交给他们，纵火焚烧牙门，和契丹交战。李荣召请汉人众将合力作战，护圣左厢都指挥使、恩州团练使白再荣迟疑不定，躲在偏室里，军吏用佩刀划破帘幕，拉住他的手臂，白再荣不得已而跟着军吏走。诸将相继来到，烟火四处弥漫，喧哗呼叫，声震天地。麻苔等人大为吃惊，载运宝物和家属逃到北城，设防自卫。可是汉兵缺乏统一的指挥，贪婪狡猾的人趁着战乱的机会打家劫舍，懦弱胆怯的人，趁机逃走，或藏匿不出。八月，壬午朔日（初一），契丹从北门入城，势力又振作起来，汉人死了两千多人。前任磁州刺史李谷担心事情不能成功，特地请冯道、李崧、和凝到战地慰勉士兵，士兵看到冯道等人到来，争相奋力。正好日落西山，有好几千村民在城外鼓噪呐喊，打算抢夺契丹人的金银财宝和妇女，契丹害怕而向北逃去。麻荅、刘晞、崔廷勋全都逃往定州，与义武节度使邪律忠会合，邪律忠就是邪律郎五。

冯道等四出安抚兵民，众推道为节度使。道曰："我书生也，当奏事而已，宜择诸将为留后。"时李荣功最多，而白再荣位在上，乃以再荣权知留后，具以状闻，且请援兵。帝遣左飞龙使李彦从将兵赴之。

白再荣贪昧，猜忌诸将。奉国厢主华池王饶恐为再荣所并，诈称足疾，据东门楼，严兵自卫。司天监赵延义善于二人，往来谕释，始得解。

【译文】 冯道等人四出巡行安抚士兵和百姓，大家推举冯道为节度使。冯道说："我是个书生，只会奏报事情而已。应该从诸将里头推选一位做留后。"当时李荣功劳最大，而白再荣地位较高，于是就以白再荣代理留后，把详细的情形奏报后汉高祖刘知远，并且请求拨遣援兵。后汉高祖派遣左飞龙使李彦从带兵前往援助。

白再荣为人贪婪昏昧，猜忌其他将领。奉国厢主华池人王饶怕被白再荣吞并，假称脚有病，占据东门楼，严加防范守卫。司天监赵延义跟白再荣和王饶都很要好，往来于两人之间，多方劝解，两人才得和解。

再荣以李崧、和凝久为相，家富，遣军士围其第求赏给，崧、凝各以家财与之，又欲杀崧、凝以灭口。李谷往见再荣，责之曰："国亡主辱，公辈握兵不救。今仅能逐一虏将，镇民死者近三千人，岂独公之力邪！才得脱死，遽欲杀宰相，新天子若诘公专杀之罪，公何辞以对？"再荣惧而止。又欲率民财以给军，谷力争之，乃止。汉人尝事麻荅者，再荣皆拘之以取其财，恒人以其贪虐，谓之"白麻荅"。

杨衮至邢州，闻麻荅被逐，即日北还，杨安亦遁去，李殷以其众来降。

【译文】 白再荣认为李崧、和凝等人久做宰相，家中一定很富有，派军士们包围二人的住宅，请求发赏钱，李崧、和凝各自拿出家财分给他们，白再荣又想杀李崧、和凝灭口。李谷去见白再荣，责备他说："国家灭亡，君主受辱，你们统领着重兵却不救援。现在只勉强驱逐一个虏将，而镇州的民众就死了将近三千人，哪里是靠您一个人的力量呢！刚刚才死里逃生，马上就想杀死宰相，新天子如果责问您擅自杀人的罪过，您将怎么回答呢？"白再荣害怕而住手了。他又打算征收百姓的钱财来供给军队，李谷极力劝阻，他才停止。汉人当中，凡是曾经替麻荅做过事的，白再荣都把他们关起来，然后夺取他们的财物。恒州人由于他贪婪暴虐，称他为"白麻荅"。

杨衮到达邢州，听说麻荅已被驱逐，当天向北返回，杨安也领兵跑了，李殷率领他的部队，前来投降。

庚寅，以薛怀让为安国节度使。刘铎闻麻荅遁去，举邢州降；怀让诈云巡检，引兵向邢州，铎开门纳之，怀让杀铎，以克复闻。朝廷知而不问。

辛卯，复以恒州顺国军为镇州成德军。

乙未，以白再荣为成德留后。逾年，始以何福进为曹州防御使，李荣为博州刺史。

敕："盗贼毋问赃多少皆抵死。"时四方盗贼多，朝廷患之，故重其法，仍分命使者逐捕。苏逢吉自草诏，意云："应贼盗，并四邻同保，皆全族处斩。"众以为："盗犹不可族，况邻保乎！"逢吉固争，不得已，但省去"全族"字。由是捕贼使者张令柔杀平阴十七村民。

【译文】 庚寅日（初九），任命薛怀让为安国节度使。刘铎听说麻荅逃走，献出邢州而来投降，薛怀让假称巡视检阅，引兵前往邢州，刘铎打开城门接他进去，薛怀让把刘铎杀死，向朝廷报告说打了胜仗，收复邢州。朝廷知道这件事的真相，却不加以追究。

辛卯日（初十），后汉又把恒州顺国军改为镇州成德军。

乙未日（十四日），后汉高祖刘知远任命白再荣为成德留后。过一年，才任命何福进为曹州防御使，李荣为博州刺史。

后汉高祖刘知远敕令："盗贼不问赃物多少全都处死刑。"当时各地盗贼蜂起，朝廷深为担忧，所以刑法从严，并分派使者到各处追捕。苏逢吉亲自草拟诏书，主要内容是说："一切盗贼，连带他们的四周邻居以及同保（等于现在的村、里）的人，都全族处斩。"大家认为："盗贼尚且不可以灭族，何况是邻居同保人呢！"苏逢吉再三争辩，不得已，只删掉"全族"两字。因此，缉捕盗贼的使者张令柔杀掉平阴县十七村的村民。

逢吉为人，文深好杀。在河东幕府，帝尝令静狱以祈福，逢吉尽杀狱囚还报。及为相，朝廷草创，帝悉以军旅之事委杨邠、郭威，百司庶务委逢吉及苏禹珪。二相决事，皆出胸臆，不拘旧制。虽事无留滞，而用舍黜陟，惟其所欲。帝方倚信之，无敢言者。逢吉尤贪诈，公求货财，无所顾避。继母死，不为服；庶兄自外至，不白逢吉而见诸子，逢吉怒，密语郭威，以他事杖杀之。

【译文】苏逢吉这个人，用法峻刻，喜欢杀人。在河东幕府的时候，后汉高祖刘知远曾经命他把监狱里的犯人全部审理结案，以便祈神赐福，苏逢吉竟把全部的罪囚都杀死，向后汉高祖刘知远交差。等到做了宰相，朝廷刚刚创始，后汉高祖刘知远把军事事务全部交给杨邠、郭威去负责，所有部门事务则交给苏逢吉和苏禹珪去处理。这两个宰相处理事情，都凭自己的心意，不管旧有的制度，虽然事务不至于耽搁停滞，可是对意见的取舍，对人物的升降，只凭自己的好恶。后汉高祖刘知远正倚赖他们，信任他们，所以没人敢说。苏逢吉尤其贪婪狡诈，公然地索求财货，一点都没有顾忌。他的继母死后，也不穿丧服。他的异母哥哥从外地来，没禀报他就去看各个侄子，苏逢吉恼怒了，私下告诉郭威，借口其他事把哥哥用杖打死。

【申涵煜评】　五代君臣，多起于卒伍，杀人不足为异。逢吉以幕僚作相，文深好杀，而又奸诈黩货，酷以济贪，开创命相如此，国祚安能得长？亦适足自杀而已。

【译文】　五代君臣，大多起身于卒伍之间，杀人是不值得惊奇。苏逢吉以幕僚作相，谋虑很深又好杀，而且还奸诈贪污，用法严酷以便于贪污，开国的宰相都如此，国家怎么能够长？也正好适合自杀而已。

楚王希广庶弟天策左司马希崇，性狡险，阴遗兄希萼书，言刘彦瑫等违先王之命，废长立少，以激怒之。

希萼自永州来奔丧，乙巳，至跌石，彦瑫白希广遣侍从都指挥使周廷诲等将水军逆之，命永州将士皆释甲而入，馆希萼于碧湘宫，成服于其次，不听入与希广相见。希萼求示还朗州，周廷诲劝希广杀之。希广曰："吾何忍杀兄！宁分潭、朗而治之。"乃厚赠希萼，遣还朗州。希崇常为希萼诇希广，语言动作，悉以告之，约为内应。

契丹之灭晋也，驱战马二万匹归其国。至是汉兵乏马，诏市士民马于河南诸道不经剽掠者。

制以钱弘倧为东南兵马都元帅、镇海、镇东节度使兼中书令、吴越王。

【译文】 楚王马希广的异母弟弟天策左司马马希崇，生性狡猾阴险，悄悄写信给长兄马希萼，说刘彦瑫违背先王的遗命，废黜年长的哥哥，拥立年少的弟弟，借此来激怒马希萼。

马希萼从永州前来奔丧，乙巳日（二十四日），到达跌石。刘彦瑫告诉马希广，请派侍从都指挥使周廷诲等人率水军前往迎接，命永州将士都脱下铠甲才准进城，安置马希萼在碧湘宫住，并且就在住的地方穿上丧服，不让他进宫去见马希广。马希萼要求回朗州，周廷诲劝马希广杀掉他。马希广说："我怎么忍心杀自己的哥哥？宁愿把潭州和朗州分给他去治理。"于是赠送马希萼丰厚的礼物，遣送他回朗州。马希崇常常替马希萼侦察马希广，马希广的一言一行，一举一动，全都照实告诉他，相约做他的内应。

契丹灭亡后晋，驱赶战马两万匹回归辽国。到了这时，汉兵缺马，后汉高祖刘知远下诏命到河南各辖区没被抢劫过的地方向士民买马。

后汉高祖刘知远下制令，任命钱弘倧为东南兵马都元帅、镇海镇东节度使兼中书令、吴越王。

高从诲闻杜重威叛，发水军数千袭襄州，山南东道节度使安审琦击却之。又寇郢州，刺史尹实大破之。乃绝汉，附于唐、蜀。

初，荆南介居湖南、岭南、福建之间，地狭兵弱，自武信王季兴时，诸道入贡过其境者，多掠夺其货币。及诸道移书诘让，或加以兵，不得已复归之，曾不为愧。及从诲立，唐、晋、契丹、汉更据中原，南汉、闽、吴、蜀皆称帝。从诲利其赐予，所向称臣，诸国贱之，谓之"高无赖"。

【译文】 高从诲听说杜重威反叛，就出动水军几千人袭击襄州。山南东道节度使安审琦将他击退。高从诲又侵略郢州，郢州刺史尹实将他打得大败，高从诲于是跟后汉断绝一切关系，归附南唐、后蜀。

起初，荆南介于湖南、岭南和福建之间，地域狭窄，兵力薄弱。从武信王高季兴时起，各道进贡经过这里者，被他多次掠夺钱财货物。等到各辖区写信去责备他，或者出兵去讨伐他时，不得已，只好送回给他们，一点也不觉得惭愧。等到高从诲继位，南唐、后晋、契丹、后汉轮番占据中原，南汉、闽、吴、后蜀都称帝，高从诲为了贪图各国的赏赐，无论对哪一国，都奉表称臣。各国都看不起他，称他为"高无赖"。

唐主以太傅兼中书令宋齐丘为镇南节度使。

南汉主恐诸弟与其子争国，杀齐王弘弼、贵王弘道、定王弘益、辨王弘济、同王弘简、益王弘建、恩王弘伟、宜王弘照，尽杀其男，纳其女充后宫。作离宫千馀间，饰以珠宝，设镬汤、铁床、刳剔等刑，号"生地狱"。尝醉，戏以瓜置乐工之颈试剑，遂断其头。

【译文】 南唐主李璟任命太傅兼中书令宋齐丘为镇南节度

使。

南汉主刘晟担心弟弟们和他的儿子争天下，就杀掉齐王刘弘弼、贵王刘弘道、定王刘弘益、辨王刘弘济、同王刘弘简、益王刘弘建、恩王刘弘伟、宜王刘弘照，同时把他们的儿子也都杀掉，女儿则纳入后宫。南汉主建了一千多间行宫，用珠宝装饰，设置油锅、铁床、解剖等酷刑，号称"生地狱"。有一次，喝醉了，跟乐工开玩笑，把一条瓜放在乐工的脖子上，然后试验宝剑快不快，就这样把他的头给砍断了。

初，帝与吏部尚书窦贞固俱事晋高祖，雅相知重，及即位，欲以为相，问苏逢吉："其次谁可相者？"逢吉与翰林学士李涛善，因荐之，曰："昔涛乞斩张彦泽，陛下在太原，尝重之，此可相也。"

会高行周、慕容彦超共讨杜重威于邺都，彦超欲急攻城，行周欲缓之以待其弊。行周女为重威子妇，彦超扬言："行周以女故，爱贼不攻。"由是二将不协。帝恐生他变，欲自将击重威，意未决。涛上疏请亲征。帝大悦，以涛有宰相器。九月，甲戌，加逢吉左仆射兼门下侍郎，苏禹珪右仆射兼中书侍郎，贞固司空兼门下侍郎，涛户部尚书兼中书侍郎，并同平章事。

【译文】起初，后汉高祖刘知远和吏部尚书窦贞固一起侍奉后晋高祖石敬瑭，互相赏识敬重，等到后汉高祖当了皇帝，想任命窦贞固为宰相，他问苏逢吉说："再往下推，谁可以做宰相？"苏逢吉跟翰林学士李涛很要好，因此推荐李涛，说："以前李涛请求斩杀张彦泽，那时陛下在太原，曾经对他表示过敬重、赞赏的意思，凭这一点就可以做宰相了。"

正好高行周、慕容彦超到邺都共同讨伐杜重威。慕容彦超想要加紧攻城，而高行周想放慢进攻来等待敌人的漏洞。高行周的女儿是杜重威的儿媳妇，慕容彦超扬言说："高行周为了女儿的缘故，顾念贼臣，不肯进攻。"因此两位将领不和。后汉高祖刘知远怕引起其他变故，想亲自率兵攻打杜重威，但是还没有最后下决心。李涛上疏，建议后汉高祖亲征。后汉高祖大为高兴，认为李涛有宰相的才识。九月，甲戌日（二十三日），加封苏逢吉为左仆射兼门下侍郎，苏禹珪为右仆射兼中书侍郎，窦贞固为司空兼门下侍郎，李涛为户部尚书兼中书侍郎，全都为同平章事。

戊寅，诏幸澶、魏劳军，以皇子承训为东京留守。

冯道、李崧、和凝自镇州还。己卯，以崧为太子太傅，凝为太子太保。

庚辰，帝发大梁。

晋昌节度使赵匡赞恐终不为朝廷所容，冬，十月，遣使降蜀，请自终南山路出兵应援。

戊戌，帝至邺都城下，舍于高行周营。行周言于帝曰："城中食未尽，急攻，徒杀士卒，未易克也。不若缓之，彼食尽自溃。"帝然之。慕容彦超数因事陵轹行周，行周泣诉于执政，掬粪壤实其口，苏逢吉、杨邠密以白帝。帝深知彦超之曲，犹命二臣和解之。又召彦超于帐中责之，且使诣行周谢。

【译文】戊寅日（二十七日），后汉高祖刘知远下诏亲临澶州及魏州慰劳军队，任命皇子刘承训为东京留守。

冯道、李崧、和凝从镇州回来，己卯日（二十八日），任命李崧为太子太傅，和凝为太子太保。

庚辰日（二十九日），后汉高祖刘知远从大梁出发。

晋昌节度使赵匡赞担心最终还是不被朝廷所接纳，冬季，十月，派遣使者向后蜀投降，请后蜀从终南山路出兵接应、救援。

戊戌日（十七日），后汉高祖刘知远来到邺都城下，住在高行周军营中。高行周对后汉高祖说："城里粮食还没吃完，急迫进攻，白白地损失士兵，不容易攻下，不如拖久一点，等到他们粮食吃光了，自然会崩溃。"后汉高祖认为是这样。慕容彦超屡次借事端欺压高行周，高行周向执政大臣哭诉自己好比被人捧粪土塞进嘴里而不敢言，苏逢吉、杨邠秘密地把这件事报告后汉高祖。后汉高祖深知慕容彦超不对，但还是让苏逢吉和杨邠去劝解他们；同时后汉高祖又把慕容彦超叫到帐中来教训一顿，并且要他到高行周那里道歉。

杜重威声言车驾至即降，帝遣给事中陈观往谕指，重威复闭门拒之。城中食浸竭，将士多出降者。慕容彦超固请攻城，帝从之。丙午，亲督诸将攻城，自寅至辰，士卒伤者万馀人，死者千馀人，不克而止。彦超乃不敢复言。

初，契丹留幽州兵千五百人戍大梁。帝入大梁，或告幽州兵将为变，帝尽杀之于繁台之下。乃围邺都，张琏将幽州兵二千助重威拒守，帝屡遣人招谕，许以不死。琏曰："繁台之卒，何罪而戮？今守此，以死为期耳。"由是城久不下。十一月，丙辰，内殿直韩训献攻城之具，帝曰："城之所恃者，众心耳。众心苟离，城无所保，用此何为！"

【译文】杜重威曾声称后汉高祖刘知远的车驾到达就投降，后汉高祖派给事中陈观前去宣布旨意，杜重威却又关城门拒绝使者。城里的粮食渐渐地吃完了，将士们很多出来投降。慕容彦超再三地请求攻城，后汉高祖答应了他。丙午日（二十五日），后汉高祖亲自指挥诸将攻城，从寅时到辰时，士兵受伤的有一万多人，死亡的一千多人，没有攻下，只好停止。慕容彦超这才不敢再说攻城。

　　起初，契丹留下一千五百名幽州兵守卫大梁。后汉高祖刘知远进入大梁，有人密报幽州兵将发动兵变，后汉高祖把所有幽州兵都杀死在繁台下。等到这次包围邺都，张琏率领两千名幽州兵帮助杜重威防守、抵抗，后汉高祖屡次派人去向他们招抚、劝告，承诺不杀他们。张琏说：“繁台的士兵，究竟有什么罪而被杀戮？现在防守此地，只有以死为期罢了。”因此邺城久攻不下。十一月，丙辰日（初六），内殿直韩训进献攻城的器具，后汉高祖说：“城池所依赖的，只是众人的决心。众人的心如果涣散分离，城池就不能守护，要这些器具干什么！”

　　杜重威之叛，观察判官金乡王敏屡泣谏，不听。及食竭力尽，甲戌，遣敏奉表出降。乙亥，重威子弘琏来见；丙子，妻石氏来见。石氏，即晋之宋国长公主也，帝复遣入城。丁丑，重威开门出降，城中馁死者什七八，存者皆尪瘠无人状。张琏先邀朝廷信誓，诏许以归乡里。及出降，杀琏等将校数十人，纵其士卒北归。将出境，大掠而去。

　　郭威请杀重威牙将百余人，并重威家赀籍之以赏战士，从之。以重威为太傅兼中书令、楚国公。重威每出入，路人往往掷瓦砾诟之。

　　◆臣光曰：汉高祖杀幽州无辜千五百人，非仁也；诱张琏而诛之，非信也；杜重威罪大而赦之，非刑也。仁以合众，信以行令，刑以惩奸，失此三者，何以守国！其祚运之不延也，宜哉！◆

　　【译文】杜重威背叛后汉时，观察判官金乡人王敏屡次哭泣劝谏，杜重威不听。到现在粮食吃光、兵力用尽，甲戌日

（二十四日），杜重威派遣王敏奉表出城投降。乙亥日（二十五日），杜重威的儿子杜弘琏前来觐见；丙子日（二十六日），杜重威的妻子石氏前来觐见。石氏，是后晋的宋国长公主，后汉高祖刘知远又遣送他们入城。丁丑日（二十七日），杜重威开门投降，城里饿死的人已达到十之七八，幸存的人也都瘦得不成人样。张琏首先要求朝廷的保证，后汉高祖下诏，承诺让他们回自己家乡去，等到他们出城投降，便杀了张琏等将校好几十人，释放他们的士兵，让他们回北方去，这些士兵将要出魏州州境的时候，大肆抢劫一番，才离去。

　　郭威请求杀死杜重威的一百多名牙将，并抄没杜重威家中的资财赏给士兵们，后汉高祖刘知远同意了。后汉高祖任命杜重威为太傅兼中书令、楚国公。杜重威每次出门，路上的行人常常一边向他丢石头，一边骂个不停。

　　◆臣司马光说：后汉高祖刘知远杀死一千五百名无罪的幽州兵，这不是仁心；诱骗张琏投降，而又把他杀死，这不是诚信；杜重威罪恶大而赦免他，这是用刑不当。仁，是用来团结众人的；信用，是用来推行政令的；刑罚，是用来惩罚奸臣的。失去这三样，还靠什么来治理国家！难怪他的国运不长啊！◆

　　高行周以慕容彦超在澶州，固辞邺都。己卯，以忠武节度使史弘肇领归德节度使，兼侍卫马步都指挥使，义成节度使刘信领忠武节度使兼侍卫马步副都指挥使，徙彦超为天平节度使，并加同平章事。

　　吴越王弘踨大阅水军，赏赐倍于旧。胡进思固谏，弘倧怒，投笔水中，曰："吾之财与士卒共之，奚多少之限邪！"

　　【译文】高行周因为慕容彦超在澶州，所以坚决推辞镇守邺都。己卯日（二十九日），后汉高祖刘知远命忠武节度使史弘肇领归德节度使，兼侍卫马步都指挥使；义成节度使刘信担任忠武节度使，兼侍卫马步副都指挥使，迁调慕容彦超为天平节度使，全都为同平章事。

吴越王钱弘倧盛大地检阅水军，赏赐比以前加了一倍。胡进思再三劝谏，钱弘倧很生气，把笔丢在水中，说："我的钱财，跟士兵共享，为什么要限制给多少！"

十二月，丙戌，帝发邺都。

蜀主遣雄武都押牙吴崇恽，以枢密使王处回书招凤翔节度使侯益。庚寅，以山南西道节度使兼中书令张虔钊为北面行营招讨安抚使，雄武节度使何重建副之，宣徽使韩保贞为都虞候，共将兵五万，虔钊出散关，重建出陇州，以击凤翔。奉銮肃卫都虞候李廷珪将兵二万出子午谷，以援长安。诸军发成都，旌旗数十里。

辛卯，皇子开封尹承训卒。承训孝友忠厚，达于从政，人皆惜之。

【译文】 十二月，丙戌日（初六），后汉高祖刘知远从邺都出发。

后蜀主孟昶派遣雄武都押牙吴崇恽，带着枢密使王处回的信去招降凤翔节度使侯益。庚寅日（初十），任命山南西道节度使兼中书令张虔钊为北面行营招讨安抚使，雄武节度使何重建做他的副使，宣徽使韩保贞为都虞候，一共带领五万人马，张虔钊取道散关，何重建取道陇州，以进攻凤翔，奉銮肃卫都虞候李廷珪率领两万人马取道子午谷，以援助长安。各军从成都出发，旌旗互连好几十里。

辛卯日（十一日），后汉高祖刘知远的皇子开封尹刘承训去世。刘承训为人孝顺、友爱、忠诚、厚道，而且通晓政务，人们都对他的死感到惋惜。

癸巳，帝至大梁。

威武节度使李孺赟与吴越戍将鲍修让不协，谋袭杀修让，复以福州降唐。修让觉之，引兵攻府第，是日，杀孺赟，夷其族。

乙未，追立皇子承训为魏王。

侯益请降于蜀，使吴崇恽持兵籍、粮帐西还，与赵匡赞同上表请出兵平定关中。

己酉，鲍修让传李孺赟首至钱塘，吴越王弘倧以丞相山阴吴程知威武节度事。

吴越王弘倧，性刚严，愤忠献王弘佐时容养诸将，政非己出，及袭位，诛杭、越侮法吏三人。

【译文】癸巳日（十三日），后汉高祖刘知远回到大梁。

威武节度使李孺赟跟吴越守将鲍修让不和，打算乘鲍修让不备，杀死他，再以福州投降南唐国。鲍修让发觉这件事，引兵攻打福州府署，当天，杀死李孺赟，灭了他的全族。

乙未日（十五日），后汉高祖刘知远追立皇子刘承训为魏王。

侯益主动向后蜀国投降，让吴崇恽带着兵籍、粮账先回成都，跟赵匡赞一同上表，自请出兵平定关中。

己酉日（二十九日），鲍修让传送李孺赟的首级到钱塘，吴越王钱弘倧任命丞相山阴人吴程兼理威武节度使的职务。

吴越王钱弘倧生性刚毅、严厉，愤恨忠献王钱弘佐容忍姑息众将，政令不由自己颁发。等到他承袭王位，诛杀杭、越二州败坏法纪的三个官吏。

内牙统军使胡进思恃迎立功，干预政事；弘倧恶之，欲授以一州，进思不可。进思有所谋议，弘倧数面折之。进思还家，设忠献王位，被发恸哭。民有杀牛者，吏按之，引人所市肉近千斤。弘倧问进思："牛大者肉几何？"对曰："不过三百斤。"弘倧曰："然则吏妄也。"命按其罪。进思拜贺其明。弘倧曰："公何能知其详？"进思踧踖对曰："臣昔未从军，亦尝从事于此。"进思以弘倧为知其素业，故辱之，益恨怒。进思建议遣李孺赟归福州，及孺赟叛，弘倧责之，进思愈不自安。

【译文】内牙统军使胡进思倚仗着有迎立新王的功劳，干预政事。钱弘倧厌恶他，想让他去管辖一个州，胡进思不愿意。他有时陈述自己的谋略，钱弘倧就多次当面斥责他。胡进思回到家，设置忠献王钱弘佐的灵位，然后披散头发，对着灵位悲痛地号哭一番。百姓有杀牛的，官吏加以审问，拿来他人所买的肉近一千斤。钱弘倧问胡进思："一头最大的牛，肉有多少？"答说："不超过三百斤。"钱弘倧说："那么官吏是乱说的了！"于是就命胡进思治他的罪。胡进思拜贺吴越王钱弘倧的精明。钱弘倧却突然又问他说："你怎么知道得这么清楚？"胡进思很恭敬，但又很不安地回答说："臣从前还没从军的时候，也曾经做过这种营生。"胡进思认为钱弘倧是明知他以前的职业，故意使他难堪，所以更加痛恨、愤怒。胡进思建议遣送李孺赟回福州，等到李孺赟叛乱，钱弘倧又责备他，胡进思更加感到不安。

弘倧与内牙指挥使何承训谋逐进思，又谋于内都监使水丘昭券，昭券以为进思党盛难制，不如容之，弘倧犹豫未决。承训恐事泄，反以谋告进思。

庚戌晦，弘倧夜宴将吏，进思疑其图己，与其党谋作乱，帅亲兵百人戎服执兵入见于天策堂，曰："老奴无罪，王何故图之?"弘倧叱之不退，左右持兵者皆愤怒。弘倧猝愕不暇发言，趋入义和院。进思锁其门，矫称王命，告中外云："猝得风疾，传位于同参相府事弘俶。"进思因帅诸将迎弘俶于私第，且召丞相元德昭。德昭至，立于帘外不拜，曰："俟见新君。"进思亟出褰帘，德昭乃拜。

【译文】钱弘倧和内牙指挥使何承训计划驱逐胡进思，又和内都监使水丘昭券商议，水丘昭券认为胡进思党羽众多难以制服，不如容忍他，钱弘倧犹豫不定。何承训害怕事情泄露出去，反而把自己和钱弘倧所定的计谋告诉胡进思。

庚戌晦日（三十日），钱弘倧夜里宴请将领官吏，胡进思怀疑他谋害自己，便与他的党羽策划作乱，率领亲兵一百人，穿着军装，拿着武器，进入天策堂，见钱弘倧，说："老奴没有罪，大王为什么要谋害我? "钱弘倧大声呵斥，胡进思不退，左右拿着兵器的人都很愤怒。钱弘倧却慌张失措说不出话来，快步跑进义和院。胡进思锁上义和院的门，假传王命，告示中外说："大王突然中风，传位给同参相府事钱弘俶。"胡进思因而率领诸将到钱弘俶的私宅去迎接他，并且召请丞相元德昭。元德昭来到，站在帘外，不肯下拜，说："等着觐见新君。"胡进思赶紧出来，掀起帘幕，元德昭才下拜。

进思称弘倧之命，承制授弘俶镇海、镇东节度使兼侍中。弘俶曰："能全吾兄，乃敢承命。不然，当避贤路。"进思许之。弘俶始视事。

进思杀水丘昭券及进侍鹿光铉。光弦，弘倧之舅也。进思之妻曰:"它人犹可杀,昭券,君子也,奈何害之!"

是岁,唐主以羽林大将军王延政为安化节度使、鄱阳王,镇饶州。

【译文】 胡进思伪称钱弘倧之命,承奉制书授钱弘俶镇海、镇东节度使兼侍中。钱弘俶说:"要能保全我的哥哥,才敢接受制命。不然的话,我将避位让贤。"胡进思答应了他。于是钱弘俶才开始处理政事。

胡进思杀死水丘昭券及进侍鹿光铉。鹿光铉,是钱弘倧的舅舅。胡进思的妻子说:"杀其他的人还有理由可说,至于水丘昭券,他是个君子,为什么要杀害他?"

这一年,南唐主李璟命羽林大将军王延政为安化节度使、鄱阳王,镇守饶州。

【乾隆御批】 兄终第及,虽从权而不诡于正,未闻兄在而弟可以代其位者。况谋出奸臣废立乎?俶既能与进思立约始出视事,则其进退尚非不克自主者,乃承训请除元恶,则以反覆伏诛。而进思胁制故君,竟以舍容废法,使非隐德,其援立之功何用?刑轩轻乃尔。况衣锦军之迁谁实使之?临行之教戒丁宁,特外博友爱虚名,其心则不可问也。使非薛温卫救俶,其能免篡迩之罪耶?

【译文】 哥哥死了弟弟即位,虽然掌握权力但并不违背正统,没有听说过哥哥还在而弟弟可以代替他兄长的地位的。何况是由奸臣谋划废立呢?钱弘俶既然能够和胡进思订立约定才出来治事,那么他的进退并不是不能自己做主。到何承训请求清除首恶,则因为反复无常而被诛杀。然而胡进思挟制原来的君主,竟然心胸狭隘地废弃律法,使罪恶掩盖了德义,那么他的援立之功又有什么用处呢?刑法有区别不同罢了。何况把钱弘倧迁到衣锦军实际是谁指使的呢?钱弘俶临走之时对薛温的告诫叮咛，是表面上的友爱而实际上徒有虚名而已，他的真心那是不必问的。假如不是薛温的保卫救了钱弘倧，钱弘俶能够免去篡逆的罪名吗？

乾祐元年（戊申，公元九四八年）春，正月，乙卯，大赦，改元。

帝以赵匡赞、侯益与蜀兵共为寇，患之。会回鹘入贡，诉称为党项所阻，乞兵应接。诏右卫大将军王景崇、将军齐藏珍将禁军数千赴之，因使之经略关西。

【译文】乾祐元年（戊申，公元948年）春季，正月，乙卯日（初五），后汉高祖刘知远大赦天下，改年号为乾祐。

后汉高祖刘知远因为赵匡赞、侯益和后蜀兵联合入侵，颇为担心。正好这时回鹘前来进贡，诉说被党项所拦截，请求发兵接应。后汉高祖下诏命左卫大将军王景崇、将军齐藏珍率领禁卫兵数千名前往应援，同时也借此机会命他们经略关西。

晋昌节度判官李恕，久在赵延寿幕下，延寿使之佐匡赞。匡赞将入蜀，恕谏曰："燕王入胡，岂所愿哉！今汉家新得天下，方务招怀，若谢罪归朝，必保富贵。入蜀非全计也，'蹄涔不容尺鲤'，公必悔之。"匡赞乃遣恕奉表请入朝。景崇等未行而恕至，帝问恕："匡赞何为附蜀？"对曰："匡赞自以身受虏官，父在虏庭，恐陛下未之察，故附蜀求苟免耳。臣以为国家必应存抚，故遣臣来祈哀。"帝曰："匡赞父子，本吾人也，不幸陷虏。今延寿方坠槛阱，吾何忍更害匡赞乎！"即听其入朝。侯益亦请赴二月四日圣寿节上寿。景崇等将行，帝召入卧内，敕之曰："匡赞、益之心，皆未可知。汝至彼，彼已入朝，则勿问；若尚迁延顾望，当以便宜从事。”

【译文】晋昌节度使判官李恕，多年在赵延寿幕府中，赵延寿派他去辅佐赵匡赞。赵匡赞将要入蜀，李恕劝谏说：“燕王归附契丹，难道是他自愿的吗？现在汉家新得天下，正虚心诚意地招抚怀柔，如果谢罪回朝，一定能够长保富贵。入蜀不是万全之计，古人说‘蹄涔不容尺鲤’（意思是由马蹄踏陷所造成的水洼，是容纳不了一尺的鲤鱼的——也就是说蜀国太小，容不了赵匡赞），如果执意要入蜀，将来您一定会后悔。”赵匡赞于是就派遣李恕奉表请求入朝。王景崇等人还没有启程，而李恕已经到了大梁。后汉高祖刘知远问李恕：“赵匡赞为什么要归附蜀国？”李恕回答说：“赵匡赞自认为身受胡虏所颁授的官职，父亲又在胡虏的朝廷里，恐怕陛下不谅解，所以归附蜀国，以求苟且免于一死罢了。臣认为国家一定会加以存恤安抚，所以派臣前来请求陛下的抚恤。”后汉高祖说：“赵匡赞父子，本来就是我们自己人，不幸陷身于虏庭，现在赵延寿刚刚才陷落在胡人所设的陷阱里，我又怎么忍心再加害赵匡赞呢！”于是就答应他入朝。侯益也请前来参加二月四日圣寿节（后汉高祖刘知远的生日）的盛会，向后汉高祖祝寿。王景崇等人将要出发，后汉高祖召请他们到卧室里面指示他们说：“赵匡赞、侯益的心，都不可知。你们兵到那里，他们如果已经入朝，就什么也不用说，如果他们还在拖延观望，应当随机从事。”

己未，帝更名暠。

以前威胜节度使冯道为太师。

壬戌，吴越王弘俶迁故王弘倧于衣锦军私第，遣匡武都头薛温将亲兵卫之。潜戒之曰：“若有非常处分，皆非吾意，当以死拒之。"

帝自魏王承训卒，悲痛过甚。甲子，始不豫。

赵匡赞不俟李恕返命，已离长安。丙子，入见。

王景崇等至长安，闻蜀兵已入秦川，以兵少，发本道及赵匡赞牙兵千馀人同拒之。景崇恐匡赞牙兵亡逸，欲文其面，微露风旨。军校赵思绾，首请自文其面以帅下，景崇悦。齐藏珍窃言曰："思绾凶暴难制，不如杀之。"景崇不听。思绾，魏州人也。

【译文】已未日（初九），后汉高祖刘知远改名为刘暠。

后汉高祖刘暠任命前威胜节度使冯道为太师。

壬戌日（十二日），吴越王钱弘俶把前王钱弘倧迁往衣锦军的私宅居住，派遣匡武都头薛温率领亲兵护卫钱弘倧。吴越王钱弘俶秘密告诫薛温说："如果有不同寻常的处置，都不是我的意思，你要拼命地加以阻挡。"

后汉高祖刘暠自从魏王刘承训去世之后，过于悲伤哀痛，甲子日（十四日），开始发病。

赵匡赞不等到李恕回来报告，就已经离开长安，丙子日（二十六日），入朝谒见后汉高祖刘暠。

王景崇等来到长安时，听说后蜀军队已开入秦川，因为自己带的兵少，所以就起用本道兵马和赵匡赞的一千多名牙兵共同拒敌。王景崇担心赵匡赞的牙兵逃跑，想要在他们的脸上刺上花纹，但是不便明白下令这么做，于是很委婉地把这个意思透露出去。有一个军官叫作赵思绾，率先表示自愿在脸上刺花纹，以做部下的表率，引导大家都跟着这么做，王景崇很高兴。齐藏珍私下对王景崇说："赵思绾凶狠暴戾，难以驾驭，不如把他杀掉。"王景崇不听。赵思绾，是魏州人。

蜀李廷珪将至长安，闻赵匡赞已入朝，欲引归，王景崇邀之，败廷珪于子午谷。张虔钊至宝鸡，诸将议不协，按兵未进。侯益闻廷珪西还，因闭壁拒蜀兵，虔钊势孤，引兵夜遁。景崇帅凤翔、陇、邠、泾、鄜、坊之兵追败蜀兵于散关，俘将卒四百人。

丁丑，帝大渐，杨邠忌侍卫马军都指挥使、忠武节度使刘信，立遣之镇。信不得奉辞，雨泣而去。

帝召苏逢吉、杨邠、史弘肇、郭威入受顾命，曰："余气息微，不能多言。承祐幼弱，后事托在卿辈。"又曰："善防重威。"是日，殂于万岁殿，逢吉等秘不发丧。庚辰，下诏，称："重威父子，因朕小疾，谤议摇众，并其子弘璋、弘琏、弘璨皆斩之。晋公主及内外亲族，一切不问。"磔重威尸于市，市人争啖其肉，吏不能禁，斯须而尽。

【译文】 后蜀李廷珪快到长安时，听说赵匡赞已经入朝，想率兵退回蜀地，王景崇拦击，在子午谷打败李廷珪。张虔钊到达宝鸡，诸将意见不合，按兵不动。侯益听说李廷珪向西返回，因此关闭营门，抗拒蜀国的军队，张虔钊势力孤单，率领军队连夜逃走。王景崇率领凤翔、陇州、邠州、泾州、鄜州、坊州的士兵追赶蜀国的军队，在散关将他们打得大败，俘虏了将帅和士兵达四百人。

丁丑日（二十七日），后汉高祖刘暠病危，杨邠嫉恨侍卫马军都指挥使、忠武节度使刘信，立刻送刘信前往镇所。刘信不能辞行，泪如雨下而离去。

后汉高祖刘暠召唤苏逢吉、杨邠、史弘肇、郭威等人进宫去接受临终的遗命，说："我气息微弱，不能多说话。承祐还很弱小，我身后的事都委托在诸位的身上。"又说，"要谨慎防备杜重威。"当天，驾崩于万岁殿，苏逢吉等人保守秘密，不发布后汉高祖驾崩的消息。庚辰日（三十日），传下后汉高祖的诏书，声称："杜重威父子，乘朕小病，毁谤诽议，动摇人心，连同他的儿子杜弘璋、杜弘琏、杜弘璨一起斩首。晋室公主以及内外亲族，一概不加追究。"把杜重威分尸暴露在街市上，市人抢着吃他的肉，官吏无法禁止，一会儿就吃光了。

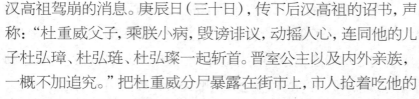

【申涵煜评】晋虽因人立门户，兵力尚强，故能屡挫辽师。使将相得人，未必便至决裂。乃以社稷大计，委之一亲贵无二之杜重威，望风纳款，引寇入室。呜呼，其肉尚可食哉。

【译文】后晋虽因人立门户，兵力还很强大的，所以能屡次挫败辽的军队。假如将相得到合适的人，未必就会到决裂的程度。是因为把国家大计，委托的一个亲贵无二的杜重威，杜重威望风归顺，引寇入室。呜呼，他的肉还可以吃吗？

二月，辛巳朔，立皇子左卫大将军、大内都点检承祐为周王，同平章事。有顷，发丧，宣遗制，令周王即皇帝位。时年十八。

蜀韩保贞、庞福诚引兵自陇州还，要何重建俱西。是日，保贞等至秦州，分兵守诸门及衢路，重建遂入于蜀。

丁亥，尊皇后曰皇太后。

朝廷知成德留后白再荣非将帅才，庚寅，以前建雄留后刘在明代之。

癸巳，大赦。

吴越内牙指挥使何承训复请诛胡进思及其党。吴越王弘俶恶其反覆，且惧召祸，乙未，执承训，斩之。

【译文】二月，辛巳朔日（初一），立皇子左卫大将军、大内都点检刘承祐为周王，同平章事。不久，发布后汉高祖刘暠驾崩的消息，宣布遗嘱，命周王即皇帝位。当时，刘承祐才十八岁。

蜀国的韩保贞、庞福诚引兵从陇州返回，约何重建一起向西走。当天，韩保贞等人到达秦州，分派士兵把守各个城门及主要通路，何重于是进入蜀国。

丁亥日（初七），后汉尊皇后为皇太后。

朝廷知道成德留后白再荣不是当将帅的人才，庚寅日（初十），命前任建雄留后刘在明代替他的职位。

癸巳日（十三日），大赦天下。

吴越内牙指挥使何承训又建议诛杀胡进思及他的党羽。吴越王钱弘俶痛恨他反复无常，而且害怕因此而引起祸患，乙未日（十五日），逮捕何承训，将他斩首。

进思屡请杀废王弘倧以绝后患，弘俶不许。进思诈以王命密令薛温害之。温曰：“仆受命之日，不闻此言，不敢妄发。”进思乃夜遣其党方安等二人踰垣而入，弘倧阖户拒之，大呼求救；温闻之，率众而入，毙安等于庭中。入告弘俶，弘俶大惊，曰：“全吾兄，汝之力也。”

弘俶畏忌进思，曲意下之。进思亦内忧惧，未几，疽发背卒。弘倧由是获全。

【译文】 胡进思屡次请求杀掉废王钱弘倧以绝后患，钱弘俶不允许。胡进思假称王命，密令薛温害死钱弘倧。薛温说：“我自受命守卫那天起，没有听到过这句话，不敢妄自行动。”胡进思于是派遣他的党羽方安等两人利用夜晚翻墙进去，钱弘倧关上大门，把他们挡住，大声地喊“救命”。薛温听到，率领部众进去，把方安等人打死在庭院中。薛温入朝禀告钱弘俶，钱弘俶大为惊讶，说：“保全我的哥哥，是你的功劳。”

钱弘俶对于胡进思，既害怕，又嫉恨，常常委屈自己，百般忍让。胡进思也忧愁恐惧，不久，背上所患的毒疮发作而死。钱弘俶因此得以保全生命。

诏以王景崇兼凤翔巡检使。景崇引兵至凤翔，侯益尚未行，景崇以禁兵分守诸门。或劝景崇杀益，景崇以受先朝密旨，嗣主未之知，或疑于专杀，犹豫未决。益闻之，不告景崇而去，景崇悔，自诟。戊戌，益入朝，隐帝问："何故召蜀军？"对曰："臣欲诱致而杀之。"帝哂之。

蜀张虔钊自恨无功。癸卯，至兴州，惭忿而卒。

侍卫马步都指挥使、同平章事史弘肇遭母丧，不数日，复出朝参。

【译文】后汉隐帝刘承祐诏令王景崇兼凤翔巡检使。王景崇领兵到达凤翔，侯益还没有启程，王景崇让禁兵分守各个城门。有人劝说王景崇杀掉侯益，王景崇认为自己接受先朝秘密的旨令，继位的新君并不知道，如果杀了侯益，或许会被认为擅自杀人，因此犹豫不定。侯益听说有人建议杀他，没有告诉王景崇就离开了，王景崇很后悔，内心一直自责。戊戌日（十八日），侯益入朝，后汉隐帝刘承祐问："为什么要招来蜀国军队？"回答说："臣是想引诱他们来，然后把他们给杀死。"后汉隐帝刘承祐听了，微微地笑了笑。

后蜀张虔钊恨自己劳师无功，癸卯日（二十三日），回到兴州，羞惭愤恨而死。

侍卫马步都指挥使、同平章事史弘肇遭逢母亲去世，没过几天，就又上朝参见。

资治通鉴卷第二百八十八　后汉纪三

起著雍涒滩三月，尽屠维作噩，凡一年有奇。

【译文】 起戊申（公元948年）三月，止己酉（公元949年），共一年十个月。

【题解】 本卷记录了公元948年三月至949年的史事，共一年又十个月。正当后汉隐帝刘承祐乾祐元年三月至乾祐二年。乾祐元年后汉高祖刘知远驾崩，次子刘承祐即帝位，史称汉隐帝。隐帝年纪小不稳重，没有声威谋略。永兴小校赵思绾跟随王景崇西征后蜀，从凤翔返镇途中据守长安，赵思绾联络河中节度使李守贞、凤翔节度使王景崇反叛后汉，史称三镇叛汉。后汉枢密使郭威奉命征讨，平定三镇叛乱，对后汉立下大功，然而从河中还师，路过洛阳，因为个人的小愤恨就擅自更换藩镇主帅，后汉隐帝姑息不问，标志朝纲已经败坏混乱。后蜀主孟昶昏庸，权臣、奸臣当政。南汉与楚国交兵。吴越王钱弘俶奖励垦荒，不收赋税，境内没有闲置的田地。

高祖睿文圣武昭肃孝皇帝下

乾祐元年（戊申，公元九四八年）三月，丙辰，史弘肇起复，加兼侍中。

侯益家富于财，厚赂执政及史弘肇等，由是大臣争誉之。丙寅，以益兼中书令，行开封尹。

改广晋府为大名府，晋昌军为永兴军。

侯益盛毁王景崇于朝，言其恣横。景崇闻益尹开封，知事已变，内不自安，且怨朝廷。会诏遣供奉官王益如凤翔，征赵匡赞牙兵诣阙，赵思绾等甚惧，景崇因以言激之。思绾途中谓其党常彦卿曰："小太尉已落其手，吾属至京师，并死矣，奈何？"彦卿曰："临机制变，子勿复言。"

【译文】乾祐元年（戊申，公元948年）三月，丙辰日（初七），史弘肇出仕复职，加官兼侍中。

侯益家里钱财富厚，重重地贿赂执政大臣及史弘肇等人，因此大臣们争相称誉他的才干。丙寅日（十七日），命侯益兼中书令，代行开封尹的职务。

改广晋府为大名府，改晋昌军为永兴军。

侯益在朝中大肆诋毁王景崇，说他恣意横行。王景崇听说侯益主政开封府，明白事态已产生变化，内心忐忑不安，而且怨恨朝廷。正好这时后汉隐帝刘承祐下诏派遣供奉官王益前往凤翔，征调赵匡赞的牙兵到京师，赵思绾等人很害怕，王景崇便趁机用煽动性的言语激他们。赵思绾在路上对他的党羽常彦卿说："小太尉（指赵匡赞）已经落入他们的手中，我们如果到了京师，只有一起送死了，怎么办？"常彦卿说："临机应变，你不必再说了。"

癸酉，至长安，永兴节度副使安友规、巡检乔守温出迎王益，置酒于客亭。思绾前白曰："壕寨使已定舍馆于城东。今将士家属皆在城中，欲各入城挈家诣城东宿。"友规等然之。时思绾等皆无铠仗，既入西门，有州校坐门侧，思绾遽夺其剑斩之。其徒因大譟，持白梃，杀守门者十馀人，分遣其党守诸门。思绾入府，开库取铠仗给之，友规等皆逃去。思绾遂据城，集城中少年，得四千馀人，缮城隍，葺楼堞，旬日间，战守之具皆备。

王景崇讽凤翔吏民表景崇知军府事，朝廷患之。甲戌，徙静难节度使王守恩为永兴节度使，徙保义节度使赵晖为凤翔节度使，并同平章事。以景崇为邠州留后，令便道之官。

虢州伶人靖边庭杀团练使田令方，驱掠州民，奔赵思绾。至潼关，潼关守将出击之，其众皆溃。

【译文】癸酉日（二十四日），王益到达长安，永兴节度副使安友规、巡检乔守温出城迎接王益，并在客亭设置酒宴款待。这时，赵思绾走上前来说："壕寨使已经在城东预订了居住的馆舍。现在将士们的家属都在城里，想各自进城去带领家属到城东住宿。"安友规等人认为赵思绾说得对。当时赵思绾等人都没有铠甲和兵器，赵思绾进了西门，有一个本州的军官坐在门边，赵思绾快速地夺了他的剑，把他杀死。赵思绾的部众趁机大声叫嚷，手拿白木棒，杀死守门的十多人，分派他的党徒把守各个城门。赵思绾进入府中，打开军械库，取铠甲和兵器交给他们，安友规等人全部逃走。赵思绾于是占据州城，召集城内的少年，共得四千多人，修筑城池，整建敌楼及城上的小墙，十天之内，一切战斗和防守的器具都准备好了。

王景崇示意凤翔的官吏士民向朝廷上表，推举自己主持军府事务，朝廷对此深为担忧。甲戌日（二十五日），迁调静难节度使王守恩为永兴节度使，迁调保义节度使赵晖为凤翔节度使，全都为同平章事。任命王景崇为邠州留后，命他从长安直接赴任。

虢州的一个乐人靖边庭杀死团练使田令方，强迫驱赶本州的百姓，投奔赵思绾。走到潼关的时候，潼关的守将出兵攻打靖边庭，他的部众被打败，都溃散而走。

初，契丹主北归，至定州，以义武节度副使邪律忠为节度使，徙故节度使孙方简为大同节度使。方简怨恚，且惧入朝为契丹所留，迁延不受命，帅其党三千人保狼山故寨，控守要害。契丹攻之，不克。未几，遣使请降，帝复其旧官，以扞契丹。

邪律忠闻邺都既平，常惧华人为变。诏以成德留后刘在明为幽州道马步都部署，使出兵经略定州。未行，忠与麻荅等焚掠定州，悉驱其人弃城北去。孙方简自狼山帅其众数百，还据定州，又奏以弟行友为易州刺史，方遇为泰州刺史。每契丹入寇，兄弟奔命，契丹颇畏之。于是，晋末州县陷契丹者，皆复为汉有矣。

【译文】起初，契丹主耶律德光北行回国，来到定州，命义武节度副使耶律忠为节度使，调原节度使孙方简为大同节度使。孙方简怨恨愤怒，而且怕去朝见被契丹扣留，迟延推脱，不肯接受任命，率领他的党徒三千人固守狼山旧寨，把守险要的地方。契丹攻打他，攻打不下。不久，孙方简派遣使者前来，表示愿意投降后汉，后汉隐帝刘承祐恢复他原来的官职（义武节度使），用以抵御契丹。

邪律忠听说邺都已经平定，常常害怕汉人制造叛乱。后汉隐帝刘承祐下诏任命成德留后刘在明为幽州道马步都部署，令他出兵筹划夺取定州。刘在明还没有启程，邪律忠和麻荅等人在定州烧杀抢劫一番，然后放弃州城，把所有人驱赶到北方。孙方简率领他的部众好几百人从狼山回来，占据定州，又奏请任命他的弟弟孙行友为易州刺史，方遇为泰州刺史。每当契丹入境侵略，兄弟奔走救援，契丹对他们颇为害怕。于是后晋末年沦陷于契丹的州县，又都为后汉所有。

丙子，以刘在明为成德节度使。

麻苔至其国，契丹主责以失守。麻苔服，曰："因朝廷征汉官致乱耳。"契丹主鸩杀之。

苏逢吉等为相，多迁补官吏。杨邠以为虚费国用，所奏多抑之，逢吉等不悦。

【译文】丙子日（二十七日），后汉任命刘在明为成德节度使。

麻苔回到他的国内，契丹主兀欲责备他失守州城。麻苔不服气，说："这是由于朝廷征用汉籍的官员，才招致祸乱罢了。"契丹主非常恼怒，将他毒杀。

苏逢吉等人做宰相，频繁提升补充官员，杨邠认为白白耗费国家钱财，在奏章里多次贬抑这种做法，苏逢吉等人不高兴。

中书侍郎兼户部尚书、同平章事李涛上疏言："今关西纷扰，外御为急。二枢密皆佐命功臣，官虽贵而家未富，宜授以要害大镇。枢机之务在陛下目前，易以裁决，逢吉、禹珪自先帝时任事，皆可委也。"杨邠、郭威闻之，见太后泣诉。称："臣等从先帝起艰难中，今天子取人言，欲弃之于外。况关西方有事，臣等何忍自取安逸，不顾社稷。若臣等必不任职，乞留过山陵。"太后怒，以让帝，曰："国家勋旧之臣，奈何听人言而逐之！"帝曰："此宰相所言也。"因诘责宰相。涛曰："此疏臣独为之，他人无预。"丁丑，罢涛政事，勒归私第。

【译文】中书侍郎兼户部尚书、同平章事李涛上疏说："现在关西形势纷乱，抵御外寇入侵是当务之急。二位枢密使都是先朝辅佐创业的功臣，官阶虽然显贵但家资并不富裕，应该颁授重要的藩镇给他们两人。至于枢密院的事务，就在陛下的眼前，很容易处断决定，苏逢吉和苏禹珪在先帝时就已担任重要职务，都值得委托、信赖。"杨邠、郭威获悉这件事，去见太后，一面哭泣，一面说："臣等两人跟随先帝在艰难中奋斗出来，现在天子听信别人的话，想把我们弃置在外，何况关西刚刚有变乱，臣等怎么忍心贪图安逸，不顾国家！如果臣等一定不称职，也请求留任到先帝下葬山陵。"太后听了，非常生气，拿这件事诘问后汉隐帝刘承祐，说："国家有功劳的旧臣，为什么听信别人的话而把他们赶走？"后汉隐帝说："这是宰相说的。"所以责问宰相。李涛说："这封奏疏，是臣独自一人草拟的，其他人没有参加意见。"丁丑日（二十八日），解除李涛的一切官职，勒令他回家。

是日，邠、泾、同、华四镇俱上言护国节度使兼中书令李守贞与永兴、凤翔同反。

始，守贞闻杜重威死而惧，阴有异志，自以晋世尝为上将，有战功，素好施，得士卒心。汉室新造，天子年少初立，执政皆后进，有轻朝廷之志。乃招纳亡命，养死士，治城堑，缮甲兵，昼夜不息。遣人间道赍蜡丸结契丹，屡为边吏所获。

浚仪人赵修己，素善术数，自守贞镇滑州，署司户参军，累从移镇，为守贞言："时命不可，勿妄动！"前后切谏非一，守贞不听，乃称疾归乡里。僧总伦，以术媚守贞，言其必为天子，守贞信之。又尝会将佐置酒，引弓指《舐掌虎图》曰："吾有非常之福，当中其舌。"一发中之，左右皆贺。守贞益自负。

【译文】这一天，邠、泾、同、华四镇都向朝廷上报：护国节度使兼中书令李守贞和永兴、凤翔二镇同时反叛。

起初，李守贞听说杜重威被杀而心中害怕，暗中萌生反叛念头。自以为后晋时曾为上将，有战功，平常慷慨好施，所以颇得士兵之心。而汉室刚刚建立，天子年纪还轻，又刚即位，执政大臣又是后生晚辈，因此就有轻视朝廷的意思。于是招收亡命之徒，豢养敢死之士，修筑城池，整理铠甲和武器，昼夜不停。派遣使者暗中抄小路，带着用蜡丸包装的书信，去和契丹联系，屡次被守边的军吏查获。

浚仪人赵修己，一向擅长星象占卜之术，自从李守贞镇守滑州，任命他为司户参军，屡次跟随藩镇调动，对李守贞说："时运、天命不允许，不要轻举妄动！"前后痛切地劝谏，不止一次，可是李守贞不听，于是称病辞职，回到家乡。有个和尚，叫总伦，用妖术取悦李守贞，说他一定会做天子，李守贞信以为真。李守贞又曾经召集将吏僚属一起饮酒，手拿弓箭指着《舐掌虎图》说："我有不同寻常的福气，这一箭，一定射中老虎的舌头。"箭一离弦，果然射中。左右的人都向他道贺。李守贞于是更加自负。

会赵思绾据长安，奉表献御衣于守贞，守贞自谓天人协契，乃自称秦王。遣其骁将平陆王继勋将兵据潼关，以思绾为晋昌节度使。

同州距河中最近，匡国节度使张彦威，常诇守贞所为，奏请先为之备。诏滑州马军都指挥使罗金山将部兵戍同州。故守贞起兵，同州不为所并。金山，云州人也。

定难节度使李彝殷发兵屯境上，奏称："去三载前羌族啜姆杀绥州刺史李仁裕叛去，请讨之。"庆州上言："请益兵为备。"诏以司天言，今岁不利先举兵，谕止之。

【译文】正赶上赵思绾占领长安城，向李守贞奉上表章献上御衣。李守贞自认为是天道、人心相契合，于是自称秦王，派遣他部下的勇将平陆人王继勋率兵据守潼关。任命赵思绾为晋昌节度使。

同州距离河中最近，匡国节度使张彦威常常侦察李守贞的所作所为，奏请朝廷预先做准备。后汉隐帝刘承祐诏命滑州马军都指挥使罗金山带领所部兵戍守同州，所以李守贞起兵的时候，同州没有被他吞并。罗金山，是云州人。

后汉定难节度使李彝殷派兵驻守边境，向朝廷上奏章，称：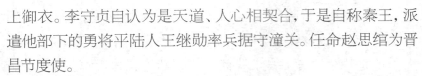"三年以前，羌族嵬毋杀死绥州刺史李仁裕反叛逃走，请求发兵征讨。"庆州方面也上奏说："请增兵以作防备。"由于主掌天象的官员说今年不利于先发兵，所以后汉隐帝刘承祐下诏劝谕他们，不要兴兵。

夏，四月，辛巳，陕州都监王玉奏克复潼关。

帝与左右谋，以太后怒李涛离间，欲更进用二枢密，以明非帝意。左右亦疾二苏之专，欲夺其权，共劝之。壬午，制以枢密使杨邠为中书侍郎兼吏部尚书、同平章事，枢密使如故，以副枢密使郭威为枢密使，又加三司使王章同平章事。

凡中书除官，诸司奏事，帝皆委邠斟酌。自是三相拱手，政事尽决于邠。事有未更邠所可否者，莫敢施行，遂成凝滞。三相每进拟用人，苟不出邠意，虽簿、尉亦不之与。邠素不喜书生，常言："国家府廪实，甲兵强，乃为急务。至于文章礼乐，何足介意！"既恨二苏排己，又以其除官太滥，为众所非，欲矫其弊，由是艰于除拜，士大夫往往有自汉兴至亡不沾一命者。凡门廕及百司入仕者悉罢之。虽由邠之愚蔽，时人亦咎二苏之不公所致云。

【译文】夏季，四月，辛巳日（初二），陕州都监王玉奏报收复潼关。

后汉隐帝刘承祐和身边的大臣商量，由于太后恼怒李涛的挑拨离间，现在想再提拔任用两位枢密使，以便表明以前的事不是后汉隐帝的意思。大臣们也憎恨二苏专政，想削减他们的权力，于是共同劝后汉隐帝再提拔任用杨邠和郭威。壬午日（初三），后汉隐帝刘承祐下制书，任命枢密使杨邠为中书侍郎兼吏部尚书、同平章事，枢密使照旧；任命副枢密使郭威为枢密使，又加封三司使王章同平章事。

凡中书省任命官员、各部门上奏公事，后汉隐帝刘承祐全委任杨邠斟酌办理。从此其他三位宰相全都拱手无事，一切政事都由杨邠决定。事情如果有未经杨邠批准的，没有人敢施行，政事就因此而耽搁停滞。三位宰相每次拟议进用人才，如果不是出于杨邠的意思，虽属主簿、县尉那样的小官，也不肯给他。杨邠一向不喜欢书生，常常说："国家府库充实，甲兵强盛，才是当务之急。至于文章礼乐，哪里值得放在心上！"他既痛恨二苏排挤自己，又因他们任命官吏太过浮滥，被众人所指责，想要矫正它的弊端，因此对于除授官职，非常吝啬，士大夫往往有从汉室兴起到灭亡从没有受过一次任命的情形，凡是因祖先功勋而补官，以及流外入仕，全部停止。这固然是由于杨邠的愚昧，可是当时的人，也归罪于二苏，认为这也是由二苏的不公平导致的。

以镇宁节度使郭从义充永兴行营都部署，将侍卫兵讨赵思绾。戊子，以保义节度使白文珂为河中行营都部署，内客省使王峻为都监。辛卯，削夺李守贞官爵，命文珂等会兵讨之。乙未，以宁江节度使、侍卫步军都指挥使尚洪迁为西面行营都虞候。

王景崇迁延不之邠州，阅集凤翔丁壮，诈言讨赵思绾，仍牒邠州会兵。

契丹主如辽阳，故晋主与太后、皇后皆谒见。有禅奴利者，契丹主之妻兄也，闻晋主有女未嫁，诣晋主求之，晋主辞以幼。后数日，契丹主使人驰取其女而去，以赐禅奴。

【译文】 后汉隐帝刘承祐命镇宁节度使郭从义充任永兴行营都部署，率领侍卫兵讨伐赵思绾。戊子日（初九），命保义节度使白文珂为河中行营都部署，内客省使王峻为都监。辛卯日（十二日），废除李守贞的官爵，命令白文珂等人把军队联合起来讨伐他。乙未日（十六日），任命宁江节度使、侍卫步军都指挥使尚洪迁为西面行营都虞候。

王景崇拖延时间不到邠州上任，集合、检阅凤翔的丁壮，假称要讨伐赵思绾，并发牒文与邠州合兵。

契丹主兀欲前往辽阳，后晋主石重贵和太后、皇后都去觐见契丹主。有一个叫禅奴利的人，是契丹主妻子的哥哥，听说后晋主有个女儿还没出嫁，亲自去见后晋主，请求后晋主把女儿嫁给他。后晋主推辞说年纪还小，没有答应。过了几天，契丹主派人骑着快马抢走他的女儿，赐给禅奴利。

王景崇遗蜀凤州刺史徐彦书，求通互市。壬戌，蜀主使彦复书招之。

契丹主留晋翰林学士徐台符于幽州，台符逃归。

五月，乙亥，滑州言河决鱼池。

六月，戊寅朔，日有食之。

辛巳，以奉国左厢都虞候刘词充河中行营马步都虞候。

乙酉，王景崇遣使请降于蜀，亦受李守贞官爵。

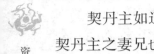

高从诲既与汉绝，北方商旅不至，境内贫乏，乃遣使上表谢罪，乞修职贡。诏遣使尉抚之。

西面行营都虞候尚洪迁攻长安，伤重而卒。

【译文】王景崇写信给蜀国的凤州刺史徐彦，请求互通贸易。壬戌日（四月无此日），后蜀主孟昶命徐彦回信给他，招他来投降。

契丹主兀欲扣留后晋翰林学士徐台符于幽州，徐台符逃了回来。

五月，乙亥日（二十七日），滑州奏报说黄河在鱼池决口。

六月，戊寅朔日（初一），出现日食。

辛巳日（初四），后汉隐帝刘承祐任命奉国左厢都虞候刘词充当河中行营马步都虞候。

乙酉日（初八），王景崇派使者向后蜀请求归降，同时接受李守贞给予的官爵。

高从诲跟后汉绝交以后，北方的商人旅客不到荆南来了，境内贫苦穷困，于是派遣使者上表谢罪，请求准许他来进贡。后汉隐帝刘承祐诏命派遣使者去安抚慰问他。

西面行营都虞候尚洪迁攻打长安，身受重伤而死。

秋，七月，以工部侍郎李谷充西南面行营都转运使。

庚申，加枢密使郭威同平章事。

蜀司空兼中书侍郎、同平章事张业，性豪侈，强市人田宅，藏匿亡命于私第，置狱，系负债者，或历年至有瘐死者。其子检校左仆射继昭，好击剑，尝与僧归信访善剑者，右匡圣都指挥使孙汉韶与业有隙，密告业、继昭谋反。翰林承旨李昊、奉圣控鹤马步都指挥使安思谦复从而谮之。甲子，业入朝，蜀主命壮士就都堂击杀之，下诏暴其罪恶，籍没其家。

枢密使、保宁节度使兼侍中王处回，亦专权贪纵，卖官鬻狱，四方馈献，皆先输处回，次及内府，家赀巨万。子德钧，亦骄横。张业既死，蜀主不忍杀处回，听归私第。处回惶恐辞位，以为武德节度使兼中书令。

【译文】秋季，七月，后汉隐帝刘承祐任命工部侍郎李谷充当西南面行营都转运使。

庚申日（十三日），枢密使郭威加官任同平章事。

后蜀司空兼中书侍郎、同平章事张业，生性奢华，强买别人的田地住宅，在自己的宅院里藏匿亡命的罪犯，私设监狱，抓欠债的人，有的被关了好几年，甚至有病死在监牢里的。他的儿子检校左仆射张继昭，喜欢击剑，曾经与和尚归信一起去访寻善于击剑的人，右匡圣都指挥使孙汉韶跟张业有仇怨，密告张业、张继昭图谋造反；翰林承旨李昊、奉圣控鹤马步都指挥使安思谦又趁机诬陷他们。甲子日（十七日），张业入朝，后蜀主孟昶命令壮士在朝堂上将他打死，下诏公布他的罪行，没收他的家产。

枢密使、保宁节度使兼侍中王处回，也擅权专横，贪婪骄纵，出卖官职，收受罪犯的贿赂，各地赠送的贡物，都先送到王处回那里，然后才送到宫内的府库，家财亿万。他的儿子王德钧，也骄奢蛮横。张业死了以后，后蜀主孟昶不忍心杀王处回，允许他回家。王处回惊慌恐惧，辞去官位。后蜀主却又任命他为武德节度使兼中书令。

蜀主欲以普丰库使高延昭、茶酒库使王昭远为枢密使，以其名位素轻，乃授通奏使，知枢密院事。昭远，成都人，幼以僧童从其师入府，蜀高祖爱其敏慧，令给事蜀主左右。至是，委以机务, 府库金帛, 恣其取与, 不复会计。

戊辰, 以郭从义为永兴节度使, 白文珂兼知河中行府事。

蜀主以翰林承旨、尚书左丞李昊为门下侍郎兼户部尚书, 翰林学士、兵部侍郎徐光溥为中书侍郎兼礼部尚书, 并同平章事。

【译文】后蜀主孟昶想任命普丰库使高延昭、茶酒库使王昭远为枢密使, 由于他们的名望和地位向来很低, 于是先任命他们为通奏使, 掌理枢密院的事务。王昭远, 是成都人, 幼年时以僧童的身份跟随他的师父进入官府, 后蜀高祖孟知祥喜爱他敏捷聪慧, 让他留在后蜀主孟昶的身边供事。到了这时, 把中枢的要务委托给他, 府库的金钱布帛, 任他取用, 不再加以核算。

戊辰日(二十一日), 后汉隐帝刘承祐任命郭从义为永兴节度使, 白文珂兼理河中行府的事务。

后蜀主孟昶命翰林承旨、尚书左丞李昊为门下侍郎兼户部尚书; 翰林学士、兵部侍郎徐光溥为中书侍郎兼礼部尚书, 全都为同平章事。

蜀安思谦谋尽去旧将, 又谮卫圣都指挥使兼中书令赵廷隐谋反, 欲代其位, 夜, 发兵围其第。会山南西道节度使李廷珪入朝, 极言廷隐无罪, 乃得免。廷隐因称疾, 固请解军职。甲戌, 蜀主许之。

凤翔节度使赵晖至长安。乙亥, 表王景崇反状益明, 请进兵击之。

初, 高祖镇河东, 皇弟崇为马步都指挥使, 与蕃汉都孔目官郭威争权, 有隙。及威执政, 崇忧之。节度判官郑珙, 劝崇为自全计, 崇然之。珙, 青州人也。八月, 庚辰, 崇表募兵四指挥, 自是选募勇士, 招纳亡命, 缮甲兵, 实府库, 罢上供财赋, 皆以备契丹为名。朝廷诏令，多不禀承。

【译文】蜀国的安思谦图谋把旧将全部排挤掉，又诬陷卫圣都指挥使兼中书令赵廷隐，说他谋反，想要取代他的职位。夜晚，发兵包围赵廷隐的住宅。正好这时山南西道节度使李廷珪入朝，极力保证赵廷隐无罪，才获得赦免。赵廷隐因而称病，再三请求解除军职，甲戌日（二十七日），后蜀主孟昶答应了他。

凤翔节度使赵晖到达长安，乙亥日（二十八日），上表章说王景崇反叛的情况日益明显，请求发兵攻打。

起初，后汉高祖刘知远镇守河东，皇弟刘崇是马步都指挥使，与蕃汉都孔目官郭威争夺权力，二人有仇怨。等到郭威执掌政权，刘崇感到忧虑。节度判官郑珙劝刘崇做保全自己的打算，刘崇采纳了他的建议。郑珙，是青州人。八月，庚辰日（初四），刘崇上表招募四个指挥的兵力，从此选拔和招募勇士，招收亡命之徒，修治铠甲武器，充实府库，停止对朝廷的财赋供应，都以防御契丹为名义，朝廷的诏令，多不接受。

自河中、永兴、凤翔三镇拒命以来，朝廷继遣诸将讨之。昭义节度使常思屯潼关，白文珂屯同州，赵晖屯咸阳。惟郭从义、王峻置栅近长安，而二人相恶如水火，自春徂秋，皆相持莫肯攻战。帝患之，欲遣重臣临督。壬午，以郭威为西面军前招慰安抚使，诸军皆受威节度。

威将行，问策于太师冯道。道曰：“守贞自谓旧将，为士卒所附，愿公勿爱官物，以赐士卒，则夺其所恃矣。”威从之。由是众心始附于威。

诏白文珂趣河中，赵晖趣凤翔。

【译文】自从河中、永兴、凤翔三个藩镇抗拒朝廷命令以来，朝廷连续派众将领讨伐他们。昭义节度使常思驻守潼关，白文珂驻守同州，赵晖驻守咸阳。只有郭从义、王峻二人靠近长安安营扎寨，可是二人相互憎恨，像水火般不能相容，从春天到秋天，都互相观望，不肯出战。后汉隐帝刘承祐为此感到忧虑，想派遣一个有威望的大臣前去临阵指挥。壬午日（初六），任命郭威为西面军前招慰安抚使，各军都受郭威的调度指挥。

郭威将要上路，向太师冯道请教良策。冯道说："李守贞自认为是老将，士兵之心都归附于他，希望您不要吝惜公家的财物，而拿来赏赐士卒，这样一来，就夺走了他所依赖的东西了。"郭威采用了他的计策。因此，军民之心从此就归附于郭威。

后汉隐帝刘承祐诏令，白文珂赶赴河中，赵晖赶赴凤翔。

【乾隆御批】 倾府库以饵众，而叛卒益骄，莫可控驭，此五季积习，所以不可为也。但言厚赏足夺人所恃，而不知士心附威，适遂其篡国之计，长乐老犹复有善策耶？

【译文】 用尽府库的所有来引诱士卒而使叛卒更加骄横，不可控制，这是五代时期长久以来而形成的习惯，所以是不可以改变的。只说厚赏完全可以夺取人的倚仗，而不知道士卒的心会依附郭威，恰好符合了他篡国的计谋，冯道还又有什么好办法吗？

甲申，蜀主以赵廷隐为太傅，赐爵宋王，国有大事，就第问之。

戊子，蜀改凤翔曰岐阳军，己丑，以王景崇为岐阳节度使、同平章事。

乙未，以钱弘俶为东南兵马都元帅、镇海、镇东节度使兼中书令、吴越国王。

【译文】 甲申日（初八），后蜀主孟昶任命赵廷隐为太傅，赐爵为宋王，国家遇有军国大事，亲自前往他的府第请教。

戊子日（十二日），蜀国改凤翔为岐阳军，己丑日（十三日），命王景崇为岐阳节度使、同平章事。

乙未日（十九日），后汉任命钱弘俶为东南兵马都元帅、镇海镇东节度使，兼中书令，封为吴越国王。

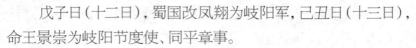

郭威与诸将议攻讨，诸将欲先取长安、凤翔。镇国节度使扈彦珂曰："今三叛连衡，推守贞为主，守贞亡，则两镇自破矣。若舍近而攻远，万一王、赵拒吾前，守贞掎吾后，此危道也。"威善之。于是威自陕州，白文珂及宁江节度使、侍卫步军都指挥使刘词自同州，常思自潼关，三道攻河中。威抚养士卒，与同苦乐，小有功辄厚赏之，微有伤常亲视之。士无贤不肖，有所陈启，皆温辞色而受之。违忤不怒，小过不责。由是将卒咸归心于威。

始，李守贞以禁军皆尝在麾下，受其恩施，又士卒素骄，苦汉法之严，谓其至则叩城奉迎，可坐而待之。既而士卒新受赐于郭威，皆忘守贞旧恩。己亥，至城下，扬旗伐鼓，踊跃诟譟，守贞视之失色。

【译文】 郭威与众将领商议讨伐进攻之事，众将领想先夺取长安、凤翔。镇国节度使扈彦珂说："现在三个叛藩联合，推举李守贞为首领，如果李守贞败亡，那两个藩镇便不攻自破了。如果放过近处，而去攻打远方，万一王景崇、赵思绾在我们的前面抵抗，李守贞在我们的后面牵制，这是危险的战略。"郭威认为他说得很对。于是郭威从陕州，白文珂及宁江节度使、侍卫步军都指挥使刘词从同州，常思从潼关，三路一同进攻河中。郭威对于士卒，抚慰照顾，跟他们同甘同苦，有一点小功就奖赏他们，稍微受点伤害，就亲自去探望他们；士人不论贤能与否，如果有所请求或建议，都以温和态度去接受他们；违背触犯他不发怒，小的过错不责罚。因此士兵、将领之心都归附于郭威。

起初，李守贞以为禁军都曾是自己的老部下，受过他的恩惠，而且士兵一贯骄横，苦于后汉军法的严格，所以认为他们一到，就会在城门恭敬地迎接他，因此可以安静地等待他们。没想到士卒们刚刚接受过郭威的赏赐，都忘记了李守贞的旧恩。己亥日（二十三日），兵临城下，高举旌旗，猛挝战鼓，士卒们奔腾跃进，呼喊喧哗。李守贞见了，大惊失色。

白文珂克西关城，栅于河西，常思栅于城南，威栅于城西。未几，威以常思无将领才，先遣归镇。

诸将欲急攻城，威曰："守贞前朝宿将，健斗好施，屡立战功。况城临大河，楼堞完固，未易轻也。且彼凭城而斗，吾仰而攻之，何异帅士卒投汤火乎！夫勇有盛衰，攻有缓急，时有可否，事有后先。不若且设长围而守之，使飞走路绝。吾洗兵牧马，坐食转输，温饱有馀。俟城中无食，公帑家财皆竭，然后进梯冲以逼之，飞书檄以招之。彼之将士，脱身逃死，父子且不相保，况乌合之众乎！思绾、景崇，但分兵縻之，不足虑也。"乃发诸州民夫二万馀人，使白文珂等帅之，刳长壕，筑连城，列队伍而围之。威又谓诸将曰："守贞向畏高祖，不敢鸱张；以我辈崛起太原，事功未著，有轻我心，故敢反耳。正宜静以制之。"乃偃旗卧鼓，但循河设火铺，连延数十里，番步卒以守之。遣水军檥舟于岸，寇有潜往来者，无不擒之。于是守贞如坐网中矣。

【译文】 白文珂攻克西关城，在黄河西岸设营栅，常思在城南设营栅，郭威驻扎于城西。不久，郭威看出常思没有将领的才能，先派遣他回到自己所治理的藩镇。

众将领想赶快攻城，郭威说："李守贞是前朝有经验的老将，勇猛善斗，慷慨好施，多次建立战功。况且城临黄河，城楼护墙完好坚固，不容轻视。而且他们凭靠着城池而战斗，我们在城下仰面进攻，岂不等于率领士卒投进汤火里去吗？勇气有时强盛，有时衰弱；进攻有时该缓，有时该急；时机有时适宜，有时不宜；事情有的当先，有的当后。不如暂且设置包围圈，采取守势，使任何通往外界的通道都完全断绝。我们清洗兵器，放牧战马，安闲地享用后方转送来的粮饷，穿暖吃饱还有余。等到城中粮食吃完，国库和私人的财物都用完，然后一面推进云梯冲车进逼他们，一面飞传檄文招降他们。他们的将士，将各自脱身逃亡，父子尚且不能相顾，何况是乌合之众呢！至于赵思绾、王景崇方面，只要分一部分人马牵制他们就可以，不值得忧虑。"于是发动各州壮丁两万多人，命白文珂等人率领，挖掘长的壕沟，修筑相连的城堡，排列队伍，把它包围起来。郭威又对诸将说："李守贞过去畏惧后汉高祖刘知远，不敢过于猖狂；现在他认为我们从太原起家，功业还不明显，有轻视我们的意思，所以才敢造反。正应采取静守的方略来制服他。"于是把军旗、战鼓都收起来，只沿黄河设置"火铺"传递军情，连绵几十里，派步卒轮番守护；派水军船只停泊在岸边，敌人有偷偷往来的，无不抓获，于是李守贞就像困在罗网中了。

蜀武德节度使兼中书令王处回请老，辛丑，以太子太傅致仕。

南汉主遣知制诰宣化钟允章求婚于楚，楚王希广不许。南汉主怒。问允章："马公复能经略南土乎？"对曰："马氏兄弟，方争亡于不暇，安能害我！"南汉主曰："然。希广懦而耆蔔，其士卒忘战日久，此乃吾进取之秋也。"

武平节度使马希萼请与楚王希广各修职贡，求朝廷别加官爵，希广用天策府内都押牙欧弘练、进奏官张仲荀谋，厚赂执政，使拒其请。九月，壬子，赐希萼及楚王希广诏书，谕以"兄弟宜相辑睦，凡希萼所贡，当附希广以闻。"希萼不从。

【译文】 蜀国的武德节度使兼中书令王处回告老还乡，辛丑日（二十五日），以太子太傅的身份退休。

南汉主刘晟派知制诰宣化人钟允章到楚国求婚，楚王马希广不同意。南汉主刘晟大怒，问钟允章："马希广还能治理南方吗？"答道："马氏兄弟，正在互相倾轧，彼此争权，不顾国家的兴亡，哪里还有余力来危害我们！"南汉主刘晟说："对！马希广懦弱而耆蔔，他的士卒长期没有打过仗，这是我们图谋进取的最佳时机啊。"

楚国武平节度使马希萼向后汉朝廷提出要与楚王马希广各自尽职进奉贡品，请求朝廷另加封官爵。马希广采用天策府内都押牙欧弘练、进奏官张仲荀的计策，重重地贿赂执政大臣，使执政大臣拒绝马希萼的请求。九月，壬子日（初七），后汉隐帝刘承祐赐马希萼及楚王马希广诏书，告诫他们说："兄弟应该和睦相处，凡是马希萼所进贡的东西，应当和马希广的东西附在一起奏呈。"马希萼不肯答应。

蜀兵援王景崇，军于散关，赵晖遣都监李彦从袭击，破之，蜀兵遁去。

蜀主以张业、王处回执政，事多壅蔽，己未，始置匦函，后改为献纳函。

王景崇尽杀侯益家属七十馀人，益子前天平行军司马仁矩先在外，得免。庚申，以仁矩为隰州刺史。仁矩子延广，尚在襁褓，乳母刘氏以己子易之，抱延广而逃，乞食至于大梁，归于益家。

【译文】 蜀兵赴散关援助王景崇，赵晖派都监李彦从袭击，打败了他们，蜀军逃走。

后蜀主孟昶因为张业、王处回执掌政权，政事大多被阻隔隐瞒，己未日（十四日），开始设置匦函，后来改为献纳函。

王景崇把侯益的家属七十多人全部杀死，只有侯益的儿子前天平行军司马侯仁矩事前在外，才免于一死。庚申日（十五日），后汉隐帝刘承祐任命侯仁矩为隰州刺史。侯仁矩的儿子侯延广，还是个婴儿，乳母刘氏用自己的儿子替换了他，抱着侯延广逃走，一路向人讨饭充饥，终于走到大梁，回到侯益的家里。

李守贞屡出兵欲突长围，皆败而返。遣人赍蜡丸求救于唐、蜀、契丹，皆为逻者所获。城中食且尽，殍死者日众。守贞忧形于色，召总伦诘之，总伦曰："大王当为天子，人不能夺。但此分野有灾，待磨灭将尽，只馀一人一骑，乃大王鹊起之时也。"守贞犹以为然。

冬，十月，王景崇遣其子德让，赵思绾遣其子怀乂，见蜀主于成都。

戊寅，景崇遣兵出西门，赵晖击破之，遂取西关城。景崇退守大城，晖堑而围之，数挑战，不出。晖潜遣千馀人擐甲执兵，效蜀旗帜，循南山而下，令诸军声言："蜀兵至矣。"景崇果遣兵数千出迎之，晖设伏掩击，尽殪之。自是景崇不复敢出。

【译文】 李守贞屡次出兵想突出长围，都战败而回；派人带上蜡丸密信向南唐、后蜀、契丹求救，全被巡逻士兵抓获。城

资治通鉴

中粮食即将吃完，饿死的人一天比一天多。李守贞心中的忧愁，已表现在脸色上，召唤总伦加以诘问，总伦说："大王将会做天子，别人不能夺走。但是这里分野有灾难，等到磨难即将消磨完，只剩一人一马的时候，就是大王兴起的时运。"李守贞还信以为真。

冬季，十月，王景崇派遣他的儿子王德让，赵思绾派遣他的儿子赵怀义，前往成都觐见蜀主孟昶。

戊寅日（初三），王景崇派兵出西门，赵晖打败了他，于是夺取了西关城。王景崇退守大城。赵晖挖掘壕沟，把他包围起来，屡次向他挑战，王景崇不出。赵晖暗中派遣一千多人，披着战甲拿着兵器，仿制蜀兵的旗帜，沿着南山而下，令各军扬言说："蜀兵到了。"王景崇果然派出好几千人马出城迎接，赵晖预先埋设伏兵，出其不意加以攻击，把他们全部消灭。从此以后，王景崇再也不敢出来。

蜀主遣山南西道节度使安思谦将兵救凤翔，左仆射兼门下侍郎、同平章事毋昭裔上疏谏曰："臣窃见庄宗皇帝志贪西顾，前蜀主意欲北行，凡在庭臣，皆贡谏疏，殊无听纳，有何所成！只此两朝，可为鉴诚。"不听，又遣雄武节度使韩保贞引兵出汧阳以分汉兵之势。

王景崇遣前义成节度使酸枣李彦舜等逆蜀兵。丙申，安思谦屯右界，汉兵屯宝鸡。思谦遣眉州刺史申贵将兵二千趣模壁，设伏于竹林。丁酉旦，贵以兵数百压宝鸡而陈，汉兵逐之，遇伏而败，蜀兵逐北，破宝鸡寨。蜀兵去，汉兵复入宝鸡。己亥，思谦进屯渭水，汉益兵五千戍宝鸡。思谦畏之，谓众曰："粮少敌强，宜更为后图。"辛丑，退屯凤州，寻归兴元，贵，潞州人也。

【译文】后蜀主孟昶派山南西道节度使安思谦领兵救援凤翔，左仆射兼门下侍郎、同平章事毋昭裔上疏进谏道："臣私下见到唐庄宗皇帝李存勖贪图西方的土地，派兵伐蜀，前蜀主孟知祥刻意向北方发展，当时所有在朝廷的臣子都上疏劝谏，可是都不接受，最后有什么成就！就这两个朝代的事，可以作为借鉴！"后蜀主孟昶不听，又派遣雄武节度使韩保贞引兵向汧阳进发，以分散汉兵的兵力。

王景崇派前义成节度使酸枣人李彦舜等去迎后蜀援军。丙申日（二十一日），安思谦驻扎在宝鸡以西，后汉军驻扎在宝鸡。安思谦派遣眉州刺史申贵率领两千人马直趋模壁，在竹林里设伏兵；丁酉日（二十二日）早晨，申贵率领数百名士兵逼近宝鸡而列阵，汉兵追逐他，遇到伏兵而溃败，蜀兵乘胜追杀，攻破宝鸡寨。后蜀军队离开以后，后汉军队又进入宝鸡。己亥日（二十四日），安思谦进兵屯驻渭水，汉增兵五千名戍守宝鸡。安思谦害怕，对部众说："我们粮食很少，而敌兵强盛，应该另订计划。"辛丑日（二十六日），退兵驻守凤州，不久，回到兴元。申贵，是潞州人。

荆南节度使兼中书令、南平文献王高从诲寝疾，以其子节度副使保融判内外兵马事。癸卯，从诲卒，保融知留后。

彰武节度使高允权与定难节度使李彝殷有隙，李守贞密求援于彝殷，发兵屯延、丹境上，闻官军围河中，乃退。甲辰，允权以其状闻，彝殷亦自诉，朝廷和解之。

初，高祖入大梁，太师冯道、太子太傅李崧皆在真定，高祖以道第赐苏禹珪，崧第赐苏逢吉。崧第中窖藏之物及洛阳别业，逢吉尽有之。及崧归朝，自以形迹孤危，事汉权臣，常惕惕谦谨，多称疾杜门。而二弟屿、巂，与逢吉子弟俱为朝士，时乘酒出怨言，云：“夺我居第、家赀！”逢吉由是恶之。未几，崧以两京宅券献于逢吉，逢吉愈不悦。翰林学士陶谷，先为崧所引用，复从而谮之。

【译文】荆南节度使兼中书令、南平文献王高从诲卧床病重，命他的儿子节度副使高保融治理内外兵马的事务。癸卯日（二十八日），高从诲去世，高保融主持留后事务。

彰武节度使高允权跟定难节度使李彝殷有仇怨，李守贞秘密向李彝殷求援兵，李彝殷发兵屯驻延州、丹州边境上，后来听说官军包围河中，才退回去。甲辰日（二十九日），高允权将此事上报朝廷，李彝殷也自己申诉，朝廷命二人和解。

起初，后汉高祖刘知远入大梁城，太师冯道、太子太傅李崧都在真定，后汉高祖把冯道的住宅赐给苏禹珪，李崧的住宅赐给苏逢吉。李崧宅中埋藏的东西以及洛阳庄园，苏逢吉全都占了。等到李崧回朝，自认为由于行事而陷于孤立无援的危殆境地，因此对待汉室的权臣，常常谦让谨慎，恭敬惊惕，大多称病，不出门。而他的两个弟弟李屿、李巂，和苏逢吉的子弟都是朝廷的官员，时常在喝酒以后对他们口出怨言，说：“夺走我的住宅、家产。”苏逢吉因此痛恨他们。不久，李崧把洛阳和大梁的房契献给苏逢吉，苏逢吉更加不高兴；翰林学士陶谷，以前是由李崧引荐进用，现在却又趁机诬陷他。

汉法既严，而侍卫都指挥使史弘肇尤残忍，宠任孔目官解晖，凡入军狱者，使之随意锻炼，无不自诬。及三叛连兵，群情震动，民间或讹言相惊骇。弘肇掌部禁兵，巡逻京城，得罪人，不问情轻重，于法何如，皆专杀不请。或决口断舌，斫筋、折胫，无虚日。虽奸盗屏迹，而冤死者甚众，莫敢辨诉。

李崧仆夫葛延遇，为崧贩鬻，多所欺匿，崧挞之，督其负甚急，延遇与苏逢吉之仆李澄谋上变告崧谋反。逢吉闻而诱致之，因召崧至第，收送侍卫狱。崧自诬云："与兄崒、弟嶬、甥王凝及家僮合二十人，谋因山陵发引，纵火焚京城作乱。又遣人以蜡书入河中城，结李守贞。又遣人召契丹兵。"及具狱上，逢吉取笔改"二十"为"五十"字。十一月，甲寅，下诏诛崒兄弟、家属及辞所连及者，皆陈尸于市。仍厚赏葛延遇等，时人无不冤之。自是士民家皆畏惮仆隶，往往为所胁制。

【译文】 后汉法律已经很严酷，而侍卫都指挥使史弘肇尤其残忍，史弘肇宠信、重用孔目官解晖，凡抓到军中监狱的人，让他随意罗织罪名，最后没有不屈打成招的。等到三个叛臣连兵谋乱，人心恐慌，民间有人散播谣言，耸人听闻。史弘肇掌管禁军，巡逻京城，捉到犯罪的人，不问罪过轻重，在法律上犯了哪一条，一律擅自加以处死，不向上级请示。有的撕裂嘴巴，割断舌头，截断筋骨，砍断小腿，没有一天停止过。虽然奸恶的盗贼因此而销声匿迹，但是冤屈而死的人很多，没有一个敢控诉争辩的。

李崧的车夫葛延遇为李崧贩卖东西，常常欺骗主人、藏匿钱财；李崧鞭打他，催他交出所欠的东西逼得很急。葛延遇和苏逢吉的车夫李澄，商量向上诬告李崧谋反。苏逢吉听说后就引诱他们去做，于是召李崒来到家中，抓起来送入侍卫狱。李崧在狱中屈招说："跟哥哥李崒、弟弟李嶬、外甥王凝以及家僮一共二十个人，计划借着先帝出殡的机会，放火焚烧京城作乱；又派人携带蜡书进入河中城，联络李守贞；又派人召请契丹兵。"等到这份口供呈递上去，苏逢吉拿起笔来，改"二十"为"五十"

两字。十一月，甲寅日（初九），后汉隐帝刘承祐下诏诛杀李崧兄弟、家属以及供词所牵连到的人，都暴尸街头，同时重赏葛延遇等。当时的人无不替他们感到冤枉。从此，士人和百姓家里都害怕车夫和家奴，往往被这种人要挟控制。

他日，秘书郎真定李昉诣陶谷，谷曰："君于李侍中近远？"昉曰："族叔父。"谷曰："李氏之祸，谷有力焉。"昉闻之，汗出。谷，邠州人也，本姓唐，避晋高祖讳改焉。

史弘肇尤恶文士，常曰："此属轻人难耐，每谓吾辈为卒。"弘肇领归德节度使，委亲吏杨乙收属府公利。乙依势骄横，合境畏之如弘肇，副使以下，望风展敬，乙皆下视之。月率钱万缗以输弘肇，部民不胜其苦。

初，沈丘人舒元，嵩山道士杨讷，俱以游客干李守贞。守贞为汉所攻，遣元更姓朱，讷更姓李，名平，间道奉表求救于唐。唐谏议大夫查文徽、兵部侍郎魏岑请出兵应之。

【译文】 有一天，秘书郎真定人李昉拜访陶谷，陶谷问："你和李侍中关系远近？"李昉说："是我的族叔父。"陶谷说："李氏的灾祸，是我所导致的。"李昉听了这句话，吓得冒出汗来。陶谷，是邠州人，本来姓唐，为避后晋高祖石敬瑭的名讳而改为姓陶。

史弘肇特别憎恶文人，常说："这些家伙瞧不起人让人最难忍受，常叫我们是兵卒。"史弘肇兼领归德节度使，委托亲信的官吏杨乙替他收领军府应取的财利。杨乙仗势骄纵蛮横，整个辖区内畏惧他如同畏惧史弘肇一般；节度副使以下，远远望见他便恭敬地向他施礼，杨乙都把他们当部下看待，每月征敛万缗的钱送交史弘肇，当地的官吏百姓苦得受不了。

起初，沈丘人舒元、嵩山道士杨讷，都以游客身份谒见李守贞，当李守贞被后汉围攻，派舒元改姓朱，杨讷改姓李，名叫平，奉持章表抄小路去向唐国求救兵，唐国的谏议大夫查文徽、兵部侍郎魏岑请求出兵援救他。

唐主命北面行营招讨使李金全将兵救河中，以清淮节度使刘彦贞副之，文徽为监军使，岑为沿淮巡检使，军于沂州之境。金全与诸将方会食，候骑白有汉兵数百在涧北，皆羸弱，请掩之。金全令曰："敢言过涧者斩！"及暮，伏兵四起，金鼓闻十馀里，金全令曰："向可与之战乎？"时唐士卒厌兵，莫有斗志，又河中道远，势不相及。丙寅，唐兵退保海州。

唐主遗帝书谢，请复通商旅，且请赦守贞，朝廷不报。

壬申，葬睿文圣武昭肃孝皇帝于睿陵，庙号高祖。

【译文】南唐主李璟命北面行营招讨使李金全率兵救援河中，派清淮节度使刘彦贞为他的副手，查文徽为监军使，魏岑为沿淮巡检使，驻兵于沂州境内。李金全跟诸将正要一起吃饭，侦察敌情的骑兵报告说，有数百名汉兵在涧水的北岸，都很瘦弱，请乘他们不备，偷袭他们。李金全下令说："敢说渡过涧水的人一律斩首！"等到傍晚，伏兵四起，鸣金击鼓声远传十几里，李金全说："刚才可以和他们交战吗？"当时南唐士兵厌战，没有一个有斗志，而且河中路途遥远，军力不能相救。丙寅日（二十一日），唐兵退守海州。南唐主李璟致信后汉隐帝刘承祐告罪，请求通商贸易，并请求赦免李守贞，朝廷没有答复。

壬申日（二十七日），安葬睿文圣武昭肃孝皇帝刘知远于睿陵，庙号高祖。

十二月，丁丑，以高保融为荆南节度使、同平章事。

辛巳，南汉主以内常侍吴怀恩为开府仪同三司、西北面招讨使，将兵击楚，攻贺州。楚王希广遣决胜指挥使徐知新等将兵五千救之。未至，南汉人已拔贺州，凿大阱于城外，覆以竹箔，加土，下施机轴，自堑中穿穴通阱中。知新等至，引兵攻城，南汉遣人自穴中发机，楚兵悉陷，南汉出兵从而击之。楚兵死者以千数，知新等遁归，希广斩之。南汉兵复陷昭州。

【译文】 十二月，丁丑日（初三），后汉隐帝刘承祐任命高保融为荆南节度使、同平章事。

辛巳日（初七），南汉主刘晟任命内常侍吴怀恩为开府仪同三司、西北面招讨使，率兵攻打楚国，进攻贺州；楚王马希广派决胜指挥使徐知新等人率兵五千人去援救贺州。还没到达，南汉兵已经攻下贺州，在城外挖了一个大陷阱，盖上竹箔，又在竹箔上覆盖泥土，底下设置机关，从壕沟挖掘地道直通陷阱。徐知新等人赶到以后，率兵攻城，南汉派人从地道里发动机关，楚国的士兵全部陷落在陷阱里，南汉出兵加以攻击，楚兵死了上千人；徐知新等人逃了回去，楚王马希广将他斩首。南汉兵又攻陷昭州。

王景崇累表告急于蜀，蜀主命安思谦再出兵救之。壬午，思谦自兴元引兵屯凤州，请先运粮四十万斛，乃可出境。蜀主曰：“观思谦之意，安肯为朕进取！”然亦发兴州、兴元米数万斛以馈之。

戊子，思谦进屯散关，遣马步使高彦俦、眉州刺史申贵击汉箭箐安都寨，破之。庚寅，思谦败汉兵于玉女潭，汉兵退屯宝鸡，思谦进屯模壁。韩保贞出新关，壬辰，军于陇州神前，汉兵不出，保贞亦不敢进。

【译文】 王景崇屡次向后蜀上表章告急求救。后蜀主孟昶命安思谦再次出兵援救。壬午日（初八），安思谦从兴元引兵驻守凤州，请求先运粮四十万斛，才可以出境。蜀主孟昶说："看安思谦的意思，哪里肯为朕图谋进取中原！"可是仍然拨出兴州、兴元数万斛的米供给他。

戊子日（十四日），安思谦进兵驻扎在散关，派马步使高彦俦、眉州刺史申贵袭击并攻克后汉箭筈岭上的安都寨。庚寅日（十六日），安思谦打败汉兵于玉女潭，汉兵撤退，驻守宝鸡，安思谦向前推进，驻守模壁。韩保贞从新关出兵，壬辰日（十八日），驻扎在陇州神前，汉兵不出战，韩保贞也不敢前进。

赵晖告急于郭威，威自往赴之。时李守贞遣副使周光逊、裨将王继勋、聂知遇守城西，威戒白文珂、刘词曰："贼苟不能突围，终为我禽；万一得出，则吾不得复留于此。成败之机，于是乎在。贼之骁锐，尽在城西，我去必来突围，尔曹谨备之！"威至华州，闻蜀兵食尽引去，威乃还。韩保贞闻安思谦去，亦退保弓川寨。

蜀中书侍郎兼礼部尚书、同平章事徐光溥坐以艳辞挑前蜀安康长公主，丁酉，罢守本官。

【译文】 赵晖向郭威告急，郭威亲自前往。当时李守贞派遣副使周光逊和副将王继勋、聂知遇防守城西，郭威告诫白文珂、刘词说："贼兵如果不能冲出重围，最后总会被我们捉住；万一能够冲出重围，那么我们就不能再留在此处。成败的关键，就在这里。敌人勇猛精锐的部队，都在城西，我走了以后，他们一定出来试图突破我们的包围，你们要谨慎防备！"郭威来到华州，听说后蜀军队军粮吃完已退走了，郭威于是返回河中。韩保贞听说安思谦离去，他也退守到弓川寨。

蜀国的中书侍郎兼礼部尚书、同平章事徐光溥，因为用有关情爱的话语挑逗前蜀安康长公主，所以，丁酉日（二十三日），解除他的宰相职衔，只担任本来的官职。

隐皇帝上

乾祐二年（己酉，公元九四九年）春，正月，乙巳朔，大赦。

郭威将至河中，白文珂出迎之。

戊申夜，李守贞遣王继勋等引精兵千馀人循河而南，袭汉栅，坎岸而登，遂入之，纵火大譟，军中狼狈不知所为。

刘词神色自若，下令曰："小盗不足惊也！"帅众击之。客省使阎晋卿曰："贼甲皆黄纸，为火所照，易辨耳。奈众无斗志何！"裨将李韬曰："安有无事食君禄，有急不死斗者邪！"援稍先进，众从之。河中兵退走，死者七百人，继勋重伤，仅以身免。己酉，郭威至，刘词迎马首请罪。威厚赏之，曰："吾所忧正在于此。微兄健斗，几为虏噬。然虏伎殚于此矣。"晋卿，忻州人也。

【译文】乾祐二年（己酉，公元949年）春季，正月，乙巳朔日（初一），大赦天下。

郭威将要到达河中，白文珂出城迎接。

戊申日（初四）夜里，李守贞派王继勋等率领精锐部队一千多人沿黄河南下，袭击后汉军队的营栅。他们在堤岸上挖坑攀登而上，于是进入营栅，放火，大声呼喊，军营里狼狈不堪，不知所措。

刘词从容自在，神色如常，下令说："只是一批小盗，不值得惊慌。"率领部众反击。客省使阎晋卿说："贼兵的铠甲上都有黄纸，被火所照，很容易辨认；可是大家都没有斗志，又有什么办法呢？"副将李韬说："哪有平时没事干拿国君的俸禄，遇有危难却不拼死作战的道理呢？"说完，拿起长矛率先前进，众人跟着他。河中军队退却逃走，死了七百人，王继勋受重伤，勉强得以脱身。己酉日（初五），郭威回到河中，刘词迎向马头请罪。郭威重重地赏他，说："我所担忧的，正是在这里，若不是老兄勇猛作战，几乎被敌人耻笑。不过，敌人的招数，恐怕也止于这样而已了。"阎晋卿，是忻州人。

资治通鉴

　　守贞之欲攻河西栅也，先遣人出酤酒于村墅，或贳与，不责其直，逻骑多醉。由是河中兵得潜行入寨，几至不守。郭威乃下令："将士非犒宴，毋得私饮！"爱将李审，晨饮少酒，威怒曰："汝为吾帐下，首违军令，何以齐众！"立斩以徇。

　　甲寅，蜀安思谦退屯凤州，上表待罪，蜀主释不问。

　　诏以静州隶定难军，二月，辛未，李彝殷上表谢。彝殷以中原多故，有轻傲之志，每藩镇有叛者，常阴助之，邀其重赂。朝廷知其事，亦以恩泽羁縻之。

　　【译文】李守贞策划偷袭河西营栅，先派人出城到村里卖酒，有的赊欠白给，不索要酒钱，后汉巡逻的骑兵大多喝醉，因此河中兵得以偷偷地进入寨里，而使得营寨几乎失守。郭威于是下令："将士们若不是犒赏饮宴，不得私下喝酒！"他所喜欢的将领李审，早上喝了少量的酒，郭威很生气地说："你是我的部下，却率先违背我的军令，怎么叫我整治军众？"立刻将李审斩首，以申军令的威严。

　　甲寅日（初十），后蜀安思谦退守驻扎在凤州，送上表章等待朝廷降罪，蜀主孟昶却把它搁在一边，不加追究。

　　后汉隐帝刘承祐下诏书，把静州隶属于定难军。二月，辛未日（二月无此日），李彝殷上表谢恩。李彝殷眼看中原多事，因此有轻视傲慢的心理，每当藩镇有人叛乱，常常暗中帮助他们，然后向他们索求贵重的财货。朝廷知道这些事，但仍用恩泽来笼络他。

淮北群盗多请命于唐，唐主遣神卫都虞候皇甫晖等将兵万人出海、泗以招纳之。蒙城镇将咸师朗等降于晖。徐州将成德钦败唐兵于峒峿镇，俘斩六百级，晖等引归。

晋李太后诣契丹主，请依汉人城寨之侧，给田以耕桑自赡。契丹主许之，并晋主迁于建州。未至，安太妃卒于路。遗令：“必焚我骨，南向扬之，庶几魂魄归达于汉。”既至建州，得田五十馀顷，晋主令从者耕其中以给食。顷之，述律王遣骑取晋主宠姬赵氏、聂氏而去。述律王者，契丹主德光之子也。

【译文】淮北众多盗贼大都请求听命于南唐，南唐主李璟派神卫都虞候皇甫晖等领兵一万人从海州、泗州出来招抚接纳他们。蒙城的守将咸师朗等人投降于皇甫晖；徐州将领成德钦把唐兵打败于峒峿镇，俘虏和斩杀六百人，皇甫晖等人引兵退回。

后晋李太后去见契丹主兀欲，请求靠着汉人城寨的旁边，给一块田地用来耕种养蚕养活自己，契丹主准许并让她和后晋出帝石重贵一起迁往建州。还没到达，安太妃就死在路上。她临终时嘱咐说：“一定要把我的遗体火化，然后把我的骨灰撒向南方，让它随风飘扬，魂魄或许回到汉室。”到了建州以后，得到田地五十多顷，后晋主石重贵命令随从人员在田里耕种来供应食物。不久，述律王派遣骑兵将后晋主所宠爱的姬妾赵氏、聂氏抢走。述律王，就是契丹主耶律德光的儿子。

三月，己未，以归德牙内指挥使史德珫领忠州刺史。德珫，弘肇之子也，颇读书，常不乐父之所为。有举人呼谫于贡院门，苏逢吉命执送侍卫司，欲其痛棰而黥之。德珫言于父曰："书生无礼，自有台府治之，非军务也。此乃公卿欲彰大人之过耳。"弘肇大然之，即破械遣之。

楚将徐进败蛮于凤阳山，斩首五千级。

夏，四月，壬午，太白昼见，民有仰视之者，为逻卒所执，史弘肇腰斩之。

【译文】三月，己未日（十六日），后汉隐帝刘承祐命归德牙内指挥使史德珫兼任忠州刺史。史德珫是史弘肇的儿子，很爱读书，常不喜欢父亲的所作所为。有一个举人，在礼部的贡院门呼喊喧闹，苏逢吉命人把他抓起来，送到侍卫司，想叫侍卫司对他痛打一番，并在他脸上刺字。史德珫对他的父亲说："读书人无礼，自然有御史府处置，并不属于军中的事务。这只是公卿大臣要暴露大人的过失罢了。"史弘肇认为他说得非常对，立刻就打开刑具，把举人放走。

楚国将领徐进在凤阳山打败南蛮，斩首五千人。

夏季，四月，壬午日（初九），太白星在白天出现；百姓有抬头看个究竟的，被巡逻兵抓住，史弘肇将他腰斩。

河中城中食且尽，民饿死者什五六。癸卯，李守贞出兵五千馀人，赍梯桥，分五道以攻长围之西北隅。郭威遣都监吴虔裕引兵横击之，河中兵败走，杀伤太半，夺其攻具。五月，丙午，守贞复出兵，又败之，擒其将魏延朗、郑宾。壬子，周光逊、王继勋、聂知遇帅其众千馀人来降。守贞将士降者相继，威乘其离散，庚申，督诸军百道攻之。

赵思绾好食人肝，尝面剖而脍之。脍尽，人犹未死。又好以酒吞人胆，谓人曰："吞此千枚，则胆无敌矣。"及长安城中食尽，取妇女、幼稚为军粮，日计数而给之。每犒军，辄屠数百人，如羊豕法。思绾计穷，不知所出。郭从义使人诱之。

【译文】河中城里粮食将要吃光，百姓饿死的有十之五六。癸卯日（三十日），李守贞出兵五千多人，携带梯桥，分五路进攻包围圈的西北角；郭威派遣都监吴虔裕引兵对他拦腰截击，河中兵战败退走，把他们杀伤一大半，夺取了他们攻城的器具。五月，丙午日（初三），李守贞再次出兵，后汉军队又把他们打败，擒获他们的将领魏延朗、郑宾。壬子日（初九），周光逊、王继勋、聂知遇率领他们的部众一千多人前来投降。李守贞的将士来投降的前后不断，郭威乘他们军心离散，庚申日（十七日），督率各军发起全面进攻河中。

赵思绾喜欢吃人肝，曾经当面剖开人腹取肝而切成细丝，切完了，人还没死。又喜欢用酒吞吃人胆，对人说："吞食这个一千枚，就胆大无敌了。"等到长安城里粮食吃完，就取妇女、幼儿充当军粮，每天按数量供给，每次犒赏军队，就屠杀好几百人，烹煮的方法，就跟烹羊烹猪一样。赵思绾无计可施，不知怎么样好。郭从义派人诱骗他。

初，思绾少时，求为左骁卫上将军致仕李肃仆，肃不纳，曰："是人目乱而语诞，他日必为叛臣。"肃妻张氏，全义之女也，曰："君今拒之，后且为患。"乃厚以金帛遗之。及思绾据长安，肃闲居在城中，思绾数就见之，拜伏如故礼。肃曰："是子呕来，且污我。"欲自杀。妻曰："曷若劝之归国！"会思绾问自全之计，肃乃与判官程让能说思绾曰："公本与国家无嫌，但惧罪耳。今国家三道用兵，俱未有功，若以此时翻然改图，朝廷必喜，自可不失富贵。孰与坐而待毙乎!"思绾从之，遣使诣阙请降。乙丑，以思绾为华州留后，都指挥使常彦卿为虢州刺史，令便道之官。

【译文】 起初，赵思绾年轻的时候，请求当已退休的左骁卫上将军李肃的仆人，李肃不收纳他，说："这个人眼珠乱转而且言语荒诞，来日一定是个叛臣。"李肃的妻子张氏，是张全义的女儿，说："您现在拒绝他，以后对我们将构成祸害。"于是赠送他贵重的金帛。等到赵思绾占据长安，李肃闲居在城里，赵思绾好几次前去见他，仍照旧礼向他下拜。李肃对他的妻子说："这个家伙屡次前来，将会玷污我。"想要自杀。他的妻子说："何不劝他归顺朝廷？"正好这时赵思绾向他请教保全自己的计策，李肃于是跟判官程让能劝赵思绾，说："公本来就跟国家没有嫌怨，只是怕被判罪而已。现在国家三路用兵，都还没有建立功劳，若在这个时候回心转意，改变计划，朝廷一定欢喜，自然不会失去富贵。比起坐而待毙的困局来，哪一种比较好呢？"赵思绾接受他们的意见，派遣使者到朝廷请求投降。乙丑日（二十二日），朝廷任命赵思绾为华州留后，都指挥使常彦卿为虢州刺史，让他们直接上任。

吴越内牙都指挥使钭滔，胡进思之党也，或告其谋叛，辞连丞相弘亿。吴越王弘俶不欲穷治，贬滔于处州。

六月，癸酉朔，日有食之。

秋，七月，甲辰，赵思绾释甲出城受诏，郭从义以兵守其南门，复遣还城。思绾求其牙兵及铠仗，从义亦给之。思绾迁延，收敛财贿，三改行期。从义等疑之，密白郭威，请图之，威许之。

壬子，从义与都监、南院宣徽使王峻按辔入城，处于府舍，召思绾酌别，因执之，并常彦卿及其父兄部曲三百人，皆斩于市。

【译文】吴越的内牙都指挥使钭滔，是胡进思的党羽，有人告发他蓄谋反叛，口供牵涉丞相钱弘亿。吴越王钱弘俶不愿意追究到底，只把钭滔贬谪到处州。

六月，癸酉朔日（初一），出现日食。

秋季，七月，甲辰日（初三），赵思绾脱下盔甲出城接受后汉隐帝刘承祐的诏书，郭从义派兵把守南门，又把赵思绾送回城里。赵思绾请求给他牙兵及铠甲武器，郭从义也给了他；可是赵思绾拖延时间，征敛财货，再三改变启程的日期。郭从义等对他产生了怀疑，秘密地报告郭威，请求采取措施对付他。郭威同意。壬子日（十一日），郭从义跟都监、宣徽南院使王峻骑着马缓步入城，住在官舍，召请赵思绾一起喝酒，为他饯别，趁机把他抓起来，连同常彦卿及他的父兄、家兵共三百人，全都在街市上斩首。

甲寅，郭威攻河中，克其外郭。李守贞收馀众，退保子城。诸将请急攻之，威曰："夫鸟穷则啄，况一军乎！涸水取鱼，安用急为！"

壬戌，李守贞与妻及子崇勋等自焚，威入城，获其子崇玉等及所署宰相靖蜓、孙愿、枢密使刘芮、国师总伦等，送大梁，磔于市。征赵修己为翰林天文。

威阅守贞文书，得朝廷权臣及藩镇与守贞交通书，词意悖逆，欲奏之。秘书郎榆次王溥谏曰；"魑魅乘夜争出，见日自消。愿一切焚之，以安反仄。"威从之。

【译文】甲寅日（十三日），郭威进攻河中城，攻克外城。李守贞收集余部退守子城。各将领要求赶快进攻子城，郭威说："飞鸟一旦走投无路，就会啄人，何况是一军呢！在干涸了的河里抓鱼，何必要那么性急！"

壬戌日（二十一日），李守贞和他的妻子及儿子李崇勋等人自焚而死，郭威入城，抓到他的儿子李崇玉等人，以及他所任命的宰相靖蜓、孙愿、枢密使刘芮、国师总伦等人，押送到大梁，凌迟于街头。征召赵修已为翰林天文。

郭威查阅李守贞的公文书信，得到朝廷权臣及藩镇大员和李守贞来往勾结的书信，言语大逆不道，郭威想要奏报朝廷，秘书郎榆次人王溥劝谏说："魑魅鬼魂，乘着黑夜，争相出现，一见到阳光，自然就不见了。希望把它全部烧掉，以安定那些不安分的人的心。"郭威采纳了他的建议。

【乾隆御批】 汉时以烧梁狱，辞为善处家人骨肉，因而挠法庇人者，辄引之为口实尔。时朝臣交通藩镇，固属寻常伎俩，至词意已涉悖逆，而竟甘心置之不问，以为一切保全奸回之徒，谁复知所惩创者，此非魑魅自消，乃日中见斗耳。然彼时事势，亦无足责备矣。

【译文】 汉时所烧毁梁的狱案，说是为了妥善处理家人骨肉，因而扰乱法律包庇罪人的，就把这件事作为指责、攻击他人的把柄。而当时朝臣勾结藩镇，本来是属于平常的手段，至于文辞的含意已经涉及忤逆，而郭威竟然情愿放在一边，不管不问，以为这一切保全了奸恶邪僻的人，没人再知道谁该受到惩罚这种做法，这不是魑魅自己消失而是在白天见到星斗呀。然而那时事情的形势也完全不能责备他了。

三叛既平，帝浸骄纵，与左右狎昵。飞龙使瑕丘后匡赞、茶酒使太原郭允明以谄媚得幸，帝好与之为廋辞、丑语，太后屡戒之，帝不以为意。癸亥，太常卿张昭上言："宜亲近儒臣，讲习经训。"不听。昭，即昭远，避高祖讳改之。

戊辰，加永兴节度使郭从义同平章事，徙镇国节度使扈彦珂为护国节度使，以河中行营马步都虞候刘词为镇国节度使。

唐主复进用魏岑。吏部郎中会稽钟谟、尚书员外郎李德明始以辩慧得幸，参预国政。二人皆恃恩轻躁，虽不与岑为党，而国人皆恶之。户部员外郎范冲敏，性狷介，乃教天威都虞候王建封上书，历诋用事者，请进用正人。唐主谓建封武臣典兵，不当干预国政，大怒，流建封于池州，未至，杀之，冲敏弃市。

【译文】 三个叛臣平定后，后汉隐帝刘承祐逐渐骄奢放纵，和身边的宠臣随意玩耍。飞龙使瑕丘人后匡赞、茶酒使太原人郭允明靠谄媚的言行获得后汉隐帝的宠信，后汉隐帝喜欢跟他们猜谜语、说脏语，太后屡次训诫他，后汉隐帝不把它放在心上。癸亥日（二十二日），太常卿张昭上疏说："应该亲近儒臣，讲习经义。"后汉隐帝不听。张昭，就是张昭远，为了避后汉高祖刘知远的名讳而改名。

戊辰日（二十七日），永兴节度使郭从义加任同平章事，调镇国节度使扈彦珂为护国节度使，另外任命河中行营马步都虞候刘词为镇国节度使。

南唐主李璟再度起用魏岑；吏部郎中会稽人钟谟、尚书员外郎李德明凭着能说善辩、聪明机警得到宠幸，参与国政。两人都自恃恩宠而轻浮骄躁，虽然不跟魏岑同党，但是国人都痛恨他们。户部员外郎范冲敏性情耿直，刚正不阿，于是让天威都虞候王建封上书，一一指责当权者的过错，请求提拔任用正直的人。唐主李璟认为王建封是武臣，统领军队，不应干预国家大事，所以看了他的奏疏，大为恼火，把王建封流放到池州，还没走到池州，又把他杀死；范冲敏也被当街斩首。

唐主闻河中破，以朱元为驾部员外郎，待诏文理院李平为尚书员外郎。

吴越王弘俶以丞相弘亿判明州。

西京留守、同平章事王守恩，性贪鄙，专事聚敛。丧车非输钱不得出城，下至抒厕、行乞之人，不免课率，或纵麾下令盗人财。有富室娶妇，守恩与俳优数人往为宾客，得银数铤而返。

【译文】南唐主李璟听说河中城被攻破，就任命朱元为驾部员外郎，待诏文理院李平为尚书员外郎。

吴越王钱弘俶命丞相钱弘亿治理明州。

西京留守、同平章事王守恩为人贪婪卑鄙，专门聚敛钱财。出殡的丧车如果不送钱给他，就不能出城去，甚至打水洗厕所的人以及乞丐，都不免要交税。有时还教唆部下去偷人的钱财。有一户有钱人家娶媳妇，王守恩跟几个艺人前去做客，得到几锭银子才回来。

八月，甲申，郭威自河中还，过洛阳。守恩自恃位兼将相，肩舆出迎。威怒，以为慢己，辞以浴，不见，即以头子命保义节度使、同平章事白文珂代守恩为留守，文珂不敢违。守恩犹坐客次，吏白：“新留守已视事于府矣。”守恩大惊，狼狈而归，见家属数百已逐出府，在通衢矣。朝廷不之问，以文珂兼侍中，充西京留守。

◆欧阳修论曰：自古乱亡之国，必先坏其法制而后乱从之，此势之然也，五代之际是已。文珂、守恩皆汉大臣，而周太祖以一枢密使头子而易置之，如更戍卒。是时太祖未有无君之志，而所为如此者，盖习为常事，故文珂不敢违，守恩不敢拒。太祖既处之不疑，而汉廷君臣亦置而不问，岂非纲纪坏乱之极而至于此欤！是以善为天下虑者，不敢忽于微而常杜其渐也，可不戒哉！◆

【译文】八月，甲申日（十三日），郭威从河中返回，途经洛阳；王守恩倚仗自己位兼将相，坐在轿里出来迎接。郭威大怒，认为有意怠慢自己，用洗澡推辞，不出来见王守恩，立即写一张帖子，命保义节度使、同平章事白文珂代替王守恩做西京留守，白文珂不敢违背。王守恩还坐在客位，等待接见，一个小吏告诉他说："新任的留守已经在官府上任办公事了！"王守恩大为吃惊，仓皇回去，见到家属数百人，已经被赶出府门，流落在大街上了。朝廷根本不管这件事，就直接任命白文珂兼侍中，充当西京留守。

◆欧阳修评论说：自古动乱、灭亡的国家，一定是先破坏了它的法制，然后动乱才跟随而起，这是势所必然的，五代的时候正是这样。白文珂、王守恩都是后汉的大臣，然而后周太祖（指郭威）用一张枢密使的帖子就更换了他们的职位，好像更换一名守兵一般。这时候周太祖还没有篡夺帝位的野心，而所做出来的事却是这个样子，大概是因为已经习以为常，所以白文珂不敢违背，王守恩也不敢抗拒。后周太祖郭威既然毫不迟疑地这样干，而汉廷君臣也把它搁在一边，不理不睬，这岂不是国家的纲常纪律混乱到了极点，才会有这种现象产生吗？所以擅长为天下考虑的人，不敢忽略细微的事情，而常常防微杜渐逐渐萌生的征兆，岂可不引为借鉴而有所警惕呢？◆

守恩至大梁，恐获罪，广为贡献，重赂权贵。朝廷亦以守恩首举潞州归汉，故宥之，但诛其用事者数人而已。

马希萼悉调郎州丁壮为乡兵，造号静江军，作战舰七百艘，将攻潭州，其妻苑氏谏曰："兄弟相攻，胜负皆为人笑。"不听，引兵趣长沙。

马希广闻之曰："朗州，吾兄也，不可与争，当以国让之而已。"刘彦瑫、李弘皋等固争以为不可，乃以岳州刺史王赟为都部署战棹指挥使，以彦瑫监其军。己丑，大破希萼于仆射洲，获其战舰三百艘。赟追希萼，将及之，希广遣使召之曰："勿伤吾兄！"赟引兵还。赟，环之子也。

【译文】 王守恩来到大梁，害怕获罪，所以各处打点，用重礼贿赂权贵。朝廷也念在王守恩率先献出潞州而归降于后汉，所以宽赦他，只惩罚几个在他属下当权的人而已。

马希萼征调朗州所有的壮丁组成乡兵，创立军号为静江军；制造了七百艘战船，准备攻打潭州。他的妻子苑氏劝他说："兄弟相攻，不论是胜是败，都会被人所耻笑。"马希萼不听，引兵直向长沙进发。

马希广听到朗州军情后说："朗州，那是我的哥哥，不能和他争斗，只应当把国家让给他罢了。"刘彦瑫、李弘皋再三争论，认为不可这样做，马希广于是任命岳州刺史王赟为都部署战棹指挥使，命刘彦瑫督察这支军队。己丑日（十八日），大破马希萼于仆射洲，掳获他的战舰三百艘。王赟追赶马希萼，眼看就要赶上，马希广派人把他叫回来，说："不要伤害我的哥哥。"王赟带兵返回。王赟，是王环的儿子。

希萼自赤沙湖乘轻舟遁归，苑氏泣曰："祸将至矣，余不忍见也。”赴井而死。

戊戌，郭威至大梁，入见，帝劳之，赐金帛、衣服、玉带、鞍马，辞曰：“臣受命期年，仅克一城，何功之有！且臣将兵在外，凡镇安京师、供亿所须、使兵食不乏，皆诸大臣居中者之力也，臣安敢独膺此赐！请遍赏之。”又议加领方镇，辞曰：“杨邠位在臣上，未有茅土。且帷幄之臣，不可以弘肇为比。”九月，壬寅，遍赐宰相、枢密、宣徽、三司、侍卫使九人，与威如一。帝欲特赏威，辞曰;“运筹建画，出于庙堂；发兵馈粮，资于藩镇；暴露战斗，在于将士；而功独归臣，臣何以堪之！”

【译文】马希萼从赤沙湖乘小船逃回来，苑氏哭着说：“大祸就要临头了，我不忍心看见。”投井而死。

戊戌日（二十七日），郭威回到大梁，入朝拜见后汉隐帝刘承祐，后汉隐帝慰劳他，赐给他金帛、衣服、玉带、鞍马。郭威推辞说：“臣受命出征，经过一整年，才攻克一城，有什么功劳可言！而且臣率兵在外，所有镇守保卫京师，使京师安定，供应军用物资，使军粮不致缺乏，都是各位大臣坐镇朝廷的功劳，臣怎么敢独自接受这些赏赐！请分赏给大家吧！”朝廷又拟议加授给他藩镇，郭威推辞说：“杨邠官位在臣之上，不曾领有藩镇，而且自己是任职中枢的臣子，不可比照史弘肇的例子。”九月，壬寅日（初二），普遍赏赐宰相、枢密使、宣徽使、三司使、侍卫使等九人，跟郭威完全一样。后汉隐帝刘承祐又想另外再特赏郭威，郭威仍然推辞，说：“作战的运筹策划，出于朝廷；发兵运粮，依靠藩镇；野外战斗，在于将士，而把功劳只归于我，为臣的怎能受得了！”

乙巳，加威兼侍中，史弘肇兼中书令。辛亥，加窦贞固司徒，

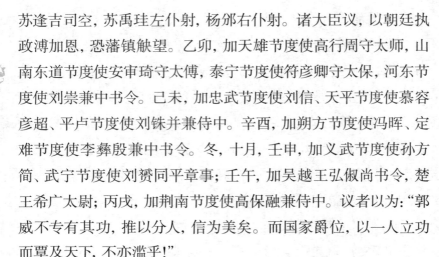

苏逢吉司空，苏禹珪左仆射，杨邠右仆射。诸大臣议，以朝廷执政溥加恩，恐藩镇觖望。乙卯，加天雄节度使高行周守太师，山南东道节度使安审琦守太傅，泰宁节度使符彦卿守太保，河东节度使刘崇兼中书令。己未，加忠武节度使刘信、天平节度使慕容彦超、平卢节度使刘铢并兼侍中。辛酉，加朔方节度使冯晖、定难节度使李彝殷兼中书令。冬，十月，壬申，加义武节度使孙方简、武宁节度使刘赟同平章事；壬午，加吴越王弘俶尚书令，楚王希广太尉；丙戌，加荆南节度使高保融兼侍中。议者以为："郭威不专有其功，推以分人，信为美矣。而国家爵位，以一人立功而罩及天下，不亦滥乎！"

【译文】乙巳日（初五），郭威加任兼侍中，史弘肇加任兼中书令。辛亥日（十一日）加任窦贞固为司徒、苏逢吉为司空、苏禹珪为左仆射、杨邠为右仆射。各大臣讨论，认为朝廷的执政大臣普遍加恩，恐怕各藩镇会有所怨望。乙卯日（十五日），加封天雄节度使高行周兼摄太师，山南东道节度使安审琦兼摄太傅，泰宁节度使符彦卿兼摄太保，河东节度使刘崇兼中书令；己未日（十九日），加封忠武节度使刘信、天平节度使慕容彦超、平卢节度使刘铢都兼侍中；辛酉日（二十一日），朔方节度使冯晖、定难节度使李彝殷都加官兼任中书令。冬季，十月，壬申日（初三），加封义武节度使孙方简、武宁节度使刘赟同平章事；壬午日（十三日），加封吴越王钱弘俶尚书令，楚王马希广太尉；丙戌日（十七日），加封荆南节度使高保融兼侍中。议论此事的人认为："郭威不肯独揽功劳，而是把功劳推让分给别人，确实是高尚的行为，但是国家的爵位，因一个人立功而普及天下，不也太滥了吗？"

吴越王弘俶募民能垦荒田者，勿收其税，由是境内无弃田。或请纠民遗丁以增赋，仍自掌其事。弘俶杖之国门。国人皆悦。

楚静江节度使马希瞻以兄希萼、希广交争，屡遣使谏止，不从。知终覆族，疽发于背，丁亥，卒。

契丹寇河北，所过杀掠，节度使、刺史各婴城自守。游骑至贝州及邺都之北境，帝忧之。己丑，遣枢密使郭威督诸将御之，以宣徽使王峻监其军。

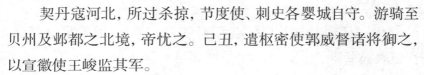

【译文】 吴越王钱弘俶招募能够开垦荒地的百姓，不收赋税，因此吴越境内没有闲弃的田地。有人建议，把已经成年而户籍漏登的男丁，一一查出来，以增加税收，而由他自己掌管此事；钱弘俶把建议的人抓来，在都城的大门前，杖打一番，国人都很高兴。

楚国的静江节度使马希瞻因为哥哥马希萼、马希广二人互相争斗，屡次派使者向二人劝谏阻止，二人都没有听从。马希瞻深知这样下去，终有一天会被灭族；不久，背上毒疮恶化，丁亥日（十八日），去世。

契丹入侵河北，所过之处，烧杀抢劫；节度使、刺史各自巡视城池，严密防守。契丹的游击骑兵到达贝州及邺都的北境，后汉隐帝刘承祐感到忧虑。己丑日（二十日），派遣枢密使郭威指挥诸将去抵御胡寇，命宣徽使王峻监督这支军队。

【乾隆御批】 吴越当五季时，安有闲田？第以日寻，兵革所在多草宅、污丛耳。务广田丁不增赋役，虽仅偏隅休息之计，然钱氏在十国中较为可观，如俶尤足强人意，固不得以连类而并讥之矣。

【译文】 吴越在五代的时侯，哪里还有空闲的田地？就算按天寻找，武器军备所在之处也是多草屋、积水的洼地和草莽生的高地。吴越致力于增广田地和人丁而且不增加赋税徭役，虽然只是偏僻小地方休养生息的计策，然而钱氏在十国中已经较为可观，像钱弘俶这样的足以能让人满意，当然不能连带着讥讽他了。

　　十一月，契丹闻汉兵渡河，乃引去。辛亥，郭威军至邺都，令王峻分军趣镇、定。戊午，威至邢州。

　　唐兵渡淮，攻正阳。十二月，颍州将白福进击败之。

　　杨邠为政苛细。初，邢州人周璨为诸卫将军，罢秩无依，从王景崇西征，景崇叛，遂为之谋主。邠奏："诸前资官，喜摇动藩臣，宜悉遣诣京师。"既而四方云集，日遮宰相马求官。辛卯，邠复奏："前资官宜分居两京，以俟有阙而补之。"漂泊失所者甚众。邠又奏："行道往来者，皆给过所。"既而官司填咽，民情大扰，乃止。

　　【译文】十一月，契丹兵听说后汉军队渡过黄河，就后退离去。辛亥日（十二日），郭威的军队到达邺都，命令王峻分一部分军队，向镇州和定州进发。戊午日（十九日），郭威到达邢州。

　　唐兵渡过淮河，进攻正阳。十二月，颍州将领白福进打败了南唐军队。

　　杨邠主持政务苛刻琐碎。起初，邢州人周璨为诸卫将军，被罢官后没有依靠，就跟随王景崇西征，王景崇叛变，于是他就成为王景崇的主要谋划人。杨邠上奏道："前朝所任命的各个官吏，喜欢煽动藩镇大臣，应该全部遣送到京师来。"不久，这种身份的人从四方聚拢而来，每天拦住宰相的乘马，要求给他官做。辛卯日（二十二日），杨邠又奏，说："前朝所任命的官吏应该分别居住在两京，以等待有缺额时补官。"结果流离失所的人很多；杨邠又奏，说："往来通行的官吏，都发给通行证。"结果执行机关人满为患，拥挤不堪，搞得民心骚动。杨邠眼看不对劲儿，才宣布停止。

赵晖急攻凤翔，周璨谓王景崇曰："公向与蒲、雍相表里，今二镇已平，蜀儿不足恃，不如降也。"景崇曰："善，吾更思之。"

后数日，外攻转急。景崇谓其党曰："事穷矣，吾欲为急计。"乃谓其将公孙辇、张思练曰："赵晖精兵，多在城北，来日五鼓前，尔二人烧城东门诈降，勿令寇入，吾与周璨以牙兵出北门突晖军，纵无成而死，犹胜束手。"皆曰："善。"

癸巳，未明，辇、思练烧东门请降，府牙火亦发。二将遣人诇之，景崇已与家人自焚矣。璨亦降。

丁酉，密州刺史王万敢击唐海州获水镇，残之。

是月，南汉主如英州。

是岁，唐泉州刺史留从效兄南州副使从愿，鸩刺史董思安而代之。唐主不能制，置清源军于泉州，以从效为节度使。

【译文】 赵晖加紧进攻凤翔，周璨对王景崇说："你过去与李守贞、赵思绾二藩镇互为声援，而现在两个藩镇已被平定，蜀国的小子不值得依赖，不如投降的好。"王景崇说："好吧！让我再仔细地想想。"

过了九天，城外围攻得更加紧急，王景崇对他的党羽们说："事情已经山穷水尽了，我想采取应急计策。"于是对他的部将公孙辇、张思练说："赵晖的精锐部队，多在城北，明天五更以前，你们两人放火烧东门，假装投降，不要让敌寇进城，我跟周璨率领牙兵出北门冲杀赵晖的军队，纵使是失败而死，也还比束手就擒来得好。"二人都说："好！"

癸巳日（二十四日），天还没亮，公孙辇、张思练二人放火烧东城门，请求投降，府衙内也火光冲天；两位将领派人去侦察，原来王景崇已经跟他的家人自焚了。周璨也投降了。

丁酉日（二十八日），密州刺史王万敢进攻南唐海州获水镇，打得这个镇残破不堪。

这个月，南汉主刘晟前往英州。

这一年，南唐泉州刺史留从效的哥哥南州副使留从愿，毒死南州刺史董思安而取代他的地位。南唐主李璟不能制止，便在泉州设置清源军，任命留从效为节度使。

资治通鉴卷第二百八十九　后汉纪四

上章阉茂,一年。

【译文】起止庚戌(公元950年),共一年。

【题解】　本卷记录了公元950年的史事,共一年,正当后汉隐帝刘承祐乾祐三年。在这一年间,中原又一次发生政权更迭,后汉灭亡,后周建立。后汉隐帝行事乖张,权力欲望一天天膨胀,辅臣的怨愤情绪一天天高涨,年龄仅二十岁,做事冲动,左右人离间,突然间诛杀枢密院使杨邠、中书令史弘肇、三司使王章,朝廷内外惊骇,隐帝又下诏要诛杀手握重兵在外的郭威等人,逼反郭威。隐帝亲征,最后被乱兵杀死。后汉建立国家的时间短暂,根基不稳,郭威久经沙场,手握兵权,制造兵变,自立为帝。楚国内讧,兄弟交兵,马希萼攻破长沙,杀死马希广,自立为王。

隐皇帝下

乾祐三年(庚戌,公元九五零年)春,正月,丁未,加凤翔节度使赵晖兼侍中。

密州刺史王万敢请益兵以攻唐。诏以前沂州刺史郭琼为东路行营都部署,帅禁军及齐州兵赴之。

郭威请勒兵北临契丹之境,诏止之。

丙寅,遣使诣河中、凤翔收瘗战死及饿殍遗骸,时有僧已聚二十万矣。

唐主闻汉兵尽平三叛，始罢李金全北面行营招讨使。

唐清淮节度使刘彦贞多敛民财以赂权贵，权贵争誉之。在寿州积年，恐被代，欲以警急自固，妄奏称汉兵将大举南伐。二月，唐主以东都留守燕王弘冀为润、宣二州大都督，镇润州，宁国节度使周宗为东都留守。

朝廷欲移易藩镇，因其请赴嘉庆节上寿，许之。

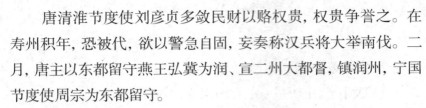

【译文】 乾祐三年（庚戌，公元950年）春季，正月，丁未日（初九），凤翔节度使赵晖加官兼任侍中。

密州刺史王万敢请求增兵，以攻唐国；后汉隐帝刘承祐诏命前任沂州刺史郭琼为东路行营都部署，率领禁卫军及齐州兵前往援助。

郭威请求统率军队北上进逼契丹边境，后汉隐帝刘承祐下诏制止。

丙寅日（二十八日），朝廷派遣使者分别到河中、凤翔去收埋战死将士及饿死百姓的尸骨，当时已经有和尚收聚二十万了。

南唐主李璟听说汉兵已把三个叛臣全部讨平，这才罢免李金全的北面行营招讨使。

南唐清淮节度使刘彦贞大肆搜刮民财来贿赂当朝权贵，权贵争相称赞他；刘彦贞在寿州坐镇多年，恐怕被人取代，想借紧急事变来巩固自己的地位，于是虚妄地上奏说汉兵即将大举南伐。二月，南唐主李璟任命东都留守燕王钱弘冀为润、宣二州大都督，镇守润州；宁国节度使周宗为东都留守。

朝廷想要趁各节度使回京师参加"嘉庆节"（皇帝生日）祝寿活动的机会，更调他们的藩镇，隐帝表示同意。

甲申，郭威行北边还。

福州人或诣建州告唐永安留后查文徽，云吴越兵已弃城去，请文徽为帅。文徽信之，遣剑州刺史陈诲将水军下闽江，文徽自以步骑继之。会大雨，水涨，诲一夕行七百里，至城下，败福州兵，执其将马先进等。庚寅，文徽至福州，吴越知威武军吴程诈遣数百人出迎。诲曰："闽人多诈，未可信也，宜立寨徐图。"文徽曰："疑则变生，不若乘机据其城。"因引兵径进。

诲整众鸣鼓，止于江湄。文徽不为备，程勒兵出击之，唐兵大败。文徽堕马，为福人所执，士卒死者万人。诲全军归剑州。程送文徽于钱唐，吴越王弘俶献于五庙而释之。

【译文】 甲申日（十六日），郭威巡行北部边境返回京师。

福州人有的到建州向南唐永安留后查文徽报告，说吴越军队已经弃城离去，请求查文徽当统帅。查文徽相信了他，派遣剑州刺史陈诲带领水军沿闽江而下，自己率领步兵、骑兵跟在后面。正好这时下了大雨，江水上涨，水势湍急，陈诲一夜之间走了七百里，到达福州城下，打败福州兵，活捉他们的将领马先进等人。庚寅日（二十二日），查文徽到达福州，吴越知威武军吴程假装派遣几百人出城迎接。陈诲说："闽人大多狡诈，不能够轻信他们，应该安下营寨，慢慢再做打算。"查文徽说："稍微迟疑，事情就会发生变化，不如乘机占据他们的州城。"说完，就率兵直接向前进。

陈诲整饬部众，敲打战鼓，停驻在江边。查文徽没有戒备，吴程率领军队向他出击，结果唐兵大败，查文徽跌下马，被福州人抓到，士兵死伤上万人。陈诲保全了他的军队，回到剑州。吴程押送查文徽到了钱唐，吴越王钱弘俶将查文徽作为战利品在祖庙举行献俘礼，然后放了他。

　　丁亥，汝州奏防御使刘审交卒。吏民诣阙上书，以审交有仁政，乞留葬汝州，得奉事其丘垄，诏许之。州人相与聚哭而葬之，以为立祠，岁时享之。太师冯道曰："吾尝为刘君僚佐，观其为政，无以逾人，非能减其租赋，除其徭役也，但推公廉慈爱之心以行之耳。此亦众人所能为，但他人不为而刘君独为之，故汝人爱之如此。使天下二千石皆效其所为，何患得民不如刘君哉！"

　　【译文】丁亥日（十九日），汝州奏报防御使刘审交去世。当地官吏百姓到朝廷上书，以刘审交生前有仁政的理由，恳求将其尸体留葬在汝州，以便能够侍奉他的坟墓，后汉隐帝刘承祐下诏准许。于是汝州人聚集在一起，相对痛哭，把刘审交安葬好，替他建了一座祠堂，每年定时祭祀他。太师冯道说："我曾做过刘君的幕僚，看他治理政事，没有什么过人的地方，并不是能够减少百姓的赋税，免除百姓的徭役，只是本着公平、廉洁、慈爱的精神去做罢了。这也是一般人所能做到的，只是其他的人不做，而唯独刘君这样做，所以汝州人如此地爱戴他。假使全国所有食禄二千石的官员都效仿他这样做，还怕得民心不如刘君吗！"

　　【乾隆御批】长民者果能公廉慈爱，原不在日议除徭减赋，始称仁政。乃冯道无识。既云审交之政无以逾人，又曰众人不为而刘君独为之，其言矛盾，故不足论正。恐巧宦徇名者，不能核之以实政，则乞葬立祠，徒为后世保留去思之鼻祖耳。

　　【译文】地方长官如果能够公正清廉，仁慈而爱人，本来不在于说免除徭役减免赋税才称作仁政。这是冯道无知。已经说刘审交为政没有过人之处，又说众人做不到而刘君独做到了，言语矛盾，所以不能够论证。恐怕是善于钻营谄媚和一心为名的官吏不能把事情核实的缘故吧。那么乞求埋葬和建立祠堂只是为后世保留一个对去世官吏怀念的鼻祖罢了。

【申涵煜评】 审交生虎狼之世，为政以仁爱称，汝人为之尸祝。冯道曰：此亦众人所能为，而刘君独为之。呜呼，忠孝廉节岂人所不能为哉？何冯君不为也。

【译文】 刘审交生于虎狼之世，为政以仁爱著称。汝人为他祭祀求福。冯道说：这也是一般人所能为，而刘君单独做了而已。呜呼，忠孝廉节岂是别人所不能做的吗？为什么你冯道不做呢？

甲午，吴越丞相、昭化节度使、同平章事杜建徽卒。

乙未，以前永兴节度使越匡赞为左骁卫上将军。

三月，丙午，嘉庆节，邺都留守高行周、天平节度使慕容彦超、泰宁节度使符彦卿、昭义节度使常思、安远节度使杨信、安国节度使薛怀让、成德节度使武行德、彰德节度使郭瑾、保大留后王饶皆入朝。

甲寅，诏营寝庙于高祖长陵、世祖原陵，以时致祭。有司以费多，寝其事，以至国亡，二陵竟不沾一奠。

【译文】甲午日（二十六日），吴越丞相、昭化节度使、同平章事杜建徽去世。

乙未日（二十七日），任命前任永兴节度使赵匡赞为左骁卫上将军。

三月，丙午日（初九），是后汉隐帝刘承祐的生日嘉庆节，邺都留守高行周、天平节度使慕容彦超、泰宁节度使符彦卿、昭义节度使常思、安远节度使杨信、安国节度使薛怀让、成德节度使武行德、彰德节度使郭瑾、保大留后王饶都入朝。

甲寅日（十七日），后汉隐帝刘承祐下诏在西汉高祖刘邦的长陵、东汉世祖刘秀的原陵营建寝庙，按时祭祀。主事的官吏考虑到经费庞大，停办这件事。一直到国家灭亡，二陵竟没有受过一次祭奠。

壬戌，徙高行周为天平节度使，符彦卿为平卢节度使。甲子，徙慕容彦超为泰宁节度使。

永安节度使折从阮举族入朝。

夏，四月，戊辰朔，徙薛怀让为匡国节度使。庚午，徙折从阮为武胜节度使。壬申，徙杨信为保大节度使，徙镇国节度使刘词为安国节度使，永清节度使王令温为安远节度使。李守贞之乱，王饶潜与之通。守贞平，众谓饶必居散地。及入朝，厚结史弘肇，迁护国节度使，闻者骇之。

杨邠求解枢密使，帝遣中使谕止之。宣徽北院使吴虔裕在旁曰："枢密重地，难以久居，当使后来者迭为之，相公辞之是也。"帝闻之，不悦，辛巳，以虔裕为郑州防御使。

【译文】壬戌日（二十五日），迁调高行周为天平节度使，符彦卿为平卢节度使；甲子日（二十七日），调任慕容彦超为泰宁节度使。

永安节度使折从阮全族入朝。

夏季，四月，戊辰朔日（初一），调任薛怀让为匡国节度使；庚午日（初三），调任折从阮为武胜节度使；壬申日（初五），迁调杨信为保大节度使，迁调镇国节度使刘词为安国节度使，永清节度使王令温为安远节度使。李守贞叛乱的时候，王饶暗中和他勾结，李守贞被讨平以后，大家认为王饶一定会被安置在闲散的职位上；等到他入朝，以重礼巴结史弘肇，获调迁为护国节度使，消息传出来，大家都感到惊骇。

杨邠请求解除自己枢密使的职务，后汉隐帝刘承祐派遣中使劝谕阻止。宣徽北院使吴虔裕在杨邠身旁说："枢密使是个重要的职位，不宜长期担任，应该让后辈轮换着做，相公辞掉这个职位是对的。"后汉隐帝听了，不大高兴，辛巳日（十四日），任命吴虔裕为郑州防御使。

朝廷以契丹近入寇，横行河北，诸藩镇各自守，无扞御之者，议以郭威镇邺都，使督诸将以备契丹。史弘肇欲威仍领枢密使，苏逢吉以为故事无之，弘肇曰："领枢密使则可以便宜从事，诸军畏服，号令行矣。"帝卒从弘肇议。弘肇怨逢吉异议，逢吉曰："以内制外，顺也；今反以外制内，其可乎！"壬午，制以威为邺都留守、天雄节度使，枢密使如故。仍诏河北，兵甲钱谷，但见郭威文书立皆禀应。明日，朝贵会饮于窦贞固之第，弘肇举大觞属威，厉声曰："昨日廷议，一何同异！今日为弟饮之。"逢吉与杨邠亦举觞曰："是国家之事，何足介意！"弘肇又厉声曰："安定国家，在长枪大剑，安用毛锥！"王章曰："无毛锥，则财赋何从可出？"自是，将相始有隙。

【译文】 后汉朝廷因为契丹军队近来入侵，横行黄河以北地区，诸位藩镇长官各自防守，没有出来抵抗的，便商议任命郭威镇守邺都，让他督率诸将来防备契丹军队。史弘肇希望郭威仍然担任枢密使，苏逢吉认为没有这样的先例，史弘肇说："担任枢密使就可以不必请示，而见机行事，各军敬畏服从，号令可以顺利推行。"后汉隐帝刘承祐最后采纳了史弘肇的意见。史弘肇埋怨苏逢吉持反对意见，苏逢吉说："以内朝官节制外朝官，是合乎情理的；现在反过来以外朝官节制内朝官，那怎么可以？"壬午日（十五日），后汉隐帝刘承祐下制书，任命郭威为邺都留守、天雄节度使，枢密使照旧。于是诏命黄河以北地区，所需兵器铠甲、钱币谷粱，只要见到郭威所发的文书，就立即供应。第二天，朝廷权贵在窦贞固家里聚会，一起饮酒，史弘肇举着大酒杯盯着郭威，大声地说："昨天的朝廷议论，大家的意见是何等的不同！今天特地为老弟干了这一杯！"苏逢吉、杨邠也举起酒杯说："这是国家的事情，彼此为了国家而产生一点争执，怎么值得老是挂在心上！"史弘肇又拉大嗓门说："安定国家，靠的是长枪大剑，要毛锥（按：毛锥就是笔）干什么！"王章说："没有毛锥，那么财源赋税从哪里来？"从此将相之间开始有了摩擦。

癸未，罢永安军。

壬辰，以左监门卫将军郭荣为贵州刺史、天雄牙内都指挥使。荣本姓柴，父守礼，郭威之妻兄也，威未有子时养以为子。

五月，己亥，以府州蕃汉马步都指挥使折德扆为本州团练使。德扆，从阮之子也。

庚子，郭威辞行，言于帝曰："太后从先帝久，多历天下事，陛下富于春秋，有事宜禀其教而行之。亲近忠直，放远谗邪，善恶之间，所宜明审。苏逢吉、杨邠、史弘肇皆先帝旧臣，尽忠徇国，愿陛下推心任之，必无败失。至于疆场之事，臣愿竭其愚驽，庶不负驱策。"帝敛容谢之。威至邺都，以河北困弊，戒边将谨守疆场，严守备，无得出侵掠，契丹入寇，则坚壁清野以待之。

【译文】癸未日（十六日），后汉撤销永安军。

壬辰日（二十五日），后汉隐帝刘承祐任命左监门卫将军郭荣为贵州刺史、天雄牙内都指挥使。郭荣，本姓柴，父亲柴守礼，是郭威妻子的哥哥，郭威没有儿子，当时收养郭荣做儿子。

五月，己亥日（初二），后汉隐帝刘承祐任命府州蕃汉马步都指挥使折德扆为府州团练使。折德扆是折从阮的儿子。

庚子日（初三），郭威辞行，向后汉隐帝刘承祐进言说："太后跟随先帝很久，经历许多天下之事，陛下年纪尚轻，有大事应当接受太后教诲再行动。亲近忠贞正直的人，远离谄佞邪恶的人，善跟恶之间，应该分辨清楚。苏逢吉、杨邠、史弘肇都是追随先帝的旧臣，尽忠谋国，希望陛下推心置腹地信任他们，一定不会有过失或差池。至于边疆的国防问题，臣自愿竭尽庸劣的才能，希望不致辜负陛下的嘱托。"后汉隐帝端肃仪容，恭敬地答谢他。郭威到了邺都，鉴于黄河以北地区的困难凋敝，告诫边境上的将领谨慎守卫疆界，严密防备，不得外出侵扰抢掠，契丹军队入侵，就采用坚壁清野的办法对付它。

辛丑，敕："防御、团练使，自非军期，无得专奏事，皆先申观察使斟酌以闻。"

丙午，以皇弟山南西道节度使承勋为开封尹，加兼中书令，实未出阁。

平卢节度使刘铢，贪虐恣横，朝廷欲征之，恐其拒命，因沂、密用兵于唐，遣前沂州刺史郭琼将兵屯青州。铢不自安，置酒召琼，伏兵幕下，欲害之。琼知其谋，悉屏左右，从容如会，了无惧色，铢不敢发。琼因谕以祸福，铢感服，诏至即行。庚戌，铢入朝。辛亥，以琼为颍州团练使。

【译文】辛丑日（初四），后汉隐帝刘承祐下敕书，说："防御使和团练使，如果不是战争期间，不得擅自直接向朝廷进奏言事，都须先申报各地观察使斟酌后再来奏报。"

丙午日（初九），后汉隐帝刘承祐任命皇弟山南西道节度使刘承勋为开封尹，加兼中书令，其实刘承勋年纪还小，所以并未任职。

平卢节度使刘铢，贪婪暴虐，恣意横行，后汉朝廷准备征召他回京，恐怕他抗拒命令，便乘在沂州、密州对南唐用兵的机会，派遣沂州刺史郭琼率兵驻守青州。刘铢心里恐惧不安，摆设酒席，召请郭琼前来共饮，在幕后埋伏士兵，打算要杀害郭琼；郭琼知道他的阴谋，屏退所有的随从人员，不慌不忙地赴会，一点都没有害怕的神情，刘铢不敢下手。郭琼趁机分析利害祸福给他听，刘铢被感动折服，皇帝的诏书一到就启程。庚戌日（十三日），刘铢入朝。辛亥日（十四日），任命郭琼为颍州团练使。

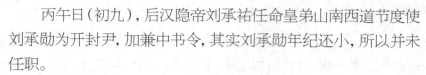

癸丑，王章置酒会诸朝贵，酒酣，为手势令，史弘肇不闲其事，客省使阎晋卿坐次弘肇，屡教之。苏逢吉戏之曰："旁有姓阎人，何忧罚爵！"弘肇妻阎氏，本酒家倡也，意逢吉讥之，大怒，以丑语诟逢吉，逢吉不应。弘肇欲殴之，逢吉起去。弘肇索剑欲追之，杨邠泣止之曰："苏公宰相，公若杀之，置天子何地，愿孰思之！"弘肇即上马去，邠与之联辔，送至其第而还。于是，将相如水火矣。帝使宣徽使王峻置酒和解之，不能得。逢吉欲求出镇以避之，既而中止，曰："吾去朝廷，止烦史公一处分，吾齑粉矣！"王章亦忽忽不乐，欲求外官，杨、史固止之。

【译文】癸丑日（十六日），王章设宴聚会各位朝廷显贵，饮酒尽兴，用手势行酒令，史弘肇不熟悉酒令，客省使阎晋卿座位紧挨史弘肇，多次教他。苏逢吉跟他开玩笑说："旁边有个姓阎的人，何必担心被罚酒。"史弘肇的妻子正好姓阎，本来是酒家女，史弘肇以为苏逢吉在讥笑他，顿时板起脸孔，大怒，以极难听的话骂苏逢吉，苏逢吉不搭腔。史弘肇想打他，苏逢吉起身离开。史弘肇拿剑要追杀他，杨邠哭着劝阻他说："苏公是宰相，您如杀了他，把天子的颜面摆到什么地方去，希望您仔细地想一想！"史弘肇立即上马离去，杨邠跟他并骑，一直送到他家才回去。于是将相之间，像水火一般不相容。后汉隐帝刘承祐让宣徽使王峻设置酒宴来和解，没有成功。苏逢吉想请求出任藩镇，避开史弘肇，后来又打消这个念头，说："我离开朝廷以后，只要史公一下命令，我就粉身碎骨了！" 王章也闷闷不乐，打算求任外官，杨邠、史弘肇再三劝阻他。

【乾隆御批】 宰相、令、仆会饮沉湎，已乖政体，而使气雠奴，武臣矜枪剑微长，文士诩毛锥薄技，甚主丑语诟詈，锋刃几加，仪检荡然矣。隐帝不能诘治，复令释和于杯酒之间，纪纲陵替，若此安得不亡！

【译文】 宰相、尚书令和仆射聚饮，沉溺酒中，已经背离了国家的政体，而意气用事，在宴会中喧闹，武臣自夸枪剑这些微小的长处，文士夸耀毛锥这些很低的技能，甚至用难听的话辱骂对方，几乎要兵刃相加，规矩法度全部毁坏了。隐帝不能究办治理，又下令让他们和解于杯酒之间，使纪纲废弛，上下混乱，像这样国家怎么会不灭亡呢？

闰月，宫中数有怪。癸巳，大风雨，发屋拔木，吹郑门扉起，十馀步而落。震死者六七人，水深平地尺馀。帝召司天监赵延义，问以禳祈之术，对曰："臣之业在天文时日，禳祈非所习也。然王者欲弭灾异，莫如修德。"延义归，帝遣中使问："如何为修德?”延义对:“请读《贞观政要》而法之。”

六月,河决郑州。

马希萼既败归,乃以书诱辰、溆州及梅山蛮,欲与共击湖南。蛮素闻长沙帑藏之富,大喜,争出兵赴之,遂攻益阳。楚王希广遣指挥使陈璠拒之,战于淹溪,璠败死。

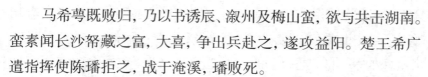

【译文】闰月,宫中屡次出现怪物。癸巳日(二十七日),大风狂作,掀屋拔树,吹得京城西南的郑门门扇飞起,飞出十多步才落地,被震死的有六七人,平地水深一尺多。后汉隐帝刘承祐召请司天监赵延义,问他求神除灾的方法,赵延义回答说:“臣的职责,在天象历法;求神除灾,我没学过。不过做帝王的人想要消除灾变,没有比修德更重要的了。”赵延义回去以后,后汉隐帝刘承祐又派宦官去问他:“怎样才是修行德政?”赵延义回答说:“请读《贞观政要》,而照着去做。”

六月,黄河在郑州决口。

马希萼打了败仗回来后,就写信引诱辰州、溆州以及梅山蛮族,打算和他们共同进攻湖南。蛮族一向听说长沙的库藏非常丰富,接到马希萼的信,非常高兴,纷纷出兵前往,立刻就进攻益阳。楚王马希广派遣指挥使陈璠抵抗他们,两军战于淹溪,陈璠战败而死。

秋,七月,唐归马先进等于吴越以易查文徽。

马希萼又遣群蛮攻迪田,八月,戊戌,破之,杀其镇将张延嗣。楚王希广遣指挥使黄处超救之,处超败死。潭人震恐,复遣牙内指挥使崔洪琏将兵七千屯玉潭。

庚子,蜀主立其弟仁毅为夔王,仁贽为雅王,仁裕为彭王,仁操为嘉王。己酉,立子玄喆为秦王,玄珏为褒王。

晋李太后在建州，卧病，无医药，惟与晋主仰天号泣，戟手骂杜重威、李守贞曰："吾死不置汝！"戊午，卒。周显德中，有自契丹来者云："晋主及冯后尚无恙，其从者亡归及物故则过半矣。"

【译文】秋季，七月，南唐归还马先进等战俘给吴越来交换查文徽。

马希萼又调遣各蛮族部落进攻迪田，八月，戊戌日（初三），攻破迪田，杀死守将张延嗣。楚王马希广派遣指挥使黄处超去援救，结果黄处超也战败而死；潭州人震恐，楚王马希广又派牙内指挥使崔洪琏率领七千人马，驻守于玉潭。

庚子日（初五），后蜀主孟昶封立他的弟弟孟仁毅为夔王，孟仁贽为雅王，孟仁裕为彭王，孟仁操为嘉王。己酉日（十四日），立他的儿子孟玄喆为秦王，孟玄珏为褒王。

后晋的李太后，在建州生了病，没有医药，只有跟后晋主石重贵仰天号啕而哭，又着手指骂杜重威及李守贞说："我死了以后，不会放过你们！"戊午日（二十三日），李太后去世。后周显德年间，有从契丹来的人说："后晋出帝和冯后身体还好，但他的侍从逃回来和死亡的却超过一半了。"

马希萼表请别置进奏务于京师。九月，辛巳，诏以湖南已有进奏务，不许。亦赐楚王希广诏，劝以敦睦。

马希萼以朝廷意佑楚王希广，怒，遣使称藩于唐，乞师攻楚。唐加希萼同平章事，以鄂州今年租税赐之，命楚州刺史何敬洙将兵助希萼。冬，十月，丙午，希广遣使上表告急，言："荆南、岭南、江南连谋，欲分湖南之地，乞发兵屯澧州，以扼江南、荆南援朗州之路。"

【译文】马希萼上表请求在京师另设一个进奏务。九月，辛巳日（十七日），朝廷下诏，因为湖南已经有一个进奏务，所以不准再设。同时也赐诏给楚王马希广，劝他们兄弟和睦相处。

马希萼以为后汉朝廷有意袒护楚王马希广，发怒，派遣使者向南唐称臣，请求出兵攻打楚王马希广。南唐加封马希萼为同平章事，将鄂州当年租税赏赐给他，命令楚州刺史何敬洙领兵援助马希萼。冬季，十月，丙午日（十二日），马希广派遣使者向朝廷上表告急，说："荆南、岭南、江南共同谋划，想瓜分湖南的土地，请发兵驻守澧州，以控制江南、荆南援助朗州的道路。"

丁未，以吴越王弘俶为诸道兵马元帅。

楚王希广以朗州与山蛮入寇，诸将屡败，忧形于色。刘彦瑫言于希广曰："朗州兵不满万，马不满千，都府精兵十万，何忧不胜！愿假臣兵万馀人，战舰百五十艘，径入朗州缚取希萼，以解大王之忧。"王悦，以彦瑫为战棹都指挥使、朗州行营都统。彦瑫入朗州境，父老争以牛酒犒军，曰："百姓不愿从乱，望都府之兵久矣！"彦瑫厚赏之。战舰过，则运竹木以断其后。是日，马希萼遣朗兵及蛮兵六千、战舰百艘逆战于湄州。彦瑫乘风纵火以焚其舰，顷之，风回，反自焚。彦瑫还走，江路已断，士卒战及溺死者数千人。希广闻之，涕泣不知所为。希广平日罕颁赐，至是，大出金帛以取悦于士卒。

【译文】 丁未日（十三日），朝廷任命吴越王钱弘俶为诸道兵马元帅。

楚王马希广因为朗州人与山蛮入侵，众将屡吃败仗，面有忧色。刘彦瑫对马希广说："朗州军队不到一万，马匹不到一千，您有精兵十万，为什么担忧不能取胜？希望借给我一万多人马，一百五十艘战舰，直接奔赴朗州，把马希萼给捆绑过来，以解除大王的忧愁。"楚王马希广很高兴，就任命刘彦瑫为战棹都指挥使、朗州行营都统。刘彦瑫进入朗州境内，父老们纷纷送牛肉酒菜来犒劳军队，说："百姓不愿随从叛军作乱，盼望都府的军队已经很久了！"刘彦瑫重赏他们。战舰通过以后，便运来竹子木头隔断后路。这一天，马希萼派遣朗州军队和蛮族军队六千、战舰一百艘在湄州迎战。刘彦瑫乘着风势放火烧对方的战舰，不一会儿，风势转向，反而烧到自己。刘彦瑫往回走，江上的水路已经被自己阻断，士兵战死及淹死的达数千人。马希广听到这个消息，只知哭泣，不晓得怎么办。他平时很少颁赐奖赏，到了这个时候，只好大量地拿出金钱及布帛来讨好士兵们。

或告天策左司马希崇流言惑众，反状已明，请杀之。希广曰："吾自害其弟，何以见先王于地下！"

马军指挥使张晖将兵自他道击朗州，至龙阳，闻彦瑫败，退屯益阳。希萼又遣指挥使朱进忠等将兵三千急攻益阳，张晖绐其众曰："我以麾下出贼后，汝辈留城中待我，相与合势击之。"既出，遂自竹头市遁归长沙。朗兵知城中无主，急击之，士卒九千馀人皆死。

吴越王弘俶归查文徽于唐，文徽得喑疾，以工部尚书致仕。

【译文】 有人密告天策左司马马希崇散布谣言，煽惑群众，反叛的迹象已经很明显，建议把他杀掉。马希广说："我若亲自害死自己的弟弟，有什么面目在地下见先王？"

马军指挥使张晖领兵从别的路进攻朗州，到达龙阳，听说刘彦瑫兵败，便后退屯驻益阳。马希萼又派遣指挥使朱进忠等人率领三千人马紧急攻打益阳，张晖骗他的部众说："我带领部下包抄到贼兵的背后，你们留在城里等我，然后合力夹攻他们。"张晖出城以后，就从竹头市逃回长沙。朗州兵知道益阳城里没有主师，紧急发动攻势，进攻益阳，结果城里的九千多名士兵全部战死。

吴越王钱弘俶让查文徽返归南唐。查文徽患哑疾，以工部尚书之职退休。

十一月，甲子朔，日有食之。

蜀太师、中书令宋忠武王赵廷隐卒。

楚王希广遣其僚属孟骈说马希萼曰："公忘父兄之仇，北面事唐，何异袁谭求救于曹公邪！"希萼将斩之，骈曰："古者兵交，使在其间，骈若爱死，安肯此来！骈之言非私于潭人，实为公谋也。"乃释之，使还报曰："大义绝矣，非地下不相见也！"

朱进忠请希萼自将兵取潭州，辛未，希萼留其子光赞守朗州，悉发境内之兵趣长沙，自称顺天王。

诏侍卫步军都指挥使、宁江节度使王殷将兵屯澶州以备契丹。殷，瀛州人也。

朝廷议发兵，以安远节度使王令温为都部署，以救潭州，会内难作，不果。

【译文】十一月，甲子朔日（初一），出现日食。

后蜀太师、中书令宋忠武王赵廷隐去世。

楚王马希广派遣他的幕僚孟骈劝马希萼说："您忘记父兄之仇，臣服南唐，与东汉末年的袁谭向曹操求救有什么不同呢？"马希萼将要杀掉孟骈，孟骈说："古时候两军交战，使者往来于彼此之间，我孟骈如果怕死，怎么肯来到这里！我所说的话，并不是偏袒潭州人，实际上是替您谋划。"马希萼于是放了他，让他回去报告说："兄弟的情义已经断绝了，不到九泉，是永远不会再相见的。"

朱进忠请求马希萼亲自领兵攻取潭州。辛未日（初八），马希萼留下他的儿子马光赞防守朗州，发动境内所有的军队，直接开赴长沙，自称顺天王。

后汉隐帝刘承祐下诏书命侍卫步军都指挥使、宁江节度使王殷领兵驻扎在澶州来防备契丹入侵。王殷，是瀛州人。

朝廷讨论发兵的事，打算任命安远节度使王令温为都部署，以援救潭州，正好这时朝廷发生内乱，所以没有成行。

帝自即位以来，枢密使、右仆射、同平章事杨邠总机政，枢密使兼侍中郭威主征伐，归德节度使、侍卫亲军都指挥使兼中书令史弘肇典宿卫，三司使、同平章事王章掌财赋。邠颇公忠，退朝，门无私谒，虽不却四方馈遗，有馀辄献之。弘肇督察京城，道不拾遗。是时承契丹荡覆之馀，公私困竭，章捃摭遗利，吝于出纳，以实府库。属三叛连衡，宿兵累年而供馈不乏。及事平，赐予之外，尚有馀积，以是国家粗安。

【译文】后汉隐帝刘承祐从即位以来，枢密使、右仆射、同平章事杨邠总理机要政务，枢密使兼侍中郭威主持征战，归德节度使、侍卫亲军都指挥使兼中书令史弘肇负责京城警卫，三司使、同平章事王章掌管财政赋税。杨邠非常公正忠诚，退朝以后，没有人上门请托，虽然不推辞四方的馈赠，但是馈赠多了，他便捐献给公家。史弘肇督察京城，路不拾遗。这时正值契丹扰乱中原之后，官府和百姓都贫穷困乏，王章拾取遗漏的小利，紧缩开支，以充实府库的储藏。正当这个时候，三个叛臣联合叛乱，军队连年戍守在外，而军需粮饷的供应却不曾缺乏。等到乱事平定以后，除了赏赐之外，还有剩余，所以国家大致安定。

章聚敛刻急。旧制，田税每斛更输二升，谓之"雀鼠耗"，章始令更输二斗，谓之"省耗"；旧钱出入皆以八十为陌，章台令入者八十，出者七十七，谓之"省陌"；有犯盐、麹、酒麹之禁，锱铢涓滴，罪皆死；由是百姓愁怨。章尤不喜文臣，尝曰："此辈授之握算，不知纵横，何益于用！"俸禄皆以不堪资军者给之，吏已高其估，章更增之。

【译文】 王章征集赋税苛刻严厉。以前规定，田税每斛之外再交二升，叫作"雀鼠耗"，王章开始下令再交二斗，称作"省耗"；旧钱的流通使用无论出入都以八十钱为一"陌"，王章开始下令，缴入公库时，八十钱为一陌，从公库发放出去，则以七十七钱为一陌，叫作"省陌"；凡是违犯盐禁、麹禁及酒曲禁的人，纵然只有锱铢涓滴那么少量，也一律判死罪。因此百姓忧愁怨恨。王章尤其不喜欢文臣，曾经说："这一帮人，把计算的筹码交给他，他也不知道摆弄计算，有什么用处？"所以对于文官，都是把不能供给军队食用的粟米拿来做他们的俸禄。核算的时候，官吏所估的价值已经偏高，王章又估得更高。

帝左右嬖倖浸用事，太后亲戚亦干预朝政，邠等屡裁抑之。太后有故人子求补军职，弘肇怒而斩之。武德使李业，太后之弟也，高祖使掌内帑，帝即位，尤蒙宠任。会宣徽使阙，业意欲之，帝及太后亦讽执政；邠、弘肇以为内使迁补有次，不可以外戚超居，乃止。内客省使阎晋卿次当为宣徽使，久而不补。枢密承旨聂文进、飞龙使后匡赞、翰林茶酒使郭允明皆有宠于帝，久不迁官，共怨执政。文进，并州人也。刘铢罢青州归，久奉朝请，未除官，常戟手于执政。

【译文】 后汉隐帝刘承祐的左右宠臣逐渐被任用，太后的亲戚也干预朝政，杨邠等屡次加以裁减抑制。太后有一个旧友的儿子请求担任军职，史弘肇一怒之下，将他斩首。武德使李业，是太后的弟弟，后汉高祖刘知远让他掌管宫内的府库，后汉隐帝刘承祐即位以后，李业特别受到宠爱与信任。正好这时宣徽使空缺，李业想要这个职位，后汉隐帝及太后也向执政大臣暗示这个意思；杨邠、史弘肇认为宫廷内使职的升迁递补，有一定的次序，不能因为是外戚而越级担任，这件事才作罢。内客省使阎晋卿，论职级应当可以做宣徽使，可是拖了很久没有递补上去；枢密承旨聂文进、飞龙使后匡赞、翰林茶酒使郭允明都受到后汉隐帝的宠信，可是也都很久没有升官，大家都怨恨执政大臣。聂文进，是并州人。刘铢免除了青州职务回来，长期上朝参谒，一直没有授官职给他，因此，他常常叉着手，臭骂执政大臣。

帝初除三年丧，听乐，赐伶人锦袍、玉带。伶人诣弘肇谢，弘肇怒曰："士卒守边苦战，犹未有以赐之，汝曹何功而得此！"皆夺以还官。帝欲立所幸耿夫人为后，邠以为太速。夫人卒，帝欲以后礼葬之，邠复以为不可。帝年益壮，厌为大臣所制。邠、弘肇尝议事于帝前，帝曰："审图之，勿令人有言！"邠曰："陛下但禁声，有臣等在。"帝积不能平，左右因乘间谮之于帝云："邠等专恣，终当为乱。"帝信之。尝夜闻作坊锻声，疑有急兵，达旦不寐。司空、同平章事苏逢吉既与弘肇有隙，知李业等怨弘肇，屡以言激之。帝遂与业、文进、匡赞、允明谋诛邠等，议既定，入白太后。太后曰："兹事何可轻发！更宜与宰相议之。"业时在旁，曰："先帝尝言，朝廷大事不可谋及书生，儒怯误人。"太后复以为言，帝忿曰："国家之事，非闺门所知！"拂衣而出。乙亥，业等以其谋告阎晋卿，晋卿恐事不成，诣弘肇第欲告之，弘肇以他故辞不见。

【译文】后汉隐帝刘承祐刚解除了三年的丧服，就听音乐，赏赐乐官锦袍、玉带。乐官到史弘肇那里告谢，史弘肇大怒道："将士守卫边疆殊死苦战尚且没有赏赐这些，你们这等人有什么功劳得到锦袍、玉带！"都夺过来，还给官府。后汉隐帝想立他宠爱的耿夫人为皇后，杨邠认为言之过早；后来耿夫人死了，后汉隐帝想用皇后的礼仪来安葬她，杨邠也认为不可以。后汉隐帝的年纪渐渐大了，不喜欢被大臣控制。杨邠、史弘肇曾经在后汉隐帝面前议论国事，后汉隐帝说："好好地筹划，不要让人家有所批评！"杨邠说："陛下只管不作声，凡事有臣等在。"后汉隐帝心情郁积，愤愤不平，左右的人就趁机在后汉隐帝面前诬陷他们说："杨邠等人专横，终将作乱。"后汉隐帝相信了这些话。后汉隐帝刘承祐曾经在夜晚听到作坊里有打铁的声音，怀疑有紧急的战事，一直到天亮都没有睡着。司空、同平章事苏逢吉以前就和史弘肇有矛盾，知道李业等人怨恨史弘肇，就多次用言语来激他们。后汉隐帝于是跟李业、聂文进、后匡赞、郭允明等人共同谋划诛杀杨邠等大臣。计划决定以后，进宫去报告太后，太后说："这件事怎么可以轻率地发动！还应该跟宰相商量商量。"李业当时也在旁边，说："先帝曾经说过，朝廷的大事，不可拿去跟书生商量，书生懦弱怕事，只会耽误人家的事情。"太后又重申前面讲过的话，后汉隐帝愤怒地说："国家的事情，不是闺中的妇人所能了解的！"说完，把衣袖一甩，就出去了。乙亥日（十二日），李业等将他们的密谋告诉了阎晋卿，阎晋卿恐怕事情不成，到史弘肇家里想报告他，史弘肇因为别的事推辞不见。

丙子旦，邠等入朝，有甲士数十自广政殿出，杀邠、弘肇、章于东庑下。文进亟召宰相、朝臣班于崇元殿，宣云："邠等谋反，已伏诛，与卿等同庆！"又召诸军将校至万岁殿庭，帝亲谕之，且曰："邠等以稚子视朕，朕今始得为汝主，汝辈免横忧矣！"皆拜谢而退。又召前节度使、刺史等升殿谕之，分遣使者帅骑收捕邠等亲戚、党与、僚从，尽杀之。

【译文】 丙子日（十三日）早晨，杨邠等上朝，有几十名全副武装的武士从广政殿出来，在东厢房杀死杨邠、史弘肇、王章，聂文进立刻召集宰相、朝臣在崇元殿按朝班排列，宣旨说："杨邠等人图谋造反，已经受国法制裁而处死，跟各位一同庆贺。"又召集各军将到万岁殿庭中，后汉隐帝刘承祐亲自说明了这件事，并且说："杨邠等把我当小孩子看待，现在我才有机会做你们的主人，你们可以避免无谓的忧愁了！"大家都下拜称谢，然后退下。又召请前任各节度使、刺史等人上殿，说明这件事。又分派使者率领骑兵收捕杨邠等人的亲戚、党羽、侍从人员，全部杀掉。

【申涵煜评】 杨史弄权，将相水火，隐帝即不行诛，久亦必有内变。但信任匪人，事太草草，横尸村野，遂乃革命。盖汉人功德尚浅，天故促其运以有待耳。

【译文】 杨邠、史弘肇玩弄权术，将相水火不容，即便后汉隐帝不杀他们，久了也会发生内变。但是信任的人不当，办事情太匆忙，导致横尸村野，于是引起革命。大概后汉的功德还浅，所以老天催促其国运消亡，以等待来人吧。

弘肇待侍卫步军都指挥使王殷尤厚，邠等死，帝遣供奉官孟业赍密诏诣澶州及邺都，令镇宁节度使李洪义杀殷，又令邺都行营马军都指挥使郭崇威、步军都指挥使真定曹威杀郭威及监军、宣徽使王峻。洪义，太后之弟也。又急诏征天平军节度使高行周、平卢节度使符彦卿、永兴节度使郭从义、泰宁节度使慕容彦超、匡国节度使薛怀让、郑州防御使吴虔裕、陈州刺史李谷入朝。以苏逢吉权知枢密院事，前平卢节度使刘铢权知开封府，侍卫马军都指挥使李洪建权判侍卫同事，内侍省使阎晋卿权侍卫马军都指挥使。洪建，业之兄也。

时中外人情忧骇，苏逢吉虽恶弘肇，而不预李业等谋，闻变惊愕，私谓人曰："事太匆匆，主上悦以一言见问，不至于此！"业等命刘铢诛郭威、王峻之家，铢极其惨毒，婴孺无免者。命李洪建诛王殷之家，洪建但使人守视，仍饮食之。

【译文】 史弘肇对侍卫步军都指挥使王殷特别厚待，杨邠等死后，后汉隐帝刘承祐派遣供奉官孟业携带密诏到澶州以及邺都，命令镇宁节度使李洪义杀死王殷，又命邺都行营马军都指挥使郭崇威、步军都指挥使真定人曹威杀郭威及监军、宣徽使王峻。李洪义，就是太后的弟弟。又紧急下诏征召天平节度使高行周、平卢节度使符彦卿、永兴节度使郭从义、泰宁节度使慕容彦超、匡国节度使薛怀让、郑州防御使吴虔裕、陈州刺史李谷入朝。命苏逢吉代理枢密院事务，前任平卢节度使刘铢代理开封府事务，侍卫马军都指挥使李洪建代理侍卫司事务，内侍省使阎晋卿代理侍卫马军都指挥使。李洪建，是李业的哥哥。

当时朝廷内外人心惶惶，苏逢吉虽然厌恶史弘肇，但没有参与李业等人密谋，听到事变很震惊，私下里对人说："事情发生得太匆促，皇上假如问我一声，不至于落到这种地步！"李业等人命刘铢杀郭威、王峻的家属，刘铢极其残忍狠毒，婴儿小孩也没一个幸免。命李洪建诛杀王殷的家人，李洪建只是派人把守监视，仍然送食物给他们吃。

丁丑，使者至澶州，李洪义畏懦，虑王殷已知其事，不敢发，乃引孟业见殷。殷囚业，遣副使陈光穗以密诏示郭威。威召枢密吏魏仁浦，示以诏书曰："奈何？"仁浦曰："公，国之大臣，功名素著，加之握强兵，据重镇，一旦为群小所构，祸出非意，此非辞说所能解。时事如此，不可坐而待死。"威乃召郭崇威、曹威及诸将，告以杨邠等冤死及有密诏之状，且曰："吾与诸公，披荆棘，从先帝取天下，受托孤之任，竭力以卫国家，今诸公已死，吾何心独生！君辈当奉行诏书，取吾首以报天子，庶不相累。"郭崇威等皆泣曰："天子幼冲，此必左右群小所为，若使此辈得志，国家其得安乎！崇威愿从公入朝自诉，荡涤鼠辈以清朝廷，不可为单使所杀，受千载恶名。"翰林天文赵修已谓郭威曰："公徒死何益！不若顺众心，拥兵而南，此天启也。"郭威乃留其养子荣镇邺都，命郭崇威将骑兵前驱，戊寅，自将大军继之。

【译文】丁丑日（十四日），使者到达澶州，李洪义畏缩胆怯，顾虑王殷已经知道此事，不敢动手，于是带着孟业去见王殷；王殷把孟业囚禁起来，派遣副使陈光穗拿密诏给郭威看。郭威召见枢密院吏魏仁浦，拿出诏书让他看，并问他："你看怎么办？"魏仁浦说："您是国家的大臣，功勋和名望一向显赫，加上统率强兵，据守重镇，一旦被小人陷害，祸患出乎意料，这不是言辞所能解释得清楚的。时局到了这步田地，不可坐以待毙。"郭威于是召集郭崇威、曹威以及众将，告诉他们杨邠等人冤屈而死以及有秘密诏书的情况，并且说："我和杨邠等人，披荆斩棘，跟随先帝夺取天下，接受先帝托孤的重任，尽力保卫国家，现在杨、史诸公已经死了，我怎么好意思独自贪生！你们无妨遵照诏书的意思，取了我的头颅，以回报天子，这样大概不会拖累你们。"郭崇威等人都哭着说："天子年纪还小，这一定是天子身边的几个小人所做出来的，如果让这帮人的野心得逞，国家哪里能够太平呢！崇威愿随您入朝，主动向天子申诉，扫清那些鼠辈小人，肃清朝廷，不可被一个使者杀死，蒙受千载洗刷不清的恶名。"翰林天文赵修己对郭威说："您白白地送死有什么益处！不如顺应众人之心，领兵南行，这是天赐良机啊。"郭威于是留下他的养子郭荣镇守邺都，命令郭崇威率骑兵为先锋，戊寅日（十五日），自己带领大部队跟随其后。

慕容彦超方食，得诏，舍匕箸入朝。帝悉以军事委之。己卯，吴虔裕入朝。

帝闻郭威举兵南向，议发兵拒之。前开封尹侯益曰："邺都戍兵家属皆在京师，官军不可轻出，不若闭城以挫其锋，使其母妻登城招之，可不战而下也。"慕容彦超曰："侯益衰老，为懦夫计耳。"帝乃遣益及阎晋卿、吴虔裕、前保大节度使张彦超将禁军趣澶州。

【译文】慕容彦超正在吃饭的时候，接到后汉隐帝刘承祐的诏书，立即丢下碗筷入朝；后汉隐帝把军事全部交托给他。己卯日（十六日），吴虔裕入朝。

后汉隐帝刘承祐听说郭威领兵南下，商议发兵抵抗。前开封尹侯益说："戍守邺都士兵的家属都在京师，官府军队不可轻易出去，不如关闭城门，以挫他的锐气，让他们的母亲、妻子登上城楼，招呼他们，可以不战而使他们降服。"慕容彦超说："侯益年老体衰，出的是胆小鬼的计策。"后汉隐帝刘承祐于是派遣侯益、阎晋卿、吴虔裕及前任保大节度使张彦超率领禁卫兵直赴澶州。

是日，郭威已至澶州，李洪义纳之。王殷迎谒恸哭，以所部兵从郭威涉河。帝遣内养鸑脱觇郭威，威获之，以表置鸑脱衣领中，使归白帝曰："臣昨得诏书，延颈俟死。郭崇威等不忍杀臣，云此皆陛下左右贪权无厌者谮臣耳，逼臣南行，诣阙请罪。臣求死不获，力不能制。臣数日当至阙庭。陛下若以臣为有罪，安敢逃刑！若实有谮臣者，愿执付军前以快众心，臣敢不抚谕诸军，退归邺都！"

【译文】这一天，郭威已经到达澶州，李洪义接纳郭威；王殷在迎接拜见郭威时，伤心痛哭，率领所统辖的士兵跟随郭威渡过黄河。后汉隐帝刘承祐派遣太监鸑脱刺探郭威的军情，被郭威抓到，于是郭威写了一封表，放在鸑脱的衣领内，让他回去报告后汉隐帝说："臣昨天得到诏书，便静候处分，准备受死。但是郭崇威等人不忍心杀臣，说这都是陛下身边贪权而不知足的人中伤臣罢了。因此逼臣向南行进，亲自到京师请罪。臣求死不得，又不能制止他们。臣在几天内当可到达朝廷。陛下如果认为我有罪，岂敢逃避惩处？如果确实有进谗言的小人，希望把他抓起来交给军前以大快人心，那么，我又岂敢不安抚晓谕各军，撤退返回邺都！"

庚辰，郭威趣滑州。辛巳，义成节度使宋延渥迎降。延渥，洛阳人，其妻晋高祖女永宁公主也。郭威取滑州库物以劳将士，且谕之曰："闻侯令公已督诸军自南来，今遇之，交战则非入朝之义，不战则为其所属。吾欲全汝曹功名，不若奉行前诏，吾死不恨！"皆曰："国家负公，公不负国，所以万人争奋。如报私仇，侯益辈何能为乎！"王峻徇于众曰："我得公处分，俟克京城，听旬日剽掠。"众皆踊跃。

辛巳，鸳脱至大梁。前此帝议自往澶州，闻郭威已至河上而止。帝甚有悔惧之色，私谓窦贞固曰："属者亦太草草。"李业等请倾府库以赐诸军，苏禹珪以为未可，业拜禹珪于帝前，曰："相公且为天子勿惜府库！"乃赐禁军人二十缗，下军半之，将士在北者给其家，仍使通家信以诱之。

【译文】庚辰日（十七日），郭威赶赴滑州。辛巳日（十八日），义成节度使宋延渥出迎并投降了郭威。宋延渥是洛阳人，他的妻子是后晋高祖石敬瑭的女儿永宁公主。郭威拿出滑州府库的财物犒劳将士，并且训示他们说："听说侯令公已经督率各军从南方出发前来，现在有个难题，如果遇到他，跟他交战，就失去入朝的本意；不战，就会被他所屠杀。我想还是成全你们的功名，奉行诏书的意思，我死而无憾！"大家都说："是国家辜负您，不是您辜负国家，所以才万众一心，人人奋勇争先，像是报私仇一样，侯益这些人能够做什么呢！"王峻对众人宣示说："我已得到郭公的指示，等到攻克京城，任你们抢夺十天。"众人听了，高兴得跳了起来。

辛巳日（十八日），鸳脱到达京城大梁。在此之前后汉隐帝刘承祐提议准备亲自前往澶州，听说郭威已到黄河边上而作罢。后汉隐帝的心情，既后悔，又恐惧，私下对窦贞固说："近来做事也太草率了。"李业等人请求把府库所藏的财物全部拿来赏赐各军，苏禹珪认为不可以，李业当着后汉隐帝的面向苏禹珪下拜，说："为了天子，请相公暂且不要吝惜府库！"于是赏赐禁卫兵每人二十缗，其他各军每人十缗，将士在北方的赏赐给他们的家属，并且让家属通家信，以劝诱在北方的将士。

壬午，郭威军至封丘，人情恟惧。太后泣曰："不用李涛之言，宜其亡也！"慕容彦超恃其骁勇，言于帝曰："臣视北军犹蟷蠓蠓耳，当为陛下生致其魁！"退，见聂文进，问北来兵数及将校姓名，颇惧，曰："是亦剧贼，未易轻也！"帝复遣左神武统军袁崇、前威胜节度使刘重进等帅禁军与侯益等会屯赤冈。崇，象先之子也。彦超以大军屯七里店。

癸未，南、北军遇于刘子陂。帝欲自出劳军，太后曰："郭威吾家故旧，非死亡切身，何以至此！但按兵守城，飞诏谕之，观其志趣，必有辞理，则君臣之礼尚全，慎勿轻出。"帝不从。时扈从军甚盛，太后遣使戒聂文进曰："大须在意！"对曰："有臣在，虽郭威百人，可擒也！"至暮，两军不战，帝还宫。慕容彦超大言曰："陛下来日宫中无事，幸再出观臣破贼。臣不必与之战，但叱散使归营耳！"

【译文】壬午日（十九日），郭威的军队到达封丘，人心惶惶。太后哭着说："不听李涛的话，理该要灭亡啊！"慕容彦超依仗自己勇猛，对隐帝说："在臣看来，北来的军队不过像一群蟷蠓虫罢了，臣一定替陛下生擒他们首领！"退下时，遇到聂文进，问他北来的兵数，及将校的姓名，颇为害怕，说："这些是强劲的敌人，不可轻视！"后汉隐帝又派遣左神武统军袁崇、前任威胜节度使刘重进等人率领禁卫军跟侯益等人联合驻守赤冈。袁崇，是袁象先的儿子。慕容彦超率领大军驻守七里店。

癸未日（二十日），南、北两方军队在刘子陂相遇。后汉隐帝刘承祐准备亲自出去慰劳军队，太后说："郭威是我们家的旧臣，如果不是生死攸关，哪里会到这种地步！只要按兵守城，急送诏书晓谕他，观察他的想法，如果他有正当的言辞与理由，那么君臣的关系还在，千万不要轻率出城。"后汉隐帝不听。当时护卫隐帝的军队士气高昂，太后派遣使者警告聂文进说："必须特别小心！"聂文进回答说："有臣在，即使有一百个郭威，也可以把他活捉来！"直到傍晚，两军没有交战，后汉隐帝返回宫中。慕容彦超夸下海口，说："陛下明天如果宫中没什么事，希望再出城，观看臣大破贼兵。臣不必跟他们直接交战，只要吆喝几声，就可以让他们退散回营了！"

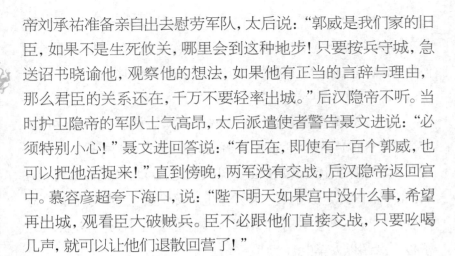

甲申，帝欲再出，太后力止之，不可。既陈，郭威戒其众曰："吾来诛群小，非敢敌天子也，慎勿先动。"久之，慕容彦超引轻骑直前奋击，郭崇威与前博州刺史李荣帅骑兵拒之。彦超马倒，几获之。彦超引兵退，麾下死者百馀人，于是诸军夺气，稍稍降于北军。侯益、吴虔裕、张彦超、袁鳷、刘重进皆潜往见郭威，威各遣还营，又谓宋延渥曰："天子方危，公近亲，宜以牙兵往卫乘舆，且附奏陛下，愿乘间早幸臣营。"延渥未至御营，乱兵云扰，不敢进而还。比暮，南军多归于北。慕容彦超与麾下十馀骑奔还兖州。

【译文】甲申日（二十一日），后汉隐帝刘承祐想再次出城，太后极力制止，后汉隐帝不答应。已经摆好军阵，郭威训诫部众说："我是来诛杀这帮小人的，不敢与天子对抗，千万不要先动手。"过了一阵子，慕容彦超率领矫健的骑兵直冲向前，奋力攻击，郭崇威跟前任博州刺史李荣率领骑兵去抵抗他。慕容彦超的战马摔倒在地，差一点就被捉到。慕容彦超被救起来以后，引兵后退，部下战死的达一百多人，于是各军被吓得士气丧失，有一小部分向北军投降。侯益、吴虔裕、张彦超、袁鳷、刘重进都暗中前往拜见郭威，郭威分别遣送他们回营，又对宋延渥说：“天子正面临危急，您是天子的近亲，最好率领牙兵前去保护天子的车驾，并且顺便禀奏陛下，希望陛下找个适当的机会，亲临臣的军营。”宋延渥还没有走到后汉隐帝的营帐，乱兵纷乱如云，不敢前进，只好折回。到了傍晚，南军大部分向北军投降。慕容彦超跟他部下的十几名骑兵奔回兖州。

是夕，帝独与三相及从官数十人宿于七里寨，馀皆逃溃。乙酉旦，郭威望见天子旌旗在高阪上，下马免胄往从之，至则帝已去矣。帝策马将还宫，至玄化门，刘铢在门上，问帝左右：“兵马何在？”因射左右。帝回辔，西北至赵村，追兵已至，帝下马入民家，为乱兵所弑。苏逢吉、阎晋卿、郭允明皆自杀。聂文进挺身走，军士追趄斩之。李业奔陕州，後匡赞奔兖州。郭威闻帝遇弑，号恸曰：“老夫之罪也！”

威至玄化门，刘铢雨射城外。威自迎春门入，归私第，遣前曹州防御使何福进将兵守明德门。诸军大掠，通夕烟火四发。

军士入前义成节度使白再荣之第，执再荣，尽掠其财，既而进曰：“某等昔尝趋走麾下，一旦无礼至此，何面目复见公！”遂刿其首而去。

【译文】当晚，后汉隐帝刘承祐只与窦贞固、苏逢吉、苏禹珪三位宰相以及随从官员数十人在七里寨住宿，其余人都逃跑溃散。乙酉日（二十二日）的早晨，郭威远远望见天子的旌旗在高坡上，于是下马，脱下头盔，前往跟随，到了那边，后汉隐帝已经走了。后汉隐帝赶着坐骑，将要回宫，走到玄化门，刘铢在城门上，问后汉隐帝左右的人说："兵马哪里去了？"说着就射杀后汉隐帝身边的人。后汉隐帝掉转马头，往西北走，走到赵村，追兵已经赶上，后汉隐帝下马进入百姓家里，结果被乱兵所杀。苏逢吉、阎晋卿、郭允明全都自杀；聂文进脱身逃走，军士追上，把他杀死。李业逃奔陕州，后匡赞逃奔兖州。郭威听说后汉隐帝刘承祐遇害，悲痛地号哭，说："这是老夫的罪过啊！"

郭威到达玄化门，刘铢像雨点似的向城外射箭。郭威从迎春门入城，回到自己的家，派遣前任曹州防御使何福进率兵防守明德门。诸军大肆抢劫，整个晚上烟火四起。

军士闯入前任义成节度使白再荣的家里，把白再荣抓起来，把他的财物抢夺一空，然后上前对他说："我们以前在你的帐下待过，一旦无礼到这个地步，有什么面目再见到你呢？"于是砍下白再荣的头，然后离去。

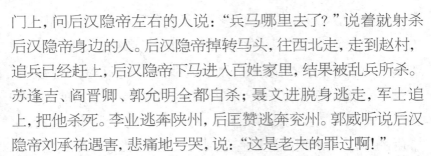

吏部侍郎张允，家赀以万计，而性吝，虽妻亦不之委，常自系众钥于衣下，行如环佩。是夕，匿于佛殿藻井之上，登者浸多，板坏而坠，军士掠其衣，遂以冻卒。

初，作坊使贾延徽有宠于帝，与魏仁浦为邻，欲并仁浦所居以自广，屡谮仁浦于帝，几至不测。至是，有擒延徽以授仁浦者，仁浦谢曰："因乱而报怨，吾所不为也！"郭威闻之，待仁浦益厚。

右千牛卫大将军枣强赵凤曰："郭侍中举兵，欲诛君侧之恶以安国家耳；而鼠辈敢尔，乃贼也，岂侍中意邪！"执弓矢，踞胡床，坐于巷首，掠者至，辄射杀之，里中皆赖以全。

【译文】吏部侍郎张允，家产数以万计，但生性吝啬，即使是妻子也不信任，总是把全部钥匙系在自己衣服底下，走起路来丁当作响如同佩戴玉环。当天晚上，躲藏在佛殿的藻井上，被人发现以后，上去的人越来越多，木板被拉断，大家掉落下来，军士们为了争夺张允身上的钥匙，纷纷抢走他的衣服，张允终于因此而被冻死。

起初，作坊使贾延徽受到后汉隐帝刘承祐的宠信，与魏仁浦是邻居，想吞并魏仁浦的房屋来扩大自己宅第，屡次向隐帝说魏仁浦的坏话，几乎酿成杀身之祸。到了这个时候，有人抓到贾延徽，送交魏仁浦，魏仁浦加以婉拒，说："趁着变乱的时机而报复私仇，是我所不愿做的！"郭威听说这件事，更加看重魏仁浦。

右千牛卫大将军枣强人赵凤说："郭侍中起兵，只是想诛灭天子身边的奸臣以安定国家罢了，而鼠辈竟敢这样嚣张，这乃是盗贼的行径，哪里会是郭侍中的意思呢！"把胡床搬到巷口，盘坐在上面，手持弓箭，抢劫的士兵到来，就一一把他们射杀，整个里巷都靠他而得以保全。

丙戌，获刘铢、李洪建，囚之。铢谓其妻曰："我死，汝且为人婢乎？"妻曰："以公所为，雅当然耳！"

王殷、郭崇威言于郭威曰："不止剽掠，今夕止有空城耳。"威乃命诸将分部禁止掠者，不从则斩之。至晡，乃定。

窦贞固、苏禹珪自七里寨逃归，郭威使人访求得之，寻复其位。贞固为相，值杨、史弄权，李业等作乱，但以凝重处其间，自全而已。

【译文】丙戌日（二十三日），抓获刘铢、李洪建，囚禁了他们。刘铢对他的妻子说："我死了，你将会做人家的奴婢吗？"妻子答说："以你的所作所为来看，注定是会的！"

王殷、郭崇威对郭威说："如果不禁止抢劫，到了今天晚上，只剩下一座空城了。"郭威于是命令诸将，各自禁止自己的部下抢劫，不听从就杀头。到了日落的时候，才逐渐安定下来。

窦贞固、苏禹珪从七里寨逃回来，郭威派人寻访找到他们，不久他们官复原职。窦贞固做宰相，正逢杨邠、史弘肇当权，李业等人作乱，他只是以严谨持重的态度与他们相处，以求保全自己而已。

郭威命有司迁隐帝梓宫于西宫。或请如魏高贵乡公故事，葬以公礼。威不许，曰："仓猝之际，吾不能保卫乘舆，罪已大矣，况敢贬君乎！"

太师冯道帅百官谒见郭威，威见，犹拜之，道受拜如平时，徐曰："侍中此行不易！"

【译文】 郭威命令有关部门将后汉隐帝刘承祐的灵柩迁到西宫。有人建议，依照魏高贵乡公的先例，以公礼安葬，郭威不赞成，说："仓促之间，我不能保护天子的车驾，罪过已经很大了，何况还敢贬降国君的名分呢？"

太师冯道率领百官拜见郭威，郭威见到冯道，仍行拜礼，冯道也接受他的拜礼，像平时一样，然后慢慢地说："侍中这一路，真不容易！"

【乾隆御批】 向之矜毛锥者非王章乎？此又谓之不喜文臣甚矣。记载家之鲜实也！

【译文】 以前自夸毛锥的难道不是王章吗？这里又说他特别不喜欢文臣，这太过分了吧。记载家的不注重事实真是太厉害呀！

丁亥，郭威帅百官诣明德门起居太后，且奏称："军国事殷，请早立嗣君。"太后诰称："郭允明弑逆，神器不可无主。河东节度使崇，忠武节度使信，皆高祖之弟；武宁节度使赟，开封尹勋，高祖之子。其令百官议择所宜。"赟，崇之子也，高祖爱之，养视如子。郭威、王峻入见太后于万岁宫，请以勋为嗣。太后曰："勋久羸疾不能起。"威出谕诸将，诸将请见之，太后令左右以卧榻举之示诸将，诸将乃信之。于是，郭威与峻议立赟。己丑，郭威帅百官表请以赟承大统。太后诰所司，择日，备法驾迎赟即皇帝位。郭威奏遣太师冯道及枢密直学士王度、秘书监赵上交诣徐州奉迎。

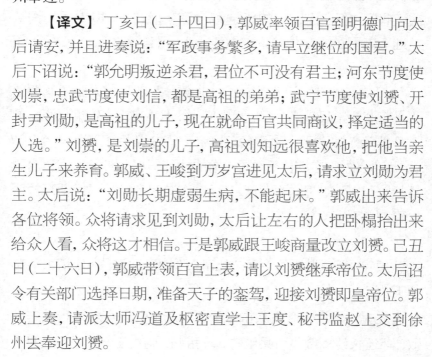

【译文】 丁亥日（二十四日），郭威率领百官到明德门向太后请安，并且进奏说："军政事务繁多，请早立继位的国君。"太后下诏说："郭允明叛逆杀君，君位不可没有君主；河东节度使刘崇，忠武节度使刘信，都是高祖的弟弟；武宁节度使刘赟、开封尹刘勋，是高祖的儿子，现在就命百官共同商议，择定适当的人选。"刘赟，是刘崇的儿子，高祖刘知远很喜欢他，把他当亲生儿子来养育。郭威、王峻到万岁宫进见太后，请求立刘勋为君主。太后说："刘勋长期虚弱生病，不能起床。"郭威出来告诉各位将领。众将请求见到刘勋，太后让左右的人把卧榻抬出来给众人看，众将这才相信。于是郭威跟王峻商量改立刘赟。己丑日（二十六日），郭威带领百官上表，请以刘赟继承帝位。太后诏令有关部门选择日期，准备天子的銮驾，迎接刘赟即皇帝位。郭威上奏，请派太师冯道及枢密直学士王度、秘书监赵上交到徐州去奉迎刘赟。

郭威之讨三叛也，每见朝廷诏书，处分军事皆合机宜，问使者："谁为此诏？"使者以翰林学士范质对。威曰："宰相器也。"入城，访求得之，甚喜。时大雪，威解所服紫袍衣之，令草太后诰令，迎新君仪注。苍黄之中，讨论撰定，皆得其宜。

初，隐帝遣供奉官押班阳曲张永德赐昭义节度使常思生辰物。永德，郭威之婿也，会杨邠等诛，密诏思杀永德。思素闻郭威多奇异，因永德以观变，及威克大梁，思乃释永德而谢之。

【译文】 郭威领兵讨伐三镇叛乱时，每次看到朝廷的诏书，处置军务切合实际，便问使者："谁起草的这诏书？"使者答说，是翰林学士范质。郭威说："这是做宰相的材料。"入城以后，到处去访求范质，终于把他找到了，非常高兴。当时下着大雪，郭威脱下自己所穿的紫袍给他穿上，让他草拟太后的诰令及迎立新君的礼仪制度。在仓促之中，讨论撰写，一经定稿，都很合适。

起初，后汉隐帝刘承祐派遣供奉官押班阳曲人张永德赐给昭义节度使常思皇帝生日回赠的礼物，张永德是郭威的女婿，遇上杨邠等人被诛杀，后汉隐帝秘密下诏命常思杀死张永德。常思一向听说郭威有很多不同寻常的才能，因此把张永德暂时囚禁起来，以观望时局的发展，等到郭威攻克大梁，常思便释放张永德，并向张永德谢罪。

庚寅，郭威帅百官上言："比皇帝到阙，动涉浃旬，请太后临朝听政。"

先是，马希萼遣蛮兵围玉潭，朱进忠引兵会之。崔洪琏兵败，奔还长沙。希萼引兵继进，攻岳州，刺史王赟拒之，五日不克。希萼使人谓赟曰："公非马氏之臣乎？不事我，欲事异国乎？为人臣而怀贰心，岂不辱其先人？"赟曰："亡父为先王将，六破淮南兵。今大王兄弟不相容，赟常恐淮南坐收其弊，一旦以遗体臣淮南，诚辱先人耳！大王苟能释憾罢兵，兄弟雍睦如初，赟敢不尽死以事大王兄弟，岂有二心乎？"希萼惭，引兵去。辛卯，至湘阴，焚掠而过。至长沙，军于湘西，步兵及蛮兵军于岳麓，朱进忠自玉潭引兵会之。

【译文】庚寅日（二十七日），郭威带领百官向太后进言，说："等皇帝到达京城，行程需要十天，在这期间，请求太后临朝听政。"

在此之前，马希萼派遣蛮兵包围玉潭，朱进忠引兵跟他会合；崔洪琏兵败，逃回长沙。马希萼引兵继续前进，攻打岳州，岳州刺史王赟抵抗，五日不能攻下。马希萼派人对王赟说："你不是马氏的臣子吗？不侍奉我，难道想要侍奉别的国家吗？做人的臣子而怀着异心，岂不是污辱了祖先吗？"王赟说："先父王环，是先王的将领，六次攻破淮南的军队。现在大王兄弟互不相容，我常担心淮南坐收渔翁之利，一旦我自己臣事淮南，那的确是污辱祖先了！大王如果能够消除仇怨，停止用兵，兄弟和睦相处，像从前一样，那么我岂敢不尽忠效死，以侍奉大王兄弟呢？哪有什么三心二意呢！"马希萼感到惭愧，率领军队离去。辛卯日（二十八日），马希萼到达湘阴，焚烧抢掠而过。到达长沙，马希萼领兵驻扎在湘西，步兵以及蛮军驻扎在岳麓，朱进忠从玉潭领兵和他会合。

马希广遣刘彦瑫召水军指挥使许可琼帅战舰五百艘屯城北津，属于南津，以马希崇为监军。又遣马军指挥使李彦温将骑兵屯驼口，扼湘阴路，步军指挥使韩礼将二千人屯杨柳桥，扼栅路。可琼，德勋之子也。

壬辰，太后始临朝，以王峻为枢密使，袁羡为宣徽南院使，王殷为侍卫马步军都指挥使，郭崇威为侍卫马军都指挥使，曹威为侍卫步军都指挥使，陈州刺史李谷权判三司。

刘铢、李洪建及其党皆枭首于市，而赦其家。郭威谓公卿曰："刘铢屠吾家，吾复屠其家，怨仇反覆，庸有极乎！"由是数家获免。王殷屡为洪建请免死，郭威不许。

后匡赞至兖州，慕容彦超执而献之。李业至陕州，其兄保义节度使洪信不敢匿于家。业怀金将奔晋阳，至绛州，盗杀之而取其金。

【译文】 楚王马希广派遣刘彦瑫召令水军指挥使许可琼率领五百艘战舰驻守城北渡口，首尾相接，一直连接到城南渡口，任命马希崇为监军；又派遣马军指挥使李彦温率领骑兵驻守驼口，控制通往湘阴的道路；步军指挥使韩礼率领两千人驻守杨柳桥，控制通往湘西寨的道路。许可琼，是许德勋的儿子。

壬辰日（二十九日），太后开始临朝听政，任命王峻为枢密使，袁鬟为宣徽南院使，王殷为侍卫马步军都指挥使，郭崇威为侍卫马军都指挥使，曹威为侍卫步军都指挥使，陈州刺史李谷代理主持三司。

刘铢、李洪建及其党徒都在街市上被斩首，而赦免他们的家属。郭威对朝廷大臣们说："刘铢屠杀我的家人，我又屠杀他的家人，反复报仇，哪有终结的时候呢！"因此好几家都获得赦免。王殷屡次替李洪建求情，免他一死，郭威不准。

后匡赞到达兖州，慕容彦超抓住他献给朝廷。李业到了陕州，他的哥哥保义节度使李洪信不敢把他藏在家里，李业带着金钱，将逃往晋阳，到了绛州，盗贼把他杀死，拿走他的金钱。

蜀施州刺史田行皋奔荆南。高保融曰："彼贰于蜀，安肯尽

资治通鉴

忠于我!"执之,归于蜀,伏诛。

镇州、刑州奏:"契丹主将数万骑入寇,攻内丘,五日不克,死伤其众。有戍兵五百叛应契丹,引契丹入城,屠之,又陷饶阳。"太后敕郭威将大军击之,国事权委窦贞固、苏禹珪、王峻,军事委王殷。十二月,甲午朔,郭威发大梁。

丁酉,以翰林学士、户部侍郎范质为枢密副使。

【译文】后蜀施州刺史田行皋投奔荆南。高保融说:"他背叛了蜀国,又怎么肯尽忠于我们呢!"把他抓起来,送还蜀国,被处死。

镇州、邢州奏报:"契丹主兀欲率领数万骑兵入侵,攻打内丘,五天没有攻下,死伤很多。有五百名守兵叛变,投降契丹,引导契丹入城,屠杀城里的军民,又攻陷饶阳。"太后敕令郭威率领大军攻打契丹,国事暂时委托给窦贞固、苏禹珪、王峻;军事委托给王殷。十二月,甲午朔日(初一),郭威率军从大梁出发。

丁酉日(初四),任命翰林学士、户部侍郎范质为枢密副使。

初,蛮酋彭师暠降于楚,楚人恶其犷直。楚王希广独怜之,以为强弩指挥使,领辰州刺史,师暠常欲为希广死。及朱进忠与蛮兵合七千馀人至长沙,营于江西,师暠登城望之,言于希广曰:"朗人骤胜而骄,杂以蛮兵,攻之易破也。愿假臣步卒三千,自巴溪渡江,出岳麓之后,至水西,令许可琼以战舰渡江,腹背合击,必破之。前军败,则其大军自不敢轻进矣。"希广将从之。时马希萼已遣间使以厚利啖许可琼,许分湖南而治,可琼有贰心,乃谓希广曰:"师暠与梅山诸蛮皆族类,安可信也!可琼世为楚将,必不负大王,希萼竟何能为!"希广乃止。

【译文】 起初，蛮族部落首领彭师暠向楚国投降，楚人讨厌他粗犷耿直，只有楚王马希广爱怜他，任命他为强弩指挥使，兼领辰州刺史，彭师暠随时准备为马希广效忠而死。等到朱进忠跟蛮兵会合，共七千多人，到达长沙，扎营湘江的西岸，彭师暠登上城楼，眺望敌军，对楚王马希广说："朗州人突然获胜，十分骄傲，军中又掺杂着蛮兵，我们攻打他们，很容易就可以攻破。希望给我三千名步兵，从巴溪渡过湘江，从岳麓后面绕过去，到湘水以西，命令许可琼用战舰渡江，前后夹攻，一定可以打败敌军。前锋部队失败，那么他的大队人马自然不敢轻率前进了。"楚王马希广想听从他的建议。当时马希萼已经派遣使者以重利收买许可琼，承诺事成之后，分湖南的一半归他统治，许可琼于是怀有叛逆之心，对马希广说："彭师暠和梅山诸蛮都是同一族类，怎么可以相信他！可琼世代为楚国的将领，一定不会辜负大王，马希萼终究能有什么作为！"马希广这才不用彭师暠的计策。

希萼寻以战舰四百馀艘泊江西。希广命诸将皆受可琼节度，日赐可琼银五百两，希广屡造其营计事。可琼常闭垒，不使士卒知朗军进退。希广叹曰："真将军也，吾何忧哉！"可琼或夜乘单舸诈称巡江，与希萼会水西，约为内应。一旦，彭师暠见可琼，瞋目叱之，拂衣入见希广曰："可琼将叛国，人皆知之，请速除之，无贻后患。"希广曰："可琼，许侍中之子，岂有是邪！"师暠退，叹曰："王仁而不断，败亡可翘足俟也！"

潭州大雪，平地四尺，潭、朗两军久不得战。希广信巫觋及僧语，塑鬼于江上，举手以却朗兵，又作大像于高楼，手指水西，怒目视之，命众僧日夜诵经，希广自衣僧服膜拜求福。

【译文】马希萼不久率领战舰四百余艘停泊湘江西岸。楚王马希广命令众将都受许可琼的指挥，每日赐给许可琼白银五百两，马希广多次到许可琼的营帐筹划军事。许可琼常常关闭寨门，不让士兵们知道朗州兵的进退情况，马希广赞叹地说："真不愧为大将军啊！我还担忧什么呢！"许可琼有时在夜晚乘一叶小舟谎称巡视江面的防务，实际上是跟马希萼在湘江西岸会面，相约做他的内应。有一天早晨，彭师暠遇见许可琼，瞪大眼睛吆喝他，并甩了一下衣袖，入见马希广说："许可琼将要背叛国家，人人都知道，请赶快把他除掉，不要留下后患。"马希广说："许可琼，是许侍中的儿子，怎会做这种事呢？"彭师暠退出后，长叹了一声，说："大王仁慈而不果断，败亡举手可待啊！"

潭州下起大雪，平地积雪四尺，潭州、朗州两军许久不能交战。马希广迷信巫师与和尚的话，在江面上塑造鬼象，举着手以喝退朗州兵。又在高楼上雕塑大鬼像，手指着湘江西岸，怒目而视，命和尚们一天到晚诵经，马希广自己也穿起和尚的袈裟，虔诚地膜拜求福。

甲辰，朗州步军指挥使武陵何敬真等以蛮兵三千陈于杨柳桥，敬真望韩礼营旌旗纷错，曰："彼众已惧，击之易破也。"朗人雷晖衣潭卒之服潜入礼寨，手剑击礼，不中，军中惊扰。敬真等乘其乱击之，礼军大溃，礼被创走，至家而卒。于是，朗兵水陆急攻长沙，步军指挥使吴宏、小门使杨涤相谓曰："以死报国，此其时矣！"各引兵出战。宏出清泰门，战不利。涤出长乐，战自辰至午，朗兵小却。许可琼、刘彦瑫按兵不救。涤士卒饥疲，退就食。彭师暠战于城东北隅。蛮兵自城东纵火，城上人招许可琼军使救城，可琼举全军降希萼，长沙遂陷。朗兵及蛮兵大掠三日，杀吏民，焚庐舍，自武穆王以来所营宫室，皆为灰烬，所积宝货，皆入蛮落。李彦温望见城中火起，自驼口引兵救之，朗人已据城拒战。彦温攻清泰门，不克，与刘彦瑶各将千馀人奉文昭王及希广诸子趣袁州，遂奔唐。张晖降于希萼。左司马希崇帅将吏诣希萼劝进。吴宏战，血满袖，见希萼曰："不幸为许可琼所误，今日死，不愧先王矣！"彭师暠投槊于地，大呼请死。希萼叹曰："铁石人也！"皆不杀。

【译文】甲辰日（十一日），朗州步军指挥使武陵人何敬真等率领蛮军三千在杨柳桥列阵，何敬真望见韩礼营中旗帜纷乱，说："对方兵众已经恐惧，很容易把他攻破。"朗州人雷晖穿着潭州兵的服装，偷偷地潜进韩礼的营中，拿剑刺杀韩礼，没有刺中，军中惊慌纷乱。何敬真等人趁他们自乱阵脚的机会，挥军进攻，韩礼的军队被打得大败，韩礼受伤逃走，回到家就死了。于是朗州兵水军和陆军两路同时急攻长沙。步军指挥使吴宏、小门使杨涤，互相勉励说："以死报国，现在正是时候！"各自领兵出城作战。吴宏从清泰门出，交战不利。杨涤从长乐门出，从辰时战到午时，朗州兵稍稍后退。许可琼、刘彦瑶按兵不救。杨涤的士兵饥饿疲乏，退回来吃饭。彭师暠在城东北角作战。蛮兵从城东放火，城上的人招呼许可琼的军队来救火，许可琼领着全军向马希萼投降，长沙就此陷落。朗州兵及蛮兵尽情地抢夺三天，杀害吏民，焚烧房舍，从武穆王马殷以来所营建的宫室，全部化为灰烬，所储存的宝物财货，全部落入蛮人的手中，运回他们的部落。李彦温望见长沙城里烟火升起，从驼口引兵去援救，朗州人已经占据城池，向他抵抗。李彦温进攻清泰门，攻不下，跟刘彦瑶各率一千多人护卫着文昭王马希范及马希广的几个儿子直奔袁州，最后投奔南唐。张晖投降马希萼。左司马马希崇率领将军和官吏们去见马希萼，劝他继承王位。吴宏战血满袖，见到马希萼说："不幸被许可琼所耽误，今日虽死，也不愧对先王了。"彭师暠将长矛扔到地上，大喊求死。马希萼感叹地说："真是像铁石一样坚硬的人啊！"都没有杀。

乙巳，希崇迎希萼入府视事，闭城，分捕希广及掌书记李弘皋、弟弘节、都军判官唐昭胤及邓懿文、杨涤等，皆获之。希萼谓希广曰："承父兄之业，岂无长幼乎？"希广曰："将吏见推，朝廷见命耳。"希萼皆囚之。丙午，希萼命内外巡检侍卫指挥使刘宾禁止焚掠。

丁未，希萼自称天策上将军、武安、武平、静江、宁远等军节度使、楚王。以希崇为节度副使、判官府事，湖南要职，悉以朗人为之。脔食李弘皋、弘节、唐昭胤、杨涤，斩邓懿文于市。戊申，希萼谓将吏曰："希广懦夫，为左右所制耳，吾欲生之，可乎？"诸将皆不对。朱进忠尝为希广所答，对曰："大王三年血战，始得长沙，一国不容二主，他日必悔之。"戊申，赐希广死。希广临刑，犹诵佛书，彭师暠葬之于浏阳门外。

【译文】乙巳日（十二日），马希崇迎接马希萼进入府第办理公务，关闭城门，分头搜捕马希广以及掌书记李弘皋、其弟李弘节、都军判官唐昭胤和邓懿文、杨涤等，全部抓获。马希萼对马希广说："继承父兄的基业，难道不讲长幼的次序吗？"马希广说："我只是接受将吏们的推举、朝廷的任命罢了。"马希萼把他们都关起来。丙午日（十三日），马希萼下令内外巡检侍卫指挥使刘宾禁止士兵烧杀抢夺。

丁未日（十四日），马希萼自称天策上将军，武安、武平、静江、宁远等军节度使、楚王。任命马希崇为节度副使、判官府事；湖南的重要职位，全部由朗州人担任。杀死李弘皋、李弘节、唐昭胤、杨涤等人，切成肉块，供大家吃；斩邓懿文于街市上。戊申日（十五日），马希萼对将领和官吏们说："马希广是个懦夫，被左右的人所控制罢了，我想留他一条命，你们认为怎样？"诸将都默不作声。朱进忠曾经被马希广鞭打过，因此回答说："大王经过三年血战，才攻下长沙，一个国家，不容两个君主，如果留下他，您以后一定会后悔。"当天，赐马希广自杀。马希广临刑时，还诵读佛经。彭师暠把他葬在浏阳门外。

　　武宁节度使赟留右都押牙巩廷美、元从都教练使杨温守徐州，与冯道等西来，在道仗卫，皆如王者，左右呼万岁。郭威至滑州。留数日，赟遣使慰劳。诸将受命之际，相顾不拜，私相谓曰："我辈屠陷京城，其罪大矣，若刘氏复立，我辈尚有种乎！"己酉，威闻之，即引兵行，趣澶州。辛亥，遣苏禹珪如宋州迎嗣君。

　　楚王希萼以子光赞为武平留后，以何敬真为朗州牙内都指挥使，将兵戍之。希萼召拓跋恒，欲用之，恒称疾不起。

　　【译文】武宁节度使刘赟留下右都押牙巩廷美、元从都教练使杨温守卫徐州，与冯道等人从西而来，在路上的仪仗警卫，都按照王的规格，左右高呼万岁。郭威到达滑州，停留了几天，刘赟派遣使者慰劳诸将。众将在接受命令时，彼此相见不下拜，诸将私下相互说："我们攻陷京城，屠杀官吏、百姓，罪过太大了；如果刘氏又被立为皇帝，我们还会有子孙后代吗？"己酉日（十六日），郭威听说这件事，立即引兵前进，直赴澶州。辛亥日（十八日），派遣苏禹珪到宋州迎接继位的君主。

　　楚王马希萼任命儿子马光赞为武平留后，任命何敬真为朗州牙内都指挥使，领兵戍守。马希萼召请拓跋恒，想重用他，拓跋恒说有病，不肯起身为官。

【乾隆御批】 希广继马氏之业，则为楚君，名分已定，而希萼叛之，非唯伤同气之情，并忘君臣之谊矣。例以大义灭亲，无可宽假，乃希广遣将之始，则戒勿伤其兄。及其将败惟信巫，效僧束手待毙，而不知悔信乎其为，钝夫而已。

【译文】 马希广继承马氏的功业，就成为楚君，名分已经确定，而马希萼叛变，并不只是伤了兄弟之情，并且忘了君臣的情谊啊。旧例大义灭亲，不可宽恕，然而马希广在调兵遣将的开始，就命令不要伤害他的兄长。到马希广他将要败亡的时候又只相信巫觋，仿效僧人束手待毙，而不知后悔他以前的行为，他真是个愚笨的人罢了。

壬子，郭威渡河，馆于澶州。癸丑旦，将发，将士数千人忽大噪。威命闭门，将士逾垣登屋而入曰："天子须侍中自为之，将士已与刘氏为仇，不可立也！"或裂黄旗以被威体，共扶抱之，呼万岁震地，因拥威南行。威乃上太后笺，请奉汉宗庙，事太后为母。丙辰，至韦城，下书抚谕大梁士民，以昨离河上，在道秋毫不犯，勿有怀疑。戊午，威至七里店，窦贞固帅百官出迎拜谒，因劝进。威营于皋门村。

【译文】 壬子日（十九日），郭威渡过黄河，住在澶州。癸丑日（二十日）早晨，正要出发，将士数千人忽然大声喧闹。郭威让人关闭大门，将士翻越围墙，爬上屋顶，进入房内，说："天子必须由侍中自己来做，将士们已经跟刘氏结下冤仇，不可再立他们！"有人撕裂黄旗，披在郭威身上，一起扶抱着他，高呼万岁，声音震动天地，簇拥着郭威向南走。郭威于是写了一封笺表，呈交太后，表示愿意侍奉刘氏的宗庙，尊奉太后为母亲。丙辰日（二十三日），到达韦城，颁下公告，安抚、晓谕大梁的士民，大致说明：昨天离开黄河以来，一路上秋毫无犯，不要有所忧愁疑虑。戊午日（二十五日），郭威抵达七里店，窦贞固率领百官出城迎接拜谒，并趁机劝郭威即皇帝位。郭威扎营在皋门村。

武宁节度使赟已至宋州，王峻、王殷闻澶州军变，遣侍卫马军都指挥使郭崇威将七百骑往拒之，又遣前申州刺史马铎将兵诣许州巡检。

崇威忽至宋州，陈于府门外，赟大惊，阖门登楼诘之。对曰："澶州军变，郭公虑陛下未察，故遣崇威来宿卫，无他也。"赟召崇威，崇威不敢进。冯道出与崇威语，崇威乃登楼，赟执崇威手而泣。崇威以郭威意安谕之。

【译文】武宁节度使刘赟已经到达宋州，王峻、王殷听说澶州军变，派遣侍卫马军都指挥使郭崇威带领七百骑兵前往阻挡刘赟，又派遣前申州刺史马铎领兵到许州巡察。

郭崇威一会儿就到达宋州，列阵在府门外，刘赟大吃一惊，关上府门，登上楼，责问郭崇威。郭崇威说："澶州军变，郭公怕陛下有所误会，所以派崇威来护卫陛下，并没有其他的用意。"刘赟召见郭崇威，郭崇威不敢进去。冯道出来和郭崇威谈话，郭崇威这才登上楼。刘赟握着郭崇威的手，哭了。郭崇威把郭威的意思拿来安慰刘赟。

少顷，崇威出，时护圣指挥使张令超帅部兵为赟宿卫，徐州判官董裔说赟曰："观崇威视瞻举措，必有异谋。道路皆言郭威已为帝，而陛下深入不止，祸其至哉！请急召张令超，谕以祸福，使夜以兵动崇威，夺其兵。明日，掠睢阳金帛，募士卒，北走晋阳。彼新定京邑，未暇追我，此策之上也！"赟犹豫未决。是夕，崇威密诱令超，令超帅众归之。赟大惧。

郭威遗赟书，云为诸军所迫，召冯道先归，留赵上交、王度奉侍。道辞行，赟曰："寡人此来所恃者，以公三十年旧相，故无疑耳。今崇威夺吾卫兵，事危矣，公何以为计？"道默然。客将贾贞数目道，欲杀之。赟曰："汝辈勿草草，此无预冯公事。"崇威迁赟于外馆，杀其腹心董裔、贾贞等数人。

【译文】 不一会儿，郭崇威出府第，当时护圣指挥使张令超率领所辖军队为刘赟警卫。徐州判官董裔劝刘赟说："观察郭崇威的眼色举止，必定有阴谋。路人相传，都说郭威已经称帝，而陛下深入不止，恐怕祸事就要降临了！请赶紧召见张令超，分析祸福的关键给他听，让他利用夜晚率兵劫持郭崇威，夺取他的军队。明天，夺取睢阳的金钱布帛，招募士兵，向北投奔晋阳。他们刚刚平定京城，没有余暇来追我们，这是最好的计策。"刘赟犹豫迟疑，未做决定。当天晚上，郭崇威暗中引诱张令超，张令超率领部众归降。刘赟大为恐惧。

郭威写信给刘赟，说自己是被众军所逼迫。召冯道先回京城，留下赵上交、王度侍候。冯道告辞上路，刘赟说："我这次前来所依靠的，就在于冯公是三十年的老宰相，所以毫无疑虑。现在郭崇威夺走我的卫兵，情势已经很危急了，冯公有什么办法可想？"冯道默然无语。客将贾贞屡次注视冯道，想要杀他。刘赟说："你们不要太鲁莽，这件事跟冯公扯不上关系。"郭崇威把刘赟迁到府外馆舍，杀掉他的心腹董裔、贾贞等好几个人。

己未，太后诰，废赟为湘阴公。

马铎引兵入许州，刘信惶惑自杀。

庚申，太后诰，以侍中监国。百官藩镇相继上表劝进。壬戌夜，监国营有步兵将校醉，扬言向者澶州骑兵扶立，今步兵亦欲扶立，监国斩之。

南汉主以宫人卢琼仙、黄琼芝为女侍中，朝服冠带，参决政事。宗室勋旧，诛戮殆尽，惟宦官林延遇等用事。

【译文】己未日（二十六日），太后发布诰令，废刘赟为湘阴公。

马铎引兵进入许州，刘信惊慌恐惧，自杀而死。

庚申日（二十七日），太后发布诰令，任命侍中郭威监理国事。文武百官和四方藩镇相继上表劝郭威即帝位。壬戌日（二十九日）晚，郭威营中有一个步兵将校喝醉了，扬言说以前在澶州的时候，骑兵扶立郭威为帝，现在步兵也要扶立天子。郭威把他抓起来，斩首。

南汉主刘晟任命宫人卢琼仙、黄琼芝为女侍中，穿着朝服，戴冠束带，参与决策政事。宗室、元勋旧臣，几乎被杀戮一空，只有宦官林延遇等人当权。

资治通鉴

资治通鉴卷第二百九十　后周纪一

起重光大渊献，尽玄黓困敦八月，凡一年有奇。

【译文】 起辛亥（公元951年），止壬子（公元952年）八月，共一年八个月。

【题解】 本卷记录了公元951年至952年八月的史事，共一年又八个月。正当后周太祖郭威广顺元年至二年八月。郭威代汉，建立后周，史称太祖。后周太祖知人善任，礼葬后汉隐帝刘承祐，平反被害后汉大臣，国葬史弘肇、杨邠、王章等人，又和好南唐，不禁止两国边民往来。泰宁节度使慕容彦超反叛，后周太祖御驾亲征，立即扑灭，两次打败契丹南犯，巩固了后周政权。刘崇在晋阳称帝，建立北汉。刘崇向契丹称侄皇帝，乞求册命，向契丹求援，一年之内两次与契丹人大举进攻后周。北汉的百姓，对内要供应军队和国家，对外要供奉契丹，赋税繁多，徭役沉重，民不聊生。楚国马希萼即位后，荒淫暴虐，失去人心，受到南唐与南汉夹击，楚国灭亡。南唐主李璟侥幸得到湖南，不但没有安抚民众，反而大肆掳掠楚国财物，加重赋税、劳役，湖南民众大失所望。

太祖圣神恭肃文孝皇帝上

广顺元年（辛亥，公元九五一年）春，正月，丁卯，汉太后下诰，授监国符宝，即皇帝位。监国自皋门入宫，即位于崇元殿，制曰："朕周室之裔，虢叔之后，国号宜曰周。"改元，大赦。杨邠、史弘肇、王章等皆赠官，官为殡葬，仍访其子孙叙用之。凡仓场、库务掌纳官吏，无得收斗馀、称耗。旧所羡馀物，悉罢之。犯窃盗及奸者，并依晋天福元年以前刑名，罪人非反逆，无得诛及亲族，籍没家赀。唐庄宗、明宗、晋高祖各置守陵十房，汉高祖陵职员、宫人，时月荐享及守陵户并如故。初，唐衰，多盗，不用律文，更定峻法，窃盗赃三匹者死。晋天福中，加至五匹。奸有夫妇人，无问强、和，男女并死。汉法，窃盗一钱以上皆死。又罪非反逆，往往族诛、籍没，故帝即位，首革其弊。

【译文】广顺元年（辛亥，公元951年）春季，正月，丁卯日（初五），后汉太后颁下诰令，授予监国郭威传国玺印，正式即皇帝位。郭威从皋门进入皇宫，在崇元殿即位，颁布制书说："朕是周室的后裔，虢叔的后代，国号应该为周。"改年号为广顺，大赦天下。杨邠、史弘肇、王章等人都追赠官职，由国家为他们安葬，又寻访他们的子孙，加以分级任用。所有粮仓、府库掌管税收的官吏，不得收取斗余、称耗；以前所规定要缴的多余的物资，全部罢除。犯了偷盗罪和强奸罪的人，都依照后晋天福元年以前的刑法条文处理；犯罪的人如果不是谋反叛逆，不得株连亲族，没收家产。后唐庄宗李存勖、明宗李嗣源、后晋高祖石敬瑭的陵墓各置十户负责守陵，后汉高祖刘知远陵墓的官吏、宫人，祭祀的时间及守陵的户数，都照旧。起初，唐室衰落，多盗贼，不用传统的法律条文，另外制定严厉的刑法，偷人财物达三匹绢帛便判死刑；天福年间，增到五匹。凡婚姻关系以外的奸情，不论强奸、通奸，男女都一律判处死刑。后汉刑法规定，盗窃钱一文以上的都处死。此外罪行还不属于谋反的，往往满族抄斩、没收家产。所以后周太祖郭威一即位，首先革除这些弊端。

初，杨邠以功臣、国戚为方镇者多不闲吏事，乃以三司军将补都押牙、孔目官、内知客，其人自恃敕补，多专横，节度使不能制，至是悉罢之。

帝命史弘肇亲吏上党李崇矩访弘肇亲族，崇矩言："弘肇弟弘福今存。"初，弘肇使崇矩掌其家赀之籍，由是尽得其产，皆以授弘福。帝贤之，使隶皇子荣帐下。

戊辰，以前复州防御使王彦超权武宁节度使。

汉李太后迁居西宫，己巳，上尊号曰昭圣皇太后。

开封尹兼中书令刘勋卒。

【译文】 起初，杨邠因为功臣元勋、皇亲国戚担任镇守一方长官大多不熟悉行政事务，于是以三司军将出任都押牙、孔目官、内知客。结果这帮人仗着自己是由朝廷任命的，大多专横不讲理，节度使不能控制。到了这时，这些办法全部废止。

后周太祖郭威命令史弘肇的亲信上党人李崇矩寻访史弘肇的亲族，李崇矩说："史弘肇的弟弟史弘福现今还在。"起初，史弘肇让李崇矩掌管他家的财产账簿，因此李崇矩得到他家的全部财产，现在找到了史弘福，李崇矩把那些得自史弘肇的财产，全部交给史弘福。后周太祖知道了这件事，认为李崇矩贤德，让他隶属在皇子郭荣的帐下。

戊辰日（初六），任命前复州防御使王彦超代理武宁节度使。

后汉李太后搬到西宫居住，己巳日（初七），上尊号为昭圣皇太后。

开封尹兼中书令刘勋去世。

癸酉，加王峻同平章事。

以卫尉卿刘皞主汉隐帝之丧。

初，河东节度使兼中书令刘崇闻隐帝遇害，欲举兵南向，闻迎立湘阴公，乃止，曰："吾儿为帝，吾又何求！"太原少尹李骧阴说崇曰："观郭公之心，终欲自取，公不如疾引兵逾太行，据孟津，俟徐州相公即位，然后还镇，则郭公不敢动矣。不然，且为所卖。"崇怒曰："腐儒，欲离间吾父子！"命左右曳出斩之。骧呼曰："吾负经济之才而为愚人谋事，死固甘心！家有老妻，愿与之同死。"崇并其妻杀之，且奏于朝廷，示无二心。及赟废，崇乃遣使请赟归晋阳。诏报以"湘阴公比在宋州，今方取归京师，必令得所，公勿以为忧。公能同力相辅，当加王爵，永镇河东。"

【译文】癸酉日（十一日），给王峻加同平章事的职衔。

命令卫尉卿刘皞主办后汉隐帝刘承祐的丧事。

起初，河东节度使兼中书令刘崇听说后汉隐帝刘承祐遇害，准备起兵向南进发，听说迎立湘阴公刘赟继位，这才作罢，说："我儿子当皇帝，我又有什么可求！"太原少尹李骧暗中游说刘崇说："观察郭公的心思，最后还是想自己做皇帝，公不如急速引兵越过太行山，占据孟津，等到徐州相公即位，然后回来，这样郭公就不敢妄动了。不然的话，则会被人出卖。"刘崇觉得不中听，勃然大怒说："腐儒！你竟敢离间我父子的感情！"命令左右的人把他拉出去斩首。李骧大喊说："我怀有经世济民的才能，却替愚昧的人谋划事情，死了固然心甘情愿！家里还有老妻，愿跟她一起死！"刘崇果真把他的妻子也一起杀掉，并且上奏朝廷，表示没有异心。等到刘赟被废为湘阴公，刘崇于是派遣使者赴京师，请求朝廷让刘赟回晋阳。后周太祖郭威下诏："湘阴公最近在宋州，现在正取道回京师，一定会替他安排适当的职位，公不要为此事忧虑。公如能同心协力辅佐朝廷，当会另加王爵，永远镇守河东。"

【乾隆御批】 赟虽迎立而大位未践，成否尚未可知。李骧请据孟津，实为河东自全上策，且于湘阴继统亦无所损。刘崇乃以其子将为帝，遽有侈心，视忠言如柄鉴，轻加戮害。卒之宋州难作，北汉继业未终。欹器满覆之戒，不其然乎？

【译文】 刘赟虽被迎立然而还没有登上大位，成功与否还不知道。李骧请求占据孟津，实在是保全河东的上策，并且对于湘阴公继承大位也没有什么伤害。刘崇因为他的儿子将要成为皇帝，于是有了夸耀自大之心，看待忠言就像赟头和卯眼那样两个相合，对忠臣轻易地妄加杀害。最终刘赟死在宋州，北汉大业没有被继承。装满水后欹器就翻倒了的教训难道不是这样吗？

巩廷美、杨温闻湘阴公赟失位，奉赟妃董氏据徐州拒守，以俟河东援兵，帝使赟以书谕之。廷美、温欲降而惧死，帝复遗赟书曰："爰念斯人尽心于主，足以赏其忠义，何由责以悔尤，俟新节度使入城，当各除刺史，公可更以委曲示之。"

契丹之攻内丘也，死伤颇多，又值月食，军中多妖异，契丹主惧，不敢深入，引兵还，遣使请和于汉。会汉亡，安国节度使刘词送其使者诣大梁，帝遣左千牛卫将军朱宪报聘，且叙革命之由，以金器、玉带赠之。

【译文】 巩廷美、杨温听说湘阴公刘赟失去帝位，便尊奉刘赟的妃子董氏占据徐州坚守抵抗，以此等待河东援军，后周太祖郭威让刘赟用书信劝谕他们。巩廷美、杨温想要投降，但又怕投降后仍不免一死。后周太祖又写信给刘赟说："想到这些人尽忠侍奉主人，就令人敬佩他们的忠义，怎么会责备他们的过失？等到新节度使入城，每个人都将授官刺史，公无妨再用亲笔手书转告他们。"

契丹军队进攻内丘，死伤很多，又碰到月食，军中出现许多奇异怪事，契丹主兀欲恐惧，不敢继续深入，便领兵返回，派遣使者向后汉请求和好。正好这时汉室灭亡，安国节度使刘词遣送契丹的使者到大梁，后周太祖郭威派遣左千牛卫将军朱宪回访契丹，并且说明改朝换代的缘由，送给他们金器、玉带等物品。

帝以邺都镇抚河北，控制契丹，欲以腹心处之。乙亥，以宁江节度使、侍卫亲军都指挥使王殷为邺都留守、天雄节度使、同平章事，领军如故，仍以侍卫司从赴镇。

丙子，帝帅百官诣西宫，为汉隐帝举哀成服，皆如天子礼。

慕容彦超遣使入贡，帝虑其疑惧，赐诏慰安之，曰："今兄事已至此，言不欲繁，望弟扶持，同安亿兆。"

戊寅，杀湘阴公于宋州。

【译文】后周太祖郭威因为邺都镇抚黄河以北，控制契丹，打算派心腹去镇守。乙亥日（十三日），任命宁江节度使、侍卫亲军都指挥使王殷为邺都留守、天雄节度使、同平章事，仍然统领侍卫亲军，仍然率领侍卫司的随从赴任。

丙子日（十四日），后周太祖郭威率领文武百官到西宫，为后汉隐帝刘承祐发丧，穿上丧服，完全依照天子的丧礼来办。

慕容彦超派遣使者入朝进贡，后周太祖郭威担心他会疑惑恐惧，特赐诏书安慰他，说："现在老哥我的事，已到了这个地步，不必多说，希望老弟扶持，共同努力，使亿万的百姓能过安定太平的生活。"

戊寅日（十六日），在宋州杀死湘阴公刘赟。

是日，刘崇即皇帝位于晋阳，仍用乾祐年号，所有者并、汾、忻、代、岚、宪、隆、蔚、沁、辽、麟、石十二州之地。以节度判官郑珙为中书侍郎，观察判官荥阳赵华为户部侍郎，并同平章事。以次子承钧为侍卫亲军都指挥使、太原尹，以节度副使李存瑰为代州防御使，裨将武安张元徽为马步军都指挥使，陈光裕为宣徽使。

北汉主谓李存瑰、张元徽曰："朕以高祖之业，一朝坠地，今日位号，不得已而称之。顾我是何天子，汝曹是何节度使邪！"由是不建宗庙，祭祀如家人，宰相俸钱月止百缗，节度使止三十缗，自馀薄有资给而已，故其国中少廉吏。

【译文】当天，刘崇在晋阳即皇帝位，仍旧沿用乾祐年号，所统辖的有并州、汾州、忻州、代州、岚州、宪州、隆州、蔚州、沁州、辽州、麟州、石州十二州的地方。任命节度判官郑珙为中书侍郎，观察判官荥阳人赵华为户部侍郎，都同平章事。任命次子刘承钧为侍卫亲军都指挥使、太原尹，任命节度副使李存瑰为代州防御使，副将武安人张元徽为马步军都指挥使，陈光裕为宣徽使。

北汉主刘崇对李存瑰、张元徽说："朕只因为高祖刘知远的大业一朝断送，所以今日的帝位年号，是不得已才称的。看看我像是什么天子，你们又像是什么节度使呢！"因此不建立宗庙，祭祀就像平常家里的人一样，宰相每个月的俸禄只有一百缗，节度使只有三十缗，除此以外的官吏，只是略微给点俸禄而已，所以他们国内很少有清廉的官吏。

客省使河南李光美尝为直省官，颇谙故事，北汉朝廷制度，皆出于光美。

北汉主闻湘阴公死，哭曰："吾不用忠臣之言，以至于此！"为李骧立祠，岁时祭之。

己卯，以太师冯道为中书令，加窦贞固侍中，苏禹珪司空。

王彦超奏遣使赍敕诣徐州，巩廷美等犹豫不肯启关，诏进兵攻之。

【译文】客省使河南人李光美做过直省官，很熟悉宫廷旧事，北汉朝廷的各项制度，都出于李光美。

北汉主刘崇听说湘阴公的死讯，哭着说："我不采纳忠臣的意见，以致落到这种地步！"为李骧建立祠堂，每年定时祭祀他。

己卯日（十七日），后周太祖郭威任命太师冯道为中书令，窦贞固加官侍中，苏禹珪加官司空。

王彦超上奏请派遣使者持送敕书到徐州，巩廷美等人犹豫迟疑，不肯打开城门。后周太祖郭威诏命进兵攻打他。

帝谓王峻曰："朕起于寒微，备尝艰苦，遭时丧乱，一旦为帝王，岂敢厚自奉养以病下民乎！"命峻疏四方贡献珍美食物，庚辰，下诏悉罢之。其诏略曰："所奉止于朕躬，所损被于畛庶。"又曰："积于有司之中，甚为无用之物。"又诏曰："朕生长军旅，不亲学问，未知治天下之道，文武官有益国利民之术，各具封事以闻，咸宜直书，勿事辞藻。"帝以苏逢吉之第赐王峻，峻曰："是逢吉所以族李崧也！"辞而不处。

【译文】后周太祖郭威对王峻说："朕出生在贫寒之家，饱尝艰辛困苦，遭遇时世沉沦动乱，如今一朝成为帝王，岂敢自己有丰厚的供养而让下面百姓吃苦呢！"命令王峻清理四方所进贡的珍美食物，庚辰日（十八日），下诏，全面废止进贡。诏书大略说："所奉养的只是朕一人；而所受累的却波及每个百姓。"又说，"贡品储存在有关部门，没有什么用处。"又下诏说："朕生长在军队中，不接近学问，不懂得治理天下的道理。文武官员如果有利国利民的方法，各自用密封的奏章告诉我，都应该直接陈述书写，不要考究文章的辞藻。"后周太祖把苏逢吉的宅第赐给王峻，王峻说："这个宅第是苏逢吉屠灭李崧家人的祸根啊！"推辞不肯居住。

初，契丹主北归，横海节度使潘聿撚弃镇随之，契丹主以聿撚为西南路招讨使。及北汉主立，契丹主使聿撚遗刘承钧书。北汉主使承钧复书，称："本朝沦亡，绍袭帝位，欲循晋室故事，求援北朝。"契丹主大喜。北汉主发兵屯阴地、黄泽、团柏。丁亥，以承钧为招讨使，与副招讨使白从晖、都监李存瑰将步骑万人寇晋州。从晖，吐谷浑人也。

郭崇威更名崇，曹威更名英。

【译文】起初，契丹主兀欲返回北方，横海节度使潘聿撚离弃镇所跟随契丹主北上，契丹主任命潘聿撚为西南路招讨使。等到北汉主刘崇称帝，契丹主让潘聿撚给刘承钧写信；北汉主刘崇让刘承钧回信，说："本朝沦亡，我继承帝位，想依照晋室的往例，向北朝请求援助。"契丹主非常高兴。北汉主刘崇发兵驻守阴地、黄泽、团柏。丁亥日（二十五日），任命刘承钧为招讨使，跟副招讨使白从晖、都监李存瑰率领步兵和骑兵一万人进攻晋州。白从晖，是吐谷浑人。

郭崇威改名为郭崇，曹威改名为曹英。

二月，丁酉，以皇子天雄牙内都指挥使荣为镇宁节度使，选朝士为之僚佐，以侍御史王敏为节度判官，右补阙崔颂为观察判官，校书郎王朴为掌书记。颂，协之子；朴，东平人也。

戊戌，北汉兵五道攻晋州，节度使王晏闭城不出。刘承钧以为怯，蚁附登城。晏伏兵奋击，北汉兵死伤者千馀人。承钧遣副兵马使安元宝焚晋州西城，元宝来降。承钧乃移军攻隰州。癸卯，隰州刺史许迁遣步军都指挥使耿继业迎击北汉兵于长寿村，执其将程筠等，杀之。未几，北汉兵攻州城，数日不克，死伤甚众，乃引去。迁，郓州人也。

【译文】 二月，丁酉日（初五），任命皇子天雄牙内都指挥使郭荣为镇宁节度使，选择朝中官吏做他的幕僚佐吏，任命侍御史王敏为节度判官，右补阙崔颂为观察判官，校书郎王朴为掌书记。崔颂，是崔协的儿子；王朴，是东平人。

戊戌日（初六），北汉军队分五路进攻晋州，节度使王晏紧闭城门不出。刘承钧认为王晏胆怯，下令士兵像蚂蚁那样密集攀墙登城。王晏埋设伏兵奋力迎击，北汉兵死伤一千多人。刘承钧派遣副兵马使安元宝焚烧晋州西城，结果安元宝跑来投降。刘承钧于是掉转军队，改攻隰州。癸卯日（十一日），隰州刺史许迁派遣步军都指挥使耿继业在长寿村迎击北汉兵，抓获他们的将领程筠等人，把他们杀死。不久，北汉兵攻打隰州的州城，连攻几天攻不下，死伤很多，只好引兵退走。许迁，是郓州人。

甲辰，楚王希萼遣掌书记刘光辅入贡于唐。

帝悉出汉宫中宝玉器数十，碎之于庭，曰："凡为帝王，安用此物！闻汉隐帝日与嬖宠于禁中嬉戏，珍玩不离侧，兹事不远，宜以为鉴！"仍戒左右，自今珍华悦目之物，无得入宫。

丁未，契丹主遣其臣裒骨支与朱宪偕来，贺即位。

戊申，敕前资官各听自便居外州。

陈思让未至湖南，马希萼已克长沙。思让留屯郢州，敕召令还。

【译文】甲辰日（十二日），楚王马希萼派遣掌书记刘光辅到南唐进贡。

后周太祖郭威将后汉宫中数十件珠宝玉器全部拿出来，在庭院里砸碎，说：“所有当帝王的，哪里用得着这些东西！听说汉隐帝刘承祐每天跟他所宠爱的人在后宫玩乐，珍宝玩器不离身边。这件事才刚过不久，应当记住，时时警惕。”于是劝诫左右的人，从今以后，凡是珍贵华美、赏心悦目的东西，不得送到宫里来。

丁未日（十五日），契丹主兀欲派遣他的臣子裒骨支与朱宪一同来朝，祝贺后周太祖郭威即皇帝位。

戊申日（十六日），敕令前朝所任命的官吏，允许每人根据自己的方便，居住两京以外的州县。

陈思让还没到达湖南镇府，马希萼已攻克长沙，陈思让只得滞留屯驻郢州，后周太祖郭威下敕书召回。

丁巳，遣尚书左丞田敏使契丹。北汉主遣通事舍人李巩言使于契丹；乞兵为援。

诏加泰宁节度使慕容彦超中书令，遣翰林学士鱼崇谅诣兖州谕指。崇谅，即崇远也。彦超上表谢。三月，壬戌朔，诏报之曰：“向以前朝失德，少主用谗，仓猝之间，召卿赴阙。卿即奔驰应命，信宿至京，救国难而不顾身，闻君召而不俟驾。以至天亡汉祚，兵散梁郊，降将败军，相继而至，卿即便回马首，径返龟阴。为主为时，有终有始。所谓危乱见忠臣之节，疾风知劲草之心，若使为臣者皆能如兹，则有国者谁不欲用！所言朕潜龙河朔之际，平难浚郊之时，缘不奉示喻之言，亦不得差人至行阙。且事主之道，何必如斯！若或二三于汉朝，又安肯忠信于周室！以此为惧，不亦过乎！卿但悉力推心，安民体国，事朕之事，如事故君，不惟黎庶获安，抑亦社稷是赖。但坚表率，未议替移。由衷之诚，言尽于此。"

【译文】丁巳日（二十五日），朝廷派遣尚书左丞田敏出使契丹。北汉主刘崇派遣通事舍人李巩言出使契丹，请求出兵援助。

后周太祖郭威下诏泰宁节度使慕容彦超加官中书令，派遣翰林学士鱼崇谅到兖州宣旨。鱼崇谅就是鱼崇远。慕容彦超上表谢恩。三月，壬戌朔日（初一），后周太祖下诏答复他，说："前不久，由于前朝失德，年轻的国君听信谗言，仓促之间，征召你赶回京城，你就立刻奉命，快马加鞭，只不过两三天的工夫，就到达京城，为了解救国家的灾难而不顾自己的生命，一旦接获国君的召令，不等到车驾准备好就立刻动身；后来上天灭亡汉室的命运，汉室的军队在大梁郊外奔逃溃散，投降的将领，覆败的士兵，纷纷前来归附我，只有你立即掉转马头，直接返回兖州；为了国君，为了时局，表现出有始有终的精神，这真是所谓在危乱中看出忠臣的节操，在强风中知道劲草的心志。倘若做臣子的都能如此，那么有国家的君主谁不想任用！你所说的朕到黄河北岸回避退让的关头，在大梁郊外平定祸乱的时候，因为没有接到指示，所以你也没能派人到朕的行军驻地。其实，侍奉君主的方式，又何必要这样！如果三心二意地对待汉朝，又怎么肯忠贞诚恳地对待周室？为了上述的原因，而心怀恐惧，岂不

资治通鉴

是忧虑得太多了吗？只要你推心置腹，竭尽全力，安抚民众，体恤国家，辅佐我像辅佐已故的国君一样，那么不但广大的百姓获得安宁，而且整个国家，也正依赖着你呢！但愿你坚定地忠于朝廷，做群臣的表率，朝廷从来没有想过要更换你的职位。这些都是发自内心流出的真心话，已经全部表明在这里了。"

唐以楚王希萼为天策上将军、武安、武平、静江、宁远节度使兼中书令、楚王，以右仆射孙忌、客省使姚凤为册礼使。

丙寅，遣前淄州刺史陈思让将兵戍磁州，扼黄泽路。

楚王希萼既得志，多思旧怨，杀戮无度，昼夜纵酒荒淫，悉以军府事委马希崇。希崇复多私曲，政刑紊乱。府库既尽于乱兵，籍民财以赏赉士卒，或封其门而取之，士卒犹以不均怨望。虽朗州旧将佐从希萼来者，亦皆不悦，有离心。

刘光辅之入贡于唐也，唐主待之厚，光辅密言："湖南民疲主骄，可取也。"唐主乃以营屯都虞候边镐为信州刺史，将兵屯袁州，潜图进取。

【译文】南唐主李璟任命楚王马希萼为天策上将军，武安、武平、静江、宁远节度使兼中书令、楚王；命右仆射孙忌、客省使姚凤为册礼使。

丙寅日（初五），派遣前任淄州刺史陈思让率兵戍守磁州，扼守黄泽关的路口。

楚王马希萼既已得志称王，便时常回忆旧日怨仇，诛杀屠戮没有节制，日夜纵酒，荒淫无度，把军政事务全部委托给马希崇。马希崇私心很重，以致政事刑罚都紊乱无章。政府的库藏，已经被乱兵抢夺一空，只好征敛百姓的钱财来赏赐士兵，有时竟封闭百姓的大门而强取他家的财货，士兵们还为了赏赐不均而怨恨，即使是朗州以前的将领和僚佐跟随马希萼来的，也都不高兴，有背离的心意。

刘光辅到南唐进贡，南唐主李璟待他很优厚，刘光辅秘密进言道："湖南百姓疲惫，君主骄横，可以攻取啊。"南唐主于是任命营屯都虞候边镐为信州刺史，率兵驻守袁州，暗中图谋夺取湖南。

小门使谢彦颙，本希萼家奴，以首面有宠于希萼，至与妻妾杂坐，恃恩专横。常肩随希崇，或拊其背，希崇衔之。故事，府宴，小门使执兵在门外。希萼使彦颙预坐，或居诸将之上，诸将皆耻之。

希萼以府舍焚荡，命朗州静江指挥使王逵、副使周行逢帅所部兵千馀人治之，执役甚劳，又无犒赐，士卒皆怨，窃言曰："囚免死则役作之。我辈从大王出万死取湖南，何罪而囚役之！且大王终日酣歌，岂知我辈之劳苦乎！"逵、行逢闻多，相谓曰："众怨深矣，不早为计，祸及吾曹。"壬申旦，帅其众各执长柯斧、白梃，逃归朗州。时希萼醉未醒，左右不敢白。癸酉，始白之。希萼遣湖南指挥使唐师翥将千馀人追之，不及，直抵朗州。逵等乘其疲乏，伏兵纵击，士卒死伤殆尽，师翥脱归。

【译文】小门使谢彦颙，原本是楚王马希萼的家奴，因为面目俊美得到马希萼宠幸，甚至与马希萼的妻妾同坐，依仗恩宠专横跋扈。常常紧随着马希崇，有时甚至拍马希崇的背，马希崇因此很恨他。依照往例，军府宴会，小门使拿着兵器站在门外。马希萼让谢彦颙一起坐，有时候座次在诸将的上位，诸将都感到很耻辱。

楚王马希萼因为军府的房舍焚烧毁坏，命令朗州静江指挥使王逵、副使周行逢率领所管辖的士兵千余人进行修建，所做的工作很劳苦，又没有犒劳和赏赐，士兵们都很怨恨，私下说："只有罪囚才要在免除死罪以后，被奴役，做苦工。我们追随大王冒着生命危险，历经种种艰难，夺取湖南，究竟有什么罪，竟被当作囚徒，而被差来做苦工！而且大王整天饮酒歌舞，哪里知道我们的劳苦呢！"王逵、周行逢听到了，彼此商量说："士兵们的怨恨太深了，不及早做打算，灾祸就会牵连我们。"壬申日（十一日）的早晨，王逵、周行逢率领他们的部众，每人拿着长柄斧头、白木棒，逃回朗州。当时马希萼醉酒还没有醒，左右的人不敢把这个消息告诉他，癸酉日（十二日），才向他报告。马希萼派遣湖南指挥使唐师翥带领千余人追赶他们，没追上，一直追到朗州。王逵等乘他们疲惫困乏，埋伏的士兵全力出击，追兵几乎全军覆没，唐师翥脱身逃回。

逵等黜留后马光赞，更以希萼兄子光惠知州事。光惠，希振之子也。寻奉光惠为节度使，逵等与何敬真及诸军指挥使张倣参决军府事。希萼具以状言于唐，唐主遣使以厚赏招谕之。逵等纳其赏，纵其使，不答其诏，唐亦不敢诘也。

王彦超奏克徐州，杀巩廷美等。

北汉李璟至契丹，契丹主使拽剌梅里报之。

丙子，敕："朝廷与唐本无仇怨，缘淮军镇，各守疆域，无得纵兵民擅入唐境。商旅往来，无得禁止。"

己卯，潞州送涉县所获北汉将卒二百六十馀人，各赐衫袴巾履遣还。

加吴越王弘俶诸道兵马都元帅。

【译文】王逵等废黜朗州留后马光赞，改用马希萼哥哥的儿子马光惠主持朗州政事。马光惠是马希振的儿子。不久，尊奉马光惠为节度使，王逵等人跟何敬真及各军指挥使张倣共同参与处理军府的事务。马希萼把详细情况报告唐国，唐主李璟派遣使者用厚重的赏金招抚他们，劝他们归顺马希萼。王逵等人收下唐主所送的礼物，放回唐主所派的使者，就是不答复唐主的诏令，唐主也不敢追问。

王彦超奏报攻克徐州，杀死巩廷美等人。

北汉李鲁到了契丹，契丹主兀欲派遣拽剌梅里回访北汉。

丙子日（十五日），后周太祖郭威敕令："本朝与唐国本来没有仇怨，沿淮河的军镇，各守自己疆域，不得放纵士兵、百姓擅自进入南唐境内；商人旅客往来，不得阻止。"

己卯日（十八日），潞州方面送来涉县所虏获的北汉将领及士兵二百六十多人。朝廷送给他们每人衣衫、裤子、头巾、鞋子等物品，然后遣送回去。

后周太祖郭威给吴越王钱弘俶加官诸道兵马都元帅。

夏，四月，壬辰朔，滨淮州镇上言："淮南饥民过淮籴谷，未敢禁止。"诏曰："彼之生民，与此何异，宜令州县津铺无得禁止。"

蜀通奏使高延昭固辞知枢密院，丁未，以前云安榷盐使太原伊审征为通奏使，知枢密院事。审征，蜀高祖妹褒国公主之子也，少与蜀主相亲狎，及知枢密，政之大小悉以咨之。审征亦以经济为己任，而贪侈回邪，与王昭远相表里，蜀政由是浸衰。

吴越王弘俶徙废王弘倧居东府，为筑宫室，治园圃，娱悦之，岁时供馈甚厚。

契丹主遣使如北汉，告以周使田敏来，约岁输钱十万缗。北汉主使郑珙以厚赂谢契丹，自称"侄皇帝致书于叔天授皇帝"，请行册礼。

【译文】 夏季，四月，壬辰朔日（初一），临近淮河的各州镇上奏说："淮南的饥民渡过淮河购买稻谷，不敢加以禁止。"后周太祖郭威下诏说："那边的百姓，与这边的百姓有什么不同？应下令各州、县渡口、粮铺不得禁止。"

后蜀通奏使高延昭坚决推辞主持枢密院事务。丁未日（十六日），后蜀君主孟昶任命前云安榷盐使太原人伊审征为通奏使，主持枢密院事务。伊审征，是后蜀高祖孟知祥的妹妹褒国公主的儿子，小时候跟蜀主亲近，等到他掌理枢密院，政事不论大小，后蜀主全都要咨询他的意见。伊审征也以经世济民为己任；可是他贪心奢侈，奸诈邪恶，跟王昭远互为表里，狼狈为奸，后蜀政权因此日渐衰败。

吴越王钱弘俶将废黜的前王钱弘倧迁居东府，为他建筑宫室，修造园林，让他住得欢欣愉快，逢年过节，馈赠他很多物品。

契丹主兀欲派遣使者前往北汉，告知后周使者田敏来前来，约定每年送钱十万缗。北汉主刘崇派遣郑珙为使者，携带贵重钱财答谢契丹，自称"侄皇帝送信给叔父天授皇帝"，请契丹主举行册封典礼。

五月，己巳，遣左金吾将军姚汉英等使于契丹，契丹留之。

辛未，北汉礼部侍郎、同平章事郑珙卒于契丹。

甲戌，义武节度使孙方简避皇考讳，更名方谏。

定难节度使李彝殷遣使奉表于北汉。

六月，辛亥，以枢密使、同平章事王峻为左仆射兼门下侍郎，枢密副使、兵部侍郎范质、户部侍郎、判三司李谷为中书侍郎，并同平章事，谷仍判三司。司徒兼侍中窦贞固、司空兼中书侍郎、同平章事苏禹珪并罢守本官。癸丑，范质参知枢密院事。丁巳，以宣徽北院使翟光邺兼枢密副使。

【译文】 五月，己巳日（初八），后周太祖郭威派遣左金吾将军姚汉英等人出使契丹，契丹把他们扣留下来，不让回去。辛未日（初十），北汉礼部侍郎、同平章事郑珙在契丹去世。

甲戌日（十三日），义武节度使孙方简为了避皇帝亡父的名讳，改名为孙方谏。

定难节度李彝殷派遣使者持奉表书到北汉。

六月，辛亥日（二十一日），后周太祖郭威任命枢密使、同平章事王峻为左仆射兼门下侍郎，枢密副使及兵部侍郎范质、兼领三司李谷为中书侍郎，都为同平章事，李谷仍然兼领三司。司徒兼侍中窦贞固和司空兼中书侍郎、同平章事苏禹珪，都解除宰相职务，只担任本官。癸丑日（二十三日），范质参与处理枢密院的事务。丁巳日（二十七日），命宣徽北院使翟光邺兼枢密副使。

初，帝讨河中，已为人望所属。李谷时为转运使，帝数以微言讽之，谷但以人臣尽节为对，帝以是贤之。即位，首用为相。时国家新造，四方多故，王峻夙夜尽心，知无不为，军旅之谋，多所裨益。范质明敏强记，谨守法度。李谷沉毅有器略，在帝前议论，辞气慷慨，善譬谕以开主意。

武平节度使马光惠，愚懦嗜酒，不能服诸将，王逵、周行逢、何敬真谋以辰州刺史庐陵刘言骁勇得蛮夷心，欲迎以为副使。言知逵等难制，曰："不往，将攻我。"乃单骑赴之。既至，众废光惠，送于唐，推言权武平留后，表求旌节于唐，唐人未许。亦称藩于周。

【译文】起初，后周太祖郭威征讨河中，已为众望所归。李谷当时任转运使，后周太祖多次用委婉言语劝告他，李谷只用为人臣子应该尽守臣节作为回答，后周太祖因此很器重他；即位以后，首先就起用李谷做宰相。当时国家刚刚建立，四方多事，王峻从早到晚竭智尽忠，只要是他所知道的，无不尽量地做得圆满，对于军事上的谋划，贡献很多，助益很大。范质聪明敏捷，记性又好，做起事来，谨守法度。李谷沉着坚毅，有度量，有胆略，在后周太祖面前议论国事，言辞气概，豪壮慷慨，善用比喻，以启发后周太祖的思想。

武平节度使马光惠，愚蠢胆小，专好饮酒，不能折服众将。王逵、周行逢、何敬真商量，认为辰州刺史庐陵人刘言打仗勇猛很得蛮夷士众之心，想要迎接他来做节度副使。刘言知道王逵等人很难控制，说："不去的话，他们将会攻打我。"于是单人匹马前往朗州。到了朗州以后，众人罢黜马光惠，把他送交唐国，推举刘言代理武平留后，上表向唐国请求颁给旄旗与符节，唐国没有答应他；同时刘言也上表给周室，自称藩属。

吴越王弘俶以前内外马步都统军使仁俊无罪，复其官爵。

契丹遣燕王述轧等册命北汉王为大汉神武皇帝，妃为皇后。北汉主更名旻。

秋，七月，北汉主遣翰林学士博兴卫融等诣契丹谢册礼，且请兵。

八月，壬戌，葬汉隐帝于颖陵。

义武节度使孙方谏入朝，壬子，徙镇国节度使，以其弟易州刺史行友为义武留后。又徙建雄节度使于晏镇徐州，以武宁节度使王彦超代之。

戊午，追立故夫人柴氏为皇后。

【译文】　吴越王钱弘俶由于前任内外马步都统军使钱仁俊无罪，恢复他的官爵。

契丹派遣燕王耶律述轧等人来主持典礼，册命北汉主刘崇为大汉神武皇帝，妃子为皇后。北汉主刘崇改名为刘旻。

秋季，七月，北汉主刘旻派遣翰林学士博兴人卫融等人前往契丹，答谢册礼，并且请求援兵。

八月，壬戌日（疑误），将后汉隐帝刘承祐安葬在颍陵。

义武节度使孙方谏入朝，壬子日（二十三日），迁调孙方谏为镇国节度使，任命他的弟弟易州刺史孙行友为义武留后。又调建雄节度使王晏改任武宁节度使镇守徐州，任命武宁节度使王彦超接替王晏原职。

戊午日（二十九日），后周太祖郭威追立已故的夫人柴氏为皇后。

九月，北汉主遣招讨使李存瑰将兵自团柏入寇。契丹欲引兵会之，与酋长议于九十九泉。诸部皆不欲南寇，契丹主强之。癸亥，行至新州之西火神淀，燕王述轧及伟王之子太宁王沤僧作乱，弑契丹主而立述轧。契丹主德光之子齐王述律逃入南山，诸部奉述律以攻述轧、沤僧，杀之，并其族党。立述律为帝，改元应历。自火神淀入幽州，遣使告于北汉，北汉主遣枢密直学士上党王得中如契丹，贺即位，复以叔父事之，请兵以击晋州。

契丹主年少，好游戏，不亲国事，每夜酣饮，达旦乃寐，日中方起，国人谓之睡王。后更名明。

【译文】　九月，北汉主刘旻派遣招讨使李存瑰领兵从团柏入侵。契丹主兀欲准备领兵会合北汉军队，与酋长们在九十九泉商议。各部都不愿南侵，契丹主强行出兵。癸亥日（初四），行军到新州西面的火神淀，燕王耶律述轧和伟王的儿子太宁王耶律沤僧作乱，杀了契丹主兀欲而拥立耶律述轧。契丹主耶律德光的儿子齐王耶律述律逃入南山，各部拥戴耶律述律，以进攻耶律述轧、耶律沤僧，杀死了他们，并且屠灭他们的宗族和党羽。拥立耶律述律为帝，改年号为应历。从火神淀进入幽州，派遣使者告知北汉，北汉主刘旻派遣枢密直学士上党人王得中前往契丹，祝贺耶律述律即帝位，仍以侍奉叔父的礼节侍奉契丹主，请求出兵攻打晋州。

契丹主耶律述律年轻，喜好玩耍，不亲理国事。每天夜里摆酒畅饮，直到天亮才睡觉，中午才起床，国人称他为"睡王"。后来，改名为明。

壬申，蜀以吏部尚书、御史中丞范仁恕为中书侍郎兼吏部尚书、同平章事。

楚王希萼既克长沙，不赏许可琼，疑可琼怨望，出为蒙州刺史。遣马步都指挥使徐威、左右军马步使陈敬迁、水军都指挥使鲁公馆、牙内侍卫指挥使陆孟俊帅部兵立寨于城西北隅，以备朗兵。不存抚役者，将卒皆怨怒，谋作乱。希崇知其谋，戊寅，希萼宴将吏，徐威等不预，希崇亦辞疾不至。威等使人先驱蹂啮马十馀入府，自帅其徒执斧斤、白梃，声言縶马，奄至座上，纵横击人，颠踣满地。希萼逾垣走，威等执囚之。执谢彦颙，自顶及踵剉之。立希崇为武安留后，纵兵大掠。幽希萼于衡山县。

【译文】壬申日（十三日），后蜀任命吏部尚书、御史中丞范仁恕为中书侍郎兼吏部尚书、同平章事。

楚王马希萼既已攻克长沙，没有奖赏许可琼，怀疑许可琼有怨恨，便让他出任蒙州刺史。派遣马步都指挥使徐威、左右军马步使陈敬迁、水军都指挥使鲁公馆、牙内侍卫指挥使陆孟俊率领所部军队在城西北角扎下营寨，以防备朗州兵。马希萼对于这些服役的士兵，一点都不体恤、不安抚，将士们都埋怨愤怒，共谋作乱。马希崇知道了他们的谋划，戊寅日（十九日），马希萼宴请将帅及官吏，徐威等人不参加，马希崇也推说生病，不来。徐威等人先派人赶十几匹会踢人咬人的马进入府内，自己率领部众拿着斧头、木棒，说是要来拴系马匹，突然闯到座位上，四处打人，打得他们跌倒满地。马希萼翻墙逃跑，徐威等抓住并囚禁他，抓住谢彦颙，从头到脚剁成碎块。拥立马希崇为武安留后，放纵士兵大肆抢掠。将马希萼幽禁在衡山县。

刘言闻希崇立，遣兵趣潭州，声言讨其篡夺之罪。壬午，军于益阳之西。希崇惧，癸未，发兵二千拒之，又遣使如朗州求和，请为邻藩。掌书记桂林李观象说言曰："希萼旧将佐犹在长沙，此必不欲与公为邻；不若先檄希崇取其首，然后图湖南，可兼有也。"言从之。希崇畏言，即断都军判官杨仲敏、掌书记刘光辅、牙内指挥使魏师进、都押牙黄勃等十馀人首，遣前辰阳县令李翊赍送朗州。至则腐败，言与王逵等皆以为非仲敏等首，怒责翊，翊惶恐自杀。

希崇既袭位，亦纵酒荒淫，为政不公，语多矫妄，国人不附。

【译文】刘言听说马希崇被立为武安留后，便调遣军队奔赴潭州，声称要讨伐马希崇篡位夺权的罪行；壬午日（二十三日），军队驻扎在益阳西面。马希崇害怕，癸未日（二十四日），发兵两千人抵抗刘言，又派遣使者到朗州求和，请求做刘言的友好邻镇。掌书记桂林人李观象劝刘言说："马希萼的旧将和僚属还在长沙，这些人一定不愿与公为邻，不如先传递军书给马希崇，要他取这些人的首级，然后谋取湖南，可以兼并占有它。"刘言采纳了他的意见。马希崇畏惧刘言，就杀了都军判官杨仲敏、掌书记刘光辅、牙内指挥使魏师进、都押牙黄勍等十几个人，取下他们的首级，派遣前任辰阳县令李翊送到朗州；当李翊到达朗州时，人头已经腐烂，无法辨认，刘言跟王逵等人都认为不是杨仲敏等人的首级，发怒斥责李翊，李翊惶恐不安而自杀。

马希崇即位以后，也同样纵酒荒淫，处理政事偏私不公，说话多狂妄不诚，国人不服从他。

初，马希萼入长沙，彭师暠虽免死，犹杖背黜为民。希崇以为师暠必怨之，使送希萼于衡山，实欲师暠杀之。师暠曰："欲使我为弑君之人乎！"奉事逾谨。丙戌，至衡山。衡山指挥使廖偃，匡图之子也，与其季父节度巡官匡凝谋曰："吾家世受马氏恩，今希萼长而被黜，必不免祸，盍相与辅之！"于是，帅庄户及乡人悉为兵，与师暠共立希萼为衡山王，以县为行府，断江为栅，编竹为战舰，以师暠为武清节度使，召募徒众，数日，至万馀人，州县多应之。遣判官刘虚己求援于唐。

徐威等见希崇所为，知必无成，又畏朗州、衡山之逼，恐一朝丧败，俱及祸，欲杀希崇以自解。希崇微觉之，大惧，密遣客将范守牧奉表请兵于唐，唐主命边镐自袁州将兵万人西趋长沙。

【译文】起初，马希萼进入长沙，彭师暠虽然免于死刑，但仍背受杖刑废黜为民。马希崇认为彭师暠必定仇恨马希萼，便派他送马希萼到衡山，实际要彭师暠杀死马希萼。彭师暠说："想要让我做弑杀国君的罪人吗？"不但不杀，反而侍奉马希萼更加恭敬。丙戌日（二十七日），马希萼被送到衡山，衡山指挥使廖偃，是廖匡图的儿子，跟他的叔父节度巡官廖匡凝商量，说："我们家世世代代蒙受马氏的恩惠，现在马希萼排行居长，却被罢黜，一定不能避免灾祸，我们何不共同辅佐他！"于是招募佃农及乡人，把他们全部组织成军队，跟彭师暠共同扶立马希萼为衡山王，把县府当作临时的军府，沿着湘江的江岸修筑寨垒，用竹子编造战舰，任命彭师暠为武清节度使，招募部众，没几天工夫，就招募了一万多人，很多州县响应他们。派遣判官刘虚己向南唐求援。

徐威等人看到马希崇的所作所为，知道一定不会成功，又害怕朗州、衡山两方面的逼迫，担心一旦马希崇败亡，都会受到牵连而遭遇祸乱，想杀掉马希崇，以解除自己的危机。马希崇暗地里察觉到他们的阴谋，大为恐惧，秘密派遣客将范守牧奉表向唐国，请求援兵，南唐主李璟命令边镐率领一万人马从袁州向西直赴长沙。

【乾隆御批】 希萼弑希广而自立，实为楚之乱臣。师暠素事希广，当以故君为重。则希萼乃其仇也，方其大呼，请死时，劲气凛然，颇似明于不二之义者，既不能杀贼雪愤，且奉为主，而谨事之，何其厚于萼而薄于广也！

【译文】 马希萼杀了马希广而自立为王，实际上是楚国的乱臣。彭师暠一向侍奉马希广，应该以原来的君主为重。那么马希萼是他的仇人，当他大声喊叫，请求一死的时候，刚强正直的气概不可侵犯，真有些忠贞不贰的样子，但既不能杀贼洗雪冤恨，而且这时又供奉他为主，还要谨慎地侍奉他，这是何等的优待了马希萼而亏待了马希广啊！

冬，十月，辛卯，潞州巡检陈思让败北汉兵于虒亭。

唐边镐引兵入醴陵。癸巳，楚王希崇遣使犒军。壬寅，遣天策府学士拓跋恒奉笺诣镐请降。恒叹曰："吾久不死，乃为小儿送降状！"癸卯，希崇帅弟侄迎镐，望尘而拜，镐下马称诏劳之。甲辰，希崇等从镐入城，镐舍于浏阳门楼，湖南将吏毕贺，镐皆厚赐之。时湖南饥馑，镐大发马氏仓粟赈之，楚人大悦。

契丹遣彰国节度使萧禹厥将奚、契丹五万会北汉兵入寇。北汉主自将兵二万自阴地关寇晋州，丁未，军于城北，三面置寨，昼夜攻之，游兵至绛州。时王晏已离镇，王彦超未至，巡检使王万敢权知晋州，与龙捷都指挥使史彦超、虎捷指挥使何徽共拒之。史彦超，云州人也。

【译文】冬季，十月，辛卯日（初三），后周潞州巡检陈思让在虒亭击败北汉军队。

南唐边镐领兵进入醴陵。癸巳日（初五），楚王马希崇派遣使者犒劳军队。壬寅日（十四日），派遣天策府学士拓跋恒奉表到边镐住处请求投降。拓跋恒叹了一口气，说："我长久不死，居然替这小子送降书！"癸卯日（十五日），马希崇率领弟弟侄儿们迎接边镐，边镐下马，表达诏书的意思，慰劳他们。甲辰日（十六日），马希崇等人跟随边镐进城。边镐住在浏阳门楼，湖南的将帅和官吏全部前来道贺，边镐一一赐给贵重的礼物。当时湖南正闹饿荒，边镐大量地拨出马氏仓库所储藏的粟米，以赈济那些饥饿的百姓，楚人非常高兴。

契丹派遣彰国节度使萧禹厥统率奚族、契丹兵五万人马会合北汉军队入侵，北汉主刘旻亲自统领二万军队从阴地关侵犯晋州。丁未日（十九日），军队驻扎在晋州城北，三面设置寨垒，不分昼夜地进攻，游兵深入绛州。当时王晏已经离开晋州，王彦超还没有到达，巡检使王万敢代理晋州的军务，跟龙捷都指挥使史彦超、虎捷指挥使何徽合力抵抗北汉兵。史彦超，是云州人。

癸丑，唐武昌节度使刘仁赡帅战舰二百取岳州，抚纳降附，人忘其亡。仁赡，金之子也。

唐百官共贺湖南平，起居郎高远曰："我乘楚乱，取之甚易。观诸将之才，但恐守之难耳！"远，幽州人也。司徒致仕李建勋曰："祸其始此乎！"唐主自即位以来，未尝亲祠郊庙，礼官以为请。唐主曰："俟天下一家，然后告谢。"及一举取楚，谓诸国指麾可定。魏岑侍宴言："臣少游元城，乐其风土，俟陛下定中原，乞魏博节度使。"唐主许之，岑趋下拜谢。其主骄臣佞如此。

【译文】癸丑日（二十五日），南唐武昌节度使刘仁赡率领战船二百艘攻取岳州，刘仁赡对投降归附的人尽量接纳安抚，使得楚人忘了自己是亡国的遗民。刘仁赡，是刘金的儿子。

南唐文武百官共同庆贺平定湖南，起居郎高远说："我们乘楚国内乱，所以夺取它很容易。观察众将的才能，只怕守住它就难了！"高远，是幽州人。以司徒身份退休的李建勋说："灾祸大概就从这里开始了吧！"南唐主李璟即位以来，未曾亲自祭祀天地宗庙，礼官请求举行祭祀，南唐主说："等到天下统一，变成一家，然后向上天和祖先告谢。"等到这次一出兵就灭了楚国，南唐主认为其他各国只要稍微指挥，便可平定。魏岑陪着南唐主饮宴，说："臣小时候游览元城，喜欢那个地方的风土民情，等到陛下平定了中原以后，请让我做魏博节度使。"南唐主答应了他，魏岑赶紧离开席位，向南唐主下拜称谢。南唐国君的骄傲，臣子的谄媚，到了这种地步。

马希萼望唐人立己为潭帅，而潭人恶希萼，共请边镐为帅，唐主乃以镐为武安节度使。

王峻有故人曰申师厚，尝为兖州牙将，失职饥寒，望峻马拜谒于道。会凉州留后折逋嘉施上表请帅于朝廷，帝以绝域非人所欲，募率府供奉官愿行者，月馀，无人应募，峻荐师厚于帝。丁巳，以师厚为河西节度使。

【译文】 马希萼希望南唐人扶立自己为潭州主帅，可是潭州人痛恨马希萼，共同请求任命边镐为主帅，南唐主于是任命边镐为武安节度使。

王峻有个老熟人叫申师厚，曾任兖州牙将，因失去职务而饥寒交迫，在路上望见王峻的马而叩拜谒见。正好这时凉州留后折逋嘉施上表朝廷请求任命主帅，后周太祖郭威认为凉州那个地方太过偏远，一般人都不想去，于是在东宫率府公开征募，看看哪一位供奉官愿意去，经过一个多月，没有人应募，于是王峻向后周太祖推荐申师厚，后周太祖郭威接纳了这个建议。丁巳日（二十九日），任命申师厚为河西节度使。

唐边镐趣马希崇帅其族入朝，马氏聚族相泣，欲重赂镐，奏乞留居长沙。镐微晒曰："国家与公家世为仇敌，殆六十年，然未尝敢有意窥公之国。今公兄弟斗阋，困穷自归，若复二三，恐有不测之忧。"希崇无以应，十一月，辛酉，与宗族及将佐千馀人号恸登舟，送者皆哭，响振川谷。

帝以北汉、契丹之兵犹在晋州，甲子，以王峻为行营都部署，将兵救之。诏诸军皆受峻节度，听以便宜从事，得自选择将吏。乙丑，峻行，帝自至城西饯之。

【译文】 南唐边镐催促马希崇带领族人入朝，马氏族人聚在一起相对哭泣，打算用重礼贿赂边镐，上奏乞求留住长沙。边镐微微一笑说："国家跟你们家世世代代都是仇敌，到现在将近六十年了，可是从来不敢存心打你们国家的主意。现在你们兄弟自相争夺，遭遇穷困，主动归降，如果再三心二意，恐怕会产生无法预测的忧患。"马希崇无话可答。十一月，辛酉日（初三），马希崇跟宗族及将帅僚属一千多人号啕痛哭地上船，所有送行的人，也都感伤地哭了，哭声震动了整个河川和山谷。

后周太祖郭威因为北汉、契丹的军队仍在晋州，甲子日（初六），任命王峻为行营都部署，领兵援救晋州，下诏令各路军队都接受王峻的调度指挥，任由他随机应变，因时制宜，不必向上级请示，并且可以由他自己选择将领和官吏。乙丑日（初七），王峻启程，后周太祖亲自到大梁城西，置酒为他饯行。

楚静江节度副使、知桂州马希隐，武穆王殷之少子也。楚王希广、希萼兄弟争国，南汉主以内侍使吴怀恩为西北招讨使，将兵屯境上，伺间密谋进取。希广遣指挥使彭彦晖将兵屯龙峒以备之。希萼自衡山遣使以彦晖为桂州都监、在城外内巡检使、判军府事，希隐恶之，潜遣人告蒙州刺史许可琼。可琼方畏南汉之逼，即弃蒙州，引兵趣桂州，与彦晖战于城中。彦晖败，奔衡山，可琼留屯桂州。吴怀恩据蒙州，进兵侵掠，桂管大扰，希隐、可琼不知所为，但相与饮酒对泣。

【译文】楚静江节度副使、知桂州马希隐是楚武穆王马殷的小儿子。楚王马希广、马希萼兄弟争夺王位的时候，南汉主刘晟任命内侍吴怀恩为西北招讨使，率兵驻守在边境，等待机会，暗中筹划进兵攻取楚国。马希广派遣指挥使彭彦晖率兵驻守龙峒以防备他。马希萼从衡山派遣使者任命彭彦晖为桂州都监、在城外内巡检使、判军府事，马希隐很恨彭彦晖，暗地里派人告诉蒙州刺史许可琼。许可琼正害怕南汉的逼迫，立即放弃蒙州，引兵直赴桂州，跟彭彦晖在城中交战，彭彦晖战败，投奔衡山，许可琼留驻桂州。吴怀恩占据蒙州，进兵侵略抢夺，桂管重地受到骚扰，马希隐、许可琼不知怎么办，只是聚在一起饮酒，相对哭泣。

南汉主遗希隐书，言："武穆王奄有全楚，富强安靖五十馀年。正由三十五舅、三十舅兄弟寻戈，自相鱼肉，举先人基业，北面仇雠。今闻唐兵已据长沙，窃计桂林继为所取。当朝世为与国，重以婚姻，睹兹倾危，忍不赴救！已发大军水陆俱进，当令相公舅永拥节旄，常居方面。"希隐得书，与僚佐议降之，支使潘玄珪以为不可。丙寅，吴怀恩引兵奄至城下，希隐、可琼帅其众，夜斩关奔全州，桂州遂溃。怀恩因以兵略定宜、连、梧、严、富、昭、柳、象、龚等州，南汉始尽有岭南之地。

辛未，唐边镐遣先锋指挥使李承戬将兵如衡山，趣马希萼入朝。庚辰，希萼与将佐士卒万馀人自潭州东下。

【译文】南汉主刘晟给马希隐写信，说："楚武穆王拥有整个楚国，富强安宁五十多年。现在呢，三十五舅马希广和三十舅马希萼兄弟动武，自相残杀，利用先人的基业，向仇人称臣。如今听说唐国的军队已经占据长沙，我私下估计，桂林也将跟着被南唐夺取。当今朝廷与你们世世代代都是友好的国家，又有婚姻的关系，看到你们现在即将倾覆的危险局面，还能忍下心肠不去救援吗？现在已经发动大军，水路和陆路同时前进，将来一定让你永远拥有实权，长久统治一方。"马希隐接到这封信，跟僚属商议是否投降。支使潘玄珪认为不可以。丙寅日（初八），吴怀恩引兵突然到达城下，马希隐、许可琼率领他们的部众，利用夜晚冲杀出城，逃奔全州，桂州就此溃败。吴怀恩乘机率兵基本平定宜州、连州、梧州、严州、富州、昭州、柳州、龚州、象州等，南汉从此完全占有大庾岭以南之地。

辛未日（十三日），南唐边镐派遣先锋指挥使李承戬领兵前往衡山县，催促马希萼入朝。庚辰日（二十二日），马希萼和将帅僚属士兵一万多人从潭州东下。

王峻留陕州旬日，帝以北汉攻晋州急，忧其不守，议自将由泽州路与峻会兵救之，且遣使谕峻。十二月，戊子朔，下诏以三日西征。使者至陕，峻因使者言于帝曰："晋州城坚，未易可拔，刘崇兵锋方锐，不可力争。所以驻兵，待其气衰耳，非臣怯也。陛下新即位，不宜轻动。若乘驾出汜水，则慕容彦超引兵入汴，大事去矣！"帝闻之，自以手提耳曰："几败吾事！"庚寅，敕罢亲征。

【译文】 王峻在陕州停留十日，后周太祖郭威因北汉军队攻打晋州紧急，担心晋州不能坚守，商议亲自统军从泽州路与王峻会师救援晋州，同时派遣使者去告知王峻。十二月，戊子朔日（初一），后周太祖下诏，在三日率兵西征。使者到了陕州，王峻托使者向后周太祖报告，说："晋州州城坚固，不容易攻下；刘崇的军队现在锐气正旺，不能和他以力相争。臣之所以驻兵不进，正是要等待他士气衰落，不是臣怯懦怕战。陛下刚即位不久，不应轻举妄动。如果车驾出了汜水，那么慕容彦超引兵进入大梁，大事就完了！"后周太祖听了他这段话，自己用手拉着耳朵，说："几乎败坏了我的大事！"庚寅日（初三），敕令停止亲征。

初，泰宁节度使兼中书令慕容彦超闻徐州平，疑惧愈甚，乃招纳亡命，畜聚薪粮，潜以书结北汉，吏获其书以闻。又遣人诈为商人求援于唐。帝遣通事舍人郑好谦就申慰谕，与之为誓。彦超益不自安，屡遣都押牙郑麟诣阙，伪输诚款，实觇机事。又献天平节度使高行周书，其言皆谤毁朝廷与彦超相结之意。帝笑曰：“此彦超之诈也！”以书示行周，行周上表谢恩。既而彦超反迹益露，丙申，遣阁门使张凝将兵赴郓州巡检以备之。

庚子，王峻至绛州。乙巳，引兵趣晋州。晋州南有蒙阬，最为险要，峻忧北汉兵据之。是日，闻前锋已度蒙阬，喜曰：“吾事济矣！”

【译文】起初，泰宁节度使兼中书令慕容彦超听说徐州平定，疑虑恐惧越发加重，于是招纳亡命之徒，积聚粮草，暗中写书信勾结北汉，官吏截获他的书信而奏报朝廷。慕容彦超又派人假扮商人去向唐国请求援兵。后周太祖郭威派遣通事舍人郑好谦到慕容彦超那里去表达劝谕的意思，并跟他订下誓约。慕容彦超更加感到不安，屡次派遣都押牙郑麟到京城，表面上假装表达诚意，实际上是来探听机密的消息；又献上天平节度使高行周写给他的信，信中都是些毁谤朝廷以及和慕容彦超相互勾结的话。后周太祖笑了笑说：“这是慕容彦超的欺诈！”把那些信拿给高行周看，高行周上表谢恩。不久，慕容彦超反叛的迹象更加显露，丙申日（初九），后周太祖派遣阁门使张凝率兵前往郓州，巡视检阅，以防备慕容彦超。

庚子日（十三日），王峻到达绛州；乙巳日（十八日），领兵奔赴晋州。晋州南面有蒙阬，最为险要，王峻担心被北汉兵所占据，当天，听说先锋部队已经度过蒙阬，于是很高兴地说：“我的事情成功了！”

慕容彦超奏请入朝，帝知其诈，即许之。既而复称境内多盗，未敢离镇。

北汉主攻晋州，久不克。会大雪，民相聚保山寨，野无所掠，军乏食。契丹思归，闻王峻至蒙坑，烧营夜遁。峻入晋州，诸将请亟追之，峻犹豫未决。明日，乃遣行营马军都指挥使仇弘超、都排陈使药元福、左厢排除使陈思让、康延沼将骑兵追之，及于霍邑，纵兵奋击，北汉兵坠崖谷死者甚众。霍邑道隘，延沼畏懦不急追，由是北汉兵得度。药元福曰："刘崇悉发其众，挟明骑而来，志吞晋、绛。今气衰力惫，狼狈而遁。不乘此翦扑，必为后患。"诸将不欲进，王峻复遣使止之，遂还。契丹比至晋阳，士马什丧三四。萧禹厥耻于无功，钉大酋长一人于市，旬馀而斩之。北汉主始息意于进取。北汉土瘠民贫，内供军国，外奉契丹，赋繁役重，民不聊生，逃入周境者甚众。

【译文】慕容彦超上奏，请求入朝，后周太祖郭威知道那是欺诈，立即答应他；不久，慕容彦超又说境内多盗贼，不敢离开镇所。

北汉主刘旻攻打晋州，久攻不下。碰上天下大雪，百姓互相聚集保护山寨，野外没有可抢掠的，军队缺乏食物。契丹军队想返回，听说王峻已经到达蒙阮，就焚烧营垒，乘夜逃走。王峻进入晋州，诸将建议赶紧去追他们，王峻犹豫不决。第二天，才派遣行营马军都指挥使仇弘超、都排阵使药元福、左厢排阵使陈思让、康延沼率领骑兵去追契丹军队，结果，在霍邑追上了，挥军奋力攻击，北汉兵坠落悬崖深谷而死的人很多。霍邑的道路很狭窄，康延沼怯懦害怕，不敢急迫，因此北汉兵能够顺利渡河。药元福说："刘崇出动所有的军队，挟持胡人骑兵前来，志在吞并晋州和绛州，现在士气低落，力量疲乏，狼狈逃走，不趁机把他们消灭，一定会留下后患。"可是诸将不愿再前进，王峻又派使者去阻止，于是返回。契丹到了晋阳，士兵和战马损失十之三四；萧禹厥恼羞自己没有功劳，把一个大酋长钉在街市上，十几天后才斩首。北汉主刘旻从此才打消向南图谋发展的念头。北汉土地贫瘠、民众穷困，对内要供给军队、官府的费用，对外要供奉契丹，赋税繁多，徭役沉重，民不聊生，逃入后周境内的人很多。

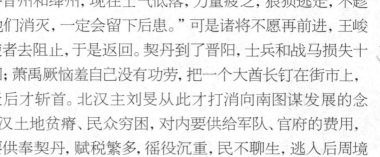

唐主以镇南节度使兼中书令宋齐丘为太傅，以马希萼为江南西道观察使、守中书令，镇洪州，仍赐爵楚王。以马希崇为永泰节度使、兼侍中，镇舒州。湖南将吏，位高者拜刺史、将军、卿监，卑者以次拜官。唐主嘉廖偃、彭师暠之忠，以偃为左殿直军使、莱州刺史，师暠为殿直都虞候，赐予甚厚。湖南刺史皆入朝于唐，永州刺史王赟独后至，唐王毒杀之。

南汉主遣内侍省丞潘崇彻、将军谢贯将兵攻郴州，唐边镐发兵救之。崇彻败唐兵于义章，遂取郴州。边镐请除全、道二州刺史以备南汉。丙辰，唐主以廖偃为道州刺史，以黑云指挥使张峦知全州。

【译文】　南唐主李璟任命镇南节度使兼中书令宋齐丘为太傅；任命马希萼为江南西道观察使，镇守洪州，仍旧赐爵为楚王；任命马希崇为永泰节度使，兼侍中，镇守舒州。湖南的将领和官吏，地位较高的，拜官刺史、将军、卿监，地位较低的，再往下按照等级拜官。南唐主称赞廖偃、彭师暠的忠诚，任命廖偃为左殿直军使、莱州刺史，彭师暠为殿直都虞候，赏赐极为丰厚。湖南刺史都入朝南唐，唯独永州刺史王赟最后到，南唐主毒杀了他。

南汉主刘晟派遣内侍省丞潘崇彻、将军谢贯领兵进攻郴州，南唐边镐发兵救援。潘崇彻在义章击败南唐军队，于是攻取了郴州。边镐请求任命全州及道州两州刺史，以防备南汉。丙辰日（二十九日），南唐主李璟任命廖偃为道州刺史，命黑云指挥使张峦去治理全州。

是岁，唐主以安化节度使鄱阳王王延政为山南西道节度使，更赐爵光山王。

初，蒙城镇将咸师朗将部兵降唐，唐主以其兵为奉节都，从边镐平湖南。唐悉收湖南金帛、珍玩、仓粟乃至舟舰、亭馆、花果之美者，皆徙于金陵，遣都官郎中杨继勋等收湖南租赋以赡戍兵。继勋等务为苛刻，湖南人失望。行营粮料使王绍颜减士卒粮赐，奉节指挥使孙朗、曹进怒曰："昔吾从咸公降唐，唐待我岂如今日湖南将士之厚哉！今有功不增禄赐，又减之，不如杀绍颜及镐，据湖南，归中原，富贵可图也！"

【译文】这一年，南唐主李璟任命安化节度使鄱阳王王延政为山南西道节度使，再赐爵为光山王。

起初，蒙城镇将咸师朗率领所部兵将投降唐国，南唐主李璟把他的军队改编为奉节都，随边镐平定湖南。唐国收取所有湖南的金帛、珍宝、玩器、粟米，以至于比较好的舟船、战舰、亭馆、花果等，都搬运到金陵，又派遣都官郎中杨继勋等人征收湖南的赋税，以供给戍守部队的需要。杨继勋等人非常苛刻，湖南人大失所望。行营粮料使王绍颜扣减士兵的粮饷和赏赐，奉节指挥使孙朗、曹进愤怒地说："从前我们跟随咸公投降唐国，唐国对待我们，哪里像今天对待湖南将士那样优厚呢！ 如今有功劳不增加俸禄赏赐，反而减少，不如杀了王绍颜和边镐，占据湖南，回归中原，荣华富贵指日可待。"

广顺二年(壬子，公元九五二年)春，正月，庚申，夜，孙朗、曹进帅其徒作乱，束藁潜烧府门，火不然。边镐觉之，出兵格斗，且命鸣鼓角，朗、进等以为将晓，斩关奔朗州。王逵问朗曰："吾昔从武穆王，与淮南战屡捷，淮南兵易与耳。今欲以朗州之众复取湖南，可乎?"朗曰："朗在金陵数年，备见其政事，朝无贤臣，军无良将，忠佞无别，赏罚不当，如此，得国存幸矣，何暇兼人！朗请为公前驱，取湖南如拾芥耳！"逵悦，厚遇之。

壬戌，发开封府民夫五万修大梁城，旬日而罢。

【译文】广顺二年(壬子，公元952年)春季，正月，庚申日(初三)夜晚，孙朗、曹进率领他们的部众造反，将藁草打成捆暗中焚烧军府大门，火没点着。边镐察觉了这件事，出兵格斗，并且命人击鼓、吹号角，孙朗、曹进等人以为天快要亮了，冲杀出城，直奔朗州。王逵问孙朗说："我从前追随武穆王，跟淮南交战，屡次获胜，淮南兵容易对付。现在想靠朗州的军队再取湖南，你看怎么样？"孙朗说："我在金陵多年，全面了解南唐的政事，朝廷没有贤臣，军队没有良将，忠贞和奸佞没有区别，赏罚不合理，像这种情形，能够维持生存已经是很幸运了，哪里还有余力管人家的事！我愿做你的先锋，夺取湖南像捡拾小草一样罢了！"王逵听了，很高兴，对孙朗很礼遇。

壬戌日(初五)，后周征发开封府五万民夫修缮大梁城，十天就停止了。

慕容彦超发乡兵入城，引泗水注壕中，为战守之备。又多以旗帜授诸镇将，令募群盗，剽掠邻境，所在奏其反状。甲子，敕沂、密二州不复隶泰宁军。以侍卫步军都指挥使、昭武节度使曹英为都部署，讨彦超，齐州防御使史延超为副部署，皇城使河内向训为都监，陈州防御使乐元福为行营马步都虞候。帝以元福宿将，命英、训无得以军礼见之，二人皆父事之。

唐主发兵五千，军于下邳，以援彦超。闻周兵将至，退屯沭阳。徐州巡检使张令彬击之，大破唐兵，杀、溺死者千馀人，获其将燕敬权。

【译文】 慕容彦超调发乡兵入城，引泗水灌注壕沟中，做战斗防守的准备；又拿很多旗帜分给诸将，命他们招募各地的盗贼，抢劫邻近的区域，被抢劫的地方奏报朝廷有关慕容彦超造反的迹象。甲子日（初七），后周太祖郭威敕令沂州和密州不再隶属泰宁军。任命侍卫步军都指挥使、昭武节度使曹英为都部署，讨伐慕容彦超，齐州防御使史延超为副部署，皇城使河内人向训为都监，陈州防御使药元福为行营马步都虞候。后周太祖考虑到药元福是老将，所以命曹英、向训不得用军礼来见他，二人都把他当父辈来看待。

南唐君主李璟发兵五千，驻扎在下邳，以便援助慕容彦超；听说周兵将要来到，退兵驻守沭阳。徐州巡检使张令彬攻打南唐军队，大败唐兵，杀死和淹死的达一千多人，活捉他们的将领燕敬权。

初，彦超以周室新造，谓其易摇，故北召北汉及契丹，南诱唐人，使侵边鄙，冀朝廷奔命不暇，然后乘间而动。及北汉、契丹自晋州北走，唐兵败于沭阳，彦超之势遂沮。

永兴节度使李洪信，自以汉室近亲，心不自安。城中兵不满千人，王峻在陕，以救晋州为名，发其数百。及北汉兵遁去，遣禁兵千馀人戍长安。洪信惧，遂入朝。

壬申，王峻自晋州还，入见。

曹英等至兖州，设长围。慕容彦超屡出战，药元福皆击败之，彦超不敢出。十馀日，长围合，遂进攻之。

【译文】起初，慕容彦超因周朝新建，认为容易动摇，所以北面召呼北汉和契丹，向南引诱南唐人，让他们侵扰边境，希望把朝廷弄得奔走救急都来不及，然后把握适当的时机下手行动。等到北汉及契丹从晋州逃回北方，唐兵败于沭阳，慕容彦超的势力便衰败了。

永兴节度使李洪信，因为自己是北汉皇室的近亲，内心不能自安。城中的士兵不满一千人，王峻在陕州的时候，以援救晋州为名义，调走了好几百名。等到北汉兵逃走，朝廷派遣一千多名禁卫兵戍守长安，李洪信害怕，于是入朝。

壬申日（十五日），王峻从晋州回来，入朝拜见后周太祖郭威。

曹英等人到了兖州，布设长围。慕容彦超屡次出战，药元福都把他打败，慕容彦超不敢出战。十多天以后，长围合围，形成了包围圈，于是下令进攻。

初，彦超将反，判官崔周度谏曰："鲁，诗书之国，自伯禽以来不能霸诸侯，然以礼义守之，可以长世。公于国家非有私憾，胡为自疑！况主上开谕勤至，苟撤备归诚，则坐享泰山之安矣。独不见杜中令、安襄阳、李河中竟何所成乎！"彦超怒。及官军围城，彦超括士民之财以赡军，坐匿财死者甚众。前陕州司马阎弘鲁，宝之子也，畏彦超之暴，倾家为献。彦超犹以为有所匿，命周度索其家，周度谓弘鲁曰："君之死生，系财之丰约，宜无所爱。"弘鲁泣拜其妻妾曰："悉出所有以救吾死。"皆曰："竭矣!"周度以白彦超,彦超不信,收弘鲁夫妻系狱。有乳母于泥中掊得金缠臂,献之,冀以赎其主。彦超曰："果然,所匿必犹多。"榜掠弘鲁夫妻,肉溃而死。以周度为阿庇,斩于市。

【译文】起初,慕容彦超将要反叛时,判官崔周度劝谏说:"鲁地这个地方,是诗书的国家,自从伯禽以来虽不能称霸诸侯,然而用礼义守护此地,可以长存于世。公对于国家,并没有私怨,为什么自己那么多疑! 何况皇上开导劝谕,殷勤至极,如果撤除守备,归附投诚,那么就可坐享泰山一般的安定了。难道没看见杜中令(杜重威)、安襄阳(安从进)、李河中(李守贞)最后究竟有什么成就吗?"慕容彦超很生气。等到这时官军包围州城,慕容彦超搜刮士民的钱财以供给军队所需,因犯藏匿财物罪而死的人很多。前任陕州司马阎弘鲁,是阎宝的儿子,畏惧慕容彦超的残暴,把全部家产献出来,慕容彦超还是认为他有所隐藏,命令崔周度搜他的家,崔周度对阎弘鲁说:"您的死生,关键在于财物的多少,最好不要有所吝惜。"阎弘鲁哭着向他的妻妾下拜说:"把所有的东西全都拿出来,以救我的命。"大家都说:"已经拿光了!"崔周度把情形报告了慕容彦超,慕容彦超不信,把阎弘鲁夫妇收押在监牢里。有一个奶妈用手挖土,在土中挖出一个金缠臂,献给慕容彦超,希望能够赎回她的主人,慕容彦超说:"所隐藏的必定还有很多。"拷打阎弘鲁夫妇,皮开肉绽而死。慕容彦超又认为崔周度祖护包庇阎弘鲁,将他在闹市上斩首。

北汉遣兵寇府州,防御使折德扆败之,杀二千馀人。二月,庚子,德扆奏攻拔北汉岢岚军,以兵戍之。

甲辰，帝释燕敬权等使归唐，谓唐主曰："叛臣，天下所共疾也，不意唐主助之，得无非计乎！"唐主大惭，先所得中国人，皆礼而归之。唐之言事者犹献取中原之策，中书舍人韩熙载曰："郭氏有国虽浅，为治已固，我兵轻动，必有害无益。"

唐自烈祖以来，常遣使泛海与契丹相结，欲与之共制中国，更相馈遗，约为兄弟。然契丹利其货，徒以虚语往来，实不为唐用也。

【译文】 北汉派兵侵略府州，府州防御使折德扆打败了他们，杀死两千多人。二月，庚子日（十四日），折德扆奏报进兵夺取了北汉的岢岚军，并派兵戍守该地。

甲辰日（十八日），后周太祖郭威释放燕敬权等人让他们回归南唐，对南唐主李璟说："叛逆之臣，是天下所共同痛恨的，没想到唐主扶助他们，恐怕是失策了吧！"唐主大感惭愧，对以前所虏获的中原人，都很礼貌地送他们回国。唐国议论国事的人还建议攻取中原的计策，中书舍人韩熙载说："郭氏建国虽然不久，可是已经治理得很稳固，我们的军队轻易地出动，一定有害无益。"

唐国自从烈祖李昇以来，常常派遣使者渡海与契丹结盟，想跟契丹共同控制中原，互相赠送物品，约为兄弟。可是契丹只是贪图南唐的财物，仅用一些空话跟南唐应付，实际上，是不会被南唐所利用的。

唐主好文学，故熙载与冯延己、延鲁、江文蔚、潘佑、徐铉之徒皆至美官。佑，幽州人也。当时唐之文雅于诸国为盛，然未尝设科举，多因上书言事拜官，至是，始命翰林学士江文蔚知贡举，进士庐陵王克贞等三人及第。唐主问文蔚："聊取士何如前

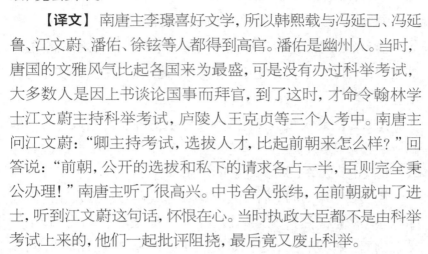

朝?"对曰:"前朝公举、私谒相半,臣专任至公耳!"唐主悦。中书舍人张纬,前朝登第,闻而衔之。时执政皆不由科第,相与沮毁,竟罢贡举。

【译文】 南唐主李璟喜好文学,所以韩熙载与冯延己、冯延鲁、江文蔚、潘佑、徐铉等人都得到高官。潘佑是幽州人。当时,唐国的文雅风气比起各国来为最盛,可是没有办过科举考试,大多数人是因上书谈论国事而拜官,到了这时,才命令翰林学士江文蔚主持科举考试,庐陵人王克贞等三个人考中。南唐主问江文蔚:"卿主持考试,选拔人才,比起前朝来怎么样?"回答说:"前朝,公开的选拔和私下的请求各占一半,臣则完全秉公办理!"南唐主听了很高兴。中书舍人张纬,在前朝就中了进士,听到江文蔚这句话,怀恨在心。当时执政大臣都不是由科举考试上来的,他们一起批评阻挠,最后竟又废止科举。

三月,戊辰,以内客省使、恩州团练使晋阳郑仁诲为枢密副使。

甲戌,改威胜军曰武胜军。

唐主以太弟太保、昭义节度使冯延己为左仆射,前镇海节度使徐景运为中书侍郎,及右仆射孙晟皆同平章事。既宣制,户部尚书常梦锡众中大言曰:"白麻甚佳,但不及江文蔚疏耳!"晟素轻延巳,谓人曰:"金杯玉盌,乃贮狗矢乎!"延己言于唐主曰:"陛下躬亲庶务,故宰相不得尽其才,此治道所以未成也。"唐主乃悉以政事委之,奏可而已。既而延巳不能勤事,文书皆仰成胥史,军旅则委之边将,顷之,事益不治,唐主乃复自览之。

【译文】 三月,戊辰日(十二日),任命内客省使、恩州团练使晋阳人郑仁诲为枢密副使。

甲戌日（十八日），改威胜军为武胜军。

南唐主李璟任命太弟太保、昭义节度使冯延己为左仆射，前镇海节度使徐景运为中书侍郎，和右仆射孙晟都为同平章事。宣读制书后，户部尚书常梦锡在大庭广众之中大声说："这封白麻制书很好，只是比不上江文蔚以前那封奏疏罢了！"孙晟一向瞧不起冯延己，对人说："金杯玉碗，居然拿来装狗屎吗！"冯延己对南唐主李璟说："陛下亲自处理众多的事务，所以宰相没办法竭尽他的才能，这是治国之道所以不能成功的原因所在啊！"南唐主于是把所有的政事都交给他，只听他禀奏处理的结果而已。不久，冯延巳不能勤理政事，文书都依赖小吏拟定，军事则委托给边境的将帅，过了一阵子，政事更加紊乱，南唐主于是又亲自处理。

大理卿萧俨恶延己为人，数上疏攻之，会俨坐失入人死罪，钟谟、李德明辈必欲杀之，延巳曰："俨误杀一妇人，诸君以为当死，俨九卿也，可误杀乎？"独上言："俨素有直声，今所坐已会赦，宜从宽宥。"俨由是得免。人亦以此多之。景运寻罢为太子少傅。

【译文】 大理卿萧俨憎恶冯延己的为人，多次上疏攻击冯延己。正好遇上萧俨犯了错判人死罪的过失，钟谟、李德明等一帮人一定要杀萧俨，冯延己说："萧俨误杀一个妇人，诸君就认为应当处死。萧俨，是九卿之一，难道可以误杀吗？"他独自对唐主李璟说："萧俨一向有正直的名声，现在他所判的犯人正好已经遇到赦免，应该从宽考虑，赦免他。"萧俨因此得以免死；人们也因此称赞冯延己。徐景运不久罢除宰相的职务，而做太子少傅。

夏，四月，丙戌朔，日有食之。

帝以曹英等攻克兖州久未克，乙卯，下诏亲征，以李谷权东京留守兼判开封府，郑仁诲权大内都点检，又以侍卫马军都指挥使郭崇充在京都巡检。

唐主既克湖南，遣其将李建期屯益阳以图朗州，以知全州张峦兼桂州招讨使以图桂州，久之，未有功。唐主谓冯延巳、孙晟曰："楚人求息肩于我，我未有以抚其疮痍而虐用其力，非所以副来苏之望。吾欲罢桂林之役，敛益阳之戍，以旌节授刘言，何如？"晟以为宜然。延己曰："吾出偏将举湖南，远近震惊。一旦三分丧二，人将轻我。请委边将察其形势。"唐主乃遣统军使侯训将兵五千自吉州路趣全州，与张峦合兵攻桂州。南汉伏兵于山谷，峦等始至城下，罢乏，伏兵四起，城中出兵夹击之，唐兵大败，训死，峦收散卒数百奔归全州。

【译文】夏季，四月，丙戌朔日（初一），出现日食。

后周太祖郭威因为曹英等攻打兖州长时间攻不下，乙卯日（三十日），下诏亲征，命李谷代理东京留守兼判开封府，郑仁诲代理大内都点检，又命侍卫马军都指挥使郭崇充任在京都巡检。

南唐主李璟已经攻克湖南，派遣其将领李建期屯兵益阳来谋取朗州，任命主持全州事务的张峦兼任桂州招讨使来谋取桂州，很长时间，没有功绩。南唐主对冯延己和孙晟说："楚人指望我可以让他们休息，结果，我还没有能够抚慰他们的伤痛，反而滥用武力，这不符合他们期待休息的愿望；我想停止桂林的战役，调回益阳的戍兵，把权力交给刘言，你们认为怎样？"孙晟认为应该这样。冯延己说："我们派出偏将平定湖南，远近震惊；一旦丧失所得到地方的三分之二，别人将轻视我们。请委托边境的将帅观察形势后再说。"南唐主于是派遣统军使侯训率领五千名士兵从吉州那条路直奔全州，跟张峦会师，共同攻打桂州。南汉在山谷中埋下伏兵，张峦等人刚到城下，身体疲乏，伏兵四起，城里又出兵夹攻南唐军队，唐兵大败，侯训战死，张峦收拾散兵数百人逃回全州。

五月，庚申，帝发大梁。戊辰，至兖州。己巳，帝使人招谕慕容彦超，城上人语不逊。庚午，命诸军进攻。

先是，术者绐彦超云："镇星行至角、亢，角、亢兖州之分，其下有福。"彦超乃立祠而祷之，令民家皆立黄幡。彦超性贪吝，官军攻城急，犹瘗藏珍宝，由是人无斗志，将卒相继有出降者。乙亥，官军克城，彦超方祷镇星祠，帅众力战，不胜，乃焚镇星祠，与妻赴井死。子继勋出走，追获，杀之。官军大掠，城中死者近万人。初，彦超将反，募群盗置帐下，至者二千馀人，皆山林犷悍，竟不为用。

【译文】五月，庚申日（初五），后周太祖郭威从大梁出发；戊辰日（十三日），到达兖州。己巳日（十四日），后周太祖派人招抚、劝谕慕容彦超，城上的人说话不恭敬；庚午日（十五日），下令各军进攻。

在此之前，方士欺骗慕容彦超说："土星已运行到角、亢二宿，角、亢是兖州的分野，土星下面有福运。"慕容彦超于是建立祠堂，向它祈祷，下令民间都插黄色的旗帜。慕容彦超生性贪婪吝啬，官军进攻州城攻得正紧急，他还在埋藏珍宝，因此人人都没有斗志，将帅和士兵陆陆续续出城投降。乙亥日（二十日），官军攻陷兖州城，慕容彦超正在土星祠里祈祷，然后率领部众奋力战斗，没有取胜，于是烧掉土星祠，和他的妻子一起投井而死。他的儿子慕容继勋出逃，官军追上抓获了慕容继勋，杀死了他。官军恣意地抢夺，城中死亡的将近一万人。起初，慕容彦超将要谋反的时候，招募各地的盗贼，编在自己的帐下，应募而来的人，有两千多名，都是出没山林、粗犷强悍之人，最后也没有被他所用。

帝欲悉诛兖州将吏，翰林学士窦仪见冯道、范质，与之共白帝曰："彼皆胁从耳。"乃赦之。丁丑，以端明殿学士颜衎权知兖州事。壬午，赦兖州管内，彦超党与逃匿者期一月听自首，前已伏诛者赦其亲戚。癸未，降泰宁军为防御州。

唐司徒致仕李建勋卒，且死，戒家人曰："时事如此，吾得良死幸矣！勿封土立碑，听人耕种于其上，免为他日开发之标。"及江南之亡也，诸贵人高大之冢无不发者，惟建勋家莫知其处。

【译文】 后周太祖郭威想诛杀兖州所有的将领官吏，翰林学士窦仪谒见冯道、范质，和二人共同对后周太祖说："他们都只是胁从罢了。"于是就把他们都赦免了。丁丑日（二十二日），命端明殿学士颜衎代理兖州的事务。壬午日（二十七日），在兖州辖区内实行大赦，慕容彦超的党羽逃亡藏匿的，限一个月内自首。以前已经被依法处决的人，赦免他的亲戚。癸未日（二十八日），把泰宁军降级为防御州。

南唐以司徒退休的李建勋去世，临死时，告诫他的家里人说："世道到了如此地步，我能善终已经很幸运了！我死以后，不要修筑高坟，不要竖立石碑，任由人家在上面耕种，以免日后成为被人挖掘的目标。"到了后来江南灭亡的时候，各个富贵人家高大的坟冢，没有一个不被挖开的，唯独李建勋的坟墓，没有人知道在什么地方。

六月，乙酉朔，帝如曲阜，谒孔子祠。既尊，将拜。左右曰：
"孔子，陪臣也，不当以天子拜之。"帝曰："孔子百世帝王之师，敢
不敬乎！"遂拜之。又拜孔子墓，命茸孔子祠，禁孔林樵采。访孔
子、颜渊之后，以为曲阜令及主簿。丙戌，帝发兖州。

乙未，吴越顺德太夫人吴氏卒。

丁酉，蜀大水入成都，漂没千馀家，溺死五千馀人，坏太庙
四室。戊戌，蜀大赦，赈水灾之家。

己亥，帝至大梁。

朔方节度使兼中书令陈留王冯晖卒，其子牙内都虞候继业
杀其兄继勋，自知军府事。

【译文】六月，乙酉朔日（初一），后周太祖郭威前往曲阜，
拜谒孔子祠。献上供品以后，将要下拜，左右的人说："孔子，只
是一个陪臣（按：陪臣是诸侯属下的大夫，他对天子称陪臣），
不应当以天子的身份向他下拜。"后周太祖说："孔子，是百代
帝王的老师，岂敢不尊敬呢！"说完就向他下拜。又拜孔子的坟
墓，命人整修孔子庙，禁止在孔林打柴取薪。访寻孔子、颜渊的
后代子孙，任命为曲阜令及主簿。丙戌日（初二），后周太祖从兖
州出发，返回大梁。

乙未日（十一日），吴越顺德太夫人吴氏去世。

丁酉日（十三日），蜀国洪水泛滥，灌入成都，漂流、淹没
一千多家，淹死五千多人，冲毁太庙四室。戊戌日（十四日），蜀
国大赦境内，赈济受灾的人家。

己亥日（十五日），后周太祖郭威回到大梁。

朔方节度使兼中书令陈留王冯晖去世，他的儿子牙内都虞
候冯继业杀掉他的哥哥冯继勋，自己掌理军府的事务。

太子宾客李涛之弟浣，在契丹为勤政殿学士，与幽州节度使萧海真善。海真，契丹主兀欲之妻弟也。浣说海南内附，海真欣然许之。浣因定州谍者田重霸赍绢表以闻，且与涛书，言："契丹主童騃，专事宴游，无远志，非前人之比，朝廷若能用兵，必克；不然，与和，必得。二者皆利于速，度其情势，他日终不能力助河东者也。"壬寅，重霸至大梁，会中国多事，不果从。

【译文】 后周太子宾客李涛的弟弟李浣，在契丹当勤政殿学士，与幽州节度使萧海真关系很好。萧海真是契丹主耶律兀欲的妻弟。李浣劝说萧海真归附后周，萧海真欣然答应。李浣通过定州间谍田重霸持送绢表奏报朝廷，并且写信给李涛说："契丹主耶律述律年少无知，专门从事于饮宴游玩，没有远大的志气，远远比不上他的前人，朝廷如果能对他用兵，一定可以战胜；不然的话，与他讲和，也一定成功。这两种方法都只有赶快才有利，估计契丹的形势，以后终究不能出力援助河东的北汉。"壬寅日（十八日），田重霸到达大梁，正好这时中原多事，始终没有依照李浣的计划去做。

辛亥，以冯继业为朔方留后。

枢密使王峻，性轻躁，多计数，好权利，喜人附己，自以天下为己任。每言事，帝从之则喜，或时未允，辄怏恚，往往发不逊语。帝以其故旧，且有佐命功，又素知其为人，每优容之。峻年长于帝，帝即位，犹以兄呼之，或称其字，峻以是益骄。副使郑仁诲、皇城使向训、恩州团练使李重进，皆帝在藩镇时腹心将佐也，帝即位，稍稍进用。峻心嫉之，累表称疾，求解机务，以诇帝意。帝屡遣左右敦谕，峻对使者辞气亢厉。又遗诸道节度使书求保证，诸道各献其书，帝惊骇久之，复遣左右慰勉，令视事，且曰："卿傥不来，朕且自往。"犹不至。帝知枢密直学士陈观与峻亲善，令往谕指，观曰："陛下但声言临幸其第，严驾以待之，峻必不敢不来。"从之。秋，七月，戊子，峻入朝，帝慰劳令视事。重进，沧州人，其母即帝妹福庆长公主也。

【译文】辛亥日（二十七日），任命冯继业为朔方留后。

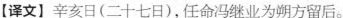

枢密使王峻性情轻浮急躁，善于算计，贪图权利，喜欢人家奉承自己，自负地认为治理天下的重任只有自己才能承担。每次谈论政事，后周太祖郭威赞成他，他就高兴；有时不采纳他，他就生闷气，往往说些刺耳的话。后周太祖顾念他是旧臣，而且有帮助自己开创帝业的大功，又一向了解他的个性，所以常常宽宏大量地容忍他。王峻的年纪，比后周太祖稍大一点儿，后周太祖即位以后，还称他为兄，或称他的字，王峻因此更加骄傲。枢密副使郑仁诲、皇城使向训、恩州团练使李重进，都是后周太祖在藩镇时的心腹将佐，后周太祖即位以后，渐渐提拔任用。王峻嫉妒他们，多次上表称病，请求解除枢密使的职务，来试探后周太祖的想法。后周太祖多次派遣左右的人谆谆劝慰，王峻回答使者语气严厉；又写信给各道节度使求得保举。诸道节度使各自向后周太祖献上保举王峻的书信，后周太祖惊讶了半天，再派遣左右亲近的人去安慰他、鼓励他，请王峻任职治事，并且说："卿如果不来，朕将亲自前往。"王峻还是不到。后周太祖知道枢密直学士陈观跟王峻交情深厚，命他前往劝慰王峻，陈观说："陛下只要扬言说临幸他的府第，王峻一定不敢不来。"后周太祖听从他的话。秋季，七月，戊子日（七月无此日），王峻入朝，后周太祖慰劳他，让他任职处理政事。李重进，是沧州人，他的母亲就是后周太祖的妹妹福庆长公主。

李谷足跌，伤右臂，在告月馀。帝以谷职业繁剧，趣令入朝，辞以未任趋拜。癸巳，诏免朝参，但令视事。

蜀工部尚书、判武德军郭延钧不礼于监押王承丕，承丕谋作乱。辛丑，左奉圣都指挥使安次孙钦当以部兵戍边，往辞承丕，承丕邀与俱见府公。钦不知其谋，从之。承丕至，则令左右击杀延钧，屠其家，称奉诏处置军府，即开府库赏士卒，出系囚，发屯戍。将吏毕集，钦谓承丕曰："今延钧已伏辜，公宜出诏书以示众。"承丕曰："我能致公富贵，勿问诏书。"钦始知承丕反，因绐曰："今内外未安，我请以部兵为公巡察。"即跃马而出，承丕连呼之，不止。钦至营，晓谕其众，帅以入府，攻承丕，承丕左右欲拒战，钦叱之，皆弃兵走，遂执承丕，斩之，并其亲党，传首成都。

【译文】李谷失足跌倒，伤了右臂，休假一个多月。后周太祖郭威因为李谷主管的工作繁多紧急，便催促他入朝，李谷以不能行朝拜大礼为理由推辞。癸巳日（七月无此日），诏命不必上朝谒见，只让他处理公务。

后蜀工部尚书、判武德军郭延钧对监押王承丕无礼，王承丕阴谋发动叛乱。辛丑日（十八日），左奉圣都指挥使安次人孙钦将要率领所部兵戍守边境，前往向王承丕辞行，王承丕邀请他一起去见军府长官郭延钧；孙钦不知道他的阴谋，便答应了他。王承丕到了府中，就下令左右的侍从人员击杀郭延钧，屠杀他的家属，假称是奉了诏命处理军府，于是就打开府库，犒赏士兵，放出监牢里的囚犯，调遣驻守当地的戍卒。将帅和官吏全都集合在一起，孙钦对王承丕说："现在郭延钧已经伏法，您应当拿出诏书来给大家看。"王承丕说："我能够使您富贵，不要问诏书的事。"孙钦这才知道王承丕谋反，所以骗他说："现在府内府外都还没安定，我愿率领自己的部众，为公巡察。"说完立即跃马而出，王承丕连连呼喊他，他都不停。孙钦回到自己营中，告诉他的部众，率领他们进入府中，攻击王承丕。王承丕左右的人想上前抵抗，孙钦大声呵斥他们，他们都丢弃武器逃走，于是抓到王承丕，将他斩首，连带也杀了他的亲党，然后把首级传送回成都。

天平节度使、守中书令高行周卒。行周有勇而知义，功高而不矜，策马临敌，叱咤风生，平居与宾僚宴集，侃侃和易，人以是重之。

癸卯，蜀主遣客省使赵季札如梓州，慰抚吏民。

汉法，犯私盐、麹，无问多少抵死。郑州民有以屋税受盐于官，过州城，吏以为私盐，执而杀之，其妻讼冤。癸丑，始诏犯盐、麹者以斤两定刑有差。

【译文】天平节度使、守中书令高行周去世。高行周勇猛而知晓大义，功高而不骄傲自夸，战场上扬鞭策马亲临敌阵，叱咤风云，平常跟宾客僚友聚会，则从容不迫，平易近人，因此大家很敬重他。

癸卯日（二十日），后蜀主孟昶派遣客省使赵季札前往梓州，抚慰官吏百姓。

后汉的法律，凡是犯法贩卖私盐、私造酒曲的人，不论数量多少，一律处死罪。郑州有一个百姓，以屋税向官府领取食盐，经过州城，官吏以为是私盐，把他抓起来，处死。他的妻子替他申诉冤情。癸丑日（七月无此日），后周太祖郭威开始发布诏令：犯法走私食盐、酒曲的人，根据斤两多少确定刑罚轻重不同的等级。

资治通鉴卷第二百九十一　后周纪二

起玄黓困敦九月，尽阏逢摄提格四月，凡一年有奇。

【译文】起壬子（公元952年）九月，止甲寅（公元954年）四月，共一年八个月。

【题解】本卷记录了公元952年九月至954年四月的史事，共一年又八个月。正当后周太祖郭威广顺二年九月至显德元年四月。后周太祖郭威废除营田，把耕种营田的人重新编入户籍，由地方管理，把那些田地、房舍、耕牛、农具，全部赐给租佃土地的人作为永久的产业，废除全部租牛税，并且贬逐跋扈之臣王峻，勉强支撑病体在南郊祭祀，平生崇尚俭约，临终时留下遗命只使用纸衣、瓦棺，是五代时难得的一位开明之君。养子郭荣即位，史称周世宗。北汉主刘崇趁机南侵后周，后周世宗御驾亲征。高平战役，后周世宗大破北汉兵，乘胜兵围晋阳。楚国旧将刘言、王逵赶走南唐兵，尽力恢复楚国旧土，只有郴州、连州落入南汉之手。湖南局势恢复，王逵杀死刘言，向后周称藩。

太祖圣神恭肃文武皇帝中

广顺二年（壬子，公元九五二年）九月，甲寅朔，吴越丞相裴坚卒。以台州刺史吴延福同参相府事。

庚午，敕北边吏民毋得入契丹境俘掠。

契丹将高谟翰以苇筏渡胡卢河入寇，至冀州，成德节度使何福进遣龙捷都指挥使刘诚诲等屯贝州以拒之。契丹闻之，遽引兵北渡。所掠冀州丁壮数百人，望见官军，争鼓噪，欲攻契丹，官军不敢应，契丹尽杀之。

蜀山南西道节度使李廷珪奏周人聚兵关中，请益兵为备。蜀主遣奉銮肃卫都虞候赵进将兵趣利州，既而闻周人聚兵以备北汉，乃引还。

【译文】广顺二年（壬子，公元952年）九月，甲寅朔日（初一），吴越丞相裴坚去世。任命台州刺史吴延福共同参与丞相府事务。

庚午日（十七日），后周太祖郭威敕令北方边境的官吏、百姓不得进入契丹境内抢掠人口、财物。

契丹将领高谟翰用芦苇编成筏子渡过胡卢河入侵，到达冀州，成德节度使何福进派遣龙捷都指挥使刘诚诲等屯驻贝州来抵抗。契丹听到这个消息，赶忙引兵向北渡过胡卢河；所俘虏的冀州男丁数百人望见官军，纷纷呼喊喧闹，想攻击契丹兵，可是官军不敢响应，结果契丹兵把他们全部杀掉。

后蜀山南西道节度使李廷珪奏报后周人在关中地区集结军队，请求增加兵力进行防备。蜀主孟昶派遣奉銮肃卫都虞候赵进率兵直向利州进发，不久，听说周人集结军队是为了防备北汉，于是又引兵回去。

唐武安节度使边镐，昏懦无断，在湖南，政出多门，不合众心。吉水人欧阳广上书，言："镐非将帅才，必丧湖南，宜别择良帅，益兵以救其败。"不报。

唐主使镐经略朗州，有自朗州来者，多言刘言忠顺，镐由是不为备。唐主召刘言入朝，言不行，谓王逵曰："唐必伐我，奈

419

何?"逖曰:"武陵负江湖之险,带甲数万,安能拱手受制于人!边镐抚驭无方,士民不附,可一战擒也。"言犹豫未决,周行逢曰:"机事贵速,缓则彼为之备,不可图也。"言乃以逖、行逢及牙将何敬真、张倣、蒲公益、朱全琇、宇文琼、彭万和、潘叔嗣、张文表十人皆为指挥使,部分发兵。叔嗣、文表,皆朗州人也。行逢能谋,文表善战,叔嗣果敢,三人多相须成功,情款甚昵。

【译文】 南唐武安节度使边镐,昏庸怯懦不能决断,在湖南,政令出自多家,不符合民众心意。吉水人欧阳广上书,说:"边镐不是将帅之才,一定会把湖南丢掉,应该另外选择良将,增加军队以解救危机。"结果没有下文。

南唐主李璟让边镐筹划治理朗州,有从朗州来的人,大多说刘言忠顺朝廷,边镐因此不作防备。南唐主召刘言入朝,刘言不去,对王逖说:"如果唐国一定要来攻打我,将怎么办?"王逖说:"武陵这个地方,有险要的长江、洞庭湖做屏障,拥有好几万的甲兵,怎么可以拱手让给别人而受别人的宰割!边镐领导无方,士民不服,可以一战就擒住他。"刘言犹豫不决,周行逢说:"机密之事贵在迅速;缓慢一点对方就有了防备,不可谋取了。"刘言于是任命王逖、周行逢及牙将何敬真、张倣、蒲公益、朱全琇、宇文琼、彭万和、潘叔嗣、张文表十个人都为指挥使,部署发兵的事宜。潘叔嗣、张文表都是朗州人。周行逢擅长谋划,张文表善于攻战,潘叔嗣果断勇敢,三个人常互相配合而完成任务,感情非常亲密。

诸将欲召溆州酋长符彦通为援,行逢曰:"蛮贪而无义,前年从马希萼入潭州,焚掠无遗。吾兵以义举,往无不克,乌用此物,使暴殄百姓哉!"乃止。然亦畏彦通为后患,以蛮酋土团都指挥使刘瑶为群蛮所惮，补西境镇遏使以备之。

【译文】众将想召请溆州酋长苻彦通作为援军，周行逢说："蛮人贪婪而不讲信义，前年跟从马希萼进入潭州，烧杀抢掠没有遗留。我们的军队是为了正义而战，所向无敌，何必用这些蛮人，使他们残害百姓呢！"于是这件事就停了下来。可是，又怕苻彦通对他们构成威胁，成为后患，于是以群蛮所畏惧的蛮酋土团都指挥使刘瑶担任西境镇遏使，用来防备苻彦通。

冬，十月，逵等将兵分道趣长少，以孙朗、曹进为先锋使，边镐遣指挥使郭再诚等将兵屯益阳以拒之。戊子，逵等克沅江，执都监刘承遇，裨将李师德帅众五百降之。壬辰，逵等命军士举小舟自蔽，直造益阳，四面斧寨而入，遂克之，杀戍兵二千人。边镐告急于唐。甲午，逵等克桥口及湘阴，乙未，至潭州。边镐婴城自守，救兵未至，城中兵少。丙申夜，镐弃城走，吏民俱溃。醴陵门桥折，死者万馀人，道州刺史廖偃为乱兵所杀。丁酉旦，王逵入城，自称武平节度副使、权知军府事，以何敬真为行军司马。遣敬真等追镐，不及，斩首五百级。薄公益攻岳州，唐岳州刺史宋德权走，刘言以公益权知岳州。唐将守湖南诸州者，闻长沙陷，相继遁去。刘言尽复马氏岭北故地，惟郴、连入于南汉。

【译文】冬季，十月，王逵等领兵分路奔赴长沙，任命孙朗、曹进为先锋使，边镐派遣指挥使郭再诚等领兵屯驻益阳抵抗。戊子日（初五），王逵等攻克沅江，生擒都监刘承遇，副将李师德率领部众五百人投降。壬辰日（初九），王逵命军士各乘小舟，直抵益阳，从四面砍伐营寨而入，终于攻下了益阳，消灭两千名守兵。边镐向唐国告急。甲午日（十一日），王逵等人攻克桥口及湘阴。乙未日（十二日），到达潭州，边镐据城自守；救兵还没有到来，城里兵员又少，丙申日（十三日）的晚上，边镐放弃州城，逃走，所留下的官吏及民众全都溃散。醴陵门的桥梁折断，死了一万多人，道州刺史廖偃被乱兵杀死。丁酉日（十四日）的早晨，王逵进入城里，自称武平节度副使、权知军府事，任命何敬真为行军司马。派何敬真等去追赶边镐，没有赶上，却斩了五百个首级。蒲公益进攻岳州，唐国的岳州刺史宋德权逃走，刘言任命蒲公益代理主持岳州事务。唐国防守湖南各州的将领，听说长沙陷落，一个接一个地逃走。刘言收复了马氏岭北的全部旧土，只有郴州及连州两州，沦陷于南汉。

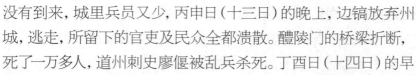

契丹瀛、莫、幽州大水，流民入塞散居河北者数十万口，契丹州县亦不之禁。诏所在赈给存处之，中国民先为所掠，得归者什五六。

丁未，谷以病臂久未愈，三表辞位，帝遣中使谕指曰："卿所掌至重，朕难其人，苟事功克集，何必朝礼！朕今于便殿待卿，可暂入相见。"谷入见于金祥殿，面陈悃款，帝不许。谷不得已复视事。谷未能执笔，诏以三司务繁，令刻名印用之。

辛亥，敕："民有诉讼，必先历县州及观察使处决，不直，乃听诣台省，或自不能书牒，倩人书者，必书所倩姓名、居处。若无可倩，听执素纸。所诉必须己事，毋得挟私客诉。"

【译文】契丹瀛州、莫州、幽州发大水，流民进入边塞散居河北的有数十万人，契丹各州、县也禁止流民。后周太祖郭威下诏，命各地救济安顿灾民，中原的百姓以前被强掳而去的，有十之五六得以借此机会回来。

丁未日（二十四日），李谷因为手臂的伤长久不能痊愈，三次上表要求辞去职位，后周太祖郭威派遣宫中使者传达旨意，说："卿所负责的事务，极为重要，朕很难找到适当的人选，如果事务能够顺利地推展，又有成绩表现，何必要上朝参谒？朕现在在便殿等待卿，卿无妨暂时来相见一下。"于是李谷在金祥殿觐见后周太祖，当面向后周太祖陈诉自己的苦衷。后周太祖不准。李谷不得已，又处理公务。李谷还不能拿笔，后周太祖体念他政务繁重，特地下诏，让他雕刻图章来使用。

辛亥日（二十八日），后周太祖郭威下敕令："百姓若有诉讼，必须先经县、州以及观察使处理，如果不服审判，才可以上诉到御史台及尚书省的刑部，若是自己不能写起诉的状子，而必须托人写，必须写上所托人的姓名、住址。如果没人可托，可以只拿白纸。所诉讼的事情，必须是跟自己有关的，不得为了私情，而替别人诉讼。"

庆州刺史郭彦钦性贪，野鸡族多羊马，彦钦故扰之以求赂，野鸡族遂反，剽掠纲商。帝命宁、环二州合兵讨之。

刘言遣使奉表来告，称："湖南世事朝廷，不幸为邻寇所陷，臣虽不奉诏，辄纠合义兵，削平旧国。"

唐主削边镐官爵，流饶州。初，镐以都虞候从查文徽克建州，凡所俘获皆全之，建人谓之"边佛子"；及克潭州，市不易肆，潭人谓之"边菩萨"；既而为节度使，政无纲纪，惟日设斋供，盛修佛事，潭人失望，谓之"边和尚"矣。

【译文】庆州刺史郭彦钦生性贪婪，党项野鸡族羊马很多，郭彦钦故意骚扰他们来索求贿赂，野鸡族因此造反，抢夺在边境上贩卖物品的商人。后周太祖郭威命令宁州及环州联合起来讨伐他们。

刘言派遣使者前来上表，说："湖南世代侍奉朝廷，不幸被南唐所攻陷，臣虽然事先没有遵奉诏命，但是已经集合义兵，平定楚国旧有土地。"

南唐主李璟削去边镐的官职爵位，流放饶州。起初，边镐以都虞候的职位跟随查文徽攻下建州，对所有俘虏来的人，都保全了性命，建州人称他为"边佛子"；等到攻陷潭州，街上的店铺，一点儿也不受干扰，潭州人称他为"边菩萨"；不久，做节度使，政事没有法度，只是天天准备供佛的物品，郑重地从事念佛，潭州人对他感到失望，于是便称他为"边和尚"了。

左仆射同平章事冯延己、右仆射同平章事孙晟上表请罪，皆释之。晟陈请不已，乃与延己皆罢守本官。

唐主以比年出师无功，乃议休兵息民。或曰："愿陛下数十年不用兵，可小康矣！"唐主曰："将终身不用，何数十年之有！"唐主思欧阳广之言，拜本县令。

十一月，辛未，徙保义节度使折从阮为静难节度使，讨野鸡族。

【译文】 左仆射同平章事冯延己、右仆射同平章事孙晟上表请罪。南唐主李璟都不追究。孙晟再三请罪，表示要对湖南失陷的事负责，于是南唐主李璟才下令孙晟跟冯延己都罢免宰相的职务，只担任原有的官职。

南唐主李璟因连年出师无功，于是商议停止用兵休养生息。有人说："希望陛下几十年不要用兵，就可以达到小康了！"南唐主说："我将一辈子不用兵，何止几十年而已！"南唐主想起欧阳广所说"边镐一定会丧失湖南"的话，拜他为吉水县令。

十一月，辛未日（十九日），迁调保义节度使折从阮为静难节度使，讨伐野鸡族。

【乾隆御批】 边镐庸碌下材，务姑息而不知要领。其始抚绥安辑民，未尝不受其益，继而因循不振，流为废弛。爱人而不得其道，非惟害人而并以自害逮乎。建、潭舆诵，每况愈下，诚可鄙耳！

【译文】 边镐平庸而无所作为，是下等之才，致力于迁就纵容而不懂得施政的要领。他开始时安抚百姓，百姓不是没有受到过他的好处，接着却按老办法做事不求振兴，向懈怠败坏转变。爱护百姓却不懂得方法，不只是害人，而且同样害了自己。建州、潭州百姓议论纷纷，情况越来越坏，边镐确实令人看不起啊！

癸酉，敕："约每岁民间所输牛皮，三分减二；计田十顷，税取一皮，馀听民自用及卖买，惟禁卖于敌国。"先是，兵兴以来，禁民私卖买牛皮，悉令输官受直。唐明宗之世，有司止偿以盐；晋天福中，并盐不给。汉法，犯私牛皮一寸抵死，然民间日用实不可无。帝素知其弊，至是，李谷建议，均于田亩，公私便之。

十二月，丙戌，河决郑、滑，遣使行视修塞。

甲午，前静难节度使侯章献买宴绢千匹，银五百两。帝不受，曰："诸侯入觐，天子宜有宴犒，岂待买邪！自今如此比者，皆勿受。"

王逵将兵及洞蛮五万攻郴州，南汉将潘崇彻救之，遇于蠔石。崇彻登高望湖南兵，曰："疲而不整，可破也。"纵击，大破之，伏尸八十里。

【译文】 癸酉日（二十一日），后周太祖郭威颁发敕令："规定每年民间所进贡的牛皮，减免三分之二。每十顷田，征税收取一张牛皮，剩下来的，任由百姓使用或买卖，唯独禁止卖给别的国家。"在此以前，从战事兴起开始，就禁止民间私自买卖牛皮，全部都依规定交给官府，然后领取一点报酬。后唐明宗李嗣源的时候，官府只对百姓补偿一点食盐；后晋天福年间，连盐都不给。后汉的法律，规定私自买卖牛皮一寸，就犯死罪，然而民间的日常使用，实在是不可缺少。后周太祖早就了解到其中的弊端，所以到了这时，李谷建议，把牛皮税按田亩来计算，公私都方便。

十二月，丙戌日（初四），黄河在郑州、滑州决口，朝廷派遣使者前去巡视，并加以抢修堵塞。

甲午日（十二日），前静难节度使侯章进献买宴的绢一千匹、银子五百两，后周太祖郭威不接受。说：“诸侯入朝觐见，天子应该自设酒宴，犒劳诸侯，哪里还要诸侯出钱来买呢？从今以后，像这一类的，都不接受。”

王逵率领所部以及洞蛮军队共五万进攻郴州，南汉将领潘崇彻救援郴州，在蠔石相遇。潘崇彻登上高地眺望湖南兵，说：“疲乏而不整齐，容易攻破。”挥军进击，果然把湖南兵打得大败，尸体横陈八十里。

翰林学士徐台符请诛诬告李崧者葛延遇及李澄，冯道以为屡更赦，不许。王峻嘉台符之义，白于帝，癸卯，收延遇、澄，诛之。

刘言表称潭州残破，乞移使府治朗州，且请贡献、卖茶，悉如马氏故事。许之。

唐江西观察使楚王马希萼入朝，唐主留之，后数年，卒于金陵，谥曰恭孝。

初，麟州土豪杨信自为刺史，受命于周。信卒，子重训嗣，以州降北汉。至是，为群羌所围，复归款，求救于夏、府二州。

【译文】翰林学士徐台符请求诛杀诬告李崧的葛延遇和李澄，冯道认为经过了多次赦令，没有同意。王峻赞许徐台符的大义，特地把这件事报告后周太祖郭威。癸卯日（二十一日），逮捕葛延遇及李澄，把他们杀死。

刘言上表，说潭州经过战火以后，府署残破，请求把节度使的府署迁设到朗州，并且请求准他进贡、卖茶，完全比照马氏当年的旧例，朝廷答应了他。

唐国的江西观察使楚王马希萼入朝，南唐主李璟留下了他，几年以后，死在金陵，谥号为恭孝。

起初，麟州土豪杨信自称刺史，接受后周的命令。杨信去世，他的儿子杨重训继位，却把麟州献给北汉，向北汉投降。到了这时，被各部羌族所包围，于是又投诚归附后周，向夏、府两州求救。

广顺三年（癸丑，公元九五三年）春，正月，丙辰，以武平留后刘言为武平节度使，制置武安、静江等军事、同平章事；以王逵为武安节度使，何敬真为静江节度使，周行逢为武安行军司马。

诏折从阮："野鸡族能改过者，拜官赐金帛，不则进兵讨之。"壬戌，从阮奏："酋长李万全等受诏立誓外，自馀犹不服，方讨之。"

【译文】广顺三年（癸丑，公元953年）春季，正月，丙辰日（初五），后周太祖郭威任命武平留后刘言为武平节度使、置制武安及静江等军事、同平章事。任命王逵为武安节度使，何敬真为静江节度使，周行逢为武安行军司马。

后周太祖郭威诏令折从阮，说："野鸡族能改过的人，拜授官职，赏赐金帛，不然就进兵讨伐他们。"壬戌日（十一日），折从阮上奏说："除酋长李万全等人服从诏命立有誓约以外，其他人还不服，正在讨伐他们。"

前世屯田皆在边地，使戍兵佃之。唐末，中原宿兵，所在皆置营田以耕旷土。其后又募高赀户使输课佃之，户部别置官司总领，不隶州县，或丁多无役，或容庇奸盗，州县不能诘。梁太祖击淮南，掠得牛以千万计，给东南诸州农民，使岁输租。自是历数十年，牛死而租不除，民甚苦之。帝素知其弊，会阁门使、知青州张凝上便宜，请罢营田务，李谷亦以为言。乙丑，敕："悉罢户部营田务，以其民隶州县；其田、庐、牛、农器，并赐见佃者为永业，悉除租牛课。"是岁，户部增三万馀户。民既得为永业，始敢葺屋植木，获地利数倍。或言："营田有肥饶者，不若鬻之，可得钱数十万缗以资国。"帝曰："利在于民，犹在国也，朕用此钱何为！"

【译文】 前代屯田都在边疆，让戍守的士兵耕种。唐朝末年，中原驻扎军队，所在之处都设置营田来耕种空地。以后又招募富户，让他们交纳租税，土地由他们租出去，户部另外特设一个机构，专门负责这方面的事务，不隶属州县，这样一来，造成两种情况：一方面，有许多成年男子想耕田却没田可耕，一方面又收容了奸盗不法之徒，使他们得到了庇护，州县没有权力过问。后梁太祖朱温攻打淮南，抢夺了成千上万的耕牛，供给东南各州的农民，规定他们每年向官府缴税。从此之后，经过几十年，牛死而租税没有免除，百姓深受其苦。后周太祖郭威向来知道其中的弊端，正好这时阁门使、知青州张凝上奏利国利民之事，请求废除营田机构，李谷也说这件事。十四日，后周太祖敕令："废除户部的全部营田官署，将耕种营田的民众归州县管辖；所有的田地、房舍、耕牛、农作器具，全部赠送给现在正在耕种的人，作为他永久的产业，全面废止租牛税。"这一年，根据户部的统计，户口增加了三万多。民众获得了这些田产作为永久的产业，才敢修葺房屋，种植树木，田地的生产量增加了好几倍。有人说："营田中有肥沃富饶的，不如卖掉它，可以得到数十万缗的钱来充实国库。"后周太祖郭威说："利益在农民那里，如同在国家一样，朕用这些钱干什么！"

莱州刺史叶仁鲁，帝之故吏也，坐赃绢万五千匹，钱千缗。庚午，赐死。帝遣中使赐以酒食曰："汝自抵国法，吾无如之何。当存恤汝母。"仁鲁感泣。

帝以河决为忧，王峻请自往行视，许之。镇宁节度使荣屡求入朝，峻忌其英烈，每沮止之。闰月，荣复求入朝，会峻在河上，帝乃许之。

契丹寇定州，围义丰军，定和都指挥使杨弘裕夜击其营，大获，契丹遁去。又寇镇州，本道兵击走之。

【译文】　莱州刺史叶仁鲁，是后周太祖郭威的旧吏，犯了贪污一万五千匹绢、一千缗钱的罪，庚午日（十九日），赐死。后周太祖派遣中使赐他酒食，说："你自己触犯国法，我也无可奈何！不过，将会照顾你的母亲。"叶仁鲁听了，感动得哭起来。

后周太祖郭威为黄河决口而忧愁，王峻请求前往巡视，后周太祖准许。镇宁节度使郭荣屡次请求入朝，王峻嫉妒他杰出的功绩，屡次阻止他。闰月，郭荣又请求入朝，正好这时王峻出京去巡视黄河，后周太祖于是准许了。

契丹侵犯定州，包围义丰军，定和都指挥使杨弘裕夜晚袭击敌营，大获全胜，契丹逃走。契丹又侵略镇州，镇州兵加以反击，把他们赶走。

丙申，镇宁节度使荣入朝。故李守贞骑士马全义从荣入朝，帝召见，补殿前指挥使，谓左右曰："全义忠于所事，昔在河中，屡挫吾军，汝辈宜效之。"王峻闻荣入朝，遽自河上归，戊戌，至大梁。

雄武节度使高允权卒，其子牙内指挥使绍基谋袭父位，诈称允权疾病，表己知军府事。观察判官李彬切谏，绍基怒，斩之，辛丑，以彬谋反闻。

【译文】丙申日（十五日），镇宁节度使郭荣进京入朝。原李守贞的骑士马全义随郭荣入朝，后周太祖郭威召见他，补授他为殿前指挥使，后周太祖对左右的人说："马全义忠于主人，以前在河中的时候，屡次挫败我的军队，你们应该效仿他。"王峻听说郭荣入朝的消息，匆匆从黄河边上回来，戊戌日（十七日），到达大梁。

彰武节度使高允权去世，他的儿子牙内指挥使高绍基图谋承袭父亲的职位，假称高允权生病，上表说让自己主持军府的事务。观察判官李彬极力劝谏，高绍基很生气，将他斩首，辛巳日（正月三十日），向朝廷报告说李彬谋反。

王峻固求领藩镇，帝不得已，壬寅，以峻兼平卢节度使。

高绍基屡奏杂虏犯边，冀得承袭，帝遣六宅使张仁谦诣延州巡检，绍基不能匿，始发父丧。

戊申，折从阮奏降野鸡二十一族。

唐草泽邵棠上言："近游淮上，闻周主恭俭，增修德政。吾兵新破于潭、朗，恐其有南征之志，宜为之备。"

【译文】王峻再三请求兼领藩镇，后周太祖郭威不得已，任命王峻兼任平卢节度使。

高绍基屡次奏报各部落的胡虏侵犯边境，希望借此得以承袭他父亲的职位，后周太祖郭威派遣六宅使张仁谦到延州巡视考察，高绍基不能再隐瞒，这才替他父亲办理丧事。

戊申日（二十七日），折从阮奏报野鸡二十一个部族投降。

南唐布衣邵棠上言说："近来出游淮河，听说周主恭敬俭朴，不断推行德政。我们的军队刚刚在潭州和朗州吃了败仗，恐怕周室怀有南征的意思，应当加以戒备。"

【乾隆御批】 寓兵于农，古制既不可复，自充国建议屯田，犹得寓农于兵之意。然其大要惟在实边储，省输挽，经理得宜庶乎。有事可战，无事可戍，均不失为良法。若五季中原宿兵徒成弊政，募高赀而括逋赋，名是实非，则诚不如其已矣。

【译文】 士兵在战事闲暇的时候务农，以前的制度已经不可以恢复，自充国建议屯田，还产生了农民在农闲的时候训练的意思。然而它的要旨只在于充实边防用的储备，节省运送物资，这样经营管理应该差不多吧。有战事可以参战，没有战事可以戍守，都可以算得上是好的办法。如果五代时在中原驻扎军队白白地成了腐败的统治，招募那些资财雄厚而且包容拖欠赋税的人，名字相同但实际不同，那么真不如停止它了。

初，王逵既克潭州，以指挥使何敬真为静江节度副使，朱全琇为武安节度副使，张文表为武平节度副使，周行逢为武安行军司马。敬真、全琇各置牙兵，与逵分厅视事，吏民莫知所从。每宴集，诸将使酒，纷拿如市，无复上下之分，唯行逢、文表事逵尽礼，逵亲爱之。敬真与逵不协，辞归朗州，又不能事刘言，与全琇谋作乱。言素忌逵之强，疑逵使敬真伺己，将讨之，逵闻之，甚惧。行逢曰：“刘言素不与吾辈同心，何敬真、朱全琇耻在公下，公宜早图之。”逵喜曰：“与公共除凶党，同治潭、朗，夫复何忧！”会南汉寇全、道、永州，行逢请：“身至朗州说言，遣敬真、全琇南讨，俟至长沙，以计取之，如掌中物耳。”逵从之。行逢至朗州，言以敬真为南面行营招讨使，全琇为先锋使，将牙兵百馀人会潭州兵以御南汉。二人至长沙，逵出郊迎，相见甚欢，宴饮连日，多以美妓饵之，敬真因淹留不进。朗州指挥使李仲迁部兵三千人久戍潭州，敬真使之先发，趣岭北，都头符会等因士卒思归，劫仲迁擅还朗州。逵乘敬真醉，使人诈为言使者，责敬真以“南寇深侵，不亟捍御而专务荒宴，太师命械公归西府。”因收系狱。全琇逃去，遣兵追捕之。二月，辛亥朔，斩敬真以徇。未几，获全琇及其党十馀人，皆斩之。

【译文】 起初，王逵既已取得潭州，便任命指挥使何敬真为静江节度副使，朱全琇为武安节度副使，张文表为武平节度副使，周行逢为武安行军司马。何敬真和朱全琇各自设置牙兵，跟王逵分庭处理政事，官吏百姓不知道该听谁的。每当聚会饮酒的时候，诸将借着酒兴，意气闹事，纷乱嘈杂像菜市一般，不再有上司下属的分别，只有周行逢、张文表完全按照应有的礼节侍奉王逵，所以王逵也亲近喜欢他们。何敬真跟王逵不和，辞别回到朗州，但是，又跟刘言处不来，于是就跟朱全琇一起图谋作乱。刘言一向顾忌王逵的强大，怀疑是王逵派何敬真刺探自己，将要讨伐王逵，王逵听到这消息，很害怕。周行逢说：“刘言一向不与我们一条心，何敬真、朱全琇以在您手下为耻，您应当及早处置他们。”王逵大喜说：“跟您一同消灭凶党，一同治理潭州及朗州，还担心什么！”正好这时南汉入侵全州、道州及永州，周行逢建议说：“让我亲自到朗州游说刘言，派遣何敬真、朱全琇向南讨伐南汉,等他们到达长沙,设计对付他们,就像囊中取物一样。"王逵赞成他的意见。周行逢到了朗州以后,刘言果然任命何敬真为南面行营招讨使,朱全琇为先锋使,率领一百多名牙兵和潭州兵会合,以抵御南汉。何敬真和朱全琇到了长沙,王逵出城到郊外迎接,相见很愉快,接连几天设宴饮酒,多用美貌妓女来引诱他们,何敬真因此停留不再前进。朗州指挥使李仲迁的部兵三千人长期戍守潭州,何敬真命他们先出发,直奔岭北,都头符会等人因为士兵们想回家,挟持李仲迁擅自返回朗州。王逵趁何敬真喝醉的时候,让人伪装成刘言的使者,指责何敬真:"南方的寇盗,深入边境侵略,不赶紧去防御抵抗,而专门从事饮酒作乐,太师命我来押解你回朗州军府。"趁机将何敬真逮捕关进监狱。朱全琇逃走,派兵追捕他。二月,辛亥朔日(初一),把何敬真斩首示众。不久,捕获朱全琇及其党徒十几人,把他们全部斩首。

　　癸丑,镇宁节度使荣归澶州。

　　初,契丹主德光北还,以晋传国宝自随。至是,更以玉作二宝。

　　王逵遣使以斩何敬真告刘言,言不得已,庚申,斩符会等数人。

　　【译文】癸丑日(初三),镇宁节度使郭荣返回潭州。

　　起初,契丹主耶律德光返回北方,将后晋传国玺印随身携带。到了这时,另外用玉做了两枚传国玺印。

　　王逵派遣使者把斩杀何敬真的事告知刘言,刘言不得已,庚申日(初十),斩杀符会等好几个人。

枢密使、平卢节度使、同平章事王峻，晚节益狂躁，奏请以端明殿学士颜衍、枢密直学士陈观代范质、李谷为相，帝曰："进退宰辅，不可仓猝，俟朕更思之。"峻力论列，语浸不逊，日向中，帝尚未食，峻争之不已。帝曰："今方寒食，俟假开，如卿所奏。"峻乃退。

癸亥，帝亟召宰相、枢密使入，幽峻于别所。帝见冯道等，泣曰："王峻陵朕太甚，欲尽逐大臣，翦朕羽翼。朕惟一子，专务间阻，暂令诣阙，已怀怨望。岂有身典枢机，复兼宰相，又求重镇！观其志趣，殊未盈厌。无君如此，谁则堪之！"甲子，贬峻商州司马，制辞略曰："肉视群后，孩抚朕躬。"帝虑邺都留守王殷不自安，命殷子尚食使承诲诣殷，谕以峻得罪之状。峻至商州，得腹疾，帝犹愍之，命其妻往视之，未几而卒。

【译文】 枢密使、平卢节度使、同平章事王峻，晚年性情越发狂妄急躁，奏请任用端明殿学士颜衍、枢密直学士陈观取代范质、李谷为宰相，后周太祖郭威说："调换宰相，不可仓促行事，等朕再考虑一番。"王峻极力论说他的意见，语气逐渐不恭逊。时间已经快到正午，后周太祖还没吃饭，王峻还争论不停，后周太祖说："现在正逢寒食节，等到休假结束，再依照你的意见去做。"王峻这才退下。

癸亥日（十三日），后周太祖郭威紧急召见宰相、枢密使入朝，将王峻软禁在别的地方。后周太祖见到冯道等人，流下眼泪说："王峻欺凌我太过分，竟想赶走所有大臣，废除我的辅佐。我只有一个儿子，王峻极力地从中阻挠，我暂时让我儿子回京一趟，他就心怀怨恨。岂有已经主掌枢密院，又兼宰相，还要求做大镇的节度使的道理！看他的意思，实在是没有满足的时候。这样子藐视国君，谁能够忍受！"甲子日（十四日），贬谪王峻为商州司马，制书的内容大略说："视群臣如案板上的肉，待朕身似几岁孩童。"后周太祖考虑到邺都留守王殷也许会因此感到不安，于是就派王殷的儿子尚食使王承诲到王殷那里，告诉他王峻获罪的情形。王峻到了商州，得了腹泻病，后周太祖还怜悯他，命王峻的妻子前去探望，不久王峻就死了。

【申涵煜评】 峻之狂躁不逊，是武臣无知常态，观其一经败逐，俯首就道，则无异志。可知周祖纵不能耐何，便至于泣下。尝怪五代开创诸君，其初皆生龙活虎，一即位便气息奄奄。甚矣富贵之溺人也。

【译文】 王峻狂躁而不知礼节，这是武臣无知的常态，看他一经被驱逐，就低着头在路上，说明他没有二心。可以知道周太祖纵然不能忍受，也应该因此而落泪。五代各国的开国君主，起初都是生龙活虎，一即位就气息奄奄。实在是富贵让人沉溺其中啊。

帝命折从阮分兵屯延州，高绍基始惧，屡有贡献。又命供奉官张怀贞将禁兵两指挥屯鄜、延，绍基乃悉以军府事授副使张匡图。甲戌，以客省使向训权知延州。

三月，甲申，以镇宁节度使荣为开封尹、晋王。丙戌，以枢密副使郑仁诲为镇宁节度使。

初，杀牛族与野鸡族有隙，闻官军讨野鸡，馈饷迎奉，官军利其财畜而掠之；杀牛族反，与野鸡合，败宁州刺史张建武于包山。帝以郭彦钦扰群胡，致其作乱，黜废于家。

【译文】 后周太祖郭威命折从阮分兵屯驻延州，高绍基这才有点害怕，屡次向朝廷进贡。又命供奉官张怀贞率领禁卫兵两个指挥使驻守鄜州及延州，高绍基于是把军府的事全部交给副使张匡图。甲戌日（二十四日），任命客省使向训代理掌管延州事务。

三月，甲申日（初五），后周太祖郭威任命镇宁节度使郭荣为开封尹、晋王。丙戌日（初七），任命枢密副使郑仁诲为镇宁节度使。

起初，杀牛族跟野鸡族有仇恨，听说官军讨伐野鸡族，便输送粮饷，迎接官军，官军贪图他们的财货及牲畜，反而抢劫他们。于是杀牛族造反，跟野鸡族合作，在包山打败宁州刺史张建武。后周太祖郭威因为郭彦钦骚扰各地的胡人，导致他们叛乱，把郭彦钦罢免在家。

初，解州刺史浚仪郭元昭与榷盐使李温玉有隙，温玉婿魏仁浦为枢密主事，元昭疑仁浦庇之。会李守贞反，温玉有子在河中，元昭收系温玉，奏言其叛，事连仁浦。帝时为枢密使，知其诬，释不问。至是，仁浦为枢密承旨，元昭代归，甚惧，过洛阳，以告仁浦弟仁涤，仁涤曰："吾兄平生不与人为怨，况肯以私害公乎！"既至，丁亥，仁浦白帝，以元昭为庆州刺史。

己丑，以棣州团练使太原王仁镐为宣徽北院使兼枢密副使

唐主复以左仆射冯延己同平章事。

【译文】起初，解州刺史浚仪人郭元昭与榷盐使李温玉有矛盾，李温玉的女婿魏仁浦为枢密主事，郭元昭怀疑魏仁浦包庇岳丈；正好遇上河中李守贞造反，李温玉有个儿子在河中，郭元昭收押李温玉，奏报他反叛朝廷，事情牵连魏仁浦。后周太祖郭威当时做枢密使，知道他们是被冤枉的，便把这事搁置一边，不加追究。到了这时，魏仁浦做枢密承旨，郭元昭任期届满回来，非常害怕，经过洛阳，把这件事情告诉魏仁浦的弟弟魏仁涤，魏仁涤说："我哥哥平生不跟人家结仇，又哪里会以私人

资治通鉴

恩怨而害您呢？"郭元昭回到京师以后，丁亥日（初八），魏仁浦报告后周太祖，任命郭元昭为庆州刺史。

己丑日（初十），后周太祖郭威任命棣州团练使太原人王仁镐为宣徽北院使兼枢密副使。

南唐主李璟又任命左仆射冯延己为同平章事。

周行逢恶武平节度副使张倣，言于王逵曰："何敬真，倣之亲戚，临刑以后事属仿，公宜备之。"夏，四月，庚申，逵召倣饮，醉而杀之。

丙寅，归德节度使兼侍中常思入朝，戊辰，徙平卢节度使。将行，奏曰："臣在宋州，举丝四万馀两在民间，谨以上进，请征之。"帝颔之。五月，丁亥，敕榜宋州，凡常思所举丝悉蠲之，已输者复归之，思亦无怍色。

自唐末以来，所在学校废绝，蜀毋昭裔出私财百万营学馆，且请刻板印《九经》。蜀主从之。由是蜀中文学复盛。

【译文】周行逢憎恶武平节度副使张倣，对王逵说："何敬真，是张倣的亲戚，临刑的时候，把后事托给张倣，公应该防备他。"夏季，四月，庚申日（十一日），王逵召请张倣饮酒，乘他喝醉，把他杀掉。

丙寅日（十七日），归德节度使兼侍中常思入朝；戊辰日（十九日），调任平卢节度使。常思即将上路，启奏说："臣在宋州，给民间贷有四万多两丝的债，到蚕丝成熟时，向他们征收价值相当的蚕丝，现在谨把这些献给皇上，请皇上那时候下令征收。"后周太祖郭威点头答应了他。五月，丁亥日（初九），在宋州公布敕令，凡是常思所贷放的丝债全部免除，已上缴的全部退回。常思也并不感到惭愧。

自从唐朝末年以来，各地学校荡然无存，后蜀毋昭裔拿出私人财产上百万营办学馆，并且建议刻板印制《九经》，后蜀主孟昶赞成他。因此蜀地的文献之学又兴盛起来。

六月，壬子，沧州奏契丹知户台军事范阳张藏英来降。

初，唐明宗之世，宰相冯道、李愚请令判国子监田敏校正《九经》，刻板印卖，朝廷从之。丁巳，板成，献之。由是，虽乱世，《九经》传布甚广。

王逵以周行逢知潭州，自将兵袭朗州，克之，杀指挥使郑玫，执武安节度使、同平章事刘言，幽于别馆。

秋，七月，王殷三表请入朝，帝疑其不诚，遣使止之。

唐大旱，井泉涸，淮水可涉，饥民度淮而北者相继，濠、寿发兵御之，民与兵斗而北来。帝闻之曰："彼我之民一也，听籴米过淮。"唐人遂筑仓，多籴以供军。八月，己未，诏唐民以人畜负米者听之，以舟车运载者勿予。

【译文】 六月，壬子日（初四），沧州奏报契丹的知卢台军事范阳人张藏英前来投降。

起初，后唐明宗李嗣源时，宰相冯道、李愚建议，命判国子监田敏校正《九经》，刻板印刷，对外销售，朝廷采纳了这个意见。丁巳日（初九），刻板完成，进献朝廷。从此，虽然世道大乱，但《九经》流传仍然很广。

王逵任命周行逢掌管潭州事务，自己率兵袭击朗州，攻下之后，杀死指挥使郑玫，抓到武安节度使、同平章事刘言，把他囚禁在别馆。

秋季，七月，王殷三次上表请求入朝，后周太祖郭威怀疑他不诚心，派遣使者阻止他。

南唐大旱, 井水、泉水干涸, 淮河干得可徒步而过, 饥民渡过淮河北上的接连不断, 南唐濠州、寿州发兵阻止, 百姓与士兵争斗, 朝北奔来。后周太祖郭威听说这件事, 说: "他们跟我们的百姓是一样的, 让他们自由过淮河买米。" 南唐人却因此盖了许多仓库, 大量地买米, 以供军队的需要。八月, 己未日(十二日), 后周太祖下诏: 南唐百姓靠人力或牲畜来运米粮的, 不加限制, 如果是用车船来载运粮食的, 就不要卖给。

王逵遣使上表, 诬"刘言谋以朗州降唐, 又欲攻潭州, 其众不从, 废而囚之, 臣已至朗州抚安军府讫。"且请复移使府治潭州。甲戌, 遣通事舍人翟光裔诣湖南宣抚, 从其所请。逵还长沙, 以周行逢知朗州事, 又遣潘叔嗣杀刘言于朗州。

九月, 己亥, 武成节度使白重赞奏塞决河。

契丹寇乐寿, 齐州戍兵右保宁都头刘彦章杀都监杜延熙, 谋应契丹, 不克, 并其党伏诛。

南汉主立其子继兴为卫王, 璇兴为桂王, 庆兴为荆王, 保兴为祯王, 崇兴为梅王。

【译文】王逵派遣使者上表, 诬告说: "刘言图谋率朗州向南唐投降, 又准备攻打潭州, 他的部众不肯从命, 将他废黜并囚禁起来, 臣已经到达朗州, 并且安抚军府完毕。"又请求把军府迁回潭州。甲戌日(二十七日), 后周太祖郭威派遣通事舍人翟光裔到湖南宣示安抚, 答应王逵的请求。王逵回到长沙, 任命周行逢掌管朗州事务, 又派遣潘叔嗣到朗州杀死刘言。

九月, 己亥日(二十二日), 武成节度使白重赞奏报堵塞了黄河决口。

契丹侵略乐寿, 齐州的戍守部队右保宁都头刘彦章, 杀掉都监杜延熙，打算和契丹配合，结果没有成功，连同他的部下、党徒，全部都被处决。

南汉主刘晟封立他的儿子刘继兴为卫王，刘璇兴为桂王，刘庆兴为荆王，刘保兴为祯王，刘崇兴为梅王。

东自青、徐，南至安、复，西至丹、慈，北至贝、镇，皆大水。

帝自入秋得风痹疾，害于食饮及步趋，术者言宜散财以禳之。帝欲祀南郊，又以自梁以来，郊祀常在洛阳，疑之。执政曰："天子所都则可以祀百神，何必洛阳！"于是，始筑圜丘、社稷坛，作太庙于大梁。癸亥，遣冯道迎太庙社稷神主于洛阳。

南汉大赦。

冬，十一月，己丑，太常请准洛阳筑四郊诸坛，从之。十二月，丁未朔，神主至大梁，帝迎于西郊，祔享于太庙。

【译文】 东起青州、徐州，南到安州、复州，西到丹州、慈州，北到贝州、镇州，一大片疆域都发生水灾。

后周太祖郭威入秋以来受风得了手足麻木病，影响饮食和行走，术士说应该散发财物来祛病消灾。后周太祖打算在南郊举行祭祀，又因从后梁以来，南郊祭天常在洛阳举行，因此迟疑不决。执政大臣说："天子建都的地方，就可以祭祀百神，何必一定要在洛阳！"于是开始修筑圜丘、社稷坛，在大梁建造太庙。癸亥日（九月无此日），派遣冯道到洛阳迎奉太庙的社稷神主牌位。

南汉实行大赦。

冬季，十一月，己丑日（十三日），太常请求比照洛阳修筑四郊各坛，后周太祖郭威同意了。十二月，丁未朔日（初一），冯道所奉迎的神主牌位到达大梁，后周太祖到西郊迎接，然后安置在太庙，一起接受祭祀。

邺都留守、天雄节度使兼侍卫亲军都指挥使、同平章事王
殷恃功专横，凡河北镇戍兵应用敕处分者，殷即以帖行之，又多
掊敛民财。帝闻之不悦，使人谓曰："卿与国同体，邺都帑庾甚
丰，卿欲用则取之，何患无财！"成德节度使何福进素恶殷，甲
子，福进入朝，密以殷阴事白帝，帝由是疑之。乙丑，殷入朝，诏
留殷充京城内外巡检。

戊辰，府州防御使折德扆奏北汉将乔赟入寇，击走之。

【译文】 邺都留守、天雄节度使兼侍卫亲军都指挥使、同
平章事王殷恃仗有功专横跋扈，凡是河北藩镇的卫戍部队应用
皇帝敕书才能处理的事，王殷却直接用自己的手帖就处置了，同
时大量盘剥百姓钱财。后周太祖郭威知道这种情况以后，不大
高兴，派人去对他说："卿跟国家是一体，邺都的库藏很丰富，
卿要用就去拿，何必担心没有钱！"成德节度使何福进一向厌恶
王殷，甲子日（十八日），何福进入朝，秘密地向后周太祖报告王
殷的事情，后周太祖因此对王殷起了疑心。乙丑日（十九日），王
殷入朝，后周太祖诏命留下王殷充任京城内外巡检。

戊辰日（二十二日），府州防御使折德扆奏报北汉将领乔赟
入侵，已将他打跑了。

王殷每出入，从者常数百人。殷请量给铠仗以备巡逻，帝
难之。时帝体不平，将行郊祀，而殷挟震主之势在左右，众心忌
之。

壬申，帝力疾御滋德殿，殷入起居，遂执之。下制诬殷谋以
郊祀日作乱，流登州，出城，杀之，命镇宁节度使郑仁诲诣邺都

安抚。仁诲利殷家财，擅杀殷子，迁其家属于登州。

【译文】王殷每次出门，随从人员常有好几百人。王殷请求酌量供给铠甲及兵器，以备巡逻之用，后周太祖郭威感到为难。当时，后周太祖身体不大好，正要举行祭天的典礼，而王殷挟持威震君主的势力留在后周太祖左右，众人心里都不免嫉恨他。

壬申日（二十六日），后周太祖郭威勉强扶病坐在滋德殿，王殷入殿请安，就趁此机会把他抓起来。颁下制书，妄称王殷将在祭天的时候作乱，把他放逐到登州；等到王殷出城，就把他杀掉。命令镇宁节度使郑仁诲到邺都去安抚吏民。郑仁诲贪图王殷的财产，擅自杀死王殷的儿子，把他的家属迁到登州。

唐祠部朗中、知制诰徐铉言贡举初设，不宜遽罢，乃复行之。

先是，楚州刺史田敬洙请修白水塘溉田以实边，冯延己以为便。李德明因请大辟旷土为屯田，修复所在渠塘堙废者。吏因缘侵扰，大兴力役，夺民田甚众，民愁怨无诉。徐铉以白唐主，唐主命铉按视之，铉籍民田悉归其主。或谮铉擅作威福，唐主怒，流铉舒州。然白水塘竟不成。

【译文】南唐祠部郎中、知制诰徐铉进言贡举制度刚开始设立，不应马上停止，于是又恢复实行。

在此之前，楚州刺史田敬洙请示修理白水塘灌溉田地来充实边疆，冯延己认为有利。李德明因此请示大力开辟空地作为屯田，整修各地已经污塞废弃的水渠及池塘。结果官吏从中假借名目，妄加骚扰，动用很多的劳力，侵占很多的民田，百姓忧愁怨恨，又无处申诉。徐铉把这种情形告知南唐主李璟，南唐主

命徐铉巡视调查，徐铉把被侵占的民田一一登记下来，全部交
还原主。有人中伤徐铉，说他擅自作威作福，南唐主发怒，把徐
铉贬谪到舒州。不过，白水塘最后还是没有修理好。

唐主又命少府监冯延鲁巡抚诸州，右拾遗徐锴表延鲁无才
多罪，举措轻浅，不宜奉使。唐主怒，贬锴校书郎、分司东都。
锴，铉之弟也。

道州盘容洞蛮酋盘崇聚众自称盘容州都统，屡寇郴、道州。

乙亥，帝朝享太庙，被衮冕，左右掖以登阶，才及一室，酌
献，俯首不能拜而退，命晋王荣终礼。是夕，宿南郊，疾尤剧，
几不救，夜分小愈。

【译文】南唐主李璟又命少府监冯延鲁巡视安抚各州，左
拾遗徐锴上表弹劾冯延鲁没有才能却有许多罪行，举止轻浮浅
薄，不适合奉命做使者。南唐主很生气，贬谪徐锴为校书郎、分
司东都。徐锴，是徐铉的弟弟。

道州盘容洞蛮的酋长盘崇聚集众人，自称盘容州都统，屡
次侵略郴州及道州。

乙亥日（二十九日），后周太祖郭威祭祀太庙，穿戴衮衣冠
冕，由左右人搀扶着登上台阶，才到一室，刚斟酒进献，便低下
头不能下拜而退下，下令命晋王郭荣代行典礼到结束。当天晚
上，住在京城的南郊，病情极其严重，几乎不能救治，到了半
夜，稍微好了一点儿。

显德元年(甲寅，公元九五四年)春，正月，丙子朔，帝祀圜
丘，仅能瞻仰致敬而已，进爵奠币皆有司代之。大赦，改元。听
蜀境通商。

戊寅，罢邺都，但为天雄军。

庚辰，加晋王荣兼侍中，判内外兵马事。时群臣希得见帝，中外恐惧，闻晋王典兵，人心稍安。

军士有流言郊赏薄于唐明宗时者，帝闻之，壬午，召诸将至寝殿，让之曰："朕自即位以来，恶衣菲食，专以赡军为念。府库蓄积，四方贡献，赡军之外，鲜有赢馀，汝辈岂不知之！今乃纵凶徒腾口，不顾人主之勤俭，察国之贫乏，又不思己有何功而受赏，惟知怨望，于汝辈安乎！"皆惶恐谢罪，退，索不逞者戮之，流言乃息。

【译文】显德元年（甲寅，公元954年）春季，正月，丙子朔日（初一），后周太祖郭威到圜丘祭天，仅能抬头瞻仰表示致敬而已，进酒、奠币都由有关官员代劳。大赦天下，改年号为显德。准允蜀境民众自由地往来买卖。

戊寅日（初三），废掉邺都，只建天雄军。

庚辰日（初五），晋王郭荣加官兼侍中，管理京城内外兵马事务。当时群臣很少能见到后周太祖郭威，朝野都感到恐慌，听说晋王掌握兵权，人心才稍微安定。

军队将士中有流言说祭天的赏赐比后唐明宗李嗣源时少，后周太祖郭威听说了，壬午日（初七），召集众将到寝殿，责备说："朕从即位以来，穿得很粗糙，吃得很简单，完全以供给军需为首要任务；府库里所储藏的财物，四方所进贡的货品，除了供应军需以外，就很少有剩余，你们难道不知道吗？现在竟然放任凶恶之徒散布谣言，不顾惜人主是如何地勤俭，不体察国家是如何地贫乏，又不想自己有什么功劳可以接受赏赐，只知道抱怨，你们心里安稳吗？"诸将都惶恐谢罪，退出以后，找出带头闹事的人杀掉，以作警戒，谣言才平息。

初，帝在邺都，奇爱小吏曹翰之才，使之事晋王荣。荣镇澶州，以为牙将。荣入为开封尹，未别召翰，翰自至，荣怪之。翰请间言曰："大王国之储嗣，今主上寝疾，大王当入侍医药，奈何犹决事于外邪！"荣感悟，即日入止禁中。丙戌，帝疾笃，停诸司细务皆勿奏，有大事，则晋王荣禀进止宣行之。

以镇宁节度使郑仁诲为枢密使、同平章事。

戊子，以义武留后孙行友、保义留后韩通、朔方留后冯继业皆为节度使。通，太原人也。

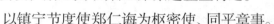

【译文】起初，后周太祖郭威在邺都时，格外喜爱小吏曹翰的才能，让他侍奉晋王郭荣。郭荣镇守澶州，任命他为牙将。郭荣回京做开封尹，没有立刻召回曹翰，曹翰主动回到京师，郭荣感到很诧异。曹翰请求屏退左右的人，进言说："大王当是国家的储君，现在皇上卧病，大王应当入宫侍奉汤药，怎么还待在外头处理事情呢？"郭荣懂了他的意思，当天就进入宫中服侍后周太祖。丙戌日（十一日），后周太祖病重，命各部门小事都不要上奏，如有大事，则由晋王裁决，经禀告后周太祖以后，宣布施行。

任命镇宁节度使郑仁诲为枢密使、同平章事。

戊子日（十三日），任命义武留后孙行友、保义留后韩通、朔方留后冯继业都为节度使。韩通，是太原人。

帝屡戒晋王曰："昔吾西征，见唐十八陵无不发掘者，此无他，惟多藏金玉故也。我死，当衣以纸衣，敛以瓦棺；速营葬，勿久留宫中；圹中无用石，以甓代之；工人役徒皆和雇，勿以烦民；葬毕，募近陵民三十户，蠲其杂徭，使之守视；勿修下宫，勿置守陵宫人，勿作石羊、虎、人、马，惟刻石置陵前云：'周天子平生好俭约，遗令用纸衣、瓦棺，嗣天子不敢违也。'汝或吾违，吾不福汝！"又曰："李洪义当与节钺，魏仁浦勿使离枢密院。"

庚寅，诏前登州刺史周训等塞决河。先是，河决灵河、鱼池、酸枣、阳武、常乐驿、河阴、六明镇、原武凡八口。至是分遣使者塞之。

【译文】后周太祖郭威屡次告诫晋王郭荣说："从前我西征时，看到唐朝十八座皇陵没有不被挖掘的，这没有别的原因，只是多藏金银宝玉的缘故。我死后，应该给我穿纸做的衣服，用瓦棺盛殓遗体；尽快安葬，不要久留在宫中；墓穴里不要使用石头，用砖来代替；修筑坟墓的工人，都出资雇用，不要麻烦百姓；安葬完毕，招募坟墓附近的百姓三十户，免除他们的各种徭役，让他们看护陵墓；不要修建地下宫室，不要安排守陵宫人，不要雕刻石羊、石虎、石人、石马，只刻一面石碑竖在陵墓前面，上面刻道：'周天子平生崇尚俭约，遗命使用纸衣、瓦棺，继位的天子不敢违背。'你如果违背我的要求，我将不保佑你！"又说，"李洪义应当颁授给他节钺，让他做节度使，魏仁浦不要让他离开枢密院。"

庚寅日（十五日），诏令前登州刺史周训等堵塞黄河决口。此前，黄河在灵河、鱼池、酸枣、阳武、常乐驿、河阴、六明镇、原武决口，共八个缺口。到了这个时候，分别派遣使者到各地堵塞决口。

帝命趣草制，以端明殿学士、户部侍郎王溥为中书侍郎、同平章事。壬辰，宣制毕，左右以闻，帝曰："吾无恨矣！"以枢密副使王仁镐为永兴节度使，以殿前都指挥使李重进领武信节度使，马军都指挥使樊爱能领武定节度使，步军都指挥使何徽领昭武节度使。重进年长于晋王荣，帝召入禁中，属以后事，仍命拜荣，以定君臣之分。是日，帝殂于滋德殿，秘不发丧。乙未，宣遗制。丙申，晋王即皇帝位。

初，静海节度使吴权卒，子昌岌立。昌岌卒，弟昌文立。是月，始请命于南汉，南汉以昌文为静海节度使兼安南都护。

【译文】 后周太祖郭威命令赶紧草拟制书，任命端明殿学士、户部侍郎王溥为中书侍郎、同平章事。壬辰日（十七日），宣读制书完毕，左右的人把这件事上报后周太祖，后周太祖说："我没有遗憾了！"任命枢密副使王仁镐为永兴节度使，任命殿前都指挥使李重进兼武信节度使。李重进的年纪比晋王郭荣大，后周太祖召他入宫，把后事托付给他，又命他向郭荣下拜，以此确定君臣的名分。当天，后周太祖在滋德殿去世，保守秘密，不发布消息。乙未日（二十日），宣布遗制。丙申日（二十一日），晋王郭荣即皇帝位。

起初，静海节度使吴权去世，儿子吴昌岌继位；吴昌岌去世，弟弟吴昌文继位。这个月，才向南汉请求颁授官职，南汉任命吴昌文为静海节度使兼安南都护。

北汉主闻太祖晏驾，甚喜，谋大举入寇，遣使请兵于契丹。二月，契丹遣其武定节度使、政事令杨衮将万馀骑如晋阳。北汉主自将兵三万，以义成节度使白从晖为行军都部署，武宁节度使张元徽为前锋都指挥使，与契丹自团柏南趣潞州。

蜀左匡圣马步都指挥使、保宁节度使安思谦潜杀张业，废赵廷隐，蜀人皆恶之。蜀主使将兵救王景崇，思谦逗桡无功，内惭惧，不自安。自张业之诛，宫门守卫加严，思谦以为疑己，言多不逊。思谦典宿卫，多杀士卒以立威。蜀主阅卫士，有年尚壮而为思谦所斥者，复留隶籍，思谦杀之，蜀主不能平。思谦三子，宸、嗣、裔，倚父势暴横，为国人患。翰林使王藻屡言思谦怨望，将反，丁巳，思谦入朝，蜀主命壮士击杀之，及其三子。藻亦坐擅启边奏，并诛之。

【译文】北汉主刘旻听说后周太祖郭威去世，极为高兴，图谋大举入侵后周，派遣使者到契丹请求出兵。二月，契丹派遣武定节度使、政事令杨衮率领一万多名骑兵前往晋阳。北汉主刘旻亲自率领三万人马，任命义成节度使白从晖为行军都部署，武宁节度使张元徽为前锋都指挥使，跟契丹从团柏向南直奔潞州。

后蜀左匡圣马步都指挥使、保宁节度使安思谦进谗言杀害张业，废黜赵廷隐，蜀人都痛恨他。蜀主孟昶派他率兵去救王景崇，安思谦逗留不进，没有功劳，内心惶恐害怕，感到不安。自从张业被杀，宫门的守卫更加严密，安思谦以为这是猜疑他，说话多不恭逊。安思谦掌管京城警卫，多次杀士兵来树立自己的威信。后来蜀主孟昶查阅卫兵名册，发现有个人年纪还不大，身体也很健壮，却被安思谦所斥退，于是蜀主恢复他的兵籍，叫他回到军中，安思谦竟把他杀掉，蜀主心里很气愤。安思谦有三个儿子，即安宸、安嗣、安裔，仗着父亲的权势，凶暴蛮横，危害国人。翰林使王藻屡次向蜀主报告说安思谦满怀怨恨，将要谋反，丁巳日（十八日），安思谦入朝，蜀主孟昶命令壮士击杀他，并杀掉他的三个儿子。王藻也因为擅自奏报边境的事情，连带被杀。

北汉兵屯梁侯驿，昭义节度使李筠遣其将穆令均将步骑二千逆战，筠自将大军壁于太平驿。张元徽与令均战，阳不胜而北，令均逐之，伏发，杀令均，俘斩士卒千馀人。筠遁归上党，婴城自守。筠，即李荣也，避上名改焉。

世宗闻北汉主入寇，欲自将兵御之，群臣皆曰："刘崇自平阳遁走以来，势蹙气沮，必不敢自来。陛下新即位。山陵有日，人心易摇，不宜轻动，宜命将御之。"帝曰："崇幸我大丧，轻朕年少新立，有吞天下之心，此必自来，朕不可不往。"冯道固争之，帝曰："昔唐太宗定天下，未尝不自行，朕何敢偷安！"道曰："未审陛下能为唐太宗否？"帝曰："以吾兵力之强，破刘崇如山压卵耳！"道曰："未审陛下能为山否？"帝不悦。惟王溥劝行，帝从之。

【译文】 北汉军队屯驻梁侯驿，昭义节度使李筠派遣将军穆令均带领步兵、骑兵二千人迎战，李筠率领大部队在太平驿修建营垒。张元徽跟穆令均交战，假装打不过而败退，穆令均追赶他，伏兵四起，杀死穆令均，所俘虏和斩杀的士兵共一千多人。李筠逃回上党，据城自守。李筠，就是李荣，为避后周世宗郭荣的名讳，才改为李筠。

后周世宗郭荣听说北汉主刘旻领兵入侵，准备亲自率领军队抵抗，朝廷群臣都说："刘旻自从平阳逃走以来，势力缩小，士气沮丧，必定不敢亲自再来。陛下刚刚即位，又不久就要安葬先帝，人心容易动摇，不应该轻易出动，最好派遣将领去抵抗他。"后周世宗说："刘崇庆幸我国大丧，轻视我年轻，又刚即位，于是有吞并天下的野心，这次一定亲自前来，朕不可不去。"冯道再三争论，后周世宗说："从前唐太宗李世民平定天下，未尝不亲自出征，朕怎么敢偷安！"冯道说："不知陛下能不能做唐太宗呢？"后周世宗说："凭我兵力的强大，打败刘崇就像山岳压卵罢了！"冯道说："不知陛下能不能做山岳呢？"后周世宗不大高兴。唯独王溥劝后周世宗亲征，后周世宗听从他。

三月，乙亥朔，蜀主加捧圣、控鹤都指挥使兼中书令孙汉韶武信节度使，赐爵乐安郡王，罢军职。蜀主惩安思谦之跋扈，命山南西道节度使李廷珪等十人分典禁兵。

北汉乘胜进逼潞州。丁丑，诏天雄节度使符彦卿引兵自磁州固镇出北汉军后，以镇宁节度使郭崇副之；又诏河中节度使王彦超引兵自晋州东出邀北汉军，以保义节度使韩通副之；又命马军都指挥使、宁江节度使樊爱能、步军都指挥使、清淮节度使何徽、义成节度使白重赞、郑州防御使史彦超、前耀州团练使符彦能将兵先趣泽州，宣微使向训监之。重赞，宪州人也。

【译文】三月，乙亥朔日（初一），后蜀主孟昶下令捧圣、控鹤都指挥使兼中书令孙汉韶加官武信节度使，赐爵位乐安郡王，免去他典掌禁军的职务。蜀主有鉴于安思谦跋扈的教训，命令山南西道节度使李廷珪等十个人分别统领禁兵。

北汉军队乘胜推进逼近潞州。丁丑日（初三），后周世宗郭荣诏令天雄节度使符彦卿领兵从磁州固镇出发到北汉军队的背后，任命镇宁节度使郭崇做他的副帅；又命河中节度使王彦超引兵从晋州向东进发，截击北汉军，任命保义节度使韩通做他的副帅；又命马军都指挥使、宁江节度使樊爱能，步军都指挥使、清淮节度使何徽，义成节度使白重赞，郑州防御使史彦超，前任耀州团练使符彦能率兵先奔赴泽州，由宣徽使向训监军。白重赞，是宪州人。

辛巳，大赦。

癸未，帝命冯道奉梓宫赴山陵，以郑仁诲为东京留守。

乙酉，帝发大梁。庚寅，至怀州。帝欲兼行速进，控鹤都指

挥使真定赵晁私谓通事舍人郑好谦曰："贼势方盛，宜持重以挫之。"好谦言于帝，帝怒曰："汝安得此言！必为人所使，言其人则生，不然必死，"好谦以实对，帝命并晁械于州狱。壬辰，帝过泽州，宿于州东北。

【译文】辛巳日（初七），后周实行大赦。

癸未日（初九），后周世宗郭荣命冯道奉送先帝的灵柩前往陵墓，任命郑仁海为东京留守。

乙酉日（十一日），后周世宗郭荣从大梁出发；庚寅日（十六日），到达怀州。世宗想日夜兼程快速前进，控鹤都指挥使真定人赵晁私下对通事舍人郑好谦说："贼兵气势正盛，应该保持稳重，以挫一挫他们的锐气。"郑好谦把这个意见告诉后周世宗，后周世宗很生气地说："您怎么说这些话，一定是被人家所指使，你说出那个人来就活命，不然一定把你处死。"郑好谦只好照实回答，后周世宗下令把他连同赵晁一起戴上刑具囚禁在怀州监狱。壬辰日（十八日），后周世宗经过泽州，住宿于州城东北。

北汉主不知帝至，过潞州不攻，引兵而南，是夕，军于高平之南。癸巳，前锋与北汉兵遇，击之，北汉兵却。帝虑其遁去，趣诸军亟进。北汉主以中军陈于巴公原，张元徽军其东，杨衮军其西，众颇严整。时河阳节度使刘词将后军未至，众心危惧，而帝志气益锐，命白重赞与侍卫马步都虞候李重进将左军居西，樊爱能、何徽将右军居东，向训、史彦超将精骑居中央，殿前都指挥使张永德将禁兵卫帝。帝介马自临陈督战。

【译文】北汉主刘旻不知后周世宗郭荣到来，所以经过潞州时没有进攻，领兵向南，当晚，军队驻扎在高平城南。癸巳日（十九日），后周前锋部队和北汉军遭遇，官军发动攻击，北汉军

side header
资治通鉴卷第二百九十一　后周纪二

451

后退。后周世宗担心他们逃走，督促各军急速前进。北汉主刘旻率领中军驻扎在巴公原，张元徽驻扎在他的东边，杨衮驻扎在他的西边，部众颇为严肃整齐。当时河阳节度使刘词率领后军还没到达，众人心里惴惴不安，而后周世宗郭荣的志气却越发地壮盛，命白重赞跟侍卫马步都虞候李重进率领左军居于西面，樊爱能、何徽率领右军居于东面，向训、史彦超率领精锐骑兵居于中央，殿前都指挥使张永德率领禁兵保护后周世宗。后周世宗穿着战衣，跨着战马，亲自临阵督战。

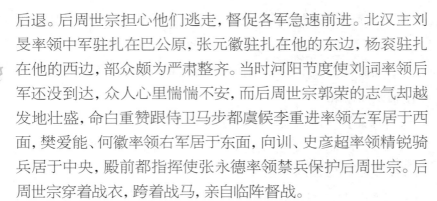

北汉主见周军少，悔召契丹，谓诸将曰："吾自用汉军可破也，何必契丹！今日不惟克周，亦可使契丹心服。"诸将皆以为然。杨衮策马前望周军，退谓北汉主曰："勍敌也，未可轻进！"北汉主奋髯，曰："时不可失，请公勿言，试观我战。"衮默然不悦。时东北风方盛，俄而忽转南风，北汉副枢密使王延嗣使司天监李义白北汉主云："时可战矣。"北汉主从之。枢密直学士王得中扣马谏曰："义可斩也！风势如此，岂助我者邪！"北汉主曰："吾计已决，老书生勿妄言，且斩汝！"麾东军先进，张元徽将千骑击周右军。

【译文】北汉主刘旻看到北周军队人数少，后悔召来契丹军队，对众将说："我自己利用汉家军队就可破敌，何必再用契丹！今天不仅要打败周兵，也可以使契丹心服我们。"诸将都认为很有道理。杨衮策马向前眺望周军，回来后对北汉主说："周军是强敌，不可轻率前进！"北汉主两颊的胡子震动说："机不可失，请你不要再说了，试看我与他们交战。"杨衮默然不高兴。当时东北风正大，一会儿忽然转成南风。北汉副枢密使王延嗣派司天监李义报告北汉主说："时机可以作战了！"北汉主听从他。枢密直学士王得中勒住北汉主的马头，劝谏说："李义该杀头！风势这样，哪里是帮助我们的呢？"北汉主说："我的计划已经决定，老书生不要乱说话，小心斩你！"于是指挥东军首先前进，张元徽率领一千名骑兵攻击后周右军。

合战未几，樊爱能、何徽引骑兵先遁，右军溃。步兵千馀人解甲呼万岁，降于北汉。帝见军势危，自引亲兵犯矢石督战。太祖皇帝时为宿卫将，谓同列曰："主危如此，吾属何得不致死！"又谓张永德曰："贼气骄，力战可破也！公麾下多能左射者，请引兵乘高西出为左翼，我引兵为右翼以击之。国家安危，在此一举！"永德从之，各将二千人进战。太祖皇帝身先士卒，驰犯其锋，士卒死战，无不一当百，北汉兵披靡。内殿直夏津马仁瑀谓众曰："使乘舆受敌，安用我辈！"跃马引弓大呼，连毙数十人，士气益振。殿前右番行首马全义言于帝曰："贼势极矣，将为我擒，愿陛下按辔勿动，徐观诸将破之。"即引数百骑进陷陈。

【译文】交战不久，樊爱能、何徽带着骑兵首先逃跑，右路军队溃败，一千多步兵脱下盔甲口呼万岁，向北汉投降。后周世宗郭荣看到形势危急，自己带贴身亲兵冒着箭矢飞石督战。宋太祖皇帝赵匡胤当时任后周宿卫兵的将领，对同伴说："皇上的处境这样危险，我们怎么可以不效死杀敌！"又对张永德说："贼兵士气骄傲，奋力战斗，可以将他们打败！公部下有很多人能用左手射箭，请引兵登上高地为左翼，我引兵为右翼，合力攻击他们。国家的安危，关键就在这一次行动！"张永德听从他的话，各率两千人向前作战。宋太祖皇帝赵匡胤身先士卒，驱马向北汉军队冲锋，士卒拼死奋战，无不以一当百，北汉兵崩溃离散。内殿直夏津人马仁瑀对众人说："让天子受到敌人的攻击，还要我们干什么！"跃马拉弓，大声叱喝，一连杀死数十人，士气更加振奋。殿前右番行首马全义对后周世宗说："贼兵的气势已经到尽头了，将被我们所擒，希望陛下勒住缰绳，不要走动，慢慢地观看诸将攻破他们。"马全义说完，就率领好几百名骑兵前进，深入敌阵。

北汉主知帝自临陈，褒赏张元徽，趣使乘胜进兵。元徽前略陈，马倒，为周兵所杀。元徽，北汉之骁将也，北军由是夺气。时南风益盛，周兵争奋，北汉兵大败，北汉主自举赤帜以收兵，不能止。杨衮畏周兵之强，不敢救，且恨北汉主之语，全军而退。

【译文】北汉主刘旻得知后周世宗郭荣亲临战阵，便嘉奖重赏张元徽，催促他乘胜进兵。张元徽前往攻阵，马倒了，被后周士兵杀死。张元徽，是北汉的勇将，北军因他战死而丧失士气。当时南风更大，周兵奋勇争先，北汉兵大败，北汉主亲自举起红旗以收兵，但也不能制止士兵的败退。杨衮畏惧周兵的强盛，不敢前往援救，而且痛恨北汉主所说的话，保全军队撤退。

樊爱能、何徽引数千骑南走，控弦露刃，剽掠辎重，役徒惊走，失亡甚多。帝遣近臣及亲军校追谕止之，莫肯奉诏，使者或为军士所杀，扬言："契丹大至，官军败绩，馀众已降虏矣。"刘词遇爱能等于涂，爱能等止之，词不从，引兵而北。时北汉主尚有馀众万馀人，阻涧而陈，薄暮，词至，复与诸军击之，北汉兵又败，杀王延嗣，追至高平，僵尸满山谷，委弃御特及辎重、器械、杂畜不可胜纪。

是夕，帝宿于野次，得步兵之降敌者，皆杀之。樊爱能等闻周兵大捷，与士卒稍稍复还，有达曙不至者。甲午，休兵于高平，选北汉降卒数千人为效顺指挥，命前武胜行军司马唐景思将之，使戍淮上，馀二千馀人赐资装纵遣之。李谷为乱兵所迫，潜窜山谷，数日乃出。丁酉，帝至潞州。

【译文】樊爱能、何徽率领数千骑兵向南逃奔，箭上弦、刀出鞘，抢掠军用物资，负责运送的人惊慌奔逃，跑失、死亡的人很多。后周世宗郭荣派遣近臣及亲信的军官追上去，劝告他们停止，没有人肯接受后周世宗的命令，使者甚至被军士所杀，并扬言说："契丹军队大量地来到，官军吃了败仗，残余的士兵已经投降胡虏了。"刘词在路上碰到樊爱能等人，樊爱能等人要他停下来，刘词不听，领兵向北。当时北汉主刘旻还有残余的部众一万多人，隔着涧水列阵。傍晚，刘词赶到，又和各军攻击北汉军队，北汉兵又败，后周军队杀死王延嗣，追到高平，僵硬的尸体堆满山谷，丢弃御用的物品及辎重、器械、各种牲畜，数都数不完。

当天傍晚，后周世宗郭荣在野外住营，抓到投降敌人的步兵，全部杀死。樊爱能等听说北周军队大捷，才与士兵逐渐又返回，有的直到天亮还没到。甲午日（二十日），后周在高平整休军队，挑选北汉投降过来的士兵数千人组成效顺指挥，命前任武胜行军司马唐景思率领他们，派他们戍守淮河一带，其余两千多人赐给路费、衣服，遣送他们回北汉。李谷被乱兵所逼迫，逃匿在山谷里，好几天才出来。丁酉日（二十三日），后周世宗到达潞州。

北汉主自高平被褐戴笠，乘契丹所赠黄骝，帅百馀骑由雕窠岭遁归，宵迷，俘村民为导，误之晋州，行百馀里，乃觉之，杀导者。昼夜北走，所至，得食未举箸，或传周兵至，辄苍黄而去。

北汉主衰老力惫，仗于马上，昼夜驰骤，殆不能支，仅得入晋阳。

　　帝欲诛樊爱能等以肃军政，犹豫未决。己亥，昼卧行宫帐中，张永德侍侧，帝以其事访之，对曰"爱能等素无大功，忝冒节钺，望敌先逃，死未塞责。且陛下方欲削平四海，苟军法不立，虽有熊罴之士，百万之众，安得而用之！"帝掷枕于地，大呼称善。即收爱能、徽及所部军使以上七十馀人。责之曰："汝曹皆累朝宿将，非不能战。今望风奔遁者，无他，正欲以朕为奇货，卖与刘崇耳！"悉斩之。帝以何徽先守晋州有功，欲免之，既而以法不可废，遂并诛之，而给槽车归葬。自是骄将惰卒始知所惧，不行姑息之政矣。

　　【译文】北汉主刘旻从高平起穿上粗布衣服、戴上斗笠，乘着契丹所赠送的黄骝骏马，率一百多骑兵从雕窠岭逃回，夜晚迷路，俘虏一个村民做向导，错误地走上前往晋州的道路，走了一百多里才发觉，于是杀掉向导。昼夜不停地往北走，每到一个地方，找到吃的，还没拿起筷子，有人传说周兵追来了，就慌慌张张地逃走。北汉主年老力衰，身体疲惫，趴在马上，昼夜不停地奔驰，几乎撑不下去，勉勉强强地回到晋阳。

　　后周世宗郭荣想诛杀樊爱能等人以整肃军纪，但犹豫未决。己亥日（二十五日），白天躺在行宫的帐篷中，张永德在旁边侍候，后周世宗拿此事询问他，张永德回答说："樊爱能等人一向没有大功，却非分地蒙受节度使的重任，现在一遇敌人，就先逃走，纵使处他死罪，也抵偿不了他所应负的责任。而且陛下正想铲除群雄，平定天下，如果军法的威严不能建立，虽有勇猛的壮士，百万的兵卒，又怎么能够指挥呢！"后周世宗听了，把枕头往地上一扔，连声说："好！好！"立即收押樊爱能、何徽及他们的部下军使以上，一共七十多人。斥责他们说："你们都是历经好几朝的旧将，不是不能战。现在所以望风而逃，没有其他的原因，只是想把朕当作稀有的货物，卖给刘崇罢了！”于是全部斩首。由于何徽以前防守晋州有功，后周世宗想免他一死，后来又认为军法不可废弃，所以还是连同他一起诛杀，特地赐给运载棺木的车子把他的尸首送回安葬。从此骄傲的将帅、懒惰的士兵，才知道有所畏惧，不敢再苟且偷安了。

庚子，赏高平之功，以李重进兼忠武节度使，向训兼义成节度使，张永德兼武信节度使，史彦超为镇国节度使。张永德盛称太祖皇帝之智勇，帝擢太祖皇帝为殿前都虞候，领严州刺史，以马仁瑀为控鹤弓箭直指挥使，马全义为散员指挥使。自馀将校迁拜者凡数十人，士卒有自行间擢主军厢者。释赵晁之囚。

北汉主收散卒，缮甲兵，完城堑以备周。杨衮将其众北屯代州，北汉王遣王得中送衮，因求救于契丹，契丹主遣得中还报，许发兵救晋阳。

【译文】庚子日（二十六日），后周世宗郭荣赏赐高平战役中的有功人员，任命李重进兼忠武节度使，向训兼义成节度使，张永德兼武信节度使，史彦超为镇国节度使。张永德大大地夸赞宋太祖皇帝赵匡胤的机智勇敢，后周世宗提拔宋太祖皇帝赵匡胤为殿前都虞候，兼任严州刺史，任命马仁瑀为控鹤弓箭直指挥使，马全义为散员指挥使；其余的将校拜官、升迁的共有好几十人，士兵有从行伍中提升为军厢主帅的。另外，把囚禁在怀州监狱的赵晁释放出来。

北汉主刘旻收拾残兵，修缮武器装备，加固城墙壕沟来防备后周。杨衮率领他的部众前往北方，驻守代州，北汉主派王得中护送杨衮，顺便向契丹求救；契丹主耶律述律派王得中回来答复北汉主，承诺发兵救晋阳。

壬寅，以符彦卿为河东行营都部署兼知太原行府事，以郭崇副之，向训为都监，李重进为马步都虞候，史彦超为先锋都指挥使，将步骑二万发潞州。仍诏王彦超、韩通自阴地关入，与彦卿合军而进，又以刘词为随驾部署，保大节度使白重赞副之。

汉昭圣皇太后李氏殂于西宫。

夏，四月，北汉盂县降。符彦卿军晋阳城下，王彦超攻汾州，北汉防御使董希颜降。帝遣莱州防御使康延沼攻辽州，密州防御使田琼攻沁州，皆不下。供备库副使太原李谦溥单骑说辽州刺史张汉超，汉超即降。

【译文】壬寅日（二十八日），后周世宗郭荣任命符彦卿为河东行营都部署兼知太原行府事，任命郭崇做他的副手，向训为都监，李重进为马步都虞候，史彦超为先锋都指挥使，率领步兵和骑兵两万人，从潞州出发；又命王彦超、韩通从阴地关启程，跟符彦卿会师，然后一同向前推进；又任命刘词为随驾都部署，保大节度使白重赞做他的副手。

后汉昭圣皇太后李氏在西宫去世。

夏季，四月，北汉盂县投降。符彦卿驻军晋阳城下，王彦超进攻汾州，北汉防御使董希颜投降。后周世宗郭荣派遣莱州防御使康延沼攻打辽州，密州防御使田琼攻打沁州，都没有攻下。供备库副使太原人李谦溥单枪匹马去游说辽州刺史张汉超，张汉超立即投降。

乙卯，葬圣神恭肃文武孝皇帝于嵩陵，庙号太祖。

南汉主以高王弘邈为雄武节度使，镇邕州。弘邈以齐、镇二王相继死于邕州，固辞，求宿卫，不许。至镇，委政僚佐，日饮酒，祷鬼神。或上书诬弘邈谋作乱，戊午，南汉主遣甘泉宫使林延遇赐鸩杀之。

【译文】乙卯日（十二日），后周将圣神恭肃文武孝皇帝郭威安葬在嵩陵，庙号为太祖。

南汉主刘晟任命高王刘弘邈为雄武节度使，镇守邕州。刘弘邈因为齐王和镇王相继死在邕州，所以再三推辞，请求宿卫京城；南汉主不准。刘弘邈到了镇所，将政事交给佐僚，自己每天饮酒，祈祷鬼神。有人上书诬告刘弘邈阴谋作乱，戊午日（十五日），南汉主派遣甘泉宫使林延遇赐给毒酒，将刘弘邈毒死。

初，帝遣符彦卿等北征，但欲耀兵于晋阳城下，未议攻取。既入北汉境，其民争以食物迎周师，泣诉刘氏赋役之重，愿供军须，助攻晋阳，北汉州县继有降者。帝闻之，始有兼并之意。遣使往与诸将议之，诸将皆言"刍粮不足，请且班师以俟再举。"帝不听。既而诸军数十万聚于太原城下，军士不免剽掠，北汉民失望，稍稍保山谷自固。帝闻之，驰诏禁止剽掠，安抚农民，止征今岁租税，及募民入粟拜官有差，仍发泽、潞、晋、绛、慈、隰及山东近便诸州民运粮以馈军。己未，遣李谷诣太原计度刍粮。

【译文】起初，后周世宗郭荣派遣符彦卿等人北征，只是想在晋阳城下炫耀兵力，并没有打算攻取。进入北汉境内后，那里的百姓争相用食物迎接后周军队，哭诉刘氏赋税和徭役的繁重，表示愿意供应军队所需，帮助攻打晋阳，而北汉的州县也相继有来投降的。后周世宗听到这个消息，于是才有兼并北汉的念头。因而派遣使者前往跟诸将商议，众将都说"粮草不足，请暂且回师，以等待时机再发兵"。后周世宗不听。不久各路军队几十万人聚集在太原城下，军士不免抢劫，北汉的民众失望，渐渐地退守山谷以保全自己。后周世宗郭荣知道了这件事，派人飞速传送诏书到前线，禁止军士们的抢劫行为，安抚农民，停止征收今年的租税，并招募百姓捐献粟米，依据捐献数量的多少，授予不同等级的官职；同时征发泽州、潞州、晋州、绛州、慈州、隰州以及崤山以东路近方便的各州百姓运送粮食来供应军队。己未日（十六日），派遣李谷到太原核算各地输送的粮草。

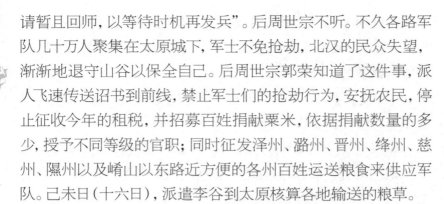

庚申，太师、中书令瀛文懿王冯道卒。道少以孝谨知名，唐庄宗世始贵显，自是累朝不离将、相、三公、三师之位，为人清俭宽弘，人莫测其喜愠，滑稽多智，浮沉取容，尝著《长乐老叙》，自述累朝荣遇之状，时人往往以德量推之。

◆欧阳修论曰："礼义廉耻，国之四维。四维不张，国乃灭亡。"礼义，治人之大法；廉耻，立人之大节。况为大臣而无廉耻，天下其有不乱、国家其有不亡者乎！予读冯道《长乐老叙》，见其自述以为荣，其可谓无廉耻者矣，则天下国家可从而知也。◆

【译文】 庚申日（十七日），太师、中书令瀛文懿王冯道去世。冯道少年时以孝顺恭谨闻名，后唐庄宗李存勖时期开始位高显达，从此以后，一连几个朝代，总是不离将帅、宰相、三公、三师的职位，为人娴静俭约、宽容大度，别人看不出他的喜怒，滑稽多智，随世浮沉，求容于世，曾经著有《长乐老叙》，自述历朝受到荣宠礼遇的详细情形，当时的人往往推崇他的德行雅量。

◆欧阳修评论说："礼、义、廉、耻，是国家赖以生存的四大纲要；四大纲要不伸张，国家就要灭亡。"礼义，是统治人民的根本大法；廉耻，是树立人格的重要节操。何况作为国家的大臣而没有廉耻的观念，那么天下哪有不乱，国家哪有不亡的道理呢！我读冯道的《长乐老叙》，见他自述生平际遇，自以为自己很荣耀，真可算是没有廉耻观念的人了，而当时天下国家的情况，也由此可以看出来了。

予于五代得全节之士三，死事之臣十有五，皆武夫战卒，岂于儒者果无其人哉？得非高节之士，恶时之乱，薄其世而不肯出欤？抑君天下者不足顾，而莫能致之欤？

予尝闻五代时有王凝者，家青、齐之间，为虢州司户参军，以疾卒于官。凝家素贫，一子尚幼，妻李氏，携其子，负其遗骸以归，东过开封，止于旅舍，主人不纳。李氏顾天已暮，不肯去，主人牵其臂而出之。李氏仰天恸曰："我为妇人，不能守节，而此手为人所执邪！"即引斧自断其臂，见者为之嗟泣。开封尹闻之，白其事于朝，厚恤李氏而笞其主人。呜呼！士不自爱其身而忍耻以偷生者，闻李氏之风，宜少知愧哉！◆

【译文】我从五代历史中找到保全节操的志士有三位，为事业而死的仁人有十五位，都是武夫战卒，难道在文人中间果真没有那样的人吗？难道是那些节操高尚的人士，痛心时局的混乱，瞧不起那个时代而不肯出来吗？还是君临天下的君主不值得一顾，因而没有人能够招致他们前来呢？

我曾经听说五代时有个叫王凝的人，家住青州、齐州之间，做虢州司户参军，因生病而死于任上。王凝家里一向贫困，有一个儿子，年纪还小，妻子李氏，带着她的儿子，背着她丈夫的遗骸，回到家乡，向东经过开封，在旅馆歇脚，主人不让她住。李氏见天色已晚，不肯离去，主人拉她的手臂，强迫她出去。李氏仰天痛哭，说："我作为妇人，不能守节，这只手臂竟被人抓过！"说完，就拿起斧头，砍断自己的手臂。看见的人，都为她叹息流泪。开封尹听说这件事，把它报告朝廷，优厚地抚恤李氏，抽打那个旅馆主人。唉！士人不珍惜自身，而忍受耻辱，苟且偷生，这种人听到李氏的风节，应当稍稍感到惭愧吧！◆

◆臣光曰：天地设位，圣人则之，以制礼立法，内有夫妇，外有君臣。妇之从夫，终身不改；臣之事君，有死无贰。此人道之大伦也。苟或废之，乱莫大焉！范质称冯道厚德稽古，宏才伟量，虽朝代迁贸，人无间言，屹若巨山，不可转也。臣愚以为正女不从二夫，忠臣不事二君。为女不正，虽复华色之美，织纴之巧，不足贤矣；为臣不忠，虽复材智之多，治行之优，不足贵矣。何则？大节已亏故也。道之为相，历五朝、八姓，若逆旅之视过客，朝为仇敌，暮为君臣，易面变辞，曾无愧怍，大节如此，虽有小善，庸足称乎！

【译文】◆臣司马光说：天地各设其位，圣人作为准则，用来制定礼仪、建立法度，家中有夫妇，家外有君臣。妇人随从丈夫，终身不变；臣子侍奉国君，至死没有二心；这是做人之道的最大伦常。如果废弃了伦常，就没有比这更混乱的了！范质称赞冯道道德纯厚，效仿古人，才识广博，度量宏大，虽然朝代不断地更替，人家对他没有责难的评语，像一座大山屹立着，不会动摇。臣的愚见认为，守正的女子不跟从两个丈夫，忠诚的臣子不侍奉两个君主。女子不正派，即使如花的容貌再美丽，纺织的手工再灵巧，也称不上贤惠了；作为臣子而不忠诚，纵使才智再高，政绩再好，也不值得看重了。为什么呢？因为大节已经丧失了。冯道做宰相，经历过五个朝代，服侍过八姓天子，就像在旅馆里

资治通鉴

观看过路的旅客，早晨还是仇敌，傍晚就成为君臣，换了脸孔，变了言辞，一点都不觉得愧疚，大节像这个样子，纵使有那么一点小优点，哪里值得称赞呢！

　　或以为自唐室之亡，群雄力争，帝王兴废，远者十馀年，近者四三年，虽有忠智，将若之何！当是之时，失臣节者非道一人，岂得独罪道哉！臣愚以为忠臣忧公如家，见危致命，君有过则强谏力争，国败亡则竭节致死。智士邦有道则见，邦无道则隐，或灭迹山林，或优游下僚。今道尊宠则冠三师，权任则首诸相，国存则依违拱嘿，窃位素餐，国亡则图全苟免，迎谒劝进。君则兴亡接踵，道则富贵自如，兹乃奸臣之尤，安得与他人为比哉！或谓道能全身远害于乱世，斯亦贤已。臣谓君子有杀身成仁，无求生害仁，岂专以全身远害为贤哉！然则盗跖病终而子路醢。果谁贤乎？

　　【译文】 有人认为自从大唐皇室灭亡，群雄武力相争，一位帝王的兴盛衰亡，长的十几年，短的三四年，虽然有忠臣智士，又能怎么样呢！在这种时候，丧失做大臣节操的人，不只冯道一个，怎么可以单独指责冯道呢！臣的愚见，认为忠臣忧劳公家的事，如同自己的事，遇到危难的时候，效命捐躯，国君如有过失，就极力劝谏争辩，国家如果败亡，就尽节效死。明智之士，国家有道就出来，国家无道就隐居，或者在山林中隐藏自己的踪迹，或者悠然的任职小吏。现在冯道，论尊贵荣宠则在三师之上，论权力职位则居诸宰相之首，国家存在就拱手沉默，随波逐流，窃据高位，白拿俸禄；国家灭亡以后，便图谋保全性命，苟且偷生，拜迎新君，劝主即位。各朝国君，兴亡相继，冯道还是照常享受他的富贵，这乃是奸臣之最，怎么可以跟其他的人相提并论呢! 有人说, 冯道能够在乱世之中保全自身, 远离祸害, 这也总算是贤能了。臣认为君子只有牺牲生命以保全仁义, 不能为了求生存而危害仁义, 怎么能专门以保全自身远离祸害为贤能呢! 如果照一般人的说法, 那么盗跖病死, 寿终正寝, 而子路则被人杀害, 还被剁成肉酱, 到底是谁才算贤能呢?

抑此非特道之愆也, 时君亦有责焉, 何则? 不正之女, 中士羞以为家; 不忠之人, 中君羞以为臣。彼相前朝, 语其忠则反君事仇, 语其智则社稷为墟。后来之君, 不诛不弃, 乃复用以为相, 彼又安肯尽忠于我而能获其用乎! 故曰: 非特道之愆, 亦时君之责也! ◆

【译文】 然而这不光是冯道的过错, 当时的君主也有责任。什么缘故呢? 不正派的女人, 一般男子羞以为妻; 不忠诚的小人, 一般君主羞以为臣。当冯道做前朝宰相的时候, 说他忠诚, 但后来终于背叛国君, 侍奉仇敌; 说他智慧, 但到头来国家变成废墟; 而后来的国君, 不诛杀他, 也不遗弃他, 竟然又任命他做宰相, 他又怎么能够尽忠于我, 而我能获得他的帮助呢! 所以说, 这不只是冯道一个人的过失, 当时的国君, 也有应负的责任。◆

【申涵煜评】 官为传舍, 吏多积蠹。五代之天下, 犹传舍也, 道则吏之蠹耳。在革代之主, 每重用之, 以收人望, 几与赭袍、国玺、法物相同。而旁观者止觉其倚门献笑, 如俳优之登场而已。

【译文】 官员如同传舍, 则官吏多积害。五代的天下, 就像传舍一样。冯道则是官吏中的蛀虫。改朝换代的君主, 每每重用他, 以笼络人心, 他几乎与赭袍、国印、玺器相同。但旁观者只觉他是倚门献笑, 如同戏子登场一般。

辛酉，符彦卿奏北汉宪州刺史太原韩光愿、岚州刺史郭言皆举城降。

初，符彦卿有女适李守贞之子崇训，相者言其贵当为天下母。守贞喜曰："吾妇犹母天下，况我乎！"反意遂决。及败，崇训先自刃其弟妹，次及符氏；符氏匿帏下，崇训仓猝求之不获，遂自刭。乱兵既入，符氏安坐堂上，叱乱兵曰："吾父与郭公为昆弟，汝曹勿无礼！"太祖遣使归之于彦卿。及帝镇澶州，太祖为帝娶之。壬戌，立为皇后。后性和惠而明决，帝甚重之。

王彦超、韩通攻石州，克之，执刺史安彦进。癸亥，沁州刺史李廷诲降。庚午，帝发潞州，趣晋阳。癸酉，北汉忻州监军李勍杀刺史赵皋及契丹通事杨耨姑，举城降。以勍为忻州刺史。

王逵表请复徙使府治朗州。

【译文】辛酉日（十八日），符彦卿奏报北汉宪州刺史太原人韩光愿、岚州刺史郭言都率城投降。

起初，符彦卿有个女儿嫁给李守贞的儿子李崇训，看相的人说她有贵相，日后当为天下的国母。李守贞欣喜地说："我的儿媳妇都能当天下的国母，何况我呢！"造反的主意，就这样决定下来。等到李守贞失败，李崇训先刺杀他的弟弟和妹妹，下一个就要刺杀符氏。符氏躲藏在帷帐里面，李崇训仓促之间找不到她，就自杀了。乱兵进来以后，符氏安坐在堂上，斥责乱兵说："我的父亲和郭公为兄弟，你们不得无礼！"宋太祖赵匡胤派遣使者把她送回到符彦卿那里。到了后周世宗郭荣镇守澶州的时候，宋太祖为后周世宗娶符彦卿的女儿做妻子。壬戌日（十九日），立为皇后。皇后性情温和贤惠，而又明智果决，后周世宗很看重她。

王彦超、韩通进攻石州，攻克州城，抓获刺史安彦进。癸亥日(二十日)，沁州刺史李廷诲投降。庚午日(二十七日)，后周世宗郭荣从潞州出发，直奔晋阳。癸酉日(三十日)，北汉的忻州监军李勍杀死刺史赵皋及契丹通事杨耨姑，举州城投降。朝廷任命李勍为忻州刺史。

王逵上表请求再次将节度使的治所迁到朗州。

资治通鉴卷第二百九十二　后周纪三

起阏逢摄提格五月，尽柔兆执徐二月，凡一年有奇。

【译文】起甲寅（公元954年）五月，止丙辰（公元956年）二月，共一年十个月。

【题解】　本卷记录了公元954年五月至956年二月的史事，共一年又十个月。正当后周世宗郭荣显德元年五月至显德三年二月。后周世宗立志革新，实行多项强国政策。第一是整训禁军，淘汰瘦弱的士兵；第二是肃清盗贼，安抚流民，重视民生；第三是堵塞黄河决口，使百姓安居；第四是下诏求言，任用贤才，比部郎中王朴进献统一治安之策，切中要害，策略得当，受到后周世宗的高度重视，被升职为左谏议大夫；第五是裁汰三万三百三十六座寺庙，只留下二千六百九十四座，迫使僧人大批还俗；第六是毁铜佛像以铸钱，废无用为有用。司马光称赞后周世宗是五代时最有民望的仁明之君。后周军队西征，夺取后蜀秦、凤、阶、成四州。后周世宗对新区民众，只收夏、秋两税，凡是蜀人订立的各种租税及徭役，全部废止。北方稳固，后周世宗立即挥师南下，对南唐用兵，第一次亲征淮南。

太祖圣神恭肃文武孝皇帝下

显德元年（甲寅，公元九五四年）五月，甲戌朔，王逵自潭州迁于朗州。以周行逢知潭州事，以潘叔嗣为岳州团练使。

丙子，帝至晋阳城下，旗帜环城四十里。杨衮疑北汉代州防御使郑处谦贰于周，召与计事，欲图之。处谦知之，不往。衮使胡骑数十守其城门，处谦杀之，因闭门拒衮。衮奔归契丹。契丹主怒其无功，囚之。处谦举城来降。丁丑，置静塞军于代州，以郑处谦为节度使。

契丹数千骑屯忻、代之间，为北汉之援，庚辰，遣符彦卿等将步骑万馀击之。彦卿入忻州，契丹退保忻口。

【译文】显德元年（甲寅，公元954年）五月，甲戌朔日（初一），王逵从潭州迁居朗州，任命周行逢为知潭州事，任命潘叔嗣为岳州团练使。

丙子日（初三），后周世宗郭荣到达晋阳城下，后周军队的旗帜环绕晋阳城长达四十里。杨衮怀疑北汉代州防御使郑处谦要向后周投降，召请郑处谦，跟他商量军事，想借此机会杀死郑处谦。郑处谦预先知道杨衮的企图，不去。杨衮派遣数十名胡籍的骑兵看守城门，郑处谦把那些守兵全部杀死，关闭城门，以抵抗杨衮。杨衮逃回契丹。契丹恼怒他出兵无功，将他囚禁起来。郑处谦举城投降。丁丑日（初四），后周在代州设置静塞军，任命郑处谦为节度使。

契丹数千骑兵屯驻在忻州、代州之间，作为北汉的援军，庚辰日（初七），派遣符彦卿等人率领一万多名步兵和骑兵攻击契丹；符彦卿进入忻州，契丹退守忻口。

丁亥，置宁化军于汾州，以石、沁二州隶之。

代州将桑珪、解文遇杀郑处谦，诬奏云潜通契丹。

符彦卿奏请益兵，癸巳，遣李筠、张永德将兵三千赴之。契丹游骑时至忻州城下，丙申，彦卿与诸将陈以待之。史彦超将二十骑为前锋，遇契丹，与战，李筠引兵继之，杀契丹二千人。彦超恃勇轻进，去大军浸远，众寡不敌，为契丹所杀，筠仅以身免，周兵死伤甚众。彦卿退保忻州，寻引兵还晋阳。

府州防御使折德扆将州兵来朝。辛丑，复置永安军于府州，以德扆为节度使。时大发兵夫，东自怀、孟，西及薄、陕，以攻晋阳，不克。会久雨，士卒疲病，及史彦超死，乃议引还。

【译文】 丁亥日（十四日），后周在汾州设置宁化军，将石、沁二州隶属于宁化军。

代州将领桑珪、解文遇杀掉郑处谦，诬奏说他暗中勾结契丹。

符彦卿上奏请求增加兵力，癸巳日（二十日），后周派遣李筠、张永德领兵三千前往。契丹的流动骑兵时常到忻州城下，丙申日（二十三日），符彦卿跟诸将排开阵势以等待他们。史彦超率领两千名骑兵做前锋，遭遇契丹，跟他交战，李筠领兵增援，杀死契丹两千人。史彦超仗着勇猛，轻敌前进，离开大军越来越远，结果敌人多，官军少，支持不住，被契丹军所杀。李筠勉强脱身，周兵死伤很多。符彦卿退守忻州，不久，又引兵回晋阳。

府州防御使折德扆率领州兵前来朝见后周世宗郭荣；辛丑日（二十六日），后周又在府州设置永安军，任命折德扆为节度使。当时大量征发士兵、民夫，东起怀州、孟州，西至蒲州、陕州，用以进攻晋阳，没有攻克。正好这时下了很久的雨，士卒疲劳生病，等到史彦超去世，于是才提议引兵返回。

初，王得中返自契丹，值周兵围晋阳，留止代州。及桑珪杀郑处谦，囚得中，送于周军。帝释之，赐以带、马，问，"虏兵何时当至？"得中曰："臣受命送杨衮，他无所求。"或谓得中曰："契丹许公发兵，公不以实告，契丹兵即至，公得无危乎？"得中太息曰："吾食刘氏禄，有老母在围中，若以实告，周人必发兵据险以拒之。如此，家国两亡，吾独生何益！不若杀身以全家国，所得多矣！"甲辰，帝以得中欺罔，缢杀之。

【译文】起初，王得中从契丹回来，正好遇到周兵包围晋阳，所以停留在代州。等到桑珪杀死郑处谦，便把王得中囚禁起来，送交周军。后周世宗郭荣释放了他，赐给他玉带、马匹，问他说："胡人的军队什么时候会到？"王得中说："臣只是受命送杨衮，没有提其他要求。"有人对王得中说："契丹答应你要发兵，你不照实说出来，契丹兵一旦到达，你的处境不是很危险吗？"王得中叹了一口气，说："我拿刘氏的俸禄，有老母在包围圈内，如果把实情说出来，周人一定发兵据守险要的地方，以抵抗契丹，这样一来，家和国都同时灭亡，我独自活着又有何用！不如杀身来保全家、国，所得到的就多了！"甲辰日（初二），后周世宗因为王得中欺骗蒙蔽，便勒死了他。

【乾隆御批】冯道历事四姓，浮沉取容，未闻有所建，白忽于周主自将一节，哓哓不休，既非致主之忠，又无料敌之智，而激切尽言，顿似强直。此非沽直名以救末路，盖彼天性畏事，即使北汉至，而周祚移，彼又将从北汉而保禄位，周之成败，固非所介于怀也。

【译文】冯道经历侍奉了四姓君主，随波逐流，曲从讨好，从未听说有陈述意见之时，忽然在周主亲自带兵这一关头，争辩个没完，既不是对君主表达忠心，又没有判断敌情的智慧，却激动地直言，顿时好像很强硬耿直。这不是故作正直以猎取名誉来挽救末路。大概就是他天生怕事，即使北汉军打到，周的皇位改变，他又会跟从北汉来保住官职，周的成功、失败本来就不是他心中介意的。

【申涵煜评】 得中为北汉使契丹，不以实告，正见忠于所事。乃缢杀之，失刑甚矣。后又杀唐使孙晟等百余，此中主所不忍为者，孰谓世宗仁明耶。

【译文】 王得中为北汉出使契丹，不向契丹报告事情，由此正可以看出他忠于职守。他因此而被缢杀，实在是失刑太过了。后来又杀死了后唐使者孙晟等一百多人，这是中才之主都不忍心去做的，谁说周世宗仁爱明智呢？

乙巳，帝发晋阳。匡国节度使药元福言于帝曰："进军易，退军难。"帝曰："朕一以委卿。"元福乃勒兵成列而殿。北汉果出兵追蹑，元福击走之。然军还匆遽，刍粮数十万在城下者，悉焚弃之。军中讹言相惊，或相剽掠，军须失亡不可胜计。所得北汉州县，周所置刺史等皆弃城走，惟代州桑珪既叛北汉，又不敢归周，婴城自守，北汉遣兵攻拔之。

【译文】 乙巳日（五月无此日），后周世宗郭荣从晋阳出发。匡国节度使药元福对后周世宗说："进军容易，退军困难。"后周世宗说："朕把这项任务全部交给你负责。"药元福于是指挥军队，排成阵势，负责断后。北汉果然出兵跟在后头，追杀上来，药元福把他们击退。然而军队撤退得太匆促，数十万的粮草在晋阳城下，只好全部焚毁丢弃。军中受谣言所惊扰，有的互相抢夺，军用物资损失很大，无从计算。所获得的北汉州县，后周所任命的刺史等官，都弃城逃走，只有代州的桑珪，既已背叛北汉，又不敢归降于后周，于是据城自守，北汉派遣军队攻取了代州。

乙酉，帝至潞州。甲子，至郑州。丙寅，谒嵩陵。庚午，至大梁。帝违众议破北汉，自是政事无大小皆亲决，百官受成于上而已。河南府推官高锡上书谏，以为："四海之广，万机之众，虽尧舜不能独治，必择人而任之。今陛下一以身亲之，天下不谓陛下聪明睿智足以兼百官之任，皆言陛下褊迫疑忌举不信群臣也。不若选能知人公正者以为宰相，能爱民听讼者以为守令，能丰财足食者使掌金谷，能原情守法者使掌刑狱，陛下但垂拱明堂，视其功过而赏罚之，天下何忧不治！何必降君尊而代臣职，屈贵位而亲贱事，无乃失为政之本乎！"帝不从。锡，河中人也。

北汉主忧愤成疾，悉以国事委其子侍卫都指挥使承钧。

【译文】乙酉日（十二日），后周世宗郭荣到达潞州；甲子日（二十二日），到达郑州；丙寅日（二十四日），拜谒嵩陵；庚午日（二十八日），到达大梁。后周世宗违背朝臣众议击败了北汉，从此政事无论大小全都亲自决定，文武百官只是从世宗那里接受成命罢了。河南府推官高锡上书劝谏，认为："四海的广大，事情的繁多，纵使是尧舜，也没有办法独自处理，一定要选拔人才来担任。现在陛下亲自处理，天下人不认为陛下聪明睿智，足以兼任百官的事务，都认为陛下心胸狭隘、怀疑猜忌，完全不信任群臣！不如选拔能够知人善任、公正无私的人来做宰相，能够爱护人民、善理诉讼的人来做太守及县令，能够增加财富、丰足衣食的人来执掌钱粮，能够推究人情、遵守法令的人来掌管刑狱，陛下只要安坐明堂、垂衣拱手，察看他们的功绩及过失而赏罚他们就可以了，这样一来，何必担心天下不能治理得很好！又何必贬降国君尊崇的身份而代替群臣的职责，委屈高贵的地位而亲办繁杂的事情，这岂不是失去了为政的根本吗？"后周世宗不听。高锡，是河中人。

北汉主刘旻忧愤成疾，将国家大事全部委托给他的儿子侍卫都指挥使刘承钧。

人君躬揽庶政，则权不下移，奸欺无由得售，所全实多。高锡狃于晏安习见，但以垂拱为得大体，而不知勑几实握治原藉。如所言择人分任，而不复稽其职事，安必所择皆贤与能，而不爽知人之鉴乎？观周世宗事皆亲决而美政史不胜书，可以知治要矣。

【译文】 君主亲自把持国家的一切政务，权力就不会下移，虚伪欺诈就不会实现，所能保全的事物实际很多。高锡拘泥于安定的常见，认为只有什么都不用做却能使天下太平才是得大体，却不知诏命实际上差不多掌握了治国的根本。假使像他所说的那样选人分别担任，不再考查他们职务内的事情，怎么能确保所选的人都是贤明能干，而知人的标准不会有差错呢？看看周世宗都是亲自裁决政事而且美好的政绩多得史官都无法完全记载下来，就可以知道治国的关键了。

河西节度使申师厚不俟诏，擅弃镇入朝，署其子为留后。秋，七月，癸酉朔，责授率府副率。

丁丑，加吴越王钱弘俶天下兵马都元帅。

癸巳，加门下侍郎、同平章事范质守司徒，以枢密直学士、工部侍郎长山景范为中书侍郎、同平章事、判三司。加枢密使、同平章事郑仁诲兼侍中。乙未，以枢密副使魏仁浦为枢密使。范质既为司徒，司徒窦贞固归洛阳，府县以民视之，课役皆不免。贞固诉于留守向训，训不听。

【译文】 河西节度使申师厚不等到诏命下达，就擅自离开藩镇入朝，任命他的儿子为留后。秋季，七月，癸酉朔日（初一），后周世宗郭荣授给他率府副帅的职务，以表示斥责他。

丁丑日（初五），后周世宗郭荣下诏吴越王钱弘俶加官天下兵马都元帅。

癸巳日（二十一日），门下侍郎、同平章事范质加官守司徒，任命枢密直学士、工部侍郎长山人景范为中书侍郎、同平章事、判三司，加枢密使、同平章事郑仁海兼侍中。乙未日（二十三日），任命枢密副使魏仁浦为枢密使。范质既已担任司徒，原任司徒窦贞固便返回洛阳，河南府及洛阳县都把他当平民看待，租税、徭役都不能免除。窦贞固向留守向训诉说，向训不听他的。

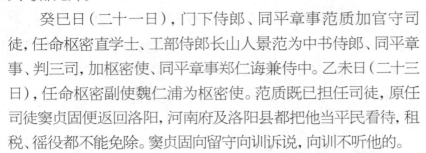

初，帝与北汉主相拒于高平，命前泽州刺史李彦崇将兵守江猪岭，遏北汉主归路。彦崇闻樊爱能等南遁，引兵退，北汉主果自其路遁去。八月，己酉，贬彦崇率府副率。

己巳，废镇国军。

初，太祖以建雄节度使王晏有拒北汉之功，其乡里有滕县，徙晏为武宁节度使。晏少时尝为群盗，至镇，悉召故党，赠之金帛、鞍马，谓曰："吾乡素名多盗，昔吾与诸君皆尝为之，想后来者无能居诸君之右。诸君幸为我语之，使勿复为，为者吾必族之。"于是一境清肃。九月，徐州人请为之立衣锦碑。许之。

【译文】起初，后周世宗郭荣与北汉主刘旻在高平对峙，命令前泽州刺史李彦崇领兵扼守江猪岭，阻断北汉主回去的道路。李彦崇听说樊爱能等人向南逃走，就引兵撤退，结果北汉主果真从那条路逃走。八月，己酉日（初八），贬谪李彦崇为率府副率。

己巳日（二十八日），后周撤销镇国军。

起初，后周太祖郭威因为建雄节度使王晏有抵抗北汉的功劳，而他的家乡在滕县，因此迁调王晏为武宁节度使。王晏年轻时曾经做过强盗，当他到达镇所，召集所有旧党，赠送他们金帛、鞍马，对他们说："我们家乡一向以强盗多闻名，以前我跟各位也都做过，我想后生晚辈做强盗的，应该不会比各位更厉害。希望各位向他们转达我的话，让他们不要再做强盗了，如果再做，我一定灭他的全族！"于是整个境内清静安宁。九月，徐州人请求为王晏树立衣锦还乡碑。后周世宗郭荣准许。

冬，十月，甲辰，左羽林大将军孟汉卿坐纳蒿税，场官扰民，多取耗馀，赐死。有司奏汉卿罪不至死。上曰："朕知之，欲以惩众耳！"

己酉，废安远、永清军。

初，宿卫之士，累朝相承，务求姑息，不欲简阅，恐伤人情，由是羸老者居多。但骄蹇不用命，实不可用，每遇大敌，不走即降。其所以失国，亦多由此。帝因高平之战，始知其弊。癸亥，谓侍臣曰："凡兵务精不务多，今以农夫百未能养甲士一，奈何浚民之膏泽，养此无用之物乎！且健懦不分，众何所劝！"乃命大简诸军，精锐者升之上军，羸者斥去之。又以骁勇之士多为诸藩镇所蓄，诏募天下壮士，咸遣诣阙，命太祖皇帝选其尤者为殿前诸班，其骑步诸军，各命将帅选之。由是士卒精强，近代无比，征伐四方，所向皆捷，选练之力也。

【译文】冬季，十月，甲辰日（初三），左羽林大将军孟汉卿因为犯了收受禾蒿税、税官扰民、多取正税以外的附加税等罪，赐死。有关官员上奏说，孟汉卿的罪不至于处死。后周世宗郭荣说："这我知道，不过我要借此警诫大家罢了。"

己酉日（初八），后周撤销安远军、永清军。

起初，宫禁的警卫士兵，历朝相承，只求息事宁人，不想再检查挑选，恐怕伤害人情，因此瘦弱年老的占据多数。但又骄横傲慢，不听命令，实际上不能使用，每次遇到大敌，不是逃走，便是投降。前朝所以亡国，也大多是由于这个缘故。后周世宗郭荣是经过高平那次战役，才知道其中的弊端。癸亥日（二十二日），后周世宗郭荣对随从的大臣们说："大凡军队求精不求多，现在一百个农夫养不起一名全副武装的士兵，为什么要搜刮百姓的血汗，来养活这些没有用的东西呢！况且勇健和懦弱不加区分，用什么去激励众人呢！"于是下令全面地检查各军，精锐的把他升到上军，体弱的把他淘汰。又因骁勇的士兵大多为藩镇所蓄养，所以下诏招募天下壮士，由各藩镇遣送到京师来，命宋太祖皇帝赵匡胤挑选其中特别精锐的，编为殿前各班，其他骑兵和步兵各军，各命将帅挑选淘汰。因此士兵精锐强盛，近代没有一个国家没有一个朝代可以跟这时相比，征伐四方，所向无敌，这都是挑选训练士兵的功劳。

戊辰，帝谓侍臣曰："诸道盗贼颇多，讨捕终不能绝，盖由累朝分命使臣巡检，致籓侯、守令皆不致力。宜悉召还，专委节镇、州县，责其清肃。"

河自杨刘至于博州百二十里，连年东溃，分为二派，汇为大泽，弥漫数百里。又东北坏古堤而出，灌齐、棣、淄诸州，至于海涯，漂没民田庐不可胜计，流民采菰稗、捕鱼以给食，朝廷屡遣使者不能塞。十一月，戊戌，帝遣李谷诣澶、郓、齐按视堤塞，役徒六万，三十日而毕。

北汉主疾病，命其子承钧监国，寻殂。遣使告哀于契丹。契丹遣票骑大将军、知内侍省事刘承训册命承钧为帝，更名钧。北汉孝和帝性孝谨，既嗣位，勤于为政，爱民礼士，境内粗安。每上表于契丹主称男，契丹主赐之诏，谓之"儿皇帝"。

【译文】戊辰日（二十七日），后周世宗郭荣对侍从大臣说："各道盗贼很多，讨伐搜捕终究不能绝迹，这大概是由于几个朝代以来，分别派使者到各地去巡视检查，以致藩镇节度使、州县守令都不肯尽力。应该全部把使臣召回来，而把缉捕盗贼的工作，专门交给藩镇、州县去负责，要他们肃清自己境内的强盗。"

黄河从杨刘到博州有一百二十里，连年在东面冲溃堤防，分成两个支流，汇合成大的湖泽，河水弥漫达数百里。又朝东北冲坏前代所筑的旧堤而流出去，侵灌齐、棣、淄各州，直到海滨，被冲走、淹没的民田、房舍，多得无法计算，无家可归的难民靠着采菰米、稗籽，捕捞鱼虾来充饥。朝廷屡次派遣使者都没办法堵塞。十一月，戊戌日（二十八日），后周世宗郭荣派李谷到澶州、郓州、齐州考察，巡视堤防的堵塞情况，李谷发动六万人工作，三十天堵塞完成。

北汉主刘旻病重，命令他的儿子刘承钧代理国政，不久去世。北汉派遣使者向契丹报丧。契丹派遣骠骑大将军、知内侍省事刘承训到北汉，册命刘承钧为皇帝，改名为刘钧。北汉孝和帝刘钧天性孝顺恭谨，即位以后，勤于治理政事，爱护人民，礼遇贤士，境内大致安定。每次上表给契丹主耶律述律，自称"男"。契丹给他颁赐诏书，称他为"儿皇帝"。

【申涵煜评】人皆以称儿，为皇帝之耻，不知当日已成一义儿世界，枭獍鸡之父耶律，亦犹邈佶烈之父，朱邪何足为彼辱。独难为群臣百姓耳，蜀建唐昇，皆儿辈也。

【译文】人们都把石敬瑭向契丹称儿，作为当皇帝的耻辱。不知道当时已成一义儿世界，枭獍鸡的父亲耶律，也是邈佶烈的父亲，朱邪怎么能够为他所侮辱。只是独自为难群臣百姓罢了，前蜀的王建和后唐的李昇，都是儿辈。

马希萼之帅群蛮破长沙也，府库累世之积，皆为溆州蛮酋符彦通所掠，彦通由是富强，称王于溪洞间。王逵既得湖南，欲遣使抚之，募能往者，其将王虔朗请行。既至，彦通盛侍卫而见之，礼貌甚倨。虔朗厉声责之曰："足下自称苻秦苗裔，宜知礼义，有以异于群蛮。昔马氏在湖南，足下祖父皆北面事之。今王公尽得马氏之地，足下不早往乞盟，致使者先来，又不接之以礼，异日得无悔乎！"彦通惭惧，起，执虔朗手谢之。虔朗知其可动，因说之曰："溪洞之地，隋、唐之世皆为州县，著在图籍。今足下上无天子之诏，下无使府之命，虽自王于山谷之间，不过蛮夷一酋长耳！曷若去王号，自归于王公，王公必以天子之命授足下节度使，与中国侯伯等夷，岂不尊荣哉！"彦通大喜，即日去王号，因虔朗献铜鼓数枚于王逵。逵曰："虔朗一言胜数万兵，真国士也！"承制以彦通为黔中节度使，以虔朗为都指挥使，预闻府政。虔朗，桂州人也。

【译文】 马希萼率领各蛮族部落攻破长沙时，府库中历代积累的财富，全被溆州蛮族部落酋长符彦通所抢，符彦通因此富有强盛，在溪谷洞壑之间自称为王。王逵得了湖南以后，想派使者去安抚他，于是公开招募能前往的人，他的部将王虔朗请求担任这项任务。王虔朗到了那边，符彦通摆出盛大的侍卫场面接见他，礼数很傲慢。王虔朗大声地斥责他，说："足下自称是苻秦的后代，应该知晓礼义，与蛮族有别。从前马氏在湖南，足下的祖父、父亲都北面称臣而侍奉马氏；现在王公得到马氏之地，足下不早一点去请求结盟，反而要他的使者先来，又不用礼节接待使者，你以后难道不后悔吗？"符彦通听了，既惭愧，又害怕，站起身来，握着王虔朗的手，连连向他谢罪。王虔朗看得出来，符彦通可以用言辞打动，因而进一步游说他说："溪洞这一块地方，在隋、唐时代都是州县，记载在图籍里。现在足下上无天子的诏书，下无节度使府的命令，虽然自己称王于山谷之中，也只不过是蛮夷里头的一个酋长而已！何不放弃王号，主动归附于王公，王公一定会请得天子的同意，以天子的命令授给足下节度使的职位，跟中原的侯伯平起平坐，岂不是既尊贵，又光荣吗？"符彦通大为高兴，当天去掉王号，通过王虔朗向王逵进献多枚铜鼓。王逵说："王虔朗一席话胜过数万军队，真是国家的贤士啊！"王逵接受皇帝制书任命符彦通为黔中节度使；任命王虔朗为都指挥使，参与湖南都府政务。

逵虑西界镇遏使、锦州刺史刘瑭为边患，表为镇南节度副使，充西界都招讨使。

是岁，湖南大饥，民食草木实。武清节度使、知潭州事周行逢开仓以赈之，全活甚众。行逢起于微贱，知民间疾苦，励精为治，严而无私，辟署僚属，皆取廉介之士，约束简要，吏民便之，其自奉甚薄；或讥其太俭，行逢曰："马氏父子穷奢极靡，不恤百姓，今子孙乞食于人，又足效乎！"

【译文】王逵担心西界镇遏使、锦州刺史刘瑭构成边境的祸患，上表请求朝廷任命刘瑭为镇南节度副使，充任西界都招讨使。

当年，湖南出现大饥荒，百姓食用草木的果实。武清节度使、知潭州事周行逢打开粮仓赈济灾民，存活了许多人。周行逢出身贫贱，了解民间的疾苦，励精图治，虽然严格，但没有私心，所拔取、任用的幕僚及部属，都是廉洁公正的人士，办事简约不烦，而得要领，吏民都感到很方便，他奉养自己很节俭，有人说他对自己太刻薄了，周行逢说："马氏父子，极尽奢侈浪费，不体念百姓，落得现在他的子孙向人讨饭吃，又哪里值得效仿呢！

世宗睿武孝文皇帝上

显德二年（乙卯，公元九五五年）春，正月，庚辰，上以漕运自晋、汉以来不给斗耗，纲吏多以亏欠抵死，诏自今每斛给耗一斗。

定难节度使李彝兴以折德扆亦为节度使，与己并列，耻之，塞路不通周使。癸未，上谋于宰相，对曰："夏州边镇，朝廷向来每加优借，府州褊小，得失不系重轻，且宜抚谕彝兴，庶全大体。"上曰："德扆数年以来，尽忠戮力以拒刘氏，奈何一旦弃之！且夏州惟产羊马，贸易百货，悉仰中国，我若绝之，彼何能为！"乃遣供奉官齐藏珍赍招书责之，彝兴惶恐谢罪。

【译文】显德二年（乙卯，公元955年）春季，正月，庚辰日（初十），后周世宗郭荣因为漕运自从后晋、后汉以来不给运粮的"斗耗"，负责运送的官吏不少因为损耗造成粮食亏欠而被处死，因此下诏，从今天开始，每斛给予损耗一斗。

定难节度使李彝兴因为折德扆也当了节度使，与自己地位相同，感到羞耻，便阻塞道路不与后周互通使者。癸未日（十三日），后周世宗郭荣跟宰相商量，宰相回答说："夏州是边疆的重镇，朝廷向来都从优宽待；府州土地狭小，得到它或失去它都不关轻重，最好暂时先安抚李彝兴顾全大局。"后周世宗说：

"折德扆这几年以来，努力尽忠以抵抗刘氏，为什么一朝将他遗弃！而且夏州只产羊马，他们要买卖百货，完全仰赖中原，我们如果与他们断绝关系，他们还能怎样！"于是就派遣供奉官齐藏珍带着诏书，前往夏州，斥责李彝兴，李彝兴惶恐谢罪。

【乾隆御批】 一赍诏往责，而彝兴谢罪，恐后由周世宗灼见，其无能为。是以言下立断，莫不如志。若狃于优借之说，委曲调停，转至损威败事，侵寻贻害。观于宋人以天下全力为西夏一隅所困，莫敢谁何，对此能无颜厚乎？

【译文】 一送诏书去责怪，李彝兴就谢罪了，害怕将来由于周世宗明白透彻的见解，使自己不能有所作为。因此周世宗决断的结果，没有不和心志一致的。如果拘泥于优待借重的说法，委屈调停，转至损失威严，败坏事情，渐进扩大留下祸害。看宋朝人依靠天下全力却被西夏一个边鄙小国所困扰，没有谁敢出声谴责，对比这件事，难道能不羞愧吗？

戊子，蜀置威武军于凤州。

辛卯，初令翰林学士、两省官举令、录。除官之日，仍署举者姓名，若贪秽败官，并当连坐。

契丹自晋、汉以来屡寇河北，轻骑深入，无藩篱之限，郊野之民每困杀掠。言事者称深、冀之间有胡卢河，横亘数百里，可浚之以限其奔突。是月，诏忠武节度使王彦超、彰信节度使韩通将兵夫浚胡卢河，筑城于李晏口，留兵戍之。帝召德州刺史张藏英，问以备边之策，藏英具陈地形要害，请列置戍兵，募边人骁勇者，厚其禀给，自请将之，随便宜讨击。帝皆从之，以藏英为沿边巡检招收都指挥使。藏英到官数月，募得千馀人。王彦超等行视役者，尝为契丹所围。藏英引所募兵驰击，大破之。自是契丹不敢涉胡卢河，河南之民始得休息。

【译文】戊子日（十八日），蜀国在凤州设置威武军。

辛卯日（二十一日），后周开始命令翰林学士、门下和中书两省官员推举县令、录事参军。授官之日，必须签署推举人的姓名，如果所推举的人贪赃枉法、败坏官箴，那么推举人都要连带受罚。

契丹自从后晋、后汉以来，频繁侵犯河北地区，轻骑兵长驱直入，没有任何屏障的阻隔，郊区野外的农民经常陷入烧杀抢掠的困境。上言国事的人，说："深州和冀州之间，有一条胡卢河，横亘好几百里，可以把它挖深，以限制敌寇的奔驰。"这个月，诏命忠武节度使王彦超、彰信节度使韩通率领士兵跟民夫挖掘胡卢河，在李晏口修筑城池，留下部队戍守。后周世宗郭荣召见德州刺史张藏英，向他征询防备边疆的计策。高藏英详细地陈述地形要害，请求设置戍守的军队，招募边境百姓中勇猛的人，给予优厚的供给；张藏英自己请求率领他们，随机应变，出击讨伐敌人。后周世宗都照他的话去做，任命张藏英为沿边巡检招收都指挥使。张藏英到任几个月，募得一千多人。王彦超等人巡视挖河的工程，曾经被契丹包围。张藏英率领所募来的士兵飞驰攻击，大破契丹。从此契丹不敢渡过胡卢河，于是胡卢河以南的百姓才可以休养生息。

二月，庚子朔，日有食之。

蜀夔恭孝王仁毅卒。

壬戌，诏群臣极言得失，其略曰："朕于卿大夫，才不能尽知，面不能尽识，若不采其言而观其行，审其意而察其忠，则何以见器略之浅深，知任用之当否！若言之不入，罪实在予；苟求之不言，咎将谁执！”

唐主以中书侍郎、知尚书省严续为门下侍郎、同平章事。

【译文】 二月，庚子朔日（初一），出现日食。

后蜀夔恭孝王孟仁毅去世。

壬戌日（二十三日），后周世宗郭荣诏令群臣畅所欲言陈述政事的得失利弊，诏书大致说：“朕对各位卿大夫才能无法全部了解，面孔无法全部认识。如果不搜集大家的言论，从而观察大家的行为，明白大家的意见，从而观察大家的忠诚，那么如何能够看出才略的深浅，了解任用的当否？如果没有人愿意进言，那实在是我的罪过。如果请求发言而缄默不言，那么将是谁的过错呢？”

南唐主李璟任命中书侍郎、知尚书省严续为门下侍郎、同平章事。

三月，辛未，以李晏口为静安军。

帝常愤广明以来中国日蹙，及高平既捷，慨然有削平天下之志。会秦州民夷有诣大梁献策请恢复旧疆者，帝纳其言。

蜀主闻之，遣客省使赵季札案视边备。季札素以文武才略自任，使还，奏称：“雄武节度使韩继勋、凤州刺史王万迪非将帅才，不足以御大敌。”蜀主问：“谁可往者？”季札自请行。丙申，以季札为雄武监军使，仍以宿卫精兵千人为之部曲。

【译文】 三月，辛未日（初二），后周在李晏口设置静安军。

后周世宗郭荣经常为唐僖宗李儇广明以来中原日益缩小而愤慨，等到高平一战获胜后，慨然萌生削平各国统一天下的志向。正好这时秦州的百姓有人前往大梁提供计策、请求恢复旧土的，后周世宗采纳了他的意见。

蜀主孟昶听到了这个消息，派遣客省使赵季札考察巡视边疆的守备情况。赵季札一向以文武才略自负，出使回来，上奏说："雄武节度使韩继勋、凤州刺史王万迪都不是担当将帅的人才，不足以抵御大敌。"蜀主问："谁可以前往？"赵季札主动表示愿意去。丙申日（二十七日），任命赵季札为雄武监军使，于是拨遣侍卫精兵一千人做他的部属。

帝以大梁城中迫隘，夏，四月，乙卯，诏展外城，先立标帜，俟今冬农隙兴板筑，东作动则罢之，更俟次年，以渐成之。且令自今葬埋皆出所标七里之外，其标内俟县官分画街衢、仓场、营廨之外，听民随便筑室。

丙辰，蜀主命知枢密院王昭远按行北边城寨及甲兵。

上谓宰相曰："朕每思致治之方，未得其要，寝令不忘。又自唐、晋以来，吴、蜀、幽、并皆阻声教，未能混壹，宜命近臣著《为君难为臣不易论》及《开边策》各一篇，朕将览焉。"

【译文】后周世宗郭荣因为大梁城中狭窄，夏季，四月，乙卯日（十七日），下诏拓展外城，先设立标记，等待当年冬天农闲再兴土木。到了明年春天，农事开始，就暂时停工，再等到第二年冬天才施工，以逐年分期完成的方式来进行。并且下令，从现在开始，凡是埋葬尸骨都必须送出所标示的新城预定地七里以外的地方安葬，标示以内的土地，等到朝廷规划好街道、仓场、营房官舍以后，其余地方任由百姓在空地上修建私人的住房。

丙辰日（十三日），后蜀主孟昶命令知枢密院王昭远巡视检查北部边界的城镇要塞以及铠甲兵器。

后周世宗郭荣对宰相说："朕常常思考致使国家太平的方

策，可是得不到要领，睡觉吃饭，都不能忘记。还有自从唐、晋以来，吴、蜀、幽、并等地区都阻隔了政令与教化，不能统一，应该命近臣撰写《为君难为臣不易论》及《开边策》各一篇，朕将一一览读。"

比部郎中王朴献策，以为："中国之失吴、蜀、幽、并，皆由失道。今必先观所以失之之原，然后知所以取之之术。其始失之也，莫不以君暗臣邪，兵骄民困，奸党内炽，武夫外横，因小致大，积微成著。今欲取之，莫若反其所为而已。夫进贤退不肖，所以收其才也；恩隐诚信，所以结其心也；赏功罚罪，所以尽其力也；去奢节用，所以丰其财也；时使薄敛，所以阜其民也。俟群才既集，政事既治，财用既充，士民既附，然后举而用之，功无不成矣！彼之人观我有必取之势，则知其情状者愿为间谍，知其山川者愿为乡导，民心既归，天意必从矣。

【译文】比部郎中王朴进献策文，认为："中原朝廷丧失吴地、蜀地、幽州、并州，都是由于丧失了治国之道。如今一定要首先考察之所以丧失土地的根本原因，然后才知道取得失地的方法。当初刚失去的时候，无不是因为君主昏庸，大臣奸邪，士兵骄傲，百姓困苦，在内奸党势力强盛，在外武将专横，这些弊害，开头很小，逐渐扩大。起初隐微，逐渐明显。现在要取得失地，不如反其道而行了。进用贤士，摒斥小人，这是收揽人才的方法；恩及隐士，讲求诚信，这是结交人心的方法；赏赐功劳，惩罚罪过，这是要大家尽力的方法；去除奢侈，节约费用，这是增加财富的方法；依时使用民力，减少赋税，这是使百姓富足的方法。等到群才已经聚集，政事已经治理，财用已经充足，士民已经归附，然后善加运用，事情就没有不成功的了！那些地区的人民，看出我们有必胜的势头，那么了解他们境内情况的人，愿意做我们的间谍；了解他们山川形势的人，愿意做我们的向导，民心既已归附，那么天意也就一定保佑我们了。

"凡攻取之道，必先其易者。唐与吾接境几二千里，其势易扰也。扰之当以无备之处为始，备东则扰西，备西则扰东，彼必奔走而救之。奔走之间，可以知其虚实强弱，然后避实击虚，避强击弱。未须大举，且以轻兵扰之。南人懦怯，闻小有警，必悉师以救之。师数动则民疲而财竭，不悉师则我可以乘虚取之。如此，江北诸州将悉为我有。既得江北，则用彼之民，行我之法，江南亦易取也。得江南则岭南、巴蜀可传檄而定。南方既定，则燕地必望风内附。若其不至，移兵攻之，席卷可平矣。惟河东必死之寇，不可以恩信诱，当以强兵制之。然彼自高平之败，力竭气沮，必未能为边患。宜且以为后图，俟天下既平，然后伺间一举可擒也。今士卒精练，甲兵有备，群下畏法，诸将效力，期年之后可以出师，宜自夏秋蓄积实边矣。"

【译文】 "大凡进攻夺取的方法，必定先从容易的地方下手。唐国跟我们相接的边界，将近两千里，形势上容易搅乱它。要搅乱它，应当从没有防备的地方开始，他们防备东方，那么我们就搅乱西方；他们防备西方，那么我们就搅乱东方。他们一定奔走救急。在奔走之间，可以看出他们的虚实、强弱，然后我们避开坚实强固的地方，而攻击空虚衰弱的地方，不需大举出兵，暂且用少量快速的部队去搅乱他。南方人懦弱胆怯，听到有小小的警报，就发动所有的军队援救。军队频频出动，就会使得百姓困乏，财用枯竭；如果不出动所有的部队，那么我们就可以乘虚夺取那里。这样一来，长江北岸的各州，将全部归我们

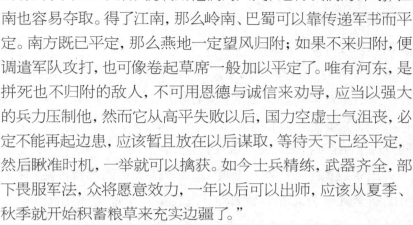

所有。得了江北以后，就利用他们的人民，进行我们的计划，江南也容易夺取。得了江南，那么岭南、巴蜀可以靠传递军书而平定。南方既已平定，那么燕地一定望风归附；如果不来归附，便调遣军队攻打，也可像卷起草席一般加以平定了。唯有河东，是拼死也不归附的敌人，不可用恩德与诚信来劝导，应当以强大的兵力压制他，然而它从高平失败以后，国力空虚士气沮丧，必定不能再起边患，应该暂且放在以后谋取，等待天下已经平定，然后瞅准时机，一举就可以擒获。如今士兵精练，武器齐全，部下畏服军法，众将愿意效力，一年以后可以出师，应该从夏季、秋季就开始积蓄粮草来充实边疆了。"

上欣然纳之。时群臣多守常偷安，所对少有可取者，惟朴神峻气劲，有谋能断，凡所规画，皆称上意，上由是重其器识。未几，迁左谏议大夫，知开封府事。

上谋取秦、凤，求可将者。王溥荐宣徽南院使、镇安节度使向训。上命训与凤翔节度使王景、客省使高唐昝居润偕行。五月，戊辰朔，景出兵自散关趣秦州。

【译文】后周世宗郭荣很欣喜地接纳了他的计策。当时群臣大多墨守成规，苟且偷生，所答的意见，很少有可取的；只有王朴，精神豪迈，气势强劲，富于谋略，善于决断，凡是他所规划的，都合后周世宗的心意，因此，后周世宗很看重他的器量和见识。不久，升任他为左谏议大夫，知开封府事。

后周世宗郭荣谋划攻取秦州、凤州，寻找可以统领军队的人。王溥推荐宣徽南院使、镇安节度使向训。后周世宗命令向训跟凤翔节度使王景、客省使高唐人昝居润一同前往。五月，戊辰朔日（初一），王景出兵从散关直向秦州进发。

敕天下寺院，非敕额者悉废之。禁私度僧尼，凡欲出家者必俟祖父母、父母、伯叔之命。惟两京、大名府、京兆府、青州听设戒坛。禁僧俗舍身、断手足、炼指、挂灯、带钳之类幻惑流俗者。令两京及诸州每岁造僧帐，有死亡、归俗，皆随时开落。是岁，天下寺院存者二千六百九十四，废者三万三百三十六，见僧四万二千四百四十四，尼一万八千七百五十六。

王景拔黄牛等八寨。戊寅，蜀主以捧圣控鹤都指挥使、保宁节度使李廷珪为北路行营都统，左卫圣步军都指挥使高彦俦为招讨使，武宁节度使吕彦珂副之，客省使赵崇韬为都监。

【译文】后周世宗郭荣敕命天下寺院，未经朝廷敕赐匾额的全部废除。禁止私下剃发出家当和尚、尼姑，凡是打算出家的人必须得到祖父母、父母亲、伯伯叔叔的同意，只有两京、大名府、京兆府、青州等地可以自由设置僧尼受戒的戒坛。禁止僧俗舍身、断手、断足、炼指、挂灯、带钳这一类惑乱世俗的人。下令两京及各州每年编造和尚的名册，遇有死亡、还俗等情形，都随时注销。这一年，天下寺院保存下来的，共二千六百九十四座，被废除的，共三万零三百三十六座，现有的和尚共四万二千四百四十四名，现有的尼姑共一万八千七百五十六名。

王景攻取黄牛等八个营寨。戊寅日（十一日），后蜀主孟昶任命捧圣控鹤都指挥使、保宁节度使李廷珪为北路行营都统，左卫圣步军都指挥使高彦俦为招讨使，武宁节度使吕彦珂为副招讨使，客省使赵崇韬为都监。

蜀赵季札至德阳，闻周师入境，惧不敢进，上书求解边任还奏事，先遣辎重及妓妾西归。丁亥，单骑驰入成都，众以为奔败，莫不震恐。蜀主问以机事，皆不能对。蜀主怒，系之御史台，甲午，斩之于崇礼门。

六月，庚子，上亲录囚于内苑。有汝州民马遇，父及弟为吏所冤死，屡经覆按，不能自伸，上临问，始得其实，人以为神。由是诸长吏无不亲察狱讼。

壬寅，西师与蜀李廷珪等战于威武城东，不利，排陈使濮州刺史胡立等为蜀所擒。丁未，蜀主遣间使如北汉及唐，欲与之俱出兵以制周，北汉主、唐主皆许之。

【译文】 后蜀赵季札到达德阳，听说后周军队入境，恐惧不敢前进，上书请求解除守边的任务，返回京城奏报情况，先遣送载运物资的车辆及妓女、侍妾西行。丁亥日（二十日），单枪匹马，奔入成都，民众以为他战败逃回来，没有不震惊恐惧的。蜀主孟昶问他军机事务，他都答不上来。蜀主很生气，把他囚禁在御史台，庚午日（二十七日），把他斩首于崇礼门外。

六月，庚子日（初三），后周世宗郭荣在内苑亲自查阅囚犯的档案。有一个汝州的百姓，名叫马遇，父亲及弟弟都被官吏冤屈致死，反复地调查，都不能得到伸张，后周世宗亲自问讯，才发现事情的真相，大家都佩服后周世宗神明。因此各个官吏无不亲自审查诉讼案件。

壬寅日（初五），西征的军队跟蜀国的李廷珪等人的部队交战于威武城的东边，不顺利，排阵使濮州刺史胡立等人被蜀兵活捉。丁未日（初十），蜀主孟昶派遣使者暗中前往北汉及南唐，想跟他们一同出兵以制服后周，北汉主刘钧、南唐主李璟都答应了他。

己酉，以彰信节度使韩通充西南行营马步军都虞候。

戊午，南汉主杀祯州节度使通王弘政，于是，高祖之诸子尽矣。

壬戌，以枢密院承旨清河张美为右领军大将军、权点检三司事。初，帝在澶州，美掌州之金谷隶三司者，帝或私有所求，美曲为供副。太祖闻之怒，恐伤帝意，但徙美为濮州马步都虞候。美治财精敏，当时鲜及，故帝以利权授之。帝征伐四方，用度不乏，美之力也，然思其在澶州所为，终不以公忠待之。

【译文】己酉日（十二日），后周任命彰信节度使韩通充任西南行营马步军都虞候。

戊午日（二十一日），南汉主刘晟杀死祯州节度使通王刘弘政，于是高祖刘䶮的几个儿子到了这时全部死了。

壬戌日（二十五日），后周世宗郭荣任命枢密院承旨清河人张美为右领军大将军、权点检三司事。起初，后周世宗在澶州，张美掌管澶州隶属于三司的钱粮，后周世宗有时候私下有所需求，张美想尽办法供应他，以满足他的需求。周太祖郭威听说这件事，很生气，但又怕伤了跟后周世宗之间的感情，于是只把张美调为濮州马步军都虞候。张美理财精明敏捷，当时很少有人赶得上他，所以后周世宗把理财的大权交给他；后周世宗征伐四方，经费从不缺乏，都是张美的功劳。不过，想起当年他在澶州的所作所为，终究不把他当作公正忠诚的人看待。

秋，七月，丁卯朔，以王景兼西南行营都招讨使，向训兼行营兵马都监。宰相以景等久无功。馈运不继，固请罢兵。帝命太祖皇帝往视之，还，言秦、凤可取之状，帝从之。

八月，丁未，中书侍郎、同平章事景范罢判三司，寻以父丧罢政事。

王景等败蜀兵，获将卒三百。己未，蜀主遣通奏使、知枢密院、武泰节度使伊审征如行营慰扶，仍督战。

【译文】秋季，七月，丁卯朔日（初一），后周世宗任命王景兼西南行营都招讨使，向训兼行营兵马都监。宰相因为王景等人长期没有战功，粮食的运送又接继不上，所以再三请求罢兵。后周世宗命宋太祖皇帝赵匡胤前往观察，回来以后，说明秦、凤两州可以夺取的状况，后周世宗听从他的意见。

八月，丁未日（十一日），中书侍郎、同平章事景范罢免判三司之职，不久因为父丧而免除政事。

王景等人打败蜀兵，俘虏将帅及士卒达三百人。己未日（二十三日），蜀主孟昶派通奏使、知枢密院、武泰节度使伊审征前往前线军营慰抚士卒，并且督战。

帝以县官久不铸钱，而民间多销钱为器皿及佛像，钱益少，九月，丙寅朔，敕始立监采铜铸钱，自非县官法物、军器及寺观钟磬钹铎之类听留外，自馀民间铜器、佛像，五十日内悉令输官，给其直；过期隐匿不输，五斤以上其罪死，不及者论刑有差。上谓侍臣曰："卿辈勿以毁佛为疑。夫佛以善道化人，苟志于善，斯奉佛矣。彼铜像岂所谓佛邪！且吾闻佛志在利人，虽头目犹舍以布施，若朕身可以济民，亦非所惜也。"

◆臣光曰：若周世宗，可谓仁矣！不爱其身而爱民；若周世宗，可谓明矣！不以无益废有益。◆

【译文】后周世宗郭荣因为朝廷长久没有铸造钱币，而民间许多人销毁钱币做成器皿以及佛像，钱币越来越少，九月，丙寅朔日（初一），后周世宗敕令设立专门的机构，采铜铸造钱币，除了天子的仪仗、军器及佛寺道观的钟磬钹铎之类，可以自由留用以外，其余的民间铜器、佛像等物，五十天内全部捐送到官府，付给相当的价钱；过了期限还隐藏不送的话，五斤以上，便处死罪；不到五斤的，依照轻重，判处不等的刑期。后周世宗对侍臣说："卿辈不要因为我下令毁佛像而觉得疑惑。佛以善道感化人，如果有志向善，就是尊奉佛法了。那些铜像岂是所说的佛呢！况且我听说佛立志要利于世人，即使是脑袋、眼睛也都可以舍弃布施给需要的人，倘若朕的身体可用来救济百姓，朕也不会有所吝惜的。"

◆臣司马光说：像后周世宗郭荣，可以算是仁君了，不爱他的身体，而爱护百姓；像后周世宗，可以算是明君了，不拿无益的东西来妨害有益的事业。◆

蜀李廷珪遣先锋都指挥使李进据马岭寨，又遣奇兵出斜谷，屯白涧，又分兵出凤州之北唐仓镇及黄花谷，绝周粮道。闰月，王景遣裨将张建雄将兵二千抵黄花，又遣兵千人趣唐仓，扼蜀归路。蜀染院使王峦将兵出唐仓，与建雄战于黄花，蜀兵败，奔唐仓，遇周兵，又败，虏峦及其将士三千人。马岭、白涧兵皆溃，李廷珪、高彦俦等退保青泥岭。蜀雄武节度使兼侍中韩继勋弃秦州，奔还成都、观察判官赵玭举城降，斜谷援兵亦溃。成、阶二州皆降，蜀人振恐。玭，澶州人也。帝欲以玭为节度使，范质固争以为不可，乃以为郓州刺史。

【译文】后蜀李廷珪派遣先锋都指挥使李进占据马岭寨，又派遣奇兵从斜谷出发，屯驻白涧，又分兵取道凤州北面的唐仓镇及黄花谷，断绝周师的运粮道路。闰月，王景派遣副将张建雄率领两千人到达黄花谷，又派遣一千人直奔唐仓镇，控制蜀兵的归路。蜀国的染院使王峦率兵取道唐仓镇，跟张建雄在黄花谷交战，蜀兵战败，奔向唐仓镇，遇到周兵，又战败，后周军队俘获了王峦和他的三千将士。马岭、白涧的后蜀军队全都溃败，李廷珪、高彦俦等人退守青泥岭。后蜀雄武节度使兼侍中韩继勋丢弃秦州，逃回成都，观察判官赵玭举城投降，斜谷的援兵也崩溃了。成、阶二州都投降了，蜀国朝野震惊恐惧。赵玭，是澶州人。后周世宗郭荣想任命他为节度使，范质再三争辩，认为不可以，于是任命他为郢州刺史。

壬子，百官入贺，帝举酒属王溥曰："边功之成，卿择帅之力也！"

甲子，上与将相食于万岁殿，因言："两日大寒，朕于宫中食珍膳，深愧无功于民而坐享于禄，既不能躬耕而食，惟当亲冒矢石为民除害，差可自安耳！"

乙丑，蜀李廷珪上表待罪。冬，十月，壬申，伊审征至成都请罪。皆释之。蜀主致书于帝请和，自称大蜀皇帝，帝怒其抗礼，不答。蜀主愈恐，聚兵粮于剑门、白帝，为守御之备，募兵既多，用度不足，始铸铁钱，榷境内铁器，民甚苦之。

【译文】壬子日（十七日），文武百官入朝庆贺，后周世宗举杯为王溥敬酒说："边疆战争的成功，全仰仗爱卿选择主帅得当的功劳啊！"

甲子日（二十九日），后周世宗郭荣与将军、丞相在万岁殿进餐，借此机会说："这两天非常寒冷，朕在宫中享用美味的膳食，深感惭愧的是自己无功于百姓，却坐享天赐的福禄，既不能亲自耕种以供养自己，就只有亲自冒着矢石的危险，为民除害，才勉强可以让自己安心罢了！"

乙丑日（闰九月无此日），后蜀李廷珪上表等候治罪。冬季，十月，壬申日（初八），伊审征到达成都请罪。蜀主孟昶写信给后周世宗郭荣，请求和好，信中自称大蜀皇帝。后周世宗恼怒他用对等的礼节，不答复他。蜀主更加恐惧，在剑门、白帝聚集兵马、粮食，做防守抵御的准备，所募的士兵已经很多，费用不够，于是开始铸造铁钱，境内的铁器由官府专卖，百姓为此极为困苦。

唐主性和柔，好文章，而喜人顺己，由是谄谀之臣多进用，政事日乱。既克建州，破湖南，益骄，有吞天下之志。李守贞、慕容彦超之叛，皆为之出师，遥为声援。又遣使自海道通契丹及北汉，约共图中国。值中国多事，未暇与之校。

先是，每冬淮水浅涸，唐人常发兵戍守，谓之"把浅"。寿州监军吴廷绍以为疆场无事，坐费资粮，悉罢之。清淮节度使刘仁赡上表固争，不能得。十一月，乙未朔，帝以李谷为淮南道前军行营都部署兼知庐、寿等行府事，以忠武节度使王彦超副之，督侍卫马军都指挥使韩令坤等十二将以伐唐。令坤，磁州武安人也。

【译文】南唐主李璟生性温和柔顺，爱好文辞，而且喜欢人奉承自己，因此善于花言巧语、献媚取宠的臣子大多晋升任用，政事日益混乱。打败建州，攻下湖南以后，更加骄傲，有吞并天下的野心。李守贞、慕容彦超叛变的时候，唐主都为他们而出兵，遥为应援，又派遣使者从海上前往契丹及北汉，跟他们相约，共同谋取中原。这时正逢中原多事，后周没有时间跟他们较量。

从前，每年冬天淮河水浅干涸，南唐人经常发兵守卫淮河，称作"把浅"。寿州监军吴廷绍认为边境无事，白白地浪费物资粮饷，于是下令全面停止把浅。清淮节度使刘仁赡上表再三地争论，没有成功。十一月，乙未朔日（初一），后周世宗郭荣任命李谷为淮南道前军行营都部署，兼知庐、寿等行府事，任命忠武节度使王彦超为副都部署，指挥侍卫马军都指挥使韩令坤等十二位将领，讨伐南唐。韩令坤，是磁州武安人。

汴水自唐末溃决，自埇桥东南悉为污泽。上谋击唐，先命武宁节度使武行德发民夫，因故堤疏导之，东至泗上。议者皆以为难成，上曰："数年之后，必获其利。"

丁未，上与侍臣论刑赏，上曰："朕必不因怒刑人，因喜赏人。"

先是，大梁城中民侵街衢为舍，通大车者盖寡，上悉命直而广之，广者至三十步。又迁坟墓于标外。上曰："近广京城，于存殁扰动诚多。怨谤之语，朕自当之，他日终为人利。"

【译文】汴水从唐朝末年溃堤决口以来，自埇桥东南全都成了污泥沼泽。后周世宗郭荣计划攻打唐国，先命武宁节度使武行德发动民丁，顺着旧堤疏导汴水，向东流入泗水。廷议的人都认为难以成功，后周世宗说："数年以后，一定可以获得利益。"

丁未日（十三日），后周世宗郭荣跟侍臣讨论有关处罚和奖赏的事，后周世宗说："朕一定不因发怒而惩处人，因高兴而奖赏人。"

在此以前，大梁城里的百姓侵占街道盖房子，所以能够通行大车子的街道很少，后周世宗下令，把所有的街道都拉直、拓宽，最宽的达三十步；又命所有的坟墓都迁徙到标志以外的地方。后周世宗说："近来拓宽京城的工程，无论对活着的人或死去的人都扰乱很多；所有怨恨与毁谤的言语，朕愿自己承当，将来终会对人有利的。"

王景等围凤州，韩通分兵城固镇以绝蜀之援兵。戊申，克凤州，擒蜀威武节度使王环及都监赵崇溥等将士五千人。崇溥不食而死。环，真定人也。乙卯，制曲赦秦、凤、阶、成境内，所获蜀将士，愿留者优其俸赐，愿去者给资装而遣之。诏曰："用慰众情，免违物性，其四州之民，二税征科之外，凡蜀人所立诸色科徭，悉罢之。"

唐人闻周兵将至而惧，刘仁赡神气自若，部分守御，无异平日，众情稍安。唐主以神武统军刘彦贞为北面行营都部署，将兵二万趣寿州，奉化节度使、同平章事皇甫晖为应援使，常州团练使姚凤为应援都监，将兵三万屯定远。召镇南节度使宋齐丘还金陵，谋国难，以翰林承旨、户部尚书殷崇义为吏部尚书、知枢密院。

【译文】 王景等包围凤州，韩通分出部分军队修筑固镇城来截断后蜀的援军。戊申日（十四日），攻克凤州，擒获后蜀威武节度使王环以及都监赵崇溥等将吏士兵五千人。赵崇浦绝食而死。王环，是真定人。乙卯日（二十一日），后周世宗郭荣颁下制书，赦免在秦州、凤州、阶州、成州境内所俘获的蜀国将士，愿意留下来的人，给予优厚的俸禄及赏赐；愿意回去的人，付给盘缠路费，遣送他们离去。诏书说："为了安慰众人的情绪，避免违背人性，那四州的百姓，除了夏、秋两税必须征收以外，凡是蜀人所订的各种租税及徭役全部废止。"

南唐人听说后周军队即将到达而恐惧。刘仁赡神情自若，部署军队守卫抵御，与平日没有两样，大家的情绪稍趋安稳。南唐主李璟任命神武统军刘彦贞为北面行营都部署，率领两万人直趋寿州；任命奉化节度使、同平章事皇甫晖为应接使，常州团练使姚凤为应援都监，率领三万人驻守定远。召请镇南节度使宋齐丘返回金陵，筹划应付国难的计策；任命翰林承旨、户部尚书殷崇义为吏部尚书、知枢密院。

李谷等为浮梁，自正阳济淮。十二月，甲戌，谷奏王彦超败唐兵二千馀人于寿州城下，己卯，又奏先锋都指挥使白延遇败唐兵千馀人于山口镇。

丙戌，枢密使兼侍中韩忠正公郑仁诲卒。上临其丧，近臣奏称岁道非便，上曰："君臣义重，何日时之有！"往哭尽哀。

吴越王弘俶遣元帅府判官陈彦禧入贡，帝以诏谕弘俶，使出兵击唐。

【译文】 李谷等架设浮桥，从正阳渡过淮河。十二月，甲戌日（初十），李谷奏报王彦超在寿州城下击败南唐军队二千余人。己卯日（十五日），又上奏说，先锋都指挥使白延遇在山口镇打败唐兵一千多人。

丙戌日（二十二日），枢密使兼侍中韩忠正公郑仁诲去世。后周世宗郭荣要亲自吊唁，近臣上奏说，从岁星所经的星空区域来看，不利于亲临吊唁。后周世宗说："君臣情意深重，哪里还有时日有利无利的限制！"前往临哭，极尽哀伤之情。

吴越王钱弘俶派遣元帅府判官陈彦禧入朝进贡，后周世宗郭荣赐诏书晓谕钱弘俶，让他出兵进攻南唐。

显德三年（丙辰，公元九五六年）春，正月，丙午，以王环为右骁卫大将军，赏其不降也。

丁酉，李谷奏败唐兵千馀人于上窑。

戊戌，发开封府、曹、滑、郑州之民十馀万筑大梁外城。

庚子，帝下诏亲征淮南，以宣徽南院使、镇安节度使向训权东京留守，端明殿学士王朴副之，彰信节度使韩通权点检侍卫司及在京内外都巡检。命侍卫都指挥使、归德节度使李重进将兵先赴正阳，河阳节度使白重赞将亲兵三千屯颍上。壬寅，帝发大梁。李谷攻寿州，久不克。唐刘彦贞引兵救之，至来远镇，距寿州二百里，又以战舰数百艘趣正阳，为攻浮梁之势。李谷畏之，召将佐谋曰："我军不能水战，若贼断浮梁，则腹背受敌，皆不归矣！不如退守浮梁以待车驾。"上至圉镇，闻其谋，亟遣中使乘驿止之。比至，已焚刍粮，退保正阳。丁未，帝至陈州，亟遣李重进引兵趣淮上。

资治通鉴

【译文】显德三年（丙辰，公元956年）春季，正月，丙午日（十二日），后周世宗郭荣任命王环为右骁卫大将军，奖赏他不投降的忠贞精神。

丁酉日（初三），李谷奏报在上窑击败南唐军队一千多人。

戊戌日（初四），发动开封府、曹州、滑州、郑州等地的老百姓十多万人，修筑大梁城的外城。

庚子日（初六），后周世宗郭荣颁下诏书亲征淮南，任命宣徽南院使、镇安节度使向训暂时代理东京留守，端明殿学士王朴为副留守，彰信节度使韩通代理点检侍卫司及在京内外都巡检。命令侍卫都指挥使、归德节度使李重进率兵先前往正阳，河阳节度使白重赞率领三千名亲兵驻守颍上。壬寅日（初八），后周世宗从大梁出发。李谷进攻寿州，攻了很久，不能攻下；唐国的刘彦贞引兵救援，到了来远镇，离寿州二百里，又派遣战舰数百艘直趋正阳，摆出一副进攻浮桥的态势。李谷很忧虑，召见将帅僚佐商议，说："我们的军队，不能在水上作战，如果贼兵破坏浮桥，那么我们前后受敌，就都不能生还了！不如退兵防守浮桥，以等候皇帝前来。"后周世宗到了圉镇，听到这个计划，立刻派遣宦官乘驿车前去阻止李谷。等到宦官抵达寿州，李谷已经烧掉粮草，退守正阳。丁未日（十三日），后周世宗到达陈州，紧急派遣李重进引兵直趋淮河。

辛亥，李谷奏贼舰中淮而进，弩砲所不能及，若浮梁不守，则众心动摇，须至退军。今贼舰日进，淮水日涨，若车驾亲临，万一粮道阻绝，其危不测。愿陛下且驻跸陈、颍，俟李重进至，臣与之共度贼舰可御，浮梁可完，立具奏闻。但若厉兵秣马，春去冬来，足使贼中疲弊，取之未晚。”帝览奏，不悦。

【译文】辛亥日（十七日），李谷上奏：“贼寇战舰在淮水中央前进，弓弩石炮的射程不能到达，倘若浮桥失守，就会人心动摇，必定导致退兵。现在敌人和战舰每天向前行进，淮河水每天上涨，如果皇上亲临前线，万一运粮的通路被切断，那么危险的状况就很难预料。希望陛下暂时留驻在陈州和颍州一带，等到李重进到达后，臣跟他共同估计敌人的战舰。我们已有把握防御，浮桥已有把握保全的时候，立刻详细地禀奏皇上。不过，我想如果我们做好战斗准备，维持到春天过去，冬天到来，足可使得贼寇疲困，到那时再攻取也不晚。”后周世宗郭荣看了奏疏，不大高兴。

刘彦贞素骄贵，无才略，不习兵，所历藩镇，专为贪暴，积财巨亿，以赂权要，由是魏岑等争誉之，以为治民如龚、黄，用兵如韩、彭，故周师至，唐主首用之。其裨将咸师朗等皆勇而无谋，闻李谷退，喜，引兵直抵正阳，旌旗辎重数百里，刘仁赡及池州刺史张全约固止之。仁赡曰：“公军未至而敌人先遁，是畏公之威声也，安用速战！万一失利，则大事去矣！”彦贞不从。既行，仁赡曰：“果遇，必败。”乃益兵乘城为备。李重进度淮，逆战于正阳东，大破之，斩彦贞，生擒咸师朗等，斩首万馀级，伏尸三十里，收军资器械三十馀万。是时江、淮久安，民不习战，彦贞既败，唐人大恐，张全约收馀众奔寿州，刘仁赡表全约为马步左厢都指挥使。皇甫晖、姚凤退保清流关。滁州刺史王绍颜委城走。

【译文】 刘彦贞向来骄横显贵，既无才能谋略，又不熟悉军事，历次任职藩镇，专行贪污暴虐，积财亿万，用来贿赂权贵，因此魏岑等权臣争相称誉他，认为他治民像汉朝的龚遂、黄霸；用兵像韩信、彭越，所以周师来到，唐主李璟首先重用他。他的副将咸师朗等人皆有勇无谋，听说李谷撤退，非常高兴，引兵直接前往正阳，旌旗和辎重连接数百里。刘仁赡及池州刺史张全约再三阻止他，刘仁赡说：“您的军队还没到，敌人就先逃走，这是畏惧您的威名啊，怎么能够采用速战的方法？万一失利，大事就完了！”刘彦贞不听。启程以后，刘仁赡说：“如果两军相遇，一定战败。”于是增调城中的战士登上城去，加强防备。李重进渡过淮河，在正阳的东边迎战，大破唐兵，斩杀了刘彦贞，活捉了咸师朗等人，斩首一万多级，尸体横陈三十里，接收军用物资、器械三十多万。这时长江、淮河一带长期安定，民众不习惯战争，刘彦贞战败以后，唐人大为恐慌，张全约收拾残余的部众逃奔寿州，刘仁赡上表荐举张全约为马步左厢都指挥使。皇甫晖、姚凤退守清流关。滁州刺史王绍颜弃城逃走。

壬子，帝至永宁镇，谓侍臣曰：“闻寿州围解，农民多归村落，今闻大军至，必复入城。怜其聚为饿殍，宜先遣使存抚，各令安业。”甲寅，帝至正阳，以李重进代李谷为淮南道行营都招讨使，以谷判寿州行府事。丙辰，帝至寿州城下，营于淝水之阳，命诸军围寿州，徙正阳浮梁于下蔡镇。丁巳，征宋、亳、陈、颍、徐、宿、许、蔡等州丁夫数十万以攻城，昼夜不息。唐兵万馀人维舟于淮，营于涂山之下。庚申，帝命太祖皇帝击之，太祖皇帝遣百馀骑薄其营而伪遁，伏兵邀之，大败唐兵于涡口，斩其都监何延锡等，夺战舰五十馀艘。

【译文】 壬子日（十八日），后周世宗郭荣到达永宁镇，对侍从大臣说："听说寿州围困解除，农民大多回归村落，如今听说大部队到达，必定再次入城。可怜他们聚集起来会成为饿死的人，应先派遣使者安抚，让他们各自安心务农。"甲寅日（二十日），后周世宗到达正阳，命李重进代替李谷做淮南道行营都招讨使，命李谷治理寿州行府的事务。丙辰日（二十二日），后周世宗到达寿州城下，扎营在淝水的北岸，下令各军包围寿州，把设在正阳的浮桥移往下蔡镇。丁巳日（二十三日），征发宋州、亳州、陈州、颍州、徐州、宿州、许州、蔡州等地的壮丁几十万人，攻打州城，昼夜不停。南唐军队一万多人把船系在淮河边上，在涂山山脚下扎营。庚申日（二十六日），后周世宗命宋太祖皇帝赵匡胤攻打南唐军队，宋太祖皇帝派遣一百多名骑兵逼近他们的军营，然后假装逃走，当唐兵追过来的时候，伏兵突然出来拦截，在涡口大败唐兵，斩杀了他们的都监何延锡等人，夺取了五十多艘战舰。

诏以武平节度使兼中书令王逵为南面行营都统，使攻唐之鄂州。逵引兵过岳州，岳州团练使潘叔嗣厚具燕犒，奉事甚谨。逵左右求取无厌，不满望者谮叔嗣于逵，云其谋叛，逵怒形于词色，叔嗣由是惧不自安。

唐主闻湖南兵将至，命武昌节度使何敬洙徙民入城，为固守之计。敬洙不从，使除地为战场，曰："敌至，则与兵民俱死于此耳！"唐主善之。

【译文】后周世宗郭荣下诏任命武平节度使兼中书令王逵为南面行营都统，让他进攻南唐的鄂州。王逵领兵经过岳州，岳州团练使潘叔嗣准备了丰富的酒宴犒劳他，侍候得非常恭敬。王逵左右的人索求无厌，没有满足而心怀怨恨的人在王逵面前中伤潘叔嗣，说他图谋叛变，王逵的神情和言辞都表露出愤怒，潘叔嗣因此很害怕，内心不安。

南唐主李璟听说湖南军队将要到达，命令武昌节度使何敬洙将百姓都迁移入城，做坚持防守到底的打算。何敬洙不听，让百姓们把农作物采收起来，准备做战场，说："敌人来到，就跟军民一块儿死在这里！"南唐主称赞他。

二月，丙寅，下蔡浮梁成，上自往视之。

戊辰，庐、拜、光、黄巡检使元城司超奏败唐兵三千馀人于盛唐，擒都监高弼等，获战舰四十馀艘。

上命太祖皇帝倍道袭清流关。皇甫晖等陈于山下，方与前锋战，太祖皇帝引兵出山后；晖等大惊，走入滁州，欲断桥自守。太祖皇帝跃马麾兵涉水，直抵城下。晖曰："人各为其主，愿容成列而战。"太祖皇帝笑而许之。晖整众而出，太祖皇帝拥马颈突陈而入，大呼曰："吾止取皇甫晖，他人非吾敌也！"手剑击晖，中脑，生擒之，并擒姚凤，遂克滁州。后数日，宣祖皇帝为马军副都指挥使，引兵夜半至滁州城下，传呼开门。太祖皇帝曰："父子虽至亲，城门王事也，不敢奉命！"明旦，乃得入。

【译文】二月，丙寅日（初三），下蔡浮桥架成，后周世宗郭荣亲自前往视察。

戊辰日（初五），庐、寿、光、黄巡检使元城人司超上奏说，在盛唐打败唐兵三千多人，活捉都监高弼等人，夺得战舰四十多艘。

后周世宗郭荣命令宋太祖皇帝赵匡胤兼程进军袭击清流关。皇甫晖等在山下列阵，正与后周前锋部队交战，宋太祖皇帝领兵从山后出来，皇甫晖等大吃一惊，逃入滁州，想要切断桥梁，固守州城，太祖皇帝跃马指挥军队渡水，直抵城下。皇甫晖说："每个人都各为自己的君主效力，希望等我排成阵势以后再交战。"太祖皇帝笑了笑，答应了他。皇甫晖整好队伍出城，太祖皇帝俯身抱着马颈冲入敌阵，大声叫道："我只抓皇甫晖，其他的人不是我的敌手！"手持长剑攻击皇甫晖，击中他的脑袋，活捉了他，同时也捉到姚凤，于是攻下了滁州。过了几天，宣祖皇帝（宣祖皇帝就是太祖皇帝赵匡胤的父亲赵弘殷）为马军副都指挥使，引兵在半夜到达滁州城下，传令让太祖皇帝开门。太祖皇帝说："父子虽是最亲的人，可是防守城门，却是国家的大事，不敢奉命。"到了第二天早晨，才让赵弘殷进城。

上遣翰林学士窦仪籍滁州帑藏，太祖皇帝遣亲吏取藏中绢。仪曰："公初克城时，虽倾藏取之，无伤也。今既籍为官物，非有诏书，不可得也。"太祖皇帝由是重仪。诏左金吾卫将军马崇祚知滁州。

初，永兴节度使刘词遗表荐其幕僚蓟人赵普有才可用。会滁州平，范质荐普为滁州军事判官，太祖皇帝与语，悦之。时获盗百馀人，皆应死，普请先讯鞫然后决，所活什七八。太祖皇帝益奇之。

太祖皇帝威名日盛，每临陈，必以繁缨饰马，铠仗鲜明。或曰："如此，为敌所识。"太祖皇帝曰："吾固欲其识之耳！"

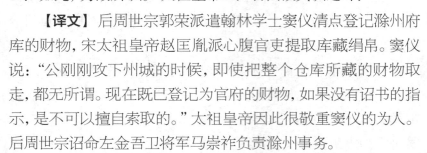

【译文】 后周世宗郭荣派遣翰林学士窦仪清点登记滁州府库的财物，宋太祖皇帝赵匡胤派心腹官吏提取库藏绢帛。窦仪说："公刚刚攻下州城的时候，即使把整个仓库所藏的财物取走，都无所谓。现在既已登记为官府的财物，如果没有诏书的指示，是不可以擅自索取的。"太祖皇帝因此很敬重窦仪的为人。后周世宗诏命左金吾卫将军马崇祚负责滁州事务。

起初，永兴节度使刘词遣送表书荐举他的幕僚蓟州人赵普有才能可以重用。正好这时滁州平定，范质推荐赵普为滁州军事判官，宋太祖皇帝赵匡胤与他谈话，很喜欢他。当时抓到一百多个强盗，本来都应处死，赵普请求先审问，然后处决，结果有十之七八被救活。太祖皇帝更加认为他是个奇才。

宋太祖皇帝赵匡胤的威望名声一天比一天大，每当亲临军阵，必定用精美的辂马绳带装饰坐骑，铠甲和武器都很明亮。有人对他说："这样让敌人一眼就认出来了。"太祖皇帝说："我正是想让敌人认出我来呀！"

唐主遣泗州牙将王知朗赍书抵徐州，称："唐皇帝奉书大周皇帝，请息兵修好，愿以兄事帝，岁输货财以助军费。"甲戌，徐州以闻；帝不答。戊寅，命前武胜节度使侯章等攻寿州水寨，决其壕之西北隅，导壕水入于淝。

太祖皇帝遣使献皇甫晖等，晖伤甚，见上，卧而言曰："臣非不忠于所事，但士卒勇怯不同耳。臣向日屡与契丹战，未尝见兵精如此。"因盛称太祖皇帝之勇。上释之，后数日卒。

帝诇知扬州无备，己卯，命韩令坤等将兵袭之，戒以毋得残民；其李氏陵寝，遣人与李氏人共守护之。

【译文】 南唐主李璟派遣泗州牙将王知朗携带书信抵达徐州，称："唐皇帝奉上书信致达大周皇帝，请求休战讲和，自愿以侍奉兄长的礼节来侍奉大周皇帝，每年输送财货，以资助军费。"甲戌日（十一日），徐州方面把这件事情奏报后周世宗郭荣，后周世宗不答复。戊寅日（十五日），后周世宗命令前任武胜节度使侯章等人攻打寿州的水军营寨，挖开壕沟的西北角，引导壕沟的水注入淝水。

宋太祖皇帝赵匡胤派遣使者献上皇甫晖等战俘，皇甫晖伤势严重，看到后周世宗郭荣，卧着说："臣不是不忠于自己所服侍的君主，只是士卒有勇敢与怯懦的不同罢了。臣以前屡次跟契丹交战，没有见过像这样精良的士兵。"接着盛赞太祖皇帝的英勇。后周世宗放了他，过几天皇甫晖便死了。

后周世宗郭荣侦察到扬州没有防备，己卯日（十六日），命令韩令坤等人率兵前往袭击，告诫他不得残害百姓，至于李氏的坟陵，派人跟李氏的族人共同守护。

唐主兵屡败，惧亡，乃遣翰林学士、户部侍郎钟谟、工部侍郎、文理院学士李德明奉表称臣，来请平，献御服、茶药及金器千两，银器五千两，缯锦二千匹，犒军牛五百头，酒二千斛，壬午，至寿州城下。谟、德明素辩口，上知其欲游说，盛陈甲兵而见之，曰："尔主自谓唐室苗裔，宜知礼义，异于他国。与朕止隔一水，未尝遣一介修好，惟泛海通契丹，舍华事夷，礼义安在？且汝欲说我令罢兵邪？我非六国愚主，岂汝口舌所能移邪！可归语汝主：亟来见朕，再拜谢过，则无事矣。不然，朕欲观金陵城，借府库以劳军，汝君臣得无悔乎！"谟、德明战栗不敢言。

【译文】 南唐主李璟因军队多次失败，惧怕亡国，于是派遣翰林学士、户部侍郎钟谟和工部侍郎、文理院学士李德明奉持表书称臣，前来请求讲和，进献御服、茶药及金器一千两，银器五千两，缯锦二千匹，犒劳军队的牛五百头、酒二千斛，壬午日（十九日），送到寿州城下。钟谟、李德明一向能说善辩，后周世宗郭荣知道他们是想来游说，于是盛大地陈设甲兵来接见他们，说：“你们的君主自称是唐室的后裔，应该懂得礼仪，而跟其他的国家有所不同才是。然而跟朕只隔着一条河，却不曾派遣一个使者前来通好，只知航海联络契丹，舍弃华夏，侍奉夷狄，礼义在哪儿呢？你们还想游说我让我罢兵吗？我不是战国时代六国的愚昧君主，哪里是凭你们的口舌所能打动的呢？不妨回去告诉你们的君主：赶紧来见朕，向朕再三下拜谢罪，就没事了。不然的话，朕打算亲自到金陵城游赏，借用金陵国库慰劳军队，你们君臣可不要后悔啊！”钟谟、李德明全身发抖不敢说话。

吴越王弘俶遣兵屯境上以俟周命。苏州营田指挥使陈满言于丞相吴程曰：“周师南征，唐举国惊扰，常州无备，易取也。”会唐主有诏抚安江阴吏民，满告程云：“周诏书已至。”程为之言于弘俶，请亟发兵从其策。丞相元德昭曰：“唐大国，未可轻也。若我入唐境而周师不至，谁与并力，能无危乎！请姑俟之。”程固争，以为时不可失，弘俶卒从程议。癸未，遣程督衢州刺史鲍修让、中直都指挥使罗晟趣常州。程谓将士曰：“元丞相不欲出师。”将士怒，流言欲击德昭。弘俶匿德昭于府中，令捕言者，叹曰：“方出师而士卒欲击丞相，不祥甚哉！”

【译文】 吴越王钱弘俶派遣军队屯驻边境以等待后周命

令。苏州营田指挥使陈满向丞相吴程进言说："周师南征，唐国整个国家惊慌骚动，常州没有防备，很容易夺取。"正好这时南唐主李璟下令安抚江阴的官吏百姓，陈满告诉吴程说："周皇帝的诏书已经到了。"吴程把此事告诉钱弘俶，请赶快依照陈满的计策发兵。丞相元德昭说："唐是个大国，不可以轻视。如果我们的军队开入唐国境内，而周师不到，跟谁合作？能够没有危险吗？请暂时等一等。"吴程再三争论，认为大好时机不可错过，钱弘俶终于采纳了吴程的意见。癸未日（二十日），派吴程指挥衢州刺史鲍修让、中直都指挥使罗晟直趋常州。吴程对将士们说："元丞相不想出兵。"将士们很愤怒，放出风声说要击杀元德昭，钱弘俶把元德昭藏匿在自己府中，下令逮捕散布流言的人，叹息说："正要出兵而士卒想攻击丞相，不吉利得很啊！"

乙酉，韩令坤奄至扬州。平旦，先遣白延遇以数百骑驰入城，城中不之觉。令坤继至，唐东都营屯使贾崇焚官府民舍，弃城南走，副留守工部侍郎冯延鲁髡发被僧服，匿于佛寺，军士执之。令坤慰抚其民，使皆安堵。

庚寅，王逵奏拔鄂州长山寨，执其将陈泽等，献之。

辛卯，太祖皇帝奏唐天长制置使耿谦降，获刍粮二十馀万。

唐主遣园苑使尹延范如泰州，迁吴让皇之族于润州。延范以道路艰难，恐杨氏为变，尽杀其男子六十人，还报，唐主怒，腰斩之。

【译文】乙酉日（二十二日），韩令坤神不知鬼不觉地到了扬州。天刚亮，先派白延遇率领数百名骑兵飞驰入城，城中的人一点都没有察觉。韩令坤随后跟着进城，南唐东都营屯使贾崇焚烧官府民房，放弃州城，向南逃走，副留守工部侍郎冯延鲁剃光头发，披着袈裟，藏在佛寺里，军士把他抓住。韩令坤抚慰城中百姓，让他们都安定。

庚寅日（二十七日），王逵奏报攻取鄂州的长山寨，抓获南唐将领陈泽等人，献给朝廷。

辛卯日（二十八日），宋太祖皇帝赵匡胤奏报说唐国的天长制置使耿谦前来投降，获得粮草共二十多万。

南唐主李璟派遣园苑使尹延范前往泰州，将吴让皇的家族迁居润州。尹延范因为道路艰难，恐怕杨氏家族发生变乱，于是把杨氏的男子六十人全部杀掉，然后回去报告南唐主。南唐主大为震怒，把尹延范腰斩而死。

韩令坤攻唐泰州，拔之，刺史方讷奔金陵。

唐主遣人以蜡丸求救于契丹。壬辰，静安军使何继先获而献之。

以给事中高防权知泰州。

癸巳，吴越王弘俶遣上直都指挥使路彦铢攻宣州，罗晟帅战舰屯江阴。唐静海制置使姚彦洪帅兵民万人奔吴越。

潘叔嗣属将士而告之曰："吾事令公至矣，今乃信谗疑怒，军还，必击我。吾不能坐而待死，汝辈能与我俱西乎?"众愤怒，请行，叔嗣帅之西袭朗州。逵闻之，还军追之，及于武陵城外，与叔嗣战，逵败死。

【译文】韩令坤等进攻泰州，占领泰州，刺史方讷逃奔金陵。

南唐主李璟派人带着蜡丸密函向契丹请求援兵。壬辰日（二十九日），静安军使何继筠捕获使者，交给朝廷。

后周任命给事中高防临时主持泰州政务。

癸巳日（三十日），吴越王钱弘俶派遣上直都指挥使路彦铢进攻宣州，罗晟率领战舰驻守江阴。唐国的静海制置使姚彦洪，率领士兵及百姓一万人投奔吴越。

潘叔嗣集合将士告诉他们说："我侍奉王逵到了极点，如今反而听信谗言，对我怀疑发怒，军队返回，必定攻击我，我不能乖乖地等死，你们愿意跟我一起向西走吗？"众人愤愤不平，一致表示愿意跟他走，于是潘叔嗣率领他们向西前进，袭击朗州。王逵听到这个消息，回军追赶他们，在武陵城外赶上，跟潘叔嗣开战，结果王逵战败而死。

或劝叔嗣遂据朗州，叔嗣曰："吾救死耳，安敢自尊？宜以督府归潭州太尉，岂不以武安见处乎！"乃归岳州，使团练判官李简帅朗州将吏迎武安节度使周行逢。众谓行逢："必以潭州授叔嗣。"行逢曰："叔嗣贼杀主帅，罪当族。所可恕者，得武陵而不有，以授吾耳。若遽用为节度使，天下谓我与之同谋，何以自明！宜且以为行军司马，俟逾年，授以节钺可也。"乃以衡州刺史莫弘万权知潭州，帅众入朗州，自称武平、武安留后，告于朝廷，以叔嗣为行军司马。叔嗣怒，称疾不至。行逢曰："行军司马，吾尝为之，权与节度使相埒耳，叔嗣犹不满望，更欲图我邪！"

【译文】 有人劝说潘叔嗣就此占据朗州，潘叔嗣说："我只不过救命罢了，怎敢自立称尊，应该把督府交给潭州太尉，难道潭州太尉不安排我做武安节度使吗？"于是返回岳州，派遣团练判官李简率领朗州的将领及官吏迎接武安节度使周行逢。众人告诉周行逢说："一定要把潭州交给潘叔嗣。"周行逢说："潘叔嗣杀害主帅，他的罪应当灭族。可以宽恕的是得了武陵，而不占有，把它交给我罢了。如果仓促之间就任命他做节度使，天下将说我跟他同谋，我怎么解释呢？应该暂且任命他为行军司马，等到过了年，再让他做节度使才好。"于是任命衡州刺史莫弘万暂时主持潭州事务，自己率领部众进入朗州，自称武平、武安留后，向朝廷报告，任命潘叔嗣为行军司马。潘叔嗣很生气，称病不到任。周行逢说："行军司马，我曾经做过，权力与节度使大致相当，潘叔嗣却还不满意，难道还想对我图谋不轨吗？"

或说行逢："授叔嗣武安节钺以诱之，令至都府受命，此乃机上肉耳！"行逢从之。叔嗣将行，其所亲止之。叔嗣自恃素以兄事行逢，相亲善，遂行不疑。行逢遣使迎候，道路相望，既至，自出效劳，相见甚欢。叔嗣入谒，未至听事，遣人执之，立于庭下，责之曰："汝为小校无大功，王逵用汝为团练使，一旦反杀主帅。吾以畴昔之情，未忍斩汝，以为行军司马，乃敢违拒吾命而不受乎！"叔嗣知不免，以宗族为请。遂斩之。

【译文】有人劝说周行逢："授给潘叔嗣武安的符节及斧钺，以引诱他，命他到都府来接受命令，这不过是砧板上的一块肉罢了！"周行逢采纳了他的意见。潘叔嗣将要启程，他所亲信的人阻止他。潘叔嗣仗着自己常把周行逢当哥哥看待，彼此感情很好，于是就毫不迟疑地出发了。周行逢派遣使者迎接等候，整个路上，络绎不绝。到了之后，周行逢亲自去郊外慰劳，彼此相见非常高兴。潘叔嗣进去拜见，还没走到正厅，周行逢就派人把他抓起来，站在庭下，斥责他说："你做一个小军官，没有大功劳，王逵任命你为团练使，你反而杀害了主帅。我因往日的情谊，不忍心杀你，任命你为行军司马，你竟敢违抗我的命令而不接受！"潘叔嗣自知难免一死，请求保全宗族。于是将他斩首。

资治通鉴卷第二百九十三　后周纪四

起柔兆执徐三月，尽强圉大荒落，凡一年有奇。

【译文】 起丙辰（公元956年）三月，止丁巳（公元957年），共一年十个月。

【题解】 本卷记录了公元956年三月至957年的史事，共一年又十个月。正当后周世宗郭荣显德三年三月至显德四年。此时期最大的政治事件是后周与南唐在淮南进行大规模地主力对决。南唐大败，但南唐主李璟不愿意割让江北求和。后周世宗第二次亲征淮南，打败南唐援兵，攻破寿春城，但南唐屡败屡战，仍在江北抗击周军。吴越为了夹击南唐，攻取了常州，南唐将领柴克宏，率领老弱残兵，手拿破败兵器，大败吴越精兵，光复常州，救援寿州，半路病死，没能救援寿州，最后寿州城破。后周中书舍人窦俨上书论述治理政事的根本，认为要讨论古今的礼仪、考究乐器的音律，要选贤任能，淘汰无用的官员，要治理盗贼，安定民生，这些都得到后周世宗的认可。后周世宗深化政治改革，命侍御史知杂事张湜等人对五代相沿的律、令、格、敕进行删减，编写成《刑统》，颁行全国。

世宗睿武孝文皇帝中

显德三年（丙辰，公元九五六年）三月，甲午朔，上行视水寨，至淝桥，自取一石，马上持之至寨以供砲，从官过桥者人赍一石。太祖皇帝乘皮船入寿春壕中，城上发连弩射之，矢大如屋椽。牙将馆陶张琼遽以身蔽之，矢中琼髀，死而复苏。镞着骨不可出，琼饮酒一大卮，令人破骨出之。流血数升，神色自若。

【译文】 显德三年（丙辰，公元956年）三月，甲午朔日（初一），后周世宗郭荣巡视水边的营寨，到达淝桥，自己捡了一块石头，骑在马上拿到寨中来用作炮石，随从官员过桥的每人也携带一块石头。宋太祖皇帝赵匡胤乘坐牛皮船进入寿春的护城河中，城上发射连弩箭，箭像屋椽般大，牙将馆陶人张琼赶紧以自己的身体遮挡太祖皇帝，结果箭射中了张琼的大腿，晕过去，又疼醒过来。箭头插进骨头里，取不出来，张琼喝下一大杯酒，让人割开腿骨，把箭头取出来，血流了好几升，神情脸色镇定自若。

【乾隆御批】 矢大如椽，自古未闻，弩虽千钧，亦难以张彀。且果如所云，则镞之大当几何？中髀非洞即折，又安能破骨出之？史家特欲显张琼之勇壮，而不计其言之害理。传会失实，何以征信？

【译文】 箭大得像椽子，自古以来都没听说过，弩即使有千钧重，也很难张满弓。而且真的像所说的那样，那么箭头该有多大？中了箭不是伤口像个洞就是骨折，又怎能破骨取出箭头呢？史家特意想要显示张琼的勇猛强壮，不管语言会违背常理。流传会与事实不符，靠什么来验证史实呢？

唐主复以右仆射孙晟为司空，遣与礼部尚书王崇质奉表入见，称："自天祐以来，海内分崩，或跨据一方，或迁革异代，臣绍袭先业，奄有江表，顾以瞻乌未定，附凤何从！今天命有归，声教远被，愿比两浙、湖南，仰奉正朔，谨守土疆，乞收薄伐之威，赦其后服之罪，首于下国，俾作外臣，则柔远之德，云谁不服!"
又献金千两，银十万两，罗绮二千匹。晟谓冯延巳曰:"此行当在
左相，晟若辞之，则负先帝。"既行，知不免，中夜，叹息谓崇质
曰:"君家百口，宜自为谋。吾思之熟矣，终不负永陵一抔土，馀
无所知。"

【译文】 南唐主李璟又任命右仆射孙晟为司空，派遣他与
礼部尚书王崇质奉持表章入周进见，表中说:"自从唐天祐年间
以来，天下分崩离析，有的占据一方，有的改朝换代，臣下继承
祖先基业，拥有江南之地，只因为流离的民众没有安定，所以不
知道要归附于谁! 现在天命有所归属，天子的政声与教化传播
远方，愿意比照两浙、湖南的先例，遵奉天子颁行的正朔历法，
谨守疆土，请求收回征讨的声威，宽赦臣下延迟投降的罪过，点
头同意我们小国作为天子的外臣，那么天子安抚远方的大德，
还有谁不敬畏服从呢?"又献上黄金千两，银子十万两，罗绮
二千匹。孙晟对冯延巳说:"这一次应该是由左相您出使，可是
我若推辞，又对不起先帝。"启程以后，自知终不能免于一死，
半夜，一面叹息，一面对王崇质说:"您家有一百多人，应该妥善
安排。我考虑得很久了，绝不辜负先帝在天之灵，其他的我就一
无所知了!"

南汉甘泉宫使林延遇，阴险多计数，南汉主倚信之; 诛灭诸
弟，皆延遇之谋也。乙未卒，国人相贺。延遇病甚，荐内给事龚澄
枢自代，南汉主即日擢澄枢知承宣院及内侍省。澄枢，番禺人也。

光、舒、黄招安巡检使、行光州刺史何超以安、随、申、蔡四
州兵数万攻光州。丙申，超奏唐光州刺史张绍弃城走，都监张承
翰以城降。

丁酉，行舒州刺史郭令图拔舒州。唐蕲州将李福杀其知州王承巂，举州来降。遣六宅使齐藏珍攻黄州。

彰武留后李彦頵，性贪虐，部民与羌胡作乱，攻之。上召彦頵还朝。

秦、凤之平也，上赦所俘蜀兵以隶军籍，从征淮南，复亡降于唐。癸卯，唐主表献百五十人；上悉命斩之。

【译文】 南汉甘泉宫使林延遇，为人阴险，善于算计，南汉主刘晟依靠信任他。南汉主诛灭自己的各位兄弟，都是林延遇的主意。乙未日（初二），林延遇死了，国人互相庆贺。当林延遇病重的时候，推荐内给事龚澄枢代替自己，南汉主当天就升迁龚澄枢主持承宣院及内侍省。龚澄枢，是番禺人。

光、舒、黄招安巡检使、行光州刺史何超率领安、随、申、蔡四州军队数万人进攻光州。丙申日（初三），何超奏报说，唐国的光州刺史张绍，放弃州城逃走，都监张承翰以州城投降。

丁酉日（初四），行舒州刺史郭令图攻占了舒州。唐国的蕲州将领李福杀了知州王承巂，举州前来投降。后周派遣六宅使齐藏珍进攻黄州。

彰武留后李彦頵，生性贪婪暴虐，所辖百姓和羌胡部落发动叛乱，攻打李彦頵。后周世宗郭荣召李彦頵回朝。

秦州、凤州平定的时候，后周世宗郭荣赦免所俘虏的后蜀士兵，把他们编入军籍，随从征淮南，结果他们又逃走投降南唐。癸卯日（初十），南唐主李璟上表献上一百五十人。后周世宗下令把他们全部斩首。

舒州人逐郭令图，铁骑都指挥使洛阳王审琦选轻骑夜袭舒州，复取之，令图乃得归。

马希崇及王延政之子继沂皆在扬州，诏抚存之。

丙午，孙晟等至上所。庚戌，上遣中使以孙晟诣寿春城下，示刘仁赡，且招谕之。仁赡见晟，戎服拜于城上。晟谓仁赡曰："君受国厚恩，不可开门纳寇。"上闻之，甚怒，晟曰："臣为唐宰相，岂可教节度使外叛邪！"上乃释之。

【译文】舒州人驱逐郭令图，铁骑都指挥使洛阳人王审琦挑选轻骑兵夜晚袭击舒州，又夺取了舒州，郭令图才得以回去。

马希崇及王延政的儿子王继沂都在扬州，后周世宗郭荣下诏抚恤他们。

丙午日（十三日），孙晟等人到达后周世宗郭荣驻留的地方。庚戌日（十七日），后周世宗派遣中使带领孙晟到寿春城下，并且让他招安南唐守将。刘仁赡见到孙晟，在城上穿着整齐的军服向他下拜。孙晟对刘仁赡说："君蒙受国家的厚恩，不可以开门接纳敌寇。"后周世宗听说这件事，非常愤怒，孙晟说："臣身为唐国的宰相，怎么可以让节度使背叛国家呢？"后周世宗于是放过了他。

唐主使李德明、孙晟言于上，请去帝号，割寿、濠、泗、楚、光、海六州之地。仍岁输金帛百万以求罢兵。上以淮南之地已半为周有，诸将捷奏日至，欲尽得江北之地，不许。德明见周兵日进，奏称："唐主不知陛下兵力如此之盛，愿宽臣五日之诛，得归白唐主，尽献江北之地。"上乃许之。晟因奏遣王崇质与德明俱归。上遣供奉官安弘道送德明等归金陵，赐唐主诏，其略曰："但存帝号，何爽岁寒！傥坚事大之心，终不迫人于险。"又曰："俟诸郡之悉来，即大军之立罢。言尽于此，更不烦云，苟曰未然，请从兹绝。"又赐其将相书，使熟议而来。唐主复上表谢。

【译文】 南唐主李璟派遣李德明、孙晟对后周世宗郭荣说，请求废除帝号，割让寿州、濠州、泗州、楚州、光州、海州六州之地，并且每年进贡黄金、绢帛百万，以求休兵停战。后周世宗眼看淮南的土地大半已归后周所有，诸将战胜的捷报，每天不断地传来，想要获得所有江北的土地，于是不答应唐主的请求。李德明见周兵一天一天地推进，上奏说："唐主不知道陛下的兵力是这样的强盛，请宽延五天的限期，让我得以回去报告唐主，献出所有江北的土地。"后周世宗这才答应了他。孙晟因而奏请后周世宗派遣王崇质跟李德明一同回去。后周世宗派遣供奉官安弘道护送李德明等人返回金陵，赐给南唐主李璟诏书，大略的内容是说："即使保存皇帝的称号，一定不会经不起考验而失约！如果能坚定地侍奉大国，朕终究不会把你逼到险恶境地。"又说，"等到江北各州全部献来，我的大军立即休战。话已说到这里，不再反复述说了。倘若说还不行，请从此断绝关系。"又赐给南唐将相们书信，让他们仔细商议再来。南唐主李璟又上表称谢。

李德明盛称上威德及甲兵之强，劝唐主豁江北之地，唐主不悦。宋齐丘以割地为无益，德明轻佻，言多过实，国人亦不之信。枢密使陈觉、副使李征古素恶德明与孙晟，使王崇质异其言，因谮德明于唐主曰："德明卖国求利。"唐主大怒，斩德明于市。

吴程攻常州，破其外郭，执唐常州团练使赵仁泽，送于钱唐，仁泽见吴越王弘俶不拜，责以负约。弘俶怒，抉其口至耳。元德昭怜其忠，为傅良药，得不死。

【译文】 李德明盛赞后周世宗郭荣的声威和德行及甲兵的

资治通鉴

强大，劝唐主李璟割让所有江北的土地；唐主很不高兴。宋齐丘认为割地没有益处；李德明为人轻佻，说话多超过实情，国人也不相信他。枢密使陈觉、副使李征古一向厌恶李德明及孙晟，让王崇实故意说得跟他不一样，趁机在唐主面前诬陷李德明，说："李德明卖国求利。"南唐主听了，大为震怒，在街市上把李德明斩首。

吴程进攻常州，攻破常州外城，抓获南唐常州团练使赵仁泽，押送到钱塘。赵仁泽见到吴越王钱弘俶不下跪叩拜，斥责钱弘俶背信负约，钱弘俶发怒，命人撕他的嘴巴，一直裂到耳根。元德昭怜惜他的忠诚，替他敷上良药，才得以不死。

唐主以吴越兵在常州，恐其侵逼润州，以宣、润大都督燕王弘冀年少，恐其不习兵，征还金陵。部将赵铎言于弘冀曰："大王元帅，众心所恃，逆自退归，所部必乱。"弘冀然之，辞不就征，部分诸将，为战守之备。

龙武都虞候柴克宏，再用之子也，沉默好施，不事家产，虽典宿卫，日与宾客博弈饮酒，未尝言兵，时人以为非将帅才。至是，有言克宏久不迁官者，唐主以为抚州刺史。克宏请效死行陈，其母亦表称克宏有父风，可为将，苟不胜任，分甘孥戮。唐主乃以克宏为右武卫将军，使将兵会袁州刺史陆孟俊救常州。

【译文】南唐主李璟因吴越军队在常州城下，害怕他们侵逼润州，又因为宣、润大都督燕王李弘冀年纪小，担心他不懂军事，所以征调他回金陵。部将赵铎告诉李弘冀说："大王是元帅，众心都仰赖着您，如果自己退回去，部下一定大乱。"李弘冀认为很有道理，就推辞而不接受征召，部署诸将，做战斗防守的准备。

龙武都虞候柴克宏是柴再用的儿子，沉默寡言、乐善好施，不治家产，虽然统领着宫廷警卫，但是每天跟宾客下棋饮酒，不曾谈论军事，当时的人都认为他不是当将帅的材料。到了这个时候，有人说柴克宏很久没有升官，于是南唐主李璟任命他为抚州刺史，柴克宏向南唐主表示，自愿在军中效命，他的母亲也上表说柴克宏有他父亲的风范，可以担任将领，如果不能胜任，甘愿跟儿子一同被杀。南唐主于是任命柴克宏为右武卫将军，命他率兵跟袁州刺史陆孟俊会师，前往解救常州。

资治通鉴

时唐精兵悉在江北，克宏所将数千人皆羸老，枢密使李征古复以铠仗之朽蠹者给之。克宏诉于征古，征古慢骂之，众皆愤恚，克宏怡然。至润州，征古遣使召还，以神卫统军朱匡业代之。燕王弘冀谓克宏：“君但前战，吾当论奏。”乃表克宏才略可以成功，常州危在旦莫，不宜中易主将。克宏引兵径趣常州，征古复遣使召之，克宏曰：“吾计日破贼，汝来召吾，必奸人也！”命斩之。使者曰：“受李枢密命而来。”克宏曰：“李枢密来，吾亦斩之！”

【译文】 当时南唐精锐部队都在长江以北，柴克宏所率领的数千人都瘦弱年迈，枢密使李征古又将铠甲兵器中腐朽破烂的给他。柴克宏向李征古诉说，李征古傲慢地痛骂他一番。众人都感到愤恨不平，柴克宏却安然处之。柴克宏到了润州，李征古派遣使者召他回来，命神卫统军朱匡业代替柴克宏。燕王李弘冀对柴克宏说：“君尽管进兵作战，我会向皇上说明。”于是上表说凭柴克宏的才能与谋略，可以成功，常州危在旦夕，不应中途更换主将。柴克宏引兵直趋常州，李征古又派遣使者召他回来，柴克宏说：“我算定几天内就要攻破贼兵，你来召我，一定是奸人！”命人将斩首使者。使者说：“我是受李枢密的命令而来的。"柴克宏说："李枢密来了，我也要斩他！"

　　初，鲍修让、罗晟在福州，与吴程有隙，至是，程抑挫之，二人皆怨。先是，唐主遣中书舍人乔匡舜使于吴越，壬子，柴克宏至常州，蒙其船以幕，匿甲士于其中，声言迎匡舜。吴越逻者以告，程曰："兵交，使在其间，不可妄以为疑。"唐兵登岸，径薄吴越营，罗晟不力战，纵之使趣程帐，程仅以身免。克宏大破吴越兵，斩首万级。朱匡业至行营，克宏事之甚谨。吴程至钱唐，吴越王弘俶悉夺其官。

　　甲寅，蜀主以捧圣控鹤都指挥使李廷珪为左右卫圣诸军马步都指挥使，仍分卫圣、匡圣步骑为左右十军，以武定节度使吕彦琦等为使，廷珪总之，如赵廷隐之任。

　　【译文】起初，鲍修让、罗晟在福州时，与吴程有隔阂，到这时，吴程压制刁难他们，二人都有怨恨。在此之前，南唐主李璟派遣中书舍人乔匡舜出使吴越，壬子日（十九日），柴克宏到达常州，用布幕把船蒙起来，里面暗藏身穿铠甲的士兵，声称去迎接乔匡舜。吴越的巡逻兵把这件事报告上级，吴程说："两国交兵，使者往来于两国之间，不可妄加猜疑。"唐兵上了岸，直接逼近吴越的军营，罗晟不尽力交战，故意放纵唐兵，让他们杀向吴程的营帐，吴程勉强脱身，柴克宏大破吴越兵，斩首上万级。朱匡业到达军营，柴克宏侍奉他很恭谨。吴程回到钱塘，吴越王钱弘俶把他的所有官职都剥夺了。

　　甲寅日（二十一日），后蜀主孟昶任命捧圣控鹤都指挥使李廷珪为左右卫圣诸军马步都指挥使，仍旧分卫圣、匡圣步兵、骑兵为左右十个军，任命武定节度使吕彦琦等人为军使，由李廷珪总领，像当年赵廷隐的职务一样。

初，柴克宏为宣州巡检使，始至，城堑不修，器械皆阙，吏云："自田頵、王茂章、李遇相继叛，后人无敢治之者。"克宏曰："时移事异，安有此理！"悉缮完之。由是路彦铢攻之不克，闻吴程败，乙卯，引归。唐主以克宏为奉化节度使，克宏复请将兵救寿州，未至而卒。

河阳节度使白重赞以天子南征，虑北汉乘虚入寇，缮完守备，且请兵于西京。西京留守王晏初不之与，又虑事出非常，乃自将兵赴之。重赞以晏不奉诏而来，拒不纳，遣人谓之曰："令公昔在陕服，已立大功，河阳小城，不烦枉驾！"晏惭怍而还。孟、洛之民，数日惊扰。

【译文】起初，柴克宏为宣州巡检使，刚到任时，城池长年失修，兵器用具都有破损，官吏说："自从田頵、王茂章、李遇相继叛变以来，到此任职的人没一个敢加以整修的。"柴克宏说："时代不同了，形势也变了，哪有这种道理！"于是一一加以整建修理，恢复它的坚固完整。因此路彦铢攻它不下，听说吴程失败，乙卯日（二十二日），引兵返回。南唐主李璟任命柴克宏为奉化节度使，柴克宏又请求率兵救援寿州，还没到达就去世了。

河阳节度使白重赞因为天子南征，顾虑北汉有可能乘虚入侵，修治防御工事，并且向西京请求增兵。西京留守王晏起初不肯拨遣，又担心事情发生在非常时期，于是亲自率兵前往。白重赞因为王晏没有接到诏命而擅自前来，拒不接纳他，派人告诉他说："令公以前在陕州，已经立下大功，河阳这个小城，不敢劳烦令公大驾！"王晏惭愧返回。孟州和洛阳的百姓，好几天都受到惊扰。

唐主命诸道兵马元帅齐王景达将兵拒周，以陈觉为监军使，前武安节度使边镐为应援都军使。中书舍人韩熙载上书曰："信莫信于亲王，重莫重于元帅，安用监军使为！"唐主不从。

遣鸿胪卿潘承祐诣泉、建召募骁勇，承祐荐前永安节度使许文稹、静江指挥使陈德诚、建州人郑彦华、林仁肇。唐主以文稹为西面行营应援使，彦华、仁肇皆为将。仁肇，仁翰之弟也。

夏，四月，甲子，以侍卫新军都指挥使、归德节度使李重进为庐、寿等州招讨使，以武宁节度使武行德为濠州城下都部署。

【译文】 南唐主李璟命令诸道兵马元帅齐王李景达领兵抵抗后周军队，任命陈觉为监军使，前武安节度使边镐为应援都军使。中书舍人韩熙载上书说："论信任，没有比亲王更值得信任的，论重要，没有比元帅更重要的！何必要设监军使！"唐主不听。

派遣鸿胪卿潘承祐到泉州、建州招募矫健勇猛的人才，潘承祐推荐前任永安节度使许文稹、静江指挥使陈德诚、建州人郑彦华、林仁肇。唐主任命许文稹为西面行营应援使，郑彦华、林仁肇都做将领。林仁肇，就是林仁翰的弟弟。

夏季，四月，甲子日（初二），后周世宗郭荣任命侍卫亲军都指挥使、归德节度使李重进为庐、寿等州招讨使，任命武宁节度使武行德为濠州城下都部署。

【乾隆御批】 行军而设之监，虽得其人，犹不免于掣肘，况以觉之庸陋，惟知拥兵坐视，逼朱元以弃淮北，安得不虑阃外之计？至明代，专任阉寺，而冒功匿败，其弊不可枚举。自古覆辙相寻，恬不知怪，亦可悲矣！

【译文】 行军却设置监军，即使称职，也难免会牵制元帅，更何况陈觉平庸浅陋，只知道拥兵坐观，逼朱元放弃江北，怎么可能不毁坏在外统兵的计划呢？到了明代，专门委任太监监军，他们只会假冒功绩，隐藏失败，其中弊端不能够一个个地列举出来。自古以来，前人失败的教训接连不断，却还安然处之，不以为怪，也真是可怜啊！

　　唐右卫将军陆孟俊自常州将兵万馀人趣泰州，周兵遁去，孟俊复取之，遣陈德诚戍泰州。孟俊进攻扬州，屯于蜀冈，韩令坤弃扬州走。帝遣张永德将兵救之，令坤复入扬州。帝又遣太祖皇帝将兵屯六合。太祖皇帝令曰："扬州兵有过六合者，折其足！"令坤始有固守之志。帝自至寿春以来，命诸军昼夜攻城，久不克。会大雨，营中水深数尺，攻具及士卒失亡颇多，粮运不继，李德明失期不至，乃议旋师。或劝帝东幸濠州，声言寿州已破，从之。己巳，帝自寿春循淮而东，乙亥，至濠州。

　　【译文】 南唐右卫将军陆孟俊从常州领兵一万多人赶赴泰州，后周军队逃走，陆孟俊收复泰州，派遣陈德诚守卫泰州。陆孟俊进攻扬州，驻兵于蜀冈，韩令坤丢弃扬州而逃走。后周世宗郭荣派遣张永德率兵援救，于是韩令坤又入扬州。后周世宗又派宋太祖皇帝赵匡胤率兵驻守六合。太祖皇帝下令说："扬州兵如果有经过六合的，砍断他的脚！"于是韩令坤这才有固守的想法。后周世宗自从到达寿春以来，命令各军昼夜不停地攻城，攻了很久，攻它不下；正好这时下了大雨，军营中水深好几尺，攻城的器械及士兵们流失、死亡的很多，粮草的运送接继不上，李德明过了期限而不见回来，于是商议撤军回朝。有人劝后周世宗东临濠州，扬言寿州已经攻下；后周世宗同意了。己巳日（初七），后周世宗从寿春沿着淮河向东进发，乙亥日（十三日），到达濠州。

　　韩令坤败唐兵于城东，擒陆孟俊。初，孟俊之废马希萼立希崇也，灭故舒州刺史杨昭恽之族而取其财。杨氏有女美，献于希崇。令坤入扬州，希崇以杨氏遗令坤，令坤嬖之。既获孟俊，将械送帝所。杨氏在帘下，忽抚膺恸哭。令坤惊问之，对曰："孟俊昔在潭州，杀妾家二百口。今见之，请复其冤。"令坤乃杀之。

　　唐齐王景达将兵二万自瓜步济江，距六合二十馀里，设栅不进。诸将欲击之，太祖皇帝曰："彼设栅自固，惧我也。今吾众不满二千，若往击之，则彼见吾众寡矣；不如俟其来而击之，破之必矣！"居数日，唐出兵趣六合，太祖皇帝奋击，大破之，杀获近五千人，馀众尚万馀，走渡江，争舟溺死者甚众，于是唐之精卒尽矣。

　　【译文】 韩令坤在扬州城东击败南唐军队，擒获陆孟俊。起初，陆孟俊废黜马希萼拥立马希崇，诛灭原舒州刺史杨昭恽全家而取得杨家财产。杨家有个女儿长得漂亮，陆孟俊把她献给马希崇。韩令坤进入扬州，马希崇把杨氏送给韩令坤，韩令坤非常宠爱她。这时既已活捉了陆孟俊，正要给他加上械具，押送到后周世宗郭荣那里。杨氏在帘后，忽然抚胸痛哭，韩令坤很惊讶，问她为什么，杨氏回答说："陆孟俊从前在潭州，杀了我家二百多人，今天见到他，请报冤仇。"韩令坤于是杀死了陆孟俊。

　　南唐齐王李景达领兵二万从瓜步渡过长江，距离六合二十余里，设置栅栏不再前进。后周众将领想出击，宋太祖皇帝赵匡胤说："他们设置营寨防卫自己，这是怕我们的表示。现在我们的军队不满两千人，如果前去攻击，那么他们就会看出我们兵少；不如等他们前来，再攻击他们，这样一定可以把他们打败！"过了几天，唐兵向六合进发，太祖皇帝奋力攻击，把他们打得大败，杀死及俘虏的将近五千人，剩下的还有一万多人，纷纷逃走，抢着渡江，为了争船而淹死的很多，于是唐国的精锐士卒全都没有了。

是战也，士卒有不致力者。太祖皇帝阳为督战，以剑斫其皮笠。明日，遍阅其皮笠，有剑迹者数十人，皆斩之，由是部兵莫敢不尽死。

先是，唐主闻扬州失守，命四旁发兵取之。己卯，韩令坤奏败楚州兵万馀人于湾头堰，获涟州刺史秦进崇。张永德奏败泗州兵万馀人于曲溪堰。

丙戌，以宣徽南院使向训为淮南节度使兼沿江招讨使。

涡口奏新作浮梁成。丁亥，帝自濠州如涡口。

【译文】这场战斗，士兵有不尽力作战的。宋太祖皇帝赵匡胤假装督战，用剑砍那些不尽力作战士兵的皮斗笠。第二天，检查每人的斗笠，发现皮笠上留有宝剑砍过的痕迹的，有好几十人，都把他们斩首了，因此他的部众没有一个敢不奋力效命的。

在此之前，南唐主李璟听说扬州失守，命令扬州的四临州县发兵夺回扬州。己卯日（十七日），韩令坤奏报说，在湾头堰打败楚州兵一万多人，擒获涟州刺史秦进崇；张永德奏报说在曲溪堰打败泗州兵一万多人。

丙戌日（二十四日），后周世宗郭荣任命宣徽南院使向训为淮南节度使兼沿江招讨使。

涡口奏报说新造的浮桥已经完成。丁亥日（二十五日），后周世宗郭荣从濠州前往涡口。

帝锐于进取，欲自至扬州，范质等以兵疲食少，泣谏而止。

帝尝怒翰林学士窦仪，欲杀之，范质入救之。帝望见，知其意，即起避之。质趋前伏地，叩头谏曰："仪罪不至死，臣为宰相，致陛下枉杀近臣，罪皆在臣。"继之以泣。帝意解，乃释之。

北汉葬神武帝于交城北山，庙号世祖。

五月，壬辰朔，以涡口为镇淮军。

丙申，唐永安节度使陈诲败福州兵于南台江，俘斩千馀级。唐主更命永安曰忠义军。诲，德诚之父也。

戊戌，帝留侍卫亲军都指挥使李重进等围寿州，自涡口北归，乙卯，至大梁。

【译文】后周世宗郭荣锐意进取，打算亲自到扬州，范质等人认为军队疲乏、粮食缺少，哭着劝谏，这才作罢。后周世宗曾经生翰林学士窦仪的气，想要杀他；范质入朝救他，后周世宗望见他进来，知道他的用意，就起身避开他。范质抢前几步，扑在地上，叩头劝谏说："窦仪的罪，不至于死，臣做宰相，致使陛下冤枉地杀死近臣，罪过都在臣的身上。"说着，哭起来。后周世宗的怒气消了，就放了窦仪。

北汉在交城的北山安葬神武帝刘旻，庙号世祖。

五月，壬辰朔日（初一），后周将涡口改为镇淮军。

丙申日（初五），南唐永安节度使陈诲在南台江打败福州兵，俘虏、斩杀一千多人。南唐主李璟改称永安军为忠义军。陈诲，是陈德诚的父亲。

戊戌日（初七），后周世宗郭荣留下侍卫亲军都指挥使李重进等围攻寿州，从涡口北上返回；乙卯日（二十四日），到达大梁。

六月，壬申，赦淮南诸州系囚，除李氏非理赋役，事有不便于民者，委长吏以闻。

侍卫步军都指挥使、彰信节度使李继勋营于寿州城南，唐刘仁赡伺继勋无备，出兵击之，杀士卒数百人，焚其攻具。

唐驾部员外郎朱元因奏事论用兵方略，唐主以为能，命将兵复江北诸州。

【译文】六月，壬申日（十一日），赦免淮南各州的囚犯，免除李氏不合理的徭役及赋税，凡是对百姓不便的事情，委托地方长官向上级奏报。

侍卫步军指挥使、彰信节度使李继勋扎营在寿州城南，南唐刘仁赡趁李继勋没有防备，出兵袭击，杀死士兵数百人，焚毁后周军队的攻城器具。

南唐的驾部员外郎朱元趁奏报事情的机会，谈论用兵的策略，南唐主李璟认为他有才能，命他率兵收复江北各州。

秋，七月，辛卯朔，以周行逢为武平节度使，制置武安、静江等军事。行逢既兼总湖、湘，乃矫前人之弊，留心民事，悉除马氏横赋，贪吏猾民为民害者皆去之，择廉平吏为刺史、县令。

朗州民、夷杂居，刘言、王逵旧将卒多骄横，行逢壹以法治之，无所宽假，众怨怼且惧。有大将与其党十馀人谋作乱，行逢知之，大会诸将，于座中擒之。数曰：“吾恶衣粝食，充实府库，正为汝曹，何负而反！今日之会，与汝诀也！”立挝杀之，座上股栗。行逢曰：“诸君无罪，皆宜自安。”乐饮而罢。

【译文】秋季，七月，辛卯朔日（初一），后周世宗郭荣任命周行逢为武平节度使，辖理武安、静江等军事。周行逢既已兼管洞庭湖、湘水地区，于是矫正前人的弊端，留心百姓的事情，全面废除马氏所订的不合理的赋税，凡是侵扰百姓的贪官污吏全都废黜，选择清廉公正的官吏为刺史、县令。

朗州地区华夏、蛮夷之民混杂居住，刘言、王逵的旧将大多骄横，周行逢一律用法处置他们，没有一点宽容姑息，众人既怨恨又恐惧。有大将跟他的党羽十多人阴谋作乱，被周行逢知道，于是集合所有将领，在座位中当众把他抓起来，责备他说："我穿破旧的衣服，吃粗糙的饭菜，充实府库的储藏，正是为了你们，怎么可以辜负我而造反？今天的聚会，是要跟你诀别！"说完，立即打死了他，其他在座的人双腿颤抖。周行逢说："各位没有罪，都尽管安心。"于是跟大家畅快地喝酒作乐一番，才结束。

行逢多计数，善发隐伏，将卒有谋乱及叛亡者，行逢必先觉，擒杀之，所部凛然。然性猜忍，常散遣人密伺诸州事，其之邵州者，无事可复命，但言刺史刘光委多宴饮。行逢曰："光委数聚饮，欲谋我邪！"即召还，杀之。亲卫指挥使、衡州刺史张文表恐获罪，求归治所，行逢许之。文表岁时馈献甚厚，及谨事左右，由是得免。

【译文】 周行逢足智多谋，善于发觉隐秘的非法行为，将吏士兵有阴谋作乱和叛变逃亡的，周行逢必定事先察觉，拘捕斩杀，因此部众对他十分敬畏。可是他生性多疑而残忍，常分别派人去刺探各州的情况，其中被派往邵州的，没什么事可以报告，只说刺史刘光委常常设宴饮酒。周行逢说："刘光委屡次聚集宾客宴饮，想要谋害我吗？"立刻召他回来，杀掉了他。亲卫指挥使、衡州刺史张文表害怕获罪，请求解除兵权，回衡州任所；周行逢批准了他。张文表逢年过节，馈赠进献非常丰富，同时很谨慎地服侍周行逢左右亲近的人，因此得以免罪。

行逢妻郧国夫人邓氏，陋而刚决，善治生，尝谏行逢用法太严，人无亲附者。行逢怒曰："汝妇人何知！"邓氏不悦，因请之村墅视田园，遂不复归府舍。行逢屡遣人迎之，不至。一旦，自帅僮仆来输税，行逢就见之，曰："吾为节度使，夫人何自苦如此！"邓氏曰："税，官物也。公为节度使，不先输税，何以率下！且独不记为里正代人输税以免楚挞时邪？"行逢欲与之归，不可，曰："公诛杀太过，常恐一旦有变，村墅易为逃匿耳。"行逢惭怒，其僚属曰："夫人言直，公宜纳之。"

【译文】 周行逢妻子郧国夫人邓氏，丑陋而刚强果断，善于操持生计，曾经规劝周行逢，用法太严的话别人就不会亲附。周行逢发怒说："你妇道人家知道什么？"邓氏很不高兴，找个机会自请前往村庄去察看田园，从此不再回朗州府舍。周行逢屡次派人去接她，都不肯来；有一天，邓氏亲自带着僮仆到官府缴税，周行逢到缴税的地方去见她，说："我都做了节度使，夫人何必如此辛苦！"邓氏说："租税，是公家的东西。公做节度使，不先缴税，怎能领导部下？而且，难道不记得公做里正时替人家缴税，以免被拷打的情景了吗？"周行逢想跟她一道回府舍，邓氏不肯，说："公诛杀得太过严厉，常担心有一天会发生变乱，到那时村庄里还比较容易躲藏逃生呢。"周行逢又惭愧又恼怒，他的僚属说："夫人的话很直率，公应该接受。"

行逢婿唐德求补吏，行逢曰："汝才不堪为吏，吾今私汝则可矣。汝居官无状，吾不敢以法贷汝，则亲戚之恩绝矣。"与之耕牛、农具而遣之。

行逢少时尝坐事黥，隶辰州铜坑，或说行逢："公面有文，恐为朝廷使者所嗤，请以药灭之。"行逢曰："吾闻汉有黥布，不害为英雄，吾何耻焉！"

【译文】 周行逢的女婿唐德要求补任官吏，周行逢说："你的才能不配做官吏，我现在如果想徇私，当然可以；可是，若你任职绩效不彰，我不敢宽恕你，只好依法处理，那么亲戚的恩情就断绝了。"于是给他耕牛、农具，让他去耕田。

周行逢年轻时曾经因事定罪受黥刑，发配辰州铜矿，有人劝说周行逢："您脸上刺有字，恐怕会被朝廷的使者所嘲笑，请用药把它除掉。"周行逢说："我听说汉朝有个黥布，并不妨碍他做个英雄，我有什么好感到羞耻的？"

【申涵煜评】 行逢倔强极矣，其妻邓氏不服，其客徐仲雅亦不服，行逢亦无如之何。天下事有非一味刚决所能直遂者，在胜之如以人情物理而已矣。

【译文】 周行逢可以说是倔强到了极点，他的妻子邓氏不服，他的朋友徐仲雅也不服，周行逢也无可奈何。天下的事有不是一味强硬决定就能够把事情办成的，在于要善于利用人情事理而已啊。

自刘言、王逵以来，屡举兵，将吏积功及所羁縻蛮夷，检校官至三公者以千数。前天策府学士徐仲雅，自马希广之废，杜门不仕，行逢慕之，署节度判官。仲雅曰："行逢昔趋事我，奈何为之幕吏！"辞疾不至。行逢迫胁固召之，面授文牒，终辞不取，行逢怒，放之邵州，既而召还。会行逢生日，诸道各遣使致贺，行逢有矜色，谓仲雅曰："自吾兼镇三府，四邻亦畏我乎？"仲雅曰："侍中境内，弥天太保，遍地司空，四邻那得不畏！"行逢复放之邵州，竟不能屈。有僧仁及，为行逢所信任，军府事皆预之，亦加检校司空，娶数妻，出入导从如王公。

【译文】从刘言、王逵以来，多次起兵，将领官吏积累功劳以及所笼络的蛮夷部落首领，赏赐加封得到司徒、司马、司空三公散官头衔的数以千计。前任天策府学士徐仲雅，自从马希广被废以后，就闭门不出，周行逢仰慕他，任命他为节度判官。徐仲雅说："周行逢从前在我手下做过事，为什么我要做他的幕僚？"推说生病，不去报到。周行逢强迫要挟，再三召请，当面交给他任职的文书，徐仲雅始终推辞不接受。周行逢很生气，把他流放到邵州，不久，召他回来。正好碰到周行逢过生日，各道分别派遣使者前来祝贺，周行逢有点骄傲的样子，对徐仲雅说："自从我兼镇三府，

四邻是否畏惧呢？"徐仲雅说："侍中的境内，漫天都是太保，遍地都是司空，四邻怎么能够不畏惧？"周行逢又把他流放到邵州，徐仲雅最终也不向他屈服。有个和尚叫仁及，被周行逢所信任，军府的事情，他都参与，也加"检校司空"的职衔，娶了好几个妻子，出门的时候，前面有人开道，后面有人随从，跟王公一样。

辛亥，宣懿皇后符氏殂。

唐将朱元取舒州，刺史郭令图弃城走。李平取蕲州。唐主以元为舒州团练使，平为蕲州刺史。元又取和州。

初，唐人以茶盐强民而征其粟帛，谓之博征，又兴营田于淮南，民甚苦之。及周师至，争奉牛酒迎劳。而将帅不之恤，专事俘掠，视民如土芥。民皆失望，相聚山泽，立堡壁自固，操农器为兵，积纸为甲，时人谓之"白甲军"。周兵讨之，屡为所败，先所得唐诸州，多复为唐有。唐之援兵营于紫金山，与寿春城中烽

火相应。淮南节度使向训奏请以广陵之兵并力攻寿春，俟克城，更图进取，诏许之。训封府库以授扬州主者，命扬州牙将分部按行城中，秋毫不犯，扬州民感悦，军还，或负糗糒以送之。滁州守将亦弃城去，皆引兵趣寿春。

【译文】辛亥日（二十一日），后周宣懿皇后符氏去世。

南唐将领朱元夺取舒州，刺史郭令图弃城逃走。李平夺取蕲州。南唐主李璟任命朱元为舒州团练使，李平为蕲州刺史。朱元又夺取和州。

起初，南唐强行百姓购买茶、盐，而征收他们的粮食布帛，称为"博征"。又在淮南兴办营田，百姓深受其苦。等到后周军队到达，百姓争相奉送牛酒来迎接慰劳。可是周师的将帅并没有体恤安抚他们，专门从事抢劫，把百姓当作粪土、草芥看待，百姓都很失望，于是互相聚集在山谷水泽，修筑堡垒以保卫自己，手执农具当兵器，聚集纸片当铠甲，当时的人称之为"白甲军"。周兵讨伐他们，屡次被他们打败，以前所获得的唐国各州，大部分又为唐国所有。南唐援兵在紫金山安营，与寿春城中的烽火遥相呼应。淮南节度使向训上奏请求派广陵的军队合力进攻寿春，等待攻克寿春城，再计划进取，后周世宗郭荣下诏同意。向训封好府库，把它交给扬州典掌府库的人，命扬州牙将分别巡视城中，考察部众，秋毫不犯，扬州百姓感动欣悦，军队回来的时候，有人带着干粮来送他们。滁州守将也弃城离去，都引兵前往寿春。

唐诸将请据险以邀周师，宋齐丘曰："如此，则怨益深，不如纵之，以德于敌，则兵易解也。"乃命诸将各自守，毋得擅出击周兵。由是寿春之围益急。齐王景达军于濠州，遥为寿州声援，军政皆出于陈觉，景达署纸尾而已。拥兵五万，无决战意，将吏畏觉，无敢言者。

八月，戊辰，端明殿学士王朴、司天少监王处讷撰《显德钦天历》，上之。诏自来岁行之。

殿前都指挥使、义成节度使张永德屯下蔡，唐将林仁肇以水陆军援寿春。永德与之战，仁肇以船实薪刍，因风纵火，欲焚下蔡浮梁，俄而风回，唐兵败退。永德为铁绠千馀尺，距浮梁十馀步，横绝淮流，系以巨木，由是唐兵不能近。

【译文】 南唐众将请求占据险要来迎击后周军队，宋齐丘说：“这样，两国的怨恨就更深了，不如撤除此地的驻兵，以仁德来感化他们，那么兵祸就容易解除了。”于是命诸将各自守卫，不得擅自出兵袭击周师。因此，寿春的包围更加危急。齐王李景达驻扎于濠州，遥为寿州声援，军事都出自陈觉的主意，李景达只是在纸尾签个名而已；带兵五万，没有决战的意思，将帅官吏都怕陈觉，没人敢说话。

八月，戊辰日（初九），端明殿学士王朴、司天少监王处讷撰成《显德钦天历》上奏。后周世宗郭荣诏令从来年开始实行。

殿前都指挥使、义成节度使张永德驻守下蔡，唐将林仁肇率领水、陆两军援救寿春。张永德跟他交战，林仁肇用船装满柴草，顺风放火，想要烧下蔡的浮桥，一会儿风向转变，吹向自己，唐兵败退。张永德做了一条一千多尺的铁索，在距离浮桥十几步的地方，拦腰割断淮河水流，绑上大木头，因此唐兵不能接近浮桥。

九月，丙午，以端明殿学士、左散骑常侍、权知开封府事王朴为户部侍郎，充枢密副使。

冬，十月，癸酉，李重进奏唐人寇盛唐，铁骑都指挥使王彦升等击破之，斩首三千馀级。彦升，蜀人也。

丙子，上谓侍臣："近朝征敛谷帛，多不俟收获、纺绩之毕。"乃诏三司，自今夏税以六月，秋税以十月起征，民间便之。

山南东道节度使、守太尉兼中书令安审琦镇襄州十馀年，至是入朝，除守太师，遣还镇。既行，上问宰相："卿曹送之乎？"对曰："送至城南，审琦深感圣恩。"上曰："近朝多不以诚信待诸侯，诸侯虽有欲效忠节者，其道无由。王者但能毋失其信，何患诸侯不归心哉！"

【译文】 九月，丙午日（十七日），后周世宗郭荣任命端明殿学士、左散骑常侍、权知开封府事王朴为户部侍郎，充任枢密副使。

冬季，十月，癸酉日（十四日），李重进奏报说南唐军队侵犯盛唐，铁骑都指挥使王彦升等人击破他们，斩首三千多级。王彦升，是蜀州人。

丙子日（十七日），后周世宗郭荣对侍从大臣说："近代各朝征收粮食、布帛，大多不等到收获、纺织完毕。"于是诏令三司，从今以后，夏税从六月开始征收，秋税从十月开始征收，民间很方便。

山南东道节度使、守太尉兼中书令安审琦镇守襄阳十多年，到了这时入朝，后周世宗郭荣任命他为守太师，命他回到镇所。启程以后，后周世宗询问宰相："你们有没有送他？"回答说："送到城南。安审琦深感圣恩。"后周世宗说，"近代各朝大多不用诚信对待藩镇，藩镇即使有想效忠尽节的，那路也无从可走。统治天下的人只要能不失信用，怕什么藩镇不心归诚服呢！"

壬午，张永德奏败唐兵于下蔡。是时唐复以水军攻永德，永德夜令善游者没其船下，縻以铁锁，纵兵击之，船不得进退，溺死者甚众。永德解金带以赏善游者。

甲申，以太祖皇帝为定国节度使兼殿前都指挥使。太祖皇帝表渭州军事判官赵普为节度推官。

张永德与李重进不相悦，永德密表重进有二心，帝不之信。时二将各拥重兵，众心忧恐。重进一日单骑诣永德营，从容宴饮，谓永德曰："吾与公幸以肺腑俱为将帅，奚相疑若此之深邪？"永德意乃解，众心亦安。唐主闻之，以蜡书遗重进，诱以厚利。其书皆谤毁及反间之语，重进奏之。

【译文】壬午日（二十三日），张永德奏报说在下蔡打败南唐兵。这时，南唐又命水军攻击张永德，张永德命善于游泳的人在夜晚潜入唐兵的船下，用铁索系船，然后下令士兵进攻，船不能进，也不能退，因此淹死的人很多。张永德解下身上的金带赏给善于游泳的士兵。

甲申日（二十五日），任命宋太祖皇帝赵匡胤为定国节度使兼殿前都指挥使。宋太祖皇帝上表推荐渭州军事判官赵普为节度推官。

张永德和李重进关系不好，张永德秘密上表说李重进有二心，后周世宗郭荣不相信。当时两位将领各自握有重兵，众人心里担忧恐惧。一天，李重进单枪匹马，前往张永德的营中，从容饮酒，对张永德说："我与公因为与皇上为近亲的关系，都侥幸地做了将帅，为什么相互猜疑这么深呢？"张永德的心结这才解开，大家心理也因此安定下来。南唐主李璟听说这件事，把一封蜡丸密函送给李重进，拿重利来引诱他，书中所写的，都是一些毁谤朝廷及离间的话。李重进把它呈给后周世宗。

初，唐使者孙晟、钟谟从帝至大梁，帝待之甚厚，每朝会，班于中书省官之后。时召见，饮以醇酒，问以唐事。晟但言"唐主畏陛下神武，事陛下无二心。"及得唐蜡书，帝大怒，召晟，责以所对不实。晟正色抗辞，请死而已。问以唐虚实，默不对。十一月，乙巳，帝命都承旨曹翰送晟于右军巡院，更以帝意问之。翰与之饮酒数行，从容问之，晟终不言。翰乃谓曰："有敕，赐相公死。"晟神色怡然，索鞋笏，整衣冠，南向拜曰："臣谨以死报国！"乃就刑。并从者百馀人皆杀之，贬钟谟耀州司马。既而帝怜晟忠节，悔杀之，召谟，拜卫尉少卿。

【译文】起初，南唐使者孙晟、钟谟跟随后周世宗郭荣到达大梁，后周世宗待他们很优厚，每次朝会，让他们排在中书省官员的后面，时常召见，让他们喝美酒，询问南唐的情况。孙晟只说："唐主畏惧陛下的神威，侍奉陛下没有异心。"等到得到南唐主李璟写给李重进的蜡书，后周世宗大为震怒，召见孙晟，责备他回答不真实。孙晟神情严肃，言辞慷慨，请求一死而已。问他南唐虚实，他默然不答。十一月，乙巳日（十七日），后周世宗命都承旨曹翰送孙晟到右军巡院，再拿后周世宗的意思来问他。曹翰跟孙晟饮酒，彼此敬酒好几番，曹翰和气地问他，孙晟始终不说。曹翰于是告诉孙晟说："有敕令，赐相公死。"孙晟神色安然和悦，索要官靴朝笏，整理衣冠，向南方下拜，说："臣谨以死报国。"才从容赴刑。连同随从一百多人，全部杀掉，贬钟谟为耀州司马。事后后周世宗怜惜孙晟的忠诚守节，后悔杀了他，召回钟谟，授予卫尉少卿。

帝召华山隐士真源陈抟，问以飞升、黄白之术。对曰："陛下为天子，当以治天下为务，安用此为！"戊申，遣还山，诏州县长吏常存问之。

十二月，壬申，以张永德为殿前都点检。

分命中使发陈、蔡、宋、亳、颍、兖、曹、单等州丁夫数万城下蔡。

是岁，唐主诏淮南营田害民尤甚者罢之。遣兵部郎中陈处尧持重币，浮海如契丹乞兵。契丹不能为之出兵，而留处尧不遣。处尧刚直有口辩，久之，忿恚，数面责契丹主，契丹主亦不之罪也。

蜀陵、荣州獠叛，弓箭库使赵季文讨平之。

吴越王弘俶括境内民捕，劳扰颇多，判明州钱弘亿手疏切谏，罢之。

【译文】后周世宗郭荣召见华山隐士真源人陈抟，问他羽化升仙、冶炼金子的方法。陈抟回答说："陛下做天子，应当以治天下为急务，要这些方法干什么？"戊申日（二十日），把陈抟遣送回华山，诏命州县长官常去看望慰问他。

十二月，壬申日（十四日），后周世宗郭荣任命张永德为殿前都检点。

后周世宗郭荣分别派宦官传令，征调陈州、蔡州、宋州、亳州、颍州、兖州、曹州、单州等地的民夫数万人修筑下蔡城。

这一年，南唐主李璟诏令废除淮南营田损害百姓特别严重的。派遣兵部郎中陈处尧携带厚礼渡海到契丹乞求出兵，契丹不能为南唐出兵，却扣留陈处尧，不让他回去。陈处尧刚直善辩，过了很久，心中怨愤，屡次当面斥责契丹主耶律述律，契丹主也不怪罪他。

后蜀陵州、荣州等地的獠人造反，弓箭库使赵季文讨平他们。

吴越王钱弘俶下令搜求境内的百姓当兵，骚扰颇多，明州刺史钱弘亿亲笔上疏恳切劝谏，吴越王停止了这件事。

显德四年（丁巳，公元九五七年）春，正月，己丑朔，北汉大赦，改元天会。以翰林学士卫融为中书侍郎、同平章事，内客省使段恒为枢密使。

宰相屡请立皇子为王，上曰："诸子皆幼，且功臣之子皆未加恩，而独先朕子，皆自安乎！"

周兵围寿春，连年未下，城中食尽。齐王景达自濠州遣应援使、永安节度使许文稹、都军使边镐、北面招讨使朱元将兵数万，溯淮救之，军于紫金山，列十馀寨如连珠，与城中烽火晨夕相应，又筑甬道抵寿春，欲运粮以馈之，绵亘数十里。将及寿春，李重进邀击，大破之，死者五千人，夺其二寨。丁未，重进以闻。戊申，诏以来月幸淮上。

【译文】显德四年（丁巳，公元957年）春季，正月，己丑朔日（初一），北汉大赦境内，改年号为天会。任命翰林学士卫融为中书侍郎、同平章事，内客省使段恒为枢密使。

后周宰相多次请求册立皇子为王，后周世宗郭荣说："儿子们都还年幼，而且功臣的儿子都还没有加封爵号，而唯独先立朕的儿子，能安心吗？"

后周军队围攻寿春，连年没有攻下，城中粮食吃光。齐王李景达从濠州派遣应援使、永安节度使许文稹和都军使边镐、北面招讨使朱元领兵数万，沿淮水而上救援寿春，驻兵在紫金山，排列成十几个营寨，像成串的珠子一样，与城中的烽火早晚相呼应。又修筑甬道通往寿春，绵延数十里，想利用它来运送粮草供应城里。将要通到寿春的时候，李重进拦腰截击，将南唐兵打得大败,杀死五千人,夺取南唐两个营寨。丁未日(十九日),李重进把经过奏报后周世宗郭荣。戊申日(二十日),后周世宗下诏,下个月临幸淮上。

刘仁赡请以边镐守城,自帅众决战,齐王景达不许,仁赡愤邑成疾。其幼子崇谏夜泛舟渡淮北,为小校所执,仁赡命腰斩之,左右莫敢救,监军使周廷构哭于中门以救之,仁赡不许。

廷构复使求救于夫人,夫人曰:"妾于崇谏非不爱也,然军法不可私,名节不可亏,若贷之,则刘氏为不忠之门,妾与公何面目见将士乎!"趣命斩之,然后成丧。将士皆感泣。

议者以唐援兵尚强,多请罢兵,帝疑之。李谷寝疾在第。二月,丙寅,帝使范质、王溥就与之谋,谷上疏,以为:"寿春危困,破在旦夕,若銮驾亲征,则将士争奋,援兵震恐,城中知亡,必可下矣!"上悦。

【译文】刘仁赡请求让边镐守城,自己率领部众决一死战,齐王李景达没有同意,刘仁赡忧愤成疾。他最小的儿子刘崇谏乘夜划船前往淮北,被官军抓到,刘仁赡下令把他腰斩,左右的人都没有敢救的,监军使周廷构在中门哭着救他,刘仁赡不准。

周廷构又派人向夫人求救,夫人说:"贱妾对崇谏不是不怜爱,然而军法不可徇私,名节不可亏损。如果宽恕了他,那么刘氏就成为不忠之家,我与公有什么脸面见将士们呢?"催促刘仁赡下令将他腰斩,然后办理丧事。将士们都为此感动得掉下泪来。

议事的人认为南唐援军还很强大,多数人请求撤兵,后周世宗郭荣迟疑。李谷卧病在家,二月,丙寅日(初八),后周世宗派范质、王溥前去跟他商量。李谷上疏,认为:"寿春困危,早晚可以攻破,如果皇上亲征,那么将士奋力争先,援兵震惊恐惧,城中自知将亡，一定可以攻下了！”后周世宗很高兴。

庚午，诏有司更造祭器、祭玉等，命国子博士聂崇义讨论制度，为之图。

甲戌，以王朴权东京留守兼判开封府事，以三司使张美为大内都巡检，以侍卫都虞候韩通为京城内外都巡检。

乙亥，帝发大梁。先是周与唐战，唐水军锐敏，周人无以敌之，帝每以为恨。返自寿春，于大梁城西汴水侧造战舰数百艘，命唐降卒教北人水战，数月之后，纵横出没，殆胜唐兵。至是命右骁卫大将军王环将水军数千自闵河沿颍入淮，唐人见之大惊。

【译文】 庚午日（十二日），后周世宗郭荣诏令有关部门另外制造祭器、祭玉等，命国子博士聂崇义探讨研究礼仪制度，画出图样。

甲戌日（十六日），后周世宗郭荣命王朴代理东京留守，兼判开封府事，任命三司使张美为大内都巡检，任命侍卫都虞候韩通为京城内外都巡检。

乙亥日（十七日），后周世宗从大梁出发。在这之前后周与南唐交战，南唐水军精锐敏捷，后周无法同它抗衡，世宗经常以此为憾。从寿春回来以后，在大梁城西汴水岸边，建造战舰好几百艘，命令南唐降兵教北方人在水上作战的方法，几个月以后，后周水军纵横出没，差不多胜过南唐水军。到了这个时候，后周世宗命令骁卫大将军王环率领水军数千人从闵河沿颍水进入淮河，南唐人见了后周水军，大为吃惊。

乙酉，帝至下蔡。三月，己丑夜，帝渡淮，抵寿春城下。庚寅旦，躬擐甲胄，军于紫金山南，命太祖皇帝击唐先锋寨及山北一寨，皆破之，斩获三千馀级，断其甬道，由是唐兵首尾不能相救。至暮，帝分兵守诸寨，还下蔡。

唐朱元恃功，颇违元帅节度；陈觉与元有隙，屡表元反覆，不可将兵，唐主以武昌节度使杨守忠代之。守忠至濠州，觉以齐王景达之命，召元至濠州计事，将夺其兵。元闻之，愤怒，欲自杀，门下客宋均说元曰："大丈夫何往不富贵，何必为妻子死乎！"辛卯夜，元与先锋壕寨使朱仁裕等举寨万馀人降，裨将时厚卿不从，元杀之。

【译文】乙酉日（二十七日），后周世宗郭荣到达下蔡。三月，己丑日（初二）的晚上，后周世宗渡过淮河，抵达寿春城下。庚寅日（初三）早晨，后周世宗亲自穿上铠甲，戴上头盔，驻扎在紫金山南面，下令宋太祖皇帝赵匡胤攻打南唐的先锋寨及山北的一个营寨，全都攻破，斩杀、俘虏三千多人，切断他们的甬道，因此唐兵首尾不能相救。到了傍晚，后周世宗分兵防守各寨，自己返回下蔡。

南唐朱元倚仗有战功，常常违抗元帅指挥。陈觉与朱元有嫌隙，屡次上表说朱元反复无常，不可领兵，南唐主李璟任命武昌节度使杨守忠取代朱元。杨守忠到了濠州，陈觉借齐王李景达的命令，召朱元到濠州商量计策，将要夺去他的兵权。朱元知道他的用心，很愤怒，想自杀，门下的宾客宋均劝朱元说："大丈夫到哪里不能富贵，何必为了保全妻子和儿女而白白地牺牲了呢！"辛卯日（初四）的晚上，朱元跟先锋壕寨使朱仁裕等人领着整个营寨一万多人投降后周，副将时厚卿不肯从命，朱元把他杀死。

帝虑其馀众沿流东溃，遽命虎捷左厢都指挥使赵晁将水军数千沿淮而下。壬辰旦，帝军于赵步，诸将击唐紫金山寨，大破之，杀获万馀人，擒许文稹、边镐、杨守忠。馀众果沿淮东走，帝自赵步将骑数百循北岸追之，诸将以步骑循南岸追之，水军自中流而下，唐兵战溺死及降者殆四万人，获船舰粮仗以十万数。晡时，帝驰至荆山洪，距赵步二百馀里。是夜，宿镇淮军，癸酉，从官始至。刘仁赡闻援兵败，扼吭叹息。

【译文】后周世宗郭荣考虑南唐其余部众会沿着水流向东溃逃，赶紧命令虎捷左厢都指挥使赵晁带领数千水军沿着淮水而下。壬辰日(初五)早晨，后周世宗郭荣驻兵于赵步，诸将攻打南唐的紫金山寨，把寨攻破，杀死、俘虏一万多人，活捉了许文稹、边镐、杨守忠。残余的部众果然沿着淮河向东逃走，后周世宗从赵步率领几百名骑兵沿着北岸追赶，众将率领步兵和骑兵沿南岸追赶，水军从淮河中流而下，南唐军队战死、淹死和投降的将近四万人，缴获船舰、粮草、武器以十万计数。傍晚时分，后周世宗奔驰到荆山洪，距离赵步二百多里。当晚，住宿在镇淮军，癸酉日(三月无此日)，随从的官员才到达。刘仁赡听到援兵溃败的消息，气噎着咽喉，不住地叹息。

甲午，发近县丁夫数千城镇淮军，为二城，夹淮水，徙下蔡浮梁于其间，扼濠、寿应援之路。会淮水涨，唐濠州都监彭城郭廷谓以水军溯淮，欲掩不备，焚浮梁。右龙武统军赵匡赞觇知之，伏兵邀击，破之。

唐齐王景达及陈觉皆自濠州奔归金陵，惟静江指挥使陈德诚全军而还。

戊戌，以淮南节度使向训为武宁节度使、淮南道行营都监，将兵戍镇淮军。

己亥，上自镇淮军复如下蔡。庚子，赐刘仁赡诏，使自择祸福。

【译文】甲午日（初七），后周征发附近州县壮丁民夫修筑镇淮军城，建造两座城，夹着淮水，将下蔡浮桥迁移到两城之间，掐断濠州、寿州接应救援的道路。正好这时淮河河水上涨，南唐的濠州都监彭城人郭廷谓率领水军逆淮河而上，想乘后周不备，焚烧浮桥。右龙武统军赵匡赞侦察到这个情报，预先埋伏军队截击，把他打败。

南唐齐王李景达和陈觉都从濠州逃回金陵，只有静江指挥使陈德诚全军返还。

戊戌日（十一日），任命淮南节度使向训为武宁节度使、淮南道行营都监，率领部众戍守镇淮军。

己亥日（十二日），后周世宗郭荣从镇淮军再度前往下蔡。庚子日（十三日），赐诏书给刘仁赡，让他自行决定要降还是要战。

唐主议自督诸将拒周，中书舍人乔匡舜上疏切谏，唐主以为沮众，流抚州。唐主问神卫统军朱匡业、刘存忠以守御方略，匡业诵罗隐诗曰："时来天地皆同力，运去英雄不自由。"存忠以匡业言为然。唐主怒，贬匡业抚州副使，流存忠于饶州。既而竟不敢自出。

甲辰，帝耀兵于寿春城北。唐清淮节度使兼侍中刘仁赡病甚，不知人，丙午，监军使周廷构、营田副使孙羽等作仁赡表，遣使奉之来降。丁未，帝赐仁赡诏，遣阁门使万年张保续入城宣谕，仁赡子崇让复出谢罪。戊申，帝大陈甲兵，受降于寿春城北，廷构等舁仁赡出城，仁赡卧不能起，帝慰劳赐赉，复令入城养疾。

【译文】 南唐主李璟讨论亲自督率众将抵抗后周，中书舍人乔匡舜上书恳切劝谏，南唐主认为他动摇军心，将他流放抚州。南唐主询问神卫统军朱匡业、刘存忠防御策略，朱匡业诵读罗隐的诗说："时来天地皆同力，运去英雄不自由"（意思是说："时机来临的时候，天地都帮助你；气运衰亡的时候，英雄也不能做主。"），刘存忠也认为朱匡业的话很对。南唐主很生气，贬朱匡业为抚州副使，流放刘存忠于饶州。后来，南唐主还是没有亲自出征。

甲辰日（十七日），后周世宗郭荣在寿春城北炫耀兵力。南唐清淮节度使兼侍中刘仁赡病得很重，不省人事，丙午日（十九日），监军使周廷构、营田副使孙羽等人，擅自为刘仁赡作表，派遣使者奉表前来投降。丁未日（二十日），后周世宗赐给刘仁赡诏书，派遣阁门使万年人张保续进城宣旨安抚，刘仁赡的儿子刘崇让又出城谢罪。戊申日（二十一日），后周世宗隆重地陈列甲兵，在寿春城北接受投降。周廷构等人合力抬着刘仁赡出城，刘仁赡躺着不能起身，后周世宗慰劳赏赐，又命他进城养病。

庚戌，徙寿州治下蔡，赦州境死罪以下。州民受唐文书聚山林者，并召令复业，勿问罪。有尝为其杀伤者，毋得仇讼。向日政令有不便于民者，令本州条奏。辛亥，以刘仁赡为天平节度使兼中书令，制辞略曰："尽忠所事，抗节无亏，前代名臣，几人堪比！朕之伐叛，得尔为多。"是日，卒，追赐爵彭城郡主。唐主闻之，亦赠太师。帝复以清淮军为忠正军，以旌仁赡之节，以右羽林统军杨信为忠正节度使、同平章事。

【译文】 庚戌日（二十三日），将寿州府治迁到下蔡，赦免州境内死罪以下的囚犯。州中百姓因受到南唐刑法追责而聚集山林的，一并召回让他们恢复生计，不加问罪；如有曾经被他们杀伤的，不得报仇打官司。以前的政令有不便于民的，命本州分条上奏。辛亥日（二十四日），后周世宗郭荣任命刘仁赡为天平节度使兼中书令，制书的内容大致说："对所侍奉的君主竭尽忠诚，坚守节操，没有亏欠，前代名臣，有几人能与你相比！朕讨伐叛国，得到你才算收获多多。"当天，刘仁赡去世，追赐爵号为彭城郡王。南唐主李璟得了消息，也赠他为太师。后周世宗又把清淮军改名为忠正军，以表彰刘仁赡的节操，任命右羽林统军杨信为忠正节度使、同平章事。

【申涵煜评】　仁赡因子渡淮，命正军法。其妻恐亏名节，趣令斩之，安有家法之严如此，而肯自辱身之理。未及为下所劫，舁病迎降，死不瞑目。悲夫！

【译文】　刘仁赡因儿子渡过淮河，命令执行军法。他的妻子担心亏损名节，立即下令杀了他。哪里有家法严厉如此，而肯自己侮辱自己的理。还没来得及就被下面的人劫持，被人抬着生病之躯而投降，最终死不瞑目。可悲啊！

前许州司马韩伦，侍卫马军都指挥使令坤之父也。令坤领镇安节度使，伦居于陈州，干预政事，贪污不法，为公私患，为人所讼，令坤屡为之泣请。癸丑，诏免伦死，流沙门岛。

伦后得赦还，居洛阳，与光禄卿致仕柴守礼及当时将相王溥、王晏、王彦超之父游处，恃势恣横，洛阳人畏之，谓之十阿父。帝既为太祖嗣，人无敢言守礼子者，但以元舅处之，优其俸给，未尝至大梁。尝以小忿杀人，有司不敢诘，帝知而不问。

【译文】　前许州司马韩伦，是侍卫马军都指挥使韩令坤的父亲。韩令坤兼领镇安节度使，韩伦居住在陈州，干预当地政事，贪污违法，既危害官府，又侵犯百姓，被人告到官府，韩令坤屡次替他求情，甚至哭泣掉泪。癸丑日（二十六日），后周世宗郭荣诏命赦免韩伦死罪，流放于沙门岛。

韩伦后来得到赦免返回，住在洛阳，跟光禄卿致仕柴守礼及当时的将相王溥、王晏、王彦超的父亲相交往，仗着势力放肆蛮横，洛阳百姓怕他们，称他们为"十阿父"。后周世宗成为后周太祖郭威的继承人后，没有人敢说他是柴守礼的儿子，只以大舅看待柴守礼，给他优厚的俸禄，但未曾到过大梁，他曾经为了小事愤怒杀人，有关部门不敢责问，后周世宗虽然知道，也不加追究。

【乾隆御批】 柴守礼犯法事，论者纷如聚讼。周世宗既承郭氏之业，则为人后者为之子，自不得复顾所生。若如胡寅所云，尊守礼为太上皇，而为郭氏立后。是袭人之统绪而阴据之，殊非情理之正。然毛里至性，岂容恝忘？隆称虽不可轻加，孝养独不当兼尽乎？诚使迎奉京师，安居宫禁，循晨昏起居之节，何致守礼以睚眦杀人？必恃屈法以全恩乎！处之列卿，直是臣视其父，称之元舅，并且讳言其子，名不正，而义不安，其何以训天下？周世宗固五季今辟此，则不能为贤者讳也。起莘援桃应设问，曲为较论，无异痴人说梦。欧阳修且从而赞美之，岂足语于褒贬之正哉？

【译文】 柴守礼违犯国家法律的事，争论此事的人多得就像聚众争论不休。周世宗既然继承了郭氏的家业，就是别人的后代。作别人的儿子，自然不能再顾念亲生父母。如果像胡寅所说的那样，周主尊奉柴守礼为太上皇，自己被郭氏立为继承人。这是承袭人家的世系却暗地里据为己有，绝不是合情合理。然而内外至亲，哪里容易淡忘呢？隆重的称号虽不可以轻易赐加，但竭尽孝忱奉养难道不应该吗？如果派人迎接柴守礼到京师，让他在宫禁中安稳地生活，遵守早晚起居的礼节，哪至于柴守礼因极小的仇恨而杀人呢？周世宗主要靠治法从轻来保全恩义呢！让柴守礼位处列卿，即使将自己的父亲当作臣子看待，称柴守礼为长舅，并且忌讳说是他的儿子，名分不正，恩义不安，凭什么来教训天下呢？周世宗固然是五代时好的君主，这件事却不能被贤者隐讳了。议论的人广征博引，详尽地解释争论，与痴人说梦没什么两样。欧阳修跟着赞美周主，难道能说是在评论好坏上有失公正吗？

【申涵煜评】 柴守礼、王祚等，以天子宰相，亲父结党，恣横为害，洛阳有司不敢诘。古今事不雷同，此更出于罕见。乃知舜为天子，瞽瞍杀人之说，非设词也。

【译文】 柴守礼、王祚等人，身为天子宰相，亲父结党，恣意横行为害，洛阳的官员不敢问。古往今来的事情不一样，但是这样的事情真是极为罕见。才知道舜为天子，瞽瞍杀人的说法，并非人为编造的啊。

诏开寿州仓振饥民。丙辰，帝北还，夏，四月，己巳，至大梁。

诏修永福殿，命宦官孙延希董其役。丁丑，帝至其所，见役徒有削柿为匕，瓦中啖饭者，大怒，斩延希于市。

帝之克秦、凤也，以蜀兵数千人为怀恩军。乙亥，遣怀恩指挥使萧知远等将士八百馀人西还。

壬午，李谷扶疾入见，帝命不拜，坐于御坐之侧。谷恳辞禄位，不许。

【译文】 后周世宗郭荣诏命打开寿州的仓库，赈救饥民。丙辰日（二十九日），后周世宗北上返回。夏季，四月，己巳日（十二日），后周世宗回到大梁。

后周世宗郭荣诏令修缮永福殿，命令宦官孙延希监督工程。丁丑日（二十日），后周世宗到工程现场，看到工人有削木片为饭匙，用瓦片盛饭吃的，大为震怒，在街市上斩杀了孙延希。

后周世宗郭荣攻克秦州、凤州后，将后蜀士兵数千人组建为怀恩军。乙亥日（十八日），派遣怀恩指挥使萧知远等将士八百多人西还蜀国。

壬午日（二十五日），李谷抱病入朝拜见后周世宗郭荣，后周世宗让他不用下拜，坐在御座的旁边。李谷诚恳地推辞禄位，后周世宗不准。

甲申，分江南降卒为六军、三十指挥，号怀德军。

乙酉，诏疏汴水北入五丈河，由是齐、鲁舟楫皆达于大梁。

五月，丁酉，以太祖皇帝领义成节度使。

诏以律令文古难知，格敕烦杂不壹，命侍御史知杂事张湜等训释，详定为《刑统》。

唐郭廷谓将水军断涡口浮梁，又袭败武宁节度使武行德于定远，行德仅以身免。唐主以廷谓为滁州团练使，充上淮水陆应援使。

【译文】甲申日（二十七日），后周将江南投降的士兵分编成六军、三十指挥，号称怀德军。

乙酉日（二十八日），后周世宗郭荣诏命疏通汴水，使它向北注入五丈河，从此齐、鲁的舟船都可以通到大梁。

五月，丁酉日（十一日），后周世宗郭荣任命宋太祖皇帝赵匡胤兼领义成节度使。

后周世宗郭荣下诏，由于法律条文的文字深奥难懂，格式、敕令繁杂不一，命侍御史知杂事张湜等人解释删定为《刑统》。

南唐郭廷谓率领水军切断涡口浮桥，并且在定远偷袭击败武宁节度使武行德，武行德仅仅自己逃脱。南唐主李璟任命郭廷谓为滁州团练使，充当上淮水、陆应援使。

蜀人多言左右卫圣马步都指挥使、保宁节度使、同平章事李廷珪为将败覆，不应复典兵，廷珪亦自请罢去。六月，乙丑，蜀主加廷珪检校太尉，罢军职。李太后以典兵者多非其人，谓蜀主曰："吾昔见庄宗跨河与梁战，及先帝在太原，平二蜀，诸将非有大功，无得典兵，故士卒畏服。今王昭远出于厮养，伊审征、韩保贞、赵崇韬皆膏粱乳臭子，素不习兵，徒以旧恩置于人上，平时谁敢言者，一旦疆场有事，安能御大敌乎！以吾观之，惟高彦俦太原旧人，终不负汝，自馀无足任者。"蜀主不能从。

丁丑，以前华州刺史王祚为颍州团练使。祚，溥之父也。溥为宰相，祚有宾客，溥常朝服侍立。客坐不安席，祚曰："犬子不足为起。"

【译文】后蜀人大多议论左右卫圣马步都指挥使、保宁节度使、同平章事李廷珪担任将领而兵败丧地，不应该再统领军队，李廷珪自己也请求罢免。六月，乙丑日（初十），后蜀主孟昶加授李廷珪检校太尉，罢除军职。李太后眼见统兵的人都不是将帅的材料，便对后蜀主说："我从前看见后唐庄宗李存勖跨越黄河跟梁兵交战，以及先帝在太原平定二蜀，众将如果没有大功，不得统领军队，所以士卒敬畏服从。现在王昭远出身僮仆，伊审征、韩保贞、赵崇韬都是乳臭未干的富贵子弟，一向不熟悉军事，只凭旧恩就被安置在他人之上，平时有谁敢说？一旦边境有事，又怎能抵御大敌呢？依我来看，只有高彦俦是太原时的旧

资治通鉴

人，终究不会辜负你，其余不见有值得信任的。"后蜀主不肯听。

丁丑日（二十二日），后周世宗郭荣任命前华州刺史王祚为颍州团练使。王祚是王溥的父亲。王溥做宰相，王祚有宾客，王溥常常穿着朝服陪在身边，站着侍候，客人坐在席上不安，王祚说："犬子不值得为他起身。"

秋，七月，丁亥，上治定远军及寿春城南之败，以武宁节度使兼中书令武行德为左卫上将军，河阳节度使李继勋为右卫大将军。

北汉主初立七庙。

司空兼门下侍郎、同平章事李谷卧疾二年，凡九表辞位，八月，乙亥，罢守本官，令每月肩舆一诣便殿议政事。

以枢密副使、户部侍郎王朴检校太保，充枢密使。

怀恩军至成都，蜀主遣梓州别驾胡立等八十人东还，且致书为谢，请通好。癸未，立等至大梁。帝以蜀主抗礼，不之答。蜀主闻之，怒曰："朕为天子郊祀天地时，尔犹作贼，何敢如是！"

【译文】秋季，七月，丁亥日（初二），后周世宗郭荣追究定远军和寿春城南的战败，任命武宁节度使兼中书令武行德为左卫上将军，河阳节度使李继勋为右卫大将军。

北汉主刘钧开始设立祖宗七庙。

司空兼门下侍郎、同平章事李谷卧病两年，一共上了九封奏表，请辞相位。八月，乙亥日（二十一日），后周世宗郭荣诏令免去李谷同平章事之职保留原官，让他每月坐着轿子到便殿一次，议论朝廷政事。

后周世宗郭荣任命枢密副使、户部侍郎王朴为检校太保，充任枢密使。

怀恩军到达成都，后蜀主孟昶派遣梓州别驾胡立等八十人向东返回，并且致书信表示感谢，请求通使友好。癸未日（二十九日），胡立等人回到大梁。后周世宗郭荣因为后蜀主采用对等的礼节，所以不回信给他。后蜀主听到这个消息，愤怒地说："朕做天子，在南郊祭祀天地的时候，你还在当贼，今天你怎么敢这样待我！"

九月，中书舍人窦俨上疏请令有司讨论古今礼仪，作《大周通礼》，考正钟律，作《大周正乐》。又以："为政之本，莫大择人；择人之重，莫先宰相。自有唐之末，轻用名器，始为辅弼，即兼三公、仆射之官。故其未得之也，则以趋竞为心；既得之也，则以容默为事。但思解密勿之务，守崇重之官，逍遥林亭，保安宗族。乞令即日宰相于南宫三品、两省给、舍以上，各举所知。若陛下素知其贤，自可登庸；若其未也，且令以本官权知政事。期岁之间，察其职业，若果能堪称，其官已高，则除平章事；未高，则稍更迁官，权知如故。若有不称，则罢其政事，责其举者。又，班行之中，有员无职者太半，乞量其才器，授以外任，试之于事，还则以旧官登叙，考其治状，能者进之，否者黜之。"又请："令盗贼自相纠告，以其所告赀产之半赏之；或亲戚为之首，则论其徒侣而赦其所首者。如此，则盗不能聚矣。又，新郑乡村团为义营，各立将佐，一户为盗，累其一村；一户被盗，罪其一将。每有盗发，则鸣鼓举火，丁壮云集，盗少民多，无能脱者。由是邻县充斥而一境独清。请令他县皆效之，亦止盗之一术也。又，累朝已来，屡下诏书，听民多种广耕，止输旧税，及其既种，则有司履亩而增之，故民皆疑惧而田不加辟。夫为政之先，莫如敦信，信苟著矣，则田无不广，田广则谷多，谷多则藏之民犹藏之官也。"又言："陛下南征江、淮，一举而得八州，再驾而平寿春，威灵所加，前无强敌。今以众击寡，以治伐乱，势无不克。但行之贵速，则彼民免俘馘之灾，此民息转输之困矣。"帝览而善之。俨，仪之弟也。

【译文】九月，中书舍人窦俨上书请求命令有关官员讨论古今的礼仪，撰作《大周通礼》；考究乐器的音律，撰作《大周正乐》。窦俨又认为："治理政事的根本，没有比选择人才更重要的；选择人才的重要，又没有比宰相更重要的。自从唐朝末年以来，轻易授予禄位，一个官员刚刚到任宰相，就兼任三公、仆射的官职。所以当他还没得到官位的时候，就一心奔走争逐，得到官位以后，就事事逢迎沉默，只想解除机要的政务，担任尊崇重要的官职，逍遥在园林亭榭之中，保护宗族的平安。请命令现任宰相，在尚书省的六部尚书、中书省及门下省的给事中、中书舍人以上，各自推举自己所认为贤能的人才，如果陛下平时就知道他贤能，自然可以提拔任用，如果不认为他贤能，暂且命他以本官暂时主持政事。一年以后，考察他的绩效，如果能够胜任称职，那么官位已高的，就授予平章事，官位不高的，就再稍加升官，照旧暂时代理政事。如果不能称职，就解除他代理政事的职权，追究推荐不当的责任。另外，在百官的班位当中，有员额而无职务的占了大半，请衡量他们的才能，授给地方上实际的职务，让他们在实际的事务上考验磨炼，调回朝廷以后，便以原来的官职检叙录用，考察他们的政绩，贤能的人，提拔他；无能的人，罢退他。"又建议，"让盗贼相互检举揭发，将被告发者的一半财产赏给告发者；或有亲戚替他自首的，就判处盗贼的同伙而赦免代为自首的盗贼。像这样，盗贼就不能聚集了。另外，新郑的乡村组成义营，分别设立将佐，一户当盗贼，就连累一村，一户遭遇盗抢，就怪罪一将。每当盗贼一出现，就敲鼓举火，丁壮云集，盗贼少，良民多，没有一个逃得掉。因此邻县的盗贼充斥而唯独新郑境内清静平安。请下令其他各县都效仿新郑，这也是防御盗贼的一种方法。还有，好几代以来，屡次下诏，任由百姓开拓耕地，多种农作物，而只缴纳旧税。等到农民已经耕种以后，官吏就丈量田亩而增税，所以百姓都怀疑害怕，而田地不另加开辟。治理政务的先决条件，没有比加强信用更重要的，信用如果彰著了，那么田地没有不扩大的，田地扩大则稻谷增多，稻谷增多，那么藏在农民，也等于藏在官府了。"又说，"陛下南征江、淮，一举而获得八州，再度亲征，便平定寿春，神威所到的地方，没有强劲的敌人。现在以众击寡，以治伐乱，没有攻不下的城池。只是行动贵在迅速，那么敌国的百姓免去了斩杀俘虏的灾祸，而我们的百姓也可停止运送粮饷的困苦了。"后周世宗郭荣阅后认为很好。窦俨是窦仪的弟弟。

冬，十月，戊午，设贤良方正直言极谏、经学优深可为师法、详闲吏理达于教化等科。

癸亥，北汉麟州刺史杨重训举城降，以为麟州防御使。

己巳，以王朴为东京留守，听以便宜从事。以三司使张美充大内都点检。

【译文】冬季，十月，戊午日（初五），后周设立"贤良方正直言极谏""经学优深可为师法""详闲吏理达于教化"等科。

癸亥日（初十），北汉麟州刺史杨重训率城投降，后周世宗郭荣任命他为麟州防御使。

己巳日（十六日），任命王朴为东京留守，允许他随机应变，不必请示。任命三司使张美充任大内都点检。

　　壬申，帝发大梁；十一月，丙戌，至镇淮军，是夜五鼓，济淮；丁亥，至濠州城西。濠州东北十八里有滩，唐人栅于其上，环水自固，谓周兵必不能涉。戊子，帝自攻之，命内殿直康保裔帅甲士数百，乘橐驼涉水，太祖皇帝帅骑兵继之，遂拔之。李重进破濠州南关城。癸巳，帝自攻濠州，王审琦拔其水寨。唐人屯战船数百于城北，又植巨木于淮水以限周兵。帝命水军攻之，拔其木，焚战船七十馀艘，斩首二千馀级，又攻拔其羊马城，城中震恐。丙申夜，唐濠州团练使郭廷谓上表言：“臣家在江南，今若遽降，恐为唐所种族，请先遣使诣金陵禀命，然后出降。”帝许之。辛丑，帝闻唐有战船数百艘在泗水东，欲救濠州。自将兵夜发水陆击之。癸卯，大破唐兵于洞口，斩首五千馀级，降卒二千馀人，因鼓行而东，所至皆下。乙巳，至泗州城下，太祖皇帝先攻其南，因焚城门，破水寨及月城。帝居于月城楼，督将士攻城。

　　【译文】壬申日（十九日），后周世宗郭荣从大梁出发。十一月，丙戌日（初四），到达镇淮军，当夜五更，渡过淮水。丁亥日（初五），到达濠州城西。濠州东北十八里有个水滩，南唐人靠着岸边筑寨，以环绕着的河流险滩做天然的屏障，认为周兵一定没办法渡过。戊子日（初六），后周世宗亲自率兵进攻营寨，命内殿直康保裔率领甲兵数百人，骑骆驼涉水而过，宋太祖皇帝赵匡胤率领骑兵随后跟着，于是攻取了营寨。李重进攻破濠州的南关城。癸巳日（十一日），后周世宗亲自进攻濠州，王审琦攻下南唐军队的水寨。南唐人在城北停驻好几百艘战舰，又在淮河岸边竖起巨大的木头，以阻挡周兵。后周世宗命令水军进攻敌军，拔掉巨木头，烧掉战舰七十多艘，斩首两千多级，又攻下羊马城，城中震惊恐惧。丙申日（十四日）的夜晚，南唐濠州团练使郭廷谓上表给后周世宗，说："臣的家在江南，如今倘若马上投降，恐怕被南唐诛灭全族，请求先派遣使者到金陵请命，然后出城投降。"后周世宗答应了他。辛丑日（十九日），后周世宗听说南唐有数百艘战舰在涣水东岸，将要前来援救濠州，于是亲自率兵，利用晚上，从水路和陆路进发，前往攻击。癸卯日（二十一日），在洞口大破唐兵，斩首五千多级，投降的士兵二千多人，乘势向东击鼓而行，所到的地方，都一一攻克。乙巳日（二十三日），到达泗州城下，宋太祖皇帝赵匡胤先攻城南，乘势焚烧城门，攻破水寨和月城。后周世宗住在月城楼上，监督将士攻城。

北汉主自即位以来，方安集境内，未遑外略。是月，契丹遣其大同节度使、侍中崔勋将兵来会北汉，欲同入寇。北汉主遣其忠武节度使、同平章事李存瓌将兵会之，南侵潞州，至其城下而还。北汉主知契丹不足恃而不敢遽与之绝，赠送勋甚厚。

十二月，乙卯，唐泗州守将范再遇举城降，以再遇为宿州团练使。上自至泗州城下，禁军中刍荛者毋得犯民田，民皆感悦，争献刍粟；既克泗州，无一卒敢擅入城者。帝闻唐战船数百艘泊洞口，遣骑诇之，唐兵退保清口。

【译文】北汉主刘钧自从即位以来，正忙于安定国内，没空对外攻略。当月，契丹派遣大同节度使、侍中崔勋领兵会合北汉军队，准备共同入侵后周；北汉主派遣忠武节度使、同平章事李存瓌率兵跟崔勋会合，向南侵略潞州，到达潞州城下又返回。北汉主知道契丹不能完全依靠，但又不敢马上跟他断绝关系，便赠送崔勋很多礼物。

十二月，乙卯日（初三），南唐泗州守将范再遇率城投降，后周任命范再遇为宿州团练使。后周世宗郭荣亲自到泗州城下，禁止军中割草打柴的人侵犯民田，百姓都欣喜感谢，纷纷奉献粮草；平定泗州以后，没有一个士兵敢擅自入城。后周世宗听说南唐数百艘战舰停泊在洞口，于是派遣骑兵侦察，南唐兵则退守清口。

戊午旦，上自将亲军自淮北进，命太祖皇帝将步骑自淮南进，诸将以水军自中流进，共追唐兵。时淮滨久无行人，葭苇如织，多泥淖沟堑，士卒乘胜气茇涉争进，皆忘其劳。庚申，追及唐兵，且战且行，金鼓声闻数十里。辛酉，至楚州西北，大破之。唐兵有沿淮东下者，帝自追之，太祖皇帝为前锋，行六十里，擒其保义节度使、濠、泗、楚、海都应援使陈承昭以归。所获战船烧沉之馀得三百馀艘，士卒杀溺之馀得七千馀人。唐之战船在淮上者，于是尽矣。

郭廷谓使者自金陵还，知唐不能救，命录事参军鄱阳李延邹草降表。延邹责以忠义，廷谓以兵临之，延邹掷笔曰："大丈夫终不负国为叛臣作降表！"廷谓斩之，举濠州降，得兵万人，粮数万斛。唐主赏李延邹之子以官。

【译文】戊午日（初六），后周世宗郭荣亲自率领亲军从淮水北岸前进，命令宋太祖皇帝赵匡胤率领步兵、骑兵从淮水南岸前进，众将率领水军从淮水中流前进，共同追击南唐军队。当时淮河两岸长久没人走过，蒹葭芦苇，长得非常茂密，中间又有很多泥沼及壕沟，士兵们乘着胜利的气势，踏草涉水，抢着前进，都忘记了劳苦。庚申日（初八），追上唐兵，一边战一边走，锣鼓声传到数十里外。辛酉日（初九），到达楚州西北，大败南唐军队。南唐军队有沿着淮河向东而下的，后周世宗亲自追赶，宋太祖皇帝赵匡胤为前锋，追赶了六十里，抓到南唐保义节度使、濠泗楚海都应援使陈承昭而返回。所获得的战舰除了烧毁、沉没的以外，有三百多艘，士兵除了杀死、淹死的以外，共俘获七千多人。南唐在淮河沿线的战舰这次完全被消灭了。

郭廷谓的使者从金陵回来，知道南唐不能派兵救援，便命令录事参军鄱阳人李延邹草拟降表。李延邹以忠义来责备郭廷谓，郭廷谓用兵器逼迫他。李延邹把笔丢在地上，说："大丈夫最终不肯负国家，而替叛臣写降表！"郭廷谓将他斩首，献出濠州投降，后周获得士兵一万人，粮食数万斛。南唐主李璟把官职赏赐给李延邹的儿子。

壬戌，帝济淮，至楚州，营于城西北。

乙丑，唐雄武军使、知涟水县事崔万迪降。

丙寅，以郭廷谓为亳州防御使。

戊辰，帝攻楚州，克其月城。

庚午，郭廷谓见于行宫，帝曰："朕南征以来，江南诸将败亡相继，独卿能断涡口浮梁，破定远寨，所以报国足矣。濠州小城，使李璟自守，能守之乎！"使将濠州兵攻天长。帝遣铁骑左厢都指挥使武守琦将骑数百趋扬州，至高邮。唐人悉焚扬州官府民居，驱其人南渡江。后数日，周兵至，城中馀癃病十馀人而已；

癸酉，守琦以闻。帝闻泰州无备，遣兵袭之，丁丑，拔泰州。

【译文】壬戌日（初十），后周世宗郭荣渡过淮水，到达楚州，在城西北扎营。

乙丑日（十三日），南唐雄武军使、知涟水县事崔万迪投降。

丙寅日（十四日），任命郭廷谓为亳州防御使。

戊辰日（十六日），后周世宗攻打楚州，攻克月城。

庚午日（十八日），郭廷谓在行宫拜见后周世宗，后周世宗说："朕南征以来，江南众将相继战败逃亡，只有爱卿能切断涡口浮桥，击破定远寨，以此来报效已经足够了。濠州这个小城，纵使让李璟自己防守，能守得住吗？"于是命他率兵进攻天长。后周世宗派遣铁骑左厢都指挥使武守琦率领数百名骑兵奔赴扬州，到了高邮。南唐人把扬州的官府民房全部烧掉，驱赶那里的民众向南渡过长江，过后几天，周兵到来，城中只剩下衰弱疲病的十几个人而已。

癸酉日（二十一日），武守琦把这个情况呈报上去。后周世宗听说泰州没有防备，派兵袭击。丁丑日（二十五日），攻取泰州。

南汉中书侍郎、同平章事卢膺卒。

南汉主闻唐屡败，忧形于色，遣使入贡于周，为湖南所闭，乃治战舰，修武备。既而纵酒酣饮，曰："吾身得免，幸矣，何暇虑后世哉！"

唐使者陈处尧在契丹，白契丹主请南游太原，北汉主厚礼之。留数日，北还，竟卒于契丹。

【译文】南汉的中书侍郎、同平章事卢膺去世。

南汉主刘晟听说南唐军屡遭失败，忧愁溢于言表，派遣使者向后周进贡，但道路被湖南所阻塞，于是建造战舰，整顿军备，后来又纵情痛快地喝酒，说："我自己能够避免灾祸，就很幸运了，哪有空闲考虑后代呢！"

南唐使者陈处尧留在契丹，禀告契丹主耶律述律请求南游太原，北汉主刘钧很热诚地接待他。停留了几天，北上返回，最后死在契丹。

资治通鉴卷第二百九十四　后周纪五

起著雍敦牂，尽屠维协洽，凡二年。

【译文】 起戊午（公元958年），止己未（公元959年），共两年。

【题解】 本卷记录了公元958年至959年的史事，共两年。正当后周世宗郭荣显德五年至显德六年。后周世宗郭荣接受南唐主李景取消帝号，只称国主，举国内附，划江为界，后周世宗在取得南唐江北后班师回朝。南唐主惩办宋齐丘、陈觉、李征古等人，把宋齐丘幽囚在九华山，宋齐丘不堪其辱，自缢而亡。后周世宗以一统天下，北逐契丹为目标，亲征契丹，又分出兵力讨伐后蜀。后周世宗进兵幽州，不幸患病，返回大梁，不久辞世。后周世宗在位六年，勤于政事，征伐四方，司马光称他为英明勇武的君主，他以诚信对待群臣，以正义要求各国，江南尚未归附时，亲临战阵，势必要攻克，江南归顺以后，则爱护他们如同子女，推心置腹，替他们做长远打算。后周世宗第四子郭宗训即帝位，只有七岁。

世宗睿武孝文皇帝下

显德五年（戊午，公元九五八年）春，正月，乙酉，废匡国军。唐改元中兴。

丁亥，右龙武将军王汉璋奏克海州。

己丑，以侍卫马军都指挥使韩令坤权扬州军府事。

上欲引战舰自淮入江，阻北神堰，不得渡；欲凿楚州西北鹳水以通其道，遣使行视，还言地形不便，计功甚多。上自往视之，授以规画，发楚州民夫浚之，旬日而成，用功甚省。巨舰百艘皆达于江，唐人大惊，以为神。

壬辰，拔静海军，始通吴越之路。先是帝遣左谏议大夫长安尹日就等使吴越，语之曰："卿今去虽泛海，比还，淮南已平，当陆归耳。"已而果然。

【译文】显德五年（戊午，公元958年）春季，正月，乙酉日（初三），废除匡国军。

南唐改年号为中兴。

丁亥日（初五），右龙武将军王汉璋奏报说攻下海州。

己丑日（初七），任命侍卫马军都指挥使韩令坤代理扬州军府事务。

后周世宗郭荣打算率领战舰从淮水进入长江，但受到北神堰阻断，没法渡过，打算开凿楚州西北的鹳水来打通淮水、长江的河道。派遣使者巡视，回来说地形条件不利，预计费工很多。后周世宗亲自前往察看，加以规划，发动楚州的民夫去挖掘，十天就完成，所用的人工很节省，几百艘巨大的战舰都到达了长江。南唐人大感惊讶，认为神奇到极点。

壬辰日（初十），后周攻取静海军，开始打通与吴越的陆路。在此以前，后周世宗郭荣派遣左谏议大夫长安人尹日就等人出使吴越，告诉他们说："卿等现在去的时候，虽然乘船航海，可是等到你们回来的时候，淮南已经平定，将可以取道陆路返回。"后来果真如此。

甲辰，蜀右补阙章九龄见蜀主，言政事不治，由奸佞在朝。蜀主问奸佞为谁，指李昊、王昭远以对。蜀主怒，以九龄为毁斥大臣，贬维州录事参军。

周兵攻楚州，逾四旬，唐楚州防御使张彦卿固守不下。乙巳，帝自督诸将攻之，宿于城下。丁未，克之。彦卿与都监郑昭业犹帅众拒战，矢刃皆尽，彦卿举绳床以斗而死，所部千馀人，至死无一人降者。

高保融遣指挥使魏璘将战船百艘东下会伐唐，至于鄂州。

【译文】甲辰日（二十二日），后蜀右补阙章九龄谒见后蜀主孟昶，说政事没有治理好，是由于奸人佞臣在朝廷专权。后蜀主问奸诈谄谀的臣子是谁，章九龄指着李昊、王昭远来回答。后蜀主很生气，认为章九龄毁谤大臣，于是贬章九龄为维州录事参军。

后周军队进攻楚州，超过四十天，南唐楚州防御使张彦卿仍然坚守而无法攻下；乙巳日（二十三日），后周世宗郭荣亲自指挥诸将攻城，当晚，住宿在城下；丁未日（二十五日），攻克楚州。张彦卿和都监郑昭业仍然率领部众抵抗作战，弓箭和刀剑都已经用完，张彦卿举起绳床战斗而死，他的部属一千多人，到死没有一个人投降。

高保融派遣指挥使魏璘率领一百艘战船向东顺流而下，要跟周师联合讨伐南唐，船队到达鄂州。

庚戌，蜀置永宁军于果州，以通州隶之。

唐以天长为雄州，以建武军使易文赟为刺史。二月，甲寅，文赟举城降。

戊午，帝发楚州。丁卯，至扬州，命韩令坤发丁夫万馀，筑故城之东南隅为小城以治之。

乙亥，黄州刺史司超奏与控鹤右厢都指挥使王审琦攻唐舒州，擒其刺史施仁望。

【译文】庚戌日（二十八日），后蜀在果州设置永宁军，将通州隶属永宁军。

南唐把天长称为雄州，任命建武军使易文赟为刺史。二月，甲寅日（初二），易文赟举城投降。

戊午日（初六），后周世宗郭荣从楚州出发；丁卯日（十五日），到达扬州，命韩令坤发动民夫一万多人，在旧城的东南角筑一小城用来治理扬州。

乙亥日（二十三日），黄州刺史司超奏报说，与控鹤右厢都指挥使王审琦攻打南唐舒州，活捉了刺史施仁望。

丙子，建雄节度使真定杨廷璋奏败北汉兵于隰州城下。时隰州刺史孙议暴卒，廷璋谓都监、闲厩使李谦溥曰：“今大驾南征，泽州无守将，河东必生心。若奏请待报，则孤城危矣。”即牒谦溥权隰州事，谦溥至则修守备。未几，北汉兵果至，诸将请速救之。廷璋曰：“隰州城坚将良，未易克也。”北汉攻城久不下，廷璋度其疲困无备，潜与谦溥约，各募死士百馀夜袭其营，北汉兵惊溃，斩首千馀级，北汉兵遂解去。

【译文】丙子日（二十四日），后周建雄节度使真定人杨廷璋奏报，在隰州城下击败北汉军队。当时隰州刺史孙议突然死亡，杨廷璋对都监、闲厩使李谦溥说：“现在皇帝南征，泽州没有守将，河东方面一定会打它的主意，如果奏报朝廷，等待回报，那么这座孤城就危险了。”于是立即发公文命李谦溥代理隰州的事务，李谦溥到达隰州就整顿守备。不久，北汉军队果然到来，众将请求赶快救援，杨廷璋说："隰州城池坚固，守卫的是良将，是不容易攻破的。"北汉兵攻打州城很久不能攻下，杨廷璋料定他疲困无备的时候，暗中和李谦溥约定，各自招募敢死之士一百多人偷袭他们的军营，北汉兵惊慌溃败，斩首一千多级，于是北汉兵撤军离去。

三月，壬午朔，帝如泰州。

丁亥，唐大赦，改元交泰。

唐太弟景遂前后凡十表辞位，且言："今国危不能扶，请出就藩镇。燕王弘冀嫡长有军功，宜为嗣，谨奉上太弟宝册。"齐王景达亦以败军辞元帅。唐主乃立景遂为晋王，加天策上将军、江南西道兵马元帅、洪州大督都、太尉、尚书令，以景达为浙西道元帅、润州大都督。景达以浙西方用兵，固辞，改抚州大都督。立弘冀为皇太子，参决庶政。弘冀为人猜忌严刻，景遂左右有未出东宫者，立斥逐之。其弟安定公从嘉畏之，不敢预事，专以经籍自娱。

【译文】三月，壬午朔日（初一），后周世宗郭荣前往泰州。

丁亥日（初六），南唐大赦境内，改年号为交泰。

南唐皇太弟李景遂前后共十次上表请求辞去皇位继承人，并且说："如今国家危难不能救助，请求出宫就任藩镇节度使。燕王李弘冀是嫡长子又有军功，应该由他来做皇位继承人，谨奉上太弟的宝册。"齐王李景达也因败军而辞卸元帅的职务。南唐主李璟于是立李景遂为晋王，加天策上将军、江南西道兵马元帅、洪州大都督、太尉、尚书令，任命李景达为浙西道元帅、润州大都督。李景达由于浙西正在用兵，再三推辞，于是改为抚

资治通鉴

州大都督。立李弘冀为太子，参与处理各种政事。李弘冀为人猜忌多疑，刻薄严厉，李景遂的左右亲近，有人还没有离开东宫，李弘冀立刻赶走他们。他的弟弟安定公李从嘉畏惧李弘冀，不敢参与政事，专门以经籍自我娱乐。

辛卯，上如迎銮镇，屡至江口，遣水军击唐兵，破之。上闻唐战舰数百艘泊东沘州，将趣海口扼苏、杭路，遣殿前都虞候慕容延钊将步骑，右神武统军宋延渥将水军，循江而下。甲午，延钊奏大破唐兵于东沘州。上遣李重进将兵趣庐州。

唐主闻上在江上，恐遂南渡，又耻降号称藩，乃遣兵部侍郎陈觉奉表，请传位于太子弘冀，使听命于中国。时淮南惟庐、舒、蕲、黄未下。丙申，觉至迎銮，见周兵之盛，白上，请遣人度江取表，献四州之地，画江为境，以求息兵，辞指甚哀。上曰："朕本兴师止取江北，今尔主能举国内附，朕复何求！"觉拜谢而退。丁酉，觉请遣其属阁门承旨刘承遇如金陵，上赐唐主书，称"皇帝恭问江南国主"，慰纳之。

【译文】辛卯日（初十），后周世宗郭荣前往迎銮镇，屡次到达长江口，派遣水军攻击南唐军队，打败敌军。世宗听说南唐数百艘战舰停泊在东州，将开赴入海口，以控制苏、杭的通路，于是派遣殿前都虞候慕容延钊率领步兵和骑兵，右神武统军宋延渥率领水军，由长江顺流而下。甲午日（十三日），慕容延钊奏报说大破唐兵于东沘州。后周世宗郭荣派遣李重进率兵前往庐州。

南唐主李璟听说后周世宗在长江岸边，担心他就要南下渡江，又耻于贬降帝号改称藩臣，于是派遣兵部侍郎陈觉奉持表章，请求传位给太子李弘冀，让他听从后周的命令。当时淮南一带，只有庐州、舒州、蕲州、黄州等地还没有被攻下。丙申日

（十五日），陈觉到达迎銮镇，看到周兵强盛，报告后周世宗，请求派人渡江去取表章，献出四州的土地，划江为界，以此来请求后周世宗停战，言辞很悲哀。后周世宗说："朕起兵的目的，本来只想取得江北，你的国君能够领导全国来归附，朕还要求什么？"陈觉下拜称谢后退下。丁酉日（十六日），陈觉请求派遣他的属下阁门承旨刘承遇前往金陵，后周世宗赐给南唐主书信，称"皇帝恭问江南国主"，安慰接纳他。

戊戌，吴越奏遣上直都指挥使、处州刺史邵可迁、秀州刺史路彦铢以战舰四百艘、士卒万七千人屯通州南岸。

唐主复遣刘承遇奉表称唐国主，请献江北四州，岁输贡物数十万。于是，江北悉平，得州十四，县六十。

庚子，上赐唐主书，谕以："缘江诸军及两浙、湖南、荆南兵并当罢归，其庐、蕲、黄三道，亦令敛兵近外。俟彼将士及家属皆就道，可遣人召将校以城邑付之。江中舟舰有须往来者，并令就北岸引之。"辛丑，陈觉辞行，又赐唐主书，谕以不必传位于子。

【译文】 戊戌日（十七日），吴越奏报派遣上直指挥使、处州刺史邵可迁和秀州刺史路彦铢率领四百艘战舰、士兵一万七千多人，驻守在通州的南岸。

南唐主李璟又派刘承遇奉表称唐国主，愿意献出江北四州的土地，每年输送进贡物品数十万。于是江北一带，全部平定，一共获得了十四个州、六十个县。

庚子日（十九日），后周世宗郭荣赐给南唐主书信，告诉他："沿长江各支军队和在两浙、湖南、荆南的军队都应撤回，其中庐州、蕲州、黄州三路军队，也下令他们退到近郊。等到那些将士及他们的家属上了路，可派人去召请我军将校，把城邑交给他们。长江的船舰，如果有需要来往的，都准许由北岸引向南岸。"辛丑日（二十日），陈觉辞行，后周世宗又托他携带书信，赐给南唐主李璟，告诉他不必传位给他的儿子。

壬寅，上自迎銮复如扬州。

癸卯，诏吴越、荆南军又归本道；赐钱弘俶犒军帛三万匹，高保融一万匹。

甲辰，置保信军于庐州，以右龙武统军赵匡赞为节度使。

丙午，唐主遣冯延已献银、绢、钱、茶、谷共百万以犒军。

己酉，命宋延渥将水军三千溯江巡警。

庚戌，敕故淮南节度使杨行密、故升府节度使徐温等墓并量给守户。其江南群臣墓在江北者，亦委长吏以时检校。

辛亥，唐主遣其临汝公徐辽代已来上寿。

是月，浚汴口，导河流达于淮，于是江、淮舟楫始通。

【译文】壬寅日（二十一日），后周世宗郭荣从迎銮镇再次前往扬州。

癸卯日（二十二日），后周世宗郭荣诏命吴越军及荆南军，各自回到本道，赐给吴越王钱弘俶犒劳军队的布帛三万匹，高保融一万匹。

甲辰日（二十三日），后周在庐州设置保信军，任命右龙武统军赵匡赞为节度使。

丙午日（二十五日），南唐主李璟派遣冯延已进献银子、绢布、钱币、茶叶、稻谷等物，共一百万，用来犒劳军队。

己酉日（二十八日），后周世宗郭荣命令宋延渥率领水军三千人沿江而上巡逻警戒。

庚戌日（二十九日），敕令对已故淮南节度使杨行密、已故升府节度使徐温等人的坟墓，酌量分配守陵民户，其余江南群臣的坟墓在江北的，也委托地方长官按时加以关照。

辛亥日（三十日），南唐主李璟派遣临汝公徐辽代表自己前来敬酒祝贺。

这个月，疏浚汴口，引导黄河的水流通入淮河，于是长江、淮河的舟船这才可以畅通。

夏，四月，乙卯，帝自扬州北还。

新作太庙成。庚申，神主入庙。

辛酉夜，钱唐城南火，延及内城，官府庐舍几尽。壬戌旦，火将及镇国仓。吴越王弘俶久疾，自强出救火。火止，谓左右曰："吾疾因灾而愈。"众心稍安。

帝之南征也，契丹乘虚入寇。壬申，帝至大梁，命镇宁节度使张永德将兵备御北边。

五月，辛巳朔，日有食之。

诏赏劳南征士卒及淮南新附之民。

【译文】夏季，四月，乙卯日（初四），后周世宗郭荣从扬州启程返回大梁。

后周大梁新造的太庙建成。庚申日（初九），神主牌位迎入太庙。

辛酉日（初十）夜晚，吴越钱塘城南起火，延及内城，官府民舍几乎烧尽；壬戌日（十一日）清晨，大火将要烧到镇国仓。吴越王钱弘俶得病已久，勉强出来救火；大火熄灭以后，对左右的人说："我的病因火灾而痊愈了。"大家的心情才稍微安定。

后周世宗郭荣南征的时候，契丹乘虚入侵。壬申日（二十一日），后周世宗回到大梁，命镇宁节度使张永德率兵防备北方边境。

五月，辛巳朔日（初一），发生日食。

后周世宗郭荣下诏，奖赏、慰劳南征的士兵以及淮南最近归附的百姓。

辛卯，以太祖皇帝领忠武节度使，徙安审琦为平卢节度使。

成德节度使郭崇攻契丹东城，拔之，以报其入寇也。

唐主避周讳，更名景，下令去帝号，称国主，凡天子仪制皆有降损，去年号，用周正朔，仍告于太庙。左仆射、同平章事冯延巳罢为太子太傅，门下侍郎、同平章事严续罢为少傅、枢密使，兵部侍郎陈觉罢守本官。

【译文】辛卯日（十一日），后周世宗郭荣任命宋太祖皇帝赵匡胤兼领忠武节度使，调任安审琦为平卢节度使。

成德节度使郭崇进攻契丹的束城，攻下了它，这是对契丹入侵的报复。

南唐主李璟为避后周世宗郭荣祖先名讳，改名为李景。下令取消帝号，只称国主，所有天子的礼仪制度都有所降低减损，取消年号，改用后周的历法，但仍祭告于太庙。左仆射、同平章事冯延已罢免宰相职务为太子太傅，门下侍郎、同平章事严续罢为少傅，枢密使、兵部侍郎陈觉免去宰相职务，担任原来的兵部侍郎之职。

初，冯延巳以取中原之策说唐主，由是有宠。延已尝笑烈祖戢兵为龌龊，曰："安陆所丧才数千兵，为之辍食咨嗟者旬日，此田舍翁识量耳，安足与成大事！岂如今上暴师数万于外，而击球宴乐无异平日，真英主也！"延已与其党谈论，常以天下为己任，更相唱和。翰林学士常梦锡屡言延己等浮诞，不可信，唐主不听。梦锡曰："奸言似忠，陛下不悟，国必亡矣！"及臣服于周，延己之党相与言，有谓周为大朝者，梦锡大笑曰："诸公常欲致君尧、舜，何意今日自为小朝邪！"众默然。

【译文】起初，冯延己用夺取中原的计策来劝说南唐主李景，因此得到南唐主的宠幸。冯延己曾经嘲笑南唐烈祖李昇息兵有些拘于小节，他说："安陆那次战役，所丧亡的只不过几千名士兵而已，烈祖就因此长吁短叹，十几天吃不下饭，这简直是乡村老农的见识和度量，怎么能够成就大事呢！又哪里比得上当今皇上陈列好几万军队在外面，而自己打球、饮宴像平常一样呢？像当今皇上，才真正是英明的君主啊！"冯延己和他的同党谈论，常常以天下为己任，互相唱和呼应。翰林学士常梦锡屡次上言说冯延己等人浮夸荒诞，不可听信。南唐主不听，常梦锡说："奸臣的话，说得好像是忠言，陛下不觉悟，国家势必会灭亡的！"等到南唐臣服于后周，冯延己的党徒互相谈论，有人说后周为大朝的，常梦锡大笑说："诸位平常想引导国君成为统治天下的尧、舜，哪里想得到今日却自称小朝廷呢？"众人沉默无语。

自唐主内附，帝止因其使者赐书，未尝遣使至其国。己酉，始命太仆卿冯延鲁、卫尉少卿钟谟使于唐，赐以御衣、玉带等及犒军帛十万，并今年《钦天历》。

刘承遇之还自金陵也，唐主使陈觉白帝，以江南无卤田，愿得海陵盐监南属以赡军。帝曰："海陵在江北，难以交居，当别有处分。"至是，诏岁支盐三十万斛以给江南，所俘获江南士卒，稍稍归之。

六月，壬子，昭义节度使李筠奏击北汉石会关，拔其六寨。乙卯，晋州奏都监李谦溥击北汉，破孝义。

高保融遣使劝蜀主称籓于周，蜀主报以前岁遣胡立致书于周而不答。

【译文】 自从南唐主李景归顺以后，后周世宗郭荣只通过南唐主的使者赐给他书信，不曾派遣使者到他的国家去。己酉日（二十九日），后周世宗才命太仆卿冯延鲁、卫尉少卿钟谟出使唐国，赐给南唐主御衣、玉带等物品以及犒劳军队的绢帛十万匹，并赐当年的《钦天历》。

刘承遇从金陵回来的时候，南唐主李景让陈觉禀告后周世宗郭荣，因为江南没有盐田，希望能把海陵盐监归属江南，以供给军队。后周世宗说："海陵在江北，难以让周、唐两国的官吏杂居在一起，这件事将会另做处理。"到这时，诏令每年拨出三十万斛盐给江南，所俘获的江南士兵，渐渐地释放回国。

六月，壬子日（初二），昭义节度使李筠奏报说攻击北汉的石会关，占据了他们的六个营寨。乙卯日（初五），晋州奏报说都监李谦溥攻打北汉，攻陷孝义。

荆南高保融派遣使者劝说后蜀主孟昶向后周称臣，后蜀主回复说去年派胡立致书给后周，后周没有答复。

秋，七月，丙戌，初行《大周刑统》。

帝欲均田租，丁亥，以元稹《均田图》遍赐诸道。

闰月，唐清源节度使兼中书令留从效遣牙将蔡仲赟衣商人服，以绢表置革带中，间道来称籓。唐江西元帅晋王景遂之赴洪州也，以时方用兵，启求大臣以自副，唐主以枢密副使、工部侍郎李征古为镇南节度副使。征古傲很专恣，景遂虽宽厚，久而不能堪，常欲斩征古，自拘于有司，左右谏而止，景遂忽忽不乐。

【译文】 秋季，七月，丙戌日（初七），开始实行《大周刑统》。

后周世宗郭荣想要平均分配田租，丁亥日（初八），将元稹《均田图》普遍赐发各地。

闰月，南唐清源节度使兼中书令留从效，派遣牙将蔡仲赟穿着商人的衣服，把绢表藏在皮带中间，从偏僻小路前来称臣。南唐江西元帅晋王李景遂前往洪州赴任的时候，因为当时正在用兵，于是请求南唐主李景派一位大臣做他的副帅，南唐主任命枢密副使、工部侍郎李征古为镇南节度副使。李征古傲慢凶狠、专横跋扈，李景遂虽然宽容仁厚，但时间长了也不能忍受，经常想斩了李征古，然后自己再到有关执法部门自首，被左右人劝谏而住手，李景从此闷闷不乐。

太子弘冀在东宫多不法，唐主怒，尝以球杖击之曰："吾当复召景遂。"昭庆宫使袁从范从景遂为洪州都押牙，或谮从范之子于景遂，景遂欲杀之，从范由是怨望。弘冀闻之，密遣从范毒之。八月，庚辰，景遂击球渴甚，从范进浆，景遂饮之而卒。未殡，体已溃。唐主不之知，赠皇太弟，谥曰文成。

辛巳，南汉中宗殂，长子卫王继兴即帝位，更名鋹，改元大宝。鋹年十六，国事皆决于宦官玉清宫使龚澄枢及女侍中卢琼仙等，台省官备位而已。

甲申，唐始置进奏院于大梁。

【译文】 太子李弘翼在东宫，做了很多不法的事，南唐主李景很生气，曾经用击球的木棍打他说："我应当再召回李景遂。"昭庆宫使袁从范跟从李景遂任洪州都押牙，有人在李景遂的面前说袁从范儿子的坏话，李景遂想杀了他，袁从范因此怨恨李景遂。李弘冀知道了这件事，秘密教唆袁从范毒害李景遂。八月，庚辰日（初二），李景遂打球口渴得厉害，袁从范送上酒，李景遂喝下就死了。李景遂还没出殡，身体就溃烂了。南唐主不知道真相，追赠他为皇太弟，谥号为文成。

辛巳日（初三），南汉中宗刘晟去世，长子卫王刘继兴继承帝位，改名为刘鋹，改年号为大宝。刘鋹才十六岁，国事都被宦官玉清宫使龚澄枢及女侍中卢琼仙等人所把持，御史台及三省的官员只是虚有其名而已。

甲申日（初六），南唐开始在大梁设置进奏院。

壬辰，命西上阁门使灵寿曹彬使于吴越，赐吴越王弘俶骑军钢甲二百，步军甲五千及他兵器。彬事毕亟返，不受馈遗，吴越人以轻舟追与之，至于数四，彬曰："吾终不受，是窃名也。"尽籍其数，归而献之。帝曰："向之奉使者，乞丐无厌，使四方轻朝命，卿能如是，甚善。然彼以遗卿，卿自取之。"彬始拜受，悉以散于亲识，家无留者。

辛丑，冯延鲁、钟谟来自唐，唐主手表谢恩，其略曰："天地之恩厚矣，父母之恩深矣，子不谢父，人何报天！惟有赤心，可酬大造。"又乞比藩方，赐诏书。又称："有情事令钟谟上奏，乞令早还。"唐主复令谟白帝，欲传位太子。九月，丁巳，以延鲁为刑部侍郎，谟为给事中。己未，先遣谟还，赐书谕以"未可传位"之意。唐主复遣吏部尚书、知枢密院殷崇义来贺天清节。

【译文】壬辰日（十四日），后周世宗郭荣命令西上阁门使灵寿人曹彬出使吴越，赐给吴越王钱弘俶二百副骑兵用的钢铠甲，五千副步兵用的铁铠甲以及其他的武器。曹彬一办完公务就赶紧返回，不接受吴越王的馈赠，吴越人乘轻快的小船追上去，送给他礼物，再三地请他收下。曹彬说："我若坚持不接受，显得我在沽名钓誉。"于是一一加以清点登记，带回去献给后周世宗。后周世宗说："以往奉命出使的人，一味地索求财物，毫不知足，使得四方国家轻视朝廷的命令。爱卿能够如此，非常好，然而别人既已将此送给爱卿，爱卿就可拿走。"曹彬这才跪拜接受，全部散发给亲戚、熟人，家中一点没留。

辛丑日（二十三日），冯延鲁、钟谟来到唐国，南唐主李景亲手写表谢恩，表章大致说："天地的恩泽深厚啊，父母的恩情深厚啊，子女无法感谢父母，人又怎么报答天地，只有赤诚之心，可以报答大恩大德。"又请求比照藩镇的待遇，颁赐诏书。又说，"有事情让钟谟上奏，请尽早让他回来。"南唐主又让钟谟禀告后周世宗郭荣，想传位给太子。九月，丁巳日（初九），后周世宗任命冯延鲁为刑部侍郎，钟谟为给事中。己未日（十一日），先派钟谟回去，赐书给南唐主，告诉他不必传位给太子。南唐主又派吏部尚书、知枢密院殷崇义前来庆贺天清节（按：天清节就是周世宗的生日）。

【乾隆御批】 彬奉使吴越，不受馈遗，可谓明于辞让之节。厥后统兵入蜀，独能整饬部众，不犯秋毫，宋初名将无出其右。由其律己甚严，故令无不从耳。

【译文】 曹彬奉命出使吴越，不接受馈赠，可以说是明白谦逊推让的礼节。后来他带兵入蜀，唯独他能整顿部下，一点儿都不侵犯，宋初的名将没有能比得上他的。由于他对自己要求的非常严格，所以命令没有人敢不听从。

帝谋伐蜀，冬，十月，己卯，以户部侍郎高防为西南面水陆制置使，右赞善大夫李玉为判官。

甲午，帝归冯延鲁及左监门卫上将军许文稹、右千牛卫上将军边镐、卫尉卿周廷构于唐。唐主以文稹等皆败军之俘，弃不复用。

高保融再遗蜀主书，劝称臣于周，蜀主集将相议之，李昊曰："从之则君父之辱，违之则周师必至，诸将能拒周乎？"诸将皆曰："以陛下圣明，江山险固，岂可望风屈服！秣马厉兵，正为今日。臣等请以死卫社稷！"丁酉，蜀主命昊草书，极言拒绝之。

【译文】后周世宗郭荣计划讨伐后蜀，冬季，十月，己卯日（初二），任命户部侍郎高防为西南面水、陆制置使、右赞善大夫李玉为判官。

甲午日（十七日），后周世宗遣送冯延鲁及左监门卫上将军许文稹、右千牛卫上将军边镐、卫尉卿周廷构等人回到南唐。南唐主李景因许文稹等人都是打败仗的俘虏，弃置不再任用。

高保融再次送信给后蜀主孟昶，劝他向后周称臣，后蜀主召集将相商议这件事。李昊说："照他的话去做，则君父受辱；违背他的意思，则周兵一定到来，诸将能够抵抗得了周兵吗？"诸将都说："凭陛下的睿智英明，以及江山的险要坚固，怎么可以望风屈服？喂饱战马，磨利兵器，正是为了今日抵御外敌。我们请求用生命来保卫国家！"丁酉日（二十一日），后蜀主命令李昊起草回信，慷慨陈词拒绝劝降。

诏左散骑常侍须城艾颖等三十四人分行诸州，均定田租。庚子，诏诸州并乡村，率以百户为团，团置耆长三人。帝留心农事，刻木为耕夫、蚕妇，置之殿庭。

命武胜节度使宋延渥以水军巡江。

高保融奏，闻王师将伐蜀，请以水军趣三峡，诏褒之。

十一月，庚戌，敕窦俨编集《大周通礼》《大周正乐》。

辛亥，南汉葬文武光明孝皇帝于昭陵，庙号中宗。

【译文】 后周世宗郭荣诏命左散骑常侍须城人艾颖等三十四人分别巡行各州，平均订定田租。庚子日（二十三日），诏命各州合并乡村，一般以百户为一团，每团设置年老的团长三人。世宗留心农事，用木头刻成耕田农夫、养蚕农妇，安放在宫殿庭院中。

后周世宗郭荣命令武胜节度使宋延渥率领水军沿长江巡视。

高保融奏报说，听说王师将要伐蜀，愿率水军前往三峡；后周世宗郭荣诏令嘉奖他。

十一月，庚戌日（初四），敕令窦俨编纂《大周通礼》《大周正乐》。

辛亥日（初五），南汉将文武光明孝皇帝刘晟安葬在昭陵，庙号为中宗。

乙丑，唐主复遣礼部侍郎钟谟入见。

李玉至长安，或言“蜀归安镇在长安南三百馀里，可袭取也。”玉信之，牒永兴节度使王彦超，索兵二百，彦超以为归安道阻隘难取，玉曰：“吾自奉密旨。”彦超不得已与之。玉将以往，十二月，蜀归安镇遏使李承勋据险邀之，斩玉，其众皆没。

乙酉，蜀主以右卫圣步军都指使赵崇韬为北面招讨使，丙戌，以奉銮肃卫都指挥使、武信节度使兼中书令孟贻业为昭武、文州都招讨使，左卫圣马军都指挥使赵思进为东面招讨使，山南西道节度使韩保贞为北面都招讨使，将兵六万，分屯要害以备周。

【译文】 乙丑日（十九日），南唐主李景再派礼部侍郎钟谟入朝进见后周世宗郭荣。

李玉到达长安，有人说："后蜀归安镇在长安南面三百多里，可以偷袭夺取。"李玉听信这话，发公文给永兴节度使王彦超，索求二百士兵。王彦超认为归安道路险恶狭窄难以攻取，李玉说："我自己奉有秘密的旨令。"王彦超不得已，只好拨给他士兵。李玉率领士兵前往归安镇。十二月，后蜀归安镇遏使李承勋据守险要的地点，截击他们，斩杀李玉，他的部众全都战死。

乙酉日（初九），后蜀君主孟昶任命右卫圣步军都指挥使赵崇韬为北面招讨使；丙戌日（初十），任命奉銮肃卫都指挥使、武信节度使兼中书令孟贻业为昭武、文州都招讨使，左卫圣马军都指挥使赵思进为东面招讨使，山南西道节度使韩保贞为北面都招讨使，率领六万人马，分别驻守险要的地方，以防备周兵。

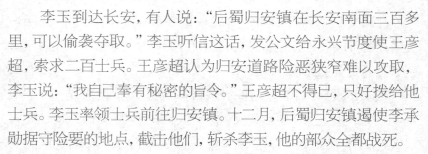

丙戌，诏凡诸色课户及俸户并勒归州县，其幕职、州县官自今并支俸钱及米麦。

初，唐太傅兼中书令楚公宋齐丘多树朋党，欲以专固朝权，躁进之士争附之，推奖以为国之元老。枢密使陈觉、副使李征古恃齐丘之势，尤骄慢。及许文稹等败于紫金山，觉与齐丘、景达自濠州遁归，国人恼惧。唐主尝叹曰："吾国家一朝至此！"因泣下。征古曰："陛下当治兵以扞敌，涕泣何为！岂饮酒过量邪，将乳母不至邪？"唐主色变，而征古举止自若。会司天奏："天文有变，人主宜避位禳灾。"唐主乃曰："祸难方殷，吾欲释去万机，栖心冲寂，谁可以托国者？"征古曰："宋公，造国手也，陛下如厌万机，何不举国授之！"觉曰："陛下深居禁中，国事皆委宋公，先行后闻，臣等时入侍，谈释、老而已。”唐主心愠，即命中书舍人豫章陈乔草诏行之。乔惶恐请见，曰：“陛下一署此诏，臣不复得见矣！”因极言其不可。

【译文】 丙戌日（初十），后周世宗郭荣诏命所有各种课户及俸户都勒令回到自己的州县。所有幕僚、州县官从今以后一律由州县开支俸钱和粮食。

起初，南唐太傅兼中书令楚公宋齐丘大肆拉帮结伙、培植党羽，想以此垄断朝廷大权，急于提升的朝官争相攀附，推誉宋齐丘为国家元老。枢密使陈觉、副使李征古仗着宋齐丘的势力，尤其骄横傲慢。到了许文稹等人败于紫金山，陈觉跟宋齐丘、李景达从濠州逃回来，国人恐惧。南唐主李景曾经叹息地说：“我的国家竟落到这种地步！”说着，眼泪掉了下来。李征古说：“陛下应当整顿军队来抵抗敌人，流泪哭泣有什么用！难道是饮酒过量了吗，还是奶妈没来呢？”南唐主脸色大变，而李征古举止自如。正好这时司天监的官员上奏说：“天象发生变化，国君应该避开帝位，以消除灾害。”南唐主于是说：“祸难正多，我想放下所有的政务，让我的心胸清净一下，谁可托付国事？”李征古说：“宋公是缔造国家的元老，陛下如果厌烦政务，何不把整个国家交给他！”陈觉说：“陛下只要深居在宫禁之中，国事都交给宋公，先处理，然后奏报，臣等时时入宫陪侍陛下，谈谈佛学，谈谈老庄，这样就好了。”南唐主心中怨恨，立即命中书舍人豫章人陈乔草拟诏书，照着他们的意思去做。陈乔接到命令，惊慌恐惧，请求觐见。陈乔说：“陛下一签署这道诏书，臣就永远不能再见到皇上了！”接着极力陈说不可这样做。

唐主笑曰：“尔亦知其非邪？”乃止。由是因晋王出镇，以征古为之副，觉自周还，亦罢近职。

钟谟素与李德明善，以德明之死怨齐丘。及奉使归唐，言于唐主曰："齐丘乘国之危，遽谋篡窃，陈觉、李征古为之羽翼，理不可容。"陈觉之自周还，矫以帝命谓唐主曰："闻江南连岁拒命，皆宰相严续之谋，当为我斩之。"唐主知觉素与续有隙，固未之信。钟谟主覆之于周。唐主乃因谟复命，上言："久拒王师，皆臣愚迷，非续之罪。"帝闻之，大惊曰："审如此，则续乃忠臣，朕为天下主，岂教人杀忠臣乎!"谟还，以白唐主。

【译文】 南唐主李景这才笑着说："你也知道那样不行吗?"于是此事作罢，因此借晋王出任藩镇之机，任命李征古为他的副手，陈觉从后周返回，也被撤销朝廷近臣之职。

钟谟向来与李德明要好，因为李德明的死而怨恨宋齐丘，等到奉命出使回到南唐，对南唐主进言："宋齐丘趁着国家危急的时候，急着谋划篡夺帝位，陈觉、李征古做他的帮手，不可宽容。"陈觉从后周回来，假托后周世宗郭荣的命令，对南唐主说："听说江南连年违抗命令，都是宰相严续的主意，应当替我将他斩首。"南唐主知道陈觉向来与严续有仇怨，本来就不相信他的话。钟谟请求向后周复核这件事，南唐主于是借着钟谟返周复命的机会，托他上奏，说："长期抵抗王师，都是我的愚昧迷惑，不是严续的罪过。"后周世宗听了，大为惊讶，说："果真是这样的话，那么严续乃是忠臣，朕做天下的君主，怎么可以让人杀忠臣呢!"钟谟回国，将情况禀报南唐主。

唐主欲诛齐丘等，复遣谟入禀于帝。帝以异国之臣，无所可否。己亥，唐主命知枢密院殷崇义草诏暴齐丘、觉、征古罪恶，听齐丘归九华山旧隐，官爵悉如故；觉责授国子博士，宣州安置；

征古削夺官爵，赐自尽；党与皆不问。遣使告于周。

丙午，蜀以峡路巡检制置使高彦俦为招讨使。

平卢节度使、太师、中书令陈王安审琦仆夫安友进与其嬖妾通，妾恐事泄，与友进谋杀审琦，友进不可，妾曰："不然，我当反告汝。"友进惧而从之。

【译文】南唐主打算诛杀宋齐丘等人，又派遣钟谟入朝向后周世宗禀报。后周世宗认为宋齐丘等人是他国的臣子，因此不置可否。己亥日（二十三日），南唐主李景命令知枢密院殷崇义草拟诏书，清算宋齐丘、陈觉、李征古的罪恶，允许宋齐丘回到他以前隐居的九华山，官职爵位全部照旧；陈觉降为国子博士，安置于宣州；李征古则削夺官职爵位，赐他自杀；他们的党羽都不追究。派使者把这些处分的情况，向后周报告。

丙午日（三十日），后蜀任命峡路巡检制置使高彦俦为招讨使。

平卢节度使、太师、中书令陈王安审琦的车夫安友进跟安审琦的宠妾私通，小妾害怕事情泄露出去，于是就跟安友进商议要杀安审琦，安友进不同意，侍妾说："不这样的话，我必定反过来告发你。"安友进恐惧而听从她的主意。

显德六年（己未，公元九五九年）春，正月，癸丑，审琦醉熟寝，妾取审琦所枕剑授友进而杀之，仍尽杀侍婢在帐下者以灭口。后数日，其子守忠始知之，执友进等剐之。

初，有司将立正仗，宿设乐县于殿庭，帝观之，见钟磬有设而不击者，问乐工，皆不能对。乃命窦俨讨论古今，考正雅乐。王朴素音律，帝以乐事询之，朴上疏，以为：

"礼以检形，乐以治心；形顺于外，心和于内，然而天下不治者未之有也。是以礼乐修于上，而万国化于下，圣人之教不肃而成，其政不严而治，用此道也。夫乐生于人心而声成于物，物声既成，复能感人之心。

【译文】显德六年（己未，公元959年）春季，正月，癸丑日（初七），安审琦喝醉了，正睡得很熟，小妾从安审琦的枕头下取了宝剑，交给安友进，杀死了安审琦，又杀死在帐下服侍的所有婢女，以图灭口。事后数日，安审琦的儿子安守忠才知道真相，抓住安友进等人将他们凌迟处死。

起初，有关部门准备设立正式的仪仗，前一天晚上在正殿厅堂上悬挂乐器，后周世宗郭荣前去参观，看有些钟磬只摆在那里，并没有敲打，询问乐师，乐师都答不上来。于是命窦俨讨论古今，考定校正雅乐。王朴一向通晓音律，后周世宗向他询问有关音乐的事。王朴上疏，认为：

“礼仪是用来约束行为的，音乐是用来陶冶心灵的；外在的行为合理，内在的心灵和谐，这样一来，要说天下不能治理好，那是不可能的。所以朝廷推行礼乐的教化，天下所有的国家都会受到良好的影响，圣人的教化，不严急却能成功，圣人的政令，不严厉却能治理得好，都是因为这个道理。大抵音乐产生于人的心灵，而声音形成于物体，物体的声音既已形成，又能感化人的心灵。

从前黄帝吹九寸长的竹管，得到黄钟的正声，截去一半变

“昔者黄帝吹九寸之管，得黄钟正声，半之为清声，倍之为缓声，三分损益之以生十二律。十二律旋相为宫以生七调，为一均。凡十二均，八十四调而大备。遭秦灭学，历代治乐者罕能用之。唐太宗之世，祖孝孙、张文收考正大乐，备八十四调。安史

之乱，器与工什亡八九；至于黄巢，荡尽无遗。时有太常博士殷盈孙，按《考工记》，铸镈钟十二，编钟二百四十。处士萧承训校定石磬，今之在县者是也。虽有钟磬之状，殊无相应之和，其镈钟不问音律，但循环而击，编钟、编磬徒悬而已。丝、竹、匏、土仅有七声，名为黄钟之宫，其存者九曲。考之三曲协律，六曲参涉诸调。盖乐之废缺，无甚于今。

【译文】为清声，加长一倍变为缓声，用增减三分之一长度的方法产生十二音律。十二音律轮流定为宫音，便可产生七个调，成为一均。一共十二均、八十四宫调，这就完全齐备了。后来遭遇秦始皇毁灭学术，历代研习演奏音乐的人很少能够运用它。唐太宗李世民时代，祖孝孙、张文收考订校正大乐，设置了八十四调；安史之乱，乐器和乐师亡失十之八九；到了黄巢之乱，完全亡失，毫无遗留。当时有太常博士殷盈孙，依照《考工记》，铸造出十二枚大钟，二百四十枚编钟。处士萧承训校订石磬，就是今天挂在架上所使用的。这些虽有钟和磬的形状，却没有相应的和声。其中的铸钟，不管音律，只是循环敲打而已，至于编钟、编磬，更是悬挂着好看罢了。丝、竹、匏、土等各种乐器只有七声，名为黄钟之宫，所存下来的只有九支曲子。考察九个曲子，三个曲子合符音律，六个曲子夹杂各种音调。音乐的缺失，没有比当今更严重的了。

"陛下武功既著，垂意礼乐，以臣尝学律吕，宣示古今乐录，命臣讨论。臣谨如古法，以秬黍定尺，长九寸径三分为黄钟之管，与今黄钟之声相应，因而推之，得十二律。以为众管互吹，用声不便，乃作律准，十有三弦，其长九尺，皆应黄钟之声，以次设柱，为十一律，及黄钟清声，旋用七律以为一均。为均之主者，宫也，徵、商、羽、角、变宫、变徵次焉。发其均主之声，归于本音之律，迭应不乱，乃成其调，凡八十一调。此法久绝，出臣独见，乞集百官校其得失。”

诏从之，百官皆以为然，乃行之。

【译文】 “陛下武功既已卓著，开始注意振兴礼乐，因为臣下曾经学过律吕之术，展示古今的音乐记载，命令臣下探讨研究。臣谨慎地依照古代的方法，用黑黍定尺，长九寸，直径三分，为黄钟之管，与现在的黄钟之声相应，因而推算，得出十二音律。因为众管互吹，使用和发声不方便，于是作律准，一共有十三条长弦，长九尺，都和黄钟之声相应，按照次序设柱，调为十一个音律，及黄钟清声，轮番使用七律成为一均。做均的主音是宫，徵、商、羽、角、变宫、变徵为次。先发一均主音的声音，最后回归到本音的音律，更迭相应而不杂乱，于是就成一个音调，共八十一调。这个方法音律久已失传，而由臣自己发现，请召集百官审查它的得失。”

后周世宗郭荣下诏采用王朴的建议。百官都认为是正确的，于是实行。

唐宋齐丘至九华山，唐主命锁其第，穴墙给饮食。齐丘叹曰：“吾昔献谋幽让皇帝族于泰州，宜其及此！”乃缢而死。谥曰丑缪。

初，翰林学士常梦锡知宣政院，参预机政，深疾齐丘之党，数言于唐主曰：“不去此属，国必危亡。”与冯延巳、魏岑之徒日有争论。久之，罢宣政院，梦锡郁郁不得志，不复预事，日纵酒成疾而卒。及齐丘死，唐主曰：“常梦锡平生欲杀齐丘，恨不使见之！”赠梦锡左仆射。

【译文】 南唐宋齐丘到了九华山，南唐主李景命人封锁他的住宅，在墙上挖开一个洞，以供给饮食。宋齐丘叹息地说："我从前提供计谋，让皇帝的全族幽禁在泰州，所以今天应该落到这步田地！"于是上吊而死。谥号为丑缪。

起初，翰林学士常梦锡主掌宣政院，参与机要的政事，非常痛恨宋齐丘的朋党，屡次对南唐主李景说："不除掉这些人，国家必致危亡。"因而跟冯延己、魏岑一帮人天天争论。过了一段时间，被罢除宣政院的职务。常梦锡郁郁寡欢，不再参与政事，纵情饮酒，引发病症而死。到宋齐丘死时，南唐主李景说："常梦锡生前总是想杀死宋齐丘，遗憾的是不能让他见到这一天。"追赠常梦锡为左仆射。

二月，丙子朔，命王朴如河阴按行河堤，立斗门于汴口。壬午，命侍卫都指挥使韩通、宣徽南院使吴廷祚，发徐、宿、宋、单等州丁夫数万浚汴水。甲申，命马军都指挥使韩令坤自大梁城东导汴水入于蔡水，以通陈、颖之漕，命步军都指挥使袁彦浚五丈渠东过曹、济、梁山泊，以通青、郓之漕，发畿内及滑、亳丁夫数千以供其役。

丁亥，开封府奏田税旧一十万二千馀顷，今按行得羡田四万二千馀顷，敕减三万八千顷。诸州行田使还，所奏羡田，减之仿此。

【译文】 二月，丙子朔日（初一），后周世宗郭荣命令王朴前往河阴巡视黄河堤防，在汴水入河口建立放水闸门。壬午日（初七），命令侍卫都指挥使韩通、宣徽南院使吴延祚，发动徐州、宿州、宋州、单州等地的民夫数万人疏通汴水。甲申日（初九），命令马军都指挥使韩令坤从大梁城东引导汴水进入蔡水，以畅通陈州、颍州一带的水路运输；命令步军都指挥使袁彦疏通五丈渠，向东经过曹州、济州、梁山泊，以畅通青州、郓州一带的水路运输；征发京畿一带以及滑州、亳州的民夫好几千人，以从事这些工程。

丁亥日（十二日），开封府上奏说以前征税的田地一共十万二千多顷，现在核查多出的田地四万二千多顷，后周世宗郭荣敕令减免租税三万八千顷。各州的巡田使回来，所奏报的多出田地，减免租税的比例仿照开封府。

淮南饥，上命以米贷之。或曰：“民贫，恐不能偿。”上曰：“民吾子也，安有子倒悬而父不为之解哉！安在责其必偿也！”

庚申，枢密使王朴卒。上临其丧，以玉钺卓地，恸哭数四，不能自止。朴性刚而锐敏，智略过人，上以是惜之。

甲子，诏以北鄙未复，将幸沧州，命义武节度使孙行友扞西山路，以宣徽南院使吴廷祚权东京留守、判开封府事，三司使张美权大内都部署。丁卯，命侍卫亲军都虞候韩通等将水陆军先发。甲戌，上发大梁。

【译文】淮南发生饥荒，后周世宗郭荣命令把米粮借贷给百姓。有人说：“百姓贫穷，恐怕没有能力偿还。”后周世宗说：“百姓是我的子女啊，哪有子女倒悬在那里而父亲不去解救他们呢？哪里要求百姓必定偿还呢？”

庚申日（二月无此日），枢密使王朴去世。后周世宗郭荣亲自到他的灵前吊祭，用玉钺击打地面，一再悲伤地哭泣，自己都控制不了。王朴生性刚直而敏锐，智谋才略超过常人，后周世宗因此爱惜他。

甲子日（十九日），后周世宗郭荣下诏，由于北方的边土还没收复，将亲自临幸沧州，命义武节度使孙行友防备西山路，任命宣徽南院使吴延祚代理东京留守，判开封府事、三司使张美代理大内都部署。丁卯日（二十二日），命令侍卫亲军都虞候韩通等人率领水路、陆路军队先行出发。甲戌日（二十九日），后周世宗从大梁出发。

夏，四月，庚寅，韩通奏自沧州治水道入契丹境，栅于乾宁军南，补坏防，开游口三十六，遂通瀛、莫。

辛卯，上至沧州，即日帅步骑数万发沧州，直趋契丹之境。河北州县非车驾所过，民间皆不之知。壬辰，上至乾宁军，契丹宁州刺史王洪举城降。

乙未，大治水军，分命诸将水陆俱下，以韩通为陆路都部署，太祖皇帝为水路都部署。丁酉，上御龙舟沿流而北，舳舻相连数十里。己亥，至独流口，溯流而西。辛丑，至益津关，契丹守将终廷晖以城降。

【译文】 夏季，四月，庚寅日（十五日），韩通上奏说，从沧州修治水道进入契丹境内，在乾宁军的南面设置栅栏，修补损坏的堤防，在水流不到的地方挖开缺口，以便洪水上涨时排泄游水，挖开排水口三十六个，于是直通瀛州、莫州。

辛卯日（十六日），后周世宗郭荣到达沧州，当日率领步兵、骑兵数万人从沧州出发，直奔契丹国境。黄河以北的州县，凡是后周世宗所没有经过的，都不晓得这件事。壬辰日（十七日），后周世宗到达乾宁军，契丹的宁州刺史王洪举城投降。

乙未日（二十日），后周世宗郭荣大力整顿水军，分别命令诸将，各率水军和陆军同时进发，任命韩通为陆路都部署，宋太祖皇帝赵匡胤为水路都部署。丁酉日（二十二日），后周世宗郭荣乘龙舟沿着水流向北前进，舟船前后连接数十里。己亥日（二十四日），到达独流口，再向西逆流而上。辛丑日（二十六日），到达益津关，契丹守将终廷辉率城投降。

　　自是以西，水路渐隘，不能胜巨舰，乃舍之。壬寅，上登陆而西，宿于野次，侍卫之士不及一旅，从官皆恐惧。胡骑连群出其左右，不敢逼。

　　癸卯，太祖皇帝先至瓦桥关，契丹守将姚内斌举城降，上入瓦桥关。内斌，平州人也。甲辰，契丹莫州刺史刘楚信举城降。正月，乙巳朔，侍卫亲军都挥使、天平节度使李重进等始引兵继至，契丹瀛州刺史高彦晖举城降。彦晖，蓟州人也。于是关南悉平。

　　【译文】 从益津关往西，水路逐渐狭窄，无法通行大船，于是弃船。壬寅日（二十七日），后周世宗登陆西进，住在野外，侍卫的士兵不足五百人，随从官员都很害怕。胡人的骑兵成群结队地出现在他们的左右，可是，却始终不敢逼近。

　　癸卯日（二十八日），宋太祖皇帝赵匡胤先到达瓦桥关，契丹守将姚内斌率城投降，后周世宗郭荣进入瓦桥关。姚内斌是平州人。甲辰日（二十九日），契丹的莫州刺史刘楚信举城投降。五月，乙巳朔日（初一），侍卫亲军都指挥使、天平节度使李重进等人才引兵相继到达，契丹的瀛州刺史高彦晖举城投降。高彦晖，是蓟州人。于是瓦桥关以南全部平定。

　　丙午，宴诸将于行宫，议取幽州。诸将以为："陛下离京四十二日，兵不血刃，取燕南之地，此不世之功也，今虏骑皆聚幽州之北，未宜深入。"上不悦。是日，趣先锋都指挥使刘重进先发，据固安。上自至安阳水，命作桥，会日暮，还宿瓦桥，是日，上不豫而止。契丹主遣使者日驰七百里诣晋阳，命北汉主发兵挠周边，闻上南归，乃罢兵。

戊申，孙行友奏拔易州，擒契丹刺史李在钦，献之，斩于军市。

己酉，以瓦桥关为雄州，割容城、归义二县隶之。以益津关为霸州，割文安、大城二县隶之。发滨、棣丁夫数千城霸州，命韩通董其役。

【译文】 丙午日（初二），后周世宗郭荣在行营宴请诸将，讨论夺取幽州的事情。诸将认为："陛下离开京城四十二天，兵器都还没派上用场，就取得燕南之地，这是世上罕见的战果。现在胡虏的骑兵都聚集在幽州的北面，最好不要深入。"后周世宗听了，不大高兴。当天，催先锋都指挥使刘重进先出发，据守固安，后周世宗亲自到达安阳水，命人建桥，这时，天快黑了，回到瓦桥住宿，当天，世宗因身体不适而停止建桥。契丹主耶律述律派遣使者日行七百里赶到晋阳，命令北汉主刘钧发兵骚扰后周边境，听说后周世宗南下返回，这才罢兵。

戊申日（初四），孙行友上奏说攻克易州，活捉契丹的易州刺史李在钦，献给朝廷，朝廷将他斩首于军市。

己酉日（初五），将瓦桥关改为雄州，割出容城、归义二县隶属于它；把益津关改制为霸州，将文安、大城两县划归它管辖。征发滨州、棣州好几千名民夫修筑霸州城，命韩通监督这项工程。

庚戌，命李重进将兵出土门，击北汉。

辛亥，以侍卫马步都指挥使韩令坤为霸州都部署，义成节度留后陈思让为雄州都部署，各将部兵以戍之。

壬子，上自雄州南还。

己巳，李重进奏败北汉兵于北井，斩首二千馀级。

甲戌，帝至大梁。

六月，乙亥朔，昭义节度使李筠奏击北汉，拔辽州，获其刺史张丕。

丙子，郑州奏河决原武，命宣徽南院使吴延祚发近县二万馀夫塞之。

【译文】 庚戌日（初六），后周世宗郭荣命令李重进领兵从土门出发，进攻北汉。

辛亥日（初七），后周世宗任命侍卫马步都指挥使韩令坤为霸州都部署，义成节度留后陈思让为雄州都部署，各率本部兵戍守。

壬子日（初八），后周世宗从雄州南下返回。

己巳日（二十五日），李重进上奏说在百井打败北汉兵，斩首二千多级。

甲戌日（三十日），后周世宗到达大梁。

六月，乙亥朔日（初一），昭义节度使李筠上奏说率兵攻打北汉，夺取了辽州，抓获辽州刺史张丕。

丙子日（初二），郑州奏报黄河在原武决口，后周世宗郭荣命令宣徽南院使吴延祚征发附近州县的二万多民夫堵塞决口。

唐清源节度使留从效遣使入贡，请置进奏院于京师，直隶中朝。戊寅，诏报以“江南近服，方务绥怀，卿久奉金陵，未可改图。若置邸上都，与彼抗衡，受而有之，罪在于朕。卿远修职贡，足表忠勤，勉事旧君，且宜如故。如此，则于卿笃始终之义，于朕尽柔远之宜，惟乃通方，谅达予意，”唐主遣其子纪公从善与钟谟俱入负，上问谟曰："江南亦治兵，修守备乎？"对曰："既臣事大国，不敢复尔。"上曰："不然，向时则为仇敌，今日则为一家，吾与汝国大义已定，保无它虞。然人生难期，至于后世，则事不可知。归语汝主：可及吾时完城郭，缮甲兵，据守要害，为子孙计。"谟归，以告唐主。唐主乃城金陵，凡诸州城之不完者葺之，戍兵少者益之。

【译文】 南唐清源节度使留从效派遣使者入朝进贡，请求在京城设置进奏院，直接隶属于后周。戊寅日（初四），后周世宗郭荣下诏回复说："江南新近归服，正在设法安抚，卿长期归附金陵，不可以改变原意。如果在京师设置进奏院，跟南唐抗衡，而我朝廷一概接受，其过错就在朕的身上。卿从边远的地方前来进贡，足以表示忠贞勤勉，好好地侍奉过去的君主，最好仍保持以前的关系。这样的话，对于爱卿来说可以加深始终如一的情义，对于朕来说可以尽到安抚四方的义务，希望你通情达理，体谅明白朕的心意。"南唐主李景派遣他的儿子纪公李从善跟钟谟一同入朝进贡，后周世宗问钟谟说："江南也操练军队，整修守备吗？"回答说："既已臣事大国，不敢再这样了。"后周世宗说："这样不对！以往我们是仇敌，现在则已成为一家，我跟你们的国家，关系已经确定，保证没有其他的意外，可是世上的事情，很难预料，到了后世，事情的演变，就更难预知了。回去告诉你们的君主：可以趁我还在的时候加固城邦，整治甲兵，据守要害地方，为子孙着想。"钟谟回去以后，把这些话告诉了南唐主。南唐主于是补筑金陵城，各州的城池凡是不完整、不坚固的，都加以整修，戍守的士兵如有数量不够的，增加他们的员额。

◆臣光曰：或问臣：五代帝王，唐庄宗、周世宗皆称英武，二主孰贤？臣应之曰：夫天子所以统治万国，讨其不服，抚其微弱，行其号令，壹其法度，敦明信义，以兼爱兆民者也。庄宗既灭梁，海内震动，湖南马氏遣子希范入贡，庄宗曰："比闻马氏之业，终为高郁所夺。今有儿如此，郁岂能得之哉？"郁，马氏之良佐也。希范兄希声闻庄宗言，卒矫其父命而杀之，此乃市道商贾之所为，岂帝王之体哉！盖庄宗善战者也，故能以弱晋胜强梁，既得之，曾不数年，外内离叛，置身无所。诚由知用兵之术，不知为天下之道故也。世宗以信令御群臣，以正义责诸国，王环以不降受赏，刘仁赡以坚守蒙褒，严续以尽忠获存，蜀兵以反覆就诛，冯道以失节被弃，张美以私恩见疏。江南未服，则亲犯矢石，期于必克，既服，则爱之如子，推诚尽言，为之远虑。其宏规大度，岂得与庄宗同日语哉！《书》曰："无偏无党，王道荡荡。"又曰："大邦畏其力，小邦怀其德。"世宗近之矣。◆

【译文】 ◆臣司马光说：有人问臣：五代的帝王，后唐庄宗李存勖、后周世宗郭荣都可算英明勇武，两位君主中谁更贤明？臣下回答说：天子之所以能统治万国，是他能讨伐不服，安抚弱小，推行号令，统一法度，重视昭明信义，用以兼爱亿万百姓的缘故。后唐庄宗李存勖灭掉梁以后，天下震动，湖南的马氏派遣他的儿子马希范入朝进贡，庄宗说："最近听说马氏的基业终将被高郁所篡夺，现在他有这样的儿子，高郁怎么可能夺得了呢？"高郁，是马氏的好帮手。马希范的哥哥马希声听到庄宗所说的话，最终假托他父亲的命令，将马希范杀掉。像这件事情，只是街市上生意人的做法，哪里是帝王的原则呢？后唐庄宗是一个善于作战的人，所以能够以弱小的晋国战胜强大的梁国，得了天下以后，连几年都不到，内外叛离，没有容身的地方。这实在是因为只知用兵的方法，而不知治理天下道理的缘故啊！后周世宗郭荣以诚信对待群臣，以正义要求各国，王环因为不投降而受到奖赏，刘仁赡因为坚决防守而受到表扬，严续因为尽忠而获得保全，蜀兵因为反复无常而被诛，冯道因为丧失节操而被遗弃，张美因为私人恩惠而被疏远，江南尚未归附，则亲自冒着飞矢流石，期望一定要攻克，江南归顺以后，则爱护他们如同子女，推心置腹，知无不言，替他们做长远的打算。他的宏伟规划，博大胸怀，哪能与后唐庄宗同日而语啊？《尚书》中说："不要偏袒不要结党，为王之道浩浩荡荡。"又说："大国畏惧他的威力，小国感念他的恩德。"后周世宗可谓接近《尚书》上的话了。◆

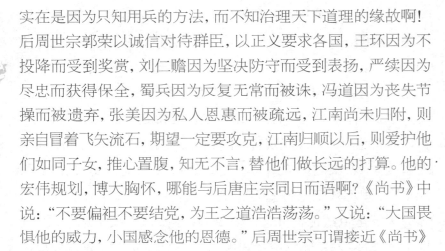

　　辛巳，建雄节度使杨廷璋奏出北汉，降堡寨一十三。

　　癸未，立皇后符氏，宣懿皇后之女弟也。

　　立皇子宗训为梁王，领左卫上将军，宗让为燕王，领左骁卫上将军。

　　上欲相枢密使魏仁浦，议者以仁浦不由科第，不可为相。上曰："自古用文武才略为辅佐，岂尽由科第邪！"己丑，加王溥门下侍郎，与范质皆参知枢密院事。以仁浦为中书侍郎、同平章事，枢密使如故。仁浦虽处权要而能谦谨，上性严急，近职有忤旨者，仁浦多引罪归己以救之，所全活什七八。故虽起刀笔吏，致位宰相，时人不以为忝。又以宣徽南院使吴延祚为左骁卫上将军，充枢密使。加归德节度使、侍卫亲军都虞候韩通、镇宁节度使兼殿前都点检张永德并同平章事，仍以通充侍卫亲军副都指挥使；以太祖皇帝兼殿前都点检。

　　【译文】辛巳日（初七），建雄节度使杨廷璋奏报攻打北汉，一共降服了十三个堡寨。

癸未日（初九），后周世宗郭荣立符氏为皇后，她是宣懿皇后的妹妹。

立皇子郭宗训为梁王，兼任左卫上将军；郭宗让为燕公，兼任左骁卫上将军。

后周世宗郭荣想任命枢密使魏仁浦做宰相，议论的人认为魏仁浦不是从科第出身，不可以做宰相。世宗说："自古以来任用有文才武略的人作为辅佐，哪里全是从科举出身的呢！"己丑日（十五日），王溥加官门下侍郎，与范质都参加枢密院事务。任命魏仁浦为中书侍郎、同平章事，枢密使依旧。魏仁浦虽然身居权力核心，担任重要职务，却能够谦虚谨慎。后周世宗生性严厉而急迫，近臣有和后周世宗意见相左的，魏仁浦常亲自出面承担罪过，以解救他人，所保全救活的占十之七八，所以虽然他出身于文书小吏而做官到宰相，当时的人并不认为他愧居官位。又任命宣徽南院使吴延祚为左骁卫上将军，充任枢密使，加归德节度使、侍卫亲军都虞候韩通、镇宁节度使兼殿前都点检张永德都为同平章事，又命韩通充任侍卫亲军副都指挥使，任命宋太祖皇帝赵匡胤为殿前都点检。

上尝问大臣可为相者于兵部尚书张昭，昭荐李涛。上愕然曰："涛轻薄无大臣体，朕问相而卿首荐之，何也？"对曰："陛下所责者细行也，臣所举者大节也。昔晋高祖之世，张彦泽虐杀不辜，涛累疏请诛之，以为不杀必为国患；汉隐帝之世，涛亦上疏请解先帝兵权。夫国家安危未形而能见之，此真宰相器也，臣是以荐之。"上曰："卿言甚善且至公，然如涛者，终不可置之中书。"涛喜诙谐，不修边幅，与弟浣俱以文学著名，虽甚友爱，而多谲浪，无长幼体，上以是薄之。

上以翰林学士单父王著幕府旧僚，屡欲相之，以其嗜酒无检而罢。

癸巳，大渐，召范质等入受顾命。上曰："王著藩邸故人，朕若不起，当相之。"质等出，相谓曰："著终日游醉乡，岂堪为相！慎毋泄此言。"是日，上殂。

【译文】后周世宗郭荣曾经问兵部尚书张昭，大臣中何人可为宰相？张昭举荐李涛。后周世宗惊愕地说："李涛为人轻薄没有大臣的原则，朕问宰相人选而爱卿首先荐举他，为什么？"张昭回答说："陛下追究的是鸡毛蒜皮的小事，臣所看重的，是臣子的重大节操。从前后晋高祖石敬瑭时，张彦泽暴虐残忍杀害无辜，李涛多次上奏请求诛杀他，认为不杀他，必定要成为国家的祸患。后汉隐帝刘承祐时，李涛也上疏请求解除先帝的兵权。由此可见，当国家的安危还没形成的时候，他便已经预先知道，这真是做宰相的好材料啊！所以臣推荐他。"后周世宗说："卿说得很对，也很公正，可是像李涛这样的人，终究不适合安排在中书省。"李涛喜欢说笑逗乐，不拘小节，与弟弟李浣都以文章闻名，虽然互相很友爱，却常常调笑放荡，没有长幼的规矩，后周世宗因此轻视他。

后周世宗因为翰林学士单父人王著是从前幕府中的旧僚属，所以屡次想要拜他为宰相，但是又因为他嗜好喝酒，行为不检而作罢。

癸巳日（十九日），后周世宗郭荣病情加剧恶化，召见范质等人入宫接受临终的遗命。世宗说："王著是我在藩王府时的旧人，朕如果去世，应该让他做宰相。"范质等人退出来，互相说："王著整天遨游醉乡，怎么可以做宰相？千万不要把这句话泄露出去。"当天，后周世宗驾崩。

　　【申涵煜评】 涛既请斩张彦泽，及其降辽入京，凶锋正炽，又能排闼相见，谈笑以自解免，其胆量真有以过人，世宗谓其轻薄无大臣体，岂非以诙谐失之与。

　　【译文】 李涛曾经请求杀张彦泽，等到张彦泽降辽进入京城，凶锋正炽，李涛又能主动进入张彦泽营帐和他见面，谈笑以自解，他的胆量真有超过人之处，周世宗说他轻薄没有大臣之体，这难道不是因为他说话诙谐逗趣吗？

　　上在藩，多务韬晦，及即位，破高平之寇，人始服其英武。其御军，号令严明，人莫敢犯，攻城对敌，矢石落其左右，人皆失色，而上略不动容。应机决策，出人意表。又勤于为治，百司簿籍，过目无所忘。发奸擿伏，聪察如神。闲暇则召儒者读前史，商榷大义。性不好丝竹珍玩之物，常言太祖养成王峻、王殷之恶，致君臣之分不终，故群臣有过则面质责之，服则赦之，有功则厚赏之。文武参用，各尽其能，人无不畏其明而怀其惠，故能破敌广地，所向无前。然用法太严，群臣职事小有不举，往往置之极刑，虽素有才干声名，无所开宥，寻亦悔之，末年浸宽。登遐之日，远迩哀慕焉。

　　【译文】 后周世宗郭荣在藩镇时，很注意韬光养晦，等到即位以后，在高平大破北汉入侵之敌，人们开始佩服他的英勇神武。他统率军队，纪律严明，没有人敢违反。攻打城池，面对敌寇，箭石落在他的身边，别人看了，吓得脸色都变了，而他一点也不动声色，顺应时机，果断决策，出人意料之外。又勤于治理政事，各部门的文书、资料，过目就不会忘记，发觉奸邪揭露隐恶，聪睿明察犹如神明。闲暇的时候就召读书人阅读前代的史书，商讨其中的大义。生性不喜欢音乐和珍宝玩物等东西，常常说后周太祖郭威姑息养成王峻、王殷的罪恶，以致君臣的情分不能维持到最后。所以群臣如有过失，就当面指责他，承认过错之后，就赦免他，如有功劳，就重赏他。文武人才，同时进用，各尽他们的才能，大家没有不畏惧他的严明而怀念他的恩惠的。所以能够攻破敌人，拓展土地，所向无敌。然而使用刑法太严厉，群臣的职务稍有一点没做成功，往往处以极刑，即使一向有才干名望，也没有一点宽容。不久自己也后悔，最后几年逐渐放宽。后周世宗去世之日，四方远近都哀悼仰慕。

甲午，宣遗诏，命梁王宗训即皇帝位，生七年矣。

秋，七月，壬戌，以侍卫亲军都指挥使李重进领淮南节度使，副都指挥使韩通领天平节度使，太祖皇帝领归德节度使。以山南东道节度使、同平章事向拱为西京留守。庚申，加拱兼侍中。拱，即向训也，避恭帝名改焉。

丙寅，大赦。

唐主以金陵去周境才隔一水，洪州险固居上游，集群臣议徙都之。群臣多不欲徙，惟枢密副使、给事中唐镐劝之，乃命经营豫章为都城之制。

【译文】甲午日（二十日），宣布遗诏，命梁王郭宗训继皇帝位，这时已经七岁了。

秋季，七月，壬戌日（十九日），后周恭帝郭宗训任命侍卫亲军都指挥使李重进兼领淮南节度使，副都指挥使韩通兼领天平节度使，宋太祖皇帝赵匡胤兼领归德节度使。任命山南东道节度使、同平章事向拱为西京留守；庚申日（十七日），加向拱兼侍中。向拱，就是向训，为了避恭帝的讳而改名。

丙寅日（二十三日），大赦天下。

南唐主李景因金陵距后周国境只隔一条长江，而洪州地势险要坚固，居于金陵的上游，便召集群臣商议迁都。群臣大多数不愿意迁都，只有枢密副使、给事中唐镐劝说迁都，于是命令营建豫章（洪州），使它具备都城的规模。

唐自淮上用兵及割江北，臣事于周，岁时贡献，府藏空竭，钱益少，物价腾贵。礼部侍郎钟谟请铸大钱，一当五十。中书舍人韩熙载请铸铁钱。唐主始皆不从，谟陈请不已，乃从之。是月，始铸当十大钱，文曰"永通泉货"，又铸当二钱，文曰"唐国通宝"，与开元钱并行。

八月，戊子，蜀主以李昊领武信节度使，右补阙李起上言："故事，宰相无领方镇者。"蜀主曰："昊家多冗费，以厚禄优之耳。"起，邛州人，性婞直，李昊尝语之曰："以子之才，苟能慎默，当为翰林学士。"起曰："俟无舌，乃不言耳。"

【译文】南唐自从在淮河一带用兵，及割让江北，向后周臣服以来，每年按时向后周进贡，府库储蓄空竭，钱币越来越少，物价飞涨。礼部侍郎钟谟建议铸造大钱，一个大钱相当五十钱；中书舍人韩熙载建议铸造铁钱。南唐主李景开始都不赞成，钟谟不断地陈情请求，才批准了它。当月，开始铸造一当十的大钱，钱上文字为"永通泉货"，又铸造一当二的钱，钱上文字为"唐国通宝"，与唐开元钱同时通行。

八月，戊子日（十五日），后蜀主孟昶命李昊兼任武信节度使，右补阙李起上奏说："依照往例，宰相没有兼任节度使的。"后蜀主说："李昊家里需要很多繁杂的费用，命他做节度使，只是拿丰厚的俸禄来优待他罢了。"李起，是邛州人，个性直爽，李昊曾经对他说："以你的才能，假如能够谨慎沉默，将可以做翰林学士。"李起说："只有等我没舌头了，才能不说话。"

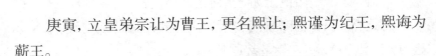

庚寅，立皇弟宗让为曹王，更名熙让；熙谨为纪王，熙诲为蕲王。

九月，丙午，唐太子弘冀卒，有司引浙西之功，谥曰武宣。句容尉全椒张洎上言："太子之德，主于孝敬，今谥以武功，非所以防微而慎德也。"乃更谥曰文献，擢洎为上元尉。

唐礼部侍郎、知尚书省事钟谟数奉使入周，传世宗命于唐主，世宗及唐主皆厚待之，恃此骄横于其国，三省之事皆预焉。

【译文】庚寅日（十七日），立皇弟郭宗让为曹王，改名为熙让；封郭熙谨为纪王，郭熙诲为蕲王。

九月，丙午日（初四），南唐太子李弘冀去世，有关官员援引他在浙西打败吴越兵的功劳，谥为武宣。句容县尉全椒人张洎上书说："太子的德行，以孝敬为主，现在基于武功的考虑而封谥号，不符合防微杜渐而注重德行的原则。"于是改谥号为文献，提升张洎为上元县尉。

南唐礼部侍郎、知尚书省事钟谟屡次奉命出使后周，向南唐主李景传达后周世宗郭荣的命令，后周世宗及南唐主都待他很好，钟谟依仗这些在国中骄横跋扈，尚书、中书、门下三省事务都加干预。

文献太子总朝政，谟求兼东宫官不得，乃荐其所善阎式为司议郎，掌百司关启。李德明之死也，唐镐预其谋，谟闻镐受赇，尝面诘之，镐甚惧。谟与天威都虞候张峦善，数于弘第屏人语至夜分，镐谮诸唐主曰："谠与峦气类不同，而过相亲狎，谠屡使上国，峦北人，恐其有异谋。"又言："永通大钱民多盗铸，犯法者众。"及文献太子卒，唐主欲方其母弟郑王从嘉，谠尝与纪公从善同奉使于周，相厚善，言于唐主曰："从嘉德轻志懦，又酷信释氏，非人主才。从善果敢凝重，宜为嗣。"唐主由是怒。寻徙从嘉为吴王、尚书令、知政事，居东宫。冬，十月，谠请令张峦以所部兵巡徼都城。唐主乃下诏暴谠侵官之罪，贬国子司业，流饶州，贬张峦为宣州副使，未几，皆杀之。废永通钱。

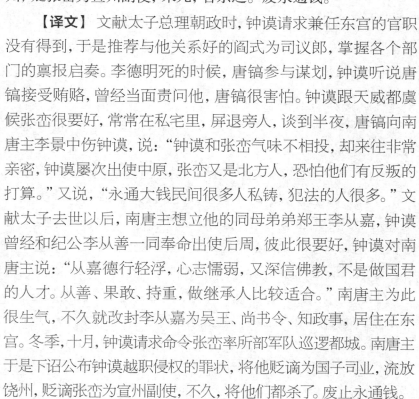

【译文】 文献太子总理朝政时，钟谠请求兼任东宫的官职没有得到，于是推荐与他关系好的阁式为司议郎，掌握各个部门的禀报启奏。李德明死的时候，唐镐参与谋划，钟谠听说唐镐接受贿赂，曾经当面责问他，唐镐很害怕。钟谠跟天威都虞候张峦很要好，常常在私宅里，屏退旁人，谈到半夜，唐镐向南唐主李景中伤钟谠，说："钟谠和张峦气味不相投，却来往非常亲密，钟谠屡次出使中原，张峦又是北方人，恐怕他们有反叛的打算。"又说，"永通大钱民间很多人私铸，犯法的人很多。"文献太子去世以后，南唐主想立他的同母弟弟郑王李从嘉，钟谠曾经和纪公李从善一同奉命出使后周，彼此很要好，钟谠对南唐主说："从嘉德行轻浮，心志懦弱，又深信佛教，不是做国君的人才。从善、果敢、持重，做继承人比较适合。"南唐主为此很生气，不久就改封李从嘉为吴王、尚书令、知政事，居住在东宫。冬季，十月，钟谠请求命令张峦率所部军队巡逻都城。南唐主于是下诏公布钟谠越职侵权的罪状，将他贬谪为国子司业，流放饶州，贬谪张峦为宣州副使，不久，将他们都杀了。废止永通钱。

十一月，壬寅朔，葬睿武孝文皇帝于庆陵，庙号世宗。

南汉主以中书舍人钟允章，藩府旧僚，擢为尚书右丞、参政事，甚委任之。允章请诛乱法者数人以正纲纪，南汉主不能从，宦官闻而恶之。南汉主将祀圜丘，前三日，允章帅礼官登坛，四顾指挥设神位，内侍监许彦真望之曰："此谋反也！"即带剑登坛，允章叱之。彦真驰入宫，告允章欲于郊祀日作乱。南汉主曰："朕待允章厚，岂有此邪！"玉清宫使龚澄枢、内侍监李托等共证之，以彦真言为然，乃收允章，系含章楼下，命宦者与礼部尚书薛用丕杂治之。用丕素与允章善，告以必不免，允章执用丕手泣曰："老夫今日犹机上肉耳，分为仇人所烹。但恨邕、昌幼，不知吾冤，及其长也，公为我语之。"彦真闻之，骂曰："反贼欲使其子报仇邪！"复白南汉主曰："允章与二子共登坛，潜有所祷。"俱斩之。自是宦官益横。李托，封州人也。

【译文】 十一月，壬寅朔日（初一），把睿武孝文皇帝郭荣安葬在庆陵，庙号为世宗。

南汉主刘鋹因中书舍人钟允章是自己藩镇府第的旧僚，提升他为尚书右丞、参政事，十分重用他。钟允章请求诛杀扰乱法纪的几个人来肃正朝廷纲纪，南汉主没有听从，宦官们听说后憎恨钟允章。南汉主将要在圜丘祭天，前三天，钟允章带着几个礼官登上祭坛，环顾四面，指挥设置神位，内侍监许彦真看到这些情况说："这是在谋反啊！"说完，就带着宝剑，登上祭坛，钟允章大声呵斥他。许彦真飞驰入宫，报告南汉主说钟允章将在祭天那一天作乱。南汉主说："朕待钟允章优厚，哪里能有这种事情！"玉清宫使龚澄枢、内侍监李托等人共同出面做证，证明许彦真的话是真实的，于是下令收押钟允章，囚禁在含章楼下，命宦官及礼部尚书薛用丕一同审问他。薛用丕一向跟钟允章关系好，告诉他一定不能免死，钟允章握着薛用丕的手，哭着说：

"老夫现在就好像砧板上的一块肉，本应该被仇人所烹煮。只恨儿子钟邕、钟昌年幼，不知我的冤屈，等到他们长大，请您替我告诉他们。"许彦真听说这些话，骂他说："叛贼！竟想让你的儿子报仇吗？"便又禀告南汉主刘鋹说："钟允章同他两个儿子一起登上祭坛，暗中有别的祈祷。"于是将他们全都斩首。从此宦官越发骄横。李托是封州人。

辛亥，南汉主祀圜丘，大赦。未几，以龚澄枢为左龙虎观军容使、内太师，军国之事皆取决焉。凡群臣有才能及进士状头或僧道可与谈者，皆先下蚕室，然后得进，亦有自宫以求进者，亦有免死而宫者，由是宦者近二万人。贵显用事之人，大抵皆宦者也，谓士人为门外人，不得预事，卒以此亡国。

唐更命洪州曰南昌府，建南都，以武清节度使何敬洙为南都留守，以兵部尚书陈继善为南昌尹。

【译文】辛亥日（初十），南汉主在圜丘祭天，大赦境内。不久，任命龚澄枢为左龙虎观军容使、内太师，军务国政全部取决于他。凡是文武百官有才能的和进士第一名或和尚道士谈得来的，都先送到施宫刑的蚕室，然后才能进用，也有自己主动阉割以求进用的，也有为了抵赎死罪而接受阉割的，因此宦官多到将近两万人。尊贵显赫当权的人，大多是宦官，他们称士人为门外人，不可以干预政事，最终南汉因此而亡国。

南唐改称洪州为南昌府，建立南都，任命武清节度使何敬洙为南都留守，任命兵部尚书陈继善为南昌尹。

周人之攻秦、凤也，蜀中恼惧。都官郎中徐及甫自负才略，仕不得志，阴结党与，谋奉前蜀高祖之孙少府少监王令仪为主以作乱，会周兵退而止。至是，其党有告者，收捕之，及甫自杀。十二月，甲午，赐令仪死。

端明殿学士、兵部侍郎窦仪使于唐，天雨雪，唐主欲受诏于庑下。仪曰："使者奉诏而来，不敢失旧礼。若雪沾服，请俟它日。"唐主乃拜诏于庭。

契丹主遣其舅使于唐，泰州团练使荆罕儒募刺客使杀之。唐人夜宴契丹使者于清风驿，酒酣，起更衣。久不返，视之，失其首矣。自是契丹与唐绝。罕儒，冀州人也。

【译文】后周军队攻打秦州和凤州的时候，后蜀国中大为恐惧。都官郎中徐及甫自认具有才略，可是官运不佳，抑郁不得志，暗中勾结党徒，打算推尊前蜀高祖王建的孙子少府、少监王令仪为君主来发动叛乱，正好这时周兵撤退，才作罢。到这时，徐及甫的同党中有向朝廷告发的，便拘捕了徐及甫，徐及甫自杀。十二月，甲午日（二十三日），后蜀主孟昶赐王令仪自杀。

端明殿学士、兵部侍郎窦仪出使南唐，正好下着大雪，南唐主李景想在廊檐下接受诏书。窦仪说："使者奉持诏书而来，不敢有失旧时礼仪。倘若害怕雪花沾上衣服，请求等待他日。"南唐主于是在庭中下拜接受诏书。

契丹主耶律述律派遣他的舅舅出使南唐，泰州团练使荆罕儒重赏购求刺客去杀他。南唐官员在清风驿夜宴契丹使者，喝酒喝得正畅快的时候，使者起身上厕所，很久没有回来，前去看个究竟，契丹使者已经掉了脑袋。从此契丹与南唐断绝关系。荆罕儒是冀州人。